Weiter Wissen

Pädagogik
Psychologie
Soziologie

Berufliche Oberstufe

herausgegeben von
Dr. Bodo Rödel

Autorinnen und Autoren
Susanne Bachmann · Veronika Baur · Karl-Walter Falke
Bernd Gandras · Dr. Astrid Kerl-Wienecke · Martina Lambertz
Annika Löbsin · Bianca Ribić · Dr. Bodo Rödel
Elke Schleth-Tams · Veronika Schulz · Verena Wolff

unter Mitarbeit der Verlagsredaktion

Cornelsen

Redaktion: Astrid Koch-Dabbert, Carina vom Hagen, Andrea Westphal
Außenredaktion: Silke Telschow-Malz
Bildredaktion: Gertha Maly , Joscha Belling
Umschlaggestaltung: Rosendahl Grafikdesign
Layout: Heimann und Schwantes, Berlin
Technische Umsetzung: vitaledesign, Berlin

Zur Erstellung dieses Werkes wurden Inhalte übernommen und überarbeitet aus:
Weiterwissen Gesundheit (Autorinnen: Katrin Rohde, Gabriele Schlömer)
Sprungbrett Soziales Kinderpflege (Autorin: Silvia Gartinger)
Heilerziehungspflege 1 Grundlagen und Kernkonzepte der Heilerziehungspflege (Herausgeberinnen: Jeanne Nicklas-Faust, Ruth Scharringhausen, Autoren: Carmen Dorrance, Silvia Gartinger, Ruth Scharringhausen, Andreas Ziegner)
Physiotherapie Grundlagen wissenschaftlichen Arbeitens (Herausgeberin: Claudia Voelker, Autorinnen: Silke Toll, Hanna Brodowski)
Kinder erziehen, bilden und betreuen (Autoren: Ute Koglin, Franz Petermann)
Erzieherinnen + Erzieher 1 Professionelles Handeln im sozialpädagogischen Berufsfeld (Herausgeber: Silvia Gartinger, Rolf Janssen, Autorin: Ute Eggers, Dr. Patricia Liebscher-Schebiella)

www.cornelsen.de

1. Auflage, 1. Druck 2017

Alle Drucke dieser Auflage sind inhaltlich unverändert und können im Unterricht nebeneinander verwendet werden.

Druck: Mohn Media Mohndruck, Gütersloh

ISBN 978-3-06-451653-3 (Schülerbuch)
ISBN 978-3-06-451654-0 (E-Book)

PEFC
PEFC/04-31-1033

PEFC zertifiziert
Dieses Produkt stammt aus nachhaltig bewirtschafteten Wäldern und kontrollierten Quellen.

www.pefc.de

Vorwort zur Neubearbeitung

Liebe Leserinnen und Leser,

Der große Erfolg der ersten Auflage von WeiterWissen Soziales hat uns dazu motiviert, eine zweite Auflage zu erarbeiten. Ziel der zweiten Auflage ist es, notwendige Aktualisierungen vorzunehmen, weitere wichtige Inhalte zu ergänzen und so die Passgenauigkeit zu den Lehrplänen weiter zu erhöhen. Einige Kapitel wurden deshalb vollständig neu erarbeitet:

- Persönlichkeit und Identität
- Organisation und Organisationspsychologie
- Menschen mit Behinderung in unserer Gesellschaft
- Klinische Psychologie

WeiterWissen Soziales kann damit bundesweit eingesetzt werden, da die zentralen Themen der unterschiedlichen Lehrpläne der Bundesländer aus den beruflichen Oberstufen, der FOS und dem beruflichen Gymnasium gesichtet und fundiert, aber kompakt in einem Band zusammengestellt wurden. Das Buch wendet sich so an Schülerinnen und Schüler, die sich aufgemacht haben, das spannende und herausfordernde Feld des „Sozialen" kennenzulernen, um gegebenenfalls in diesem Bereich auch einen beruflichen Einstieg zu finden.

Die gründliche Darstellung der Themen in 15 Kapiteln war den Autorinnen und Autoren dabei genauso wichtig wie der direkte Bezug der Inhalte zur Lebens- und späteren Arbeitswelt der Leserinnen und Leser. Beim „Einchecken" und im Element „Was hat das mit mir zu tun?" reflektieren die Schülerinnen und Schüler deswegen direkt, wie die Inhalte des jeweiligen Kapitels mit ihnen in Verbindung stehen. Das „Auschecken" ermöglicht ein erneutes Nachdenken über das Gelernte und fasst so die wichtigsten Inhalte zusammen.

Auch innerhalb der Kapitel zeigen viele Beispiele den Bezug zur Praxis auf, so wird die Relevanz der Theorie begründet, denn – mit einem Wort des Psychologen Kurt Lewin: „Nichts ist praktischer als eine gute Theorie!"

Auch in der Neubearbeitung von WeiterWissen Soziales haben wir uns dazu entschlossen, das Buch in einen Teil A und einen Teil B zu trennen. Teil A beinhaltet insbesondere das theoretische Wissen. Teil B nimmt explizit Bezug auf das in der beruflichen Oberstufe abzuleistende Praktikum sowie auf die besonders relevanten Arbeitsfelder im sozialen Bereich. Durch diese Trennung wird der starke Praxisbezug des Buches noch einmal besonders herausgehoben.

Die flüssige Lesbarkeit der aktuellen Texte, prägnante Merksätze, zahlreiche Abbildungen und Grafiken sowie Querverweise und Hinweise in der Randspalte machen das Buch zu einem modernen Lehrwerk, mit dem es – so hoffen wir – Spaß macht zu arbeiten und zu lernen. Wir freuen uns über Anmerkungen, Hinweise und Verbesserungsvorschläge!

Das Autorenteam dankt Astrid Koch-Dabbert, Andrea Westphal und Carina vom Hagen sowie dem Redaktionsteam des Cornelsen Verlags für das Engagement bei der Betreuung dieses Buchprojekts!

Köln, im April 2017

Für das Autorenteam
Dr. Bodo Rödel

Angaben zur Literatur, die zur Erstellung dieses Buches genutzt wurde und die die Inhalte weiterführt und vertieft, finden Sie unter:
www.cornelsen.de/cbb/weiterwissen-soziales

1

2

3

4

5

6

7

8

9

10

12

1 Susanne Bachmann
Dipl. Berufspädagogin, Schulpsychologin, Systemischer Coach und Beraterin (SG), Gesundheits- und Krankenpflegerin; tätig als pädagogische Mitarbeiterin (OStRin) am Kultusministerium Bayern und als Systemische Beraterin/Coach für Führungskräfte
Kap. A I 3.1, A X, A XI

2 Veronika Baur
M.A. Sonderpädagogin, leitete eine integrative Kindergruppe und war wissenschaftliche Referentin am DJI, derzeit im integrationpädagogischen Fachdienst der Stadt München beschäftigt; freiberufliche Fort- und Weiterbildnerin für pädagogische Fachkräfte, Team- und Inhousequalifizierungen; Interessenschwerpunkte: Partizipation und Engagement, Integration und Inklusion, Spielpädagogik und Peerkulturen.
Kap. B III

3 Karl-Walter Falke
Gymnasial-/Fachlehrer für Erziehungswissenschaften, Sozialwissenschaften und Politik am Berufskolleg Käthe-Kollwitz-Schule in Aachen, Dozent und Fachprüfer in der Altenpflege, Spezialhochbaufacharbeiter, Dipl. Sozialwissenschaftler
Kap. A IX

4 Bernd Gandras
Lehrer für Erziehungswissenschaften am Berufskolleg in Ratingen/NRW und Berater für Schulentwicklungsprozesse
Kap. A III

5 Dr. Astrid Kerl-Wienecke
Dipl. Sozialpädagogin, Erzieherin, angestellt beim Jugend- und Sozialamt Frankfurt, Netzwerkkoordinatorin Frühe Hilfen, 2008–2012 wissenschaftliche Referentin beim Deutschen Jugendinstitut (DJI), freie Fortbildnerin; Arbeitsschwerpunkte: Kindertagespflege, Frühkindliche Bildung, Frühe Hilfen
Kap. A III, B III

6 Martina Lambertz
Dipl. Sozialpädagogin, Erzieherin; Bildungsgangleitung und Fachschullehrerin für Erzieher an einem Düsseldorfer Berufskolleg, freiberufliche Fortbildnerin und Referentin in Feldern der Kinder- und Jugendhilfe, freie Mitarbeiterin von PädQUIS gGmbH, ein An-Institut der Alice Salomon Hochschule Berlin
Kap. A IV, A VII, A VIII, B II

7 Annika Löbsin
Dipl. Soziologin, derzeit tätig als Wissenschaftliche Mitarbeiterin am Institut für Erziehungswissenschaften der Humboldt-Universität zu Berlin sowie als freie Autorin und Redakteurin
Kap. A IX

8 Bianca Ribic
Studiendirektorin, Erzieherin, erweiterte Schulleitung und Bereichsleiterin an einem Düsseldorfer Berufskolleg für Erzieher und Kinderpflege, freiberufliche Fortbildnerin und Referentin in Feldern der Kinder- und Jugendhilfe
Kap. A IV, A VII, A VIII, B II

9 Dr. Bodo Rödel
arbeitete sozialpädagogisch mit Jugendlichen und Erwachsenen sowie mit schulmüden Schülern, war Senior-Projektmanager in einem Schulbuchverlag; zurzeit Leiter des Arbeitsbereichs Publikationsmanagement/Bibliothek beim Bundesinstitut für Berufsbildung in Bonn, zudem freiberuflicher Aikido-Lehrer in Köln
Kap. A I.6, A IV.4, A V, A VI, A IX.3, B I.4, B II 1.3.1

10 Elke Schleth-Tams
Dipl. Sozialpädagogin, Erzieherin, derzeit Lehrerin am Berufskolleg Käthe- Kollwitz-Schule in Aachen mit den Fächern Sozialpädagogik/ Psychologie
Kap. B I.1–3, B IV

11 Veronika Schulz
Dipl. Sozialpädagogin, derzeit tätig als Studienrätin an der Alice-Salomon-Schule, Berufsbildende Schule für Gesundheit und Soziales der Region Hannover
Kap. A II.8

12 Verena Wolff
Studienrätin in den Bildungsgängen der Fachoberschule, Berufsfachschule und im Erzieherstudiengang an der Ruth-Cohn-Schule, Oberstufenzentrum Sozialwesen, Berlin; Mitglied im Arbeitskreis Schulentwicklung
Kap. A II

THEORETISCHE GRUNDLAGEN

B SOZIALE PRAXIS

I Sozialwesen

II Praktikum in der Sozialen Arbeit

Die Wissenschaft

Was darf Wissenschaft?

(...) Darf Wissenschaft im Auftrag des Fortschritts alles erforschen und jegliche Methodik anwenden, wenn dies dem Erkenntnisgewinn und der Erklärung von Sachverhalten dient? (...) Jede Forschung – und das sei hier die These – existiert nicht nur im viel kritisierten Elfenbeinturm, sondern kann und wird in irgendeiner Form in der Gesellschaft verwertet. Verwertet meint in diesem Zusammenhang nicht nur eine rein wirtschaftliche Verwertung, sondern soll vielmehr auf die Nutzung von Forschung durch die Gesellschaft oder gesellschaftliche Akteure hinweisen. (...)

Zieht man nun konkrete Beispiele heran – wie die Erforschung neuer Waffensysteme – zeigt sich auf der einen Seite, wo die Verantwortung von Wissenschaft im Spiegel der Zielsetzung von Forschung liegt (...) Konkrete Beispiele auf der anderen Seite zeigen aber auch, dass vermeintlich neutrale Forschungsergebnisse zweckentfremdet werden können. Gerade im Komplex Grundlagenforschung lässt sich nicht immer zweifelsfrei sagen, wozu Forschungsergebnisse dienen können. Die Rolle der theoretischen Physik bei der Entwicklung der Atombombe mag hierzu ein geeignetes Beispiel sein, genauso wie Genforschung, bei der nicht von vornherein erkennbar ist, ob diese später zum Heilen von Krankheiten eingesetzt wird oder zur Kreation von Menschen am Reißbrett.

Die Verantwortung von Wissenschaft besteht also in der kritischen Überprüfung der Verwendungsmöglichkeiten. Dieser Verantwortung müssen sich alle Forscherinnen und Forscher stellen. Doch nicht nur die Wissenschaft hat gegenüber der Gesellschaft eine Verantwortung; auch andersherum lässt sich dieses Verhältnis beschreiben. Denn letztlich ist eine Gesellschaft auch dafür verantwortlich, welche Forschungsergebnisse sie wie nutzbar macht.

(Krüger, Jan: www.studium-der-zukunft.de/was-darf-wissenschaft/)

1 Was ist Ihrer Meinung nach der Zweck von Wissenschaft?

2 Welche Erfindung der Wissenschaft ist Ihrer Meinung nach ein großer Gewinn für die Menschheit? Welche Entdeckung nicht?

1 Sozialwissenschaftliche Forschung

1.1 Wissenschaft und Forschung

Wissenschaft

Neugier ist die treibende Kraft, um Neues zu entdecken. Die Neugier treibt auch Wissenschaftler zu immer neuen Erkenntnissen, die sie durch ihre Forschung erlangen. Durch den Forschungsprozess erwerben und analysieren Wissenschaftler immer mehr Wissen in ihrem jeweiligen Fachgebiet. Was aber ist der Unterschied zwischen Wissenschaft und Forschung?

Forschung
lat. poscere = fragen, erfragen, verlangen, sich bemühen um, suchen.
Forschung im Allgemeinen dient der systematischen Generierung von neuen und gesicherten Erkenntnissen. Forschen ist also das praktische oder theoretische Tun innerhalb einer wissenschaftlichen Disziplin.

Eine Wissenschaft ist ein allgemein anerkanntes System. Dieses zeichnet sich durch Wissen aus, das aus Forschung, Lehre und überlieferter Literatur stetig gebildet und geordnet wird. Dieses Wissen gilt dann als für eine bestimmte Zeit gesichert.

Zum Erwerb dieses Wissens werden anerkannte fachtypische Methoden zur systematischen Forschung angewandt. Diese Prozesse finden in einem organisatorisch-institutionellen Rahmen, also z. B. in einer Universität, statt.

Eine Wissenschaft besteht aus
- einer Verortung innerhalb eines organisatorisch-institutionellem Rahmens (z. B. in einer Universität),
- der aktuellen Forschungsarbeit in derzeitigen Projekten,
- dem aus früherer wissenschaftlicher Arbeit entstandenen Erfahrungswissen,
- dem Weitergeben von generiertem Wissen und zukünftigen Fragestellungen in der Hochschullehre sowie der Lehre in der Ausbildung untergeordneter Berufe,
- den typischen Methoden zur Generierung von Wissen.

Methoden | S. 22

Forschung

Der Philosoph Karl Popper hat Forschen als den Drang des Menschen, die „Annäherung an die Wahrheit“ zu erfahren, bezeichnet. Im Allgemeinen dient die Forschung dem Aufzeigen von Begründungszusammenhängen, dem Erklären von Gesetzmäßigkeiten und dem Sammeln und Ordnen von Erkenntnissen, um so eine Annäherung an die Wirklichkeit zu erlangen. Forschung entsteht aus Neugier, erwächst aus einem Problem und sucht nach Lösungen bzw. Erklärungen für bisher ungeklärte Sachverhalte.

[1] Karl Raimund Popper (1902–1994), prägte mit seinen Arbeiten zur Erkenntnis- und Wissenschaftstheorie die wissenschaftliche Sichtweise im 20. Jahrhundert

Forschung ist aber nicht nur Selbstzweck oder Lust eines Einzelnen, sondern sie berücksichtigt innerhalb einer etablierten Wissenschaft die Bedürfnisse der Gesellschaft, um das Los der Menschen zu verbessern. Unter Wissenschaft werden also auf der einen Seite alles Tun, das auf wissenschaftlichen Erkenntnisgewinn abzielt, und auf der anderen Seite die Gesamtheit der Erkenntnisse, die auf diesem Weg gewonnen werden, verstanden. Der Unterschied zur Alltagserkenntnis, wie sie jeder Mensch im Laufe seines Lebens gewinnt, besteht im methodischen Vorgehen beim Sammeln, Beschreiben und Ordnen des Materials.

1.2 Wahrheitsanspruch

Gütekriterien | S. 19

Logik
Lehre von den Methoden und Formen des „richtigen Denkens"; beschäftigt sich sozusagen mit der äußeren Form des Denkens. Sie sagt nicht, was Inhalt des Denkens sein soll, sondern wie Aussagen und Argumente aufgebaut sein sollen, um zu folgerichtigen Ergebnissen zu gelangen.

Um einen Geltungs- oder Wahrheitsanspruch zu erheben, müssen wissenschaftliche Aussagen formallogisch richtig sein. Aussagen sollen deshalb auf diesen sogenannten **Koch'schen Postulaten** begründet sein. Diese Postulate spiegeln sich in den wissenschaftlichen |Gütekriterien wider.

- Postulat der **Rationalität**: Wissenschaftliche Aussagen müssen |formallogisch richtig sein.
- Postulat der **Allgemeingültigkeit**: Wissenschaftliche Theorien enthalten allgemeingültige Aussagen über einen Wirklichkeitsbereich.
- Postulat der **Wertfreiheit**: Wertungen, d. h. persönliche Meinungen und Gefühle, sollen nicht Teil einer wissenschaftlichen Theorie sein.
- Postulat der **Nachprüfbarkeit**: Jede Theorie und jeder Versuch müssen unter denselben Bedingungen wiederholbar sein. Sie müssen sich an der Wirklichkeit überprüfen lassen.

1.3 Induktion und Deduktion

Um richtige Aussagen zu treffen, müssen die Anforderungen des logisch schlussfolgernden Denkens beachtet werden. Es gibt zwei zentrale Erkenntniswege: die Deduktion und die Induktion.

Deduktion (lat., Herabführung) ist eine Art der Beweisführung. Hier wird eine Schlussfolgerung aus einer oder mehreren anderen theoretischen Aussagen abgeleitet. Ein gültiger deduktiver Beweis kommt nur zustande, wenn alle Vorannahmen wahr sind. Die formale Logik bestimmt dabei, welche Schlüsse zulässig sind. Beim deduktiven Denken werden Schlüsse vom Allgemeinen zum Besonderen gezogen. Als Basis dient eine Theorie, aus der |Hypothesen abgeleitet werden, die dann |empirisch überprüft werden. Das Ergebnis kann die Theorie unterstützen (verifizieren) oder widerlegen (falsifizieren).

Hypothesen | S. 29

Empirie
griech. empeiria = Erfahrung
Empirische Erkenntnis beruht auf direkter Erfahrung in der Wirklichkeit durch Feldbeobachtungen oder Experimente im Labor. Sie steht damit im Gegensatz zur reinen theoretischen Spekulation. Teilweise wird der Begriff empirisch mit Wissenschaftlichkeit schlechthin gleichgesetzt. Dies ist aber eine einseitige Auffassung, die einige Bereiche der Sozial- und Geisteswissenschaften ausschließt.

BEISPIEL

Samuel (3) weint, wenn seine Mutter ihn am Morgen mit viel Zeitdruck in die Kita bringt. Der Praktikant Omar prüft, ob Samuel weniger weint, wenn er sich in Ruhe verabschieden kann.

Induktion (lat., Hinführung) ist ein Verfahren, das vom besonderen Einzelfall auf das Allgemeine und Gesetzmäßige schließt. Hier liegt die Annahme zugrunde, dass, sofern unter mehreren Einzelbeobachtungen eine Wahre ist, sich dies bei weiteren Untersuchungen ebenso darstellen wird. Die Wahrscheinlichkeit der Richtigkeit hängt dabei von der Anzahl der beobachteten Ereignisse ab. Beim induktiven Denken werden also Schlüsse aus dem Besonderen zum Allgemeinen gezogen. Als Basis dienen Beobachtungen von Einzelfällen, aus denen allgemeingültige Theorien abgeleitet werden.

BEISPIEL

Der Praktikant beobachtet den weinenden Samuel und seine unter Zeitdruck stehende Mutter beim Verabschieden und leitet daraus ab, dass Samuel in dieser Situation mehr Zeit benötigt.

2 Bereiche der Sozialwissenschaft

sozial
lat. socius = gemeinsam, verbunden, verbündet

WeiterWissen |Soziales vermittelt die Grundkenntnisse aus den Bereichen der Pädagogik/Erziehungswissenschaft, Psychologie und Soziologie. Alle drei Disziplinen gehören zum großen Bereich der *Sozialwissenschaften*, also zu den Wissenschaften, die das menschliche Miteinander als Thema haben. Mit anderen Worten: Wir beschäftigen uns in diesem Buch mit einem der spannendsten Bereiche, die Wissenschaft überhaupt zu bieten hat, da die Erkenntnisse aus den Sozialwissenschaften nicht nur für ein professionelles berufliches Handeln relevant sind, sondern auch unseren Alltag durchdringen.

Als kleines Kind gehen Sie in die Kita, werden dort erzogen und wachsen in unsere Gesellschaft hinein (|Sozialisation und |Enkulturation). Als Kind und Jugendlicher besuchen Sie dann die Grundschule sowie weiterführende Schulen und ggf. soziale Einrichtungen der Kinder- und Jugendhilfe. Hier treffen Sie auf Lehrer und Sozialpädagogen. In einer Berufsausbildung oder im Studium lernen Sie von Ausbildern und Dozenten. In der Arbeitswelt besuchen Sie Fortbildungen und Schulungen. Im Alter werden Sie vielleicht in einem Heim betreut. In allen Lebensabschnitten treffen Sie also auf pädagogisch und psychologisch geschulte Menschen.

Sozialisation | S. 269
Enkulturation | S. 43, 269

Der Bereich der Sozialwissenschaften ist außerdem besonders reizvoll, da er sehr eng mit politischen, gesellschaftlichen und ethischen Fragestellungen verknüpft ist. Einfacher gesagt: Wer bestimmt, wie und wozu erzogen wird, hat jede Menge Macht! So sind beispielsweise Lehrer in der Regel Beamte, also Staatsbedienstete, die einen Diensteid auf das Grundgesetz ablegen. Damit stellt der Staat sicher, dass in seinem Sinne erzogen wird.

Auch ist die seit einigen Jahren stark angewachsene Beachtung der Frühpädagogik kein Zufall, sondern direkte Folge der |PISA-Leistungstests und des politischen Willens, hier aktiv zu werden.

PISA | S. 521

Ein Blick auf die Geschichte der Pädagogik zeigt ebenfalls die engen Zusammenhänge von gesellschaftlichen Veränderungen und Entwicklungen in den Sozialwissenschaften: Der erste Lehrstuhl für Pädagogik wurde 1779 in Halle von Ernst Christian Trapp besetzt – also in der Zeit der Aufklärung. Die gesellschaftlichen Wandlungsprozesse durch die Aufklärung hatten nämlich zur Folge, dass zum einen die Herrschaft des Adels und zum anderen das Erklärungsmonopol der Kirche hinterfragt und zunehmend demontiert wurden. Damit ging aber auch die für erzieherische Fragen Orientierung gebende Kraft beider Institutionen verloren. An deren Stelle trat nun zunehmend der Bereich der Wissenschaft.

Die Sozial- oder Gesellschaftswissenschaften sind jene wissenschaftlichen Disziplinen, die sich mit dem Zusammenleben der Menschen beschäftigen.

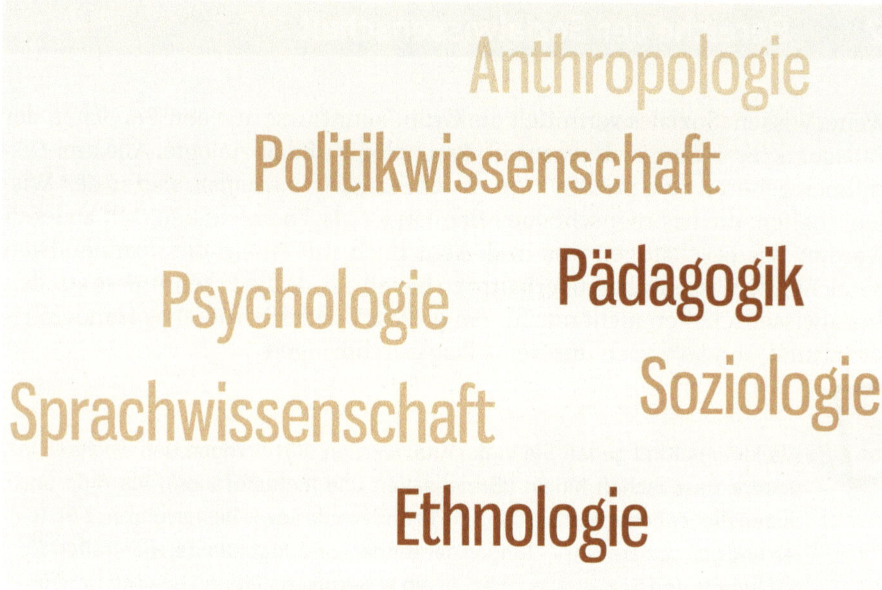

[1] Einige Sozialwissenschaften

Nachfolgend wollen wir uns damit beschäftigen, worin sich Pädagogik, Erziehungswissenschaft, Psychologie und Soziologie grundsätzlich unterscheiden und womit sich diese wissenschaftlichen Disziplinen grundlegend befassen.

2.1 Pädagogik und Erziehungswissenschaft

Im vorangegangen Abschnitt wurden bereits die geschichtlichen Zusammenhänge bei der Entstehung der Pädagogik angedeutet. Das Fach entstand also Ende des 18. Jahrhunderts, wobei die Bezeichnung *Pädagogik* wesentlich älter ist. Sie stammt vom griechischen *pais agein*, was in etwa „Führung des Kindes vom Haus zur Übungsstätte“ bedeutet. Pädagogen waren im antiken Griechenland meistens Sklaven, welche die Kinder zur Übungsstätte/zur Schule brachten.

Hermeneutik | S. 23

empirische Methoden | S. 14

Am Anfang des 20. Jahrhunderts tauchte der Begriff „Erziehungswissenschaft“ auf und setzte sich in den 1960er Jahren weitestgehend durch. Seine Entstehung kann als Antwort auf die „alte“ Pädagogik interpretiert werden, die die Wirklichkeit lediglich mithilfe der |hermeneutischen Methode interpretierte. Im Gegensatz dazu trat die Erziehungswissenschaft mit dem Anspruch auf, die Wirklichkeit mit |empirisch-analytischen Methoden genau zu analysieren. Wollte die Pädagogik das Handeln und den Erziehungsprozess anleiten und durch Normen und Werte eine Orientierung geben, war das Programm der Erziehungswissenschaft die Untersuchung von Gesetzmäßigkeiten, die in der Erziehung zutage treten.

Schließlich bezog sich der Begriff „Pädagogik“ zumeist auf die Erziehung von Kindern, während sich die Erziehungswissenschaft wesentlich breiter mit allen möglichen Erziehungszusammenhängen beschäftigte.

Dieter Lenzen beantwortet die Frage, wozu wir Erziehungswissenschaft brauchen, folgendermaßen:

> „Um Wissen über Voraussetzungen und Folgen pädagogischen Handelns zu vermitteln, um die Fähigkeit zu erwerben, allzu selbstverständliche Selbstverständlichkeiten zu problematisieren und um einen nicht leidenschaftslosen, aber nüchternen Blick dafür zu bekommen, was pädagogisch möglich ist und was nicht."
> *(Lenzen, Dieter (Hrsg.) (2000): Erziehungswissenschaft. 4. Auflage. Rowohlt, Reinbek, S. 21)*

[2] Dieter Lenzen (geb. 1947) ist ein bekannter Erziehungswissenschaftler, von 1994–1998 war er Vorsitzender der Deutschen Gesellschaft für Erziehungswissenschaften (DGfE).

www.dgfe.de

Damit wird deutlich, dass es den aus historischen Zusammenhängen gewachsenen Gegensatz Pädagogik ↔ Erziehungswissenschaft in dieser Form heute nicht mehr gibt. Benötigt werden vielmehr beide Traditionslinien, da es nicht nur darum geht, Erziehungsmechanismen zu verstehen, sondern auch Normen und Werte zu formulieren, in welche Richtung erzogen werden soll, also Orientierung zu geben.

Letztendlich werden heute die beiden Begriffe Pädagogik und Erziehungswissenschaft nicht einheitlich verwendet, was das Verständnis pädagogischer Texte schwierig machen kann. Zum Teil werden die Begriffe nämlich als Synonyme gebraucht. Manchmal wird Pädagogik aber auch als Oberbegriff verwendet, unter welchen dann die Erziehungspraxis und deren wissenschaftliche Erforschung als Erziehungswissenschaft subsumiert werden.

Synonyme
unterschiedliche Worte mit gleicher Bedeutung

Als grundlegende Orientierungshilfe können vier Richtungen in der Pädagogik unterschieden werden:
- normative Pädagogik (Begründung von Werten und Zielen)
- geisteswissenschaftliche Pädagogik (Interpretation von Bedeutungen)
- empirische Pädagogik (Erforschung mit wissenschaftlicher Methodik)
- kritische Erziehungswissenschaft (Erziehung als Emanzipation mit Blick auf gesellschaftliche Zusammenhänge)

Eine griffige Definition von Pädagogik/Erziehungswissenschaft zu geben ist also kaum möglich – sehr allgemein könnte man sagen:

Pädagogik/Erziehungswissenschaft ist die (wissenschaftliche) Disziplin, welche sich mit Fragen der Pädagogik/Erziehungswissenschaft auseinandersetzt.

Nachdem die Begriffe der Pädagogik und Erziehungswissenschaft auch in ihren historischen Zusammenhängen genauer beleuchtet wurden, sollen jetzt die Psychologie und Soziologie betrachtet werden. Zwischen allen diesen Disziplinen gibt es zum Teil große Schnittmengen. Sie bereichern und ergänzen sich wechselseitig.

[3] Erziehung in der Kita

[4] Lehr-Lern-Prozess in der Volkshochschule (VHS)

2.2 Psychologie

Lernen | S. 200
Entwicklung | S. 135

Viele Fragestellungen und Themen der Pädagogik werden auch im Bereich der Psychologie thematisiert. Die Richtung der sogenannten *Pädagogischen Psychologie* ist genau in diesem Bereich angesiedelt. Sie beschäftigt sich vornehmlich mit den Themen Kognition, Lernen, Entwicklung, Motivation, Unterschiede zwischen den Menschen, Lehren, soziokulturelle Prozesse, soziale Beziehungen und Unterrichtsmedien. Dafür hat sie spezielle Forschungsmethoden entwickelt. Die Pädagogische Psychologie entwickelte sich ab dem Beginn des 19. Jahrhunderts, wobei zunächst lernpsychologische Grundlagenforschung betrieben wurde. Die Lehr-Lern-Forschung ist auch heute noch das zentrale Thema der Pädagogischen Psychologie. In ihrem Fokus steht dabei die Gewinnung von psychologischen Erkenntnissen mit Blick auf Erziehung und Unterricht. Die Grenzen zur allgemeinen Psychologie und Entwicklungspsychologie sind allerdings nicht fest definiert und fließend.

Die bekannten Psychologen Richard Gerrig und Philip Zimbardo definieren die allgemeine Psychologie folgendermaßen:

Psychologie ist die wissenschaftliche Untersuchung des Verhaltens und der mentalen Prozesse von Individuen. *(Zimbardo, Philip G./Gerrig, Richard J. (2004): Psychologie. 16., aktualisierte Auflage. Pearson Deutschland GmbH, München, S. 3)*

Mit Verhalten ist dabei jede Form der Anpassung des Individuums an seine Umwelt gemeint (laufen, greifen, lachen, weinen etc.). Mentale Prozesse steuern das Verhalten (schlussfolgern, denken, planen etc.). Viele Forscher gehen heute davon aus, dass mit dem Verständnis der mentalen Prozesse auch das Verhalten besser erklärbar wird.

2.3 Soziologie

[1] Auguste Comte (1798–1857), französischer Mathematiker und Philosoph, gilt als Mitbegründer der Soziologie

Im Gegensatz zur Pädagogik und Psychologie, die sich in der Regel auf einzelne Personen beziehen, untersucht die Soziologie das Verhalten der Menschen in Gruppen unterschiedlicher Größe oder Institutionen.

Die Soziologie entstand, wie die Pädagogik auch, zur Zeit der Aufklärung und wurde Ende des 19. Jahrhunderts eine eigenständige wissenschaftliche Disziplin. Ihre Entstehung ist eng mit dem Namen des Franzosen Auguste Comte verbunden.

Wie die Pädagogik ist die Soziologie kein einheitliches Gebilde, sondern es gibt eine Vielzahl von Strömungen und Richtungen, die das Handeln des Menschen in der Gruppe aus unterschiedlichen Perspektiven erforschen. In unserem Zusammenhang tauchen soziologische Fragestellungen z. B. im Kapitel XIII „Gruppe“ auf.

Gruppe | S. 301

3 Grundbegriffe wissenschaftlichen Arbeitens

In diesem Kapitel geht es darum, ein Bild vom Wissenschaftsbegriff zu entwerfen sowie Kriterien darzustellen, die über die Wissenschaftlichkeit einer Arbeit und ihre Qualität Auskunft geben können. Für Letzteres werden u. a. Gütekriterien angewandt, die ausführlich dargestellt werden. Es soll allgemein beleuchtet werden, wann Theorien als Wissenschaft bezeichnet werden und was die Aufgabe von Wissenschaft sind.

Wissenschaft ist ein allgemein anerkanntes System, das sich durch Wissen auszeichnet, das aus Forschung, Lehre und überlieferter Literatur stetig gebildet und geordnet wird.

3.1 Paradigmenbegriff am Beispiel der Psychologie

Für Philosophen, die sich mit Wissenschaftsgeschichte beschäftigen, stellt sich die Frage, auf welcher Basis in der Forschung die „Annäherung an die Wahrheit" nach |Karl R. Popper erfolgen kann. Hier wird der Begriff des Paradigmas eingeführt. Paradigmen beruhen dabei auf einem zeitgebundenen Verständnis von Wirklichkeit. Verändert sich diese, wird das Paradigma durch neue Konzepte ersetzt. Man spricht dann von einem Paradigmenwechsel.

Karl R. Popper | S. 13

3.1.1 Begriff des Paradigmas in der Wissenschaft

Der Begriff des Paradigmas wurde 1962 von Thomas S. Kuhn eingeführt. Paradigma bezeichnet eine wissenschaftliche Leistung, die von den Mitgliedern einer wissenschaftlichen Disziplin als vorbildlich akzeptiert und durch die eine wissenschaftliche Tradition begründet wird. Im Gegensatz zur „vorparadigmatischen Phase", bei der Wissenschaftler stark unterschiedliche Aspekte ihres Themengebietes untersuchen und die hierbei gefundenen Theorieansätze die Experimente anderer Forscher nicht zu erklären vermögen, ermöglichen die Verfeinerung, der Ausbau und die Anwendung der Prinzipien des Paradigmas neue Forschungsbereiche; diesen Zeitabschnitt bezeichnet Kuhn als „Normalwissenschaft". Solange sich also eine Disziplin an einem Paradigma orientiert, nimmt sie bestimmte Grundannahmen als fest gegeben an. Treten Widersprüche oder Schwierigkeiten im Forschungsprozess auf, die innerhalb des Paradigmas nicht gelöst werden können, entsteht eine Krise und es kommt zum Übergang von einem alten Paradigma zu einem neuen – Kuhn nennt dies eine „wissenschaftliche Revolution".

[2] Thomas Samuel Kuhn (1922–1996), US-Amerikaner, bedeutender Wissenschaftsphilosoph des 20. Jahrhunderts

Karl Popper stimmte mit Kuhn überein, dass Wissenschaft eine strukturierte Anhäufung von Wissen ist, verfolgt selbst jedoch einen formell logischen Ansatz. Nach Popper wird eine Theorie nur durch „Falsifizierung" widerlegt und dadurch verändert bzw. ersetzt – in diesem Ansatz soll jede wissenschaftliche Theorie so formuliert sein, dass sie sich empirisch widerlegen lassen könnte. Obwohl dieser Ansatz wissenschaftlich klarer definiert ist, zeigte Kuhn auf, dass keine der bekannten Paradigmenwechsel nach diesem Muster abliefen (z. B. Einsteins Relativitätstheorie).

Paradigma ist eine Konstellation von Grundeinstellungen, Meinungen, Werten, Methoden, die von einer wissenschaftlichen Gemeinschaft gemeinsam vertreten werden, und die den theoretischen und methodischen Rahmen des wissenschaftlichen Arbeitens bildet.

Im Alltag ist ein Paradigma ein musterhaftes Beispiel. Ein Paradigma enthält in der Wissenschaft Annahmen darüber, woraus die Welt besteht, und methodologische Zielsetzungen und Leitlinien.

3.1.2 Begriff des Paradigmas in der Psychologie

Paradigmen sind keine Teildisziplinen der Psychologie, sondern jedes Paradigma ist ein theoretisches Konzept für verschiedene Teildisziplinen und Forschungsansätze der Psychologie. Diese Ansätze, die sich in Grundannahmen und Methoden unterscheiden, werden in der Regel nicht explizit erwähnt, bilden aber eine wichtige Grundlage für das Verständnis der Psychologie mit ihren Theorien und Forschungsergebnissen. Innerhalb einer psychologischen Fachrichtung sind meist verschiedene Paradigmen gleichberechtigt. Die wichtigsten Paradigmen der Psychologie werden hier dargestellt.

Paradigma	Basisannahme	Stichworte	Menschenbild	Erklärungswert
Behaviorismus ab ca. 1913 Hauptvertreter: John B. Watson Burrhus F. Skinner	Verhalten wird als Ergebnis verstärkender und abschwächender Reizfaktoren verstanden	Reiz-Reaktions-Schema Konditionierung	Reduktion auf beobachtbares Verhalten, das Innere des Menschen wird als „Black-Box" angesehen	Hoffnung auf Chancengleichheit
Tiefenpsychologie ab ca. 1913 Hauptvertreter: Sigmund Freud (Begründer der Tiefenpsychologie) Carl G. Jung	drei seelische Instanzen: ES als Repräsentant aller Triebe, Über-ICH als moralische Instanz, ICH als das realitätsnahe, bewusste Denken	„Deutung" der Klienten-Äußerungen Verarbeitungen unbewusster Konflikte Übertragung Widerstand Regression Gegenübertragung	unbewusste Faktoren beeinflussen Denken, Handeln und Fühlen; diese unbewussten Faktoren führen zu inneren Konflikten	unter der Oberfläche des Bewusstseins laufen unbewusste Prozesse ab, die das bewusste Seelenleben beeinflussen
Kognitivismus ab ca. 1948 Hauptvertreter: Albert Bandura Edward C. Tolman Jerome S. Bruner	menschliches Erleben und Verhalten wird über kognitive Prozesse erklärt	Wahrnehmen Denken Verstehen Erinnern	Mensch als informationsverarbeitendes Wesen Beschäftigung mit den inneren Vorgängen	Entwicklung ist ein aktiver Prozess des Subjekts Handeln wird von Denkvorgängen bestimmt – nicht nur von äußeren Reizen
Ganzheitspsychologie ab ca. 1971 Hauptvertreter: Lewin Bruner Felix Krueger Wertheimer	das Individuum ist aus sich selbst heraus aktiv, aus eigenem Antrieb; seine Aktivitäten sind nicht von außen determiniert	Selbstorganisation Ganzheit des Menschen „Das Ganze ist mehr als die Summe der Teile und besteht vor den Teilen"	das Individuum steht in wechselseitigem Austausch mit seiner Lebensumwelt; der Organismus ist selbst ein organisiertes System und bildet als solches eine Ganzheit	der ganze Mensch steht im Vordergrund; Einheit kognitiver, emotionaler und somatischer Aspekte
Psychobiologie ab ca. 1887 Hauptvertreter: Wilhelm Wundt William James	Wechselwirkung von Psyche und Körper Funktionen von Verhalten: Erhaltung und Fortpflanzung	bildgebende Verfahren zur Untersuchung des Gehirns Psychopharmakologie	Verhaltensmerkmale des Menschen als Ergebnis biologischer Evolution durch Anpassung an die Umwelt; Einfluss von Erbgut und Umwelt auf Verhalten	Verhalten des Menschen wird exakt beschrieben und in seinen Zusammenhängen analysiert, um Verhalten voraussagen zu können

[Tab.1] Ausgewählte Paradigmen der Psychologie

Durch Veränderung des gesellschaftlichen Denkens und neue wissenschaftliche Möglichkeiten können sich neue Denkrichtungen etablieren. Jede Zeit entwickelt die in ihr möglichen Paradigmen. In den Sozialwissenschaften vollzog sich in den letzten 100 Jahren immer wieder ein Paradigmenwechsel. Die Auffassung über das menschliche Denken, Fühlen und Handeln und die daraus folgenden Konsequenzen für die Psychologie veränderten sich. Wie bei jedem Paradigmenwechsel erfolgt der Veränderungsprozess nicht plötzlich, sondern es dauert einige Zeit, bis sich die Erkenntnisse des neuen Paradigmas in konkreten Handlungen niederschlagen.

3.2 Wissenschaftliche Gütekriterien

Gütekriterien geben Aufschluss über die Wissenschaftlichkeit einer Arbeit und lassen Aussagen über deren Qualität zu. Sie stellen bestimmte Anforderungen, die erfüllt werden müssen, wenn eine Studie als wissenschaftliche Forschung anerkannt werden soll. So muss sichergestellt sein, dass ein verwendeter Test das misst, was er messen soll, und dass die Forschungsergebnisse des Tests reproduzierbar sowie unabhängig vom Forschenden sind. Nur wenn diese Standards eingehalten werden, ist es möglich, verschiedene wissenschaftliche Studien miteinander zu vergleichen.

Die drei Gütekriterien **Objektivität**, **Reliabilität** und **Validität** stehen in enger Beziehung zueinander. Es reicht nicht aus, die Qualität eines Messinstrumentes anhand nur eines der drei Kriterien festzumachen. Die Reliabilität ist eine notwendige Voraussetzung für Validität. Ist eine Untersuchung nicht zuverlässig, kann sie dementsprechend auch nicht gültig sein. Die Objektivität wiederum ist Voraussetzung von Reliabilität [Abb. 1].

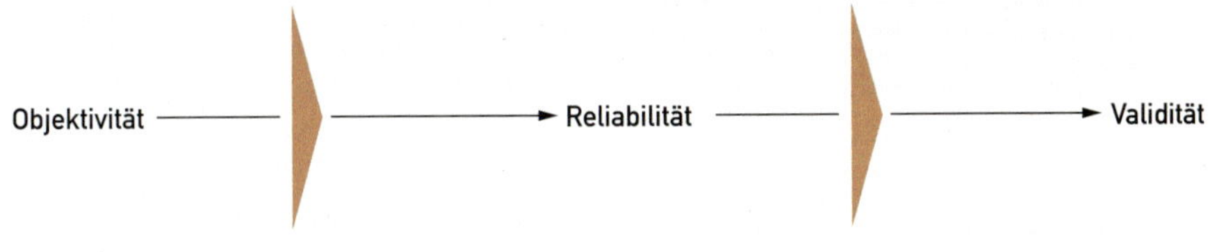

[1] Ohne Objektivität keine Zuverlässigkeit (*Reliabilität*) und ohne Zuverlässigkeit keine Gültigkeit (*Validität*)

3.2.1 Objektivität

Unter Objektivität oder auch *Generalisierbarkeit* von Forschungsergebnissen ist die **Unabhängigkeit** dieser Ergebnisse von den Rahmenbedingungen zu verstehen. So muss derselbe Test bei der Durchführung und der Auswertung von unterschiedlichen Versuchsleitern immer dieselben Ergebnisse erzielen und frei von Einflüssen durch den jeweiligen Versuchsleiter sein.

Die Objektivität unterteilt sich in drei Bereiche:
- Durchführungsobjektivität
- Auswertungsobjektivität
- Interpretationsobjektivität

Standardisierung
Die Regeln zur Testdurchführung sind klar festgelegt.

soziale Interaktion
das Miteinander, der Umgang zwischen den am Versuch beteiligten Personen

geschlossene Fragen
Fragen, die mit Ja oder Nein zu beantworten sind

Durchführungsobjektivität: Ergeben sich die Resultate unabhängig davon, welcher Versuchsleiter den Test mit den Probanden durchführt, besteht eine hohe Durchführungsobjektivität. Um die Testpersonen nicht zu beeinflussen, ist eine maximale Standardisierung des Tests anzustreben. Die Probanden müssen genaue Instruktionen zum Ablauf der Untersuchung erhalten, sodass keine falschen oder unterschiedlichen Auslegungen der Fragepunkte möglich sind und alle unter denselben Voraussetzungen arbeiten. So muss in Fragebögen festgelegt sein, auf welchen **Zeitraum** sich die Fragen beziehen und die **Antwortmöglichkeiten** müssen klar definiert sein. Eine Störung kann auch vom Versuchsleiter selbst infolge seines Verhaltens ausgehen. Daher ist es nötig, die soziale Interaktion der Untersucher mit den Probanden möglichst gering zu halten.

Auswertungsobjektivität: Die Auswertungsobjektivität besteht dann, wenn die Testergebnisse nicht von der auswertenden Person abhängen. Dies setzt voraus, dass die Antworten der Testpersonen immer nach **standardisierten Regeln** gewertet werden. Die Objektivität der Auswertung ist bei Tests mit geschlossenen Fragen oder Multiple-Choice-Antwortmöglichkeiten sehr hoch. Enthält der Test dagegen offene Antwortmöglichkeiten, muss im Vorfeld genau beschrieben sein, nach welchen Regeln die Auswertung hier vorzunehmen ist.

Interpretationsobjektivität: Kommen unterschiedliche Personen bei der **Beurteilung der erhobenen Daten** zum gleichen Ergebnis, spricht man von einer hohen Interpretationsobjektivität.

3.2.2 Reliabilität

Reliabilitätskoeffizient
Der Reliabilitätskoeffizient misst die Zuverlässigkeit (Reliabilität) eines Tests. Er nimmt dabei Werte zwischen 0 und 1 an. Je näher er bei 1 liegt, desto höher ist die Reliabilität einer Messung.

Korrelation
Zusammenhang zweier Variablen

Korrelation | S. 39

Korrelationskoeffizient
gibt Auskunft über die Stärke des Zusammenhangs zwischen zwei Variablen, er liegt zwischen +1 und –1

Die Reliabilität beschreibt die **Zuverlässigkeit** eines Tests bzw. die Wiederholbarkeit einer Messung. Ein Test ist dann reliabel, wenn wiederholte Durchführungen immer das gleiche Ergebnis erzielen. Als Maß der Zuverlässigkeit wird der **Reliabilitätskoeffizient** (abgekürzt durch r) genutzt.

Voraussetzung für die Erhebung der Reliabilität ist, dass sich der zu messende Wert konstant verhält. Unterschieden werden:

Retest-Reliabilität: Die Retest-Reliabilität wird ermittelt, indem derselbe Test mit denselben Probanden zu unterschiedlichen Zeitpunkten durchgeführt wird. Stimmen die Ergebnisse beider Messungen weitgehend überein, gilt der Test als stabil für Wiederholungsmessungen. Beide Messungen werden in Korrelation zueinander gesetzt und ergeben das Maß der Reliabilität dieser Methode, den Korrelationskoeffizienten.

Interrater-Reliabilität: Interrater-Reliabilität besteht dann, wenn mindestens zwei Forscher bei der Durchführung eines Tests oder bei der Benutzung eines Instrumentes zu denselben Ergebnissen gelangen.

Intrarater-Reliabilität: Bei hoher Intrarater-Reliabilität führt ein Untersucher den Test zu verschiedenen Zeitpunkten aus und erhält dieselben Ergebnisse.

3.2.3 Validität

Die Validität ist die **Gültigkeit** eines Messinstruments. Es zeigt an, ob ein Test wirklich das misst, was er messen soll, und ob das Messinstrument tatsächlich für die Überprüfung der Hypothese geeignet ist. Die Validität kann sich auf Tests und Studien beziehen.

Validität wird u. a. unterteilt in

- Inhaltsvalidität,
- Augenscheinvalidität,
- Konstruktvalidität,
- interne Validität und
- externe Validität.

Inhaltsvalidität: Bei der Inhaltsvalidität wird ermittelt, ob das vorliegende Messinstrument in der Lage ist, den zu messenden Wert **repräsentativ zu erfassen**. Diese Variante ist insbesondere für die Validierung von Wissenstests bedeutsam. Für die Untersuchung der Inhaltsvalidität gibt es keine objektive Methode. Meist werden **Experten** des jeweiligen Fachgebietes herangezogen und gebeten zu analysieren, ob die Items des Messinstruments in der Lage sind, den gewünschten Inhalt zu erfragen, um somit das gewollte Ergebnis zu erlangen.

Item
Als Item werden einzelne Fragen oder Aufgabenstellungen in Fragebögen oder Tests bezeichnet. Items werden einem zu messenden Merkmal zugeordnet und liefern je nach Beantwortung Punktwerte, die bei der statistischen Auswertung der Messung in die Berechnung der Ergebnisse einfließen.

Augenscheinvalidität: Sie ist ein Maß dafür, ob ein Test den zu messenden Wert für die zu testende Person offensichtlich (augenscheinlich) erheben kann. Die durch den Laien angenommene Gültigkeit ist unabhängig von der tatsächlichen Validität des Messinstruments.

Konstruktvalidität: Sie bewertet den Zusammenhang zwischen einem theoretischen Konstrukt und den im Test erhobenen Eigenschaften. Ein Konstrukt ist ein Sachverhalt innerhalb einer wissenschaftlichen Theorie, der nicht direkt beobachtet werden kann, z. B. Intelligenz. Um Aussagen über das Konstrukt machen zu können, werden mehrere messbare Sachverhalte beobachtet, die zusammengenommen das Konstrukt charakterisieren, z. B. logisches Denken, Sprachverständnis, Faktenwissen. Ein konstruktvalides Messinstrument berücksichtigt alle Bereiche des Konstrukts.

Interne Validität: Bei der internen Validität gilt es festzustellen, ob **Kausalzusammenhänge** zwischen der unabhängigen Variablen und der abhängigen Variablen bestehen. Intern valide ist eine Studie dann, wenn nachgewiesen wird, dass die Veränderung der unabhängigen Variablen eindeutig Ursache für die Veränderung der abhängigen Variablen ist.

Variable | S. 34

Externe Validität: Die externe Validität beschreibt die **Verallgemeinerbarkeit** einer Studie. Die Forschungsergebnisse werden auf andere Personen, Orte oder Situationen übertragen, um zu gleichen Ergebnissen zu gelangen.

Gütekriterien geben Aufschluss über die Wissenschaftlichkeit einer Arbeit und können deren Qualität überprüfen. Die drei Gütekriterien sind: Objektivität, Reliabilität und Validität. All diese Gütekriterien greifen ineinander und sollten nicht unabhängig von einander betrachtet werden.

4 Forschungsansätze und -methoden

Für die Sozialwissenschaften sind sowohl qualitative als auch quantitative Forschungsansätze von Bedeutung.

Forschung kann in zwei große Ansätze unterteilt werden: die **qualitative** und die **quantitative** Forschung. Diese Forschungsansätze unterscheiden sich hinsichtlich

- der Datensammlung,
- der Auswertung und Interpretation der Daten,
- des Kontaktes zu den untersuchten Personen,
- der Auffassung von Wirklichkeit,
- des Blicks auf die Wissenschaft sowie
- der Voraussetzungen und Bedingungen der Forschung.

Die Wahl des Forschungsansatzes resultiert aus der Forschungsfrage. Die folgende Tabelle gibt zu Beginn einen Überblick über die beiden grundsätzlichen Forschungsansätze, die durchaus auch miteinander kombiniert werden können.

	Qualitative Forschung	Quantitative Forschung
Ursprung	Sozial- und Geisteswissenschaften	Naturwissenschaften
Forschungsfrage	Ausrichtung auf die subjektive Wahrnehmung und das Erleben von Einzelnen: „Welche Emotionen löst dieses Zimmer bei Ihnen aus?“	Ausrichtung auf die objektiv messbare Wirklichkeit: „Wie viele Patientinnen fühlen sich in einem individuell gestalteten Patientenzimmer wohler als in einem neutralen Raum?“
logisches Grundprinzip	in der Regel induktiv – von einzelnen Beobachtungen oder Aussagen auf das Allgemeine schließend, indem aus Einzelfällen Theorien oder Konzepte (weiter-)entwickelt werden	in der Regel deduktiv – vom Allgemeinen auf das Einzelne schließend, indem die aufgestellte Hypothese mittels Forschung bestätigt oder widerlegt wird
Datenerhebung	offene Methoden, z. B. offene Interviews oder (teilnehmende) Beobachtungen	standardisierte Methoden, z. B. standardisierte Interviews, naturwissenschaftliche Messverfahren
Auswertung	interpretierend, der jeweiligen Thematik und Untersuchungsmethode angemessen	statistisch-mathematisch
Einsatzgebiet	Theorieentwicklung	Theorieüberprüfung
Vorgehen	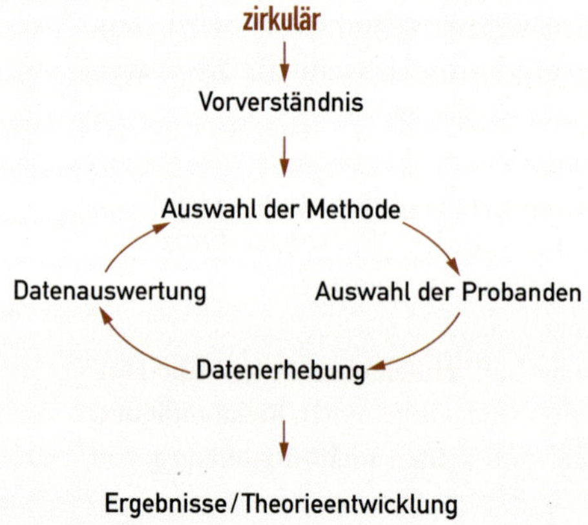	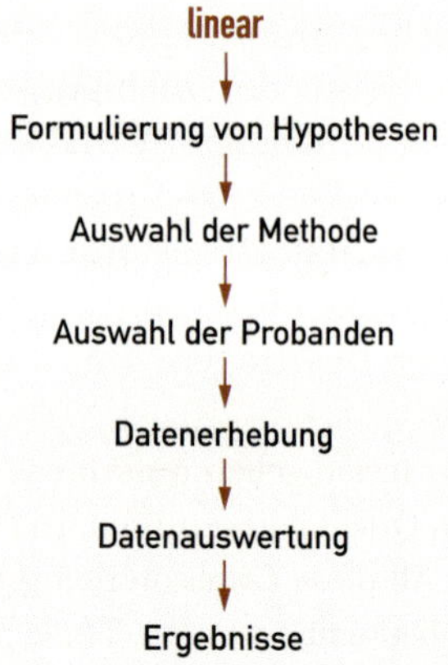

[Tab. 1] Qualitative und quantitative Studien

4.1 Qualitative Forschung

Der qualitative Forschungsansatz hat zum Ziel, die Erfahrungen und Lebenswelten von Menschen zu erforschen, und orientiert sich an den subjektiven Wahrnehmungen der zu untersuchenden Personen. Er ist besonders dann nützlich, wenn bestimmte Prozesse oder Phänomene noch nicht bekannt sind, also erst einmal an „die Oberfläche" geholt werden müssen. Typische Fragestellungen sind:

- Wie erleben Menschen bestimmte Situationen?
- Wie entsteht ein bestimmtes (abstraktes) Phänomen?

Forschungsdesigns

Die Forschungsdesigns der qualitativen Forschung beruhen auf Versprachlichung der Lebenswirklichkeit der untersuchten Personen mit anschließender Interpretation.

- **Grounded Theory:** Ein sozialwissenschaftlicher Ansatz zur datenbasierten Theorieentwicklung, entwickelt von den Soziologen Barney L. Glaser und Anselm L. Strauss (1967). Die Theoriebildung erfolgt in einer laufenden Auseinandersetzung mit den erhobenen Daten und die entwickelten Konzepte werden immer wieder anhand neuer Daten überprüft.
- **Phänomenologischer Forschungsansatz:** Basiert auf der Philosophie von Edmund Husserl, der Phänomenologie. Ziel ist, das Wahre vom bloßen Schein zu unterscheiden. Ausgang der Überlegungen ist der erkennende Mensch, das Subjekt. Der phänomenologische Ansatz zielt auf die Erschließung konkreter Erlebnisse und Erfahrungen verschiedener Menschen in ihrer Lebenswelt.
- **Hermeneutischer Forschungsansatz:** Beruht auf spiralförmigem Deuten von Texten oder Aussagen. In einem ersten Schritt wird ein Grundverständnis eines Textes erschlossen, das wiederum den Hintergrund für Feinanalysen einzelner Passagen liefert. Diese Feinanalysen werden nun wieder auf den Gesamttext angewendet.

Hermeneutische und phänomenologische Techniken werden häufig in Kombination miteinander eingesetzt und als phänomenologisch-hermeneutischer Forschungsansatz bezeichnet.

Methoden der Datenerhebung

Kennzeichen qualitativer Datenerhebung sind nichtstandardisierte bzw. offene Methoden, die geeignet sind, subjektive Sichtweisen zu erfassen. Dazu gehören teilnehmende Beobachtung sowie qualitative Interviews und Inhaltsanalysen.

Gütekriterien

Die Güte (Qualität) qualitativer Studien wird durch verschiedene Kriterien eingeschätzt.

- **Verfahrensdokumentation**: Da qualitative Studien sehr individuell angelegt sind, muss der Forschungsprozess bis ins Detail dokumentiert werden.
- **Regelgeleitetheit**: Die Regeln qualitativer Forschung müssen eingehalten werden.
- **Nähe zum Gegenstand**: Die Forschung soll sich möglichst nah an der Alltagswelt der untersuchten Personen anlehnen.
- **Kommunikative Validierung**: Die Gültigkeit der Ergebnisse wird geprüft, indem sie gemeinsam mit den untersuchten Personen diskutiert werden.
- **Triangulation**: Die Fragestellung wird anhand verschiedener Verfahren bearbeitet und die Ergebnisse miteinander verglichen.

4.2 Quantitative Forschung

Der quantitative Forschungsansatz ist stark mathematisch-naturwissenschaftlich ausgerichtet. Er orientiert sich an genau messbaren Merkmalen und Handlungsweisen, die sich gut wiederholen lassen und zu verlässlichen Resultaten führen. Typische Fragestellungen sind:
- Wie wirkt eine bestimmte Intervention?
- Wie häufig tritt ein bestimmtes Phänomen in einer Bevölkerung auf?

Forschungsdesigns
In der quantitativen Forschung werden grundsätzlich folgende Designs voneinander unterschieden:
- experimentelle Studien
- quasiexperimentelle Studien
- nichtexperimentelle Studien

Experimentelle Studien überprüfen eine Hypothese, indem sie gezielt die unabhängige Variable einer Hypothese verändern und dabei mögliche Störfaktoren ausschließen. Das Setting (der Rahmen und das Umfeld einer Forschung) kann dabei entweder ein künstlich errichtetes (Laborexperiment) oder natürliches Umfeld (Feldexperiment) sein.

Das klassische Experiment ist das Pretest-Posttest-Design („Vorher-Nachher"). Bei diesem Experiment werden aus einer eingegrenzten Grundgesamtheit zwei vergleichbare Gruppen gebildet:
- die Versuchsgruppe, die eine Intervention erhält, die überprüft werden soll
- die Kontrollgruppe, welche die Intervention nicht bzw. eine andere Intervention erhält

Prinzipiell sollen sich die beiden Gruppen nur durch die unabhängige Variable voneinander unterscheiden: Erhalten sie die Intervention oder nicht? Das heißt, dass alle anderen Faktoren gleich sein müssen. Dies ist so nur im Laborexperiment zu garantieren. Bei Feldstudien wird versucht, durch die Eingrenzung von Störfaktoren die Wahrscheinlichkeit zu erhöhen, dass beide Gruppen möglichst „gleich" sind. Dies kann durch folgende Verfahren erfolgen:
- **Randomisierung**: Die Versuchspersonen werden nach dem Zufallsprinzip (z. B. durch Losen) auf die Versuchs- und Kontrollgruppe verteilt. Damit soll erreicht werden, dass die Merkmale der Gruppenangehörigen möglichst gleich gestreut sind (z. B. gleiche Anzahl von Frauen und Männern, gleiche Anzahl von Menschen einer bestimmten Altersgruppe).
- **Verblindung**: Die Beteiligten wissen nicht, ob sie der Versuchs- oder der Kontrollgruppe angehören. Dies soll den |Placebo-Effekt verringern.
- **doppelte Verblindung**: Sowohl die Studienteilnehmer als auch die Forscher kennen die Zuordnung zur Versuchs- oder Kontrollgruppe nicht.
- **Kontrolle**: Alle Variablen, die nicht beeinflusst werden können, werden erfasst, um sie später bei der statistischen Auswertung zu berücksichtigen.

Placebo-Effekt
Der Begriff Placebo-Effekt beschreibt eine Veränderung des Befindens und objektiv messbarer Körperfunktionen, die allein der subjektiven Bedeutung einer Intervention für den Patienten zuzuschreiben ist. Er kann bei jeder Intervention auftreten, nicht nur bei der Gabe von Scheinmedikamenten (Placebo).

In **quasiexperimentellen Studien** erfolgt die Zuteilung zur Versuchs- und Kontrollstudie nicht durch Randomisierung, sondern aufgrund der gegebenen Tatsachen. So kann z. B. eine Gruppe Krippenkinder mit einer Gruppe zu Hause betreuter Kinder hinsichtlich einer bestimmten Intervention verglichen werden. Durch die fehlende Randomisierung lassen sich Störvariablen jedoch nicht ausschließen. So kann z. B. durch Zufall die Gruppe der Krippenkinder im Durchschnitt fünf Monate älter sein und das Ergebnis ist auf das Alter der Kinder zurückzuführen und nicht auf die Art der Betreuung.

Nichtexperimentelle Studien erlauben keine Veränderung der unabhängigen Variablen. Die meisten nichtexperimentellen Studien erfolgen deskriptiv, d. h. beschreibend. Über dieses Design können bestimmte Phänomene sehr exakt beschrieben werden. Eine zweite, relativ häufig genutzte Form nichtexperimenteller Studien sind sogenannte Korrelationsstudien, welche die Wechselbeziehung zwischen zwei Variablen untersuchen. Wie quasiexperimentelle Studien haben nichtexperimentelle Studien den Nachteil, dass die Störvariablen nicht kontrolliert werden können. Das heißt, es lässt sich durch nichtexperimentelle Studien nicht nachweisen, dass das Ergebnis wirklich auf den unterschiedlichen Variablen beruht und nicht auf einem anderen Merkmal. Der Vorteil liegt in dem relativ geringen personellen und finanziellen Aufwand bei gleichzeitig großer Datenmenge. Nichtexperimentelle Studien werden in den Sozialwissenschaften häufig angewendet. Sie können als Längs- oder Querschnittsstudien angelegt sein. Bei Längsschnittstudien wird dieselbe Erhebung über einen längeren Zeitraum immer wieder bei derselben Personengruppe durchgeführt und die Daten miteinander verglichen. Bei Querschnittsstudien werden verschiedene Personen(-gruppen) zur gleichen Zeit befragt.

Methoden der Datenerhebung

Die Datenerhebung erfolgt in der quantitativen Forschung standardisiert. Das bedeutet, dass die Erhebungsinstrumente (z. B. Fragebögen oder Interviewleitfäden) bestimmte Qualitätsmerkmale aufweisen und vor Beginn der eigentlichen Studie getestet werden müssen (sog. *Pretest*). Ziel der Standardisierung ist die größtmögliche Objektivität der Datensammlung. Die Daten können mittels schriftlicher oder mündlicher (strukturierter) Interviews oder standardisierter Beobachtung erhoben oder aus bereits vorhandenen Quellen extrahiert werden.

Gütekriterien

Die Güte quantitativer Studien wird durch andere Kriterien als die der qualitativen Forschung eingeschätzt. Die Hauptgütekriterien sind:

- |Objektivität
- |Reliabilität (Zuverlässigkeit)
- |Validität (Gültigkeit)

[1] Datenerhebung mittels Interview

Objektivität | S. 19
Reliabilität | S. 20
Validität | S. 21

5 Die Phasen des Forschungsprozesses

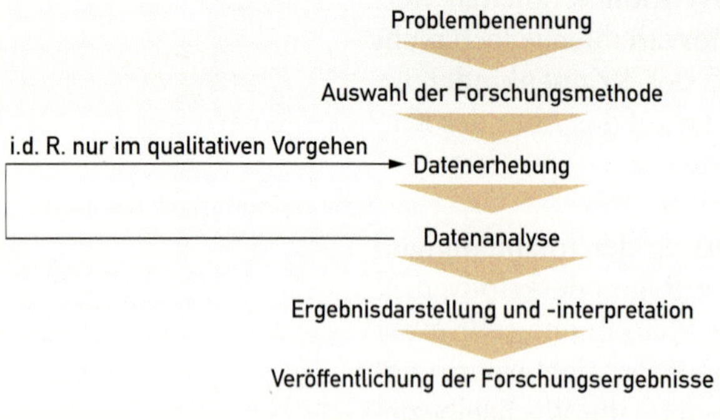

[1] Phasen eines Forschungsprozesses (nach Atteslander 2006)

Jeder Forschungsprozess besteht aus mehreren Phasen [Abb. 1]. Jede dieser Phasen verfolgt bestimmte Ziele und in jeder Phase werden Entscheidungen getroffen, die zum Gelingen des Projektes bzw. der Forschungsarbeit beitragen. Der im Folgenden dargestellte lineare Aufbau des Forschungsprozesses muss nicht starr eingehalten werden. Neue Fragen, die sich während des Prozesses ergeben, aber auch Fehler oder Ungenauigkeiten können dazu führen, dass bereits geschlossene Phasen erneut durchlaufen werden. Dies gilt besonders für qualitative Forschungsprozesse, die sich in einer Reihe von Schleifen vollziehen, statt linear aufeinander aufzubauen.

5.1 Fragestellung – Das Ziel vor Augen

Wissenschaftlichem Arbeiten geht immer das Fragen, das Mehr-wissen-Wollen und das „Nachhaken“ voraus.

Am Anfang steht der Forscher entweder vor einem **Problem**, welches er lösen möchte, oder ihn interessiert ein Sachverhalt, über den er mehr wissen möchte. Das Problem kann sich ergeben

- aus der alltäglichen Arbeit,
- durch den Wunsch, eine Forschung zu wiederholen, um sie zu überprüfen oder auf einen anderen Zusammenhang zu übertragen,
- durch das Nachdenken über ein Phänomen oder eine Situation,
- durch die Auseinandersetzung mit einem Themenbereich, aus dem ein spezielles Problem gewonnen wird, und
- durch bereits bestehende Forschungsarbeiten, die in ihrem Ausblick neue Forschungsfragen formuliert haben.

Phänomen | S. 23

Nachdem das Problem bzw. der Sachverhalt näher beschrieben wurde, mündet dies in eine **Forschungsfrage**. Die Fragestellung ist der zentrale Ausgangspunkt eines jeden Forschungsprozesses. So wie eine Kompassnadel grundsätzlich nach Norden zeigt und die Richtung einer Reise bestimmt, gewährleistet die Fragestellung, dass sich niemand auf der Forschungsreise verläuft und vom Weg abkommt.

[2] Die Fragestellung bestimmt die Richtung der „Forschungsreise“.

Was soll untersucht werden?

Der zu untersuchende Sachverhalt einer wissenschaftlichen Arbeit ist der **Forschungsgegenstand.** Je präziser er definiert wird, umso weniger läuft man Gefahr, zu einem späteren Zeitpunkt das Ziel aus den Augen zu verlieren.

Dies bedeutet, dass das Thema gegenüber anderen Themen und Fragestellungen abzugrenzen ist und dargestellt wird, welche Inhalte *nicht* zum Forschungsgegenstand gehören und somit auch nicht untersucht werden.

Warum wird untersucht?

Forscher sollten sich über den Ursprung ihres Forschungsinteresses bewusst sein und diesen benennen. In diesem Zusammenhang macht der Forscher deutlich, wer der Initiator des Forschungsprojektes ist, ob es einen Auftraggeber gibt, der das Forschungsproblem vorgegeben hat, oder ob der Forscher das Projekt selbst initiiert hat. Zusätzlich gilt es, Folgendes zu beantworten:

- Warum beschäftigt sich der Forscher mit dem Problem?
- Was ist die Relevanz, d. h. die Bedeutsamkeit oder Wichtigkeit des Themas?

5.2 Literaturrecherche

Als nächsten Schritt wird der Forscher eine Begründung für die Relevanz seines Forschungsgegenstandes liefern müssen. Dafür ist eine gründliche Literaturrecherche unerlässlich.

Literaturrecherche | S. 280

Die Literaturrecherche gibt Auskunft darüber, wie umfangreich das Thema bereits behandelt wurde. Ist das vorliegende Thema in der Literatur ausführlich beschrieben worden oder beschäftigten sich damit bereits eine Vielzahl vorangegangener Arbeiten und Studien, so muss der Forscher herausarbeiten, was das „Neue" an der vorliegenden Forschungsarbeit ist. Dies ist wichtig, da wissenschaftliches Arbeiten den Anspruch hat, **neue Erkenntnisse** zu erlangen, statt bereits vorhandenes Wissen zu reproduzieren.

5.3 Hypothesenaufstellung

Falls noch nicht vorher geschehen, kann sich spätestens nach der Literaturrecherche aus der Forschungsfrage eine Vermutung über die zu erwartenden Ergebnisse entwickeln, welche überprüft werden soll. Eine Vermutung ist eine Art vorläufige Lösung oder Erklärung des Problems und wird im Forschungsprozess sprachlich als **zu überprüfende Feststellung** formuliert. Diese nennt man Hypothese. Aufgabe der Forschungsarbeit ist es, zu überprüfen, ob die Hypothese zutrifft. Daher muss eine Hypothese *überprüfbar* sein.

Nicht jede beliebige Vermutung ist zugleich eine wissenschaftliche Hypothese. Damit von einer Hypothese gesprochen werden kann, muss ihre Aussage falsifizierbar sein. Das bedeutet, dass man überprüfen können muss, ob sie sich in der Realität als falsch erweist. Ein Beispiel für eine Hypothese, die nicht überprüfbar und damit nicht falsifizierbar wäre, könnte lauten: „Menschen mit der Augenfarbe Lila haben keine Rückenschmerzen." Solange keine Menschen mit der Augenfarbe Lila bekannt sind, kann schließlich nicht widerlegt werden, dass sie keine Rückenschmerzen haben. Dies wäre somit keine wissenschaftliche Hypothese.

Falsifizierung
lat. falisificare = „als falsch erkennen" im Sinne von „einen vermuteten Zusammenhang als falsch erkennen"
Verifizierung
einen vermuteten Zusammenhang als wahr belegen
lat. veritas = Wahrheit

Die Aussage, die getroffen wird, muss logisch sein und darf keine widersprüchliche Annahme treffen. Eine Hypothese, die aufgrund ihrer fehlenden logischen Struktur nicht widerspruchsfrei wäre, könnte lauten: „Junge Sportler, die Sport treiben, leiden häufiger unter Kopfschmerzen als junge Sportler, die keinen Sport treiben." In der Regel werden Sportler darüber definiert, dass sie Sport treiben. Daher liegt in der Untersuchung von Sportlern, die allerdings keinen Sport treiben, ein Widerspruch. Folgende Hypothese wäre hingegen widerspruchsfrei: „Junge Sportler leiden häufiger unter Kopfschmerzen als Nichtsportler."

5.4 Auswahl der Forschungsmethode

Nachdem die Forschungsfrage formuliert und die Hypothese aufgestellt bzw. der Forschungsbereich eingegrenzt wurden, liegt das Ziel der Arbeit deutlicher vor Augen. Der Forscher muss die **Methode**, anhand derer er die Hypothese überprüfen oder den Forschungsbereich untersuchen möchte, festlegen. Auch in dieser Definitionsphase sollte der Forscher gewährleisten, dass man ihm kritisch auf die Finger schauen kann.

Die **Leitfragen** für die Wahl der Forschungsmethode lauten:
- Wie soll die Forschungshypothese überprüft und gemessen, also operationalisiert werden?
- Welche Mittel und Instrumente eignen sich?

Um etwas messen zu können, bedarf es der genauen Definition des Gegenstands und damit zusammenhängender Begriffe. So müssen vielschichtige und schwer messbare Begriffe, wie Lebensqualität, Gesundheit oder Intelligenz, aufgegliedert und in ihrer Verwendung unmissverständlich erläutert werden. Zur Messung des Forschungsgegenstandes muss der Forscher dann eigens Erhebungsinstrumente bestimmen.

Armut | S. 335

Die Untersuchung der „Armut“ einer bestimmten Population ist ein Beispiel dafür, dass ein Begriff nicht direkt erfasst werden kann. Er bedarf dagegen einer **Erläuterung** mithilfe der Frage „Was versteht der Forscher unter Armut bzw. wie verwendet er diesen Begriff?“ und der **Abgrenzung** mittels der Frage „Welcher Aspekt der Armut wird (nicht) untersucht?“. Dies geschieht, indem der Forscher Teilbereiche beschreibt, die **Dimensionen** genannt werden. Nachdem definiert ist, welche Dimensionen des Begriffes für die Fragestellung wichtig sind, wird in einem weiteren Schritt festgelegt, wie diese Dimensionen durch Indikatoren messbar gemacht werden können [Tab. 1].

Indikatoren
Anzeiger für bestimmte Sachverhalte (Zustände oder Eigenschaften), die nicht direkt messbar sind
lat. indicare = anzeigen

Dimensionen	Indikatoren
wirtschaftlich	▪ Einkommen ▪ Konsum ▪ Vermögen
soziokulturell	▪ Würde ▪ Status ▪ Teilhabe
humanitär	▪ Gesundheit ▪ Bildung ▪ Nahrung
politisch	▪ Rechte ▪ Einfluss ▪ Freiheit
sicherheitsbezogen	▪ Verwundbarkeit ▪ Selbstschutz

[Tab. 1] Beispiele von Dimensionen und ihrer Indikatoren für den Begriff „Armut“

Der Vorgang, theoretische Begriffe in messbare Merkmale zu überführen, wird **Operationalisierung** genannt. Dimensionen und ihre Indikatoren richten sich immer nach dem Ziel der Forschungsarbeit und orientieren sich an der Fragestellung. Das heißt, dass der Forscher individuell für seinen Forschungsgegenstand begründet, warum bestimmte Dimensionen des Forschungsgegenstandes relevant sind und warum andere Teilbereiche nicht genauer untersucht werden.

Eine weitere Frage, die sich im Zusammenhang mit der Operationalisierung immer wieder stellen wird, lautet: Welche Methode oder welches Verfahren wird gewählt, um die gewünschten Daten zu erheben? Das Beispiel „Armut" zeigt, dass es mehrere Möglichkeiten der Umsetzung gibt, diese zu beschreiben und zu messen. Eher einfach wäre, das Einkommen aus vorhandenen Akten zu entnehmen. Aufwendiger wäre es, die Daten selbst zu erheben.

Die Erhebungsmethode, für die sich der Forscher entscheidet, muss von ihm benannt, erläutert und begründet werden. So sind bestimmte Methoden für bestimmte Forschungsgegenstände angemessener als andere. Zudem können verschiedene Datenerhebungsmethoden miteinander kombiniert werden.

5.5 Datenerhebung

Mit der Phase der Datenerhebung beginnt die eingehende Auseinandersetzung mit der gewählten Erhebungs- oder Untersuchungsmethode. Werden die Daten neu erhoben, spricht man von einer **Primärdatenerhebung**. Greift der Forscher dagegen auf bereits vorhandene Daten zurück, spricht man von einer **Sekundärdatenerhebung**.

Vorgehen in der Hauptuntersuchung

Während in der quantitativen Forschung bei der Durchführung der Hauptuntersuchung ein hoher Grad an **Standardisierung** gewährleistet sein muss, ist in der qualitativen Forschung der Grad der **Offenheit** ein wichtiges Charakteristikum. Die Offenheit einer Methode zeigt sich u. a. dadurch, dass neue, erst im Prozess auftretende Fragen in das Erhebungsinstrument, wie z. B. in den Fragebogen, integriert werden können. Im Falle einer hohen Standardisierung sollten allerdings auch beim qualitativen Vorgehen in der Hauptuntersuchung möglichst wenige Veränderungen am Erhebungsinstrument vorgenommen werden. Entstehen während der Durchführung Fehler oder Versäumnisse, lässt sich dies in der Regel in der Datenanalyse nicht mehr ausgleichen.

Standardisierung
Die Erhebung der Daten erfolgt in jedem Fall in gleicher Art und Weise.

Offenheit im Forschungsprozess
bedeutet, dass die Forschungsfrage im Laufe des Forschungsprozesses modifiziert werden kann.

Dokumentation

Während der Hauptuntersuchung müssen die einzelnen Schritte sowie das Abweichen vom ursprünglichen Plan dokumentiert werden. Die gründliche Dokumentation der Daten ist die Voraussetzung für die spätere Analyse. Die Daten werden so dokumentiert und aufbereitet, dass sie in analysierbare Kategorien eingetragen werden können. Besonders in der qualitativen Forschung kann dies sinnvoll und wichtig sein, um zusätzliche Informationen zu gewinnen. Die **Rahmenbedingungen** können im qualitativen Vorgehen der Gegenstand der Untersuchung sein, während im quantitativen Vorgehen für gleiche Rahmenbedingungen gesorgt werden muss, da diese einen Störfaktor darstellen könnten.

5.6 Datenanalyse

[1] Ziel der Datenanalyse ist es, die Ergebnisse systematisch zu beschreiben und übersichtlich darzustellen.

So unterschiedlich die Datenerhebung in den beiden Forschungsansätzen erfolgt, so unterschiedlich verläuft auch der Weg der Datenanalyse. Gerade in der qualitativen Forschung gibt es eine Vielzahl verschiedener Ansätze.

Sind diese Voraussetzungen erfüllt, ist es das Ziel, die Daten zu **bündeln** und zu **reduzieren**. Dies geschieht optisch in der Regel durch das Anlegen von Tabellen und die Darstellung der Daten anhand von Grafiken und Diagrammen [Abb. 1].

Werden die Daten **aus der Stichprobe** beschrieben, spricht man von einer |**deskriptiven Statistik**. Gehen die Berechnungen über die rein beschreibende Statistik hinaus und wird von der **Stichprobe auf die Grundgesamtheit** geschlossen, spricht man von |**Inferenzstatistik**.

deskriptive Statistik | S. 36

Inferenzstatistik | S. 40

Besonderheiten der qualitativen Datenanalyse

In der qualitativen Forschung ist nicht der metrische Vergleich der Daten das Ziel, sondern vielmehr das Finden von Gemeinsamkeiten und Unterschieden im Untersuchungsfeld. In Abgrenzung zur quantitativen Auswertung werden in der qualitativen Auswertung keine statistischen Verfahren herangezogen. Hier werden in der Analyse **Gefühle, Sichtweisen oder Phänomene** herausgefiltert, bei denen statistische Berechnungen (z. B. Mittelwerte) nur eingeschränkt sinnvoll und möglich sind. Wie in der quantitativen Analyse werden Anforderungen an die Datenqualität gestellt, die aber sehr stark von der Wahl der Erhebungsmethode abhängig sind. Auch hier müssen die Daten entsprechend ihrem Datenniveau untersucht werden. Die Darstellung qualitativer Ergebnisse erfolgt meist über Texte. Zentrales Mittel der Darstellung sind dabei Zitate der Befragten.

Besonderheiten der quantitativen Datenanalyse

Im Rahmen der quantitativen Datenanalyse sind in der Regel nur die **Basisdaten** der Stichprobe relevant. Je nach Fragestellung ist dies die Angabe des Alters, Geschlechts, eventuell der Körpergröße und des Gewichtes, aber auch die Information über den Gesundheitszustand gibt wichtige Aufschlüsse über die vorliegende Stichprobe. Werden in einem quantitativen Forschungsvorhaben mehrere Gruppen vergleichend untersucht, müssen diese Daten getrennt voneinander dargestellt werden. Wenn die Probanden in eine Kontroll- und eine Interventionsgruppe aufgeteilt werden, dann ist es relevant zu erfahren, ob die Probanden sich schon vor einer Intervention, z. B. eines Sturzprophylaxetrainings, bezüglich ihrer Sturzhäufigkeit unterschieden haben.

5.7 Ergebnisse

Der Ausgangspunkt der „Forschungsreise" war die Fragestellung, die durch den gesamten Forschungsprozess hindurchgeleitet hat. Am Ende der Reise, und darauf ist insbesondere die Darstellung der Ergebnisse ausgerichtet, soll die Hypothese bzw. die Annahme überprüft werden.

Darstellung der Ergebnisse

Der erste Schritt, die Darstellung der Ergebnisse, bezieht sich direkt auf die erhobenen Daten, die in Form von numerischen Messwerten oder Kategorien vorliegen. Dabei werden die Ergebnisse nicht in der Reihenfolge dargestellt, in der die Daten im Prozess erhoben wurden. Vielmehr muss sich die Abfolge der Ergebnisdarstellung an der Reihenfolge der Hypothesen bzw. der Fragestellungen orientieren, die zu Beginn gestellt wurden. Es gilt, eine strukturierte Darstellung der Ergebnisse zu wählen, deren Umfang nicht größer als notwendig ist. Wie lang die Darstellung im Einzelnen ausfällt, ist von der jeweiligen Fragestellung und Methode abhängig.

Interpretation und Diskussion

Der zweite Schritt, die Interpretation und die Diskussion der Daten, bietet Raum, um Verbindungen zu allen anderen Schritten des Forschungsprozesses zu ziehen. Der Forscher verknüpft die wichtigsten Forschungsergebnisse mit der Fragestellung, die am Ausgangspunkt stand. Ebenso werden die Ergebnisse vor dem Hintergrund der durchgeführten Literaturrecherche, also des aktuellen Standes der Wissenschaft, beleuchtet. Es gibt häufig mehrere Interpretationsmöglichkeiten der Daten. Der Forscher darf hier – und es ist sogar erwünscht – die unterschiedlichen Interpretationsmöglichkeiten diskutieren. Hier ist Platz, um die Grenzen der Forschungsarbeit oder eventuelle Nachteile zu erläutern. Beispielsweise kann diskutiert werden, ob die ausgewählte Datenerhebungsmethode geeignet war, um die Fragestellung zu beantworten.

Folgende Fragen sind vom Forscher im Rahmen der Diskussion zu beantworten:

- Was kann besser gemacht werden?
- Welche Fragen sind offengeblieben oder welche neuen Fragen tun sich auf?

Forschungsbericht

Der Forschungsbericht dokumentiert den Forschungsprozess und macht ihn damit der Fachöffentlichkeit zugänglich. Forschungsberichte können in Form von Zeitschriftenartikeln, Tagungsbeiträgen, Posterpräsentationen oder (Beiträgen in) Büchern veröffentlicht werden. Forschungsberichte greifen in der Regel die Systematik des Forschungsprozesses auf, reduzieren aber die gesammelten Informationen auf die wesentlichen Inhalte. Die gezogenen Schlussfolgerungen können hier in Form von Empfehlungen für die Praxis zusammengefasst werden.

6 Statistik

empirisch | S. 14

Hypothesen | S. 29

Das Wort Statistik steht ganz allgemein für bestimmte Methoden, um empirisch gewonnene Daten zu analysieren und zu beschreiben. Damit kann sie einen Beitrag zur Überprüfung von Theorien und Hypothesen leisten.

www.destatis.de
Auf der Homepage des Statistischen Bundesamtes finden Sie viele interessante statistische Informationen.

Was hat das mit mir zu tun?

Viele Menschen halten Statistik für ziemlich kompliziert dabei sind Kenntnisse statistischer Methoden sehr lohnenswert. Häufig wird in der Forschung, aber auch im täglichen Leben, mit statistischen Annahmen gearbeitet. Wenn Sie sich für einen Beruf entscheiden, informieren Sie sich vielleicht vorab anhand von Statistiken über die Chancen auf dem Arbeitsmarkt oder die durchschnittlichen Verdienstmöglichkeiten. Die Grundlagen der Statistik zu verstehen ist wichtig, um bestimmte Aussagen gerade auch im sozialen Bereich – z. B. „Frühkindliche Sprachförderung hat Einfluss auf den späteren Schulerfolg!" – besser einschätzen zu können. Mithilfe der Statistik kann man also von der Vergangenheit auf die Zukunft schließen.

Forschungsprozess | S. 28

Intelligenz | S. 429

In einem Forschungsprozess kann nicht die gesamte Wirklichkeit erfasst werden. Möchten Forscher z. B. untersuchen, was das Lernen von Schülern beeinflusst, müssen sie sich auf bestimmte Merkmale konzentrieren, z. B.:

- die Intelligenz der Schüler
- das Vorwissen der Schüler
- ihre Ernährung
- die Umgebungstemperatur

Die Variable

Merkmale sind unterschiedlich stark vorhanden, in der Statistik wird dies als **Merkmalsausprägung** bezeichnet. Die Merkmalsausprägung wird mit einer Zahl ausgedrückt, die man als **Wert** bezeichnet. Der Fachbegriff für Merkmal ist Variable.

BEISPIEL

Die Lernleistung ist die Variable, welche erforscht wird. Der Wert könnte 1 für eine sehr niedrige, 2 für eine gute und 3 für eine sehr gute Lernleistung sein.

Unterschieden wird weiter zwischen unabhängigen und abhängigen Variablen. Die unabhängigen Variablen beeinflussen dabei die abhängigen.

BEISPIEL

Folgende Hypothese wird aufgestellt: Wenn die Umgebungstemperatur (unabhängige Variable) niedrig ist, ist die Lernleistung (abhängige Variable) niedrig.

Das Forschungsdesign

Es hängt dabei von der Fragestellung, dem sogenannten Forschungsdesign, ab, welche Variable als unabhängig und welche als abhängig betrachtet wird. In einem Experiment kann jetzt die unabhängige Variable, in unserem Beispiel die Raumtemperatur, verändert werden. So wird ihre Auswirkung auf die abhängige Variable, in unserem Beispiel die Lernleistung, erforscht. Die Ergebnisse werden mit bestimmten Methoden, sogenannten Datenerhebungsinstrumenten, erfasst. Beispielsweise kann die Raumtemperatur mit einem Thermometer gemessen und die Lernleistung mit einer Aufgabe zum Auswendiglernen von Vokabeln erfasst werden.

Skalenniveaus

Welche und wie viele Informationen über die Abhängigkeit von Variablen vorliegen, wird in sogenannten Skalenniveaus ausgedrückt. Je nach Informationsgehalt der gewonnenen Messwerte werden folgende Skalenniveaus unterschieden:

Skala
lat. scalae = Leiter, Treppe

Niveau	Name	Ausdrucksbereich	Beispiel
niedriges Skalenniveau	Nominalskala	drückt Verschiedenartigkeit aus	Geschlecht, Geburtsort, Religionszugehörigkeit
↓	Ordinalskala	drückt Reihen-/Rangfolge aus	Raumtemperatur niedrig → mittel → hoch Schulnoten: 1–6
	Intervallskala	drückt Unterschiede oder Abstände aus	Temperatur heute und morgen
hohes Skalenniveau	Verhältnisskala	drückt das Verhältnis von Werten zueinander aus	die Körpergröße zweier Menschen

Je höher das Skalenniveau ist, desto mehr Informationen lassen sich aus den Daten gewinnen. Letztlich ist damit auch das Skalenniveau der Daten ausschlaggebend für die verwendeten statistischen Verfahren.

statistische Verfahren | S. 36

Merkmale

Ein Merkmal, wie bspw. die Umgebungstemperatur, ist messbar und kann direkt festgestellt werden. Solche Merkmale bezeichnet man als **manifeste Merkmale.** Ein Merkmal wie Intelligenz oder Toleranz ist aber ein theoretisches Konstrukt und nicht so einfach zu messen. Diese Art von Merkmalen werden daher als **latente Merkmale** bezeichnet. Latente Merkmale versuchen Forscher durch sogenannte **Indikatoren** genauer messbar zu machen. Ein Indikator für Intelligenz könnte z. B. die Geschwindigkeit sein, mit der bestimmte Aufgaben gelöst werden. Wichtig ist, dass die Indikatoren valide sind – also das messen, was sie messen sollen. So könnte die Geschwindigkeit in der Aufgabenlösung auch ein Zeichen für besonders oberflächliches Arbeiten sein. Gute Indikatoren zu bestimmen ist also gar nicht so einfach!

Konstrukt | S. 21

latent
lat. latere = verborgen sein

Stichproben

Mit **Grundgesamtheit** bezeichnet man alle Personen oder Objekte, über die eine Aussage getroffen werden soll. Da Grundgesamtheiten, z. B. alle Einwohner der Stadt Köln, sehr groß sein können, wird häufig eine Stichprobe als verkleinertes Abbild der Grundgesamtheit ausgewählt. Der Umfang der Stichprobe wird mit n angegeben.

Der Buchstabe n bezeichnet die Größe einer Stichprobe, $n = 300$ bedeutet also: Die untersuchte Stichprobe beinhaltet 300 Personen.

Damit die Stichprobe auch repräsentativ für die Grundgesamtheit ist, muss diese nach bestimmten Verfahren ausgewählt werden. Dies kann nach speziellen Zufallsverfahren oder durch Verfahren einer bewussten Auswahl geschehen.

Hat man theoretisch unendlich viele Stichproben für eine Auswertung zur Verfügung, geht i. d. R. jedes Merkmal in eine Normalverteilung über.

Normalverteilung | S. 40

6.1 Deskriptive Statistik und Inferenzstatistik

deskriptiv
lat. describere = beschreiben

Werden die durch einen Forschungsprozess gewonnenen quantitativen Daten dargestellt und beschrieben, spricht man von **deskriptiver Statistik**. Aussagen der deskriptiven Statistik gelten nur für die Stichprobe, die im Forschungsprozess untersucht wurde.

BEISPIEL

Sie stellen die Verteilung der Köpergröße in ihrer Klasse in einem Balkendiagramm dar.

Die deskriptive Statistik arbeitet mit Grafiken, Tabellen und statistischen Kennwerten. Insbesondere Grafiken dienen dazu, Häufigkeitsverteilungen zu veranschaulichen.

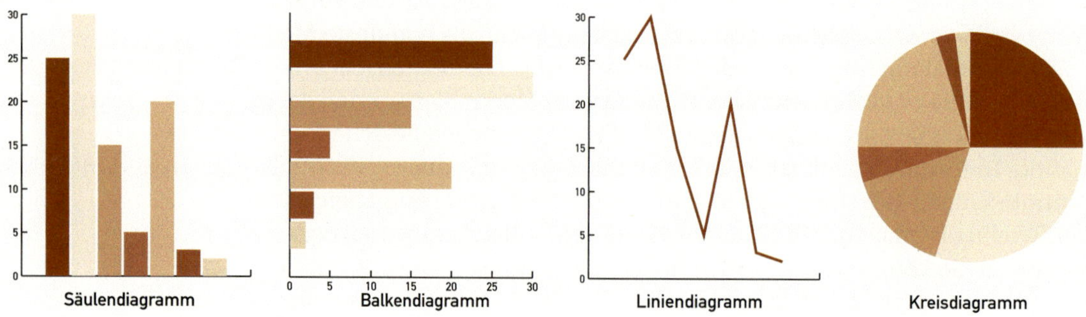

[1] Beispiele für die Darstellung von Werten in Grafiken

Deskriptive Statistik nutzt Verfahren in einer festgelegten Art und Weise, um unterschiedliche Aspekte von Variablen zu beschreiben und darzustellen.

Im Gegensatz zur deskriptiven Statistik geht es bei der **Inferenzstatistik** (manchmal wird auch von schließender oder analytischer Statistik gesprochen) darum, wie von einer Stichprobe auf eine Grundgesamtheit hochgerechnet werden kann. So kann beispielsweise auf Grundlage einer kleinen Stichprobe eine Forschungshypothese, die sich auf die Grundgesamtheit bezieht, überprüft werden. Das dabei entstehende Risiko einer Fehleinschätzung kann mithilfe der Wahrscheinlichkeitsrechnung festgestellt werden.

Inferenz
lat. infero = folgern/schließen

Mit der Inferenzstatistik ist es möglich, herauszufinden, ob vermutete Zusammenhänge eventuell nur zufällige Variationen sind! Dazu nutzt sie Verfahren der Wahrscheinlichkeitsrechnung.

6.2 Häufigkeitsverteilung in der deskriptiven Statistik

Mit der deskriptiven Statistik wird eine bestimmte Menge an Variablen beschrieben. Dabei werden häufig besonders typische Variablen identifiziert und es lässt sich berechnen, wie andere Variablen um diese typischen Variablen gruppiert sind: Unterscheiden sich alle Variablen stark voneinander oder sind sie sich sehr ähnlich?

BEISPIEL

Wie viele Schüler, die einen Führerschein haben, trinken regelmäßig am Wochenende Alkohol?

Gruppe 1 Schüler ohne Führerschein	Alkohol am WE „ja/nein“
1	ja
2	ja
3	ja
4	ja
5	nein
6	nein
Gruppe 2 Schüler mit Führerschein	
1	nein
2	nein
3	nein
4	nein
5	nein
6	ja

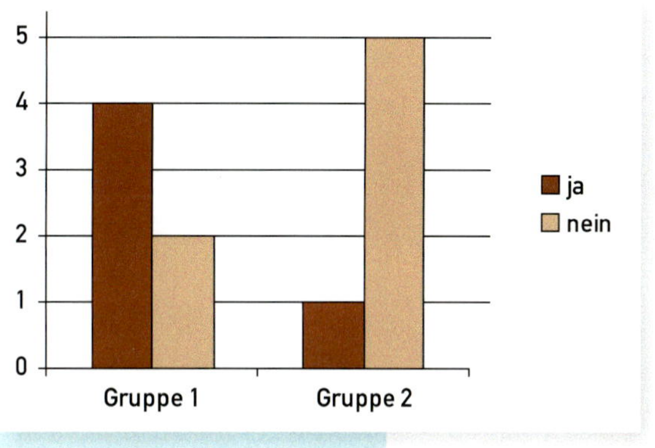

Die Häufigkeitsverteilung in unserem Beispiel sähe also so aus:
Gruppe 1 = viermal „ja“ und zweimal „nein“
Gruppe 2 = fünfmal „nein“ und einmal „ja“

Maß der zentralen Tendenz

Angenommen, es werden nicht nur $n = 12$, sondern $n = 1000$ Schüler befragt – jetzt sollte deutlich werden, welcher Wert **typisch** für eine Gruppe ist. Dies wird als Maß der zentralen Tendenz bezeichnet. Unterschieden wird hier zwischen

- dem Modalwert – dies ist der Wert, der am häufigsten vorkommt.
- dem Median – dieser Wert unterscheidet die obere von der unteren Hälfte der Werte: Es gibt genauso viele Werte, die größer sind als der Median, und genauso viele, die kleiner sind.
- dem arithmetischen Mittel, abgekürzt mit M – dies ist der Wert, den man erhält, wenn alle Werte einer Verteilung aufaddiert werden und die Summe durch die Gesamtzahl der Werte geteilt wird. Das arithmetische Mittel ist also das, was viele Menschen unter dem Durchschnitt verstehen.

Variabilität

Neben den oben genannten Werten, die für das Maß der zentralen Tendenz stehen, ist wichtig zu wissen, wie repräsentativ diese Werte sind. Repräsentativ bedeutet, dass die Werte eine Aussage über die Grundgesamtheit zulassen.

BEISPIEL

Die Körpergröße von fünf Personen verteilt sich wie folgt:

Person	a	b	c	d	e
cm	60	100	150	200	220

M wäre hier 730 : 5 = 146 cm.

Offensichtlich ist M (also das arithmetische Mittel/der Durchschnitt) in diesem Fall nicht besonders aussagekräftig (repräsentativ), da nur eine Person (c) tatsächlich diesem Wert ungefähr entspricht. Mit anderen Worten: Es gibt eine hohe Variabilität in der Stichprobe! Aussagen, die sich auf einen Durchschnitt beziehen, sollte man also immer hinterfragen.

Die Variabilität ist also eine statistische Angabe, welche die Verteilung von Werten um ein Maß der zentralen Tendenz anzeigt.

Was hat das mit mir zu tun?

Angenommen, Sie machen einen Test mit 100 Kindern zum Verständnis der deutschen Sprache. 50 Kinder schneiden besonders gut ab, 50 Kinder schneiden besonders schlecht ab. Betrachtet man nur M könnte man meinen, alle Kinder würden die deutsche Sprache einigermaßen gut verstehen. Betrachtet man die Variabilität wird aber deutlich, dass sehr viel Kinder ein schlechtes Sprachverständnis haben (50 von 100).

Eine sehr einfache Angabe für die Variabilität ist die **Spannweite**, dies ist der Abstand zwischen dem höchsten und dem niedrigsten Wert. Allerdings werden hier sehr stark die Extreme berücksichtigt.

Aussagekräftiger, da alle Werte einbezogen werden, ist die **Standardabweichung** (abgekürzt mit |*SD*). Diese drückt aus, wie weit Werte im Durchschnitt vom Mittelwert abweichen.

SD = engl. standard deviation

Wie variabel eine Menge von Werten ist, wird durch die Standardabweichung ausgedrückt.

Eine kleine Standardabweichung bedeutet also: Das arithmetische Mittel ist besonders aussagekräftig, da die Streuung um das arithmetische Mittel sehr gering ist!

Korrelation

Die Beziehung zwischen zwei Werten wird durch den **Korrelationskoeffizienten**, abgekürzt mit *r*, ausgedrückt. Beispielsweise wurde untersucht, ob Kinder, die viel Fernsehen schauen auch häufiger übergewichtig sind. Korreliert also Fernsehkonsum mit Übergwicht? In der Darstellungsweise reicht dabei der Korrelationskoeffizient von maximal +1 bis maximal −1.

r	+1	0	−1
Bedeutung	hohe Werte bei einer Variablen haben hohe Werte bei einer anderen Variable zur Folge	keine Beziehung zwischen den Variablen	hohe Werte bei einer Variablen haben niedrigere Werte bei einer anderen Variablen zu Folge

Korrelation ist ein statistischer (rechnerischer) Wert, der auf einen Zusammenhang hindeutet. Er drückt keine |Kausalität aus!

lat. causa = Ursache
Kausalität bezeichnet demnach den Zusammenhang von Ursache und Wirkung.

In unserem Beispiel kann der Fernsehkonsum tatsächlich mit Übergewicht korrelieren (da Kinder beim Fernsehen schauen häufig Süssigkeiten und Chips essen) ($r = 0.80$). Theoretisch könnten aber auch kein Zusammenhang bestehen ($r = 0$). Nichtsdestotrotz ist die Frage, ob ein konkretes Kind viel Fernsehen schaut und dabei viele ungesunde Sachen ist, von diversen Umständen abhängig – z. B. ob die Eltern Wert auf eine gesunde Ernährung legen. Der Zusammenhang von Fernsehen und Übergewicht kann in einem sogenannten Streudiagramm dargestellt werden.

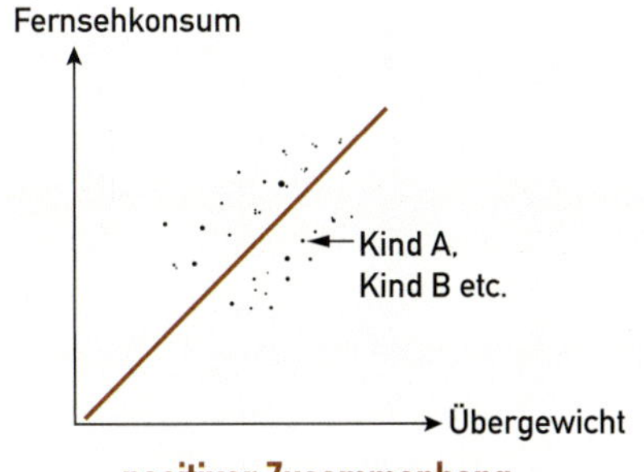

positiver Zusammenhang

6.3 Inferenzstatistik und Normalverteilung

[1] Johann Carl Friedrich Gauß

Damit die Aussagekraft der Inferenzstatistik verständlich wird, muss zunächst geklärt werden, was unter der sogenannten Normalverteilung zu verstehen ist.

Viele natürliche Merkmale sind von Natur aus normalverteilt. Das bedeutet: Viele Menschen haben bei einem bestimmten Merkmal dieselben oder sehr ähnliche Werte. Einige wenige Menschen weichen von dieser Verteilung ab. Werden also sehr viele Werte einer Variable bei sehr vielen Menschen erhoben, erhält man als grafisches Ergebnis eine Verteilung in der typischen Form einer Glockenkurve. Diese sogenannte **Normalverteilungskurve** wird auch, nach dem Mathematiker Johann Carl Friedrich Gauß (1777–1855), als Gauß'sche Kurve bezeichnet.

Median, Modalwert und arithmetisches Mittel sind in der Normalverteilung identisch und die Verteilung in unterschiedliche Abschnitte lässt sich vorhersagen.

Kennwerte der Inferenzstatistik können also die Wahrscheinlichkeit ausdrücken, mit der die Werte einer Stichprobe in Beziehung zu dem stehen, was Forscher zu messen versuchen. Da bekannt ist, wie sich die Werte in der Normalverteilung gruppieren müssten, kann die Frage beantwortet werden, ob die Ergebnisse auch zufallsbedingt sein könnten.

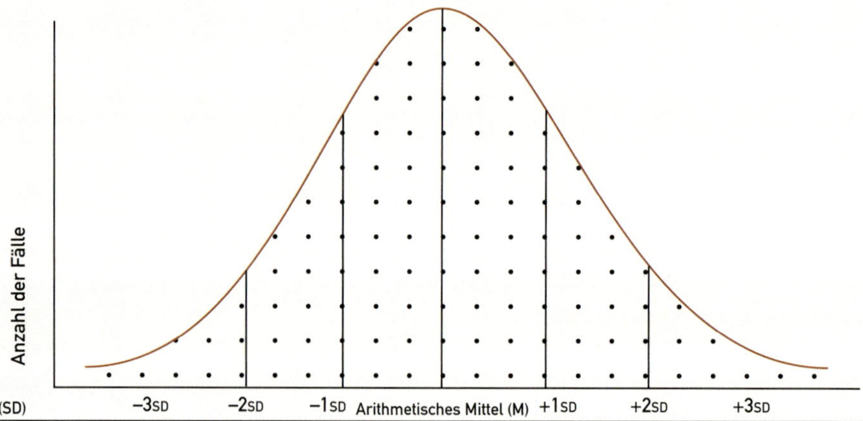

Anzahl der Werte im Intervall falls die Gesamtzahl = 1000	1	22	136	341	341	136	22	1
Prozentsatz der Werte im Intervall	0,1%	2,1%	13,6%	34,1%	34,1%	13,6%	2,1%	0,1%

[2] Normalverteilungskurve

BEISPIEL

Stellen sie sich vor, sie werfen 10-mal eine Münze. Das Ergebnis wird voraussichtlich 5-mal Kopf/5-mal Zahl sein. Wiederholen sie jetzt diese zehn Würfe sehr häufig, wird es vermutlich vorkommen, dass auch 10-mal nur Kopf oder 10-mal nur Zahl geworfen wurde. Insgesamt aber werden die meisten dieser 10er-Würfe zwischen diesen beiden Extremen liegen. Würde man alle Ergebnisse in eine Grafik eintragen, erhielten Sie die Normalverteilungskurve mit in der Mitte 5 : 5 als dem am häufigsten auftretenden Wert und als Extreme an den Rändern die Werte 10 : 0 bzw. 0 : 10. (Beispiel nach Gerrig/Zimbardo 2008)

Signifikanz

Werden zwei Stichproben erforscht, die im arithmetischen Mittel auseinanderliegen, stellt sich die Frage, ob der Unterschied auf Zufall beruht oder tatsächlich vorhanden ist. Die Frage kann durch die Normalverteilung beantwortet werden, da zufällige Unterschiede dieser Verteilung folgen.

Stichprobe | S. 37

BEISPIEL

Sie möchten herausfinden, ob dieselbe Klassenarbeit besser oder schlechter geschrieben wird, je nachdem, ob sie durch eine weibliche Lehrerin oder durch einen männlichen Lehrer angeleitet wird. Die Hälfte einer Klasse wird zufällig dem Lehrer, die andere Hälfte der Lehrerin zugewiesen. *M* (der Mittelwert) ist bei beiden Gruppen voraussichtlich relativ ähnlich – es besteht nur ein geringer Unterschied, der zufällig zustande kommt. Dies ist deshalb bekannt, weil – wenn nur der Zufall wirkt – die Mittelwerte nahe beieinander liegen sollten (vorausgesetzt, die Klasse ist einigermaßen einheitlich). Weniger als ein Drittel der Schüler, die bei dem männlichen Lehrer geschrieben haben, sollte mehr als eine *SD* (Standardabweichung) über oder unter dem Mittelwert liegen und nur ein sehr kleiner Teil mehr als drei *SD* vom Mittelwert entfernt liegen (vgl. Abb. S. 38). Würde tatsächlich ein Unterschied in diesem Extrembereich erkennbar, wäre nahezu sicher, dass er *nicht* durch einen Zufall entstanden sein kann.

Beträgt die Wahrscheinlichkeit, dass ein Unterschied zufällig zustande gekommen ist, weniger als 5 von 100, wird in der Regel von einem bedeutsamen, also signifikanten (bedeutsamen) Unterschied gesprochen. Dies wird folgendermaßen aufgeschrieben: $p < 0{,}05$. Statistisch signifikante Unterschiede lassen dann wiederum Rückschlüsse und Schlussfolgerungen zu. Zum Test der Signifikanz gibt es unterschiedliche Methoden, abhängig von der Stichprobengröße, den vorliegenden Daten und dem Untersuchungsdesign.

signifikant
franz. signifiant = bedeutsam

p
vom engl. probability = Wahrscheinlichkeit

Schlussfolgerungen aus der Interferenzstatistik sind immer Aussagen über Wahrscheinlichkeiten – nie über Gewissheiten!

6.4 Mit Statistik sinnvoll umgehen

Im vorangegangenen Abschnitt haben Sie einen kurzen Einblick in das Feld der Statistik bekommen. Viele Menschen stehen Statistiken kritisch gegenüber. Dies wird deutlich in Aussagen wie: „Traue nur einer Statistik, die du selber gefälscht hast!" Dokumentiert wird mit solchen Aussagen aber auch, dass man sich nicht gut genug mit dem Thema auskennt, um die Aussagekraft von Statistiken wirklich beurteilen zu können. Nachfolgend finden Sie eine kurze Checkliste zum Arbeiten mit Statistiken.

- ✓ Wie ist die Stichprobe aufgebaut? Wie groß ist die Stichprobe? Und welche Werte werden benutzt?
- ✓ Wie groß ist die Variabilität und wie hoch ist das Signifikanzniveau?
- ✓ Wie hoch ist die Korrelation zwischen den Variablen und damit die Stärke eines behaupteten Zusammenhangs?

Auschecken

Das habe ich in diesem Kapitel dazugelernt:

- ✓ Ich kenne den Unterschied zwischen Forschung und Wissenschaft.
- ✓ Ich weiß, was der Unterschied zwischen Induktion und Deduktion ist, und kann dies an praktischen Beispielen erläutern.
- ✓ Ich bin vertraut mit dem Unterschied zwischen Erziehungswissenschaft und Pädagogik.
- ✓ Ich kenne die wissenschaftlichen Bereiche Soziologie und Psychologie.
- ✓ Die drei Gütekriterien Objektivität, Reliabilität und Validität kenne ich und kann deren Definitionen nennen.
- ✓ Ich weiß, was der Begriff „Paradigma“ in der Wissenschaft bedeutet.
- ✓ Ich weiß, was ein Forschungsgegenstand ist und wie eine Fragestellung entwickelt werden kann.
- ✓ Ich kenne die Kriterien für das Aufstellen einer wissenschaftlichen Hypothese.
- ✓ Ich kenne die Leitfragen für die Wahl einer Forschungsmethode.
- ✓ Ich weiß, was eine Operationalisierung ist und wie diese vor sich geht.
- ✓ Ich bin mit den wichtigsten Erhebungs- und Untersuchungsmethoden vertraut.
- ✓ Ich kenne die Besonderheiten der qualitativen und der quantitativen Datenanalyse und kann diese gegeneinander abgrenzen.
- ✓ Ich weiß, was bei der Interpretation der Ergebnisse einer Studie von Belang ist.
- ✓ Ich kenne die Grundlagen und Prinzipien der qualitativen und quantitativen Forschungsmethode.
- ✓ Ich kenne die wichtigsten Aspekte der deskriptiven Statistik und der Inferenzstatistik.

Aufgaben / Fragen

1 Erläutern Sie die Begriffe Wissenschaft und Forschung in eigenen Worten.

2 Finden Sie jeweils Beispiele für den deduktiven und den induktiven Erkenntnisgewinn.

3 Wählen Sie einige Phänomene bzw. Themen, die Sie interessieren (z. B. Armut, Schulerfolg, Fußball). Überlegen Sie, welche Aspekte dieses Themas die einzelnen Sozialwissenschaften interessieren könnten. Formulieren Sie Fragen zu diesem Thema aus der jeweiligen sozialwissenschaftlichen Perspektive, z. B. aus psychologischer Sicht, aus soziologischer Sicht, aus pädagogischer Sicht.

4 Stellen Sie die Phasen des Forschungsprozesses grafisch dar und erläutern Sie die einzelnen Schritte.

5 Formulieren Sie eine überprüfbare Hypothese.

6 Stellen Sie die quantitative und die qualitative Forschung tabellarisch gegenüber und arbeiten Sie die charakteristischen Unterschiede heraus.

7 Suchen Sie im Internet nach einer wissenschaftlichen Studie. Wie lautet die Forschungsfrage? Welches Design wurde gewählt? Wie wird die Stichprobe beschrieben? Mit welchen Methoden wurden die Daten erhoben? Welche Aussagen werden zu Gütekriterien gemacht? Was ist das Ergebnis der Studie? Wie beurteilen Sie die Studie? Begründen Sie Ihr Urteil.

8 Definieren Sie den Begriff Statistik. Grenzen Sie deskriptive Statistik und Inferenzstatistik voneinander ab.

9 Suchen Sie im Internet oder der Zeitung nach einer Statistik. Bewerten Sie diese Statistik. Erläutern Sie, welche Kriterien Sie zur Bewertung herangezogen haben.

→ Einchecken

Erziehung

Im Kern ist es keine neue Erkenntnis, dass Lernen eine Atmosphäre der Geborgenheit, des Vertrauens und Zutrauens braucht und dass unter Angst und Repression wenig erfolgreich gelernt werden kann. Man denke nur an den „pädagogischen Takt“ von Johann Friedrich Herbart, an den „pädagogischen Bezug“ von Hermann Nohl oder gar an die „pädagogische Liebe“ von Otto Friedrich Bollnow. All diese Konzepte weisen darauf hin, wie wichtig die Lehrer-Schüler-Beziehung für den Bildungserfolg ist – obschon der Begriff der Liebe in Folge der Skandale in Internaten, allen voran der Odenwaldschule, nicht unproblematisch ist. (...) Es zählt zu den grundlegendsten Erkenntnissen der Pädagogik, dass eine intakte Lehrer-Schüler-Beziehung unabdingbar für den Lernerfolg ist. Sie kann insofern als „conditio sine qua non“ im schulischen Kontext gesehen werden (...)“

(John Hattie/Klaus Zierer: Entwickle positive Beziehungen! in: PÄDAGOGIK 12/2016 S. 42, Weinheim: Beltz)

Der Forscher John Hattie hat mit seinen empirischen Untersuchungen eine breite Debatte über Lehren und Lernen in der Schule ausgelöst.

1 Was bedeuten die Ausführungen Hatties ihrer Meinung nach für Erziehung insgesamt?

2 Kennen Sie Beispiele für positive Beziehungen und Erziehung?

3 Was denken Sie: Wieso ist eine gute Beziehung entscheidend für Lehren und Lernen und für die Erziehung insgesamt?

1 Erziehung

Schon seit der Antike beschäftigen sich die Menschen mit Fragen, die die Erziehung betreffen. Bis heute gibt es zum Thema Erziehung zahlreiche verschiedene Theorien und zum Teil sehr unterschiedliche Vorstellung, was denn „die richtige“ Erziehung ausmache. Dabei wird der Begriff Erziehung häufig sehr allgemein benutzt, oftmals synonym zu Begriffen wie etwas Sozialisation oder Enkulturation. Die systematische und wissenschaftliche Beschäftigung mit dem Thema Erziehung kann aber plausible Erklärungen für ein bestimmtes Verhalten liefern. Ähnlich wie ein KFZ-Mechatroniker das Fahrverhalten eines Autos analysiert, kann eine professionell geschulte Person in Erziehungsfragen eine Meinung vertreten. Man würde ja auch nicht „einfach so“ über die Mechanik eine Autos plaudern! So könnte eine Aufgabe der Bezugspersonen eines Kindes sein, dem Kind zu helfen, umgängliche und sichere Ausdrucksformen zu finden, um seine Wünsche durchzusetzen oder zurückzustellen.

[1] Eltern vermitteln ihrem Kind, wie es sich angemessen in der Gesellschaft verhält.

BEISPIEL

Die 4-jährige Milena steht an der Supermarktkasse und schreit. Sie will unbedingt eine Tüte Gummibärchen haben. Die wartenden Menschen rollen mit den Augen über das Verhalten des Kindes.

Die Erziehenden sind meist die Eltern. Sie vermitteln ihren Kindern, den Zu-Erziehenden, wie sie sich in der Gesellschaft angemessen verhalten können. Dabei geht es auch meist um das „Was“ und „Wie“ der Handlung. Das problematische Verhalten an der Kasse besteht für viele Eltern zum einen aus den geforderten ungesunden Süßigkeiten als „Was“ und zum anderen aus dem Wutanfall als „Wie“.

Das heißt also, Kinder benötigen in den ersten Lebensjahren Hilfe, um ein angemessenes Verhaltensrepertoire entwickeln zu können.

In einer ersten Annäherung können wir Erziehung als Handlung definieren, die zwischen Erziehendem und Zu-Erziehendem stattfindet.

Enkulturation

In der oben beschriebenen Situation an der Supermarktkasse wird deutlich, dass Erziehung sowohl für Erziehende als auch für die Zu-Erziehenden mit verschiedenen Aufgaben verbunden ist:

Das Kind soll lernen, seine Wünsche und Bedürfnisse auf eine angemessene Art und Weise zu äußern. Es soll dabei seine Gefühle situationsangepasst zeigen. In diesem Beispiel möchten die Eltern nicht, dass sich ihr Kind mit einem Wutanfall schreiend verständigt, sondern nach der Süßigkeit fragt. Das Kind soll sich also auf die Kultur seiner Umwelt einstellen können.

Als Enkulturation wird der Prozess des Hineinwachsens und Annehmens einer Kultur verstanden.

Sozialisation

Wahrscheinlich haben die Eltern für die Situation im Supermarkt eine Regel aufgestellt. Diese könnte beinhalten, dass sich das Kind im Geschäft bei jedem Einkauf ein Teil aussuchen darf. So versuchen die Eltern, dem Kind die konkrete Regel zu vermitteln, dass es ein Teil bekommt. Das Kind lernt von seinen Eltern, dass ihm nicht unbegrenzt alle Wünsche erfüllt werden und es maßlos werden kann. Eine Gesellschaft ist ein komplexes System, das aus verschiedenen Regeln und Verhaltensvorschriften besteht. Diese sind häufig tradiert, das heißt über einen langen Zeitraum entstanden, und werden über die Generationen weitergegeben.

Sozialisation | S. 269

Unter Sozialisation wird der Prozess des Hineinwachsens in eine Gesellschaft verstanden.

Personalisation

Haben die Eltern die Regel „ein Teil im Supermarkt“ aufgestellt, so helfen sie ihrem Kind bei dem Lernprozess, Entscheidungen zu treffen. Das ist eine Voraussetzung zur Ausbildung seiner Persönlichkeit. Es ist ein erster Schritt in die Richtung eines selbstbestimmten und selbstverantwortlichen Handelns, denn das Kind wird lernen, dass es gute und weniger gute Entscheidungen gibt.

Individuation | S. 273

Personalisation oder Individuation beschreibt den Prozess der Entwicklung einer eigenen unverwechselbaren Persönlichkeit.

1.1 Die Notwendigkeit von Erziehung

[1] Jean-Jacques Rousseau, französischsprachiger Schriftsteller, Philosoph, Pädagoge, Naturforscher und Komponist der Aufklärung

Aus der oben beschriebenen Alltagssituation wird deutlich, dass Kinder lernen müssen, sich in ihr Umfeld so einzubringen, dass sie verstanden und akzeptiert werden. Erziehende unterstützen dabei die Zu-Erziehenden in ihrer Entwicklung. In der Wissenschaft und Praxis wird dies Erziehung genannt. Jedoch existiert die Frage, ob Erziehung wirklich notwendig ist, spätestens seit Jean-Jacques Rousseau (1712–1778) in seinem Werk „Emilé oder Über die Erziehung“ diese als negativ und hinderlich für die Entwicklung beschrieben hat.

Der folgende Text des Erziehungswissenschaftlers Herbert Gudjons (*1940) ist ein Grundlagentext, der sich zunächst mit der Fragestellung befasst, warum Erziehung notwendig ist. Im weiteren Verlauf des Kapitels finden Sie die Fortführung des Artikels, der sich mit dem Begriff der Erziehung auseinandersetzt.

1. Warum ist der Mensch auf Erziehung angewiesen?

(...)

Biologische Aspekte

a. Zu den bedeutsamsten Befunden gehört die Auffassung des Aachener Kultursoziologen A. Gehlen, der Mensch sei – im Vergleich zum Tier – ein „Mängelwesen“: Ihm fehlt weitgehend die verhaltensleitende Instinktausstattung der Tiere, seine Organausstattung (keine Flucht- oder Schutzorgane oder natürliche Waffen) ist ungenügend, die meisten Tiere verfügen über schärfere Sinnesorgane, ohne Haarkleid und ohne Schutz vor Witterung ist er weitgehend schutzlos usw. [...] Trotzdem überlebt der Mensch, am Nordpol wie in der Sahara. Warum? Statt instinktgeleitet lebt der Mensch handelnd in der Welt [...] [...] Er verfügt |kompensatorisch über eine hochgradige Lernfähigkeit. Der Mensch lebt von den |Resultaten seiner voraussehenden, geplanten und gemeinsamen Tätigkeit, – er ist ein „Kulturwesen“. Das zeigt sich besonders in der Bedeutung der Sprache. [...] Der Mensch muss um des Überlebens willen zur Kultur erzogen werden [...].

b. Von großer Bedeutung ist auch die These des Baseler Zoologen A. Portmann (1951) von der Sonderstellung des Menschen durch die Tatsache der |„physiologischen Frühgeburt“: Verglichen mit anderen Säugetieren braucht das Menschkind rund ein Jahr nachgeburtlicher Entwicklung, um die bei Tieren vorhandenen Fähigkeiten zu erwerben (ein Kalb kann z. B. nach der Geburt Gehen und Stehen). Der Mensch wächst in einem |extra-uterinen Frühjahr“ auf, in welchem er durch den Umgang mit der menschlichen und kulturellen Umwelt die typisch menschlichen Merkmale (aufrechter Gang, Anfänge der Sprache, Handlungsfähigkeit) erst entwickelt. Dies alles sind Hinweise auf die hochgradige Lernfähigkeit und zugleich Unabdingbarkeit der Förderung durch die Erwachsenen. Der Mensch ist für Portmann im Gegensatz zum umweltgebundenen instinktgesicherten Tier „weltoffen“ und „entscheidungsfrei“. (...)

d. Ferner gibt die stammesgeschichtliche Entwicklung des Menschen (Phylogenese) wichtige Hinweise auf die gewachsene Lernfähigkeit des Menschen. Seine biologische Einordnung als „Quasi-Nestflüchter“ (Portmann), [...] auch als „Tragling“ (Liedke 1972), ist verbunden mit spezifischen Bedürfnissen (z. B. einer Bezugsperson körperlich beständig nahe zu sein), aus denen sich unschwer pädagogische Folgerungen ableiten lassen. – Wir als Einzelne |profitieren vom |tradierten und |selektierten Wissen aller vorherigen Generationen, um zu überleben; [...] (Treml 1987) [...]

(Gudjons, Herbert (1993): Erziehung und Bildung. Begriffe, Grundfragen, aktuelle Aspekte. In: Pädagogik, 7–8, Weinheim, S. 74–75)

1. Benennen und erläutern Sie die im Text genannten biologischen Grundlagen für Erziehung. Was unterscheidet den Menschen vom Tier? Fertigen Sie dazu eine Tabelle an.
2. Diskutieren Sie die These: „Menschen müssen im Gegensatz zu Tieren erzogen werden.“

kompensatorisch
ausgleichend

Resultat
Ergebnis

physiologisch
die Lebensvorgänge des Organismus betreffend

extrauterin
außerhalb der Gebärmutter

extra
außerhalb, hinaus

profitieren
einen Vorteil haben

tradiertes Wissen
von Generation zu Generation überliefertes Wissen

selektiertes Wissen
ausgewähltes Wissen

Mensch als physiologische Frühgeburt

Herbert Gudjons geht in seinem Text auf die verschiedenen Defizite im Vergleich zum Tier ein, die ein Mensch nach seiner Geburt besitzt. Er verweist auf Portmann, der den Menschen als physiologische Frühgeburt bezeichnet. Oder auf die Sichtweise Gehlens, der den Menschen sogar als Mängelwesen beschreibt. Hinzugekommen sind allerdings Ergebnisse aus der Säuglingsforschung, die diese doch eher negative Betrachtung verwerfen und den Menschen in seinen ersten Lebensmonaten als kompetenten Säugling zeigen.

kompetenter Säugling | S. 137

Ein Säugling ist kein teilnahmsloses Wesen, das allein durch das Umsorgen der Mutter besteht. Forschungsergebnisse weisen darauf hin, dass er in der Lage ist, Gefühle wie Erstaunen und Freude zu äußern und auch schon Entscheidungen treffen kann. Wenn einem Säugling z. B. zwei Gegenstände gezeigt werden, entscheidet er sich für den für ihn Spannenderen durch intensives Betrachten bzw. Wegschauen bei dem Uninteressanten.

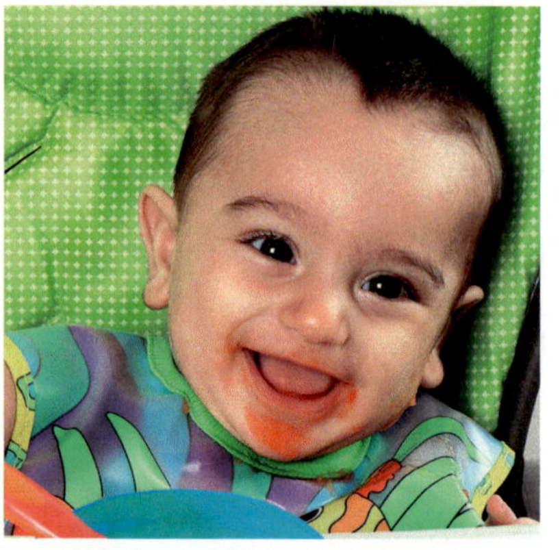

[1] Säuglinge können schon frühe Gefühle wie Freude äußern.

Viele Menschen glauben, der Mensch sei das am höchsten entwickelte Tier, und das, obwohl er, im Vergleich zu einzelnen Tierrassen, deutlich unterentwickelt ist. Einige Schwächen relativieren sich und sind im Erwachsenenalter nicht mehr vorzufinden, andere bleiben jedoch bestehen, wie die Herausforderung, im Dunkeln zu sehen. Worin liegt also seine Überlegenheit?
Der Mensch ist in der Lage, seine Umwelt wahrzunehmen, sich an seine Umwelt anzupassen und sie insbesondere so zu verändern, dass sein Leben für ihn angenehmer und einfacher wird. Einige Tiere können dies zwar auch, jedoch nicht in dem Maße, wie es der Mensch kann. Dies liegt unter anderem daran, dass der Mensch in der Lage ist, komplexe Werkzeuge anzufertigen und zu gebrauchen. Eine Horde Schimpansen z. B. wäre nicht in der Lage, einen Tunnel durch einen Berg zu graben, da sie nicht einen passenden Bohrer herstellen kann.
Weiterhin sind Menschen in der Lage, sich in andere hineinzuversetzen, sie können also Empathie zeigen. Das ist nicht nur auf der Gefühlsebene wichtig, sondern auch im Alltag. So kann der Mensch abschätzten, wie sein Gegenüber reagiert, und sich darauf einstellen.
Ein ganz entscheidender Unterschied zwischen Mensch und Tier ist der Gebrauch von Sprache. Um seine Sprache anzuwenden, verfügt der Mensch über eine Vielzahl von Fähigkeiten. Er kann sowohl Sprecher als auch Zuhörer sein und jeweils verschiedene Zeichen verschicken oder aufnehmen und verstehen. Er benutzt dazu verschiedene Kanäle. So kann Sprache durch Schrift, Lautäußerungen, aber auch durch Gestik und Mimik ausgetauscht werden. Viele Tiere wenden einige Aspekte von Sprache an, können sie jedoch nicht in der komplexen Form wie der Mensch ausüben.

1.2 Hinführung zum Erziehungsbegriff

Das Wort Erziehung kommt aus dem Althochdeutschen irziohan, das heißt „herausziehen". Im Sprachgebrauch änderte sich die Bedeutung zu „den Geist und Charakter bilden und seine Entwicklung fördern". Im Laufe der Zeit hat sich das Verständnis von Erziehung stark gewandelt. Den aktuellen Bildungsprogrammen der Bundesländer ist zu entnehmen, das die Selbstständigkeit des Kindes als Ziel der institutionellen Erziehung in Kita und Schule ein wichtiges Ziel darstellt.

Es ist also klar, wozu Erziehung befähigen soll, aber die Frage, was Erziehung eigentlich ist, blieb bisher ungeklärt. Ist Erziehung nur der Umgang zwischen Bezugsperson und Kind, gibt es ganz bestimmte Handlungen, die deutlich zeigen, dass es sich hierbei um Erziehung handelt? Ist Erziehung vielleicht ein Prozess oder doch eher ein Zustand?

Die Epoche der Aufklärung

„Aufklärung ist der Ausgang des Menschen aus seiner selbst verschuldeten Unmündigkeit. Unmündigkeit ist das Unvermögen, sich seines Verstandes ohne Leitung eines anderen zu bedienen. Selbstverschuldet ist diese Unmündigkeit, wenn die Ursache derselben nicht am Mangel des Verstandes, sondern der Entschließung und des Mutes liegt, sich seiner ohne Leitung eines anderen zu bedienen. Sapere aude! Habe Mut, dich deines eigenen Verstandes zu bedienen! Ist also der Wahlspruch der Aufklärung."

(Kant, Immanuel (1784): Beantwortung der Frage: Was ist Aufklärung? In: Berlinische Monatsschrift 4, S. 481–494)

Mit diesen Worten will Kant (1724–1804) die Gesellschaft seiner Zeit wachrütteln und sie in ein neues, gebildetes und aufgeklärtes Zeitalter führen. Die Menschen sollen ihren Verstand gebrauchen. Kants Gedanken sind revolutionär in einer revolutionären Zeit (ca. 1770–1830). Gesellschaftlich beginnt eine Ablösung der feudalen Ständegesellschaft, ein gebildetes Bürgertum steigt empor. Es bilden sich Bürgergesellschaften und Handwerkszünfte, die Macht und der Einfluss der Kirche schwinden. Bildung und Wissenschaft rücken immer stärker in den Vordergrund und verdrängen christliche Sichtweisen.

[2] Immanuel Kant (1724–1804), deutscher Philosoph und wichtiger Denker der Aufklärung

Kant fordert den Einsatz des Verstandes, um die persönliche Freiheit gebrauchen zu können. Er will, dass die Menschen anfangen zu denken und nicht der Obrigkeit folgen, weil sie entweder faul oder feige sind. Er will, dass jeder Mensch den Mut aufbringt, seine Meinung frei zu äußern.

Erziehungsbegriff von Immanuel Kant

Kant weiß, dass der Mensch allein nicht in der Lage ist, seine Freiheit auszuleben. Die Voraussetzung hierfür sieht er in der Erziehung. Er vergleicht den Menschen mit den Tieren und kommt zu dem Schluss, dass sein Mangel an Instinkten durch Erziehung ausgeglichen werden muss.

Als Ziele der Erziehung sieht Kant die Disziplinierung, Kultivierung und Zivilisierung in der pädagogischen Praxis. Bei der Erziehung muss daher darauf geachtet werden, dass die tierische Natur des Menschen kein Hindernis für ihn darstellt. Seine letzten noch vorhandenen Instinkte sollen ihm also nicht im Weg stehen (Disziplinierung). Die Kultivierung versteht Kant auch als die Belehrung und Unterweisung, der Mensch soll Wissen, Fähig- und Fertigkeiten wie z. B. Lesen und Schreiben, aber auch Manieren erwerben. Die Zivilisierung ist wohl gleichzusetzen mit dem heutigen Begriff der Sozialisation, denn auch Kant verlangt, dass sich der Mensch in die Gesellschaft eingliedern kann. Moralisierung ist laut Kant die Gabe, Gutes zu tun, und dies insbesondere für die Allgemeinheit. Hier wendet Kant auch seinen berühmten kategorischen Imperativ an: „Handle so, dass die Maxime deines Willens jederzeit zugleich als Prinzip einer allgemeinen Gesetzgebung gelten könne." *(Kant, Immanuel (1788): ∫7 Grundgesetz der reinen praktischen Vernunft. In: Kritik der praktischen Vernunft, Riga.)*

Die Erziehung soll dahin gehen, dass der Mensch in der Lage ist, dies alles allein durch die Nutzung seines Verstandes anzuwenden.

Bilder der Erziehung

Gudjons ist ebenfalls auf die Suche nach einer richtigen und aktuellen Version des Erziehungsbegriffs, dies wird im zweiten Teil des Textes deutlich.

2. Was ist Erziehung?
Bilder von Erziehung

[...] Ein erster Zugang zum Begriffsverständnis ist daher zunächst immer wieder über alltägliche Bilder, Analogien und Metaphern versucht worden. Scheuerl hat fünf Bilder beschrieben: Erziehung als Wachsenlassen eines Samenkorns, als Prägung eines Wachstafel (tabula rasa), als Geburtshilfe, als Führen auf der rechten Bahn, als Erwecken oder Erleuchtung. – Kron stellt sechs Bilder vor:

- Das Bild vom „Ziehen" legt die Vorstellung nahe, dass der Er-Zieher einen Unmündigen um des Guten Willen hochziehen muss.
- Das Bild vom „Führen" meint, dass ein Überlegener kraft seiner Autorität, Reife und Erfahrung einen Unterlegenen (oder eine Gruppe) auf den rechten Weg führt.
- Erziehung wird auch (seit dem 17./18. Jh.) als „Regierung" verstanden, vor allem zur „Unterdrückung der negativen" Triebe des Kindes.
- Ein gegenteiliges Bild ist das vor allem auf Rousseau zurückgehende des „Wachsenlassens".
- Stärker an wissenschaftlichen Ergebnissen ausgerichtet ist das Bild der „Anpassung" (Behaviorismus).
- Schließlich das Bild vom Helfen, das zwar von der Hilfsbedürftigkeit des Menschen ausgeht, aber auf seine Kraft der Selbsthilfe grundlegend vertraut.

Die zwei Grundverständnisse von Erziehung

In jedem Bild steckt als alltagssprachliche Erfahrungsbasis sicher ein Körnchen Wahrheit über das, was Erziehung ist und sein kann. Doch alle Bilder lassen sich letztlich auf zwei Grundverständnisse von Erziehung zurückführen:

a. Erziehung als ein „herstellendes Machen, analog zur handwerklichen Produktion eines Gegenstandes", der Erzieher gleicht dem Handwerker, der „einen angestrebten Zweck mit Hilfe bestimmter Mittel und Methoden handelnd anstrebt". Und

b. das Kind entfaltet sich auf eine mehr oder weniger natürliche Art selbst „analog zum organischen Wachstum", wie eine Pflanze, „Erziehen heißt hier begleitetes Wachsenlassen". Der Erzieher gleicht dem Gärtner (oder Bauern), „der pflegend und schützend bei einem Entwicklungsprozess hilft, der – als ein natürlicher – von selbst geschieht."

Diese beiden Grundverständnisse haben als Paradigmen hauptsächlich die Geschichte des Erziehungsbegriffs bestimmt, natürlich nicht ausschließlich, aber doch als „mainstream".

[...]

(Gudjons, Herbert (1993): Erziehung und Bildung. Begriffe, Grundfragen, aktuelle Aspekte. In: Pädagogik, 7–8, Weinheim, S. 76)

1. Stellen Sie die Bilder der Erziehung anschaulich dar, indem Sie entweder in Gruppen Standbilder bauen oder zeichnerisch abbilden. Welches dieser Bilder ergibt für Sie den meisten Sinn?
2. Erziehung ist entweder Formen oder Wachsenlassen. Nehmen Sie begründet Stellung.

1.3 Heutige Erziehungsbegriffe

In den vorherigen Abschnitten haben Sie verschiedene Sichtweisen und Verständnisse über Erziehung nachlesen können. Zur abschließenden Bestimmung eines Erziehungsbegriffes lernen Sie nun einen gängigen und häufig verwendeten kennen. 1990 entwickelte der Pädagoge Wolfgang Brezinka (*1928) einen Erziehungsbegriff, der seiner Meinung nach die wichtigsten Aspekte über Erziehung einschließt.

„Unter Erziehung werden soziale Handlungen verstanden, durch die Menschen versuchen, das Gefüge der psychischen |Dispositionen anderer Menschen in irgendeiner Hinsicht dauerhaft zu verbessern, oder seine als wertvoll beurteilten Komponenten zu erhalten" ***(Brezinka, Wolfgang (1990): Grundbegriffe der Erziehungswissenschaft, München, Basel, S. 45).***

Disposition
In der Erziehungswissenschaft versteht man unter Disposition die Fähigkeiten, Haltungen und Einstellungen eines Menschen

Brezinka sieht in Erziehung also ein absichtsvolles Handeln, das von einer Person (dem Erziehenden) ausgeht. Er sagt, dass der Erziehende im Vorfeld bewertet, welche positiven Eigenschaften der Zu-Erziehende bereits innehat, diese will er erhalten. Demgegenüber versucht der Erziehende, die als negativ eingestuften Verhaltensweisen und Persönlichkeitsmerkmale in eine positive Richtung dauerhaft zu verändern.

Kritik an Brezinkas Erziehungsbegriff

Wie schwierig es ist, eine korrekte Definition zu finden und somit das wissenschaftliche Feld der Erziehung und das Verständnis darüber abzugrenzen, zeigt die Kritik, die Brezinka selbst daran übt.

Entwicklung | S. 135

Seiner Meinung nach kann bei einer Begriffsbestimmung für Erziehung niemals jeder Aspekt mit betrachtet werden. Gerade die Entwicklung von Kindern und Jugendlichen, die gleichzeitig mit „Erziehung" passiert, wird außen vor gelassen. Vielmehr rückt die Erziehungsabsicht, also der „gute Plan" oder das Ziel meiner Erziehung, zum Wohle des Kindes in den Vordergrund.

Sozialisationsprozess | S. 283

Ein weiterer bekannter Erziehungsbegriff wurde von Klaus Hurrelmann (*1944) entwickelt. In dem Artikel „Mut zur demokratischen Erziehung" aus dem Jahr 1994 geht er über Brezinkas Definition hinaus, denn er schließt den Sozialisationsprozess, also das Hineinwachsen in die Gesellschaft, in die Erziehung mit ein:

> Erziehung ist die soziale Interaktion zwischen Menschen, bei der ein Erwachsener planvoll und zielgerichtet versucht, bei einem Kind unter Berücksichtigung der Bedürfnisse und der persönlichen Eigenart des Kindes erwünschtes Verhalten zu entfalten oder zu stärken. Erziehung ist ein Bestandteil des umfassenden Sozialisationsprozesses; der Bestandteil nämlich, bei dem von Erwachsenen versucht wird, bewusst in den Prozess der Persönlichkeitsentwicklung von Kindern einzugreifen – mit dem Ziel, sie zu selbstständigen, leistungsfähigen und verantwortungsvollen Menschen zu bilden.
>
> *(Hurrelmann, Klaus (1994): Mut zur demokratischen Erziehung. In: Pädagogik 46, 7–8, Weinheim, S. 13–17)*

Mit der Aussicht auf einen Arbeitsplatz im sozialen Bereich sollten Sie eine der Kernfragen der Erziehungswissenschaft klären, nämlich die Frage danach, wie Sie Erziehung definieren. Nur mit einer eigenen, klaren Haltung zu dieser Frage ist es Ihnen möglich, in diesem Handlungsfeld sinnvoll zu agieren, denn Sie müssen wissen, ob Sie grundsätzlich der Meinung sind, dass Erziehung den Menschen in seiner Entwicklung einschränkt oder unterstützt. Halten Sie die Gartenschere in der Hand oder die Gießkanne?

2 Erziehung als Aufgabe der staatlichen Gemeinschaft

In der Regel findet Erziehung in der Familie statt, insbesondere durch die Eltern. Aber nicht nur hier, sondern auch in vielen, wenn nicht sogar in allen Bereichen unserer Umwelt sind wir von erziehenden Faktoren umgeben. Dieses Kapitel soll Ihnen einen kurzen Einblick geben, auf welcher gesetzlichen Grundlage Erziehung in der Bundesrepublik Deutschland basiert.

Familie | S. 278

[1 und 2] Erziehung findet in der Familie und auch in anderen Bereichen statt.

2.1 Die Legitimation von Erziehung im Grundgesetz

Während Brezinka versucht hat, einen Erziehungsbegriff zu formulieren, in dem allgemeine Erziehungsabsichten beschrieben werden, regelt der Gesetzgeber, also die Bundesregierung, der Bundestag und der Bundesrat der Bundesrepublik Deutschland, Erziehung über seine Gesetze. Die Basis dazu bildet das Grundgesetz, dessen Artikel 6 sich mit Fragen zu Familie und Erziehung auseinandersetzt. Die Aufgabe der Erziehung liegt zunächst bei den Eltern, sie kann unter besonderen Umständen auf andere Personen übertragen werden.

Jeder junge Mensch hat ein Recht darauf, dass er gefördert wird. Die Eltern oder anderen Sorgerechtsvertreter müssen sich um das Kind oder den Jugendlichen sorgen. Ist das nicht oder nur schlecht der Fall, schreitet die Jugendhilfe ein.

Artikel 6

(...)

(2) Pflege und Erziehung der Kinder sind das natürliche Recht der Eltern und die zuvörderst ihnen obliegende Pflicht. Über ihre Betätigung wacht die staatliche Gemeinschaft.

(3) Gegen den Willen der Erziehungsberechtigten dürfen Kinder nur auf Grund eines Gesetzes von der Familie getrennt werden, wenn die Erziehungsberechtigten versagen oder wenn die Kinder aus anderen Gründen zu verwahrlosen drohen.

BEISPIEL

Viola Mertens hat eine fünfjährige Tochter, Anna. Der Vater hat die Familie verlassen. Ende 2015 gerät sie in eine Krisensituation und erkrankt an einer Depression. Frau Mertens ist durch die Depression so stark mit sich selbst beschäftigt, dass ihr die Tochter aus dem Blick geriet und bei einer Pflegefamilie untergebracht werden musste. Nach einem Klinikaufenthalt stabilisierte sich die Situation von Frau Mertens, so dass Anna und ihre Mutter sich wieder sehen können. Für Anna bedeutete diese Entwicklung jedoch zwischen der Mutter und ihrer Pflegefamilie hin- und hergerissen zu sein, da sie in der Pflegefamilie schon gut integriert ist.

2.2 Das Recht auf Erziehung

Im vorangestellten Kapitel haben Sie Teile des Artikels 6 des Grundgesetzes kennengelernt.

SGB VIII | S. 472

Mehr Informationen zum Kinder- und Jugendhilfegesetz finden Sie auf der Homepage des Bundesministeriums für Familie, Senioren, Frauen und Jugend:
www.bmfsfj.de

Dieser Grundgesetzartikel wird durch das achte Sozialgesetzbuch – Kinder- und Jugendhilfegesetz – (SGB VIII; KJHG) konkretisiert. Hier geht es um den Schutz von Kindern und Jugendlichen. Hier werden die Grundlagen zu Vorbeugung und Hilfestellung festgelegt. Das heißt, jedes Kind hat ein Recht auf eine gewaltfreie Erziehung, es soll in seiner Entwicklung unterstützt werden, seine Versorgung muss gesichert sein, sodass sich das Kind bestmöglich entwickeln kann. Der Gesetzgeber weist darauf hin, dass der Fokus auf die Förderung der Entwicklung und die Integration von Kindern und Jugendlichen in die Gesellschaft gelegt wird. Dies hat eine Veränderung der Kinder- und Jugendhilfe zur Folge, das heißt frühe Förderung und Hilfe statt spätes Handeln im Ernstfall.

§1 Recht auf Erziehung, Elternverantwortung, Jugendhilfe

(1) Jeder junge Mensch hat ein Recht auf Förderung seiner Entwicklung und auf Erziehung zu einer eigenverantwortlichen und gemeinschaftsfähigen Persönlichkeit.

(2) Pflege und Erziehung der Kinder sind das natürliche Recht der Eltern und die zuvörderst ihnen obliegende Pflicht. Über ihre Betätigung wacht die staatliche Gemeinschaft.

(3) Jugendhilfe soll zur Verwirklichung des Rechts nach Absatz 1 insbesondere

1. junge Menschen in ihrer individuellen und sozialen Entwicklung fördern und dazu beitragen, Benachteiligungen zu vermeiden oder abzubauen,
2. Eltern und andere Erziehungsberechtigte bei der Erziehung beraten und unterstützen,
3. Kinder und Jugendliche vor Gefahren für ihr Wohl schützen,
4. dazu beitragen, positive Lebensbedingungen für junge Menschen und ihre Familien sowie eine kinder- und familienfreundliche Umwelt zu erhalten oder zu schaffen.

[1] Beratungsgespräch beim Jugendamt

Insbesondere Absatz 1 §1 des Kinder- und Jugendhilfegesetzes (SGB VIII; KJHG) legt die Aufgabe der Eltern und anderen Erziehungsberechtigten fest, nämlich die Verpflichtung, dem Recht auf Erziehung nachzukommen.

Darüber hinaus regelt dieses Gesetz, dass die Jugendhilfe in den Fällen einspringt, in denen Eltern nicht in der Lage sind, ihren Kindern die nötige Förderung und Erziehung zu gewähren. Wie oben bereits erwähnt, haben die Erziehenden die Verpflichtung, die Kinder gewaltfrei und umfassend zu versorgen. Das Jugendamt greift in Fällen, in denen diese Grundlage nicht gegeben ist, ein. Dies kann aus den unterschiedlichsten Gründen passieren, z. B. durch eine psychisch Erkrankung eines Elternteils, Armut, generelle Überforderung der Eltern oder akute Krisen.

Vernachlässigung

Wenn Eltern mit der Versorgung und Erziehung über die Maßen überfordert sind, kann es vorkommen, dass sie ihre Kinder vernachlässigen. Dabei wird nicht nur die Grundversorgung der Kinder nicht mehr gewährleistet, häufig wenden sich die Eltern auch von den Kindern ab, sodass hier ein Fall von Kindesmisshandlung vorliegt. Es liegt dann eine seelische Vernachlässigung vor, wenn den Kindern Zuwendung, Liebe und Akzeptanz, Betreuung, Schutz und Förderung verweigert werden. Die körperliche Vernachlässigung besteht bei mangelnder Ernährung, unzureichender Pflege und gesundheitlicher Fürsorge bis hin zu völliger Verwahrlosung.

In Fällen der Vernachlässigung bringen Eltern häufig keine ausreichenden Kompetenzen für die Förderung und Versorgung ihrer Kinder mit. Zum Teil findet ihr Verhalten daher unbewusst statt und sie zeigen wenig Einsicht für ihr Fehlverhalten.

In Fällen von Vernachlässigungen greift das |Kinder- und Jugendhilfegesetz und den Eltern kann das Recht auf die Pflege und Erziehung ihrer Kinder entzogen werden.

Kinder- und Jugendhilfegesetz | S. 490

Die Folgen einer Vernachlässigung sind verheerend, sie kann zu Schäden der geistigen, körperlichen und seelischen Entwicklung und im schlimmsten Fall sogar zum Tod des Kindes führen.

Was hat das mit mir zu tun?

Es ist gar nicht so einfach, im Einzelfall zu erkennen, ob das Wohl eines Kindes gefährdet ist. Menschen, die sich einerseits um ein eventuell vernachlässigtes Kind sorgen, befürchten andererseits, die Eltern mit falschen Anschuldigungen zu konfrontieren. Suchen Sie sich professionelle Unterstützung, wenn Sie den Verdacht haben, dass ein Kind vernachlässigt oder misshandelt wird. Sprechen Sie im Praktikum mit ausgebildeten Fachkräften oder wenden Sie sich an das Jugendamt oder eine Beratungsstelle.

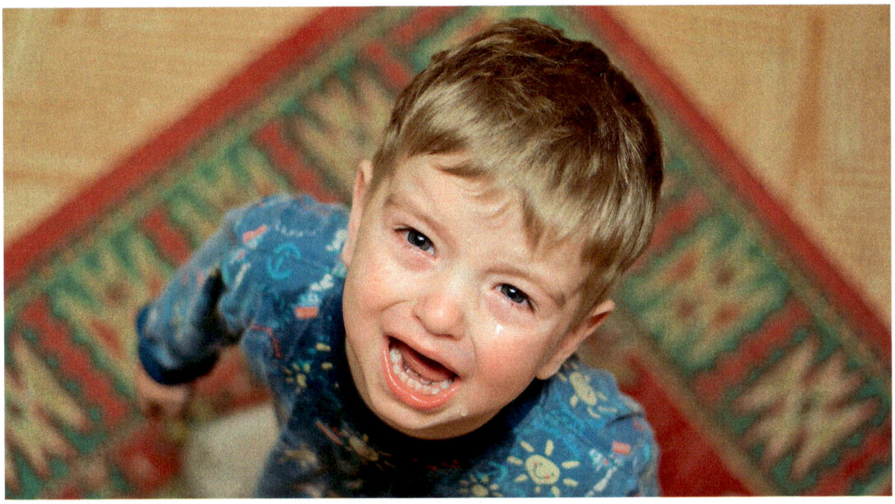

[2] Eine Gefährdung eines Kindes ist oft nicht einfach zu erkennen.

3 Erziehungsziele

Wenn Sie den Erziehungsbegriff Brezinkas genau betrachten, wird Ihnen auffallen, dass er ein zielgerichtetes Handeln von Menschen beschreibt, die andere Menschen positiv beeinflussen. Dabei gibt er an, dass entweder „Schlechtes“ verbessert werden muss oder „Gutes“ beibehalten werden sollte. Eine Frage, die sich Erziehende dabei häufig stellen, lautet: „Welche Mittel können angewendet werden, um erziehen zu können?“

Erziehungsziele und Erziehungsmittel

Erziehungsziele werden von Erziehenden, der Gesellschaft und auch vom Staat gesetzt. Es ist ein Prozess, in dem verschiedene Leitbilder umgesetzt werden, die sich innerhalb einer Gesellschaft entwickeln und festsetzen (z. B. eine Erziehung zur Selbstständigkeit). Um die Ziele erreichen zu können, wird oft auf Erziehungsmittel hingewiesen.

Hierbei können die Bereiche der **direkten** und **indirekten** Erziehungsmittel unterschieden werden:

direkte Erziehungsmittel	Indirekte Erziehungsmittel
▪ Loben ▪ Tadeln ▪ Belohnen ▪ Strafen	▪ Spiele ▪ Vorbildverhalten ▪ Gespräche ▪ Bücher ▪ Räume ▪ Institutionen

Der Begriff Erziehungsmittel wird häufig negativ verstanden, da er in diesem Fall Erziehung mit Manipulation gleichsetzt. Während Erziehung die positive Beeinflussung eines Menschen beschreibt, geht es bei der Manipulation jedoch darum, einen Menschen so zu beeinflussen, dass nicht er die positiven Auswirkungen erfährt, sondern derjenige, von dem die Manipulation ausgeht.

KJHG | S. 490

Das Kinder- und Jugendhilfegesetz (SGB VIII; KJHG) nennt die „Erziehung zu einer eigenverantwortlichen und gemeinschaftsfähigen Persönlichkeit“ als Recht und Pflicht der Eltern. Über deren Einhaltung wacht die staatliche Gemeinschaft. Zur staatlichen Gemeinschaft zählen staatliche Institutionen ebenso wie alle Bürger dieses Landes, das heißt, jeder Einzelne soll überprüfen, ob die Erziehenden ihre Kinder zu einer eigenverantwortlichen und gemeinschaftsfähigen Persönlichkeit erziehen. Dies kann als oberstes staatliches Erziehungsziel in Deutschland angesehen werden.

Sozialisation | S. 268

Dieses Kapitel wird Ihnen einen Überblick über verschiedene Erziehungsziele aus unterschiedlichen Bereichen unserer Gesellschaft geben, dabei sollen Sie erkennen, dass das übergeordnete Ziel einer jeden Erziehung das Hineinwachsen in die Gesellschaft ist. Dies wird fachsprachlich mit dem Begriff „Sozialisation“ bezeichnet.

Das übergeordnete Ziel einer jeden Erziehung ist das Hineinwachsen in die Gesellschaft.

3.1 Die Einteilung von Erziehungszielen nach Normen und Werten

Im Zusammenhang mit Erziehungszielen werden die Begriffe |Normen und Werte in der Regel als Inhalt von Erziehungszielen verstanden. Um eine gelungene Sozialisation erreichen zu können, müssen gesellschaftliche Normen und Werte vermittelt werden.

Normen und Werte | S. 270

Traditionell entstandene Verhaltensregeln werden als Normen bezeichnet, während Werte Grundvorstellungen über gewünschtes Verhalten darstellen.

Während die Norm eine Verhaltensregel, also etwas nach außen hin Sichtbares beschreibt, umfasst der Wert eine innere persönliche Haltung, eine Ansicht über ein Verhalten.

[1] Normen sind Verhaltensregeln, die z. B. durch Religion entstehen.

Normen stellen Verhaltensregeln dar, die meist traditionell entstanden sind. Sie beschreiben also das, was getan werden muss. Sie entspringen der Gesellschaft oder Teilen der Gesellschaft wie z. B. dem Staat, der Kirche, einer Berufsgruppe, einer bestimmten Region. Normen können schriftlich festgehalten werden wie in Gesetzen, Geboten oder Vorschriften, aber auch mündlich übertragen werden, z. B. durch Sitten, Rituale und Bräuche. Normen sind für alle bindend. Bei Verstößen gegen eine Norm können für den Verursacher Konsequenzen wie z. B. Strafen entstehen.

Werte sind Grundvorstellungen über gewünschtes Verhalten. Sie sind abstrakte Ansichten der Individuen einer Gesellschaft und beschreiben die Haltung und Einstellung, also ihre moralische Weltanschauung, wie Disziplin, Solidarität oder Nächstenliebe. Häufig werden Werte auch durch den Begriff Tugenden ersetzt.

Tagtäglich sind Sie von Normen umgeben, die Ihr Handeln bestimmen und beeinflussen. In der Schule, aber auch in Ihrer Praktikumsstelle müssen Sie sich z. B. an die Hausordnung halten. Dazu können für Sie unwichtige Dinge gehören, wie der Schneedienst oder bestimmte Aufenthaltsbestimmungen. Sicherlich gibt es auch Regelungen, die Ihnen zwar sinnvoll erscheinen, jedoch zum Teil Mühe und Sorgen bereiten, wie Pünktlichkeit oder An- bzw. Abwesenheit und die damit verbundene Entschuldigungspflicht.
Wie sieht es mit Ihren Wertvorstellungen aus? Welche sind Ihnen besonders wichtig? Welche Wertvorstellungen möchten Sie anderen vermitteln? Wie beeinflussen Ihre Werte Ihre Erziehungsziele?

3.2 Erziehungsziele im Wandel

Erziehungsziele sind immer abhängig von der gesellschaftlichen Situation, die vorherrscht, sie sind daher nicht für alle Zeiten festgelegt und starr. Vielmehr handelt es sich um Vorstellungen und Prozesse, die auch aus dem gesellschaftlich-historischen Kontext heraus betrachtet werden müssen.

Erziehung im Wandel: Vom „Befehlshaushalt“ zum „Verhandlungshaushalt“

Wie Menschen ihre Kinder erziehen, ist ein Spiegel der Gesellschaft, in der sie leben. (...)

Gehorsam als Maßstab

In der Zeit des Wiederaufbaus nach dem Zweiten Weltkrieg muss Deutschland sich in jeder Hinsicht neu ordnen. (...) Die Menschen sehnen sich nach Vertrautem und nach Beständigkeit – es wird soviel geheiratet wie nie zuvor. (...) Nur im Ehestand dürfen Kinder gezeugt werden und Sex vor der Ehe steht unter Strafe. (...) Die gesellschaftlichen Regeln sind klar definiert, und diese strengen Normen geben Eltern an ihre Kinder weiter. Soziologen sprechen vom streng hierarchischen „Befehlshaushalt“ der 1950er-Jahre: Eltern erteilen Befehle, Kinder führen sie aus.

Nackte Mitbewohner statt Familienidylle

Mit den Studentenunruhen kommt Bewegung in das festgefahrene Regelwerk. Für die 68er ist die bürgerliche Kleinfamilie ein rotes Tuch, der Inbegriff von Spießigkeit und Autorität. Die Generation der Nachkriegskinder möchte sich von dieser traditionellen Lebensform befreien – nicht zuletzt, um mit den eigenen Eltern abzurechnen, die das Naziregime möglich gemacht oder gar unterstützt haben. Wirtschaftlich geht es den Menschen so gut wie lange nicht – bis Mitte der 1970er-Jahre herrscht eine Arbeitslosenquote von unter zwei Prozent. (...) Immer mehr Frauen studieren, bilden sich weiter und gehen arbeiten, während Männer sich stärker am Familienleben beteiligen wollen. Ihre Kinder möchten sie im Geist der Zeit zu unabhängigen Denkern erziehen, die sich gegen Autoritäten zur Wehr setzen und sich eine eigene Meinung bilden können. (...)

Dynamisierung der Lebensformen

(...) Heute wird die Schere zwischen arm und reich immer größer. (...) In den vergangenen 30 Jahren hat sich die Anzahl der Alleinerziehenden verdoppelt. Neben der Ehe - die nach wie vor die favorisierte Lebensform darstellt - sind andere Arten des Zusammenlebens wichtig geworden. (...)

Beziehung statt Erziehung

Das bedeutet, dass Kinder nicht mehr ausschließlich innerhalb der Kernfamilie erzogen werden. Elternteile erziehen, ohne mit dem Kind zusammenzuleben, während neue Partner der Eltern zusätzlich Erziehungsverantwortung übernehmen. (...) Um Kinder optimal auf die Gesellschaft vorzubereiten, brauchen sie die Anpassungsfähigkeit und die Leistungsbereitschaft, die bereits in den 1950er-Jahren fester Bestandteil der Erziehungsziele war. Gleichzeitig müssen Kinder aber starke Persönlichkeiten werden und unabhängig denken können - sie brauchen also ebenso die Erziehungswerte der 1970er-Jahre.

(...) Die meisten Eltern wollen keine hierarchische Beziehung mehr zu ihrem Kind. Sie wollen es ernst nehmen und gleichwertig am Familienalltag teilnehmen lassen. Aus dem Befehlshaushalt ist ein Verhandlungshaushalt geworden.

Quelle: http://www1.wdr.de/fernsehen/quarks/sendungen/erziehungimwandel100.html (Abruf 20.12.2016)

Kindererziehung heute

Im Mittelalter waren Gehorsam und Frömmigkeit zwei wichtige Erziehungsziele. Im Jahr 2013 gelten folgende individuelle Erziehungsziele laut einer repräsentativen Umfrage des Instituts für Demoskopie Allensbach als erstrebenswert:

- Höflichkeit
- Ehrlichkeit
- Ordentlichkeit
- Gewissenhaftigkeit

81 % – 86 % sehen diese als besonders erstrebenswerte Erziehungsziele an, die sie ihren Kindern vermitteln möchten. Erstaunlich sind die Werte bei den Fragen zum Durchsetzungsvermögen mit 73 % und zur Anpassungsfähigkeit mit 45 %. Im Zuge der ||Individualisierung wird der Blick also stärker auf den Einzelnen als auf die Gruppe gelenkt, bei gleichzeitiger Toleranz seiner Mitmenschen (70 %). Ein weiterer Trend mit 62 % ist bei dem Punkt Gesunde Lebensweise erkennbar, der auch in vielen Kitas und Schulen eine immer größere Rolle spielt.

Als eher veraltet können die Erziehungsziele der letzten Ränge angesehen werden. Nur 20 % – 26 % betrachten Glaube, Kunstinteresse und Bescheidenheit als erstrebenswert.

Die einzelnen Werte zeigen also keine klare Richtung zur Individualisierung oder zum Wunsch nach einem Zusammenwachsen der Gesellschaft an. Vielmehr lassen sich Wünsche zur Erziehung ablesen, die sich als „sowohl – als auch" einordnen lassen. Aus der Befragung geht daher nicht klar hervor, wie genau eine ideale Erziehung für die Befragten aussieht, da nur einzelne Kriterien abgefragt wurden, ohne eine genaure Erläuterung zu erhalten.

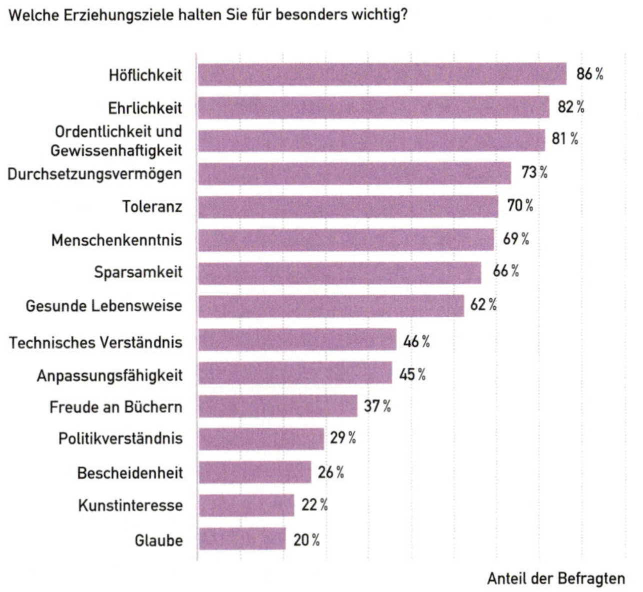

[1] Wichtige Erziehungsziele von 3000 befragten Eltern von Kindern unter 14 Jahren in Deutschland 2013. Quelle: Institut für Demoskopie, Allensbach

Individualisierung
Prozess der Ablösung von bekannten Lebensformen hin zu einem Leben mit größerer Selbstbestimmung und -verwirklichung

Individualisierung | S. 272, 339

Sie können sich bestimmt an eine Situation in Ihrem Leben erinnern, in der Sie sich ein Ziel gesetzt hatten und nach einer Weile überprüfen konnten, ob Sie dieses Ziel erreicht haben oder eben nicht. Sie haben z. B. versucht, abends und nachts weniger Zeit am Computer zu verbringen, damit Sie morgens ausgeschlafen in den Tag starten können. Nach etwa einem halben Jahr ist klar, ob Sie entweder Ihr Ziel erreicht haben und morgens wacher und ausgeschlafener sind oder ob Sie weiterhin mit Schlafmangel auskommen müssen.
Aber wie ist das mit Erziehungszielen? Deren Erreichen kann nicht so leicht überprüft werden wie das regelmäßige zeitige Zubettgehen. Da Sie selbst Teil eines Erziehungsprozesses sind, können Sie einmal überprüfen, ob die Erziehungsziele, die andere für Sie gesetzt haben, erreicht worden sind. Fragen Sie Ihre Erziehenden (Eltern oder auch Lehrer) nach dem aktuellen Stand.

3.3 Institutionalisierte Erziehungsziele

[1] Erziehung in der Institution Kindertageseinrichtung

Institutionen | S. 438

Neben der von individuellen Erziehungszielen geprägten Erziehung innerhalb der Familie findet Erziehung natürlich auch in Institutionen statt. Diese unterliegen im besonderen Maße der staatlichen Gemeinschaft. Hierzu gehören Kindertageseinrichtungen, Schulen und weitere Bildungs- und Erziehungseinrichtungen, die meist in staatlicher, kirchlicher oder auch in privater Trägerschaft organisiert sind.

Häufig werden die Wörter Erziehung und Bildung synonym verwendet, sie lassen sich jedoch voneinander abgrenzen.

In der Regel ist Bildung ein Ziel, das durch Erziehung erreicht werden soll.

Meist wird in Allgemein- und Spezialbildung unterschieden.

Förderalismus
politischer Grundsatz, nach dem den einzelnen Bundesländern eine größtmögliche Eigenständigkeit zugestanden wird.

Bildung, vom Althochdeutschen bildunga (Schöpfung, Bildnis) bezeichnet den Prozess der Formung eines Menschen mit Blick auf seine geistigen Fähigkeiten – insbesondere die Fähigkeit ein reflektiertes Verhältnis zu sich und der Welt einzunehmen. Zum einen geht es also um den Prozess (sich bilden) zum anderen um den Zustand (gebildet sein).

In dem föderalistischen Staat der Bundesrepublik Deutschland unterliegt die Bildungshoheit, also die Regelung und Aufsicht über die Erziehung (und insbesondere die Bildung), den einzelnen Bundesländern. Diese schicken jeweils einen Vertreter für diesen Aufgabenbereich in die Kultusministerkonferenz (KMK). Hier werden gemeinsame Aufgaben und Ziele thematisiert, die in der gesamten BRD umgesetzt werden. Die einzelnen Bundesländer haben dann die Möglichkeit, diese so umzusetzen, dass alle Besonderheiten des eigenen Landes berücksichtigt werden können. Das heißt also, es sind in jedem Bundesland dieselben Bildungsziele vorzufinden, deren Umsetzung kann sich jedoch unterscheiden. Erziehung, Bildung und Betreuung von Kindern werden unter dem Förderaspekt der sozialen, emotionalen, körperlichen und geistigen Entwicklung betrachtet. Hier sehen die Vertreter der Bundesländer den Schwerpunkt ihrer Arbeit.

Die Homepage der Kultusministerkonferenz finden Sie unter
www.kmk.org

Die Kinder sollen „dort abgeholt werden, wo sie stehen“, das heißt, ihr Entwicklungsstand, ihre individuellen Grundvoraussetzungen wie die Familie und ihre Herkunft sollen bei ihrer Förderung immer berücksichtigt und in den Alltag der Institution einbezogen werden.

Die Förderung soll den Kindern als Orientierungshilfe für ihr Leben in der Gesellschaft dienen. Ihre individuellen Fähig- und Fertigkeiten sollen soweit unterstützt werden, dass sie die verschiedenen Aufgaben, die ihnen im Leben, aber auch beim Lernen begegnen, meistern können. Im besten Fall ein Leben lang.

Unter dem Stichwort „Bildungspläne“ finden Sie auf der Seite des deutschen Bildungsservers die Bildungspläne der Bundesländer.
www.bildungsserver.de

Die folgende Tabelle zeigt exemplarisch einige Bildungsziele und -angebote in den einzelnen Bildungsbereichen in der Frühpädagogik.

Frühpädagogik | S. 489

Bildungsbereiche in der Frühpädagogik

Bildungsbereich	Bildungsziele (Beispiele)	Angebote (Beispiele)
Sprache, Schrift und Kommunikation	■ Das Kind kann selbst sagen, wie es heißt und wo es wohnt. ■ Die Kinder können zusammenhängend miteinander sprechen. ■ Das Kind ist in der Lage, kleine Reime, Gedichte und Lieder zu hören und mitzusingen.	■ „Silbenspaziergang“: Jede Silbe eines laut gesprochenen Wortes wird mit einem Schritt und einem rhythmischen Klatschen o. Ä. begleitet. Hinterher überlegen alle, wie viele Silben sie gehört haben.
personale und soziale Entwicklung, Werteerziehung und religiöse Bildung	■ Das Kind nimmt Bedürfnisse und Wünsche anderer wahr. ■ Das Kind kann sich streiten und verfügt über Möglichkeiten zur Konfliktlösung. ■ Das Kind akzeptiert Regeln und Grenzen. ■ Das Kind trifft eigene Entscheidungen.	■ Rollen- und Stegreifspiele ■ „Spielstationen“: Die Kinder können unter verschiedenen Angeboten zu einem Thema (z. B. Insekten) selbstständig wählen und unterschiedliche Erfahrungen in wechselnden Gruppen verknüpfen.
Mathematik, Naturwissenschaft und Technik	■ Das Kind kann bis zehn zählen. ■ Das Kind kann unterscheiden, was ist mehr, weniger oder gleich viel. ■ Das Kind erkennt verschiedene geometrische Grundformen. ■ Das Kind geht sachgerecht mit einfachen Haushaltsgegenständen um.	■ Nutzen alltäglicher Tätigkeiten (z. B. Tischdecken, Backen und Kochen) ■ Abzählreime ■ Zählspiele, Lege- und Suchspiele
musische Bildung und Umgang mit Medien	■ Das Kind erkennt und singt einfache Melodien. ■ Das Kind bewegt sich zur Musik. ■ Das Kind beherrscht verschiedene Maltechniken. ■ Das Kind kennt Medien (z. B. Fernseher, Computer, Radio) und kann mit ihnen umgehen.	■ „Kunstwerkstatt“ mit anschließender Ausstellung: Die Kinder können an verschiedenen Stationen mit unterschiedlichen Materialien (wie Wasserfarben, Kohle, Knete oder Salzteig), z. B. zum Thema „Winter“, arbeiten.
Körper, Bewegung und Gesundheit	■ Das Kind kann sich harmonisch und koordiniert bewegen. ■ Das Kind ist in der Lage, seine Emotionen (z. B. Wut, Freude, Angst) körperlich auszudrücken. ■ Das Kind führt unterschiedliche Bewegungen sicher aus (z. B. auf einem Bein hüpfen, rückwärts laufen). ■ Das Kind kann Körperteile benennen. ■ Das Kind kann gesunde und ungesunde Lebensmittel unterscheiden.	■ Bewegungsspiele ■ Bastelangebote, z. B. Falten von Weihnachtssternen, Auffädeln von Schmuck ■ Werken: Bauen einer neuen Garderobenleiste für die Kita ■ Nagelbrett-Spiel: Wer den Nagel mit den wenigsten Schlägen versenkt, gewinnt. ■ „Budenbau“-Projekt
Natur und kulturelle Welten	■ Das Kind kennt die Natur, einzelne Abläufe (z. B. Wasserkreislauf) und Naturerscheinungen (z. B. Wetter). ■ Das Kind verfügt über Heimatwissen (Wo lebe ich?). ■ Das Kind erfährt Kunst und Ästhetik.	■ Spaziergänge und Ausflüge in der Natur bei jeder Witterung ■ Projekte, z. B. zu Wasserkreislauf, Müllentsorgung, Tiere in unserem Wald

4 Aspekte der entwicklungsfördernden und -hemmenden Erziehung

Das Thema Erziehung spielte schon in der Antike eine wichtige Rolle. So lässt der Philosoph Platon in einem Dialog Sokrates sagen:

„Der Lehrer fürchtet und hätschelt seine Schüler, die Schüler fahren den Lehrern über die Nase und so auch ihren Erziehern. Und überhaupt spielen die jungen Leute die Rolle der alten und wetteifern mit ihnen in Wort und Tat, während Männer mit grauen Köpfen sich in die Gesellschaft der jungen Burschen herbeilassen."

Platon beklagt sich also indirekt über die Jugend – dies zeigt das bestimmte Erziehungsprobleme offensichtlich gar nicht so neu sind sondern schon früher beklagt wurden. Durch die Vielzahl an Literatur zum Thema Erziehung und insbesondere durch die vielen Erziehungsratgeber sind Eltern heute aber in Erziehungsfragen vielleicht aber besonders unsicher.

[1] Sigrid Tschöpe-Scheffler (*1951), Erziehungswissenschaftlerin

Diesen Trend hat die Erziehungswissenschaftlerin Sigrid Tschöpe-Scheffler der Technischen Hochschule Köln zum Anlass genommen, um aus wissenschaftlicher Sicht Effekte zu benennen, die sich entwicklungsfördernd bzw. -hemmend auf die kindliche Entwicklung auswirken. Entstanden ist ein Buch, das sich nicht in die Reihe der Ratgeber und Rezepthefte für eine gute Erziehung einreiht. Vielmehr bietet es die Möglichkeit, über das eigene Erziehungsverhalten und die Beziehung zum Kind anhand der vorgestellten Aspekte zu reflektieren.

Entwicklung | S. 135

4.1 Entwicklungsfördernde Aspekte der Erziehung

Als entwicklungsfördernd bewertet Tschöpe-Scheffler:
- Liebe
- Achtung
- Kooperation
- Struktur
- Förderung

1. Säule „Liebe“: Liebe und emotionale Wärme findet das Kind über eine positive Zuwendung. Es wird als es selbst wahrgenommen und akzeptiert. Der Erwachsene hört ihm zu, lächelt es an, tröstet. Auch die körperliche (aber nicht erzwungene) Zuwendung schenkt Liebe und Wärme.

2. Säule „Achtung“: Achtung und Respekt sind für Kinder ebenso wichtig wie für Erwachsene, sie müssen erkennen, dass sie als vollwertiger Mensch wertgeschätzt werden. Das Kind wird vom Erwachsenen als Individuum wahrgenommen, das seinen eigenen Gedanken und Bedürfnissen nachgeht. Er vertraut dem Kind.

3. Säule „Kooperation“: Es besteht eine Kooperation zwischen Erwachsenen und dem Kind. Das Kind wird in Entscheidungsprozesse als Partner mit einbezogen. Ein gegenseitiges Verständnis für die Sicht- und Handlungsweise des anderen wird verlangt. Erwachsener und Kind müssen sich an Regeln halten. Werden diese nicht eingehalten, sollen sich beide dafür entschuldigen und dem anderen vergeben.

4. Säule „Struktur“: Durch klare Regeln entstehen Struktur und Verbindlichkeit. Hierdurch erlangt das Kind Handlungssicherheit in seinem Tun. Das Androhen von Konsequenzen reicht oft nicht aus, um diese Sicherheit zu unterstützen. Das Kind muss wissen, dass die Konsequenz auch eintreten kann. Das heißt, Eltern müssen auch standhaft bleiben können. Weiterhin helfen Rituale dem Kind, einen strukturierten und sicheren Tagesablauf zu bekommen.

5. Säule „Förderung“: Durch eine ansprechende und kindgerechte Umwelt erhält das Kind eine allseitige Förderung, die seine Neugierde weckt. Es sammelt umfangreiche Erfahrungen, der kleine Forscher in ihm wird unterstützt und entwickelt sich so geistig wie körperlich weiter. Es lernt, Sinnzusammenhänge zu verstehen.

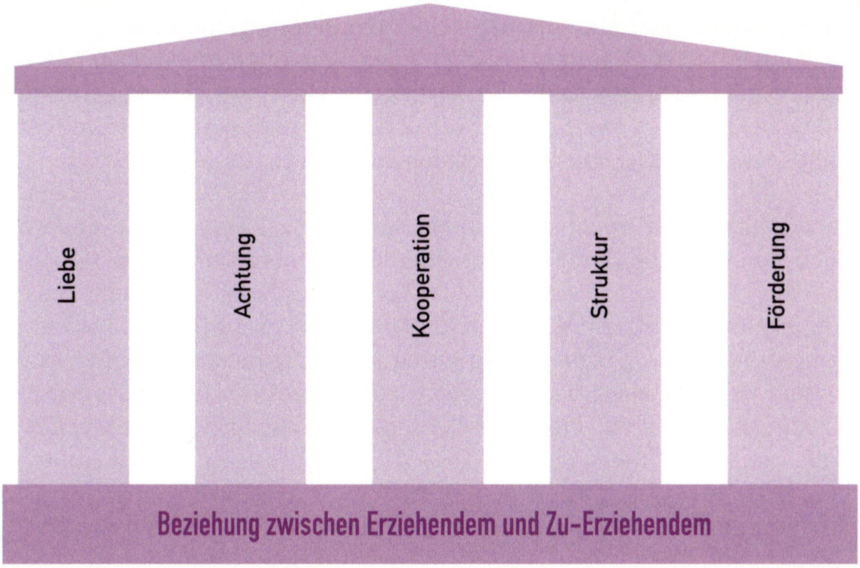

4.2 Entwicklungshemmende Aspekte der Erziehung

Demgegenüber stehen die hemmenden Faktoren, die einer positiven Entwicklung entgegenwirken können.

[1] Kinder können sich durch emotionale Kälte ungeliebt fühlen.

Das Kind kann zu viel oder zu wenig Liebe und emotionale Wärme erhalten. Eine **emotionale Überhitzung** besteht, wenn der Kontakt zwischen Kind und Erwachsenen sowohl körperlich als auch psychisch den eigenen Bedürfnissen entsprechend eingefordert wird. Das Kind wird in seinen Möglichkeiten zur freien Entwicklung gestört. Meist wird es von den Erwachsenen regelrecht erdrückt und überbehütet. Das Gegenteil davon ist die **emotionale Kälte**, die sich in einer Isolierung des Kindes von den Erwachsenen ausdrückt. Das Kind fühlt sich weder geliebt noch akzeptiert.

Erfährt das Kind **Missachtung**, zeigt der Erwachsene klar, dass es nicht seinen Vorstellungen entspricht. Er würdigt es regelmäßig herab und stellt es vor anderen bloß. Das Kind kann neben der psychischen auch körperliche Gewalt empfinden. Es fühlt sich als wenig wertvoll.

Dirigismus
Eingriff, Bedrängung, Lenkung

Hat ein Kind wenig oder gar kein Mitspracherecht, erlebt es **Dirigismus**. Der Erwachsene bestimmt über das Kind, da er ihm wenig ver- und zutraut. Die Wünsche, Bedürfnisse und Äußerungen des Kindes werden nicht angehört und umgesetzt. Es herrscht Kontrolle und keine Eigenständigkeit des Kindes.

Ohne Struktur, klare Regeln und Rituale erlebt das Kind **Chaos und Beliebigkeit**. Wenn der Erwachse Grenzen entweder nicht setzt oder bei Verstößen dagegen keine Konsequenzen zieht, werden dem Kind wichtige Orientierungshilfen nicht gegeben. Das unstabile, widersprüchliche und unsichere Verhalten des Erwachsenen führt dazu, dass das Kind keinen geregelten Alltag erfährt.

Eine **mangelnde oder nur einseitige (Über-)Förderung** hemmt das Kind in seiner Neugierde und seinem natürlichen Forscherdrang. Eine umfassende Entwicklung kann nicht stattfinden. Erfährt es eine einseitige Förderung in einem für den Erwachsenen wichtigen Bereich, kann es Sinnzusammenhänge ebenso wenig erfassen wie bei einer mangelnden Förderung.

Grundsätzlich sollte davon ausgegangen werden, dass Erwachsene eine wohlwollende und kindbejahende Haltung in die Erziehung einbringen. Haben Eltern Schwierigkeiten, sich selbst und ihr Verhalten zu reflektieren oder die entwicklungsfördernden Aspekte der Erziehung zu berücksichtigen, besteht die Möglichkeit für sie, Unterstützung durch Erziehungsberatungsstellen zu bekommen. Hier erhalten sie Hilfe durch pädagogisches und psychologisches Fachpersonal, damit sie ihrem Erziehungsauftrag nachgehen können, der im Kinder- und Jugendhilfegesetzes (SGB VIII; KJHG) festgeschrieben ist.

5 Die pädagogische Beziehung

Zu Beginn des 20. Jahrhunderts ist die Erziehung stärker in den Fokus der Öffentlichkeit gerückt, somit auch ihre einzelnen Bestandteile. Die Beziehung zwischen den am Erziehungsprozess Beteiligten ist nun auch aus einer professionellen Sichtweise betrachtet worden.

Pädagogik | S. 16

Der Göttinger Pädagoge Herman Nohl (1879–1960) ist der Erste, der sich 1935 mit der Bedeutung der pädagogischen Beziehung intensiv auseinandergesetzt hat. Die wichtige Eigenschaften der Lehrer sind für ihn Liebe, Autorität und Erziehungswille, während Schüler Liebe, Vertrauen und Gehorsam in den Erziehungsprozess einbringen sollen.

Diese historische Sichtweise Nohls gilt heute vor allem wegen der von ihm geforderten Autorität des Lehrers und damit einhergehend des Gehorsams seiner Schüler als veraltet und zu stark lehrerzentriert. Problematisch ist ebenfalls, dass Nohls Erziehungsziele in der Zeit des Nationalsozialismus dazu verwandt wurden, um das deutsche Volk folgsam und obrigkeitshörig zu machen. Obwohl Nohl deutlich die nationalsozialistischen Prinzipien in seinem Schaffen befürwortete, ist er 1937 entlassen und erst nach dem Krieg als Universitätsprofessor in Göttingen wieder eingestellt worden.

Der moderne Blick auf die pädagogische Beziehung zeigt ein Verhältnis auf, das gemeinschaftlich und darüber hinaus von einer wechselseitigen Beeinflussung geprägt ist. Es wird nicht über den Schüler bestimmt, sondern dieser hat die Möglichkeit, seinen Erziehungsprozess selbst mitzubestimmen. Diese Partizipationsmöglichkeit bietet sich im Unterricht und im organisatorischen Rahmen durch die Schülervertretung jeder Schule.

[2] Partizipationsmöglichkeit der Schüler im Unterricht

Eine Beziehung zwischen – mindestens zwei – Menschen besteht dann, wenn sie ihre Handlungen, ihre Gedanken und ihre Gefühle zusammenbringen und aufeinander abstimmen.

Die folgenden Kapitel stellen Ihnen zwei bekannte Ansätze der pädagogischen Beziehung vor.

Die Erziehungswissenschaft beschäftigt sich als wissenschaftliche Disziplin mit der Betrachtung von Erziehung und Bildung sowie ihren theoretischen Grundlagen. Der ältere Begriff Pädagogik wird meist synonym verwendet.

Diese können der Gestaltung und Verbesserung der Arbeit, z. B. im Kita-Alltag dienen. Hier hat es in den vergangenen Jahren insbesondere durch die Veränderungen im Ausbildungssystem viele Änderungen und Verbesserungen gegeben.

5.1 Der personenzentrierte Ansatz nach Carl Rogers

personenzentrierter Ansatz | S. 255

Der US-amerikanische Psychologe Carl Rogers (1902–1987) hat seinen personenzentrierten Ansatz als Therapie entworfen. Hierin beschreibt er die Haltung des Therapeuten gegenüber seinem Klienten. Diese Haltung kann grundsätzlich auf die meisten zwischenmenschlichen Interaktionen übertragen werden und erweist sich somit auch anwendbar auf alle erzieherische Bereiche.

Der Ansatz beruht auf den drei Stützpfeilern:
- Empathie (einfühlendes Verstehen),
- Echtheit (Kongruenz) und
- uneingeschränkte Wertschätzung.

Der Erziehende muss diese Haltung aus seiner professionellen Rolle heraus einnehmen. Greifen die Mitmenschen dieses Verhalten auf und wenden es auch an, ist die Grundlage für eine gelungene Interaktion hergestellt.

Grundsätzlich sagt Rogers, dass jeder Mensch die Fähigkeit zur Selbstbestimmtheit und Eigenverantwortlichkeit in sich trägt und somit in sich selbst Lösungen für Schwierigkeiten und Probleme entwickeln bzw. finden kann.

Aus dieser Perspektive heraus lässt sich ein direkter Zusammenhang zwischen Rogers und der Kompetenzorientierung der Bildungsprogramme der einzelnen Bundesländer im Bereich der Ich-Kompetenz herstellen. In den Bildungsprogrammen sind Fähig- und Fertigkeiten (Kompetenzen) vermerkt, welche die Kinder und Jugendlichen über das Lernen in Kita und Schule erreichen sollen. Neben der Ich-Kompetenz werden auch die Sachkompetenz sowie die soziale und die lernmethodische Kompetenz gefördert.

Das Ziel einer stabilen Ich-Kompetenz ist das Vertrauen in die eigenen Fähig- und Fertigkeiten, damit die Kinder und späteren Erwachsenen eigenverantwortlich handeln können. Dabei haben sie eine ausgeprägte Eigenmotivation, die sie auch dazu befähigt, ihre Aufmerksamkeit auf etwas zu lenken und somit Lösungen für entstehende Probleme zu finden.

5.2 Die Themenzentrierte Interaktion nach Ruth Cohn

Themenzentrierte Interaktion | S. 64

Im Vergleich zu Rogers personenzentriertem Ansatz, der sich mit den Handelnden der Interaktion beschäftigt, bezieht die Themenzentrierte Interaktion (TZI) von Ruth Cohn (1912–2010) weitere Aspekte des Interaktionsprozesses mit ein.

Die Unterrichtsgestaltung liegt in der Regel in den Händen der Lehrperson. Diese muss nach dem TZI-Prinzip ein ausgeprägtes Ich besitzen. Das heißt, dass sie sich selbst wahrnehmen, respektieren und reflektieren kann. Ihr muss klar sein, dass sie der Antrieb für das Unterrichtsgeschehen ist.

Gleichzeitig ist die Lehrperson aber auch ein Teil der Lerngruppe und versteht sich somit dem Wir zugehörig, das heißt, dass es keine Trennung zwischen der Lehrperson und den Schülern gibt, sondern alle als Teil der Klassengemeinschaft gelten.

In Interaktion treten die Beteiligten über den Gegenstand oder das Thema, das Es. Die Lehrperson hat die Aufgabe, das Thema so vorzubereiten, dass es die Schüler motiviert und sie einen Zugang dazu erfahren.

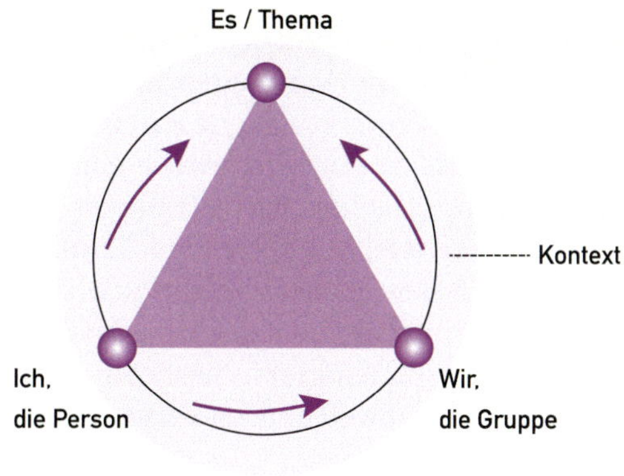

[1] Ich-Wir-Es-Globe

Damit die einzelnen Faktoren des TZI-Ansatzes miteinander harmonieren, gilt der Leitsatz: „Störungen haben immer Vorrang". Eine Störung liegt dann vor, wenn der Fokus der Gruppe auf einem Faktor liegt. Besteht z. B. das Problem, dass im Klassenverband eine Schülerin ausgeschlossen wird, weil sie eine andere verpetzt hat, so liegt eine Störung des Wir (z. T. des Ich) vor und die Betroffenen können den Unterricht nicht konzentriert wahrnehmen und durchführen. Die Lehrperson wird in der Regel diese Stimmung in der Klasse bemerken. Nach den Prinzipien des TZI muss also zunächst diese Störung beseitigt werden, um das Es, also das Thema des Unterrichts, sinnvoll und nachhaltig unterrichten zu können.

Damit Interaktion in der Gruppe gelingen kann, schlägt die TZI folgende Hilfsregeln vor:

1. Vertritt dich selbst in deinen Aussagen; sprich per ‚Ich' und nicht per ‚Wir' oder ‚Man'.
2. Wenn du eine Frage stellst, sage, warum du fragst und was deine Frage für dich bedeutet. Sage dich selbst aus und vermeide das Interview.
3. Sei authentisch und selektiv in deinen Kommunikationen!
4. Halte dich mit Interpretationen von anderen zurück. Sprich stattdessen deine persönlichen Reaktionen aus.
5. Sei zurückhaltend mit Verallgemeinerungen.
6. Wenn du etwas über eine andere Person sagst, sage auch, was es dir bedeutet.
7. Seitengespräche haben Vorrang. Sie stören und sind meist wichtig.
8. Nur einer zur gleichen Zeit bitte!

(aus: www.ruth-cohn-institute.com/page/6/jfin_inhalt_tzi-konzept&mm=13&sub=14; Zugriff am 20.12.2013)

6 Erziehungsstile

Die Einordnung des pädagogischen Handelns, ob nun professionell oder auch im familiären Rahmen, wird als Erziehungsstil bezeichnet. Häufig wird versucht, das angewandte Verhalten während des Erziehungsprozesses in Kategorien zu gliedern. Berücksichtigt werden dabei die charakteristischen Merkmale des Erziehenden, seine Einstellungen zu verschiedenen Themen wie zur Politik, Gesellschaft und zur Erziehung selbst. Aber auch die vorgelebten Verhaltensweisen, die ein Erziehender in der elterlichen Erziehung selbst erfahren hat, spielen eine bedeutsame Rolle für die Wahl seines Erziehungsstils.

Das folgende Kapitel stellt Ihnen verschiedene Kategoriesysteme vor, die sich in ihrer Perspektive unterscheiden. Allen ist jedoch gemein, dass es sich um Modelle handelt und somit ein einzelnes Verhalten eines Erziehenden von der Einordnung in eine bestimmte Kategorie abweichen kann.

Das gilt für das Erzieherverhalten ebenso wie für das alltägliche Verhalten von Menschen. So ist es im Leben auch immer möglich, dass ein an sich ausgeglichener und gelassener Mensch (Kategorie) in bestimmten Situationen reizbar und aggressiv (von der Kategorie abweichendes Verhalten) reagiert.

6.1 Die Typologie des Erzieherverhaltens nach Kurt Lewin

[1] Kurt Lewin (1890–1947), Sozialpsychologe

Aus verschiedenen Experimenten zum Führungs- und Lehrstil hat Kurt Lewin in den Jahren 1937 und 1938 gemeinsam mit seinen Mitarbeitern unter anderem die Auswirkungen verschiedenen Lehrerverhaltens auf die Gruppenatmosphäre und das Einzelverhalten der Schüler in Unterrichtssituationen untersucht und daraus seine Typologie der Erziehungsstile abgeleitet.

Der Ausgangspunkt der Experimente ist eine Unterrichtssituation mit einer Lehrperson in einer Klasse. Die Versuchsgruppen unterscheiden sich zunächst im unterschiedlichen Verhalten der Lehrperson. Sehr bald passt sich die Schülergruppe dem Verhalten an und reagiert auf eine spezielle Weise. Die Versuche werden mehrfach durchgeführt, sodass Lewin drei Erziehungsstile festlegen kann.

Demokratischer Erziehungsstil

Verhalten des Lehrers

Insgesamt ist dieser Erziehungsstil geprägt vom gegenseitigen Respekt und einer funktionierenden Beziehung zwischen der Lehrperson und den Schülern. Der Lehrer achtet darauf, dass er seine Lerngruppe über den bevorstehenden Unterricht informiert, ihr also einen Überblick über das Thema der Stunde, die enthaltenen Aufgaben und Methoden verschafft. Dabei achtet er darauf, die Schüler in den Unterrichtsprozess einzubinden, er bietet ihnen verschiedene Vorgehensweisen für die anstehende Arbeit an und lässt ihnen weitgehend freie Hand in der Bearbeitung. Wenn er eine Schülerin verbessert oder für ihre Aufgabenbearbeitung lobt, geschieht dies sachlich und objektiv und nicht willkürlich und nach seinen eigenen Maßstäben.

Allgemein ist seine Kritik als konstruktiv, verständlich und für den Schüler umsetzbar einzuordnen.

Verhalten der Schüler

Das Lern- und Arbeitsklima innerhalb der Klasse ist angenehm. Die Gruppe arbeitet motiviert, produktiv und entspannt. Untereinander verhalten sich die Schüler kooperativ mit wenigen Auseinandersetzungen. Sie nutzen die Gruppensituation sinnvoll aus, indem sie sich als Gemeinschaft verstehen und auch so auftreten. Jeder in der Klasse ist Teil der Gruppe. Sie sind in der Lage, die Gruppe aufzuteilen und wieder zu vereinen. Sie übernehmen die Verantwortung füreinander, sodass die ständige Anwesenheit der Lehrerin für den Arbeitsprozess nicht immer notwendig ist.

[2] Angenehmes Lernklima in der Klasse

Autoritärer Erziehungsstil

Verhalten des Lehrers

Ein autoritär handelnder Lehrer bestimmt alle Bereiche, die den Unterricht umfassen. Seine Beziehung zu den Schülern ist distanziert und hierarchisch geprägt. Über die anstehenden Aufgaben und wie sie bearbeitet werden müssen, klärt er seine Schüler nur schrittweise und unmittelbar auf, sodass es ihnen nicht möglich ist, sich einen Überblick über den Unterricht zu verschaffen.

Er zeigt ständig, dass er sich in der Machtposition gegenüber den Schülern befindet. Seine Kritik ist persönlich und subjektiv, also an eigenen menschlichen und thematischen sowie inhaltlichen Vorlieben orientiert.

Verhalten der Schüler

Die Schüler verstehen sich in dieser Lern- und Arbeitsatmosphäre als Einzelkämpfer. Zur Aufgabenbewältigung ist die Anwesenheit des Lehrers notwendig, weil sie Schwierigkeiten mit einer selbstständigen Aufgabenbearbeitung haben. Insgesamt arbeiten sie weniger motiviert und produktiv. Ihr Verhalten innerhalb der Gruppe ist eher aggressiv und voneinander abgewandt. Statt zu kooperieren, zeigen sie ihre Antipathien gegenüber ihren Mitschülern, es kommt vor, dass sie schwächere Gruppenmitglieder ausgrenzen und ärgern.

[3] Früher existierte in der Schule meist ein autoritärer Erziehungsstil.

Laissez-faire Erziehungsstil

Verhalten der Lehrerin

Die Klassenleitung und Organisation des Unterrichts wird von einer Lehrerin, die den Laissez-fairen Erziehungsstil anwendet, nicht übernommen. Die Schüler müssen (dürfen und sollen) das erarbeiten, was sie wollen. Sie regelt jedoch nicht ihren Arbeitsprozess, sodass es auch nicht weiter schlimm ist, wenn kein Schüler arbeitet. Es sind Arbeitsmaterialien vorhanden, darauf weist diese Lehrerin auch hin, jedoch leitet sie ihre Schüler zur Arbeit nur auf Nachfrage an.

Verhalten der Schüler

Klassen eines Laissez-fairen Lehrers zeigen keinen klaren und insbesondere keinen strukturierten Arbeitsprozess. Das fehlende Einwirken des Lehrers führt häufig zu Missmut. Die Schüler kooperieren selten untereinander, dies unterstützt die schlechte Stimmung. Insgesamt herrscht ein eher aggressives Gruppenklima, intensive Beziehungen zwischen allen Beteiligten der Klasse sind nicht zu erkennen. Bei Abwesenheit des Lehrers übernehmen zum Teil einige Schüler die Rolle des Lehrers, woraufhin die Mitschüler häufig mit ihrer Arbeit angefangen haben.

Nicht nur in der Schule begegnen sich Erziehende und Zu-Erziehende ständig in erzieherischen Situationen. Das von Erziehenden gezeigte Verhalten führt dabei zu einer Reaktion bei den Zu-Erziehenden.
Im Laufe der vergangenen Jahrzehnte hat sich das Verhalten der Erziehenden gewandelt. Das liegt insbesondere an den veränderten Erziehungszielen, die sich den vorherrschenden Lebensbedingungen anpassen. Noch in den 1950er Jahren waren Ziele vorherrschend, die zu einer Anpassung des Einzelnen an die Gesellschaft führen sollten. In dieser Zeit wurde von den Erziehern eher ein autoritärer Erziehungsstil – wenn die Einordnung Lewins genutzt wird – angewandt. Dies konnte sowohl im elterlichen Erziehungsraum als auch in Erziehungs- und Bildungseinrichtungen beobachtet werden.
Heute führen die Erziehungsziele eher zur Individualisierung des Einzelnen, daher findet in Familien, Kitas und Schulen meist der demokratische Erziehungsstil seine Anwendung. Dadurch wird eine bestmögliche Förderung der individuellen Entwicklung erhofft.

6.2 Erziehungsstilkonzept nach Tausch und Tausch

Die Laborsituation der Experimente, die Lewin durchführte und aus denen er seine Ergebnisse zog, stellt für viele Forscher einen nicht ausreichenden Realitätsbezug dar. In der Realität folgt die Erzieherin, Sozialarbeiterin oder Lehrerin nämlich nicht ständig einem vorgegebenen Verhaltenskonzept, sondern sie handelt spontan und natürlich.

Reinhard und Anne-Marie Tausch | S. 255

Diese Kritik brachte das Psychologenehepaar Reinhard und Anne-Marie Tausch dazu, 1991 ein eigenes Erziehungsstilkonzept zu entwerfen. Für beide war klar, dass die eindimensionale Sichtweise von Lewins Typologie zu eng gefasst ist.

Sie entwickelten also ein Konzept, das die Dimensionen Lenkung und Emotion gleichzeitig abbildet. Sie zeigen ein Koordinatensystem mit zwei Achsen zur Darstellung der Dimensionen und der Ausprägung im Erzieherverhalten.

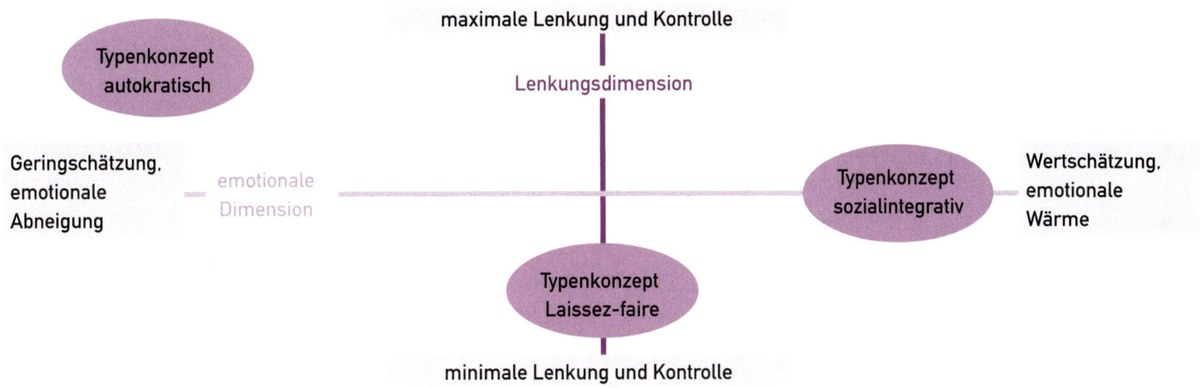

[1] Zwei-Faktoren-Modell von Tausch und Tausch, 1971

Anders als Lewin haben Tausch/Tausch nicht nur die Auswirkungen auf das angewandte Erzieherverhalten im Blick, sie konzentrieren sich vielmehr darauf, wie sich das Verhalten Erziehender fördernd auf Kinder und Jugendliche auswirkt. Dabei erfassen sie seelische Vorgänge der Entwicklung sowie das fachliche Lernen.

Wie bereits erwähnt und auch dargestellt, messen sie das Erzieherverhalten auf den Ebenen Lenkung/Anregung und Wertschätzung und in den negativen Bereichen Dirigismus und Geringschätzung. Dirigismus | S. 64

Die sozio-emotionale Ebene bei Tausch/Tausch umfasst die Faktoren Wertschätzung und Geringschätzung. Eine positive Förderung der Kinder und Jugendlichen wird über Liebe und emotionale Wärme sowie Wertschätzung erreicht, die Zu-Erziehenden werden als Individuum geachtet und somit Ängste und psychologische Störungen vermindert. Geringschätzendes Verhalten von Erziehenden kann zu Tendenzen von Feindseligkeit, Aggression, Rücksichtslosigkeit und Kälte bei Kindern und Jugendlichen führen. Aggression | S. 406

Erziehenden sollte die Tatsache bewusst sein, dass Kinder Verhalten nachahmen und auch in gleichaltrigen Gruppen zeigen. Demnach ist die Wahrscheinlichkeit, eine positive und warme Atmosphäre in einer Kinder- oder Jugendgruppe vorzufinden, höher, wenn das eigene Verhalten von Liebe und Wertschätzung geprägt ist.

Unter der Dimension Lenkung verstehen Tausch/Tausch die Einschränkungen und Macht von Erziehenden gegenüber Kindern und Jugendlichen. Hierbei wird besonders deutlich, dass Kindern und Jugendlichen häufig der Raum für eigen- und selbstständiges Handeln und Entdecken genommen wird.

Einen positiven Einfluss auf die Entwicklung hat ein nicht dirigierendes, aber unterstützendes Erzieherverhalten, das Kindern und Jugendlichen zeigt, dass ihnen einiges zugetraut wird und der Erziehende ihnen vertraut.

6.3 Parenting oder elterliche Fürsorge und Verantwortung

Artikel 6 des Grundgesetzes | S. 53

Sie kennen den Artikel 6 des Grundgesetzes und wissen, dass dieser besagt: die Erziehung der Kinder sind das elterliche Recht und ihre Pflicht.

Die Ausgangslage ist vom Gesetzgeber also für alle Eltern gleich, jedoch gestaltet sich die Umsetzung natürlich in jeder Familie individuell. Parenting beschreibt laut dem Sozialpädagogen Thomas Gabriel das, was Eltern aktiv zur Förderung ihres Nachwuchses unternehmen. Gabriel hat sich 2001 in seiner Vergleichsstudie über die Forschung zur Heimerziehung mit diesem Begriff auseinandergesetzt.

Vernachlässigung | S. 55

An dieser Stelle lernen Sie neben der idealen Handlungsweise der Eltern, dem „Positive Parenting", auch die Extremform „Overparenting" kennen. Demgegenüber steht die Vernachlässigung.

6.3.1 Positive Parenting

Tschöpe-Scheffler | S. 62

Das Positive Parenting stellt zunächst ein Idealmodell dar, welches sich auf Eltern, Kinder und die Familiensituation konzentriert. Die Eltern bilden hierbei die Grundlage. Sie bringen die Voraussetzungen und Fähigkeiten mit, die für das Heranwachsen ihrer Kinder wichtig sind. Sie bieten Sicherheit und decken die Grundbedürfnisse (wie essen und schlafen) der Kinder ab. In Anlehnung an die entwicklungsfördernden Aspekte nach Tschöpe-Scheffler geben die Eltern emotionale Wärme, Anregung, Anleitung, Grenzziehung und Stabilität. Dies benötigen die Kinder für ihre Entwicklung. Wichtige Entwicklungsbedürfnisse der Kinder sind: Gesundheit, Erziehung, emotionale Entwicklung, Verhaltensentwicklung, Identitätsbildung, soziale Beziehungsfähigkeit und Selbstvertrauen. Für eine positive Familiensituation sollte ein gesichertes Einkommen aus einer Erwerbstätigkeit vorhanden sein. Die Funktion der Familie sollte erfüllt sein, das heißt, die einzelnen Mitglieder können einander vertrauen, sind füreinander da und helfen einander. Weiterhin ist die Familie in ihr soziales Umfeld integriert.

[1] Ein gewisses Maß an Schutz braucht jedes Kind.

6.3.2 Overparenting

Es gibt Eltern, welche die elterliche Fürsorge und Verantwortung für ihre Kinder übertreiben. Sie wollen besonders gute Eltern sein und bieten dabei ihren Kindern ein Übermaß aller entwicklungsfördernden Unterstützungsmöglichkeiten. Insbesondere der Aspekt der Sicherheit des Kindes spielt eine entscheidende Rolle für diese Eltern.

Sie beschützen ihre Kinder vor allen vermuteten Gefahren. Ständig warnen sie ihre Kinder und entziehen sie vermeintlich gefährlichen Situationen. Leider entgeht ihnen dabei, dass sie ihren Kindern dadurch die Möglichkeit nehmen, sich zu einer eigenständigen Person zu entwickeln.

Es fehlt den Kindern an vielseitigen Anregungen und so entwickelt sich ihre natürliche Neugierde immer stärker zurück. Statt selbstständig seine Welt zu erkunden, muss sich das Kind bei den Eltern absichern, ob es so handeln darf. So entsteht ängstliches und zögerliches Verhalten bei den Kindern.

BEISPIEL

Die elf Monate alte Hannah-Sophia sitzt auf ihrer Spieldecke und steckt Holzklötzchen in einen dafür vorgesehenen Ball. Ihre Mutter Elena sitzt daneben mit ihrer Freundin am Tisch und trinkt Kaffee. Während der Unterhaltung zwischen den beiden Freundinnen krabbelt Hannah-Sophia immer wieder von ihrer Decke zum Tisch im Wohnzimmer. Sofort eilt Elena zu ihr und erklärt ihr, wie gefährlich der Tisch sei, Hannah-Sophia könnte sich daran den Kopf stoßen und schrecklich wehtun. Sie setzt das Mädchen immer wieder zurück auf seine Decke und sagt ihm, es solle lieber bei der Mama spielen.

[2 und 3] Wie viel Schutz muss sein?

In den vergangenen Jahren ist im Gegensatz zum Overparenting immer wieder von Fällen in den Medien berichtet worden, in denen Eltern ihre Säuglinge so stark vernachlässigt oder auch körperlich misshandelt haben, dass diese gestorben sind.
Die Bundesregierung hat daher das Konzept der „Frühen Hilfen" ins Leben gerufen. Unter anderem soll über regelmäßige Vorsorgeuntersuchungen, die in den meisten Bundesländern verpflichtend bis zum sechsten Lebensjahr sind, eine Kontrolle durch die versorgenden Kinderärzte gewährleistet werden. Versäumen die Eltern diese Termine, erhalten sie eine Nachricht durch das Jugendamt. Auch können hier Zeichen auf Vernachlässigung sichergestellt werden, die dann weiter untersucht werden.

Unter **www.fruehehilfen.de** finden Sie weitere Informationen zum Konzept.

Lesestrategien

Zweck

Texte, die neue Themen beinhalten und wissenschaftliche Sachverhalte darstellen, sind häufig beim ersten Lesen schwer verständlich. Bestimmt haben Sie schon verschiedene Methoden in Ihrer Schulzeit kennengelernt, die Ihnen helfen sollen, Texte leichter zu verstehen. Viele dieser Methoden helfen zwar, einen Text zu erfassen, sind jedoch oft zeitaufwendig und umständlich in ihrer Anwendung.

Dazu gehört zum Beispiel, sich einem Text anzunähern, indem man nach einem ersten Überfliegen Fragen an den Text stellt, die dann durch genaueres Lesen beantwortet werden. Diese Methode ist sinnvoll und hilfreich, dauert aber leider sehr lange.

Besonderheiten und Vorgehensweise

Absätze einbauen und Überschriften finden

Grundsätzlich ist es immer sinnvoll, einen Text zu gliedern. Meist sind bereits verschiedene Absätze im Text vorhanden, denen entweder eine Überschrift zugeordnet oder deren Inhalt durch Randbemerkungen ganz knapp zusammengefasst werden kann. Hat der Autor wenige oder keine Absätze gesetzt, müssen Sie diese Einteilung des Textes noch selbst vornehmen.

Farbige Kennzeichnung wichtiger Schlüsselwörter

Innerhalb dieser Absätze können nun durch Markierungen in verschiedenen Farben (oder Formen) wichtige Aspekte und schwierige Worte farbig hervorgehoben werden. So können wichtige Punkte auch am nächsten Tag schnell wiedergefunden werden. Die verschiedenen Farben sollen unterschiedliche Inhaltsebenen zeigen (gelb als Sachinhalt und grün für eine genauere Beschreibung dazu oder die Unterstreichung für das Kennzeichnen schwieriger Wörter, oder Schlüsselwörter des Textes).

Doch welche Punkte sind wichtig in einem Text? Das nachstehende Beispiel soll Ihnen einen Eindruck für eine richtige Anwendung geben. Der Text wurde teilweise schon markiert und mit Randbemerkungen versehen.

AUFGABEN:
1. Führen Sie die Markierungen und Randbemerkungen weiter.
2. Bestimmen Sie eine Person aus Ihrer Klasse, die den gesamten Text laut vorliest. Jeder Schüler setzt an der Stelle ein, an der er auch Markierungen in seinem Text stehen hat. (So können Gemeinsamkeiten und Unterschiede beim Markieren erkannt und auch verbessert werden, wenn die Klasse dies regelmäßig übt.)

Was ist Triple P?

Erziehung ist ein Thema, das viele Menschen betrifft. Nicht nur deshalb scheinen Erziehungsratgeber Konjunktur zu haben. Ein Konzept, welches immer wieder durch die Medien geistert, nennt sich Triple P – Positive Parenting Program. Doch was genau versteckt sich dahinter?

Anders als beispielsweise Elternbriefe, in denen den Eltern ausschließlich schriftlich mit Tipps geholfen wird, ist Triple P ein mehrschichtiges Programm, welches sowohl schriftliche Unterlagen bereithält und an Eltern verteilt, als auch in Kursen den Eltern versucht, Erziehungskompetenz zu vermitteln. Im Mittelpunkt des Trainings stehen siebzehn Strategien, bei deren Anwendung, so die Idee, Verhaltensauffälligkeiten bei Kindern deutlich reduziert werden können.

Triple P wurde in Australien entwickelt und verbindet unterschiedliche Konzepte, deren Wirksamkeit zum Teil bereits wissenschaftlich nachgewiesen ist. Grundlage von Triple P sind fünf Erziehungsprinzipien: ① Sorgen Sie für eine sichere und interessante Umgebung. ② Regen Sie das Kind zum Lernen an. ③ Verhalten Sie sich konsequent. ④ Erwarten Sie nicht zu viel. ⑤ Beachten Sie Ihre eigenen Bedürfnisse. Aufbauend auf diesen Prinzipien werden siebzehn Strategien vermittelt, die in vier Gruppen zusammengefasst werden können.

Die Strategien sind zum Teil ganz alltäglich und werden von vielen Eltern auch ohne Triple P praktiziert. Dazu zählen beispielsweise das Loben der Kinder oder der Hinweis, viel miteinander zu reden. Auch die Idee, dass Eltern ihren Kindern ein Vorbild sein wollen, ist weit verbreitet. Dennoch wird in den Triple P Kursen auf diese Aspekte eingegangen. Hier geht es vor allem darum, Eltern diese Strategien bewusst zu machen und sie auf Probleme dabei hinzuweisen. Wer weiß schon, dass beispielsweise an Stelle eines ganz allgemeinen Lobs „Das hast Du gut gemacht" es besser wäre, konkret zu benennen, was das Kind gut gemacht hat: „Schön, dass Du den Tisch abgeräumt hast!" Einige der von Triple P behandelten Strategien beschäftigen sich mit der Frage, wie auf unerwünschtes Verhalten der Kinder zu reagieren ist. Neben dem Aufstellen von Familienregeln und dem Hinweis, dass stets klare und logische Konsequenzen auf ein Fehlverhalten folgen sollten, ist eine weitere Strategie der „Stille Stuhl". Dabei werden Kinder aufgefordert, sich für eine begrenzte Zeit zurückzuziehen. (...)

Grundsätzlich sollte beachtet werden, dass Triple P nur Vorschläge macht. Ob und wie diese Vorgehen umgesetzt werden, bleibt den Eltern überlassen. Somit besteht immer die Möglichkeit für die Eltern, ihrem eigenen Erziehungsstil treu zu bleiben. Und auch den Kindern ist geholfen, weil Eltern bei der Wahl der passenden Strategie auch den Charakter des Kindes berücksichtigen können. Nur wenn Erziehungsstil, Temperament der Eltern und Charakter der Kinder zueinander passen, ist eine gute Eltern-Kind-Beziehung möglich, die wiederum die Basis für ein glückliches Aufwachsen von Kindern ist.

(Milius, Birgit (2005): Was ist Triple P? In: www.sciencegarden.de/content/2005-01/was-ist-triple-p, 01.01.2005)

Überschrift

Einführung in die Thematik des Textes: Ein Erziehungskonzept namens „Tripel P – Positiv Parenting Program"

Bei Problemen und unerwünschtem Verhalten sollen Regeln und Konsequenzen benutzt werden.

Vorstellung des Programms: Es geht über Tipps in Ratgeberheften hinaus und bietet ein Kursprogramm mit 17 Strategien.

reduziert: es wird weniger

Ursprung in Australien Triple P ist z. T. wissenschaftlich bestätigt.

Es besteht aus 5 Prinzipien ⇒ s. Text 1-5

Die Strategien kommen aus dem Alltag (z. B. Loben), werden aber oft unbewusst und ungenau angewandt.

7 Pädagogische Ansätze

professionell
fachgerecht und von Fachleuten anerkannt

Damit die pädagogische Praxis professionell und somit nachvollziehbar und begründbar ist, sollte diese sich auf ein System von Vorstellungen zur Erziehung beziehen, z. B. wie Kinder sich entwickeln, wie Kinder lernen und in welcher Beziehung das Kind zu dem Erwachsenen steht. Dieses System kann auch als pädagogischer Ansatz bezeichnet werden. In der Erziehung gibt es verschiedene pädagogische Ansätze, die sich voneinander unterscheiden und damit zu einer unterschiedlichen Erziehungspraxis führen. Die Ansätze beschreiben

Erziehungsnotwendigkeit | S. 46
Erziehungsziele | S. 56

- umfassende Menschen- und Weltbilder (Welche Phasen durchläuft der Mensch in seiner Entwicklung? Wird das Kind als eigenständiges Wesen begriffen? Besteht überhaupt eine Erziehungsnotwendigkeit?),
- zentrale Grundüberzeugungen (Welche Werte und Normen sollen dem Kind übermittelt werden? Zu was für einem Menschen soll sich das Kind entwickeln [Erziehungsziele], z. B. zu einem eigenständigen oder gehorsamen Menschen?) und
- das jeweilige Verständnis von Erziehung (Wie soll das Kind genau erzogen werden? Wie soll die konkrete Beziehung zwischen dem Kind und dem Erwachsenen aussehen und wie werden Erziehungsmittel eingesetzt?).

Erziehungsmittel
Handlungen des Pädagogen, um das Verhalten des zu Erziehenden zielgerichtet zu steuern, z. B. durch Lob

Erziehungsmittel | S. 56

Viele Ansätze sind von bestimmten Persönlichkeiten geprägt und tragen daher auch deren Namen, z. B. die Montessoripädagogik.

Insgesamt werden die pädagogischen Ansätze in klassische Ansätze und reformpädagogische bzw. moderne Ansätze eingeteilt. Einige Ansätze finden sich insbesondere in Tageseinrichtungen für Kinder wieder (z. B. die Reggio-Pädagogik), andere Vertreter haben die Grundlage für schulische Erziehungsprozesse gelegt (z. B. Pestalozzi).

7.1 Klassische Ansätze

7.1.1 Jean-Jacques Rousseau

Jean-Jacques Rousseau | S. 46

Jean-Jacques Rousseau (1712–1778) war ein Schriftsteller, Philosoph, Forscher und Pädagoge und hat mit seinen Ideen großen Einfluss auf die Gesellschaft genommen. Er lebte in Frankreich und in der Schweiz.

Die Phase der Kindheit

In dem Roman „Emile oder über die Erziehung" verdeutlicht er seine Vorstellungen über die Erziehung. Er zeigt auf, dass Kinder nicht einfach kleinere Erwachsene sind, wie zu der Zeit angenommen, sondern ein eigenständiges Recht darauf haben, ihre Kindheit auszuleben.

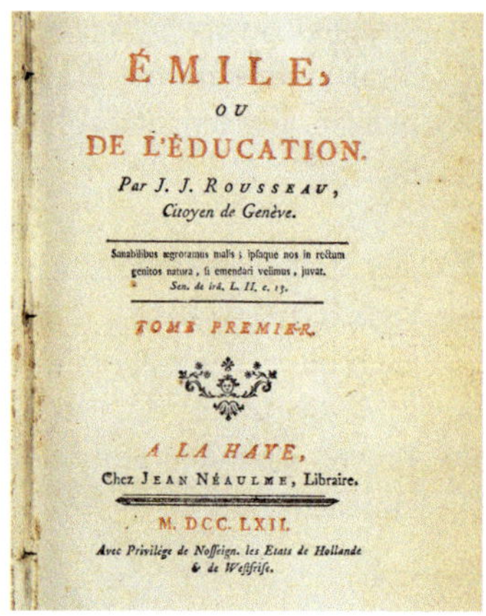
ÉMILE,
OU
DE L'ÉDUCATION.
Par J. J. ROUSSEAU,
Citoyen de Genève.

Sanabilibus ægrotamus malis ; ipsaque nos in rectum genitos natura, si emendari velimus, juvat.
Sen. de irâ. L. II. c. 13.

TOME PREMIER.

A LA HAYE,
Chez JEAN NÉAULME, Libraire.

M. DCC. LXII.
Avec Privilège de Nosseign. les Etats de Hollande & de Westfrise.

[1] Titelblatt der Erstausgabe des Erziehungsromans „Emile oder über die Erziehung"

Beeinflussung durch die Gesellschaft

Die Kindheit ist damit eine Phase, die sich von der Phase des Erwachsenseins unterscheidet und einen eigenen Wert hat. Rousseau sieht die Kinder als grundsätzlich unverdorben und gut an. Durch die Erziehung soll das Kind sein natürlich angelegtes Potenzial ausformen und als Mensch frei und selbstbestimmt sein. Rousseau unterscheidet dabei zwischen dem Menschen, der sich naturgegeben entwickeln kann, und dem Bürger, der als Teil einer Gesellschaft agiert. Als Bürger wird der Mensch von der Gesellschaft beeinflusst und kann dadurch negative Verhaltensweisen, z. B. das Stehlen, lernen.

Laut Rousseau liegen alle Verhaltensweisen, die als negativ bezeichnet werden könnten, nicht im Kind selbst angelegt, sondern entstehen durch den gesellschaftlichen Einfluss. Aus seiner Sicht verdirbt die Gesellschaft das Kind. Für Rousseau muss daher im Rahmen der Erziehung das Kind erst zum Menschen reifen (dieser Prozess ist natürlich im Kind angelegt), um dann als Bürger Teil der Gesellschaft zu werden. War das Kind durch die Erziehung in der Lage, sein natürliches positives Potenzial als Mensch zu entwickeln, kann die Gesellschaft später keinen negativen Einfluss nehmen. In Rousseaus Roman „Emile oder über die Erziehung" wächst Emile abgeschottet von der Gesellschaft auf und kann daher zum Menschen reifen, bevor er als Bürger Teil der Gesellschaft wird. Wie dies mit allen Kindern in einer Gesellschaft umgesetzt werden kann, bleibt unklar.

Das Kind ist kein kleiner Erwachsener, sondern hat ein Recht darauf, seine Kindheit zu leben.

Negative Erziehung

Rousseau prägt in dem Roman den Begriff der negativen Erziehung und meint damit, dass der Erziehende nicht z. B. durch Ermahnungen auf den Zu-Erziehenden einwirken soll, sondern dieser durch eigene Erfahrungen lernen muss. Die Aufgabe des Erziehenden ist es daher, den Raum für Erfahrungen zu arrangieren, damit das Kind eigene Erfahrungen im Lebensalltag machen kann. Der Erzieher unterstützt so den natürlichen Prozess der Entwicklung des Kindes.

BEISPIEL

Wenn ein Kind eine Fensterscheibe zerstört, dann sollte diese laut Rousseau nicht gleich repariert werden, sondern das Kind sollte durch Frieren selbst erkennen, dass die Zerstörung einer Glasscheibe nicht angemessen ist.
In der heutigen Zeit könnte folgendes Beispiel leitend sein: Eltern und Kinder kochen gern miteinander. Anstatt dem Kind Vorschriften zu machen, wie ein bestimmtes Gemüse zu schneiden ist, kann das Kind selbst ausprobieren, wie es das Gemüse schneiden möchte, und lernt so an der konkreten Erfahrung. Der Erwachsene gibt nicht vor, dass die eine Art zu Schneiden richtig ist und die andere Art falsch. Das Kind wird selbst sehen, wie das Gemüse am besten zu schneiden ist. Der Erwachsene stellt nur den Raum, also das gemeinsame Kochen mit den notwendigen Materialien, zur Verfügung.

Rousseau heute

Mit der Ansicht, dass die Kindheit eine eigene Phase im Leben eines Menschen darstellt, prägt Rousseau noch unsere heutige Sicht auf Kindheit. In Deutschland ist zum Beispiel im Jugendarbeitsschutzgesetz geregelt, dass Kinder nicht arbeiten und Jugendliche nur unter bestimmten Bedingungen einer Tätigkeit nachgehen dürfen.

Das Jugendarbeitsschutzgesetz gilt auch für das einjährige Praktikum in der Fachoberschule.

Allerdings ist die Abschottung des Erziehungsprozesses von der Gesellschaft, wie Rousseau ihn beschrieben hat, in der heutigen Zeit so nicht möglich, weil die Kinder zur Schule gehen (Schulpflicht) und die Schule eine gesellschaftliche Institution ist. Schule ist damit durchdrungen von gesellschaftlichen Normen und Werten und hat im Rahmen des Bildungs- und Erziehungsauftrages auch die Verpflichtung, gesellschaftliche Normen und Werte weiterzugeben.

[1] Kinder verfügen laut Rousseau über ein eigenes positives Entwicklungspotenzial.

Rousseaus Überlegung, dass das Kind von Natur aus gut ist und über ein eigenes positives Entwicklungspotenzial verfügt, kann bis heute wissenschaftlich nicht bewiesen werden. Diese Ansicht findet sich aber als Grundgedanke auch bei weiteren pädagogischen und psychologischen Ansätzen wieder (z. B. bei Carl Rogers).

Carl Rogers | S. 64, 255, 402

In vielen Tageseinrichtungen für Kinder ist der Ausgangspunkt für die pädagogische Arbeit, was das Kind später z. B. beim Schuleintritt alles können muss, also die Anforderungen an das Kind als Teil der Gesellschaft und damit laut Rousseau als Bürger. Darauf wird pädagogisch hingearbeitet. Wenn wir den Ansatz von Rousseau ernst nehmen und der Kindheit einen eigenen Wert zuschreiben, dann muss kritisch reflektiert werden, inwieweit die Kinder in den Einrichtungen wirklich noch im Hier und Jetzt der Kindheit verweilen dürfen und laut Rousseau ihr natürliches Potenzial in der Entwicklung ausformen können.

Im Rahmen Ihrer Erziehung haben Sie sicherlich auch schon erlebt, dass Erwachsene Sie ermahnen, bestimmte Dinge nicht zu tun. Vielleicht haben Sie diese Dinge trotzdem getan und damit eigene Erfahrungen gesammelt. Dies ist sicherlich nicht immer gut gegangen und Sie mussten auch unschöne Erfahrungen machen, aber gerade daraus lernen Sie häufig besonders gut.

7.1.2 Johann Heinrich Pestalozzi

Johann Heinrich Pestalozzi war Schriftsteller und Pädagoge und hat sich mit der Bildung und Erziehung von Kindern beschäftigt. 1773/74 nahmen er und seine Frau etwa 40 Kinder auf dem Landgut Neuhof auf und lehrten sie die Tätigkeiten Spinnen, Weben und Landbau. Diese praktische Arbeit verband Pestalozzi mit einem Schulunterricht und sittlich-religiöser Erziehung.

[2] Johann Heinrich Pestalozzi (1746–1827), Pädagoge

Pestalozzi wollte die Kinder als Menschen stärken und sie dazu befähigen, „sich selbst helfen zu können". Seine besondere Aufmerksamkeit galt damit der grundlegenden Bildung der Kinder. Diese sollte nach seiner Auffassung schon vor der Schule in der Familie beginnen. Er verband die Entwicklung der intellektuellen und sittlichen (moralischen) Fähigkeiten der Kinder, die er im Schulunterricht förderte, mit deren handwerklichen Fähigkeiten, die durch die praktische Arbeit auf dem Hof entwickelt wurden. Damit entstand eine Trias von „Kopf", „Herz" und „Hand".

Pestalozzi strebte eine Erziehung mit „Kopf", „Herz" und „Hand" an. Dieser umfassende Ansatz wird heute als ganzheitlicher Ansatz bezeichnet.

Kopf

Herz

Hand

Nachdem er den Hof aufgrund finanzieller Nöte schließen musste, hat Pestalozzi ab 1799 ein Waisen- und Armenhaus in Stans geleitet. Hier hat er weitere pädagogische Erfahrungen gesammelt und 1800 das Erziehungsinstitut im Schloss Burgdorf bei Bern gegründet. In dieser Phase seines Lebens entwickelte er eigene Unterrichts- und Erziehungsmethoden. Diese erläuterte und begründete er in seinem Hauptwerk „Wie Gertrud ihre Kinder lehrt".

Die ganzheitliche Förderung, also „Kopf", „Herz" und „Hand", hat bis heute Einfluss auf die erzieherischen Prozesse in vielen Tageseinrichtungen für Kinder und in Schulen.

BEISPIEL

Bauen Kinder in einer Kindertagesstätte oder Schule ein Vogelhäuschen für das Außengelände, dann kann dies ganzheitlich geschehen. Mit der Hand bauen sie z. B. das Häuschen, sie sägen und verkleben das Holz. Mit dem Kopf müssen die Kinder z. B. vorab überlegen, was sie für den Bau eines Vogelhäuschens benötigen, wie sie vorgehen wollen, damit es zusammenhält, und was sie benötigen, damit sie es an einem geeigneten Standort aufhängen können. Und das Herz wird angesprochen, wenn die Kinder ein wirkliches Interesse an dem Bau des Vogelhäuschens haben und es nicht einfach ein Auftrag der pädagogischen Fachkräfte ist. Es kann z. B. sein, dass sich die Kinder mit dem Lebensraum von Vögeln beschäftigt haben und deutlich geworden ist, dass in bestimmten Gegenden nicht mehr genug Nistplätze zur Verfügung stehen. Daraus entsteht die Überlegung, einen Nistplatz für Vögel zu bauen. Und durch den gemeinsamen Bau des Vogelhäuschens lernen die Kinder, miteinander verantwortlich umzugehen.

Aufklärung | S. 49

[1] Pestalozzi im Kreise seiner Schüler

Wegbereiter der modernen Pädagogik

(...) Am 17. Februar jährte sich der Todestag von Johann Heinrich Pestalozzi (1746–1827) zum 175. Mal, doch sind die Ideen und Methoden des Schweizer Volksbildners keineswegs ein alter Hut. (...)

Allgemeine Volksbildung im Blick

Ohne Johann Heinrich Pestalozzi wäre die Pädagogik, wie wir sie heute kennen, nicht denkbar. Er war der Schöpfer der modernen Volksschule. Der Schweizer Pädagoge propagierte – ganz im Sinne der Aufklärung – die Idee der Bildung für alle, auch für Kinder aus den armen Schichten. Erstmals zeigte er Wege auf, wie Kinder verschiedenen Geschlechts sowie unterschiedlicher sozialer, religiöser und nationaler Herkunft gemeinsam erzogen werden konnten. Damit sollte jeder seiner Rolle als am Staatswesen tätig mitwirkender Bürger gerecht werden können.

„Kopf, Herz, Hand“

Den Schwerpunkt der Erziehung legte Pestalozzi auf die Ausbildung von sozialen Fähigkeiten. Recht von Unrecht unterscheiden zu können, Verantwortung für sich und andere zu übernehmen, dies waren und sind Hauptmerkmale der Pestalozzi-Pädagogik. Daneben wollte er seine Schüler in die Lage versetzen, ihr Leben zu meistern. Dazu dient ein ganzheitlicher Unterricht, der sowohl den Kopf („das Geistige“), das Herz („das Sittliche“) als auch die Hand („das Werktätige“) anspricht. Herzensbildung war für den Schweizer eine der zentralen Voraussetzungen, das Miteinander in der Gesellschaft zu verbessern und humaner zu gestalten. Auch in der Gegenwart gewinnen diese so genannten sozialen Kompetenzen wieder verstärkt an Bedeutung. „Emotionale Intelligenz“ etwa zählt heute zu den Schlüsselqualifikationen der Berufswelt des 21. Jahrhunderts. (...)

Gruppenarbeit und direkte Anschauung

Dass der zeitübliche Kathederunterricht nicht oder nur unzureichend zur Vermittlung von Lerninhalten taugt, war eine der grundlegenden Einsichten Pestalozzis. In seinen Instituten fand Erziehen und Lernen deshalb meist nicht als Frontalunterricht, sondern in Gruppenarbeit statt oder aber im eigenverantwortlichen Für-sich-Lernen. Auch machte sich Pestalozzi die Tatsache zunutze, dass Kinder von Ihresgleichen eher lernen als von Erwachsenen. Als Lernmodell setzte Pestalozzi auf die direkte Anschauung. Inspiriert von Ideen des französisch-schweizerischen Aufklärers Jean-Jacques Rousseau machte er Lerninhalte für die Kinder unmittelbar sichtbar und erfahrbar. Seine „experimentelle Schule“, die er 1799 erst in Burgdorf, dann in Münchenbuchsee und schließlich in Yverdon bis 1825 leitete, folgte diesem Prinzip. Sie könnte darüber hinaus als Vorläufer der heutigen integrierten Gesamtschule betrachtet werden: Schüler aller sozialen Schichten, zum Teil sehr lernbereit, zum Teil schwer erziehbar, wurden gemeinsam unterrichtet. (...)

(aus: dpa: Wegbereiter der modernen Pädagogik. In: www.wissen.de/wegbereiter-der-modernen-paedagogik; Zugriff am 20.12.2013)

1. Erklären Sie die zentralen Aspekte von Pestalozzis Pädagogik.
2. Entwickeln Sie für ein Thema aus Ihrem Unterricht eine kurze Unterrichtssequenz, welche die Trias „Kopf“, „Herz“ und „Hand“ berücksichtigt.

7.2 Reformpädagogische Ansätze

Als reformpädagogische Ansätze im engeren Sinn werden die Ansätze bezeichnet, die sich am Ende des 19. Jahrhunderts herausgebildet haben. Sie wandten sich bewusst gegen die damals verbreiteten autoritär geprägten Strukturen in erzieherischen Prozessen und stellten das Kind und die Selbsttätigkeit des Kindes in den Mittelpunkt. Ausgangspunkt für die reformpädagogische Strömung war zunächst der Blick in die Schulen. Als populäre Vertreterin ist die Schwedin Ellen Key zu nennen. Aber auch der elementarpädagogische Bereich wurde durch die reformpädagogischen Ansätze geprägt.

Rousseau und Pestalozzi können als Vorläufer dieser Ansätze gesehen werden.

7.2.1 Montessoripädagogik

Maria Montessori wurde 1870 in Italien geboren. Sie studierte Medizin und Psychologie und erhielt als erste Frau in Italien den Doktortitel der Medizin. Ausgangspunkt für ihre pädagogischen Überlegungen war die Arbeit mit Kindern, die geistig beeinträchtigt waren. Sie erkannte, dass auch diese Kinder sich weiterentwickeln können, wenn sie bestimmte Anregungen erhalten. Für diese Anregungen entwickelte Montessori Materialien, die sich auch heute noch in pädagogischen Einrichtungen wiederfinden. 1907 eröffnete sie ihr erstes Kinderhaus in Rom und verwirklichte hier ihre Vorstellung von Bildung. Montessori hatte, typisch für die Reformpädagogen, ein positives Bild vom Kind, das aus ihrer Sicht über ein eigenes Entwicklungspotenzial verfügt. Mit dem Leitgedanken „Hilf mir, es selbst zu tun“, der Ausgangpunkt für die pädagogischen Prozesse sein sollte, verdeutlicht sie, wie das Potenzial eines Kindes angeregt werden kann.

[2] Maria Montessori (1870–1952), Ärztin, Psychologin, Philosophin und Pädagogin

Hilf mir, es selbst zu tun, bedeutet, dass Lernprozesse so gestaltet werden müssen, dass Kinder von Erwachsenen angeregt werden, Dinge aktiv selbst zu lernen, damit sie diese später auch selbsttätig ausführen können.

BEISPIEL

Kindern sollte beigebracht werden, wie eine Schleife am Schuh gebunden wird, damit sie in der Lage sind, ihre Schleife selbstständig zu binden. Erwachsene sollten die Schleife aus Zeitgründen nicht einfach selbst binden.

Phasen der kindlichen Entwicklung

Für Maria Montessori gliedert sich die kindliche Entwicklung in drei Phasen. Diese Phasen sind durch abgrenzbare Entwicklungsschritte gekennzeichnet und finden in sechs Jahresschritten bis zum 18. Lebensjahr statt. Die Kindheit ist geprägt durch sogenannte sensible Phasen, in denen das Kind für bestimmte Lernimpulse besonders empfänglich ist. Es gibt zum Beispiel bestimmte sensible Phasen für den Spracherwerb, die Bewegungsentwicklung oder die Entwicklung von moralischen Vorstellungen.

Entwicklung | S. 135

Werden Kinder in den **sensiblen Phasen** mit einer Beschäftigung angeregt, die ihren Bedürfnissen in dieser Phase entspricht, dann entsteht die sogenannte polarisierte Aufmerksamkeit. Die Kinder sind dann ganz vertieft in ihre jeweilige Tätigkeit und lassen sich nicht durch andere äußere Reize ablenken.

Materialien Montessoris

Die im Kind angelegte Möglichkeit der Selbstentfaltung soll laut Montessori durch Liebe, Achtung und Respekt unterstützt werden. Die Aufgabe der Erziehenden besteht außerdem darin, die Umgebung bereitzustellen, in der sich das Kind frei entfalten kann. Dazu hat Maria Montessori Materialien entwickelt, die als Arbeitsmaterialien bezeichnet werden und die Bedürfnisse der Kinder in bestimmten Entwicklungsphasen ansprechen sollen. Für die motorische Entwicklung, aber auch für die Größen- und Volumenwahrnehmung werden z. B. Einsatzzylinder verwendet. Für die sprachliche Entwicklung werden Sandpapierbuchstaben genutzt, die gleichzeitig die Wahrnehmung fördern, weil sie unterschiedliche Oberflächenstrukturen aufweisen.

[1] Kind mit Sandpapierbuchstaben

[2] Kind mit Einsatzzylinder

Das Kind beschäftigt sich selbstständig mit den Materialien und kontrolliert selbst die eigenen Lernerfolge. Mit den Materialien wird die geistige Entwicklung gefördert und das Kind kann manuelle Erfahrungen machen. Dabei werden die Sinne des Kindes angesprochen. Die Materialien finden sich in allen Einrichtungen, die nach der Montessoripädagogik arbeiten, und ermöglichen eine polarisierte Aufmerksamkeit.

BEISPIEL

Viele Tageseinrichtungen für Kinder arbeiten heute nach der Montessoripädagogik und auch Schulen, die dann häufig als Bildungshäuser bezeichnet werden, haben diesen Ansatz übernommen. Typisch für die Arbeit nach dem Ansatz ist die Zeit der sogenannten Freiarbeit. Die Kinder oder Schüler bekommen Zeit, um sich frei mit den zur Verfügung gestellten Arbeitsmaterialien auseinanderzusetzen und sich damit selbstgesteuert zu entwickeln.

Montessori hat für die Verbreitung ihrer pädagogischen Ideen mit Benito Mussolini (Gründer und Führer der faschistischen Partei in Italien und damaliger Regierungschef in Italien) zusammengearbeitet und wird dafür in der heutigen Zeit stark kritisiert. Genauere Auskünfte dazu verdeutlicht Hélène Leenders in der Studie: „Der Fall Montessori. Die Geschichte einer reformpädagogischen Erziehungskonzeption im italienischen Faschismus". Klinkhardt, Bad Heilbrunn, 2001.

7.2.2 Die Waldorfpädagogik nach Rudolf Steiner

Der Österreicher Rudolf Steiner lebte von 1861 bis 1925 und wird als Esoteriker und Philosoph bezeichnet. Er begründete die Anthroposophie, eine esoterische Weltanschauung, die sich auch als Weisheit vom Menschen bezeichnen lässt und sich auf die inneren Prozesse im Menschen bezieht. Diese Lehre fand Eingang in die Pädagogik, in die Kunst (als Eurythmie), in die Medizin (als anthroposophische Medizin) und in die Architektur. Trotz der Verbreitung der anthroposophischen Ideen ist die Anthroposophie als grundlegende Lehre umstritten, da sie heutigen naturwissenschaftlichen Standards nicht entspricht.

[3] Rudolf Steiner (1861–1925), Philosoph

Esoterik
ein innerer spiritueller (geistiger) Erkenntnisweg

Eurythmie
Eurythmie als Bewegungskunst ist der Gleichklang oder Rhythmus der Bewegungen.

Rudolf Steiner hat seine Ideen auf unterschiedlichen Vortragsreisen verbreitet, 1919 auch in der Waldorf-Astoria-Zigarettenfabrik in Stuttgart. Daraus entstand die Gründung einer Schule für die Kinder der Arbeiter, die nach den Ansichten von Steiner ausgerichtet war. Die Schule war der erste offizielle Ort, an dem Steiner seine Pädagogik realisiert hat, und seitdem ist der Begriff Waldorf mit Rudolf Steiner verbunden. Jahre später wurde der Ansatz dann auch auf Tageseinrichtungen für Kinder ausgeweitet und es entstanden Walddorfkindergärten.

Die vier Wesensglieder

Die Grundlage für die Pädagogik bildeten die anthroposophischen Gedanken Steiners. Für ihn besteht der Mensch aus vier Wesensgliedern:

- dem physischen Leib
- dem ätherischen Leib
- dem Astralleib
- dem Ich

Diese vier Wesensglieder entwickeln sich laut Steiner in einem Sieben-Jahresrhythmus. Die Pädagogen, die nach der Waldorfpädagogik arbeiten, berücksichtigen dies in der pädagogischen Arbeit.

Mehr Informationen zur Pädagogik der Waldorfschulen finden Sie unter: www.waldorfschule.de und waldorfkindergarten.de

Der physische Leib wird zuerst entwickelt. In dieser Zeit bilden sich z. B. die inneren Organe differenziert aus. In diesem Entwicklungsbereich ist der Erzieher Vorbild für das Kind und das Kind ist besonders empfänglich für das Lernen durch nachahmen.

BEISPIEL

Beim gemeinsamen Essen sieht das Kind z. B. die Haltung der Gabel des Erziehers und ahmt diese nach. Auch bei der Lösung von Konflikten ist der Erzieher Vorbild und das Kind ahmt vorgelebte Verhaltensweisen bei der Konfliktlösung nach.
Beim Rollenspiel, wenn Kinder ihren Familienalltag nachspielen, lässt sich ebenfalls ein Nachahmen beobachten. Hier werden die engen Bezugspersonen als Vorbilder genutzt und Verhaltensweisen dieser nachgeahmt.

Typisch für die Arbeit im Rahmen der Waldorfpädagogik ist auch die Rhythmisierung des pädagogischen Alltags.

BEISPIEL

Die Woche in der Kindertagesstätte ist rhythmisiert, das heißt, es finden immer die gleichen Angebote innerhalb der Woche statt, z. B. am Montag gemeinsames Brotbacken, am Dienstag Malen.

Im zweiten Lebensjahrsiebt des Menschen entwickelt sich laut Steiner der ätherische Leib. Die Organbildung ist nun abgeschlossen und das Kind kann mit Denk- und Lernaufgaben konfrontiert werden. Hier entwickeln sich die Wertevorstellungen beim Kind. Diese Entwicklung ist mit Eintritt in die Pubertät abgeschlossen.

Im dritten Lebensjahrsiebt entwickelt sich der Astralleib als emotionales Innenleben. Der Mensch entwickelt nun das eigene Urteilsvermögen und die intellektuellen Fähigkeiten bilden sich heraus. Der Mensch ist jetzt in der Lage, sich selbst zu reflektieren.

Das Ich entwickelt sich als letzter Wesensbereich nach dem 21. Lebensjahr. Hier geht es vor allem um Selbsterziehung und die Weiterentwicklung der eigenen Person.

Institutionen der Waldorfpädagogik

Die Waldorfpädagogik findet sich heute in Walddorfschulen als staatlich anerkannte Ersatzschulen in freier Trägerschaft und in Walddorfkindergärten, die häufig nach anthroposophischen Gesichtspunkten gebaut werden.

In den Einrichtungen, die nach der Waldorfpädagogik arbeiten, wird insbesondere die Vorbildfunktion der pädagogischen Fachkräfte hervorgehoben und das Spiel als Nachahmungsmöglichkeit in den Blick genommen. Dabei sollen vor allem sinnvolle Handlungen, z. B. Waschen, Backen, handwerkliche Arbeiten, nachgeahmt werden.

Die Ausstattung der Einrichtungen mit käuflichen Spielmaterialien ist begrenzt, weil Kinder mit natürlichen Materialien in Berührung kommen sollen. Und die Nutzung von modernen Medien, z. B. Fernseher, wird abgelehnt.

7.2.3 Die Reggio-Pädagogik nach Loris Malaguzzi

Der Italiener Loris Malaguzzi lebte von 1920 bis 1994. Er studierte Pädagogik und unterrichtete dann als Grundschullehrer. Nach der Eröffnung eines eigenen Volkskindergartens hat er ab 1960 die kommunalen Krippen und Kindergärten in Reggio Emilia, Italien, beratend begleitet und dort die pädagogische Arbeit deutlich mitgeprägt. Daher wird der pädagogische Ansatz von Malaguzzi auch als Reggio-Pädagogik bezeichnet.

Grundkonzept der Reggio-Pädagogik

Für Malaguzzi standen vor allem der Dialog, die Kommunikation und die Ausdrucksfähigkeit des Kindes im Mittelpunkt. Dies wird in einem viel zitierten Gedicht von ihm deutlich:

Die hundert Sprachen der Kinder

Die hundert Sprachen des Kindes.
Die Hundert gibt es doch.

Das Kind besteht aus Hundert.
Hat hundert Sprachen
hundert Hände
hundert Gedanken
hundert Weisen
zu denken, zu spielen und zu sprechen.

Hundert –
immer hundert Arten
zu hören, zu staunen und zu lieben.
Hundert heitere Arten
zu singen, zu begreifen
hundert Welten zu entdecken
hundert Welten frei zu erfinden
hundert Welten zu träumen.

Das Kind hat hundert Sprachen
und hundert und hundert und hundert.
Neunundneunzig davon aber
werden ihm gestohlen
weil Schule und Kultur
ihm den Kopf vom Körper trennen.

Sie sagen ihm:
Ohne Hände zu denken
ohne Kopf zu schaffen
zuzuhören und nicht zu sprechen.
Ohne Heiterkeit zu verstehen,
zu lieben und zu staunen
nur an Ostern und Weihnachten.

Sie sagen ihm:
Die Welt zu entdecken
die schon entdeckt ist.
Neunundneunzig von hundert
werden ihm gestohlen.

Sie sagen ihm:
Spiel und Arbeit
Wirklichkeit und Phantasie
Wissenschaft und Imagination
Himmel und Erde
Vernunft und Traum
seien Sachen, die nicht zusammen passen.
Sie sagen ihm kurz und bündig, dass es keine Hundert gäbe.

Das Kind aber sagt:
Und ob es die Hundert gibt.

(Malaguzzi, Loris, Reggio Emilia, 1985)

1. Stellen Sie das Gedicht als Bild dar.
2. Geben Sie die zentrale Aussage des Gedichtes wieder.
3. Verdeutlichen Sie Erfahrungen aus Ihrer eigenen Lebenswelt, in denen Erwachsene Ihre hundert Sprachen eingeschränkt haben.

Malaguzzi hat die Kindererziehung als Gemeinschaftsaufgabe aller Bewohner eines Dorfes oder einer Stadt betrachtet. Für ihn gehören das Kind, die Familie und die Umgebung des Kindes zusammen. Malaguzzi vertrat ein humanistisches Menschenbild. Daher ist es in der Reggio-Pädagogik wichtig, dass Kindern mit Achtung begegnet wird und sie deutlich als Träger eigener Rechte, z. B. Mitentscheidungsrechte, gesehen werden.

humanistisches Menschenbild
Weltanschauung, die sich an der Würde des Menschen ausrichtet

[1] Das Kind als eigenständiger und eifriger Forscher

Grundkonzept der Reggio-Pädagogik ist, dass die pädagogischen Fachkräfte mit den Stärken und nicht gegen die Schwächen der Kinder arbeiten. Die Kinder sollen sich individuell nach ihren Möglichkeiten entfalten und selbst verwirklichen. Das Kind wird als selbstständiger und eifriger Forscher gesehen und darin durch die pädagogischen Fachkräfte, die sich als Wegbegleiter sehen, unterstützt. Dabei lernen die Kinder in Projekten, die ihre unterschiedlichen Ausdrucksmöglichkeiten nutzen und fördern.

Der Raum als dritter Erzieher

Dem „Raum als drittem Erzieher“ wird besondere Beachtung geschenkt. Die Räume in der Einrichtung werden im Dialog mit den Kindern gestaltet und bieten eine Atmosphäre des Wohlbefindens und eine Vielzahl von Anreizen für die Kinder.

Raum als „dritter Erzieher“ | S. 497

BEISPIEL

Das Atelier ist ein typischer Raum in einer Kindertagesstätte, die nach der Reggio-Pädagogik arbeitet. Im Atelier befinden sich viele unterschiedliche Materialien zum Gestalten und Konstruieren, die den Kindern zugänglich sind. Die Kinder finden zum Beispiel unterschiedliche Farben, Alltagsgegenstände wie Stoffe, Draht, Steine, Äste, Tapetenreste und Leinwände.

[2] Der Raum in der Kindertagesstätte als dritter Erzieher

Der Begriff Raum bezieht sich dabei nicht nur auf die direkten Räume der Einrichtung, sondern auch auf deren Umgebung.

BEISPIEL

Durch eine Stadtteilerkundung lernen Kinder ihre nähere Umgebung kennen. Sie sehen, welche Spielflächen es gibt, welche Supermärkte vorhanden sind und ob es eine Feuerwehr oder Polizeistation in der Nähe gibt.

7.2.4 A. S. Neills Summerhill

Aus der ganzen Welt kommen bis heute Schüler in das von Alexander Sutherland Neill 1921 gegründete Internat Summerhill in England. Die Schule steht für die Freiheit des Kindes in der eigenen Entwicklung und versteht sich als demokratisch. Das bedeutet, dass Schüler umfangreiche Mitbestimmungsmöglichkeiten haben, also im Rahmen der Selbstverwaltung Regeln für das gemeinsame Zusammenleben aufstellen und selbstbestimmt lernen. In Summerhill besteht nicht wie in anderen Schulen ein Unterrichtszwang, sondern die Kinder entscheiden selbst, ob sie zum Unterricht gehen.

[3] Das Summerhill-Internat im englischen Leiston (Summerhill school; Aufnahmedatum 16.9.2011)

In einem Auszug aus dem Interview mit Zoë Readhead, Schulleiterin von Summerhill und Tochter von A. S. Neill, werden die wesentlichen Grundgedanken der Summerhill-Schule wiedergegeben.

Interviewer: Seit Ihr Vater A. S. Neill Summerhill eröffnete, kam immer auch massive Kritik aus der Gesellschaft. Ist sie inzwischen verstummt?

Zoë Readhead: Es gibt sie bis heute – weil die Menschen uns missverstehen! Sie glauben, dass die Kinder hier tun und lassen können, was sie wollen, und dass es bei uns laut und chaotisch ist. Dabei stimmt das Gegenteil: Es geht in Summerhill sehr ruhig und diszipliniert zu. Wir könnten einiges zu den aktuellen Erziehungsdebatten beitragen!

I: Ausgerechnet von Summerhill, dem Inbegriff der antiautoritären Erziehung, sollen die Leute ein diszipliniertes Zusammenleben lernen?

ZR: Zunächst mal: Mein Vater war nie glücklich mit dem Begriff „antiautoritäre Erziehung“, er hat ihn auch selbst nie verwendet. Die Wahrheit ist: Viele Eltern sind heute sehr verunsichert. Ihre Kinder sollen in Freiheit groß werden, aber niemand hat ihnen beigebracht, wie man mit einem freien Kind umgeht. Sie denken, dass alles, was das Kind tut, in Ordnung ist, aber das ist es absolut nicht! Die Kinder, mit denen wir dann zu tun haben – auch in Summerhill –, halten sich an keinerlei Regeln.

I: Wenn nun so ein Kind ohne Regeln nach Summerhill kommt ...

ZR: ... hat die Schulversammlung eine Menge zu tun. Summerhill ist eine selbst verwaltete Gemeinschaft, und in der Schulversammlung, dem zentralen Gremium, werden alle wichtigen Beschlüsse per Mehrheitsentscheid gefasst. Dort werden auch sämtliche Regeln beschlossen und Verstöße dagegen geahndet.

I: Was war die letzte Regel, die die Versammlung beschlossen hat?

ZR: Wir haben zum Beispiel letzte Woche abgestimmt, dass man nicht auf die Wege spucken darf. Für mich ist offensichtlich, dass das nicht geht, aber offenbar nicht für alle. Also brachte jemand den Vorschlag in die Versammlung, und die Mehrheit hat dafür gestimmt. Oder das Küchenpersonal hat sich beschwert, dass bei der Essensausgabe oft so ein Lärm herrscht, dass es seine Arbeit nicht tun kann. Wir haben beschlossen, dass es ab sofort zwei Zuständige gibt, die für Ruhe in der Essensschlange sorgen. Gut möglich, dass irgendwann alle Schüler und Lehrer diese Regel verinnerlicht haben, dann schaffen wir sie vielleicht wieder ab.

Auf der englischsprachigen Homepage www.summerhillschool.co.uk können Sie weitere Informationen zur Summerhill Schule finden.

Lesen Sie weiter auf S. 88. ▸

I: Wie viele Regeln gibt es aktuell?
ZR: Zwischen 150 und 200.
I: Das klingt nicht gerade nach viel Freiheit.
ZR: Die Zahl ist hoch, aber es sind auch viele Sicherheits- und Hygieneregeln dabei. Was die Freiheit angeht, sind wir sehr klar: Jeder ist frei, sein eigenes Leben zu leben und zu tun, was ihm gefällt, solange er damit niemand anderen stört. Aber wenn ich nachts um eins Schlagzeug spielen möchte, hört meine Freiheit auf.
I: Das Kind, das bisher keine Grenzen kannte, wird sich kaum daran halten.
ZR: Dann muss es die Konsequenzen tragen. Die Schulversammlung vergibt für Regelverstöße Strafen: Das können kleinere Geldbeträge oder eine halbe Stunde Arbeitseinsatz sein. Wer etwas kaputt gemacht hat, muss es reparieren, oder wer während der Bettruhe Lärm macht, muss früher schlafen gehen.
I: Kommen wir noch einmal zurück auf die neuen Schüler in Summerhill: Wenn die hören, dass der Besuch des Unterrichts freiwillig ist, werden sie doch den Teufel tun und freiwillig dort hingehen.
ZR: Alle Kinder jubeln, wenn sie hören, dass sie nicht zum Unterricht gehen müssen. Manche erklären, dass sie nur faulenzen werden.
I: Und?
ZR: Wenn jemand faulenzen will, wird es etwas geben, von dem er sich erholen muss. Ansonsten wird er sich nicht so verhalten – das Leben ist viel zu spannend.
I: Aber das Spannendste ist nicht immer der Unterricht.
ZR: Wir haben viele Schüler, die tatsächlich lange Zeit mit Spielen verbringen. Aber irgendwann entscheiden sich die meisten doch, bestimmte Abschlüsse zu machen, und beginnen dafür zu lernen.
I: Wie Nadia Hartmann, eine ihrer ehemaligen Schülerinnen, die in einem Interview erzählte, dass sie jahrelang keinen Unterricht besucht hat, bis sie irgendwann wusste, dass sie Zahnärztin werden möchte. Das war für sie der Zeitpunkt, gezielt auf ihre Prüfungen hinzuarbeiten.
ZR: Und sie ist tatsächlich Zahnärztin geworden. Ihre beiden Kinder sind heute ebenfalls bei uns.
I: Nicht jedes Kind weiß schon so früh, welchen Beruf es einmal ergreifen möchte.
ZR: Trotzdem machen die meisten ihre Prüfungen. Summerhill ist ja keine isolierte Insel, und die Kinder wissen gut, dass sie für bestimmte Berufswege die Abschlüsse später brauchen. Wichtig ist, dass sie die Entscheidung selbst treffen. Wenn jemand wirklich lernen möchte, ist das ungleich einfacher.
I: Was wird aus Ihren Schülern, wenn sie Summerhill verlassen?
ZR: Unsere Abgänger sind vor allem gut darin, ihre Vorstellungen konkret umzusetzen. Sie sind Macher! Es sind erfolgreiche Unternehmer dabei, Schriftsteller, Wissenschaftler, Ärzte. Viele Abgänger entscheiden sich für kreative Berufe. (...)

(Kosog, Simone (2012): Heute haben viele Kinder zu viel Macht. In: Süddeutsche Zeitung Magazin, Heft 05/2012, http://sz-magazin.sueddeutsche.de/texte/anzeigen/36943/3/1)

1. Fassen Sie die pädagogischen Vorstellungen des Summerhill-Internats zusammen.
2. Vergleichen Sie die pädagogische Praxis im Summerhill-Internat mit Ihren eigenen Schulerfahrungen.
3. Nehmen Sie Stellung zu dem Konzept der Summerhill-School.

8 Erziehung unter Berücksichtigung von Vielfalt

Im Rahmen von erzieherischen Prozessen begegnen sich Menschen mit unterschiedlichen Voraussetzungen und Kompetenzen. Erziehung muss sich daran orientieren und diese Kompetenzen für die pädagogischen Prozesse nutzen.

8.1 Interkulturelle Pädagogik

Die Interkulturelle Pädagogik geht auf die zweite Hälfte des 20. Jahrhunderts zurück. Im Rahmen der Arbeitsmigration sind Menschen aus verschiedenen Nationen, vorwiegend aus Italien und der Türkei, nach Deutschland eingewandert, um hier zu arbeiten (|Gastarbeiterinnen/Gastarbeiter). Deutschland war auf diese Arbeitskräfte angewiesen, um den eigenen Wirtschaftsaufschwung zu gewährleisten, und hat bewusst für diese Arbeitskräfte geworben. Damit entstand eine politisch gewollte |Multikulturalität in Deutschland. Da viele Gastarbeiter geblieben sind, stellte sich die Frage nach dem Umgang mit den verschiedenen Kulturen in der Gesellschaft. Die Entwicklung von |interkulturellen pädagogischen Ansätzen in den 1970er Jahren war eine Reaktion darauf. Interkulturelle Ansätze sind damit merkmalsspezifisch, da sie Menschen mit Migrationshintergrund besonders in den Blick nehmen.

Häufig wird für Menschen mit Wurzeln aus anderen Ländern der Begriff Ausländer verwendet. Dieser bezieht sich auf den rechtlichen Status, den ein Mensch im Rahmen seiner Staatsangehörigkeit besitzt. Ein Ausländer besitzt nicht die deutsche Staatsbürgerschaft und verfügt damit nicht über deutsche Bürgerrechte, wenn er sich in Deutschland aufhält. Trotzdem sind Ausländer Träger der Menschenrechte.

Der Begriff Migrationshintergrund, der immer häufiger verwendet wird, bezieht sich nicht auf die Staatsangehörigkeit, sondern fokussiert die Herkunft der Menschen. Im Rahmen der vorab erwähnten Arbeitsmigration sind z. B. Menschen aus der Türkei nach Deutschland gekommen und hiergeblieben. Sie wurden eingebürgert und sind Teil der Gesellschaft und damit auch Träger der Bürgerrechte.

Der Begriff Migrationshintergrund wird genutzt, um ihre Geschichte und mögliche kulturelle Aspekte zu verdeutlichen aber auch darauf hinzuweisen, dass Menschen mit Migrationshintergrund immer noch Diskriminierungen z. B. auf dem Arbeitsmarkt ausgesetzt sind.

Für das bessere Verständnis von interkulturellen Ansätzen ist es wichtig, den Begriff Kultur zu definieren.

Gastarbeiterinnen/Gastarbeiter
Die Bundesrepublik Deutschland hat gezielt Menschen aus dem Mittelmeerraum für die Arbeit in bestimmten Industriebereichen angeworben. Da diese Menschen nur vorübergehend bleiben sollten, wurden sie auch als Gastarbeiter bezeichnet.

Multikulturalität
das Vorhandensein mehrerer Kulturen in einer Gesellschaft

interkulturell
das Aufeinandertreffen verschiedener Kulturen in einer Gesellschaft

Bundeszentrale für politische Bildung
www.bpb.de

8.1.1 Kulturbegriff

Der Begriff Kultur kann sehr unterschiedlich definiert werden. Häufig wird Kultur mit Theater oder Literatur gleichgesetzt und ausschließlich damit definiert. Für erzieherische Prozesse muss der Begriff jedoch umfassender betrachtet werden, da er sich auf alle Bereiche des menschlichen Lebens bezieht. Kultur kann sich nach der Pädagogin Pamela Oberhuemer auf drei Ebenen verdeutlichen:

1. Ebene der sichtbaren Kulturprodukte, z. B. die Sprache und Schrift, Tänze oder bestimmte Gegenstände
2. Ebene der beobachtbaren Handlungsmuster und Ausdrucksformen, z. B. Rituale beim Essen, eine bestimmt Art zu wohnen oder Erziehungsformen
3. Ebene der unsichtbaren Wertorientierungen, z. B. Werte und Normen einer Gesellschaft oder Gruppe in Bezug auf Erziehung

Die drei Ebenen sind zusammenhängend und müssen immer gemeinsam betrachtet werden.

BEISPIEL

Eine Familie aus einer norddeutschen Kleinstadt spricht Hochdeutsch, kann aber auch Plattdeutsch sprechen (sichtbare Kulturprodukte). Die Familie trifft sich immer gemeinsam zum Abendessen um 18.00 Uhr. Sie bleibt auch nach dem Essen noch länger zusammensitzen und die Familienmitglieder sprechen über den Tag (beobachtbare Handlungsmuster). Der Familie ist es wichtig, Zeit miteinander zu verbringen und sich beim gemeinsamen Essen über den Tag auszutauschen (unsichtbare Wertorientierungen).

[1] Abendessen einer Familie

Eisbergmodell | S. 128, 241

Der Begriff |Eisberg wird in verschiedenen Kontexten genutzt und kann auch für den Kulturbegriff verwendet werden.

Die Wertorientierungen sind die Grundlage und häufig nicht auf den ersten Blick erfassbar, sie bilden den unteren Bereich des Eisberges, der im Wasser schwimmt, und sind vom Wasser verdeckt. Darauf aufbauend finden sich die jeweiligen kulturellen Handlungsmuster, diese sind teilweise sichtbar und ragen manchmal als Teil des Eisberges über dem Wasser empor. Und als Spitze des Eisberges können die sichtbaren Kulturprodukte verstanden werden. Auf den ersten Blick sind diese erkennbar und Menschen nehmen an, dass sie die darunter liegende Schicht kennen.

BEISPIEL

Eine junge Frau mit Kopftuch begegnet Ihnen. Sie sehen das Kopftuch als sichtbares Kulturprodukt. Vielleicht gehen Sie daher davon aus, dass die Frau Muslimin ist. Weil das Kopftuch als Symbol für die Unterdrückung vieler Frauen in der Welt steht, nehmen Sie an, dass die Frau vor Ihnen auch unterdrückt wird. Diese Bild festigt sich in Ihrem Kopf, ohne dass Sie mit der Frau ein Wort gewechselt haben. Aufgrund des sichtbaren Kulturproduktes sind Sie der Meinung, dass Sie die Frau und deren Lebenshintergrund erfasst haben.

Wenn der Kulturbegriff so umfassend verstanden wird, dann können Kulturen nicht einfach durch Nationalitäten abgegrenzt werden. Kultur findet sich dann als Form einer Kultur von Gruppen oder einer Familienkultur wieder, die von dem Leben in einer bestimmten Region geprägt sein kann, aber nicht muss. Zwei Familien aus derselben Stadt können verschiedene sichtbare Kulturprodukte in der eigenen Wohnung haben, sich unterschiedlich im Rahmen der beobachtbaren Handlungsmuster verhalten und entgegengesetzte Wertorientierungen haben.

Was hat das mit mir zu tun?

Machen Sie in der Klasse ein kleines Experiment. Alle Schüler bringen zur nächsten Stunde die Nudeln oder den Reis mit, der in der eigenen Familie besonders häufig (also typisch) gegessen wird. Die Nudeln oder der Reis können als sichtbare Kulturprodukte verstanden werden. Machen Sie sich ein Bild von den unterschiedlichen Nudel- und Reissorten, die mitgebracht wurden. Diskutieren Sie miteinander, welche familienspezifischen Handlungsmuster (z. B. es wird immer gemeinsam an einem Tisch gegessen oder nur zu bestimmten Zeiten) und welche unsichtbaren Wertorientierungen (z. B. wir kaufen nur Bio-Produkte, weil uns eine besondere ökologische Perspektive wichtig ist, oder wir kaufen den Reis in einem bestimmten Supermarkt, weil wir für Lebensmittel wenig Geld ausgeben möchten).

8.1.2 Interkulturelle Ansätze

Es gibt unterschiedliche interkulturelle Ansätze. Sie basieren grundsätzlich auf zwei Überlegungen: Sie fordern Gleichheit und Anerkennung.

Gleichheit

Die Gleichheit der Menschen ist im Artikel 3 des Grundgesetzes der Bundesrepublik Deutschland verankert. Menschen besitzen gleiche Rechte und sind als gleichwertig zu betrachten.

Anerkennung

Ebenen der Kultur | S. 90

Die Anerkennung bezieht sich auf die drei |Ebenen der Kultur und schließt damit die Wertvorstellungen, die Handlungsmuster und die sichtbaren Kulturprodukte der Menschen mit ein, ohne diese als rein national zugeschrieben zu betrachten. Anerkennung bedeutet, mit Menschen in den Dialog zu treten und kulturelle Charakteristika zu begreifen. In diesem Rahmen wird häufig der Begriff der Toleranz verwendet, allerdings wird in der Fachdiskussion darauf hingewiesen, dass Toleranz eher von Gewährenlassen/Dulden ausgeht und damit vielmehr eine Abgrenzung zu den eigenen Werten und Handlungen ausdrückt. Der Begriff der Anerkennung geht darüber hinaus und ist damit angemessener.

Die interkulturellen pädagogischen Ansätze setzen verschiedene Schwerpunkte. Zwei Aspekte finden sich jedoch in den unterschiedlichen Konzepten wieder:
1. die interkulturellen Kompetenzen, die pädagogische Fachkräfte haben müssen
2. die Berücksichtigung von Organisationsstrukturen im Rahmen interkultureller Gesichtspunkte

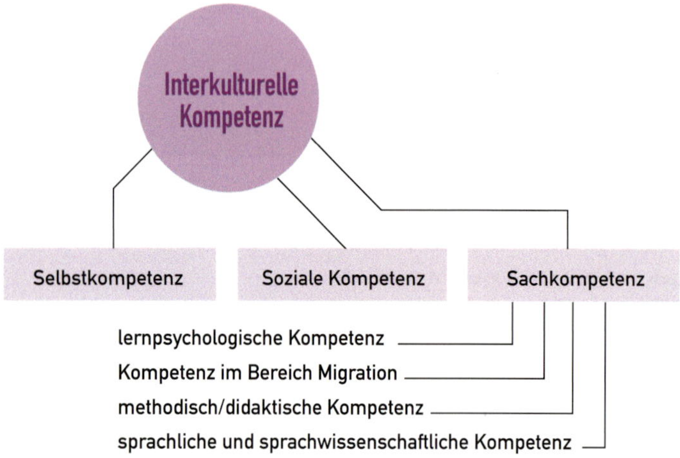

Interkulturelle Kompetenzen

Mit den folgenden Begriffen lässt sich die interkulturelle Kompetenz der pädagogischen Fachkräfte differenzieren.

Sozialkompetenz

Die pädagogische Fachkraft ist in der Lage, sich mit anderen Menschen aktiv auseinanderzusetzen, deren Bedürfnisse und Wünsche zu erkennen und im eigenen Handeln zu berücksichtigen. Die Dialogfähigkeit ist hier besonders zu erwähnen. Nur über den Dialog kann Anerkennung konkret entstehen, kulturelle Aspekte werden verstanden und können berücksichtigt werden.

Dialogfähigkeit bedeutet, dass die pädagogische Fachkraft den anderen Menschen im Gespräch genau zuhört, versucht, ihre Sicht der Dinge zu verstehen, nachfragt und nicht davon ausgeht, dass ihre eigene Sicht die richtige ist.

Selbstkompetenz
Die pädagogische Fachkraft ist in der Lage, ihr eigenes Verhalten zu reflektieren, insbesondere im Umgang mit anderen Menschen. Sie ist sich ihrer kulturellen Herkunft bewusst und setzt sich z. B. mit eigenen Vorurteilen auseinander.

BEISPIEL

Ein mögliches Vorurteil gegenüber türkischen Migranten ist, dass sie alle muslimisch sind. Wenn eine pädagogische Fachkraft davon ausgeht, dann wird sie die Lebenswirklichkeit einer christlichen türkischen Familie nicht angemessen begreifen. Sie muss sich ihrer eigenen Vorurteile bewusst sein und diese im Kontakt mit anderen Menschen hinterfragen, sonst agiert sie im Rahmen des Vorurteils und empfiehlt der Familie möglicherweise eine Moschee, obwohl diese gern Kontakt zu einer christlichen Kirchengemeinde aufnehmen möchte.

Sachkompetenz
Die pädagogische Fachkraft verfügt über Wissen zum Thema Diskriminierung, Ursachen von Migration oder Belastungslagen, die sich aus Migrationsverläufen ergeben. Sie hat sich damit auseinandergesetzt, welche Kulturdimensionen es gibt und wie diese im Miteinander wirken.

[1] Pädagogische Fachkräfte sollten über interkulturelle Kompetenz verfügen.

BEISPIEL

Im Rahmen der Ursachen von Migration weiß die pädagogische Fachkraft, dass Menschen aus Ländern flüchten müssen, weil sie z. B. politisch verfolgt werden. Sie kennt die Belastungen, die daraus entstehen, und weiß, dass diese auch zu psychischen Erkrankungen wie depressiven Episoden führen können.

BEISPIEL

In einer Kindertagesstätte in Hannover wird der vier Jahre alte Onur von der neuen Erzieherin gefragt, woher er kommt. Onur antwortet darauf „aus Linden" (einem Stadtteil von Hannover). Daraufhin fragt die Erzieherin noch einmal nach: „Nein, woher kommst du denn richtig?" Onur kann mit dieser Frage nichts anfangen. Am Abend erzählt er seiner Mutter von der Begebenheit und fragt sie, woher er denn eigentlich kommt. Onur erhält damit ein Gefühl von „Anderssein". Wenn die anderen Kinder gefragt werden, dann reicht die Aussage, dass sie in einer bestimmten Straße oder in einem bestimmten Ort leben. Bei ihm hat diese eigentlich übliche Antwort nicht ausgereicht. Warum nicht? Was unterscheidet ihn von den anderen Kindern? Die Mutter erklärt Onur, dass die Erzieherin bestimmt wissen wollte, dass seine Großeltern aus der Türkei kommen. Onurs „Herkunft" wird damit an seine Großeltern bzw. an seinen Migrationshintergrund geknüpft.
In diesem Fall zeigt die Erzieherin wenig interkulturelle Kompetenz.

Diskriminierung
ist eine deutliche Verletzung der Menschenrechte. Sie bezieht sich auf individuelle oder gruppenspezifische Merkmale. Individuelle Merkmale sind z. B. Homosexualität, ein gruppenspezifisches Merkmal kann die Hautfarbe sein.

Organisationsstrukturen

Auch die Auseinandersetzung mit Organisationsstrukturen ist Teil der interkulturellen Ansätze. Strukturen in Organisationen können zu Abwertungen und |Diskriminierungen führen oder diese verfestigen.

Haben Menschen mit Migrationshintergrund z. B. die gleichen Chancen bei der Bewerbung um einen Arbeitsplatz in einer Organisation oder werden sie aufgrund des Namens auf der Bewerbung gleich aussortiert? Ein anonymisiertes Bewerbungsverfahren, in dem der Name, das Alter und das Geschlecht nicht genannt werden, kann Diskriminierungen in diesem Bereich verhindern.

8.2 Integration und Inklusion

8.2.1 Integration

Unter Integration wird im pädagogischen Bereich der Einbezug von Menschen mit Behinderung in die Lebens- und Arbeitsgemeinschaft von Menschen ohne Behinderung verstanden.

Der Begriff Integration ist also eng mit dem Begriff Behinderung verknüpft. Behinderung ist als Begriff umstritten und es wird im öffentlichen Diskurs immer wieder versucht, ein anderes Wort zu finden. Dabei werden z. B. die Begriffe „Menschen mit Beeinträchtigungen", „Menschen mit Handicap" oder „Menschen mit besonderem Förderbedarf" genutzt.

Die gesetzliche Grundlage zur Rehabilitation und Teilhabe behinderter Menschen in Deutschland findet sich im |Sozialgesetzbuch Neuntes Buch (SGB IX). Als behindert gelten Menschen, deren körperliche Funktionsfähigkeit, geistige Kompetenzen oder seelische Gesundheit mit einer hohen Wahrscheinlichkeit länger als sechs Monate von dem alterstypischen Entwicklungsstand abweicht und dies zu einer Beschränkung in der gesellschaftlichen Teilhabe führt.

Sozialgesetzbücher
In den Sozialgesetzbüchern finden sich die rechtlichen Regelungen zu den Sozialversicherungen, z. B. zur Rentenversicherung, und andere Aspekte des Sozialrechts, die als Leistungen staatlicher Fürsorge aus Steuermitteln finanziert werden, z. B. die Leistungen der Kinder- und Jugendhilfe.

Behinderung hat damit immer auch eine gesellschaftliche Komponente, da die geltenden Norm- und Wertvorstellungen festlegen, was in welchem Alter im Rahmen des Entwicklungsstandes als normal gilt.

Die Festlegung, ob ein Mensch behindert ist, geht gleichzeitig mit einer besonderen gesellschaftlichen Fürsorge einher, birgt allerdings auch die Gefahr der Diskriminierung.

Das hat sich in Deutschland insbesondere darin gezeigt, dass z. B. Kinder und Jugendliche mit Behinderung in besonderen Schulen, Förderschulen (früher Sonderschulen genannt), unterrichtet werden. Damit schafft die Gesellschaft einen Schonraum, der eine besondere Fürsorge für die Kinder und Jugendlichen ermöglicht, allerdings ist ein Wechsel aus den Förderschulen in die Regelschulen häufig sehr schwierig und damit die weitere berufliche Zukunft, z. B. ein Studium aufzunehmen, erschwert.

Es gibt Förderschulen für unterschiedliche Bedarfe, z. B.:

- Förderschulen für Sehbehinderte
- Förderschulen für Körperbehinderte
- Förderschulen für Kinder mit Lernschwierigkeiten
- Förderschulen mit dem Förderschwerpunkt emotionale und soziale Entwicklung

Im elementarpädagogischen Bereich gibt es spezielle integrative Tageseinrichtungen für Kinder, die behinderte Kinder aufnehmen. In diesen Einrichtungen arbeiten neben den Erzieherinnen und Erziehern z. B. auch Heilpädagogen, um den besonderen Belangen der Kinder gerecht zu werden. Diese Integration ist gesetzlich gewollt und wird zusätzlich finanziell gefördert.

Heilpädagoge
Heilpädagogen arbeiten mit Menschen, die durch unterschiedliche Beeinträchtigungen, z. B. durch eine körperliche Behinderung, in ihrer Lebensgestaltung beeinträchtigt werden.

Es gibt verschiedene Ursachen von Behinderungen. Einige gehen auf vorgeburtlich entstandene Beeinträchtigungen zurück, z. B. durch genetische Veränderungen oder toxische (giftige) Ursachen. Weitere Ursachen für die Entstehung einer Behinderung sind Vorfälle, die während der Geburt stattfinden, z. B. Sauerstoffmangel, Frühgeburt, spätere Unfälle oder chronische (dauerhafte) Krankheiten.

Ein Teil der Beeinträchtigungen wird als Krankheitsbild in der internationalen statistischen Klassifikation der Krankheiten und verwandter Gesundheitsprobleme (ICD-10) beschrieben.

ICD-10 | S. 395

8.2.2 Inklusion

Inklusion ist ein Prozess, der allen Menschen eine gleichberechtigte Möglichkeit der Teilhabe am gesellschaftlichen Leben (z. B. Arbeit, Schule) geben soll. Für das Gelingen von Inklusion braucht es den Willen aller Menschen einer Gesellschaft.

Inklusion | S. 473

Teilhabe
Einbezogensein in alle gesellschaftlichen Bereiche

Inklusion heißt konkret, dass die in Deutschland bisher durchgeführte Trennung von behinderten und nicht behinderten Kindern, Jugendlichen und Erwachsenen im Elementarbereich, in der Schule und in allen anderen Lebensbereichen aufgehoben werden soll. Für die Kinder und Jugendlichen bedeutet das das Anrecht auf einen gemeinsamen Unterricht oder die gemeinsame Betreuung, Bildung und Erziehung in Tageseinrichtungen für Kinder.

[1] Inklusive Kindertagesstätte

[2] Schulische Inklusion

Abgrenzung der Inklusion von Separation und Integration

Damit steht Inklusion als Gegensatz zu der bisher durchgeführten Separation (Absonderung) und geht über die Integration hinaus.

Die Inklusion verfolgt das Ziel, alle Menschen (mit oder ohne Behinderung) nicht von außen in die Gemeinschaft einzubinden, sondern sie werden als Teil der Gemeinschaft verstanden.

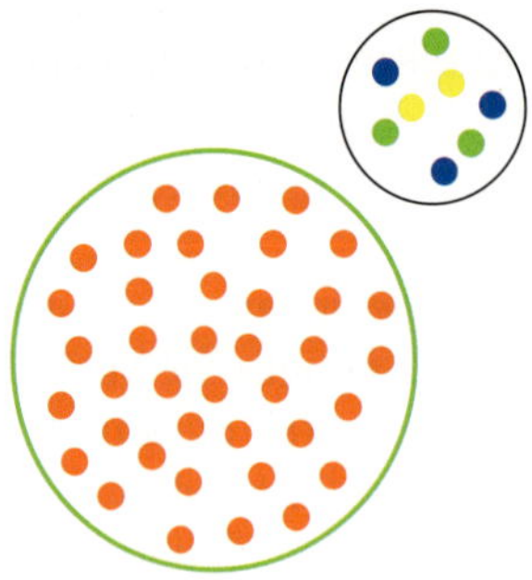

[1] Separation

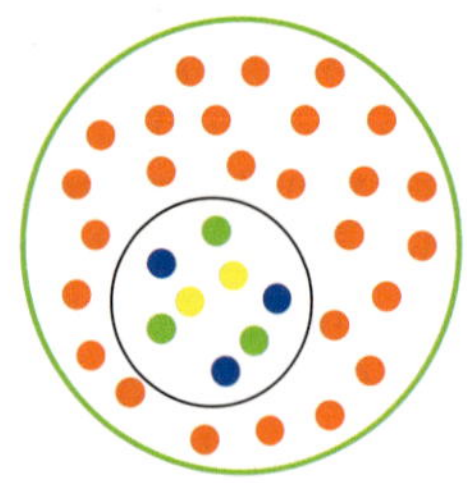

[2] Integration

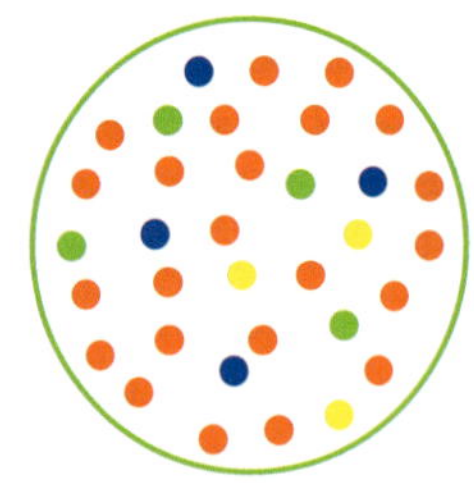

[3] Inklusion

Film: „Berg Fidel. Eine Schule für alle“
www.aktion-mensch.de

Für den Begriff Inklusion gibt es im pädagogischen Diskurs derzeit keine einheitlich verwendete Definition.

[4] Deckblatt der UN-Konvention „Übereinkommen über die Rechte von Menschen mit Behinderungen"

Die Auseinandersetzung mit dem Thema Inklusion ist durch das Übereinkommen der Vereinten Nationen über die Rechte von Menschen mit Behinderungen von 2006 angeregt worden. Das Übereinkommen ist 2009 in Deutschland in Kraft getreten. Die Vereinbarung konkretisiert bestehende Menschenrechte für die Lebenssituation von Menschen mit Behinderungen mit dem Ziel, ihre Chancengleichheit in der Gesellschaft zu fördern. Das Vertragswerk stellte einen wichtigen Schritt zur Stärkung der Rechte von behinderten Menschen dar.

Dabei bezieht sich das Übereinkommen auf Menschen, die langfristige physische (körperliche), psychische (seelische), geistige Beeinträchtigungen haben oder an Sinnesbeeinträchtigungen leiden.

Ein Grundsatz dieses Übereinkommens ist die volle und wirksame Teilhabe an der Gesellschaft und Einbeziehung in die Gesellschaft. Damit ist der deutsche Weg, Förderschulen und andere spezielle Einrichtungen in der Kinder- und Jugendhilfe für Kinder und Jugendliche mit Behinderungen anzubieten, nicht vereinbar. Insbesondere im Schulbereich sollen daher behinderte und nicht-behinderte Kinder gemeinsam unterrichtet werden.

Dies stellt das bisherige Schulsystem vor eine immense Anstrengung und wird im Rahmen der Umsetzung in vielen Fachdiskussionen kontrovers besprochen.

Für inklusiven Unterricht müssen die Schulen bestimmte Rahmenbedingungen schaffen, z. B. den barrierefreien Zugang zu allen Klassenräumen, zu den Toiletten und anderen Aufenthaltsräumen. Dafür müssen beispielsweise mehrstöckige Häuser mit einem Fahrstuhl ausgerüstet werden und es darf keine unüberwindbaren Türschwellen geben.

[5] Toilette mit Haltegriff

Ein weiterer Bereich ist der konkrete Unterricht durch die Lehrkräfte. Lehrkräfte müssen in der Lage sein, binnendifferenziert (individuelle Förderung einzelner Lernender innerhalb der Lerngruppe) zu unterrichten und die Vielfalt im Klassenzimmer als positive Ressource zu nutzen. Sie müssen interdisziplinär offen sein, da Kinder mit Behinderung häufig auf zusätzliche Hilfe durch Schulbegleiter, auch Integrationshelferinnen und -helfer oder Schulassistenten genannt, angewiesen sind und diese am Unterricht teilnehmen.

Ein weiterer zentraler Aspekt für eine inklusive Erziehung und Bildung, egal ob in der Schule oder in Tageseinrichtungen für Kinder, ist die Auseinandersetzung mit der eigenen Haltung und damit mit den eigenen ||Vorurteilen.

Vorurteile | S. 119

Jeder Mensch besitzt Vorurteile, allerdings ist es wichtig, sich darüber im Klaren zu sein und die Auswirkungen dieser Einstellungen auf die pädagogische Handlungsebene zu reflektieren.

Vorurteile
sind positive oder negative Bewertungen z. B. Menschen gegenüber. Diese Bewertungen werden nicht verändert, auch wenn gegenteilige Erfahrungen gemacht werden.

BEISPIEL

Eine pädagogische Fachkraft hat das Vorurteil, dass kinderreiche Familien, die an Armut leiden, selbst daran schuld sind. Schließlich hätten sie ja nicht so viele Kinder bekommen müssen. Diese Haltung wirkt sich auf die Arbeit mit den Kindern und auf die Zusammenarbeit mit der Familie aus.

Aber nicht nur die Vorurteile der pädagogischen Fachkräfte müssen reflektiert werden, auch die der Kinder und Jugendlichen, die sich gemeinsam im Bildungskontext begegnen.

BEISPIEL

In einer Kindertagesstätte wird ein Kind betreut, das im Rollstuhl sitzt. Die anderen Kinder fordern das Kind nicht auf, mit ihnen gemeinsam auf dem Außengelände zu spielen, weil sie denken, dass das Kind aufgrund seiner körperlichen Beeinträchtigung sowieso nicht mitspielen kann.

Andere Bereiche der Inklusion

In der pädagogischen Auseinandersetzung zum Thema Inklusion werden neben dem Thema Behinderung auch weitere Aspekte in den Blick genommen, z. B. Armut oder der Bereich Gender (als soziale Dimension von Geschlecht). Auch diese Aspekte können zum Ausschluss aus dem gesellschaftlichen Leben führen und sollten im pädagogischen Alltag Berücksichtigung finden.

Die Inklusion verfolgt damit insgesamt das Ziel, alle Menschen nicht von außen in die Gemeinschaft einzubinden, sondern sie als Teil der Gemeinschaft zu verstehen. Die Realisierung von Inklusion ist in Deutschland in vielen Bereichen noch nicht ausreichend initiiert, z. B. in der gemeinsamen Bildung, Betreuung und Erziehung in Tageseinrichtungen für Kinder. Aber in vielen Bereichen hat sich durch die Diskussion etwas bewegt, z. B. werden vermehrt Fortbildungen zum Thema Inklusion für Lehrkräfte angeboten und auch in Anspruch genommen.

Pädagogik der Vielfalt

Es gibt kein einheitliches Konzept der inklusiven Erziehung, allerdings wird in der Diskussion häufig auf die Pädagogik der Vielfalt und auf die vorurteilsbewusste Erziehung und Bildung verwiesen.

Im Rahmen der Pädagogik der Vielfalt wird diese als besondere Ressource gesehen, in unterschiedlichen pädagogischen Situationen beachtet sowie für Erziehungs- und Lernprozesse genutzt. Vielfalt wird als Wert an sich gesehen und nicht als schwierige Herausforderung in der erzieherischen Arbeit.

[1] Poster der „Aktion Mensch“ zum Thema Inklusion

8.3 Vorurteilsbewusste Erziehung und Bildung

Der Ansatz der vorurteilsbewussten Erziehung und Bildung, abgeleitet aus dem amerikanischen Anti-Bias-Ansatz (gegen Einseitigkeiten) der Grundschulpädagogin Louise Derman-Sparks, lässt sich sehr gut für inklusive, integrative und auch interkulturelle pädagogische Ansätze als konkretes pädagogisches Konzept nutzen.

Der Ansatz der vorurteilsbewussten Erziehung und Bildung wird in Deutschland vor allem von dem Kinderwelten-Projekt in Berlin vertreten und verbreitet.

Mehr zum Thema vorurteilsbewusste Erziehung und Bildung finden Sie hier: www.kinderwelten.net

Dabei werden die Kinder und Jugendlichen, die pädagogischen Fachkräfte und die jeweiligen Rahmenbedingungen und Ausstattungen der Einrichtungen in den Blick genommen.

In der pädagogischen Arbeit werden vier Ziele realisiert:

1. Die Kinder und Jugendlichen sollen in ihrer Identitätsentwicklung gefördert werden.

BEISPIEL

Der eigene Name ist ein wichtiger Teil der Identität. Die Auseinandersetzung mit dem eigenen Namen, was er bedeutet und warum die eigene Familie diesen Namen ausgesucht hat, ist von Bedeutung für Kinder.
Auch die Familien können sich durch die Gestaltung von Familienwänden, also verschiedenen Fotos der Familien, in den pädagogischen Einrichtungen wiederfinden.

2. Die Kinder und Jugendlichen lernen Vielfalt kennen und entwickeln Empathie als soziale Kompetenz.

BEISPIEL

Für das Kennenlernen von Vielfalt ist es immer wichtig, von den gleichen Merkmalen auszugehen. Auch hier ist die Familie ein guter Anknüpfungspunkt. Alle Kinder haben eine Familie, aber wie sieht die eigentlich genau aus? Darüber können Kinder und Erwachsene ins Gespräch kommen, um Vielfalt zu verdeutlichen. Kinder können auch gemeinsam überlegen, wo sie sich gern aufhalten und warum, vielleicht können Fotos von den Plätzen gemacht werden und die Gemeinsamkeit, bestimmte Plätze zu bevorzugen, wird mit der Vielfalt der Plätze anschaulich abgebildet. Auch die Auseinandersetzung mit der Hautfarbe ist spannend, jedes Kind hat eine Haut und die Vielfalt der Hautfarben wird sichtbar. Dabei geht es aber nicht um eine Einteilung in helle und dunkle Haut, sondern um Farbnuancen.

3. Die Kinder und Jugendlichen lernen Einseitigkeiten, Vorurteile und Diskriminierungen kritisch zu sehen.

Informationen zu Persona Dolls finden Sie hier: www.erzieherin.de/persona-dolls-mit-kindern-ueber-vielfalt-sprechen.php

BEISPIEL

Kinder können sich mit Geschichten, z. B. erzählt durch die Persona Dolls (das sind besondere Puppen mit eigenen Biografien), mit Einseitigkeiten und Diskriminierungen auseinandersetzen. Dabei werden Geschichten erzählt, die nah an der Lebenswelt der Kinder anknüpfen, aber auch Vielfalt verdeutlichen.

[1] Persona Dolls

4. Die Kinder und Jugendlichen lernen sich aktiv gegen erlebte Einseitigkeiten, Vorurteile und Diskriminierungen zur Wehr zu setzen.

BEISPIEL

Kinder kennen Situationen, die sie selbst als ungerecht erlebt haben. Diese Situationen können aufgegriffen werden und gemeinsam wird überlegt, wie hätte das Kind oder wie hätten die anderen Kinder handeln können. Die Begriffe fair und nicht fair können Kinder gut nachvollziehen.

Neben diesen Zielen der pädagogischen Arbeit setzen sich auch die pädagogischen Fachkräfte mit den Themen Vorurteile, Vielfalt und Diskriminierungen auseinander und entwickeln in diesem Kontext ihre eigene Professionalität weiter.

Auch die Überprüfung auf einseitig darstellende Materialien wie Bücher gehört zur vorurteilsbewussten Erziehung und Bildung.

BEISPIEL

Nach wie vor werden in Büchern überdurchschnittlich oft Familien dargestellt, die aus Mutter, Vater und zwei Kindern bestehen. Auch bestimmte einseitige Vorstellungen von Frau und Mann finden sich in den Bilderbüchern wieder. Der Vater geht zur Arbeit und die Mutter kümmert sich um den Haushalt und die Kinder.

Auschecken

Das habe ich in diesem Kapitel dazugelernt:

- ✓ Ich weiß, dass der Mensch im Gegensatz zu vielen Tieren erzogen werden muss.
- ✓ Ich kenne zwei grundsätzliche Sichtweisen der Erziehung, das „Führen“ und das „Wachsenlassen“.
- ✓ Ich habe die gesetzlichen Grundlagen für Erziehung kennengelernt, insbesondere weiß ich, dass jeder ein Recht auf Erziehung hat.
- ✓ Ich habe Kenntnis darüber, dass es Erziehungsziele gibt und dass sie sich immer in einem Prozess befinden, der sich an der gesellschaftlichen Situation orientiert, und sie sich somit verändern.
- ✓ Ich kann die Begriffe Normen und Werte definieren und in den Zusammenhang mit Erziehungszielen einordnen.
- ✓ Ich habe verschiedene institutionalisierte Erziehungsziele kennengelernt und weiß, dass jedes Bundesland einen eigenen Bildungsplan besitzt.
- ✓ Ich weiß, dass Achtung, Liebe, Respekt, Struktur und Förderung zu den Aspekten der entwicklungsfördernden Erziehung gehören und kann entwicklungshemmende Aspekte benennen und erläutern.
- ✓ Ich habe Kenntnis über allgemeine Grundlagen der pädagogischen Beziehung und die Modelle von Carl Rogers und Ruth Cohn.
- ✓ Ich weiß, dass Erzieherverhalten theoretisch in Erziehungsstile eingeteilt werden kann, und habe dazu die Modelle von Kurt Lewin und dem Ehepaar Tausch kennengelernt.
- ✓ Ich kann elterliches Erzieherverhalten in Zusammenhang mit den Begriffen Parenting und Overparenting bringen und weiß, was Verwahrlosung ist.
- ✓ Ich weiß, dass pädagogische Ansätze die Grundlage für professionelles pädagogisches Handeln sind.
- ✓ Ich weiß, dass laut Rousseau ein Kind ein Anrecht auf die eigene Kindheit hat und nicht als kleiner Erwachsener zu behandeln ist.
- ✓ Ich kenne Pestalozzis Trias „Kopf“, „Herz“ und „Hand“ und weiß, dass er damit einen ganzheitlichen pädagogischen Ansatz verfolgt.
- ✓ Ich kenne die Kerngedanken der Montessori-, Waldorf- und Reggio-Pädagogik.

- ✓ Ich weiß, dass die Zunahme der Migration nach Deutschland der Ausgangspunkt zur Entwicklung von interkulturellen pädagogischen Ansätzen war.
- ✓ Ich habe Kenntnis darüber, dass der Begriff Kultur über Theater und Kunst hinausgeht und sich auf drei Ebenen zeigt.
- ✓ Ich weiß, dass interkulturelle Ansätze auf der Gleichheit der Menschen und auf Anerkennung dieser basieren.
- ✓ Ich habe Kenntnis darüber gewonnen, dass interkulturelle Ansätze die Kompetenzen der pädagogischen Fachkräfte und Organisationsstrukturen fokussieren.
- ✓ Ich weiß, dass Integration die Einbindung von behinderten Menschen in die Gesellschaft bedeutet.
- ✓ Ich weiß, dass Inklusion behinderte Menschen als Teil der Gesellschaft sieht und damit über die Integration hinausgeht.
- ✓ Ich kenne die Konzepte der vorurteilsbewussten Erziehung und Bildung.

Aufgaben/Fragen

1 Entwickeln Sie Ihren eigenen Erziehungsbegriff. Welche Aspekte sind Ihnen dabei besonders wichtig? Was sollte dabei eher vernachlässigt werden?

2 Entwerfen Sie ein Schaubild mit dem Titel „Erziehungsziele". Überlegen Sie dazu im Vorfeld, welche Kategorien Sie bilden wollen und wo Sie Gemeinsamkeiten und Unterschiede darstellen können.

3 Vergleichen Sie verschiedenen Bildungspläne einzelner Bundesländer (www.bildungserver.de). Legen Sie im Vorfeld fest, welche fünf Aspekte Sie in den Plänen genauer betrachten möchten. Bilden Sie Gruppen, in denen Sie sich mit einem Bildungsplan aus jeweils einem Bundesland befassen, und stellen Sie Ihre Ergebnisse gegenüber.

4 Stellen Sie sich vor, Sie werden als Praktikant Ihrer Kita gebeten, für Eltern ein Faltblatt mit Erziehungstipps zu entwerfen. Welche Regeln sollte dieses beinhalten?

5 Untersuchen Sie die Theorien von Carl Rogers und Ruth Cohn zur pädagogischen Beziehung. Worin sehen Sie Chancen und Grenzen dieser Modelle?

6 Definieren Sie den Begriff Vernachlässigung. Welche Schritte müssen Sie einleiten, wenn Ihnen ein begründeter Verdacht vorliegt? Informieren Sie sich bei Beratungsstellen und im Internet.

7 Verdeutlichen Sie den Unterschied zwischen den klassischen und reformpädagogischen Ansätzen.

8 Bewerten Sie den Satz von Maria Montessori: „Hilf mir, es selbst zu tun."

9 Überlegen Sie, ob Sie selbst Momente der polarisierenden Aufmerksamkeit erleben und warum diese in den Momenten entstanden sind.

10 In der Reggio-Pädagogik sollen die Räume zum Entdecken einladen und die Kinder sich wohlfühlen. Überlegen Sie gemeinsam als Klasse, wie Ihr Unterrichtsraum aussehen könnte, um diesem Prinzip zu entsprechen.

11 Stellen Sie den Unterschied zwischen den Begriffen Ausländer und Migrationshintergrund dar.

12 Erklären Sie die drei kulturellen Ebenen und beziehen Sie sich dabei auf Ihre eigene Lebenswelt.

13 Erstellen Sie Schaubilder für die Begriffe Separation, Integration und Inklusion und begründen Sie Ihre gewählte Darstellungsform.

14 Entwickeln Sie Übungen und Aufgaben für Ihre Klasse, die sich auf die vier pädagogischen Ziele der vorurteilsbewussten Erziehung und Bildung beziehen.

15 Benennen Sie eigene Vorurteile und setzen Sie sich damit auseinander, welche Auswirkungen diese haben könnten, wenn Sie als pädagogische Fachkraft arbeiten würden.

→ Einchecken

Wahrnehmung und Beobachtung

„Puh ist das stickig hier drin!", sagt Max und öffnet das Fenster im Klassenraum. „Hej, mach das Fenster zu, es ist kalt und zieht!", ruft Hannah ihm zu. „Die neue Sitzordnung ist total doof!", nörgelt währenddessen Paul. Am Nachbartisch streiten Celina und Farina darüber, ob Frau Müller nett ist oder nicht. „Jetzt sind Sie bitte einmal ruhig, so eine laute Klasse habe ich schon ewig nicht mehr gehabt!", beschwert sich Frau Müller bei ihren Schülern, woraufhin Elias sagt, dass er die Klasse als sehr leise empfindet, und ihm mehrere Schüler zustimmen. „Aber nicht nur das", sagt Frau Müller. „Die Reinigungskräfte beschweren sich immer häufiger über den Müll in Ihrer Klasse. Wobei ich Ihre Klasse aber immer als recht sauber in Erinnerung habe." Plötzlich ruft Carla, die am Abend zuvor einen UFO-Film gesehen hat, allen Ernstes und mit dem Finger nach draußen auf ein helles Licht weisend: „Ein UFO!"
Alle hier beschriebenen Personen befinden sich in demselben Raum und trotzdem nimmt jeder Einzelne etwas anderes und sogar unterschiedlich wahr. Jeder Mensch hat seine eigene Wahrnehmung. Kann Wahrnehmung denn überhaupt objektiv sein?

1 Erklären Sie die unterschiedlichen Wahrnehmungen der Personen im Klassenraum.

2 Formulieren Sie, was Sie unter Wahrnehmung verstehen.

3 Kann Wahrnehmung Ihrer Meinung nach objektiv sein? Begründen Sie Ihre Antwort.

1 Der Wahrnehmungsprozess

Gerade bei der Arbeit mit Menschen hat die Wahrnehmung eine besondere Bedeutung. Auf Grundlage der Wahrnehmung werden pädagogische Handlungen beeinflusst. Je nachdem, wie ein Mensch wahrgenommen wird, so wird er auch behandelt. Wird beispielsweise bei einem Kind ein Förderbedarf wahrgenommen, so wird das Kind in diesem Bereich gefördert. Sollte Bewegungsdrang bei einer Bewohnerin im Altenheim wahrgenommen werden, dann wird die Praktikantin Spaziergänge mit der Dame machen. Wenn Ihnen eine neue Mitschülerin unsympathisch ist, dann werden Sie sich dieser Schülerin gegenüber auch abweisend verhalten.

[1] Bei der Arbeit mit Menschen hat die Wahrnehmung eine besondere Bedeutung.

Die Wahrnehmung bestimmt wesentlich mit, wie wir uns verhalten!

Die Kenntnis über den Prozess der Wahrnehmung kann helfen, die pädagogischen Handlungen und das Verhalten zu anderen Personen zu verstehen und über das Verständnis gegebenenfalls zu verändern bzw. zu verbessern. Die Wahrnehmung zu schulen ist also eine Voraussetzung für professionelles Handeln.

Stufen des Wahrnehmungsprozesses

Psychologen sprechen von Wahrnehmung als einem Prozess, der sich aus der Informationsgewinnung, der Informationsverarbeitung und dem Ergebnis der Informationsverarbeitung zusammensetzt.

Um den Wahrnehmungsprozess zu verdeutlichen, werden häufig die folgenden Stufen benutzt:

Stufe	Bedeutung
Stufe I	Empfindung (Informationsgewinnung) ▪ bezieht sich auf die anfänglichen Aufnahmeprozesse von Reizen und die darauf folgenden Aktivitäten der Sinnesorgane. Der Reiz wird von den angesprochenen Sinnesorganen aufgenommen und über Nervenbahnen an das Gehirn weitergeleitet.
Stufe II	Organisation (Informationsverarbeitung) ▪ beschreibt das Zusammenfügen der weitergeleiteten und gespeicherten Sinneseindrücke im Gehirn, um ein verwertbares Bild zu erhalten.
Stufe III	Identifikation, Bewertung (Informationsverarbeitung) ▪ gibt den Bildern Bedeutungen und wie man am besten darauf reagiert.
→ Reaktion (Ergebnis der Informationsverarbeitung)	

In nachfolgendem Text orientieren wir uns an diesen drei Stufen, um den komplexen Prozess der Wahrnehmung zu verdeutlichen.

Ablauf des Wahrnehmungsprozesses

Die Beschreibung des Wahrnehmungsprozesses könnte folgendermaßen lauten:

Stufe I Empfindung
Es entsteht irgendwo ein Reiz. Dies könnte z. B. der Geruch einer Pizza sein. Dieser Reiz gelangt zu einem Menschen und dieser empfindet den Reiz. Die anfänglichen Aufnahmeprozesse von Reizen und die darauffolgenden Aktivitäten der Sinnesorgane bilden gemeinsam die Empfindung. Die Sinnesorgane, z. B. Nase und Auge, werden also angeregt.

Stufe II Organisation
Die Eindrücke aus den verschiedenen Sinnesorganen werden zusammengefügt und können dem Gehirn ein Bild von dem Reiz, der Pizza, geben. Dieser Verarbeitungsprozess über das Nervensystem und die Weiterleitung ans Gehirn wird Organisation genannt.

Stufe III Identifikation
Das organisierte Bild wird mit vorherigen Erfahrungen verglichen und bewertet. Diese Identifikation gibt den Bildern Bedeutungen und führt dann zu einer entsprechenden Reaktion.

Reaktion
Das könnte z. B. ein Hungergefühl auslösen und den Gang zur nächsten Pizzeria provozieren.

[1] Der Prozess der Wahrnehmung

Die Wahrnehmung ist ein Prozess der Reizaufnahme und der Reizverarbeitung.

Wahrnehmung als Konstruktionsprozess – Die Filter der Wahrnehmung

Die Wahrnehmung ist bei jedem Menschen anders. Sie ist subjektiv. Deshalb wird bei der Wahrnehmung auch von einem Konstruktionsprozess gesprochen, da sich jeder Mensch seine eigene Wahrnehmung konstruiert. Innerhalb des Wahrnehmungsprozesses gibt es individuelle Filter, welche die Wahrnehmung beeinflussen. Diese Filter wirken in den drei Stufen der Wahrnehmung bei jedem Menschen unterschiedlich. Die Filter sind:

- die Sinnesorgane
- die Gestaltgesetze
- die Wahrnehmungskonstanz
- genetische, soziale und individuelle Faktoren
- die Wahrnehmungsfehler

Auf den folgenden Seiten werden die verschiedenen Filter erläutert. Für eine bessere Übersicht werden sie in einer Tabelle zusammengefasst. Diese Tabelle wird im Laufe des Kapitels ergänzt.

1.1 Stufe I: Empfindung

Ein Reiz trifft auf ein Sinnesorgan. Dieses wird dann durch den Reiz aktiviert und leitet ihn an das Gehirn weiter.

BEISPIEL In unserer Umwelt sind Sie vielen Reizen ausgeliefert. Als Reiz kann das Licht, die Stimme des Lehrers, das Parfüm der Sitznachbarin, der Geschmack des Kaugummis, das Gleichgewicht auf dem gekippten Stuhl oder die Wärme des Stuhls bezeichnet werden.

Durch die Reize werden bestimmte Sinnesorgane aktiviert:

- Auge
- Ohr
- Nase
- Zunge
- Innenohr
- Haut

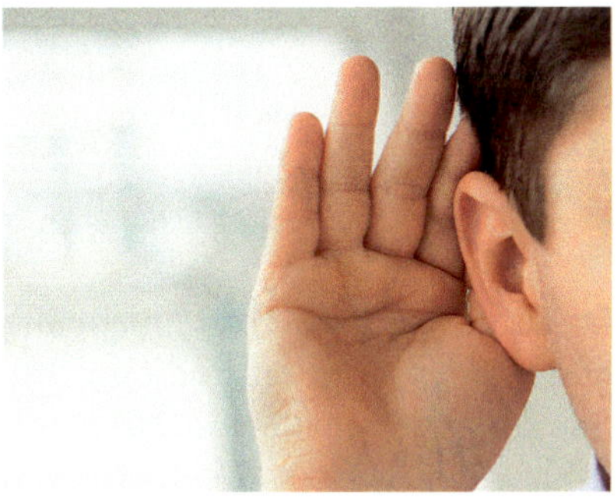

[2] Das Sinnesorgan Ohr

Diese Reize werden an das Gehirn weitergeleitet, sodass dieses den Reiz verarbeiten kann.

Nun werden aber nicht alle auf Sie wirkenden Reize verarbeitet. Nur wenn die Reizenergie groß genug ist, werden die von den Sinnesorganen empfangenen Reize so kodiert (umgewandelt), dass sie über Nervenbahnen zum Gehirn transportiert werden können.

Hierfür müssen die Reize eine gewisse Reizschwelle überschreiten, damit sie empfunden werden können.

BEISPIEL Die Reizenergie eines tropfenden Wasserhahns in hundert Metern Entfernung wird für Ihr Ohr zu gering sein. Die Reizschwelle für das Sinnesorgan Ohr wird nicht überschritten und somit auch nicht aktiviert bzw. empfunden.

Die Wahrnehmung wird also durch die verschiedenen Sinnesorgane beeinflusst.

Ein Mensch, der besonders gute Augen hat oder ein ausgezeichnetes Gehör, wird einen Reiz anders wahrnehmen als ein Mensch, der diese Fähigkeiten nicht hat. Innerhalb der physiologisch vorgegebenen Grenzen haben Menschen unterschiedliche Reizschwellen.

Außerdem spielt die Aufmerksamkeit des Menschen eine Rolle, ob der vorhandene Reiz überhaupt empfunden wird.

Wenn Sie Ihre Aufmerksamkeit dem Lesen dieses Buches widmen, wird wahrscheinlich der Reiz „Vogel am Fenster“ nicht ans Gehirn weitergeleitet und somit auch nicht empfunden.

Standardreiz

Bestimmte Reize werden als normal empfunden. Die Wahrnehmung hängt von diesem Standardreiz ab. Je größer der Standardreiz, beispielsweise der Lärm einer viel befahrenen Straße, umso größer muss die Zunahme der Reizstärke sein, damit ein Unterschied wahrgenommen wird. Umgekehrt bedarf es bei einem kleineren Standardreiz, bspw. die Ruhe in einer verkehrsberuhigten Straße, nur einer geringen Stärkenzunahme, um wahrgenommen zu werden.

BEISPIEL

Bei der Notenbesprechung bekommt Tarek, der meldefreudige Schüler, der sich in den letzten Wochen noch mehr gemeldet hat, eine Zwei mit dem Hinweis, dass er kontinuierlich gut im Unterricht mitarbeitet. Seine gleichbleibende Mitarbeit solle er jedoch noch verbessern. Die ruhigere Tischnachbarin Sarah hat sich in den letzten Wochen vereinzelt am Unterricht beteiligt. Sie bekommt eine 2– mit dem Hinweis, dass ihre Beteiligung sehr rege geworden ist.

Da aufgrund der Vielzahl nicht alle Reize in der Umwelt wahrgenommen werden können, werden in dieser Stufe Reize ausgewählt, die eine ausreichende Stärke haben und die u. a. aufgrund unserer Bedürfnisse, Erwartungen und Gefühle die Aufmerksamkeit erregen.

Ist ein Stuhl, auf dem ein Fremder gesessen hat, warm?

(...) Unser Hinterteil ist im Allgemeinen wärmer als die Zimmertemperatur, aber kälter als die Kerntemperatur des Körpers von 37 Grad Celsius. Herrschen im Zimmer 20 Grad, ist der Hosenboden etwa 30 Grad warm. Den Unterschied von 10 Grad merken wir, wenn wir uns auf einen Stuhl setzen – er fühlt sich kalt an.

Mit der Zeit gleichen sich die Temperatur von Hintern und Sitzfläche an, die Temperaturen bewegen sich aber nicht beide in Richtung der Mitte der Differenz, sondern werden beide wärmer. Steht man dann auf, kühlen beide wieder ab. Wie schnell, hat mit den Materialien von Stuhl und Kleidung zu tun. Aber auf jeden Fall wird der Stuhl nie wärmer als das Gesäß und kann sich deshalb nicht warm anfühlen, wenn man sich wieder draufsetzt.

Kommt man nun etwa in ein Restaurant und setzt sich auf einen Stuhl, auf dem kurz zuvor jemand gesessen hat, ohne dass man es wusste, dann erwartet man einen gewöhnlichen, nicht angewärmten Stuhl.

Die höhere Temperatur überrascht dann – daher das Gefühl „warm“, obwohl der Stuhl meist immer noch kälter ist als der Hintern.

Und was, wenn wir direkt mit unserem Sitznachbarn den Stuhl tauschen? Dann gibt es (bei gleicher Hinterngröße) keinen objektiven Temperaturunterschied.

Trotzdem ist bei manchen Menschen wohl die Vorstellung vom fremden Po so stark, dass sie auch hier eine rein psychologisch erklärbare „Fremdwärme“ spüren.

(www.zeit.de/2012/02/Stimmts-Fremdwaerme; Zugriff am 20.12.2013)

Versuch: Führen Sie das Experiment an einem geeigneten Ort in der Schule durch.

1. Beschreiben Sie Ihre Wahrnehmung bei dem Versuch.
2. Vergleichen Sie Ihre Wahrnehmung mit der im Text geschilderten.

Filter 1: Sinnesorgane

Sie können die Sinnesorgane als einen Filter betrachten, den der Reiz auf seinem Weg zum Gehirn passieren muss. Bevor Sie auf einen Reiz reagieren, der auf unsere Sinnesorgane trifft, durchläuft dieser Reiz aber noch weitere Filter, die in der Tabelle dargestellt sind.

In den folgenden Kapiteln werden die Stufen vorgestellt und die Tabelle somit ergänzt.

Stufe	Stufe I: Empfindung	Stufe II: Organisation	Stufe III: Interpretation und Bewertung	Reaktion
	Sinnesorgane			
Reiz	Auge Ohr Nase Zunge Haut Innenohr			

Konkurrenz zwischen Sinnesorganen

Vielleicht geht es Ihnen auch manchmal so, dass Ihnen bei einer Schiff- oder Autofahrt schlecht wird. Dies hat mit dem Konflikt zwischen zwei Wahrnehmungsinformationen zu tun. Das Gehirn hat zwei Hauptinformationsquellen über Körperbewegung: das visuelle System und das Gleichgewichtssystem im inneren Ohr. Normalerweise senden die beiden Systeme die gleichen Informationen über die Körperbewegung. Die Augen sowie das Gleichgewichtssystem erkennen, wenn der Boden gekippt ist. Wenn man sich allerdings bei Wellengang unter Deck auf einem Schiff befindet, signalisiert der Gleichgewichtssinn, dass man schaukelt. Aber die Augen können keine Bewegung feststellen, da sich der Raum mitbewegt. Diese unterschiedliche Empfindung der beiden Sinnesorgane erzeugt die Übelkeit.

[1] Seekrankheit ist eine Irritation der Sinnesorgane.

Um diese Übelkeit zu bekämpfen, muss man die Übereinstimmung zwischen den beiden Sinnesorganen wiederherstellen. Dies gelingt, indem der Horizont oder ein Objekt an Land fixiert wird. Während der Körper nun hin- und herschaukelt, können die Augen die Bewegung durch den Vergleich mit dem feststehenden Land oder Horizont registrieren. Das visuelle System signalisiert dann dem Gehirn – in Übereinstimmung mit dem Gleichgewichtssinn –, dass sich der Körper bewegt.

1.2 Stufe II: Organisieren

Das Gehirn beginnt nun, die von den Sinnesorganen aufgenommenen und kodierten (umgewandelten) Reize zu entschlüsseln. Dies geschieht, indem schon erworbenes Wissen mit dem kodierten aktuellen Reiz zusammengeführt wird. Daraus entsteht im Gehirn ein Bild des von den Sinnesorganen aufgenommenen Reizes.

Um die kodierten Reize zu entschlüsseln, benutzt das menschliche Gehirn Organisationsgesetze. Mithilfe dieser Organisationsgesetze ist das Gehirn in der Lage, den Millionen von kodierten Reizen Sinn und Gestalt zu geben. Diese Gesetze heißen Gestaltgesetze.

1.2.1 Gestaltgesetze

Gestaltgesetze sind Organisierungsprozesse bei der Objektwahrnehmung.

Der Begriff Gestalt in der Psychologie wurde von den Gestaltpsychologen geprägt. Die Gestaltpsychologen sagen, dass alles, was Sie wahrnehmen, schon eine Gestalt ist und mehr als die Summe der Einzelteile. Sie nehmen also nicht Schritt für Schritt die unzählig vielen Einzelteile eines Objektes wahr, sondern ergänzen nach wenigen Einzelteilen diese Einzelteile zu einem Gesamtbild. Beispielsweise sehen Sie bei einem schnell vorbeifahrenden Auto nur Räder und Fenster. Diese Einzelteile ergänzen Sie zu dem Gesamtbild Auto.

> Der Name Gestaltgesetze kommt aus der Gestaltpsychologie. Diese hatte ihren Ursprung in Deutschland um 1910. Die bekanntesten Vertreter waren Max Wertheimer, Wolfgang Köhler und Kurt Koffka. Der Verdienst der Gestaltpsychologen war deren Erkenntnis, dass sich das Wahrgenommene von der Summe seiner Einzelteile unterscheidet. Dies liegt daran, dass der Geist ordnende bzw. organisierende Kräfte hat. Der Geist, genau wie der Mensch, strebt danach, sich wohlzufühlen. Er versucht für sich eine gute Gestalt zu organisieren.

Dieser Ablauf der Objektwahrnehmung vollzieht sich nach bestimmten Gesetzmäßigkeiten, die nicht bewusst gesteuert werden können. Sie umfassen sechs wichtige Felder:

- Gliederung in Bereiche
- Figur und Grund
- Geschlossenheit
- Nähe
- Ähnlichkeit
- Kontinuität

[1] Sinneinheiten Strand, Meer und Sonne

Gliederung in Bereiche

Der erste Schritt der Wahrnehmungsorganisation besteht darin, festzustellen, welche der vielen Reize zusammengehören. Starke Farbunterschiede können eine Trennung bedeuten. Zum Beispiel könnte die Trennung von gelb, grün, blau und gelb Sinneinheiten ergeben, wie Strand, Meer, Himmel und Sonne.

Figur und Grund

In dem nächsten Organisationsprozess hebt sich die Figur von dem Grund ab, sodass Figur und Grund getrennt voneinander wahrgenommen werden. Die Figur nehmen Sie vor dem Grund wahr. Sie wird verstärkt wahrgenommen. Es gibt Reize, bei denen die Figur und der Grund miteinander konkurrieren. Bei solchen Reizen wird der Grund für kurze Zeit als Figur wahrgenommen und umgekehrt.

[2] Mehrdeutige Figur-Grund-Beziehung: zueinander gewandte Gesichter oder Vase?

BEISPIEL

In einer Gruppe von 20 Kindern haben die meisten dunkle Haare. Ein Mädchen mit langen blonden Haaren fällt Ihnen deshalb besonders auf und Sie schenken diesem unbewusst verstärkt ihre Aufmerksamkeit.

Geschlossenheit

Das Gehirn neigt dazu, unvollendete Figuren als vollendet wahrzunehmen. Unvollständige Figuren werden ausgefüllt.

[3] Geschlossenheit: Es werden keine Punkte, sondern eine Figur gesehen.

BEISPIEL

Die Kindergartengruppe, die Sie mitbetreuen, nehmen Sie als zusammengehörig wahr. Dadurch fallen einzelne Kinder, die fehlen, auch nicht auf. Aus diesem Grund lassen Sie bei Ausflügen die Kinder in Zweierreihen laufen. Dadurch brechen Sie die Gruppe auf und das Fehlen eines einzelnen Kindes würde sofort auffallen.

Nähe

Reize, die nahe beieinanderliegen, werden als zusammengehörig wahrgenommen.

BEISPIEL

Lea und Luisa sind Freundinnen, sitzen in der Schule immer nebeneinander und machen auch sonst immer alles gemeinsam. Da das Gehirn der Lehrerin die beiden Schülerinnen nur schwer auseinanderhalten kann, verwechselt sie auch häufiger die Namen der beiden und hat Schwierigkeiten, ihnen individuelle Noten zu geben.

Ähnlichkeit

Ähnliche Reize werden als zusammengehörig wahrgenommen im Vergleich zu anderen Reizen, deren Entfernung voneinander gleich groß ist, die aber weniger ähnlich sind.

BEISPIEL

Sarah und Paula sind keine Freundinnen, haben aber die gleiche Frisur und tragen die gleichen rosa Kleider. Sie werden als zusammengehörig wahrgenommen.

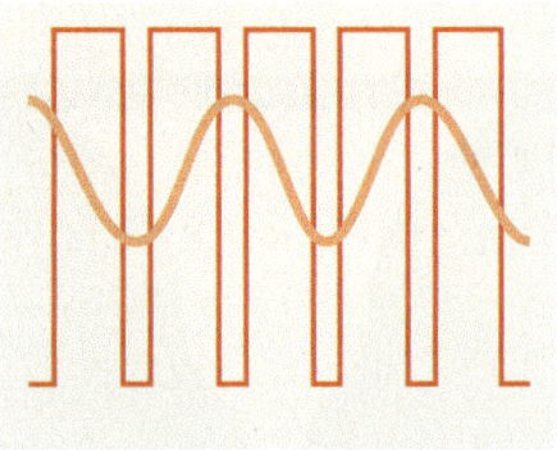

[1] Gesetz der Kontinuität: Die Kurvenlinie wird als eine, die rechteckige Linie als eine andere Figur wahrgenommen.

Kontinuität

Das Auge versucht immer einen Weg zu finden und zu verfolgen, der weiche Übergänge hat, also keine abrupten Richtungsänderungen aufweist.

Wenn ein Reiz eine Richtung hat, versucht das Gehirn, diesen Weg fortzusetzen. So folgt beispielsweise das Auge einer gekrümmten Linie, auch wenn diese durch eine Gerade gekreuzt und damit unterbrochen wird.

1.2.2 Wahrnehmungskonstanz

Der Wahrnehmungsprozess hat eine weitere besondere Fähigkeit. Obwohl sich die Reize ständig ändern und dadurch auf der Netzhaut des Auges unterschiedlich abgebildet bzw. empfunden werden, organisiert die Wahrnehmungskonstanz eine gleichbleibende Wahrnehmung. Es werden drei Wahrnehmungskonstanzen unterschieden:

Wahrnehmungskonstanze	**Helligkeitskonstanz**	**Formkonstanz**	**Größenkonstanz**
Erläuterung	Die Helligkeitskonstanz führt dazu, dass Objekte trotz unterschiedlicher Lichtverhältnisse gleich hell wahrgenommen werden	Die Formkonstanz führt dazu, dass trotz unterschiedlicher Sehwinkel und Entfernungen Formen eines Gegenstandes gleichbleibend wahrgenommen werden.	Die Größenkonstanz führt dazu, dass Objekte auch in unterschiedlichen Entfernungen gleich groß wahrgenommen werden.
Beispiel	Die Schrift in einem Buch wird bei leichtem Kerzenschein genauso dunkel wahrgenommen wie dieselbe Schrift in einem hell erleuchteten Raum.	Die Tafel und Fenster in ihrem Klassenraum werden von jedem Schüler rechteckig wahrgenommen, obwohl durch die unterschiedlichen Sehwinkel das Netzhautbild eher trapezförmig ist.	Die Genauigkeit der wahren Größe steht in Abhängigkeit von der Größe des Netzhautbildes und der Entfernung. Das Netzhautbild kann Ihr Gehirn genau bestimmen. Die Entfernung des Objekts schätzen Sie nur auf Grundlage der schon gesammelten Erfahrungen. Wird also eine falsche Entfernung angenommen, dann wäre die Objektgröße auch ungenau. Ein anderes Beispiel: Ein Klassiker zur Verdeutlichumg der Größenkonstanz ist der nach dem amerikanischen Wissenschaftler Adelbert Ames (1880–1955) benannte Ames-Raum. Die Täuschung basiert auf der Größenkonstanz, da der Raum als rechteckig wahrgenommen wird. Das Gehirn schätzt daher eine falsche Entfernung. Da die Personengröße in Abhängigkeit zum Raum berechnet wird, werden die Personengrößen falsch wahrgenommen.

Was hat das mit mir zu tun?

Am Abend verabschiedet sich ein Freund von Ihnen und fährt vor Ihrer hell erleuchteten Hauseinfahrt mit seinem schwarzen großen eckigen Auto davon. Sie können ihm auf der geraden, nicht beleuchteten Straße lange hinterherwinken. Sie werden das Auto auch nach 500 m als groß (Größenkonstanz), schwarz (Helligkeitskonstanz) und eckig (Formkonstanz) wahrnehmen.
Da Kinder noch nicht über diese Erfahrung verfügen, können sie zum Beispiel auch im Straßenverkehr keine richtige Beziehung zwischen Größe und Entfernung der Autos herstellen.

Auf youtube finden Sie einen Clip, in dem der US-amerikanische Psychologe Philip Zimbardo Ames Raum anschaulich erklärt:
www.youtube.com/watch?v=hCV2Ba5wrcs

1.2.3 Optische Täuschungen

Basierend auf den Gestaltgesetzen und Wahrnehmungskonstanzen können die meisten optischen Täuschungen erklärt werden. Auch optische Täuschungen führen dazu, dass die Wahrnehmung beeinflusst wird, da augenscheinlich Dinge anders wahrgenommen werden, als sie objektiv sind.

Hier ein paar Beispiele.

Unter dem folgenden Link finden Sie weitere Beispiele für optische Täuschungen:
www.sehtestbilder.de

[2] Optische Täuschung: Jesus

BEISPIEL

Konzentrieren Sie sich auf die vier Punkte in der Mitte des Bildes und schauen Sie 30 Sekunden auf diese Punkte. Danach schauen Sie auf eine Wand in Ihrem Klassenzimmer. Blinzeln Sie kurz! ... Erstaunt?

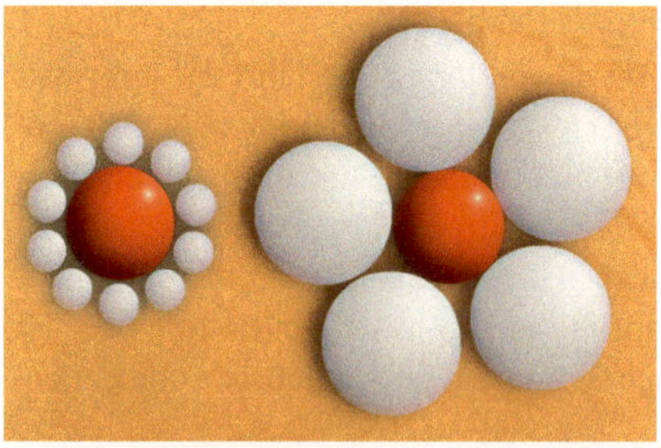

[1] Die Ebbinghaus-Täuschung: Der linke orangefarbene Ball scheint größer als der der rechte, obwohl ihre Größe identisch ist.

Ebbinghaus-Täuschung

Die Ebbinghaus-Täuschung manipuliert unsere Wahrnehmung der orangefarbenen Kreise mithilfe der Nähe zu den unterschiedlich großen blauen Kreisen. Dadurch wirken die identischen orangenen Kreise unterschiedlich groß.

Erstaunlicherweise wurde nachgewiesen, dass sich Kinder von der Ebbinghaus-Täuschung nicht irreleiten lassen. Vermutlich stellt ihr Gehirn noch nicht genügend Querbezüge zwischen einzelnen Sinnesinformationen her. Außerdem ist die Täuschung in unterschiedlichen Kulturkreisen anders ausgeprägt. In einem Experiment mit Japanern, Amerikanern und Menschen aus dem afrikanischen Volk der Himba wurde festgestellt, dass die Japaner am anfälligsten für die Täuschung sind, wohingegen die Himba sich nicht täuschen lassen. Das hängt vielleicht damit zusammen, dass im Alltag der Himba runde Objekte keine Rolle spielen. In ihrer Sprache gibt es noch nicht einmal einen Ausdruck für „Kreis".

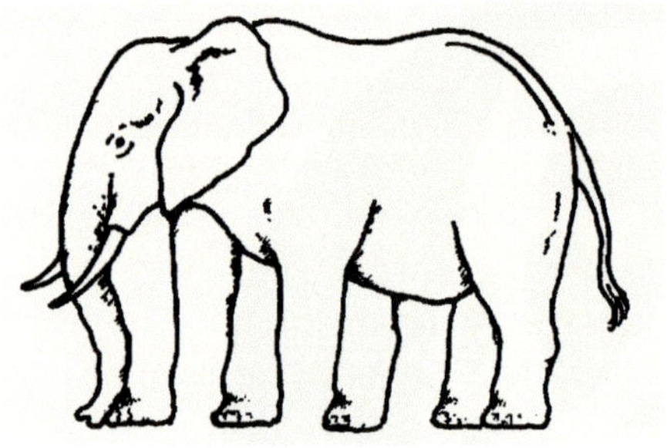

[2] Wie viele Beine sind auf diesem Bild zu sehen?

Wie viele Beine hat der Elefant?

Das Gesetz der Kontinuität kann dazu führen, dass unser Gehirn bei der Wahrnehmung des Elefanten getäuscht wird. Wenn Sie den Elefanten mit einem Blatt abdecken und mithilfe des Blattes den Elefanten langsam von oben nach unten sichtbar machen, erkennen Sie den Fehler in der Zeichnung.

Mehrfachbilder

Einige Künstler spielen mit der Abwechslung von Figur und Grund. In ihren Bildern sind verschiedene Gestalten zu erkennen. Auf den ersten Blick wird eine Gestalt sichtbar. Nach längerem Verharren auf dem Bild und einigem Blinzeln wird eine andere Gestalt sichtbar. Es sind nie beide Gestalten gleichzeitig sichtbar. Sie wechseln sich in unserer Wahrnehmung ab. Welche zwei Gestalten werden hier sichtbar?

[3] Mehrfachbild

Auf dem Blog **www.illusionen.biz/blog/** finden Sie weitere spannende optische Täuschungen.

Filter 2: Gestaltgesetze und Wahrnehmungskonstanz

Die Sinnesorgane wurden als ein Filter bezeichnet, den der Reiz passieren muss. Ein weiterer Filter sind die Organisierungsprozesse Wahrnehmungskonstanz und Gestaltgesetz.

Die Sinnesorgane haben den Reiz bzw. das Bild kodiert an das Gehirn weitergeleitet. Das Gehirn hat die kodierten Reize dann auf Grundlage der Gestaltgesetze und der Wahrnehmungskonstanz organisiert. Das wirkliche Bild des Reizes wurde also verändert.

Die Wahrnehmung wird durch die Sinnesorgane und Organisierungsprozesse im Gehirn, welche Wahrnehmungskonstanz und Gestaltgesetze genannt werden, beeinflusst.

	Empfindung	**Organisation**		**Interpretation und Bewertung**	**Reaktion**
	Sinnesorgane	Gestaltgesetze	Wahrnehmungskonstanz		
Reiz	Auge	Figur-Grund	Helligkeit		
	Ohr	Ähnlichkeit	Form		
	Nase	Gliederung	Größe		
	Zunge	Nähe			
	Haut	Geschlossenheit			
	Innenohr	Kontinuität			

1.3 Stufe III: Identifizieren und Bewerten

In den vorherigen Kapiteln wurde erläutert, dass alle Reize, die Sie wahrnehmen, irgendwie organisiert werden. Das organisierte Abbild wird nun mit schon bekannten Bildern im Gedächtnis verglichen und erhält eine Bedeutung. Dies geschieht wie bei einer Gesichtserkennungssoftware aus einem Krimi: Kreisförmige Dinge werden zu Bällen, Personen werden zu Männern und Frauen, zum Freund oder Feind usw. Wenn das Abbild des kreisrunden Dinges als Ball und die Beine und Arme als Mann wiedererkannt werden, bedeutet dies, dass die Reize identifiziert sind.

Gedächtnis | S. 202

Nun wird dieser identifizierte Reiz mit den schon gemachten Erfahrungen mit ähnlichen Reizen verglichen und auf Grundlage dieser Erfahrungen bewertet.

Bei der Bewertung fließen viele Faktoren mit ein:

- kultureller und genetischer Hintergrund
- soziale Einflüsse (Gruppe, sozialer Status)
- Aufmerksamkeit, Interessen
- Gedächtnis, Lerngeschichte, Erfahrungen, Wissen
- Erwartungen, Einstellungen
- Emotionen, Stress, Stimmungen

Gruppe | S. 300
Status | S. 316
Einstellungen | S. 348

Diese biologischen, psychologischen und soziokulturellen Einflussfaktoren sind bei jedem Menschen unterschiedlich und führen sie zu einer individuellen Beeinflussung der Bewertung im Wahrnehmungsprozess. Deshalb wird von der Wahrnehmung als Konstruktionsprozess gesprochen.

1.3.1 Wahrnehmungsfehler

Die Wahrnehmung wird innerhalb des Organisationsprozesses auf Grundlage der Gestaltgesetze organisiert und dadurch individuell verändert. Zudem können auf diesen Gestaltgesetzen basierende optische Täuschungen den Menschen in seiner Wahrnehmung irreführen. Diese im Gehirn organisierten subjektiven Bilder werden nun bewertet. Hier lauert die nächste Gefahr für eine „objektive" Wahrnehmung. Das Gehirn unterliegt bei der Bewertung von wahrgenommenen Personen auch sogenannten Wahrnehmungsfehlern, die insbesondere in der Personenwahrnehmung in sozialen Berufen zu Problemen führen können. Einige dieser Wahrnehmungsfehler werden Sie auch schon in Ihrem eigenen Alltagsleben entdeckt haben. Das Wissen über diese Fehler kann Ihnen helfen, das Zusammenleben zwischen Ihnen und z. B. Ihren Freunden und Kollegen konfliktfreier zu gestalten.

Auf Schemata beruhende Schlussfolgerungen

Die von den Sinnesorganen aufgenommenen und vom Gehirn organisierten Informationen über einen Menschen werden im Gehirn interpretiert bzw. gedeutet.

Schema
eine Formvorgabe, ein Muster, das wie eine Schablone angewendet werden kann

Das bedeutet, dass die aufgenommenen Merkmale eines Menschen mit den Schemata von Menschen verglichen werden, die im Gehirn gespeichert sind. Wenn nun genügend Merkmale des neuen Menschen denen eines bereits vorhandenen Schemas gleichen, erkennt das Gehirn den neuen Menschen als einen Beispielfall des Schemas. Nach dieser Identifikation werden häufig dem neuen Menschen die gleichen Eigenschaften zugewiesen wie dem des gespeicherten Schemas. Zudem neigt man dazu, die Merkmale des ursprünglichen neuen Menschen, die mit dem Schema nichts zu tun haben, nicht nur zu ignorieren, sondern sogar zu vergessen. So können Vorurteile entstehen.

[1] Auch die Mimik und Körperhaltung können den ersten Eindruck eines Menschen beeinflussen.

Primacy-Effekt (Erster Eindruck)

Wenn Sie einen neuen Menschen kennenlernen, werden Sie sich in den ersten Augenblicken der Wahrnehmung ein Bild von ihm machen. Dieser erste Eindruck des Menschen wird die Reaktion, aber auch die zukünftige Wahrnehmung ihm gegenüber stark beeinflussen.

Ist der erste Eindruck eher positiv, wirkt er sich auf alle späteren Wahrnehmungen günstig aus. Ist er eher schlecht, beeinflusst er alle späteren Beobachtungen negativ.

Beim ersten Eindruck orientiert sich jeder Mensch an Äußerlichkeiten, die aufgrund unserer Erfahrung mit Menschen in unser Schema „guter Mensch", „schlechter Mensch" passen.

Dies können Äußerlichkeiten wie Mimik, Gestik, Körperhaltung, aber auch Kleidungsstil und Frisur sein.

Mario lernt am ersten Praktikumstag Frau Molinaro kennen. Die alte Dame macht einen „fitten" und äußerst netten Eindruck. Nach dieser Begegnung hat Mario einen überaus positiven Eindruck von Frau Molinaro. An den nächsten Tagen sieht er sie häufiger, spricht viel mit ihr und traut ihr viel zu, da er sie als selbstständig einschätzt. Es verwundert Mario, dass andere Praktikanten mit ihr nicht klarkommen. Nach einem Gespräch mit der Stationsleitung erfährt er, dass Frau Molinaro an Demenz leidet und eines hohen Betreuungsaufwandes bedarf.
Die Situation kann auch anders verlaufen: Mario lernt am ersten Praktikumstag Frau Molinaro im Foyer des Altenheims kennen. Die alte Dame läuft aus der Einrichtung. Ein Pfleger hält sie fest. Daraufhin schlägt sie ihn. Da Mario in dem Moment an Frau Molinaro vorbeigeht, begrüßt er sie freundlich. Frau Molinaro beschimpft ihn jedoch nur. Mario versucht der Frau in Zukunft aus dem Weg zu gehen.

Voreingenommenes Schlussfolgern (Halo-Effekt)

Die Wahrnehmung orientiert sich an einer hervorstechenden Eigenschaft und leitet daraus andere Eigenschaften ab, die der Mensch aber nicht unbedingt haben muss.

Die hervorstechende Eigenschaft überstrahlt die anderen Eigenschaften. Der dunkle Hof um die Lichtquelle wird nicht gesehen bzw. falsch interpretiert. Dies ist der Halo-Effekt.

In einer Versuchsreihe der Psychologen Dion, Berscheid und Walster in den 1970er Jahren wurde ermittelt, dass unattraktiven Menschen meist schlechte Eigenschaften zugeschrieben werden. Personen, die gut aussehen, werden meist auch als intelligent, gesellig oder dominant beurteilt. Das gute Aussehen „überstrahlt" demnach andere Eigenschaften. Die anderen Eigenschaften, die sich nicht mit dem guten Aussehen vereinbaren lassen, werden „übersehen".

[2] Attraktiven Menschen werden positive Eigenschaften wie Intelligenz und Dominanz zugeschrieben.

Bestimmte Persönlichkeitsmerkmale werden also als zusammengehörig erfasst. Nehmen Sie nun eins dieser Merkmale wahr, ordnen Sie dieser Person auch die dazugehörigen Eigenschaften zu. Nehmen wir einen Menschen als intelligent wahr, halten wir ihn ebenfalls für ehrgeizig, fantasievoll, gewissenhaft, zuverlässig usw. Diesen Wahrnehmungsfehler bezeichnet man auch als logischen Fehler.

Personen, die beurteilen müssen, unterläuft dieser Fehler häufig. Es wird von einer erlebten Situation auf das Gesamtverhalten geschlossen. So wird z. B. eine Pünktlichkeit liebende Praxisanleiterin pünktliche Praktikanten auch bei anderen Aufgaben als zuverlässig beschreiben.

Milde-Strenge-Effekt

Die Menschen, von denen man einen positiven Eindruck hat, werden auch milder bzw. besser beurteilt. Bei den Menschen, die negativer wahrgenommen werden, fällt das Urteil strenger aus. Diese Auswirkung auf das Verhalten Menschen gegenüber wird auch Milde- bzw. Strenge-Effekt genannt.

Rosenthal-Effekt

Der Rosenthal-Effekt wird auch selbsterfüllende Prophezeiung oder Pygmalion-Effekt genannt.

Die Bewertung im Wahrnehmungsprozess wird von Überzeugungen und Erwartungen geprägt. Haben Sie eine bestimmte Erwartung, beispielsweise dass Ihre neuen Klassenkameraden sehr nett sein werden, so kann diese Erwartung die Wahrnehmung dahingehend beeinflussen und Sie nehmen die Klassenkameraden tatsächlich als freundlich, offen und sympathisch wahr.

Die Erwartung einer Person bezüglich der Leistung einer anderen Person bewirkt besonders häufig in Erziehungssituationen das Erwartete. Wenn Ihnen ein Kind in der Praktikumsstelle durch die Praktikumsanleiterin als besonders begabt vorgestellt wird, werden Sie häufig Situationen beobachten, in denen das Kind besondere Kenntnisse zeigt. Die Situationen, in denen dies nicht der Fall ist, werden Sie ausblenden. Die durch die Praxisanleiterin prognostizierte Begabung wird Ihnen auffallen, auch wenn dies objektiv nicht der Fall ist.

Dieser Wahrnehmungsfehler wird besonders an einem Experiment deutlich, das die Psychologen Rosenthal (deshalb auch Rosenthal-Effekt) und Jacobsen schon 1969 durchgeführt haben:

Pygmalion im Unterricht

Die Forscher teilten Grundschullehrern in Boston mit, ihre Tests hätten ergeben, dass sich unter den Schülern einige Hochbegabte befinden. Sie wurden glauben gemacht, dass diese herausragenden Schüler vor Intelligenz nur so sprühten und dass von ihnen außerordentliche Fortschritte im nächsten Schuljahr zu erwarten seien. Tatsächlich aber gab es keine objektive Grundlage für diese Vorhersage, denn die plötzlichen Genies waren nach dem Zufallsprinzip ausgewählt worden! Nichtsdestotrotz hatten am Ende des Schuljahres 30 % der Kinder, die willkürlich als hochbegabt bezeichnet worden waren, in Intelligenztests einen durchschnittlichen Zuwachs von 22 IQ-Punkten zu verzeichnen. Fast alle hatten sich um mindestens 10 IQ-Punkte verbessert. Ihr Zugewinn an intellektueller Leistungsfähigkeit, die mit einem standardisierten Intelligenztest erhoben worden war, war signifikant größer als der ihrer nicht ausgewählten Klassenkameraden, die die Kontrollgruppe bildeten …

intellektuelle Leistungsfähigkeit | S. 139

Wie konnten sich die falschen Erwartungen der Lehrer in einer derart positiven Leistung der Schüler niederschlagen?
Rosenthal (1974) weist auf mindestens 4 Prozesse hin, die durch die Lehrererwartungen aktiviert wurden (...): Erstens verhielten sich die Lehrer den „späten Genies" gegenüber freundlicher und herzlicher und schufen dabei ein Klima, das durch soziale Anerkennung und Akzeptanz geprägt war. Zweitens stellten sie an die Kinder, in die sie ganz besonders große Hoffnungen legten, höhere Anforderungen, sowohl was die Qualität als auch was den Schwierigkeitsgrad der Lerninhalte betraf.
Drittens gaben sie unmittelbarere und klarere Rückmeldungen über die Leistungen der ausgewählten Schüler, sowohl in Form von Lob als auch von Tadel.
Schließlich gaben die Lehrer den „hochbegabten" Schülern im Unterricht vermehrt Gelegenheit, ihre Leistungen zu präsentieren und dafür verstärkt zu werden. So hatten diese Schüler auch einen Beweis dafür, dass sie gut waren.

(Gerrig, Richard J./Zimbardo, Philip G. (2008): Psychologie. Pearson, München, S. 430–431)

1. Geben Sie die Aussage des Textes strukturiert wieder.
2. Analysieren Sie den Text mit Ihrem Wissen zu den Wahrnehmungsfehlern.
3. Erarbeiten Sie Ideen, wie die Auswirkungen dieses Wahrnehmungsfehlers verringert werden können.

Stereotypen-Effekt

Da Sie gar nicht in der Lage sind, auf alle Merkmale zu achten, die einen Menschen kennzeichnen, treffen Sie eine Auswahl, die Ihnen durch den sozialen Rahmen vorgegeben wird. Dieser soziale Rahmen wird durch sogenannte Stereotype bzw. Vorurteile gebildet. Stereotype sind Vorurteile, die häufig bestimmte Eigenschaften betreffen, die bestimmten Gruppen und Menschen in bestimmten Rollen zugesprochen werden.

Vorurteile | S. 95

Stereotype bzw. Vorurteile bieten ein Vorwissen, das über das Beobachtete hinausgeht. Dadurch werden einem anderen Menschen Merkmale zugewiesen, die dieser keineswegs besitzen muss, die aber im Einklang mit dem jeweiligen Stereotyp des Wahrnehmenden stehen und stark von Äußerlichkeiten bestimmt sind.

Menschen werden immer entsprechend dem sozialen Zusammenhang, also z. B. der Zugehörigkeit zu einer bestimmten Schicht, Partei, Konfession, einem bestimmten Verein oder Club, in dem sie stehen, wahrgenommen.

Ein negativer Aspekt des Stereotypen-Effekts ist, dass Stereotype häufig auf Vorurteile hinauslaufen, die eine ungenaue Wahrnehmung und diskriminierendes Verhalten fördern. Existieren jedoch keine Informationen über einen Menschen, können Stereotype helfen, mit fremden Menschen in Kontakt zu treten und sie richtig einzuordnen. Zum Beispiel existieren festgefügte Vorstellungen von Eigenschaften, die beispielsweise Lehrer oder Polizisten haben. Überrascht sind Menschen dann, wenn sich herausstellt, dass der Betreffende kein typischer Vertreter seiner sozialen Rolle ist.

Gefühlte Wahrheiten

Einmal im Jahr veröffentlicht das britische Marktforschungsinstitut Ipsos Mori eine Übersicht namens *Tücken der Wahrnehmung*. Die Forscher vergleichen darin Bevölkerungsstatistiken mit Bevölkerungsglauben. Was glauben die Deutschen, wie viele Migranten in ihrem Land leben, und wie viele sind es tatsächlich? Fast bei allen diesen Gegenüberstellungen tut sich eine große Lücke auf. Der Migrantenanteil in Deutschland (in der Umfrage definiert als Anteil der „nicht in diesem Land Geborenen") liegt bei 12 Prozent, die Deutschen schätzten ihn aber auf 26 Prozent.

(...) Wer glaubt, dass jeder Vierte im eigenen Land Ausländer ist, sorgt sich wahrscheinlich eher und um die heimische Kultur als derjenige, der weiß, dass nur jeder Achte hierzulande Ausländer ist. *Risiken der Wahrnehmung* haben die Forscher ihre Umfrage betitelt. Aus falscher Wahrnehmung kann echte Politik werden.

(...) Was Einzelnen wichtig ist, muss nicht damit übereinstimmen, was Tabellen sagen. (...) Reine Zahlen prägen sich nicht ein, sondern Erfahrungen.

(...) Was hat das mit Politik zu tun? Das kann man wunderbar an einer Tabelle sehen, die der Europa-Direktor der Hilfsorganisation *Human Rights Watch* twitterte und die im US-Wahlkampf weite Verbreitung fand. Die Tabelle verglich verschiedene Todesursachen in den USA nach jährlicher Häufigkeit: zwei Tote pro Jahr durch eingewanderte, islamistische Terroristen. 21 Tote durch bewaffnete Kleinkinder, 31 durch Blitzeinschläge. 737 Amerikaner sterben jährlich, weil sie aus dem Bett fallen. Und 11.737 werden von anderen Amerikanern erschossen. (...)

Beim Thema Muslime liegen die Menschen besonders weit daneben

Anders ist es mit islamistischem Terrorismus. Der ist zwar statistisch kaum relevant, kommt aber von außen. Er passt zur chronischen Skepsis, mit der Menschen Fremdem begegnen, und die oft in Fremdenangst umschlägt. (...) Das Ergebnis ist, dass trotz der Statistik viele Menschen islamistischen Terror als große Bedrohung wahrnehmen.

Überall dort, wo sich eine besonders große Lücke zwischen Statistik und Wahrnehmung auftut, bietet sich dem Populismus ein Einfallstor. Denn je stärker die Wahrnehmung eines Themas durch Gefühle und nicht durch Zahlen und Argumente bestimmt wird, desto leichter haben es Politiker, die sowieso nicht argumentieren wollen. Und alle anderen dringen dann mit ihrer Rationalität kaum noch durch.

Vielleicht ist das politisch aufschlussreichste an den Statistiken von Ipsos Mori deshalb nicht, dass menschliche Wahrnehmung überhaupt von Statistik abweicht, sondern bei welchen Themen sie in welche Richtung abweicht. (...) Bei fast keinem Thema überschätzen Menschen die Zahlen so stark wie bei der Zahl der Muslime in ihrem Land. In den USA lag die Schätzung 2014 bei 15 Prozent, tatsächlich ist es nur ein Prozent. Die Franzosen schätzten den Anteil auf 31 Prozent obwohl es nur acht sind. In Deutschland liegen Realität (sechs Prozent) und Wahrnehmung (19 Prozent) ebenfalls weit auseinander. (...)

Quelle: Lenz Jacobsen, (www.zeit.de/politik/deutschland/2016-11/populismus-migration-ungleichheit-5vor8/komplettansicht, 17. November 2016, gekürzt)

Aufgabe: Analysieren Sie den Text mit Hilfe der Ihnen bekannten Wahrnehmungsfehler und den biologischen, psychologischen und soziokulturellen Einflussfaktoren.

Projektionsfehler

Der Projektionsfehler besagt, dass Eigenschaften oder Verhalten auf andere projiziert bzw. übertragen werden. Der Mensch nimmt also Eigenschaften, die er selbst hat, bei anderen Personen verstärkt wahr. Er bewertet diese Eigenschaften oder das Verhalten auch so, wie er sie/es persönlich empfindet.

Die Projektion bewirkt, dass der betreffende Mensch einen eigenen Wunsch, ein eigenes Problem einer anderen Person zuschreibt. Dies geschieht meistens, ohne es zu merken.

Zusammengefasst kann Projektion so verstanden werden: Eigene Eigenschaften, Wünsche, Probleme, Fehler, Bedürfnisse, Erwartungen und Enttäuschungen, welche man oft nicht wahrhaben möchte oder kann, werden auf andere Person übertragen und dort wahrgenommen, ohne dass die Person diese Probleme oder Wünsche wirklich haben muss. Beispielsweise nimmt eine Frau, die gerade erfahren hat, dass sie schwanger ist, in ihrer Umgebung mehr Menschen mit Kinderwagen wahr als sonst. Sie geht davon aus, dass momentan viele Frauen Kinder kriegen, obwohl das nicht unbedingt der Fall ist.

Filter 3: Wahrnehmungsfehler und genetische, soziale, individuelle Faktoren

	Empfindung	Organisation		Interpretation und Bewertung		Reaktion
	Sinnesorgane	Gestaltgesetze	Wahrnehmungskonstanz	Biologische, psychologische und soziokulturelle Einflüsse	Wahrnehmungsfehler	
Reiz	Auge Ohr Nase Zunge Haut Innenohr	Figur-Grund Ähnlichkeit Gliederung Nähe Geschlossenheit Kontinuität	Helligkeit Form Größe	kultureller und genetischer Hintergrund soziale Einflüsse (Gruppe, sozialer Status) Aufmerksamkeit, Interessen Gedächtnis, Lerngeschichte, Erfahrungen, Wissen Erwartungen, Einstellungen Emotionen, Stress, Stimmungen	Primacy-Effekt Rosenthal-Effekt Halo-Effekt Stereotype-Fehler Ähnlichkeits-/Kontrastfehler Projektionsfehler Milde-Strenge-Fehler	weglaufen küssen ohrfeigen hinschauen ...

1.3.2 Fazit: Wahrnehmung ist subjektiv!

Wahrnehmung kann nicht objektiv sein. Der Reiz, den wir aufnehmen, muss viele verschiedene Filter durchlaufen, die bei jedem Menschen unterschiedlich sind. Dadurch ist die Handlung, die ein und derselbe Reiz auslöst, auch bei jedem Menschen verschieden. Wahrnehmung ist subjektiv und individuell.

In der Wissenschaft hat sich als eine Form der Erkenntnistheorie der Konstruktivismus etabliert. Er besagt, dass alle Wahrnehmungs- und Denkprozesse auf individuellen Konstruktionen basieren. Die wahrgenommene Außenwelt ist demnach eine Konstruktion des Gehirns. Andere Menschen nehmen die Außenwelt anders wahr, sodass der Mensch letztlich nur weiß, wie seine eigene Wirklichkeit ist.

Konstruktivismus | S. 209, 240

2 Beobachtung in pädagogischen Handlungsfeldern

Im vorigen Kapitel wurde deutlich, dass Wahrnehmung durch bestimmte Prozesse stark beeinflusst und verfälscht wird. Sie ist ein Konstrukt unseres Gehirns.

Bei der professionellen Arbeit in sozialen Einrichtungen mit Kindern oder Jugendlichen, Menschen mit Krankheit oder Behinderung oder alten Menschen ist es notwendig, sich auf die Richtigkeit seiner Wahrnehmung zu verlassen. Deshalb muss Menschen, die in sozialen Berufen arbeiten, zum einen die Subjektivität der Wahrnehmung bewusst sein und zum anderen die Möglichkeiten gegeben werden, ihre Wahrnehmung zu objektivieren. Nur dann kann daraus ein adäquates pädagogisches Handeln abgeleitet werden. Dafür gibt es die Methode der Beobachtung, die die Fehler der Wahrnehmung reduziert.

Eine professionelle Beobachtung ist die Voraussetzung für ein zielgerichtetes pädagogisches und pflegerisches Handeln.

Der Prozess der Beobachtung

Die Beobachtung ist wie die Wahrnehmung kein einzelnes Ereignis, sondern muss als ein Prozess verstanden werden.

Vor dem Prozess der Beobachtung steht der Wahrnehmungsprozess mit seiner Subjektivität. Auf Grundlage dieser Wahrnehmung setzt der gezielte und geplante Prozess der Beobachtung ein.

Der Prozess kann dargestellt werden als:
- Beobachtung,
- Beschreibung,
- Deutung,
- Bewertung,
- Dokumentation.

Der Beobachtungsprozess folgt dem Wahrnehmungsprozess. Für eine erfolgreiche und fehlerfreie Durchführung sollten die Merkmale der Beobachtung bekannt sein.

Die Beobachtung ist im Gegensatz zur Wahrnehmung
- geplant und zielgerichtet; Es werden folgende Fragen beantwortet:
  - Wer oder was wird beobachtet? Wo? Wie? Wann? Warum?
  - Was ist das Ziel: Soll z. B. der Entwicklungsstand des Menschen bestimmt oder sollen seine Bedürfnisse beobachtet werden?
- selektiv, d. h., sie ist auf einzelne Verhaltensweisen beschränkt.
  - Da der Beobachtende mit einer Vielzahl von Eindrücken konfrontiert wird, ist es kaum möglich, mehrere verschiedene Verhaltensweisen systematisch zu beobachten.

Dokumentation | S. 126, 544

Hierfür können unterschiedliche Möglichkeiten der Dokumentation genutzt werden.

2.1 Beobachtungsmethoden

Der Beobachter muss die verschiedenen Beobachtungsmethoden kennen und die für das Ziel seines Beobachtungsprozesses sinnvollste Methode nutzen.

Systematische und unsystematische Beobachtung

Unterschieden wird zwischen unsystematischer und systematischer Beobachtung. Die unsystematische Beobachtung ist die Alltagsbeobachtung, aus der ein erster Eindruck einer Situation oder eines Verhaltens gewonnen werden kann. Diese Beobachtungsform unterliegt den gleichen Wahrnehmungsfehlern wie die Wahrnehmung. Sie ist also sehr subjektiv.

BEISPIEL

Die Praktikantin Kim arbeitet seit drei Wochen in der Kindertagesstätte Sonnenschein. Sie nimmt einen Großteil der 20-köpfigen Gruppe wahr. Nach einiger Zeit ist ihr aufgefallen, das der fünfjährige Max in der Ankommenssituation von seiner Mutter immer wieder verlangt, ihm die Schuhe aus- und anzuziehen. Die Unselbstständigkeit des Jungen beschäftigt die Praktikantin. Aus der unsystematischen Beobachtung heraus hat sich ein erster Eindruck ergeben: Max ist unselbstständig.

Ableitung eines Förderbedarfs

Aus diesem ersten Eindruck kann eine konkrete Fragestellung oder ein Beobachtungsanlass entstehen. Dies führt dann zu einer systematischen Beobachtung, aus der wiederum ein Förderbedarf abzuleiten ist.

BEISPIEL

Kim geht mit der gewonnenen Einschätzung von Max zu der Erzieherin in der Gruppe und teilt ihr den ersten Eindruck mit. Die Erzieherin ermutigt Kim, eine systematische Beobachtung unter der Fragestellung der Selbstständigkeit von Max durchzuführen. Kim plant daraufhin eine Beobachtung. Sie überlegt sich, wann und in welchen Situationen sie Max beobachten möchte. Sie entscheidet sich für die Ankommenssituation und das Freispiel.

Innerhalb der systematischen Beobachtung kann zwischen Selbst- und Fremdbeobachtung unterschieden werden.

Fremdbeobachtung

Bei der Fremdbeobachtung gibt es verschiedene Formen, die alle ihre Vor- und Nachteile haben.

Formen der Beobachtung	Beispiel	Vor-/Nachteile
teilnehmend offen	Kim setzt sich in der Ankommenssituation von Max mit auf die Bank und sagt Max und der Mutter, dass sie die beiden in der Ankommenssituation beobachten möchte.	Vorteil: Max und die Mutter sind informiert, warum Max besonders beobachtet wird. Aus Transparenzgründen ist dies positiv. Nachteil: Max könnte wegen der Beobachtungssituation ein anderes Verhalten als gewohnt zeigen. Die Dokumentation kann erst nach der Beobachtung erfolgen.
teilnehmend verdeckt	Kim spielt im Freispiel mit Max und beobachtet ihn dabei. Max wird nicht informiert, dass er beobachtet wird.	Vorteil: Die Beobachterin ist sehr nah an der Situation. Zudem hat sie die Möglichkeit, Situationen zu schaffen, die das zu beobachtende Verhalten provozieren. Nachteil: Da andere Kinder auch Aufmerksamkeit fordern und die Beobachterin mitspielt, kann sie abgelenkt werden. Außerdem kann die Situation von der Beobachterin gesteuert werden und beeinflusst somit das Verhalten des Kindes.
nichtteilnehmend offen	Kim steht morgens im Ankommensbereich und beobachtet dort Max und seine Mutter.	Vorteil: wenig Ablenkung für den Beobachter Nachteil: Verhalten des Kindes kann beeinflusst werden
nichtteilnehmend verdeckt	Durch eine Scheibe, die nur von einer Seite durchsichtig ist, beobachtet Kim Max und seine Mutter.	Vorteil: Das Verhalten des Kindes wird nicht beeinflusst, da es nicht weiß, dass es beobachtet wird. Das Kind zeigt sein natürliches Verhalten. Nachteil: Nur wenige Einrichtungen haben die nötige Ausstattung.

Die Beobachtungsformen müssen der Situation angepasst werden. Eine nichtteilnehmende Beobachtungsform bietet jedoch im Bereich des Sozialen die meisten Vorteile, da sich der Beobachter ganz auf die Situation konzentrieren kann und das Verhalten des Kindes im Idealfall nur wenig beeinflusst wird. Sie sollte die überwiegende Form sein.

Selbstbeobachtung

Die Selbstbeobachtung ist ganz besonders wichtig, wenn mit Menschen gearbeitet wird. Das eigene Verhalten und dessen Wirkungsweise werden reflektiert und können evtl. verändert werden. Durch Selbstbeobachtung können Erziehende ihre pädagogische Arbeit verbessern und ebenfalls ihre Persönlichkeit kennenlernen und gegebenenfalls optimieren.

BEISPIEL

Donnerstag Vormittag hat Kim Schwierigkeiten, Kontakt zu den Kindern zu bekommen. Die Erzieherin der Gruppe sagt, dass Kim dann häufig schlecht gelaunt ist. Dies nimmt Kim zum Anlass einer Selbstbeobachtung und merkt, dass sie donnerstags immer besonders müde ist, da sie mittwochs mit ihren Freundinnen ihren Kinoabend hat.

2.2 Beschreibung

[1] Beobachtungen werden versprachlicht.

Um die Beobachtungen nutzen zu können, müssen sie in Form einer Beschreibung versprachlicht werden.

Bereits am Anfang des Prozesses kann das wahrgenommene Verhalten des Kindes, Klienten, Bewohners oder Mitarbeiters so beschrieben werden, dass daraus ein Bogen erstellt werden kann. Dieser Beobachtungsbogen dient dann als Vorbereitung und Grundlage. Er bietet Kriterien, sodass sich die Beobachtung auf die wesentlichen Verhaltensweisen reduziert. Negativ können sich hier Wahrnehmungsfehler auswirken. Zum Beispiel kann der Beobachter durch den ersten Eindruck getäuscht worden sein und übernimmt diese fehlerhafte Wahrnehmung in die Beschreibung der Verhaltensweisen des zu Beobachtenden. Diese subjektiv gefärbten Beschreibungen können zum einen zu Vorverurteilungen führen. Zum anderen kann jemand, der diese Beschreibungen liest, sie anders verstehen und daraus ein anderes Resultat ableiten.

Damit es nicht zu solchen Fehlern kommt, ist es entscheidend, dass die Beschreibung der Verhaltensweisen in sachlichen Worten erfolgt und die zu beobachtende Verhaltensweise möglichst konkret erfasst wird. Die Beschreibung sollte so eindeutig sein, dass kein Interpretationsspielraum bleibt.

BEISPIEL

In einer Fachoberschule für Sozialwesen halten David, Nick und Lea ein Referat zum Thema Wahrnehmung. Im Anschluss äußern sich die Mitschüler in der Feedbackrunde. Ina: „Das war super!“ Lynn: „Ich konnte dem Vortrag gut folgen, da die wichtigsten Inhalte als Stichwörter auf dem Plakat sind und Nick zudem bei dem Vortrag von Lea auf dem Plakat die gerade erklärten Inhalte gezeigt hat. Allerdings hatte ich wegen der Schriftgröße Schwierigkeiten, auf dem Plakat die letzten Inhalte zu lesen.“

Ina und Lynn finden beide das Referat gut. Die Aussage von Ina bietet aber einen großen Interpretationsspielraum. Lynns Rückmeldung hingegen ist in sachlichen Worten beschrieben, sodass jeder es gleich versteht. Durch diese Beschreibung der Beobachtung ist keine Interpretation möglich und die drei Referenten können gezielt an den Anmerkungen zur Verbesserung ihrer Referate arbeiten.

2.3 Deutung

Die gesammelten Daten aus der Beobachtung und der Beschreibung der Verhaltensweisen sollten wertfrei sein. Damit sie für ein pädagogisches Handeln genutzt werden können, müssen sie gedeutet werden. In der Deutung versucht der Beobachter, die Motive für die Verhaltensweisen des zu Beobachtenden zu erkennen. Es wird also versucht, Gründe zu finden, warum dieses Verhalten gezeigt wird. Dieser Vorgang ist sehr subjektiv, da verschiedene Menschen die gleichen Verhaltensweisen unterschiedlich interpretieren. Daher ist es notwendig, über die Verhaltensbeschreibungen und deren Deutungen mit mehreren Menschen, die an der Situation beteiligt sind, zu kommunizieren und diskutieren. Dies können neben pädagogischen Fachkräften auch Angehörige, Freunde, aber auch die Betroffenen selbst sein. Die Deutung sollte immer auf der Grundlage von Fachwissen erfolgen.

Interpretation | S. 33

2.4 Bewertung

Im Anschluss an die Deutung wird das Verhalten bewertet, um daraus einen pädagogischen Handlungsbedarf abzuleiten. Die Bewertung orientiert sich an den zuvor festgelegten Zielen des Beobachtungsprozesses. Dazu gehören Fragen wie z. B.:

- Welche Rückschlüsse können aus den Informationen gezogen werden?
- Welche Fragen treten auf?
- Welche Konsequenzen ergeben sich?
- Was sollte verändert werden?
- Welche Anregungen gibt es?

Wenn die Deutung des Verhaltens so bewertet wird, dass es nicht veränderungsbedürftig ist, resultiert daraus keine Handlung. Wenn die Deutung des Verhaltens so bewertet wird, dass es veränderungsbedürftig ist, resultiert daraus eine Handlung.

2.5 Dokumentation

In jeder der einzelnen Phasen des Beobachtungsprozesses ist es notwendig, das Beobachtete, Beschriebene, Gedeutete und Bewertete zu dokumentieren (festzuhalten). Außerdem können die Dokumentationen anderen am pädagogischen Prozess Beteiligten zugänglich gemacht werden, um den Beobachtungsprozess zu objektivieren oder einfach nur zu belegen. Die aus dem Beobachtungsprozess abgeleitete pädagogische Handlung wird dokumentiert, damit eventuelle Verhaltensänderungen in Bezug auf das pädagogische Handeln gesetzt werden können.

Dokumentation | S. 544

Je nachdem, welche Intention oder Zielsetzung mit der Beobachtung verbunden ist, werden unterschiedliche Beobachtungsverfahren eingesetzt. Bei der Beobachtung von Kindern z. B. lassen sich folgende Perspektiven einnehmen:

- Beobachtung der kindzentrierten Entwicklungs- und Bildungsprozesse
- Beobachtungen als Kontrolle der Lernfortschritte von Kindern anhand der Norm altersgemäßer Entwicklung
- Beobachtungsverfahren zum frühzeitigen Erkennen von Entwicklungsstörungen

Hierfür gibt es unterschiedliche Beobachtungsinstrumente in verschiedenen pädagogischen Handlungsfeldern. Verbreitet sind standardisierte und offene Beobachtungsverfahren, die hier kurz anhand der Einsatzmöglichkeit beispielhaft skizziert werden.

- Standardisierte Beobachtungsverfahren: Entwicklungsfortschritte werden in Tabellenform dokumentiert. Anhand von Erfahrungswerten kann dann eingeschätzt werden, ob das Kind dem normalen |Entwicklungsstand entspricht. Vorteile: schnelles Dokumentieren und konkrete Ergebnisse mit möglicher Deutung.
- Offene Dokumentationsmethoden: die Beobachtung der kindzentrierten Entwicklungs- und Bildungsprozesse, z. B. |Portfolio oder Lerngeschichten. Vorteil: Bedürfnisse, Heterogenität und Stärkung individueller Potenziale des Kindes stehen im Fokus (ressourcenorientierter Ansatz).

Entwicklung | S. 135

Portfolio | S. 544

Das Bildungsinterview 1 - Das Kind in seiner Welt **Alter:** **Datum:**

Diese Sprache (Sprachen) sprechen wir in meiner Familie:

In welcher Sprache spricht wer mit mir?

In welcher Sprache spreche ich mit wem?

Diese Sprache spreche ich am liebsten:

Meine Lieblingswörter sind:
(eventuell auch für andere Sprachen)

Ich kenne schon Worte aus anderen Sprachen, und zwar:

[1] Seite aus dem Sprachlerntagebuch

Die Beobachtung der kindzentrierten Entwicklungs- und Bildungsprozesse

In den letzten Jahren wurden viele |Beobachtungsverfahren, entwickelt, die dazu beitragen, die individuellen Interessen und Bedürfnisse sowie die persönlichen Lern- und Bildungswege von Kindern und Jugendlichen zu verstehen und zu erfassen. Sie haben verschiedene Bezeichnungen und sind unterschiedlich verbreitet. Exemplarisch soll im Folgenden das offene Verfahren der Bildungs- und Lerngeschichten näher betrachtet werden.

Beobachtung im pädagogischen Alltag | S. 544

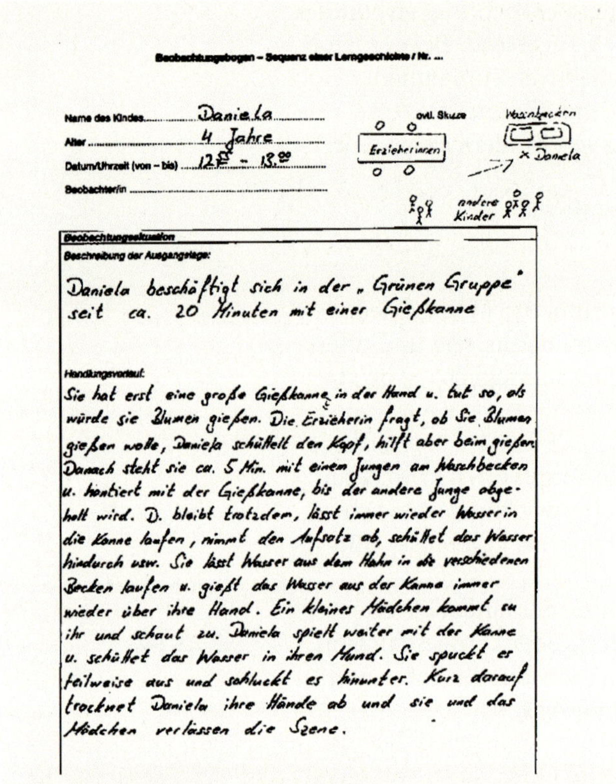

Beobachtungsbogen – Sequenz einer Lerngeschichte / Nr. ...

Name des Kindes .... Daniela ....
Alter .... 4 Jahre ....
Datum/Uhrzeit (von – bis) .... 12^00 – 13.^00 ....
Beobachter/in ....

evtl. Skizze

Beobachtungssituation

Beschreibung der Ausgangslage:

Daniela beschäftigt sich in der „Grünen Gruppe" seit ca. 20 Minuten mit einer Gießkanne

Handlungsverlauf:

Sie hat erst eine große Gießkanne in der Hand u. tut so, als würde sie Blumen gießen. Die Erzieherin fragt, ob Sie Blumen gießen wolle, Daniela schüttelt den Kopf, hilft aber beim gießen. Danach steht sie ca. 5 Min. mit einem Jungen am Waschbecken u. hantiert mit der Gießkanne, bis der andere Junge abgeholt wird. D. bleibt trotzdem, lässt immer wieder Wasser in die Kanne laufen, nimmt den Aufsatz ab, schüttet das Wasser hindurch usw. Sie lässt Wasser aus dem Hahn in die verschiedenen Becken laufen u. gießt das Wasser aus der Kanne immer wieder über ihre Hand. Ein kleines Mädchen kommt zu ihr und schaut zu. Daniela spielt weiter mit der Kanne u. schüttet das Wasser in ihren Mund. Sie spuckt es teilweise aus und schluckt es hinunter. Kurz darauf trocknet Daniela ihre Hände ab und sie und das Mädchen verlassen die Szene.

[1] Beispielhafte Lerngeschichte

Bildungs- und Lerngeschichten

Die Bildungs- und Lerngeschichten wurden von Margaret Carr in Neuseeland entwickelt und von Rudolf Leu am Deutschen Jugendinstitut (DJI) erarbeitet. Das Beobachtungsverfahren ist für Kinder aller Altersgruppen und in allen Situationen geeignet. Die Bildungs- und Lerngeschichten werden in den Kindertagesstätten und auch in der Kindertagespflege häufig angewendet, da das Instrument sehr praktikabel ist.

Als grundlegende Voraussetzung für das kindliche Lernen wird von fünf **Lerndispositionen** (Lernvoraussetzungen) ausgegangen, die auch als Lernstrategien des Kindes gesehen werden können.

Die Lerndispositionen im Einzelnen:

1. interessiert sein, sich Dingen und Personen aufmerksam zuwenden
2. engagiert sein, sich vertieft mit etwas beschäftigen
3. standhalten bei Herausforderungen und Schwierigkeiten und eine Tätigkeit weiter fortsetzen
4. sich mit anderen austauschen, Gefühle und Ideen mitteilen
5. an einer Lerngemeinschaft mitwirken und Verantwortung übernehmen

Damit die Lerndispositionen verwirklicht werden können, benötigt das Kind ein solides Fundament. In den Bildungs- und Lerngeschichten wird dazu zur Veranschaulichung die Metapher „Eisberge" genutzt. Unter Wasser bilden die internen Voraussetzungen Zugehörigkeit, Wohlbefinden, Exploration, Kommunikation und Partizipation das Fundament für die Lerndispositionen. Oberhalb des Wassers kommen die Lerndispositionen sichtbar durch die Aktivitäten der Kinder zum Ausdruck.

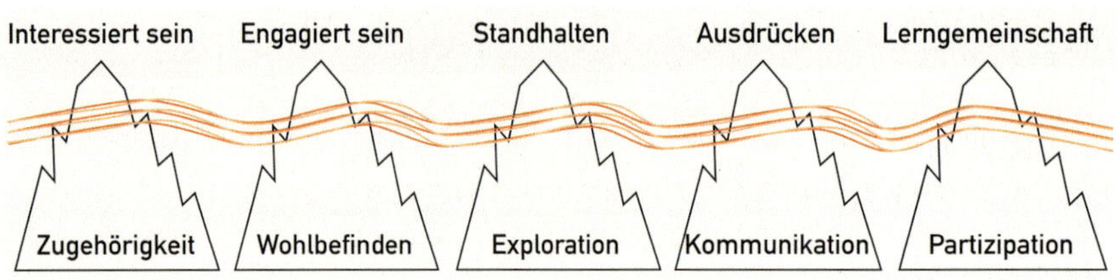

[2] Eisberg-Modell (modifiziert nach Leu u. a.)

Bei den Beobachtungen von Alltagssituationen lenkt die Erzieherin ihren Blick darauf, welche Lerndisposition bei den Aktivitäten des Kindes zum Ausdruck kommt. Das Beobachtungsverfahren ist explizit darauf ausgelegt, mit dem Team, mit dem Kind und mit den Eltern über die Beobachtungen in den Austausch zu gehen. Für den Austausch mit dem Kind werden sogenannte Lerngeschichten in Briefform geschrieben.

Vom Austausch ausgehend plant die Erzieherin für ihre pädagogische Arbeit, für die wirkungsvolle Unterstützung der Lernaktivitäten und für die Gestaltung der Lernumgebung die nächsten Schritte.

2.6 Die Vermeidung von Fehlern in der Beobachtung

Beobachtung ist immer subjektiv. Dennoch soll der zu beobachtende Mensch möglichst umfassend, unvoreingenommen und wertfrei wahrgenommen werden. Das ist nicht einfach. Um ein gutes Resultat aus dem Prozess zu gewährleisten, sollten die folgenden Aspekte beachtet werden:
- Kenntnis über Wahrnehmungsfehler
- Operationalisierung (wahrnehmbare Beschreibung) des zu beobachtenden Verhaltens
- Reframing (Umdeutung)

Wenn hier von Fehlern in der Beobachtung gesprochen wird, ist dies nicht mit Wahrnehmungsfehlern gleichzusetzen. In der Fachliteratur werden Sie den Begriff Wahrnehmungsfehler, aber nicht Beobachtungsfehler finden. Die Beobachtung ist eine Methode, um z. B. Wahrnehmungsfehler zu reduzieren. Auch wenn es nicht eingehalten werden kann, hat Beobachtung zumindest den Anspruch der Objektivität. Bei der Wahrnehmung ist die Objektivität ausgeschlossen.

Kenntnis über Wahrnehmungsfehler

Da Sie durch das Kapitel |Wahrnehmungsfehler schon Kenntnis der einzelnen Fehler haben, sind Ihnen diese bewusst. Wenn Erziehende beispielsweise wissen, dass Wahrnehmung subjektiv ist und der erste Eindruck ihre Wahrnehmung beeinflusst, können sie bei der Auswertung ihrer Beobachtung darauf besonders achten und reduzieren damit die Ausprägung des Fehlers. Wenn mögliche Wahrnehmungsfehler dem Beobachter bewusst sind und reflektiert werden, wird ihr Einfluss auf das pädagogische Handeln geringer. Sie wirken sich nicht so negativ aus.

Wahrnehmungsfehler | S. 116

Operationalisierung des zu beobachtenden Verhaltens

Wenn dem Beobachtenden jemand auffällt, der besonders unselbstständig ist, kann es schwierig sein, diese Eigenschaft systematisch zu beobachten. Es muss deutlich sein, welche Verhaltensweisen die Eigenschaft Unselbstständigkeit charakterisieren. Zum Beispiel traut sich ein unselbstständiges Kind nicht an Aufgaben heran, die es noch nicht vollständig beherrscht, und fragt immer wieder nach. Es räumt nicht ohne Hilfe das Frühstücksgeschirr weg oder lässt sich beim Schuhe anziehen helfen. Diese Verhaltensweisen können beobachtet werden und geben so einen genauen Überblick, in welchen Bereichen die Unselbstständigkeit auftritt oder ob das Kind überhaupt unselbstständig ist.

Bei einem unselbstständig wirkenden Erwachsenen lassen sich andere Verhaltensweisen beobachten. Wenn ein erwachsener Mann z.B. nicht in der Lage ist, die Waschmaschine zu bedienen, könnte dies auf Unselbstständigkeit hinweisen. Bei einer genauen und gut zu beobachtenden Beschreibung von Verhaltensweisen reduziert sich die Gefahr eines Wahrnehmungsfehlers. Dies kann dazu führen, dass das vorher gemachte Bild über einen Menschen nicht mehr haltbar ist und die Bewertung des Menschen verändert werden muss.

Reframing

Reframing bedeutet etwas neu rahmen. Sie können nicht nur Bilder neu rahmen, sondern auch Verhaltensweisen. Wenn Ihnen ein Kind auffällt, das albern, laut, rücksichtslos ist, versuchen Sie doch mal, diesen Verhaltensweisen einen neuen positiven Rahmen zu geben. Dann könnte aus albern lustig werden, aus laut aufgeschlossen und aus rücksichtslos durchsetzungsfähig. Diese neue Sichtweise könnte auch die Wahrnehmung des Kindes verändern. Mit einer systematischen Beobachtung erfahren Sie dann mehr.

Veränderung von Sichtweisen | S. 253

Vielleicht kennen Sie das auch, dass Ihnen eine Klassenkameradin sehr unsympathisch ist. Sie ist Ihnen gegenüber abweisend, sie beachtet Sie kaum, und wenn Sie mit ihr reden, antwortet sie nur knapp. Sie halten sie auf Grundlage der Verhaltensweisen für arrogant und wollen deshalb mit dieser Frau nichts zu tun haben. Mithilfe des Reframings können Sie nun versuchen, die Charaktereigenschaft Arroganz neu zu rahmen, und machen daraus die Charaktereigenschaft Schüchternheit. Das verändert auch Ihre Verhaltensweise der Klassenkameradin gegenüber. Sie gehen also auf die Klassenkameradin zu, binden sie in Gruppenarbeiten ein und unterhalten sich mit ihr.

Weitere Vermeidungsvorschläge:

- ✓ Seien Sie sich bewusst, dass Sie nicht vollkommen vorurteilsfrei beobachten können!
- ✓ Beobachten Sie immer über einen längeren Zeitraum, damit momentane Gefühle oder Situationen des Kindes nicht verallgemeinert werden!
- ✓ Machen Sie sich gleich nach oder während der Beobachtung Notizen!
- ✓ Seien Sie sich Ihres momentanen Gefühlszustandes bewusst!
- ✓ Sollte Ihre Beobachtung und deren Deutung häufig von der Beobachtung anderer abweichen, sollten Sie dem nachgehen. Vielleicht verschafft eine Selbstbeobachtung Klarheit.

2.7 Konsequenzen für das pädagogische Handeln

Aus dem Resultat des Beobachtungsprozesses können nun die pädagogischen Fachkräfte Fördermöglichkeiten oder Handlungen erarbeiten. Diese Handlungen beeinflussen das Verhalten des Kindes, Bewohners, Klienten oder Mitarbeiters. Diese Verhaltensänderung wird dann wiederum unbewusst über den Wahrnehmungsprozess wahrgenommen. Nach einiger Zeit leitet sich aus der Wahrnehmung heraus Bedarf für eine Beobachtung ab. Der Beobachtungsprozess beginnt von Neuem und das Resultat führt wiederum zu einer pädagogischen Handlung, die abermals das Verhalten verändert.

Das Ziel des Beobachtungsprozesses ist also immer eine Verbesserung der Situation. Aus dem Beobachtungsprozess resultiert für die pädagogische Fachkraft ein Handlungsbedarf, da die Beobachtung immer das Ziel hat, die pädagogische Arbeit zu verbessern.

Im Sozialwesen zielen Verbesserungen häufig auf Wohlbefinden und Kompetenzentwicklung ab.

BEISPIEL Herr Franke, ein Mann mit einer sogenannten geistigen Beeinträchtigung, arbeitet in einer Werkstatt für Behinderte. Er soll sich dort wohlfühlen und so gefördert werden, dass er eine Stunde konzentriert die Schleifmaschine des Betriebes bedienen kann.

Auf Grundlage der Beobachtung kann sich die pädagogische Arbeit den Bedürfnissen gemäß verändern. Dies kann sich in verschiedenen Formen ausdrücken:

- Die Beziehung zwischen allen Beteiligten kann sich verändern.
- Die Raumorganisation kann den Bedürfnissen angepasst werden (|der Raum als dritter Erzieher).
- Die Bedeutung des Verhaltens wird dem Beobachter klar.
- Die Wirkung des eigenen pädagogischen Verhaltens wird deutlich.

Raum als dritter Erzieher | S. 86

Methoden: Durchführung einer Beobachtung

1. Wahrnehmung:
   Sie nehmen in Ihrem Praktikum etwas wahr, das Sie irritiert. Das könnte Julian sein, der besonders gut Memory spielen kann. Es kann Herr Neumann, Mitarbeiter in einer Werkstatt für Behinderte, sein, der häufig andere ablenkt.
2. Beobachtung:
   Sie entscheiden sich für eine Beobachtungsmethode, z. B. nichtteilnehmend-offen, und beobachten geplant und zielgerichtet, selektiv und strukturiert.
3. Beschreibung:
   Sie beschreiben die kleinste zu beobachtende Verhaltensweise sachlich und neutral.
4. Deutung:
   Sie deuten die Beobachtung unter Berücksichtigung der Kriterien zur Vermeidung von Fehlern in der Beobachtung.
5. Bewertung:
   Sie bewerten Ihre Deutung, aus der ein pädagogisches Handeln resultiert.
6. Dokumentation:
   Die Beobachtung wird mit einem geeigneten Beobachtungsinstrument dokumentiert.
7. Pädagogisches Handeln:
   Sie handeln auf Grundlage der Beobachtung. Sie fördern z. B. das Gedächtnis von Julian mit weiteren Gedächtnisspielen oder führen Konzentrationsübungen mit Herrn Neumann durch.
8. Wahrnehmung:
   Sie nehmen Julian und Herrn Neumann wahr. Vielleicht fällt Ihnen dabei wieder etwas auf. Dann startet erneut ein Beobachtungsprozess.

Auschecken

Das habe ich über Wahrnehmung gelernt:

- ✓ Ich weiß, dass die Wahrnehmung ein Prozess ist.
- ✓ Ich kenne den Ablauf des Wahrnehmungsprozesses.
- ✓ Ich kann Gestaltgesetze erklären.
- ✓ Ich kann Wahrnehmungsfehler erkennen.
- ✓ Ich weiß, dass Wahrnehmung subjektiv ist.

Das habe ich über Beobachtung gelernt:

- ✓ Ich weiß, dass Beobachtung ein Prozess ist.
- ✓ Ich kenne den Ablauf des Beobachtungsprozesses.
- ✓ Ich kann Fehler im Beobachtungsprozess vermeiden.
- ✓ Ich kenne die Abhängigkeit von Wahrnehmung und Beobachtung.
- ✓ Ich weiß, dass Beobachtung wesentlich für die professionelle Arbeit mit Menschen ist.

Aufgaben / Fragen

1 Beschreiben Sie den Prozess der Wahrnehmung.

2 Erklären Sie die Gestaltgesetze und deren Einfluss auf den Wahrnehmungsprozess.

3 Sammeln Sie Situationen aus Ihrem Alltag, in denen die Wahrnehmung von Menschen eine Rolle gespielt hat. Prüfen Sie, inwieweit Sie möglicherweise von Wahrnehmungsfehlern betroffen waren. Tauschen Sie sich in der Lerngruppe darüber aus. Überlegen Sie gemeinsam, wie Sie Wahrnehmungsfehler bei sich erkennen können. Leiten Sie daraus mögliche Handlungsstrategien ab.

4 Diskutieren Sie auf Grundlage Ihres Wissens zur Wahrnehmung das Zitat: „Die Wahrnehmung kann nie objektiv sein!"

5 Beschreiben Sie den Prozess der Beobachtung.

6 Nennen Sie Möglichkeiten, Fehler im Beobachtungsprozess zu vermeiden.

7 Wählen Sie drei Eigenschaften aus, wie z. B. Schüchternheit, Aggressivität oder Wehleidigkeit. Überlegen Sie, anhand welcher Verhaltensweisen diese Eigenschaften erkennbar sind. Beschreiben Sie die Verhaltensweisen möglichst konkret. Tauschen Sie sich in der Lerngruppe über Gemeinsamkeiten und Unterschiede Ihrer Beschreibungen aus.

8 Skizzieren Sie, inwieweit sich Wahrnehmung und Beobachtung wechselseitig beeinflussen. Stellen Sie diese Einflüsse grafisch dar.

9 Suchen Sie im Internet und in der Fachliteratur nach Beobachtungsverfahren und -instrumenten, die im sozialen Bereich angewendet werden. Wählen Sie ein Verfahren aus und stellen es Ihrer Lerngruppe vor. Diskutieren Sie über Einsatzmöglichkeiten und Grenzen des Verfahrens.

10 Beschreiben Sie den Einfluss der Beobachtung auf das pädagogische Handeln. Erläutern Sie anhand von Beispielen aus der sozialpädagogischen Praxis, wie sich dieser Einfluss konkret bemerkbar macht.

Menschliche Entwicklung

Wer immer tut, was er schon kann, bleibt immer das, was er schon ist. *(Henry Ford)*

Was nicht ist, es kann ja noch werden. *(J. W. von Goethe)*

Es ist nicht von Bedeutung, wie langsam du gehst, solange du nicht stehenbleibst. *(Konfuzius)*

Keiner, der sich mit der menschlichen Entwicklung befasst, kann sich dem Gefühl des Staunens und der Freude entziehen. *(Lewis Wolpert)*

Es ist nie zu spät, das zu werden, was man hätte sein können. *(George Eliot)*

Man muss an das Beste im Menschen glauben. Man muss dem Besseren Gelegenheit geben, sich zu entfalten. *(José Martí)*

Das Gras wächst nicht schneller, wenn man daran zieht. *(aus Afrika)*

Denn das ist eben die große und gute Einrichtung der menschlichen Natur, dass in ihr alles im Keim da ist und nur auf eine Entwicklung wartet. *(J. G. von Herder)*

Was ein Mensch aus seinen Anlagen macht, ob er sie allseitig entwickelt oder brach liegen und verkümmern lässt, das gibt die entscheidenden Unterschiede zwischen den Menschen. *(Konfuzius)*

Die Kinder benutzen nicht die Lebenserfahrung der Eltern, die Nationen kehren sich nicht um die Geschichte. Die schlechten Erfahrungen müssen immer wieder aufs Neue gemacht werden. *(Albert Einstein)*

Ein Farn gedeiht am besten bei hoher Luftfeuchtigkeit und guter Erde im Schatten von Bäumen. Sobald sie reif sind, springen die Farnwedel auf und verteilen die Sporen. Die Wedel rollen sich von alleine auf. Ebenso benötigt der Mensch zur Entfaltung seiner Persönlichkeit gute Rahmenbedingungen.

1 Welche Einflüsse dominieren aus Ihrer Sicht bei der menschlichen Entwicklung: die Einflüsse des genetischen Erbes oder die der Umwelt?

2 Inwieweit sehen Sie Möglichkeiten, die Entwicklung eines Menschen in unterschiedlichen Entwicklungsbereichen beeinflussen zu können? Welche Rolle spielen dabei andere Menschen?

1 Entwicklung

1.1 Grundlagen menschlicher Entwicklung

Das Erhalten des eigenen Lebens ist ein Grundprinzip von Entwicklung. Der Mensch passt sich durch |Lernen an die Impulse und die Anforderungen der Umwelt an. Die biologische Reife und die Einflüsse der Umwelt treiben dabei den Entwicklungsverlauf voran. Abgeleitet von dieser Grundannahme können folgende Thesen zur Begriffsklärung benannt werden:

Lernen | S. 200

Entwicklung entsteht nie „aus dem Nichts heraus"; sie baut immer auf bereits gegebenen Voraussetzungen auf.
Entwicklung bleibt nie ohne Folgen und verändert auch den Umgang mit anderen Menschen.
Entwicklung ist ein stetig fortlaufender lebenslanger Prozess sinnvoller Veränderung, der von inneren und äußeren Einflüssen angestoßen wird.
Entwicklung beinhaltet die Differenzierung, Verfeinerung und Vernetzung schon vorhandener Gegebenheiten. Eine andere Qualität entsteht.
Entwicklung beinhaltet Gewinn und Verlust, Aufbau und Abbau.

[1] Entwicklung ist ein stetig fortlaufender Prozess.

Die menschliche Entwicklung erstreckt sich von der Zeit als Embryo bis hin zum Erwachsenenalter. Es wird von einem lebenslangen Prozess komplexer biopsychosozialer (Anlage-Umwelt-)Vorgänge gesprochen, in dessen Verlauf |Entwicklungsaufgaben gelöst und Entwicklungsübergänge gemeistert werden müssen. Es gibt dabei Zeiten rascher Veränderungen und Zeiten des nach außen scheinenden Entwicklungsstillstandes (die Zeit der inneren Verarbeitung von Gelerntem).

Entwicklungsaufgaben
Anforderungen an einen Menschen in bestimmten Lebensphasen oder Übergängen, die für die Entwicklung von großer Bedeutung sind

In der Forschung spricht man von allgemeingültigen Entwicklungsaufgaben, die alle Menschen betreffen, z. B. das Laufen lernen oder der Aufbau sozialer Beziehungen. Auch individuell unterschiedliche Aufgaben erlebt der Mensch, wie z. B. eine Hochbegabung oder einen Unfall, der zu einer Behinderung führt, familiäre Veränderungen oder eine entwicklungshemmende Umgebung.

Pränatale Entwicklung

Die pränatale (vorgeburtliche) Entwicklung und der Entwicklungszeitraum der ersten drei Lebensjahre eines Kindes sind dabei besonders spannend und faszinierend. Nie wieder wächst und entwickelt der Mensch sich so schnell wie in dieser Lebensphase.

Schon in der dritten Schwangerschaftswoche bildet sich das zentrale Nervensystem. Eine Woche später sind Augen, Ohren, Nase und Mund erkennbar und das Herz beginnt zu schlagen. Im dritten Monat funktionieren die Wahrnehmungsorgane und erste Hand-Gesichts-Berührungen beginnen. Am Ende des vierten Monats misst der |Fetus etwa 20 cm. Die Zeit der Reifung und des Wachstums beginnt. Die Ganzkörperaktivität nimmt zu. In der 26. Woche wiegt der Fetus ungefähr 800 g. Zum Zeitpunkt der Geburt ist der Säugling dann um die 50 cm groß und etwa 3400 g schwer.

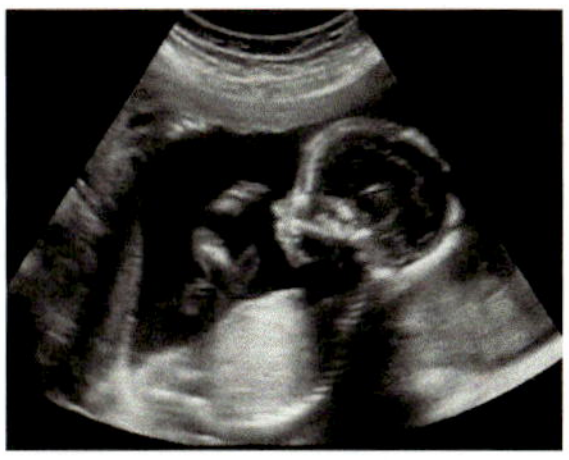

[2] Fetus im 4. Monat

Fetus
ungeborenes Kind von der 13. Schwangerschaftswoche bis zur Geburt

[1] Die Entwicklung einer Vielfalt von Fähigkeiten wie auch die Sprachentwicklung vollziehen sich im frühkindlichen Lebensalter in rasanter Geschwindigkeit.

Frühkindliche Entwicklung

Auch die frühkindliche Entwicklung erfolgt in raschen Schritten.

BEISPIEL

Leon wog bei der Geburt 3250 g. Über seine rasante Entwicklung in den ersten Jahren ist zu staunen: Lag Leon als Neugeborener noch eben auf dem Arm seiner Eltern und schlief 18 Stunden am Tag, krabbelte er ein paar Monate später durch den Raum und kämpfte mit der Schwerkraft. Die hatte er bald überwunden und lief noch auf etwas wackeligen Beinen durch die Welt oder war schon ein Jahr später mit dem Laufrad unterwegs. Fotos zeigen, wie er auf dem Spielplatz herumklettert, Treppen steigt und Fußball spielt. Gab er anfangs Gurr- und Lall-Laute von sich, hörten seine Eltern ihn ein Jahr später schon mit Wörtern experimentieren. Kurz vor dem dritten Geburtstag diskutierte er schon mithilfe von Haupt- und Nebensätzen. Ruderte er noch in den ersten Monaten willkürlich mit den Armen und versuchte, mit der ganzen Hand einen Greifring zu packen, konnte er schon nach einigen Monaten einen Löffel festhalten und Krümel auf dem Boden einsammeln. Nach der Geburt sah Leon seinem Vater sehr ähnlich. Mittlerweile sagen alle, dass er viel Ähnlichkeit mit seiner Mutter hat.

Das Beispiel belegt die zu Beginn des Kapitels genannten Thesen zur Begriffserklärung Entwicklung. In seinen Erbinformationen, gespeichert auf den Chromosomen, sind potenziell alle späteren Eigenschaften und Merkmale enthalten. Die Entwicklung verläuft wie bei Leon ab der Zeugung plangeleitet von innen heraus, wird aber von den äußeren Lebensbedingungen beeinflusst und geprägt. Die Entwicklungsschritte helfen dem Kind, sich in der Umwelt und in der Interaktion mit Menschen besser zurechtzufinden. Seine Fähigkeiten, z. B. seine Fein- und Grobmotorik wie auch seine Sprache, verfeinern sich und werden differenzierter.

Jaroslav Koch (1910–1979), Psychologe am Prager Institut für Mutter und Kind und Entwickler der Spiel- und Bewegungsanregungen des heutigen Prager-Eltern-Kind-Programms (PEKiP)

Was hat das mit mir zu tun?

Wie sah Ihre „Expedition" in den ersten Lebensjahren aus? Die ersten Worte, der erste Zahn, die ersten Schritte? Ihre Eltern haben Ihnen sicherlich auch von Ihren ersten Entwicklungsschritten erzählt: „Du sahst nach der Geburt der Oma sehr ähnlich", „Deine ersten Worte waren -Mama- und -Ball-", „Du hast die Tischdecke vom Tisch gezogen, weil Du noch nicht über die Tischkante gucken konntest" …

Neuropsychologie beschäftigt sich vor allem mit kognitiven Prozessen des zentralen Nervensystems. Das sind z. B. Wahrnehmung, Handeln, Denken, Gedächtnis oder Sprache. Auch Persönlichkeit und Affekt bzw. Emotionen sind für Neuropsychologen von Interesse.

In den letzten Jahren ist der Erforschung der körperlichen und geistigen Entwicklung junger Kinder große Aufmerksamkeit geschenkt worden. Zahlreiche neue Erkenntnisse konnten gewonnen werden. Noch vor etwa 40 Jahren wurde das neugeborene Kind als hilflos, inkompetent und als unbeschriebenes weißes Blatt oder leeres Gefäß gesehen, das es von Eltern und Pädagogen zu beschreiben bzw. zu befüllen galt.

Einige Wissenschaftler wie |Jaroslav Koch stellten sich aufgrund von Forschungsergebnissen gegen diese weitverbreitete These. Insbesondere die |Neuropsychologie und die aktuelle Säuglingsforschung der letzten Jahre haben möglich gemacht, dass wir heute von einem „kompetenten Säugling" sprechen.

Das Kind wird als hochkommunikativer, anpassungsfähiger Akteur seiner Entwicklung gesehen.

Die Möglichkeiten zur Auseinandersetzung mit sich selbst und seiner sozialen und sachlichen Umwelt bringt jedes Kind von Geburt an mit. Der Säugling ist mit allen Kompetenzen ausgestattet, die er für seine Weiterentwicklung braucht. Dies sind u. a.:

- die Fähigkeit zur Kontaktaufnahme und Kommunikation, also der Blickkontakt und die nonverbale Kommunikationsfähigkeit
- die grundlegenden Wahrnehmungsfähigkeiten
- die inneren Verarbeitungsmöglichkeiten

Die Bezeichnung „kompetenter Säugling" bedeutet nicht, alles zu können, sondern alles lernen zu können.

1.2 Zusammenspiel innerer Anlagen und äußerer Bedingungen

Was du bist, hängt von drei Faktoren ab: Was du geerbt hast, was deine Umgebung aus dir machte und was du in freier Wahl aus deiner Umgebung und deinem Erbe gemacht hast.

Aldous Huxley, 1932

Die Entwicklung von Organismen hängt von unterschiedlichen Faktoren ab.

BEISPIEL

Der Samen eines Löwenzahns fliegt durch die Luft. In diesem Samen sind alle Pläne für eine vollkommene Löwenzahnpflanze enthalten. Die Lebensumstände aber beeinflussen die Entfaltung dieser Pflanze. Landet der Samen auf dem Asphalt oder auf fruchtbarem Boden? Findet der Samen ausreichend Wasser und Nährstoffe? Erwarten die junge Pflanze optimale Licht- und Temperaturverhältnisse?

Die menschliche Entwicklung unterliegt den gleichen Prinzipien wie die des Löwenzahns. Die **endogenen Faktoren** bezeichnen die Anlagen des Menschen. Der Begriff Anlage bezieht sich auf die genetischen Erbinformationen, die auf Chromosomen enthalten sind. So werden verschiedene Gene zu unterschiedlichen Zeitpunkten aktiv und beeinflussen mit ihrer Aktivität die weitere Entwicklung des Menschen. Endogene Faktoren setzen bestimmte Prozesse in Gang, z. B. die Funktion des Stoffwechsels oder die Entwicklung von Organen.

[2] Die Entwicklung der Löwenzahnpflanze aus einem Samen hängt von einer Vielzahl von Faktoren ab.

endogen
entstanden aus inneren Ursachen, im Innern erzeugt

Der genetische Bauplan jedes einzelnen Menschen (ca. 25 000 Gene) birgt aber noch viele Fragen in sich. Nicht er alleine macht den Menschen zu dem, was er ist. Warum bekommt der eine Mensch eine lebensbedrohliche Krankheit, wie z. B. Krebs, und ein anderer Mensch mit der gleichen Veranlagung nicht?

Epigenetik

Epigenetik
Bindeglied zwischen Umwelteinflüssen und Genen; bestimmt, unter welchen Umständen Gene aktiviert bzw. nicht aktiviert werden

Resilienz | S. 150

Dieser Frage geht seit einiger Zeit die **Epigenetik**, ein Forschungszweig der Biologie, auf den Grund. Der Zusammenhang zwischen Umwelteinflüssen und Genen steht hier im Mittelpunkt. Bestimmte Gene innerhalb der Zellen werden bei bestimmten Menschen aktiviert bzw. auch nicht. Woran liegt das? Die Epigenetik hat biochemische Strukturen an und neben den Genen entdeckt, die deren Aktivität dauerhaft regulieren (epigenomische Codes). Das heißt, Gene beeinflussen nicht nur, sondern werden auch beeinflusst. Dies wurde besonders durch die Zwillingsforschung deutlich. So fanden Forscher der Epigenetik heraus, dass sich der sogenannte epigenetische Code bei jungen Zwillingen kaum unterschied. Dagegen waren die Abweichungen bei älteren Zwillingen enorm groß. Ihre Lebensgewohnheiten und ihre Erfahrungen nahmen Einfluss auf die genetischen Anlagen.

Besonders die Ernährung und seelischer Stress, aber auch das Klima, in dem ein Mensch aufwächst, können die Gene vor allem im Kindesalter dauerhaft verändern. Sie nehmen Einfluss auf die psychische Stabilität, die Lebenserwartung und die Krankheitsanfälligkeit. Umgangssprachlich wird z. B. gesagt, ein bestimmter Lebensstil hinterlasse Spuren. Die Medizin will mithilfe dieser Erkenntnisse gezielt durch die Beeinflussung von Epigenomen Krankheiten bekämpfen bzw. vorbeugen. Auch die Resilienzforschung erhält durch die Epigenetik Antworten auf die Frage, warum manche Menschen bei der Bewältigung von Krisen widerstandsfähiger sind als andere.

[1] Der Anteil von Anlage- und Umweltfaktoren in der Entwicklung wird oftmals fehlgedeutet.

Für gute Lern- und Entwicklungsprozesse sind aber auch förderliche äußere Rahmen- oder Umweltbedingungen, sogenannte **exogene Faktoren**, notwendig. Mit dem Begriff Umwelt werden die materielle und die soziale Umgebung eines Menschen umschrieben. Zur materiellen Umwelt gehören z. B. die Qualität des Wohnraums, das Klima, Spielmaterial und Bildungsstätten. Zur sozialen Umwelt zählt der Einfluss anderer Menschen auf die Entwicklung, wie Familie, Kindergarten, Schule und Freunde. Diese Aspekte lassen sich noch differenzierter darstellen. Die Geschwisterkonstellationen bzw. die einzelne Geschwisterposition oder das Familienklima können z. B. auch unterschiedlich auf die Entwicklung Einfluss nehmen.

exogen
entstanden von außen oder durch äußere Ursachen

ko-konstruktiver Prozess | S. 175, 491

Die Bereitstellung von Bildungsmöglichkeiten durch die soziale Umwelt lässt sich auch als **ko-konstruktiver Prozess** bezeichnen. Kinder lernen von Anfang an von und mit anderen Kindern und Erwachsenen. Sie beobachten andere Kinder und hören ihnen zu, sie ahmen Verhalten nach, sie unterhalten sich untereinander, diskutieren und geben ihr Wissen weiter.

Stellen Sie sich vor, Sie könnten von Geburt an Schwimmen. Schwimmen wäre eine angeborene Fähigkeit. Wie müssten Ihre äußeren Lebensbedingungen gestaltet sein, um eine positiv entwicklungsfördernde Umgebung zu schaffen?
Sie brauchen als anregende Umgebung Wasser. Variationen sind zur Differenzierung der Kompetenzen notwendig: Badewanne, Schwimmbad, Süßwasser, Salzwasser, unterschiedlich warmes Wasser, See, Meer, Wellen, ruhiges Wasser, Strömung ...

Kinder brauchen entwicklungsfördernde äußere Rahmenbedingungen, um ihr Entwicklungspotenzial entfalten zu können. Die Grundbedürfnisse nach Nahrung, Schlaf, die angemessene Nähe vertrauter Personen, deren Zuwendung durch Blick- und Körperkontakt sowie Kommunikationsbereitschaft schaffen positive Rahmenbedingungen. Geborgenheit, Sensibilität und ein sicheres Umfeld schaffen das „Basislager" für die kindliche Expedition.

Nähe und Bindung | S. 154

Selbstbildungspotenziale

Die Wechselbeziehung zwischen Anlage und Umwelt wird durch eine dritte Komponente, durch **autogene Faktoren** (aktive Selbstbildungspotenziale), beeinflusst. Hierunter versteht man neugieriges Forschen, die aktive Auseinandersetzung mit der Umwelt sowie die Motivation, das Interesse und den Wunsch, selbsttätig werden zu können. Diese zusätzlichen Faktoren aktiver Selbstbildung sind für eine positive Entwicklung von großer Bedeutung.

autogen
aus sich selbst entstehend

Kinder lernen z. B.:

- aktiv, individuell und neugierig
- durch Zuschauen, Zuhören, Explorieren und Nachahmen
- vom Begreifen zum Wissen
- in sozialen Zusammenhängen und durch spielerische Aktivitäten
- durch Wiederholung und Anknüpfen an Vorerfahrungen
- in emotionaler Sicherheit und durch soziale Rückversicherung
- in einer anregenden Lern- und Erfahrungsumwelt

[2] Mithilfe von spielerischen Aktivitäten und durch Nachahmung erweitern Kinder ihre Fähigkeiten.

Das komplexe wechselseitige System endogener, exogener und autogener Faktoren ist ausschlaggebend für die positive Entwicklung des Menschen.

In der Anlage-Umwelt-Kontroverse wurde diskutiert, ob Anlagen oder die Umwelt mehr Einfluss auf die menschliche Entwicklung haben. Dieser Blickwinkel lässt jedoch nur ein „Entweder-oder" zu. Es ist sinnvoller, den Blick auf die Qualität der Wechselwirkung aller drei Faktoren zu richten.

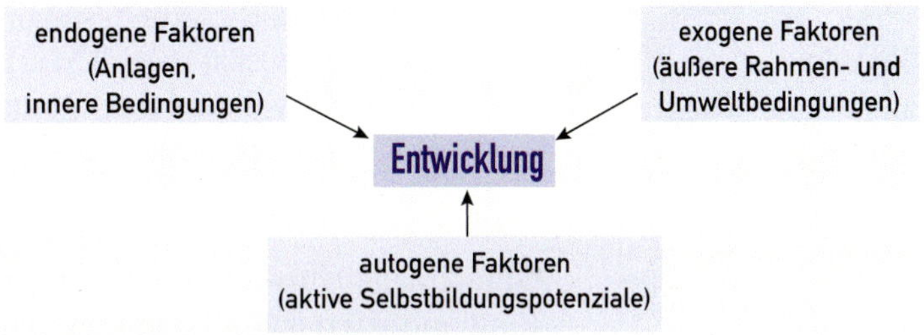

Ein Intelligenzquotient kann auf unterschiedliche Weise zustande kommen, ein mittlerer IQ z. B. durch die Kombination einer guten Begabung mit einer ungünstigen Umwelt oder eine schwache Begabung mit einer optimalen Umgebung. Ein Kind aus einer bildungsfernen Familie mit geringer Förderung und Unterstützung des Elternhauses kann so einen genauso hohen Intelligenzquotienten haben wie ein Gymnasiast aus einer Familie, in der die Förderung und Unterstützung der Kinder oberste Priorität hat. – Welche Faktoren haben bei beiden Kindern zu dem gemessenen Ergebnis geführt? Waren es exogene Faktoren, also viel oder wenig Förderung und Unterstützung? Spielen endogene Faktoren eine Rolle, indem klügere Eltern die Intelligenz vererben? Sind autogene Faktoren bedeutsam, der Wille, etwas lernen zu wollen?

Die menschliche Entwicklung ist ein lebenslanger Prozess, der durch Lernen, Reifung und Wachstum zur positiven Entfaltung der Persönlichkeit führen sollte. Die Entwicklung des Menschen wird heute als dynamischer Interaktionsprozess zwischen der genetischen Ausstattung und seinen Erfahrungen verstanden. Jeder Mensch ist einzigartig und ein Individuum im sozialen Kontext.

Konstruktivismus
Theorie, in welcher der Lernende seinen Lernprozess selbst steuert. Der Mensch konstruiert seine individuelle Lernsituation.

Die konstruktivistische Entwicklungspsychologie, u. a. die Theorien von Piaget und Wygotski, sowie die heutige Neurobiologie vertreten die Vorstellung, dass kindliche Lernprozesse aktive individuelle Lernprozesse sind. Für diese Lernprozesse sind förderliche Rahmenbedingungen notwendig, z. B. anregende Lernwelten, kompetente verlässliche Bezugspersonen und Spielpartner und unterschiedliche -materialien.

Piaget | S. 172
Wygotski | S. 175, 220
Feinfühligkeit | S. 156

Gute Anlage-Umwelt-Effekte entstehen besonders, wenn Erwachsene erkennen, welche Themen Kinder und Jugendliche interessieren, welche Anlagen und Talente vorhanden sind und dazu Angebote machen.

Dies erfordert feinfühlige Erwachsene, die das Kind beobachten, sich stark am Kind orientieren und angemessen reagieren. Besonders im Kleinkindalter versuchen Eltern häufig Talente und Interessen zu wecken, die aber manchmal nur zum Teil die Interessen des Kindes berücksichtigen. Eigene Idealvorstellungen und unerfüllte Wünsche werden auf das Kind projiziert.

[1] Anlagebedingtes Talent und Förderung durch die Eltern bieten gleichermaßen förderliche Rahmenbedingungen für Leons musikalische Entwicklung.

BEISPIEL

Leons Vater ist ein bekannter Musiker, der in vielen Bands spielt. Musikalische Anregungen hat Leon schon in der Schwangerschaft bekommen. Mit zwei Jahren saß er das erste Mal am Schlagzeug. Musik umgibt ihn im Elternhaus. Ein großer Traum seines Vaters wäre es, wenn Leon später auch Musiker würde.
Ob Leon das will und die Talente seines Vaters geerbt hat? Ob der Vater dadurch andere Talente und Stärken von Leon übersieht?

Gute Anlage-Umwelt-Effekte entstehen außerdem, wenn der Mensch sich wohlfühlt, motiviert ist und etwas lernen will.

Was hat das mit mir zu tun?

Sie haben sicher schon erlebt, dass es Unterrichtsfächer in Ihrer Schullaufbahn gab, die Sie bisher nicht interessiert haben. Plötzlich freuen Sie sich auf ein Fach. Liegt es an der neuen Schule und dem neuen Lehrer? Am Thema? An den neuen Freunden, die anscheinend gerne mitmachen? Plötzlich nehmen Sie auch aktiver am Unterrichtsgeschehen teil, studieren mehr als früher das Schulbuch und versuchen, sich öfter am Unterrichtsgespräch zu beteiligen. Sie spüren, dass Ihnen das gut gelingt, und erhalten positive Rückmeldungen vom Lehrer und den Mitschülern. Ihr Selbstbewusstsein wächst. Diese Veränderungen bewirken eine grundsätzlich andere Einstellung zum Lernen. Sie freuen sich über Ihr besseres Zeugnis …

1.3 Wachstum, Reifung und Lernen – Merkmale der Entwicklung

Die menschliche Entwicklung wird durch Wachstum, Reifung und Lernen beeinflusst.

Wachstum bedeutet in der Entwicklungspsychologie die Zunahme und Vergrößerung eines Organismus.

Die Proportionen des Organismus ändern sich. Die schnellste Wachstumsphase in der menschlichen Entwicklung ist die der Schwangerschaft. Eine befruchtete Eizelle ist z. B. gerade einen Zehntelmillimeter groß. Neun Monate später bei der Geburt hat die Länge eines Babys etwa um das Fünftausendfache zugenommen. Gewicht und Größe sind in den ersten Lebensjahren auch wichtige Indikatoren der Gesundheit. Nach den ersten drei Lebensjahren verlangsamt sich das Wachstum. In der Pubertät gibt es den nächsten größeren Wachstumsschub.

Unter Reifung versteht die Entwicklungspsychologie das von innen gesteuerte Sich-Entfalten biologischer Eigenschaften, Fähigkeiten und Merkmale (genetische Programme).

Die für die Entwicklung besonders entscheidenden Reifungsprozesse liegen in der frühen Kindheit. Die Reifung des Nervensystems oder der Sinnesorgane oder die Reifung des Verdauungstraktes eines Säuglings ermöglichen die Weiterentwicklung bestimmter Entwicklungsbereiche (z. B. der Sprache). Reifung heißt, wenn bestimmte organische Veränderungen bestimmte Fähigkeiten möglich machen, ohne dass Lernen zuvor stattgefunden hat. In späteren Entwicklungsphasen übernimmt die Reifung keine so große Rolle mehr.

Lernen definiert die Entwicklungspsychologie als Erwerb neuer Kompetenzen aufgrund von Erfahrungen und Erlebnissen, der nicht durch Reifung bedingt ist. Lernen | S. 200

Die neu gewonnenen Erfahrungen werden gesammelt, Zusammenhänge erkannt, eingeordnet und ausgewertet. Der Mensch erlebt Wissenszuwachs, erlernt neue Verhaltensweisen, erwirbt durch Erfahrungen bestimmte Einstellungen, erprobt Werte und Normen und lernt neue Gefühle kennen. Die häufigsten Formen des kindlichen Lernens in den ersten Lebensjahren machen deutlich, dass auch hier exogene, endogene und autogene Faktoren relevant sind. Hierbei handelt es sich um

- das Lernen durch Experimentieren (exploratives Lernen),
- das Lernen durch Be-greifen und Be-handeln,
- das Lernen durch Nachahmung (soziales Lernen) und
- das Lernen durch Wiederholung.

[1] Frühere Erfahrungen werden im Entwicklungsprozess kontinuierlich ergänzt: Bekannte Erlebnismöglichkeiten im Wald sind Grundlage für neues exploratives Verhalten.

BEISPIEL

Im Wald angekommen, haben die jüngeren Kinder einer altersgemischten Kindergruppe schon begonnen, Stöcke zu sammeln. Sie wissen, dass sie gleich an eine kleine Brücke kommen. Einige der Kinder werfen die gesammelten Stöcke von der Brücke in den Bach und laufen auf die andere Seite, um dort auf die Ankunft ihrer „Schiffe" zu warten. Marie (1,5 Jahre) schaut dabei zu. Auch sie hat einen Stock gesammelt und hält ihn fest in der Hand. Als Thomas (5 Jahre) sie auffordert, den Stock auch in den Bach zu werfen, hält sie ihn noch fester in den Händen und ruft: „Nein, meins." Thomas antwortet: „Oh, das ist doch kein Stock, das ist jetzt ein Schiffchen. Und das muss ins Wasser." Marie sieht erst ihn erstaunt an und dann ihren Stock. Thomas nimmt ihr den Stock aus der Hand. Er wirft ihn in den Fluss und zieht Marie mit auf die andere Seite der Brücke. Als nach kurzer Zeit der Stock mit dem Bach unter ihnen vorbeifließt, ruft Thomas glücklich: „Siehst du, da ist dein Schiffchen." Die Erzieher hatten erwartet, dass Marie nun traurig über den weggenommenen Stock wäre. Nun beobachten sie, dass auch Marie sich freut, den Blick der Erzieherin sucht, aufgeregt mit dem Finger auf den Stock zeigt und ruft: „Da." Die Erzieherin nickt Marie zu. Marie sucht einen zweiten Stock und geht zur Brücke.

1.4 Entwicklungsphasen und Gesetzmäßigkeiten menschlicher Entwicklung

Die menschliche Entwicklung beginnt bei der Befruchtung und ist ein lebenslanger Prozess bis zum Tod. Nicht nur Wachstum, Reifung und Lernen gehören zu diesem Prozess. Auch der Rückgang von Erlerntem und das Verschwinden von Kompetenzen sowie das Schwinden körperlicher Aktivität und Kräfte sind beobachtbare Faktoren des späten Erwachsenenalters. Der Prozess menschlicher Entwicklung kann in einzelne Phasen unterteilt werden.

Adoleszenz
lat. adolescere = heranwachsen

Altersabschnitte der Entwicklung über die Lebensspanne	
Alter	**Phase**
Empfängnis – Geburt	pränatal
0–2,12 (Jahre, Monate)	Säugling
3–5,12	frühe Kindheit
6–11,12	mittlere Kindheit
12–17,12	Adoleszenz
18–35	frühes Erwachsenenalter
36–50	mittleres Erwachsenenalter
51–65	spätes Erwachsenenalter
ab 65	hohes Erwachsenenalter

[Tab. 1] Altersabschnitte der Entwicklung über die Lebensspanne (vgl. Siegler, Robert/DeLoache, Joan/Eisenberg, Nancy [2011]: Entwicklungspsychologie im Kindes und Jugendalter. 2. Auflage. Spektrum Akademischer Verlag, Heidelberg)

Entwicklung über die Lebensspanne

Die Entwicklungspsychologie geht davon aus, dass sich der Mensch in jeder Lebensphase entwickelt. Dabei wird der Blick nicht mehr nur auf die Kindheits- und Jugendphase gerichtet. Die Entwicklung endet nicht spätestens im frühen Erwachsenenalter. Die Aspekte von Wachstum und Gewinn bzw. Aufbau werden über die gesamte Lebensspanne betrachtet. Das Älterwerden wird nicht nur als mentaler und physiologischer Abbau und Verlust gesehen. Auch wenn im Alter bestimmte Sinnesfunktionen und motorische und kognitive Fähigkeiten nachlassen, gilt dies aber nicht allgemein für Intelligenz bzw. Weisheit. Auch noch im achten Lebensjahrzehnt ist eine Leistungssteigerung kognitiver Kompetenzen mithilfe von Trainingseinheiten möglich. Bei diesen geht es zum einen um das Erfahrungswissen der Menschen, zum anderen um die Geschwindigkeit der Informationsverarbeitung. Vor allem werden soziale Intelligenz, Expertenwissen und Lebensweisheit als Wachstumsfaktoren im höheren Lebensalter benannt.

[2] Menschliche Entwicklung findet in jeder Lebensphase statt.

Was ist nötig, um zu schwierigen Fragestellungen des Lebens weise Stellung nehmen zu können?
Faktenwissen über das Leben,
strategisches Wissen,
die Fähigkeit, Wertvorstellungen zu relativieren,
die Fähigkeit, in Kontexten wandelnder Bedingungen der gesellschaftlichen Entwicklung zu denken,
das Akzeptieren von Ungewissheit und Unvorhersehbarkeit der Zukunft,
das Wissen um die Begrenztheit des eigenen Wissens.

(Nach einer Untersuchung des Berliner Max-Planck-Instituts für Bildungsforschung zur Weisheit, 1990)

Diese Ergebnisse des Max-Planck-Instituts verdeutlichen, dass bestimmte Entwicklungsaufgaben auch erst im späten Erwachsenenalter aufgrund der Lebenserfahrungen und Entwicklungsprozesse gut gelöst werden können.

Forschungsergebnisse wie diese und der Blick auf eine Entwicklungspsychologie der Lebensspanne werden hoffentlich gesellschaftliche Veränderungen mit sich bringen. Viele Menschen betrachten die Zeit im späten Erwachsenenalter eher als Phase des Abbaus, des Verlustes, der Einsamkeit und des Abschiednehmens.

Beispiele dafür, wie in der Wirtschaft und auch in der Schulsozialarbeit mittlerweile ältere Menschen als Mentoren für Schüler und junge Mitarbeiter eingesetzt werden, finden Sie unter: www.ausbildungs-paten-nrw.de

Gesetzmäßigkeiten menschlicher Entwicklung

Die Entwicklung verläuft in bestimmten Altersphasen rasanter (z. B. in den ersten drei Lebensjahren, in der Pubertät oder im sehr späten Erwachsenenalter). Es gibt zudem in jeder Entwicklungsphase unterschiedliche Entwicklungsaufgaben zu bewältigen.

Entwicklungsphasen und Entwicklung als Prozess | S. 142

Entwicklung vollzieht sich in bestimmten Teilbereichen (z. B. der Sprache, der Kognition, der Motorik, dem sozial-emotionalen Bereich). In diesen Entwicklungsbereichen ist zu Beginn der Entwicklungsverläufe in der Regel eine starke Zunahme neuer Kompetenzen und Veränderungen zu beobachten (z. B. kennen Kinder mit drei Jahren ca. 1000 Wörter).

Verschiedene Entwicklungsschritte treten in einer **bestimmten Reihenfolge** auf: In der Regel krabbeln und robben Kinder, bevor sie laufen, Einwortsätze werden durch Zweiwortsätze und ganze Sätze abgelöst. Im Laufe der Entwicklung findet eine **Differenzierung** (Verfeinerung) von Funktionen statt.

BEISPIEL

Zappelt Tom noch mit drei Monaten mit Armen und Beinen, kann er ein paar Wochen später den Arm heben, um einen Greifring zu fassen.

Im Laufe der Entwicklung findet auch eine **Integration** (Eingliederung) von Einzelfunktionen statt.

BEISPIEL

Nele schaut mit wenigen Wochen einem Greifring nach, ihre Arme zappeln dabei. Wenig später kann sie die Funktionen integrieren (Auge-Hand-Koordination) und greift zielsicher den Greifring.

Der Zeitpunkt des Beginns eines Entwicklungsverlaufs variiert von Mensch zu Mensch.

BEISPIEL

Tim beginnt schon mit acht Monaten zu laufen, Florian dreht sich zu diesem Zeitpunkt erst auf den Bauch und robbt über den Boden.
Bei Lisa beginnt die Pubertät erst mit 14 Jahren und bei Jana setzt die erste Regel schon mit neun Jahren ein.

Das Tempo und das Ausmaß der Entwicklung verlaufen nicht identisch. Es gibt zum Teil gewaltige interindividuelle Unterschiede.

BEISPIEL

Sara lernt sehr schnell Laufen, beginnt aber erst mit fast zwei Jahren und acht Monaten zu sprechen, Ben schläft mit vier Wochen noch 18 Stunden pro Tag – Charlotte nur noch 14 Stunden, Simon ist nur eine Woche gekrabbelt und lief dann los, während Alexander ein halbes Jahr gekrabbelt ist.

Bestimmte Entwicklungsbereiche stehen miteinander in hochgradig vernetzter Beziehung und bedingen sich gegenseitig.

BEISPIEL

Sebastian (3 Jahre und 5 Monate) spricht kaum. Seine sozialen Kompetenzen werden davon beeinflusst. Konflikte mit anderen Kindern löst er noch durch Hauen und Beißen.

Verschiedene Entwicklungsbereiche verstärken sich auch untereinander, z. B. die Identitätsbildung und Sprache mit etwa zwei Jahren, was sich in Äußerungen wie „ich, meins, alleine, selber machen" äußert.

Entwicklung verläuft nicht immer gleichmäßig, sondern auch in Schüben. Nach deutlichen Fortschritten treten immer Phasen auf, in denen die Entwicklung stillzustehen scheint oder gar Rückschritte sichtbar werden. Solche Phasen sind im Entwicklungsverlauf wichtig. Bisherige Erfahrungen werden eingeordnet und verarbeitet. Das braucht Zeit. Häufig folgen im Anschluss daran neue Entwicklungen bzw. eine Differenzierung älterer Fähigkeiten.

Sensible Phasen

Es gibt in der menschlichen Entwicklung Zeitabschnitte, in denen der Erwerb bestimmter angeborener Kompetenzen (z. B. der Sprache) besonders gut gelingt, wenn die Umweltanregungen zur rechten Zeit kommen. Pädagogen wie Maria Montessori haben diese Annahme in ihre Theorien aufgenommen und sprechen von sogenannten Entwicklungsfenstern und **sensiblen Phasen**.

Maria Montessori | S. 81

Die Existenz zeitlich gestaffelter sensibler Phasen für die Ausbildung verschiedener Hirnfunktionen führt zu dem Postulat, dass das Rechte zur rechten Zeit verfügbar oder angeboten werden muss. Es ist nutzlos und womöglich sogar kontraproduktiv, Inhalte anzubieten, die nicht adäquat verarbeitet werden können, weil die entsprechenden Entwicklungsfenster noch nicht offen sind. Da bislang nur wenig experimentelle Daten darüber vorliegen, wann das menschliche Gehirn welche Informationen benötigt, ist wohl die beste Strategie, sorgfältig zu beobachten, wonach die Kinder fragen. Ich hatte ausgeführt, dass das Gehirn bei der Organisation seiner Entwicklung die Initiative hat und sich die jeweils benötigte Information selbst sucht. Es sollte demnach ausreichen [...], sorgfältig darauf zu achten, wofür sich das Kind jeweils interessiert, wonach es verlangt, und wodurch es glücklich wird.

(Singer, Wolf (2001): Was kann ein Mensch wann lernen? In: www.brain.mpg.de/fileadmin/user_upload/images/Research/Emeriti/Singer/mckinsey.pdf S. 10, 27.08.2013)

1. Vergleichen Sie im Hinblick auf die sensiblen Phasen Berichte zu den sogenannten Wolfskindern, also Kinder, die in der frühen Kindheit isoliert von anderen Menschen aufwuchsen und sich deshalb von normal sozialisierten Kindern stark unterschieden, sowie zu den Forschungsergebnissen Friedrich II., der feststellen wollte, welche Sprache Kinder entwickeln, wenn sie ohne Ansprache und Zuneigung aufwachsen.
2. Stellen Sie dies mit den Erkenntnissen von Prof. Singer in Beziehung.

1.5 Entwicklungspsychologie

Die Entwicklungspsychologie zählt neben der Medizin, der Biologie, der Pädagogik, der Soziologie, der Anthropologie und der Neurowissenschaft zu den an der Entwicklungsforschung beteiligten Disziplinen. Etwa ab Mitte des 19. Jahrhunderts interessierten sich Wissenschaftler immer stärker für die kindliche Entwicklung. Sie beobachteten häufig zuerst ihre eigenen Kinder und registrierten Entwicklungsveränderungen, die dann generalisiert wurden.

Die Entwicklungspsychologie ist eine Teildisziplin der Psychologie, die sich mit allen menschlichen Veränderungen von der Empfängnis bis zum Tod befasst. Dabei werden z. B. Zeitphasen benannt, in denen bestimmte Fähigkeiten erstmalig auftauchen. Teilgebiete sind:

- die Beschreibung und Erklärung von Veränderungen im individuellen Entwicklungsprozess und Entwicklungsverlauf
- die Erforschung dieser Veränderungen sowie deren Einflussgrößen
- die Erklärung von Unterschieden im Entwicklungsprozess
- die Ableitung von Prognosen der künftigen Entwicklung
- die Optimierung von Entwicklungsverläufen

Beobachtung | S. 122

Zu den Methoden und Instrumenten der Entwicklungspsychologie zählen in erster Linie systematische Beobachtungen, Experimente, Fallstudien und Fragebogenerhebungen.

[1] Die Angebote von Bildungseinrichtungen müssen den jeweiligen Entwicklungsstand der Kinder berücksichtigen.

Ergebnisse der Entwicklungspsychologie als Grundlage von Erziehungs- und Bildungsprozessen in Bildungseinrichtungen für Kinder und Jugendliche

Erkenntnisse der Entwicklungspsychologie sind relevant für die Planung und Gestaltung von Erziehungs- und Bildungsprozessen. Wer die Entwicklungsphasen und -besonderheiten von Kindern und Jugendlichen kennt, kann die eigene Arbeit als Pädagoge oder Psychologe wirksamer gestalten. Es können auf der Grundlage der Entwicklungspsychologie aus den Beobachtungen sinnvolle Schlussfolgerungen gezogen werden.

Bildungseinrichtungen für Kinder und Jugendliche | S. 58, 488, 518

Fachkräfte in den Bildungseinrichtungen für Kinder und Jugendliche müssen die kindliche Entwicklung und ihre Form der Auseinandersetzung mit der Umwelt wahrnehmen und qualifiziert verstehen. In institutionellen Betreuungsformen für Kinder müssen sich z. B. das Raumkonzept und die Materialauswahl sowie die Erzieher-Kind-Interaktion an den Bedürfnissen der Zielgruppe orientieren und so gestaltet sein, dass auch jüngste Kinder während des gesamten Aufenthaltes bildungs- und entwicklungsfördernd begleitet werden. Ihre Entwicklungspotenziale sollen hierdurch ausgeschöpft und die Kinder befähigt werden, an den dafür erforderlichen Entscheidungsprozessen partizipieren zu können.

Pädagogische Fachkräfte tragen dazu bei, dass entsprechende Konzepte in Tageseinrichtungen für Kinder auf der Basis frühpädagogischer Didaktik/Methodik und den Grundlagen und Erkenntnissen der aktuellen Entwicklungspsychologie (z. B. Sprach- und Bewegungsentwicklung, sozial-emotionale Entwicklung, kognitive Entwicklung) und Bindungsforschung umgesetzt oder weiterentwickelt werden können. Der pädagogische Alltag (Mahlzeiten, Pflege, Schlaf, Sicherheit, Spiel etc.) muss sich an den Bedürfnissen zum Teil sehr heterogener Gruppen orientieren. Die Mitarbeiter tragen eine hohe Verantwortung für die Entwicklung der ihnen anvertrauten Kinder.

pädagogischer Alltag | S. 494

Überdenken Sie Ihre bisherigen Praxiserfahrungen in Einrichtungen der Kinder- und Jugendhilfe. Sie haben sicherlich Gespräche mit Pädagogen über die pädagogische Arbeit geführt. An welchen Stellen wird Ihnen im Nachhinein deutlich, dass Erkenntnisse der Entwicklungspsychologie die Arbeit grundlegend bestimmt haben?

1.6 Transitionen – wichtige Entwicklungsphasen

Entwicklung vollzieht sich in der Regel fließend. Bestimmte zeitlich begrenzte Übergänge (**Transitionen**) im Leben eines Menschen, z. B. von einer Lebensphase in die nächste, können die Entwicklung allerdings stark vorantreiben oder hemmen. In der Psychologie wird neben Transitionen auch von biografischen Übergängen oder Wendepunkten gesprochen.

Übergänge | S. 274

Transition
Übergang; lat. transire = überschreiten, übergehen

Transitionen können z. B. sein:

- der Übergang von der Familie in den Kindergarten
- der Übergang in die Grund- bzw. weiterführende Schule
- der Übergang ins Berufsleben
- der Auszug aus der Herkunftsfamilie und die Gründung einer Familie
- die Trennung vom Partner oder der Verlust von wichtigen Menschen
- der Übergang in die Zeit nach dem Berufsleben, der Rente oder Pension

[2] Die Pubertät kann ein Übergang ins Erwachsenenleben sein, der mit Konflikten behaftet ist.

Transitionen bringen häufig bedeutsame Veränderungen mit sich. In der Entwicklungspsychologie wird von einer Verdichtung der Entwicklungsanforderungen bzw. der Entwicklungsaufgaben gesprochen, die es zu meistern gilt. Diese Phasen sind für den menschlichen Organismus anstrengend und können Krisen hervorrufen. In kurzer Zeit werden viele neue Anforderungen erlebt, auf die reagiert werden muss und an die der Mensch sich anzupassen versucht. Man nennt dies Anpassungsleistungen.

In den intensiven Phasen der Transition stecken Chancen und Herausforderungen, aber auch Risiken und Überforderungen für die menschliche Entwicklung.

Normative Übergänge

In der Transitionsforschung wird von **normativen Übergängen** gesprochen, die fast jeder Mensch erlebt, wie z. B. den Übergang in den Kindergarten, die Schule oder den Beruf, und **nicht-normativen Übergängen**, die nur einen Teil der Gesellschaft betreffen. Diese Übergänge können z. B. die Trennung der Eltern oder der Tod eines Elternteils sein, Arbeitslosigkeit oder Krankheiten. Nicht-normative Übergänge treten häufig unerwartet im Leben eines Menschen auf und lösen häufiger Krisen aus. Die Möglichkeit einer Krisensituation kann sich erhöhen, wenn mehrere Übergänge gleichzeitig stattfinden.

BEISPIEL

Saskia ist drei Jahre alt geworden und soll nun in den Kindergarten. Bisher hat eine Tagesmutter sie betreut. Beruflich bedingt muss die Familie gerade jetzt von Stuttgart nach Frankfurt ziehen. Saskias Mutter ist schwanger und erwartet bald ihr zweites Kind. Auf Saskia warten viele Entwicklungsaufgaben unterschiedlichster Form, z. B. eine neue Lebensumwelt zu erleben, einen Kindergarten mit neuen Erwachsenen und Kindern kennenzulernen, Beziehungsaufbau und -veränderungen zuzulassen und die Geburt des Geschwisterkindes und damit eine neue Rolle innerhalb der Familie zu erleben. Die neue Rolle stellt einen Identitätswandel dar.

Die Forschung geht davon aus, dass Transitionen mithilfe von Unterstützungssystemen und eigenen Ressourcen gut gemeistert werden, bestimmte Lebensumstände dagegen den Übergang erschweren können.

[1] Einfühlsames Handeln der Bezugspersonen erleichtert Transitionen, wie bei der Geburt eines Geschwisterkindes.

BEISPIEL

Saskias Eltern müssen ihr sehr feinfühlig begegnen. Saskia benötigt in dieser Phase viel Unterstützung der Eltern. Das Einrichten der Wohnung und das Finden eines neuen Freundeskreises für die Eltern sollten dagegen nicht im Vordergrund stehen. Eine sanfte Eingewöhnung in den Kindergarten sowie eine behutsame Begleitung bei der neuen Rollenfindung „große Schwester“ sind sinnvoll.

Wichtige Informationen bietet z. B. das Berliner Eingewöhnungsmodell für Krippen und Tageseinrichtungen für Kinder. Die Säulen dieses Konzeptes berücksichtigen Ergebnisse der Transitionsforschung: www.infans.de

An Saskias Beispiel wird deutlich, dass es sich bei einer Transition um einen wechselseitigen Prozess vieler Beteiligter handelt: der Eltern, der Erzieher, Saskia und des neuen Geschwisterkindes. Die aktive Beteiligung aller am Prozess Beteiligten und die konstruktive Kommunikation über Unterstützungsmöglichkeiten erhöhen die Chancen für einen gelungenen Übergang.

Gelingt ein Übergang im Leben eines Menschen gut, werden neue Kompetenzen erworben bzw. vertieft. Dies können z. B. die Stärkung des Selbstbewusstseins sein, die Fähigkeit, Hilfen annehmen zu können und Strategien für die Überwindung von Krisen zu entwickeln, die Möglichkeit, Widerstandskräfte zu mobilisieren, das Wahrnehmen neuer Gefühle oder die Fähigkeit, Gefühle zu regulieren und neue Beziehungen aufzubauen.

Die Entwicklungspsychologie geht davon aus, dass gelungene Übergänge positive Effekte auf weitere Übergänge im Leben eines Menschen haben.

Die meisten Menschen „wachsen“ an den erlebten Übergängen und sind in der Nachbetrachtung dankbar für die gemachte Erfahrung. Krisen und Hürden können als Chance gesehen werden. Dies bedarf aber auch wichtiger autogener Faktoren wie z. B. Geduld, Reflexionsvermögen, Widerstandskräften und der Motivation, das eigene Leben aktiv mitzugestalten (Eigeninitiative).

1.7 Kritische Lebensereignisse überwinden – Resilienz entwickeln

Entwicklungsrisiken

Der wechselseitige Prozess endogener, exogener und autogener Faktoren kann auch ungünstige Auswirkungen auf die menschliche Entwicklung und den Gesundheitszustand eines Menschen haben. Es wird dann von Entwicklungsrisiken gesprochen.

Diese Entwicklungsrisiken können beispielsweise schon während der Schwangerschaft auftreten und zu Fehlentwicklungen führen. **Exogenen Risikofaktoren**, also schädigende Einflüsse von außen, sind z. B. Nikotin, Alkohol, gefährliche Strahlen und Medikamente. Zu **endogenen Risikofaktoren**, den schädigenden Einflüssen durch den Kreislauf der Mutter, werden z. B. Infekte oder Bluthochdruck gezählt. Außerdem gibt es **genetische Risikofaktoren**, die zu Fehlentwicklungen wie dem Down-Syndrom führen können. Auch eine **Risikogeburt**, wie z. B. eine Frühgeburt, eine Geburtsdauer über 18 Stunden oder Sauerstoffmangel unter der Geburt, kann die Entwicklung eines Kindes gefährden.

[2] Exogene Risikofaktoren: Das Rauchen einer engen Bezugsperson stellt ein Entwicklungsrisiko für das Kind dar.

Zusätzlich zu den oben genannten Risikofaktoren wird häufig von **sozialen Risikofaktoren** gesprochen. Dazu zählen z. B.:

- geringer Bildungsstand und Armut der Familie
- autoritärer Erziehungsstil der Eltern
- mangelnde emotionale Zuwendung von Bezugspersonen
- fehlende medizinische Versorgung und Betreuung
- fehlende soziale Netzwerke

Risikogesellschaft | S. 340

BEISPIEL

Katharina ist zwei Jahre alt. Ihre Eltern verbringen wenig Zeit mit ihren Kindern: Die Kinder „laufen so mit“. Im Kinderzimmer sind nur ein Fernseher und einige wenige Spielsachen vorhanden. Katharina wächst in einer sehr reizarmen Umgebung auf. Sie hat viel Zeit im Laufstall verbracht. Die Vorsorgeuntersuchungen haben die Eltern für Katharina nur im ersten Lebensjahr in Anspruch genommen. Nun hilft eine Familienpflegerin der Familie. Seit ein paar Monaten besucht Katharina jetzt eine Krippe. Den Erzieherinnen fällt auf, dass sie noch sehr unsicher läuft und ihr Sprachverständnis sowie ihr aktiver Sprachgebrauch im Vergleich zu anderen zweijährigen Kindern sehr gering sind. Schon neun Monate später spricht Katharina jedoch intensiv und begeistert mit Kindern und Fachkräften und fährt rasant Bobbycar ...

Das Beispiel zeigt, dass bestimmte **Rahmenbedingungen** zu (zeitweise auftretenden) Entwicklungsverzögerungen führen können, jedoch ebenso durch neue Rahmenbedingungen kompensiert werden. Menschen können aber auch an Entwicklungsaufgaben scheitern, wenn Entwicklungsübergänge nicht gut gemeistert und Widerstandskräfte in Krisen nicht aktiviert werden.

Körperliches und psychisches Wohlbefinden sind Grundvoraussetzungen für eine gesunde Persönlichkeitsentwicklung.

Resilienz

Menschen erleben in ihrem Leben belastende Risikosituationen, wie z. B. längere Trennungen, den Tod eines Elternteils, psychisch kranke bzw. süchtige Eltern, Kinderarmut, Gewalt, ungünstige Erziehungsstile, Diskriminierung oder chronische Krankheiten. Einige Menschen wirken widerstandsfähiger (resilienter) als andere im Umgang mit belastenden Situationen und Lebensbedingungen. Treffen mehrere der genannten Risikofaktoren zeitgleich aufeinander, erhöht sich die Wahrscheinlichkeit psychischer Auffälligkeiten deutlich.

Im pädagogischen Kontext wird unter Resilienz eine besondere seelische Stabilität (Widerstandskraft) verstanden, die den erfolgreichen Umgang mit belastenden Lebensumständen und negativen Stressfolgen umfasst.

Ressourcen
Potenziale und Stärken, mit denen Aufgaben bewältigt werden können

Der Blick der Forschung richtet sich inzwischen eher auf schützende Faktoren. Schützende Faktoren (|**Ressourcen**) setzen die Wahrscheinlichkeit psychischer Störungen und Auffälligkeiten durch belastende Situationen bzw. Lebensbedingungen herab.

[1] Sicher gebundene Kinder sind mutige Kinder.

Schützende Faktoren (Ressourcen) sind u. a.:
- mindestens eine stabile sichere Bindung zu einer Bezugsperson (emotional warme, offene Beziehung)
- soziale Vorbilder
- soziale Unterstützung außerhalb der Familie (z. B. Kita, Freunde)
- bestimmte Charaktereigenschaften (z. B. Impulskontrolle)
- Erfahrungen von Selbstwirksamkeit, -vertrauen
- positives Selbstbild, Welt- und Menschenbild
- soziale Verantwortlichkeit, angemessene Leistungsanforderungen
- Gefühl von Kohärenz (ich weiß, wozu ich lebe ...)
- Hobbys und Interessen

Bindung | S. 154

Im Kapitel |Bindung wird erläutert, wie wichtig eine sichere Bindung für Menschen ist. Sicher gebundene Kinder zeigen u. a. folgende Verhaltensweisen deutlich ausgeprägter als nicht sicher gebundene Kinder: Neugierde, Selbstsicherheit, Empathie, Offenheit Fremden gegenüber und Mut. Diese Verhaltensweisen stärken die Resilienz eines Menschen. Es ist bei sicher gebundenen Kindern eine große Widerstandskraft bei emotionalen Belastungen zu beobachten. Sichere Bindungen erweisen sich als Schutzfaktor, unsichere Bindungen hingegen als Risikofaktoren.

Ein Kind mit hoher resilienter Kompetenz ...

- hat z. B. feinfühlige Menschen um sich, denen es vertraut, die Orientierung geben, Grenzen setzen, Vorbilder sind, unterstützen, bestärken, helfen, die Selbstbestimmung und Selbstwirksamkeit fördern.
- ist ein Kind, das wertgeschätzt und geliebt wird, Anteilnahme spürt und zeigt, anderen hilft, respektvoll anderen und sich selbst gegenüber ist, das verantwortungsvoll und zuversichtlich ist.
- kann z. B. bei Sorgen mit anderen sprechen, findet Problemlösungen, kann Hilfe holen und sein Verhalten in schwierigen Situationen kontrollieren.

1.8 Entwicklungsvielfalt

Die Merkmale der Entwicklung verdeutlichen, dass es in der Realität kein Norm-Kind und keinen Norm-Erwachsenen geben kann. Ergebnisse von Studien der Entwicklungspsychologie werden zwar in einem Entwicklungsplan eines idealtypischen Durchschnittskindes dargestellt. Beobachtungsverfahren sollten aber lediglich der Beschreibung individueller Entwicklungsprozesse, der Erklärung von Unterschieden im Entwicklungsprozess, der Ableitung von Prognosen der künftigen Entwicklung und der Optimierung von Entwicklungsverläufen dienen. Heutige Entwicklungstabellen berücksichtigen die Entwicklungsvielfalt stärker und vergrößern die Zeitfenster für bestimmte Entwicklungsschritte. Der lange Zeit vorherrschende defizitäre Blick auf Kinder und Jugendliche weicht einem ressourcenorientierten, inklusiven Blick. Individuelle Abweichungen von der Norm werden heute eher als Warnsignal statt als Fehlverhalten oder Störung der Entwicklung gesehen. Bestimmte Entwicklungsaufgaben fallen manchen Kindern schwerer. Pädagogische Maßnahmen oder Therapien müssen sich ganzheitlich verstehen und den gesamten Lebenskontext betrachten.

Die Entwicklungstabelle von Kuno und Simone Beller trägt dem hier dargestellten positiven Menschenbild Rechnung: www.entwicklungstabelle.de

Inklusion | S. 95, 367

Es gab einmal eine Zeit, da hatten die Tiere einen Kindergarten. Das Bildungsprogramm bestand aus Rennen, Klettern, Fliegen und Schwimmen, und alle Tiere wurden in allen Fächern gebildet. Die Ente war gut im Schwimmen, besser sogar als die Erzieher. Im Fliegen war sie durchschnittlich, aber im Rennen war sie ein besonders hoffnungsloser Fall. Da sie in diesem Bereich so schlecht war, musste sie immer wieder rennen, um es zu üben, und durfte nicht zum Schwimmen mitgehen. Das tat sie so lange, bis sie auch im Schwimmen nur noch durchschnittlich war. Durchschnittlich war aber akzeptabel, deshalb machte sich niemand Gedanken darüber, nur die Ente. Das Kaninchen war zuerst im Laufen an der Spitze der Gruppe, aber es bekam einen Nervenzusammenbruch und musste vom Kindergarten abgemeldet werden – wegen der vielen Förderstunden im Schwimmen. Das Eichhörnchen war Bester im Klettern, aber der Erzieher ließ die Flugstunden des Eichhörnchens am Boden beginnen statt im Baumwipfel. Das Eichhörnchen bekam Muskelkater durch Überanstrengung bei den Startübungen und wurde immer schlechter im Klettern und Rennen. Die mit Sinn fürs Praktische begabten Präriehunde brachten ihre Jungen zum Dachs in die Gruppe, als die Bildungskommission es abgelehnt hatte, das Buddeln in die Bildungsvereinbarung aufzunehmen. Am Ende des Jahres hielt ein anormaler Aal, der gut schwimmen und etwas rennen, klettern und fliegen konnte, die Schlussansprache in zwei Sprachen.

Verfasser unbekannt

Methoden

Wissenschaftliches Arbeiten: Zitierweisen, Quellenverzeichnis und Literaturverzeichnis anlegen

Zweck

Sie müssen eine wissenschaftliche Arbeit über die Grundlagen menschlicher Entwicklung schreiben. Eine wissenschaftliche Arbeit besteht jedoch nicht nur aus eigenen Ideen und Formulierungen, sondern gibt auch Gedanken und Ausarbeitungen anderer Autoren wieder. Es ist z. B. wichtig, bereits existierende Theorien zu vergleichen und weiterzuentwickeln oder bestehende Definitionen zu benennen und Argumentationshilfen für die eigenen Ausführungen zu finden.

Besonderheiten und Vorgehensweise

[1] Der Schutz des Urheberrechts ist auch bei der Entwicklung wissenschaftlicher Arbeiten stets zu beachten.

Die Qualität einer Arbeit hängt auch von dem Zusammenspiel eigener Ideen und Formulierungen und den Gedanken anderer Autoren ab. Das heißt, dass jeder Gedanke, der nicht vom Autor der Arbeit stammt, sorgfältig geprüft und kenntlich gemacht werden muss. Eine Aneinanderreihung von wörtlichen Zitaten alleine entspricht nicht einer wissenschaftlichen Arbeit. Wörtliche und sinngemäße Übernahmen z. B. aus Büchern, Zeitschriften und dem Internet müssen genau belegt werden, da eine Übernahme fremder Gedanken und Textbausteine ohne Kennzeichnung als Täuschungsversuch gewertet werden kann. Dabei ist es unerheblich, ob ein fremder Autor direkt (wörtliches Zitat) oder indirekt (sinngemäßes Zitat) zitiert wird.

Es gibt verschiedene Zitiertechniken: den **Fußnoten-Modus** und die **amerikanische Zitierweise**. Wichtig ist, dass innerhalb einer Arbeit eine Technik durchgehend verwendet wird. Beim Fußnoten-Modus wird hinter dem Zitat eine Fußnote eingefügt. In der Fußnote wird dann die Quelle angegeben. Bei der amerikanischen Zitierweise gibt man die Kurzquelle direkt nach dem Zitat innerhalb einer Klammer an (Autor, Jahr, Seitenangabe).

Zitierfähig sind alle Quellen, die jederzeit von Dritten überprüft werden können. Publizierte Bücher und Zeitschriftenaufsätze sind in jedem Fall zitierfähig. Des Weiteren sollte berücksichtigt werden, dass die Quelle seriös und aktuell ist.

Wikipedia
Online-Lexikon; sein Inhalt ist meist nicht wissenschaftlich lektoriert und kann sich laufend verändern; daher sollte Wikipedia nur als persönlicher Recherche-Start verwendet werden und nicht für Zitate.

Viele Publikationen sind heute online verfügbar. Internetquellen sind jedoch problematisch, da sie oft einem schnellen Wandel unterworfen sind und nach wenigen Stunden den zitierten Inhalt verlieren können. Die trifft insbesondere auf Online-Lexika wie |Wikipedia zu. Um eine langfristige Auffindbarkeit und Zitierfähigkeit gewährleisten zu können, werden immer mehr Online-Texte durch dauerhafte digitale Identifikatoren wie z. B. DOI und URN gekennzeichnet. Diese sind vergleichbar mit der ISBN-Nummer bei Büchern.

Direkte Zitate (wörtliche Zitate)

In schriftlichen Arbeiten (z. B. Hausarbeiten, Facharbeiten, Referate) ist es sinnvoll, mit wörtlichen Zitaten grundsätzlich sparsam umzugehen und besser eigene Formulierungen zu verwenden. Wörtliche Zitate dürfen nicht zu lang sein und müssen in Bezug zum Text stehen. Die wörtliche Übernahme einer Aussage wird in Anführungszeichen gesetzt. Ausgelassene Wörter kennzeichnet man mit [...], Hinzufügungen und Hervorhebungen des Verfassers schließt man in eckige Klammern ein, längere Anmerkungen zusätzlich mit „Anm. d. Verf.". Wörtliche Zitate können unmittelbar im Anschluss daran mit der Quelle belegt oder mit einer Fußnote versehen werden.

[2] Nachschlagewerke und andere Fachbücher bieten eine Fülle von Informationen.

BEISPIEL

„Wenn von Einflüssen der Erbanlage und der Umwelt auf die [...] Entwicklung die Rede ist, dann ist immer [auch] die Frage gemeint, zu welchen Anteilen vorfindbare *Unterschiede zwischen Kindern [...]* durch *Unterschiede in der genetischen Ausstattung* und [...] *Umwelterfahrungen* bedingt sind." *(Büttner, Gerhard [2002/2010]: Anlage und Umwelt – ihre Bedeutung für die kindliche Entwicklung. In: www.familienhandbuch.de/kindliche-entwicklung/allgemeine-entwicklung/anlage-und-umwelt-ihre-bedeutung-fur-die-kindliche-entwicklung, 16.10.2013)*

Indirekte Zitate (Sinnzitate, inhaltliches Zitieren)

Die Übernahme einer Aussage, bei welcher der genaue Wortlaut nicht relevant ist, wird als Sinnzitat bezeichnet. Es wird durch „vgl.", „in Anlehnung an" oder „s." gekennzeichnet. Die Quelle kann dabei vor oder, wie oben, nach dem Zitat belegt werden bzw. am Ende des entsprechenden Abschnittes.

Quellenangaben

Es gibt zwei Möglichkeiten der Quellenangabe:

- Vollbeleg: In diesem Fall muss jede zitierte Quelle bei ihrer erstmaligen Erwähnung als Vollbeleg wie beim Literaturverzeichnis in der Fußnote des Fließtextes aufgeführt werden. Wichtig ist die Angabe der Zitierstelle.
- Kurzzitat: Diese Form entwickelt sich immer mehr zur üblichen Belegform. Dabei werden lediglich der Name, der abgekürzte Vorname, evtl. Stichwort, Jahr (nach dem Autor oder dem Stichwort) und die Zitierstelle angegeben. Der Vollbeleg erscheint dann im Literaturverzeichnis.

Literaturverzeichnis

Jede benutzte Quelle wird im Literaturverzeichnis mit einem Vollbeleg aufgeführt. Dieser umfasst Verfassername, Titel und Untertitel, ggf. Herausgeber oder Zeitschrift, benutzte Auflage, Seitenzahl, Erscheinungsort und Erscheinungsjahr. Das Literaturverzeichnis wird alphabetisch geordnet. Fehlen bibliografische Angaben, werden sie als fehlend vermerkt; z. B. „o. V." (ohne Verfasser), „o. O." (ohne Ortsangabe), o. J. (ohne Jahresangabe).

Bei Zitaten aus dem Internet müssen, wie oben angegeben, folgende Angaben gemacht werden: Verfassername, Organisation, Institution, Erscheinungsjahr, Titel (und Untertitel); Internetadresse und Datum des Seitenabrufs.

2 Bindung als Voraussetzung für Entwicklung

2.1 Früheste Bindungserfahrungen – intuitive Fähigkeiten

[1] Bindungsverhaltensweisen sind kulturunabhängig.

Humanethologie
Verhaltensbiologie, die sich mit dem Verhalten des Menschen beschäftigt

Bindung | S. 226

Intuition
Gedanken und Reaktionen, die aus dem Unterbewusstsein entstehen, ohne dass hierzu bewusst zuvor nachgedacht wurde

Humanethologen gehen davon aus, dass das Verhalten eines Menschen ohne Einbeziehung seiner stammesgeschichtlichen Entwicklung nicht sinnvoll zu interpretieren ist. Häufig wird in den Studien der Kulturforschung das Verhalten von Kleinkindern in verschiedenen Kulturkreisen untersucht (Kulturvergleich). Bei Gemeinsamkeiten im Verhalten unterschiedlicher Kulturkreise spricht man dann von kulturunabhängigen und damit biologisch begründeten Verhaltensweisen.

Überall auf der Welt bringen Säuglinge eine angeborene Bereitschaft, angeborene Fähigkeiten und angeborene Verhaltensweisen zum Überleben mit, die allerdings die Nähe, Verfügbarkeit und Sensibilität einer (primären) Bezugsperson benötigen, um sich entfalten zu können.

Die früheste Bindung, die ein Mensch eingeht, ist die Bindung an seine primäre Bezugsperson – in der Regel seine Mutter. Dieses motivationale System intuitiver Verhaltensweisen, die auf das Herstellen sowie auf die Aufrechterhaltung von Nähe zu einer Bezugsperson ausgerichtet sind, nennt man **Bindungsverhaltensweisen**. Dazu zählen vonseiten der Babys z. B. Weinen, Anlächeln, Rufen, Anklammern, Nachlaufen oder Arme ausstrecken.

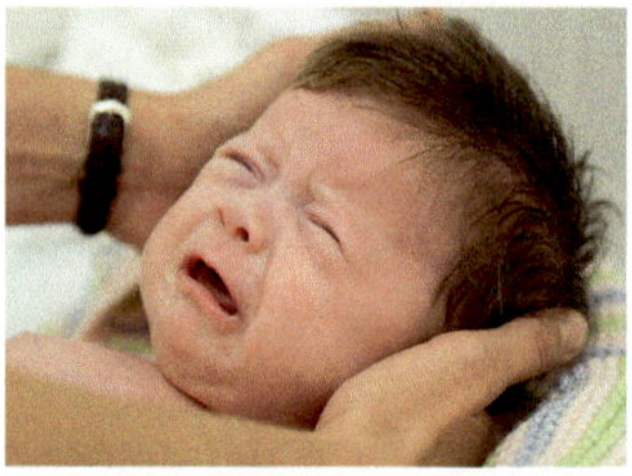

[2] Weinen ist eine Bindungsverhaltensweise des Kindes.

[3] Eltern zeigen intuitiv Verhaltensweisen, die das Kind trösten.

Ein Ergebnis der frühen Bindungsforschung von John Bowlby und Mary Ainsworth ist, dass das Bindungssystem ein primäres, genetisch verankertes System darstellt, welches wechselseitig die Emotionen, die Motivation und das Verhalten der Bezugsperson und des Kindes beeinflusst.

Auf der Seite der Erwachsenen liegen ebenfalls bestimmte angeborene Verhaltensbereitschaften bzw. genetisch bedingte hormonelle Prozesse vor, die auf die Äußerungen des Kindes im besonderen Maße reagieren. Bei einer Mutter werden z. B. bereits während der Schwangerschaft und zusätzlich auch bei der Geburt bestimmte Hormone ausgeschüttet, die sie emotional an ihr Kind binden. Große „Kuller-Augen" berühren Erwachsene emotional und führen häufig zu Verhaltensweisen der Zuwendung und Nähe. Der Schrei eines Neugeborenen löst bei allen Erwachsenen automatisch einen Schutzmechanismus aus.

Durch die vom Säugling ausgehenden Signale wenden sich die Eltern bzw. Bezugspersonen in den ersten Lebensmonaten des Kindes spontan und intuitiv dem Säugling zu. Die Verhaltensbiologen und Ärzte Hanus und Mechthild Papoušek prägten dafür den Begriff der **intuitiven Kompetenzen.**

Intuitive Kompetenzen sind universell, kultur-, alters- und geschlechtsunabhängig.

BEISPIEL

Die Beispiele für Verhaltenweisen, die intuitive Kompetenzen deutlich machen, sind vielfältig:

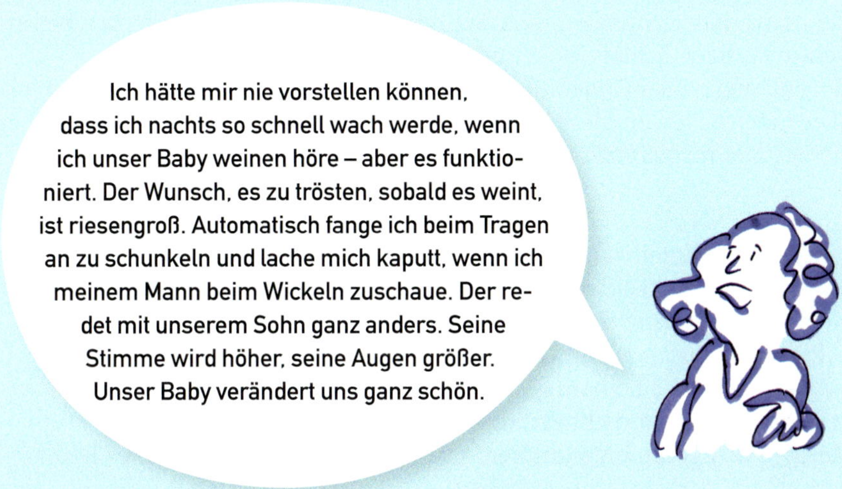

Die Bezugspersonen reagieren auf die kindlichen Signale bei ganz jungen Kindern im Millisekundenbereich (200–600 Millisekunden). Diese Verhaltensweisen geschehen eher unwillkürlich. Frühkindliches Lernen ist auf Wiederholung aufgebaut. Intuitive Verhaltensweisen können beinahe endlos wiederholt werden, ohne dass sie den Ausführenden ermüden.

BEISPIEL

Mit dem biologischen Spiegel werden die Mimik und die Laute des Kindes nachgeahmt.
Der Dialogabstand zwischen beiden Gesichtern beträgt in den ersten Lebenswochen nur 20–30 cm.
Die Ammensprache zeichnet sich durch höhere Stimmlage mit spezifischem Sprechgesang und Mienenspiel aus.
Berührungen dienen dazu, die Spannungsverhältnisse im kindlichen Körper in doppelter Hinsicht zu „begreifen".
Rhythmisches Tragen wird zahllos wiederholt und beruhigt Säuglinge.

Das Bindungssystem ist existenzsichernd, da Säuglinge und Kleinkinder in den ersten Lebensjahren auf die Unterstützung, Zuwendung und Nähe eines Erwachsenen angewiesen sind. Eine sichere Bindung ist in den ersten Lebensjahren wie ein unsichtbares „Gummiband". Es bietet Schutz, Sicherheit und Wohlbefinden sowie das Gefühl des Dazugehörens und der Wertschätzung und verhindert, dass Babys „zu weit weg gehen".

2.2 Feinfühligkeit – ein Faktor für sichere Bindung

Bereits im ersten Lebensjahr lernt ein Kind, ob auf seine primären Bezugspersonen Verlass ist. Je nach Qualität der Interaktion mit der Bezugsperson entwickelt sich ein bestimmtes Bindungssystem, welches existenzsichernd ist. Es ist eine wichtige Entwicklungsaufgabe der ersten Lebensmonate, zu einer oder einigen wenigen Bezugspersonen eine Beziehung aufzubauen. Meist sind dies primäre Bezugspersonen, die das Kind ständig betreuen: Eltern, Großeltern, Tagesmütter oder pädagogisches Fachpersonal. Es ist von großer Bedeutung, die Hilflosigkeit und Abhängigkeit ganz junger Kinder zu realisieren, die nur mithilfe von körperlichen Signalen wie Temperatur, Körperspannung und Geruch sowie nonverbalen Signalen, z. B. Schreien, Weinen und Mimik, ihre Bedürfnisse wie Hunger, Schlaf, Nähe und Interaktion mitteilen können.

Gegenläufige, über Generationen überlieferte Thesen erschweren in den ersten Lebensmonaten oft diese Eltern-Kind-Interaktionen. Eltern fühlen sich verunsichert und reagieren konträr zu ihren intuitiven Fähigkeiten.

BEISPIEL

Meine Mutter war fast jeden Tag nach der Geburt bei mir. Sie wollte mir helfen. Leider hat sie mich auch sehr verunsichert mit komischen Ansichten:
„Pass auf, dass du dein Kind nicht direkt verwöhnst." – „Ein bisschen Weinen hat noch keinem geschadet. Schreien macht die Lungen frei." – „Vielleicht wird er nicht satt von Muttermilch. Du solltest besser zufüttern." – „Tragt ihn nicht immer herum. Der muss in sein eigenes Bett."

Kleinst- und jüngere Kinder brauchen zum Aufbau sicherer Bindungen und für das Erkundungsverhalten einfühlsame fürsorgliche Begleiter.

Mary Ainsworth prägte Mitte der 1970er Jahre für dieses Verhalten den Begriff der **Feinfühligkeit**.

Zu feinfühligem Verhalten gehören folgende Aspekte: die Signale des Kindes richtig wahrnehmen, diese Signale richtig interpretieren, auf diese Signale prompt und angemessen reagieren.

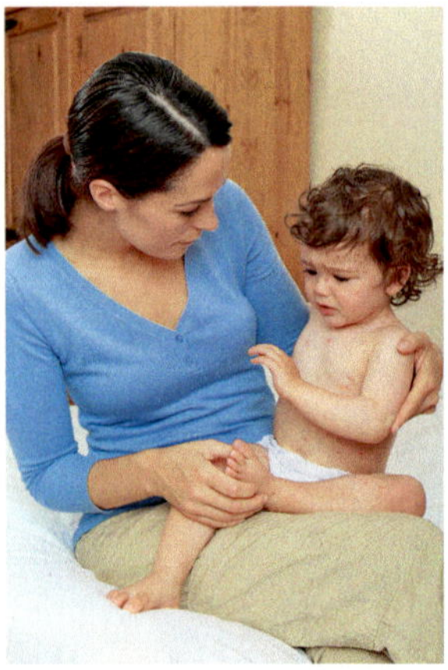

[1] Intuitiv zeigen Bezugspersonen Feinfühligkeit, wenn sie auf die nonverbalen Signale des Kindes fürsorglich reagieren.

Für eine sichere Bindung sind die Haltung der Bezugsperson und die Menge der Erfahrungen positiver Interaktion wichtig. Ein regelmäßiges immer wiederkehrendes bestimmtes Verhalten von Erwachsenen prägt die ersten Bindungserfahrungen.

Die Botschaften der Bezugspersonen integriert das Kind in seine Selbstwert- und Identitätsentwicklung. Positive Bindungserfahrungen in frühester Kindheit sind die beste Voraussetzung dafür, dass ein Kind ein positives Selbstbild entwickelt und sich sowohl sozial-emotional als auch in seinem Bewegungs- und Forschungsdrang optimal entwickeln kann.

Für eine gesunde psychische Entwicklung braucht der Mensch Personen, denen er vertrauen kann, die in belastenden Situationen für ihn da sind und ihn ermutigen, neugierig die Welt kennenzulernen.

In Ihrem Leben gibt es sicher Personen, bei denen Sie sich besonders wohl- und wertgeschätzt fühlen, die Sie lieben und die Sie so gut kennen wie kein anderer. Dies können Ihre Eltern, Freunde, Großeltern und Geschwister sein.

Bindung wird als emotionales Band beschrieben, das über Ort und Zeit hinweg bestehen bleibt. Bindungsbeziehungen sind durch tiefe Verankerung, Stabilität, Verbundenheit und gemeinsame Erlebnisse gekennzeichnet. Bindung bietet dem Menschen Halt, Sicherheit, Unterstützung und Geborgenheit und hilft, schwierige Situationen zu meistern, zu lernen und sich weiterzuentwickeln.

[2] Geborgenheit

Unterschiedliche sozial-emotionale Erfahrungen in der frühen Kindheit prägen den Menschen. Erlerntes Vertrauen oder Misstrauen nehmen Einfluss auf die gesamte weitere Entwicklung und die Bindungsbeziehungen z. B. zu Peers oder der eigenen Partnerschaft. Die erlebte Sicherheit und Verlässlichkeit bzw. Unsicherheit und Unzuverlässigkeit überträgt der Mensch im weiteren Leben auf neue Beziehungen. Zunächst dienen in neuen Beziehungen erste erlebte Bindungsmuster als Orientierungsrahmen für die Interaktion.

BEISPIEL

Rebekka, 16 Jahre, erlebt ihre erste große Liebe. Sie kann diese Liebe kaum genießen, weil sie rasend vor Eifersucht ist. Kaum spricht ihr Freund mit anderen Mädchen, kommt sie hinzu, hält seine Hand, fragt ihn aus und toleriert kaum, dass er mit den Kumpels zum Fußball geht. Nur wenn sie in seiner Nähe ist, fühlt sich die Beziehung gut an.

Norbert, 42 Jahre, lebt mit seiner Frau und seinen Kindern zusammen. Körperliche Nähe und Gefühlsduseleien sind ihm zuwider. Er nimmt andere Menschen selten in den Arm und erwartet auch von den Kindern, dass sie sich in traurigen Momenten zusammenreißen.

2.3 Qualität der Bindungsbeziehungen

Die Feinfühligkeit, die Verfügbarkeit und die Vorhersagbarkeit der Reaktionen der Bezugsperson sowie das Temperament des Kindes bestimmen in großem Maße die Bindungsqualität. Das Ausmaß der Feinfühligkeit nimmt den größten Einfluss auf die Qualität der entstehenden Bindung.

Mary Ainsworth entwickelte eine standardisierte |Beobachtungsmethode, die sogenannte „Fremde Situation“. Das Bindungs- und Explorationsverhalten junger Kinder zwischen zwölf und 20 Monaten wurde in einer Laborsituation untersucht. Mary Ainsworth und ihr Team gingen davon aus, dass Kinder in einer belastenden Situation (Trennung von der Mutter) Bindungsverhalten zeigen, in Anwesenheit der Mutter dagegen das Umfeld erkunden. Es wurde deutlich, dass nicht alle Kinder dieses Verhalten zeigten. Es kristallisierten sich drei Verhaltenstypen heraus. Diese Ergebnisse sind die Grundlage heutiger Bindungstheorien. Die Forscher stellten außerdem fest, dass sich nicht nur die Kinder, sondern auch die Mütter unterschiedlich verhielten.

Beobachtungsmethoden | S. 123

Bindungstypen

Es werden in der Bindungstheorie nach Mary Ainsworth mittlerweile vier Bindungsqualitäten bzw. **Bindungstypen** unterschieden, die in der Fachliteratur durch die Buchstaben A bis D gekennzeichnet werden.

A Unsicher-vermeidende Bindungsqualität	Der Erwachsene zeigt einen Mangel an Feinfühligkeit (z. B. die Zurückweisung der Wünsche des Kindes nach Nähe und Trost). Starke Gefühlsausbrüche werden eher als negativ bzw. Schwäche erlebt. Das Kind kann den Erwachsenen nicht als sichere Basis nutzten, daher muss es aus eigener Kraft versuchen, emotional belastende Situationen zu bewältigen. Beim Kind ist langfristig zu beobachten, dass es kein offenes und eindeutiges Bindungsverhalten zeigt. Es sucht z. B. keine Nähe, weint nicht und ruft nicht nach der Bezugsperson. Manche Kinder ignorieren sogar den Erwachsenen. Das Kind zeigt auch kaum Gefühle, z. B. weint es nicht bei der Trennung vom Erwachsenen. Ältere Kinder und Jugendliche zeigen eine eher negative Lebenshaltung in schwierigen Lebenslagen und häufig Zweifel an den eigenen Fähigkeiten.
B Sicher gebundene Bindungsqualität	Der Erwachsene reagiert in hohem Maße feinfühlig auf die Signale des Kindes. Sein Verhalten ist vorhersehbar und zuverlässig; er ist die sichere Basis. Das Kind zeigt offenes und eindeutiges Bindungsverhalten und sucht Kontakt und Nähe zur Bezugsperson mit positivem Verhalten ihr gegenüber. Es offenbart seine Gefühle, wenn es bei ersten Trennungsversuchen weint und sich schnell in der Nähe oder im Körperkontakt mit seiner Bindungsperson beruhigt. Es ist sich der Erreichbarkeit, Verfügbarkeit und Vorhersagbarkeit der Bindungsperson innerlich sicher. Ältere Kinder und Jugendliche haben ein gutes Selbstwertgefühl und eine positive Lebenshaltung auch in schwierigen Lebenssituationen. Sie sind häufig sehr beliebt in Peers und kontaktfreudig.
C Unsicher-ambivalente Bindungsqualität	Der Erwachsene verhält sich gegenüber dem Kind widersprüchlich. Er reagiert mal sehr feinfühlig, mal ignorierend oder auch feindselig. Der Erwachsene unterbricht sogar das kindliche Spiel, weil der eigene Wunsch nach Zärtlichkeit mit dem Kind Priorität hat. Beziehung zum Kind bzw. Interaktionen mit ihm sind abhängig von der eigenen Befindlichkeit und für das Kind kaum vorhersehbar. Das Kind zeigt sich ambivalent: Es sucht und hält mäßig bis starken Kontakt, d. h., es äußert den Wunsch nach Nähe zu der Bezugsperson, gleichzeitig zeigt es aber auch ärgerliche Zurückweisung in Form von Widerstand gegen entstehenden Kontakt. Es ist aber auch eine übermäßige Anhänglichkeit zu beobachten. Das Kind hat keine innere Sicherheit über Erreichbarkeit, Verfügbarkeit und Vorhersagbarkeit seiner Bindungsperson.
D Desorganisiertes Bindungssystem	Der Erwachsene löst Furcht aus. Die Bezugsperson wird als „sichere Basis" gesucht, ist aber die Quelle der Gefahr (z. B. Misshandlungen, Missbrauch, Gewalt). Der Erwachsene ist häufig selbst traumatisiert oder psychisch krank. Das Kind kann auf keine organisierte Bindungsstrategie zurückgreifen. Es sind aus diesem Grund vielfältige und zum Teil widersprüchliche Verhaltensweisen zu beobachten (stereotype Verhaltensweisen, Verhaltenskollaps, Furcht vor der Bindungsperson oder Erstarrung in der Körperhaltung). Das Kind zeigt zum Teil weder ein Bindungs- noch ein Explorationsverhalten.

[Tab. 1] Bindungstypen nach Mary Ainsworth

Eine sichere Bindung ist der Schutzfaktor für die Entwicklung eines Menschen.

Forschungsergebnisse zeigen bei sicher gebundenen Kindern und Jugendlichen z. B. deutlich

- ein positives Selbstwertgefühl,
- kompetenteres Problemlösungsverhalten,
- gutes prosoziales Verhalten,
- ein konzentrierteres Spiel,
- hohe Empathiefähigkeit,
- große Selbstständigkeit,
- ein großes Erkundungsverhalten und
- Beliebtheit.

Die frühen Erfahrungen, die ein Kind mit seinen Bindungspersonen sammelt, haben einen großen Einfluss auf sein späteres Erleben und Wahrnehmen der Welt sowie die Gestaltung von Beziehungen und Partnerschaften. Diese Beziehungen sind bei sicher gebundenen Menschen geprägt durch eine hohe Selbstreflexion sowie Wertschätzung von Autonomie und Verbundenheit. Jugendliche und junge Erwachsene sind später fähig, ihre eigenen Gefühle und auch die des Partners zu erkennen und zu reflektieren und angemessen darauf zu reagieren. Auch sicher gebundene Mütter zeigten z. B. dem eigenen Kind gegenüber ein feinfühliges Verhalten. Eine gelungene und sichere Bindung mit der Erfahrung, sich lösen zu dürfen, ist ein „guter Start ins Leben". Ein einmal erworbenes Bindungsmuster bleibt nicht notwendigerweise bestehen. Neue Erfahrungen und Beziehungen können Bindungsmuster im Leben eines Menschen verändern.

Das Bindungsverhalten kann sich im Verlauf der Jahre verändern. Die Bindungsqualitäten zu verschiedenen Personen sind unabhängig voneinander zu sehen. So kann ein Kind z. B. eine sichere Bindung zu seinem Vater und eine unsicher-ambivalente Bindung zu seiner Mutter haben. Das Kind entwickelt seine eigenen Arbeitsmodelle und kann Bindungshierarchien zulassen.

Mehr interessante Informationen über Studien der Bindungsforscher Großmann & Großmann zum Thema Auswirkungen elterlicher Feinfühligkeit und sicherer Bindung auf die weitere Entwicklung finden Sie unter: www-app.uni-regensburg.de/Fakultaeten/PPS/Psychologie/Grossmann/

Um die Eltern-Kind-Bindung zu stärken, gibt es seit vielen Jahren nationale und internationale Programme (z. B. Starke Eltern/starke Kinder, SAFE, STEEP). In Deutschland wurde zu diesem Thema vor einigen Jahren das Netzwerk ‚Frühe Hilfen' (*www.fruehehilfen.de*) gegründet.

2.4 Bindung versus Exploration

Kinder haben von Anfang an neben dem Bedürfnis nach Bindung, Nähe und Sicherheit das Bedürfnis, ihre Umwelt zu erkunden. Ziel einer sicheren Bindung ist es daher, beide Bedürfnisse, das nach Bindung und das nach Exploration, in einer angemessenen Balance leben zu können.

Das **Bindungssystem** sorgt dafür, dass die Nähe und An-Bindung des Kindes zur Bezugsperson hergestellt und so das Überleben gesichert wird. Es befriedigt aber auch ein menschliches Grundbedürfnis nach Zuneigung, liebevoller Zuwendung und Zugehörigkeit.

Das **Explorations-System** sorgt dafür, dass ein Kind erstens die Dinge lernt, die es zum Überleben wissen und kennen muss, dass es zweitens aber auch sein menschliches Grundbedürfnis nach Spielen, Entdecken, Fragen klären und beantworten, Forschen sowie Experimentieren stillen kann.

[1] Im Verhalten von Kindern zeigt sich ein ausbalanciertes Verhältnis zwischen Bindung und Exploration.

Das ständige Wechselspiel zwischen Bindungs- und Explorationsverhalten findet in den ersten Lebensjahren sehr häufig statt. Das Bindungsverhalten wird aktiviert, sobald das Kind sich unsicher und ängstlich fühlt oder primäre Bedürfnisse, z. B. Hunger und Schlaf, im Vordergrund stehen. Das Erkundungsverhalten tritt in den Hintergrund. Es wird wieder aktiviert, wenn das Kind sich sicher fühlt und alle primären Bedürfnisse gestillt sind. Entdeckt das Kind z. B. ein neues Spielzeug, schaut es kurz zu seiner Bindungsperson, wartet auf ein Nicken bzw. auf Zustimmung und untersucht dann den neuen Gegenstand. Dieses Verhalten nennt man **soziale Rückversicherung** (engl. social-referencing).

[2] Wie der Bergsteiger von seinen Expeditionen zu seinem Basislager zurückkehrt, um seine Ressourcen aufzufüllen, benötigen auch Kinder eine Bindungsperson als Basislager, die sie nach ihren Entdeckertouren immer wieder ansteuern und bei der sie ihre primären Bedürfnisse stillen können.

BEISPIEL

Der Bergsteiger Reinhold Messner hat für seine großen Bergtouren immer ein ganzes Team dabei (Trainer, Ärzte, Köche usw.). Sie errichten für ihn das Basislager. Im Basislager wird z. B. der Proviant aufgefüllt, die Wunden können gepflegt werden, Sauerstoff wird „getankt“, Aufstiegspläne „geschmiedet“. Aber der Koch oder der Arzt gehen nicht mit zum Gipfel.
Dieses Bild verdeutlicht die Notwendigkeit eines Basislagers. Aber der Bergsteiger kann nur eines – sich im Basislager aufhalten oder den Berg besteigen.

Junge, sicher gebundene Kinder im zweiten Lebensjahr entfernen sich z. B. mit großer Sicherheit weite Strecken von ihren Bezugspersonen, bleiben aber in Sichtkontakt. Verschwindet ihre Bezugsperson, wird in der Regel blitzartig das Bindungsverhalten aktiviert, sie beginnen zu weinen und laufen ihr hinterher, bis die Bezugsperson sich ihnen wieder nähert und sie auf den Arm nimmt. Häufig ist zu beobachten, dass sich das Kind dann an die Bezugsperson anschmiegt und sich beruhigen lässt. Kurze Zeit später läuft es wieder los.

Auch unsicher-vermeidende Kinder, die kein offensichtliches Bindungsverhalten zeigen, wenn sie ihre Bezugsperson in unvertrauten Situationen nicht finden, aktivieren ihr Bindungssystem. Ein hormonell messbarer Stressanstieg und ein schneller Puls sind bei den Kindern deutlich. Das als Stresshormon bekannte Kortisol kann im Speichel dieser Kinder nachgewiesen werden.

Keine Bildung ohne Bindung

Nur in einem positiven Klima und durch die Begleitung einer feinfühligen Bezugsperson können Kinder mithilfe ihrer Selbstbildungspotenziale die Umwelt erkunden und explorieren.

Sicher gebundene Kinder reagieren mit größerer Widerstandskraft auf belastende, verunsichernde und stressauslösende Situationen. Sie sind resilienter als unsicher gebundene Kinder.

Resilienz | S. 150

Wenn das Kind sich unsicher und womöglich verängstigt fühlt, dann wird es sich nicht auf Lern- oder Spielerfahrungen einlassen können, da es damit beschäftigt ist, sein inneres Gleichgewicht zu stabilisieren und unter Kontrolle zu halten. Das heißt, dass die zur Verfügung stehende Aufmerksamkeit und Energie nicht für die Erkundung der Umgebung, das Lernen und Spielen verwendet werden können. In schwierigen Lebenssituationen fehlen diesen Kindern häufig psychische Widerstandskräfte, diese Krisen oder Übergänge zu meistern.

[3] Nur eine sichere Bindung trägt zum inneren Gleichgewicht des Kindes bei, das nötig ist, um gegenüber schwierigen Lebenssituationen gewappnet zu sein.

Dieser Zusammenhang hat bedeutungsvolle Konsequenzen für den jeweiligen Lern- und Bildungserfolg des Kindes! In Einrichtungen der Kinder- und Jugendhilfe kann der Aufbau einer neuen sicheren Beziehung zu den pädagogischen Fachkräften für das Bindungs- und Erkundungsverhalten unsicher gebundener Kinder kompensatorische Wirkung haben. Dies scheint besonders bei jüngeren Kindern leichter zu sein. Kinder sind offen für neue Bindungen, die anders sein können als die bisherigen Bindungserfahrungen. Besonders Kinder mit unsicher-vermeidendem Bindungsverhalten benötigen intensivere Zuwendung und Begleitung. Pädagogische Fachkräfte müssen darauf vorbereitet sein, dass sie von unsicher gebundenen Kindern zuerst einmal abgelehnt werden könnten. Diese Kinder erwarten in der Regel Zurückweisung und teilweise Feindseligkeit in der Interaktion mit Erwachsenen oder Kindern. Pädagogische Fachkräfte müssen sich im Umgang mit den Kindern ständig reflektieren und dürfen das Ziel, die „Eltern-Kind-Bindung“ zu stärken, nicht aus dem Blick verlieren. Sie dürfen nicht zu „Ersatzmüttern oder Ersatzvätern“ werden. Sie begleiten Kinder nur ein paar Jahre auf deren Lebensweg. Diese Zeit gilt es zu nutzen, um die individuelle Entwicklung, die Talente des Kindes und seine Resilienz zu stärken. Dazu zählen auch neue bzw. andere Beziehungserfahrungen zu Kindern und Erwachsenen.

Alles Bindung – oder was? Zu Risiken und Nebenwirkungen eines Modebegriffs

Es findet sich kaum ein Artikel, Vortrag, Konzept, in dem nicht betont wird, wie wichtig Bindung sei: „Auf diesem Hintergrund ist das Plädoyer des vorliegenden Handbuchs für Qualität in der Betreuung von Kindern unter drei Jahren so wichtig. Drei zentrale Aussagen können nicht genug betont werden: 1. Ein kleines Kind braucht eine Bindung auch an seine Erzieherin. 2. Bildung gelingt am besten auf der Grundlage einer vertrauensvollen Bindung ...“ (Grossmann/Grossmann in Becker-Stoll/Niesel/Wertfein 2012, S. 8). [...] Warum sprechen Grossmann/Grossmann von Bindung und nicht von einer vertrauensvollen, wertschätzenden Beziehung? Warum genügt so eine Formulierung nicht, was macht den qualitativen Sprung aus,

Lesen Sie weiter auf S. 162. ▸

der die Betonung auf Bindung erfordert? […] Wer nach einer klaren wissenschaftlichen Definition von Bindung im Kontext der professionellen Erzieherin-Kind-Beziehung sucht, findet nichts. Mal wirken Bindung und Beziehung wie austauschbare Synonyme, mal werden Definitionen herangezogen, die aus der Erforschung privater Eltern-Kind-Beziehungen abgeleitet wurden. Manchmal ist Bindung ein rein deskripitives Verhaltensrepertoire, dann wieder eine innere Repräsentanz von Beziehungserfahrungen oder ein affektives Band, das schon manchmal als Leine zwischen Erwachsenen und Kindern dargestellt wird. Die unklare Terminologie scheint ein Geburtsfehler der Bindungsforschung zu sein. Bereits 1985 schrieb Daniel Stern in seinem Werk „Die Lebenserfahrung des Säuglings“: „Die Bindungstheorie […] erfasst nun Phänomene auf zahlreichen Ebenen: ‚Bindung‘ kann ein Komplex kindlicher Verhaltensweisen, ein motivationales System, eine Beziehung zwischen Mutter und Kind, ein theoretisches Konstrukt und eine subjektive Erfahrung des Kindes in Form innerer ‚Arbeitsmodelle‘ bedeuten.“ (Stern 1994, S. 45) Für die Pädagogik ist das Bedeutungsdurcheinander ausgesprochen problematisch, denn Ziele, Haltungen, theoretische Vorstellungen, Hypothesen, widersprüchliche Aussagen werden oft erst in dem Ringen um eine einheitliche Begriffsdefinition deutlich. […]

Die Erzieherin-Kind-Bindung bei Ahnert

[…] Ahnert betont die qualitativen Unterschiede zwischen der Eltern-Kind-Bindung und der Erzieherin-Kind-Bindung. Allerdings definiert auch sie nicht explizit, was sie mit Bindung meint. Man könnte sagen, alles, was Sicherheit in Beziehungen bewirkt, lässt sich als Bindung bezeichnen. Es handelt sich hier um ein eher technisches Verständnis von Bindung (Ahnert 2006). Bindung wird hier als ein Instrumentarium gesehen, das Exploration ermöglicht. Deshalb der Slogan „Ohne Bindung keine Bildung“. Ich sehe in ihren Ausführungen eine Analogie zur Sicherheitsskibindung. Die Skibindung dient nicht nur dazu, Gefahren abzuwenden, sie macht das Skifahren überhaupt erst möglich. Eine Skibindung ist also unverzichtbar. Ob Skifahren gelingt, hängt sehr stark von der Einstellung der Bindung ab. Sie muss individuell (feinfühlig) auf die Person eingestellt sein. Ist die Bindung zu streng, öffnet sie sich bei einem Sturz nicht, kann dies zu schlimmen Verletzungen führen. Ist die Bindung zu locker eingestellt, öffnet sie sich also bei jeder etwas sportlicheren Bewegung, macht Skifahren keinen Spaß. In beiden Fällen handelt es sich um eine unsichere Bindung. Das Skifahren wird erschwert, weil man sich auf die Bindung nicht verlassen kann. […] Nach Ahnert garantiert Bindung Sicherheit. Sie sorgt dafür, dass sich Kinder sicher fühlen, wissen, dass sie sich auf die Menschen in ihrem Umfeld verlassen können und deshalb unbelastet und angstfrei Neues erforschen und dabei auch etwas riskieren können. Diese Bindung besteht nach Ahnert aus den fünf Komponenten: Zuwendung, Sicherheit, Stressreduktion, Assistenz, Explorationsunterstützung. Unklar bleibt, in wie weit es sich hier um deskriptive Verhaltensmuster oder um innere Erlebniskategorien handelt. Die affektive Qualität wird nur indirekt beschrieben. Ahnert betont, dass sich die Eltern-Kind-Bindung qualitativ von der Erzieherin-Kind-Bindung unterscheidet. Sie macht dies an einer Gewichtung der unterschiedlichen Komponenten fest. Bei der Mutter-Kind-Bindung stehe Zuwendung, Sicherheit und Stressreduktion im Vordergrund, während bei der Erzieherin-Kind-Bindung Zuwendung, Assistenz und Explorationsunterstützung stärker wirken (Ahnert, L., Pinquart, M., Lamb, M. E. (2006). Security of children's relationships with nonparental care providers: A meta-analysis. Child Development, 77, 664–679.) Sie trifft keine Aussagen, ob sich die Komponenten auch inhaltlich je nach Beziehung unterscheiden. Anzunehmen ist, dass sich die Art der Zuwendung sehr stark zwischen Eltern und Erzieherinnen unterscheidet. Auch hier könnte eine Differenzierung in „soziale" und „persönliche" Bindungen zur Klärung beitragen. Das Modell wirkt sehr logisch. Wenn man von der Analogie zur Skibindung absieht, bleibt unklar, warum man hier von Bindung spricht. Nach der klassischen Bindungstheorie dürfte das Bindungssystem gar nicht aktiviert sein, wenn das Kind exploriert. Ich erkenne in diesen fünf Komponenten Aspekte entwicklungsförderlichen Erziehungsverhaltens. Einzig die Betonung von Sicherheit und Stressreduktion erinnern noch an Bindung. Assistenz und Explorationsunterstützung erinnern mich an Responsivität (Gutknecht) und einen Autonomie gewährenden und responsiven Erziehungsstil bei Beller. Die empirischen Ergebnisse und die theoretischen Ausführungen von Ahnert lassen sich gut in die moderne Kleinkindpädagogik integrieren, auch wenn auch hier die Begriffe klarer definiert werden sollten. [...]

Fazit

Je jünger die Kinder sind, die Erzieherinnen und Erzieher betreuen und erziehen, um so sorgfältiger müssen diese ihre Gefühle, ihre vielleicht auch verdeckten Beziehungsbotschaften an das Kind und seine Eltern reflektieren. Das Kind darf sich nicht zurückgewiesen oder allein gelassen fühlen, wenn es Hilfe braucht. Die Aktivität muss aber vom Kind ausgehen. Erzieherinnen und Erzieher dürfen ihre Bedürfnisse nach Nähe zu dem Kind nicht dem Kind überstülpen. Erzieherinnen und Erzieher dürfen nicht in Konkurrenz zu Eltern treten. Es ist ihre Aufgabe, die Eltern-Kind-Beziehung oder Bindung zu stärken. Die Eltern begleiten das Kind ein Leben lang. Da Bindung immer noch nicht exakt definiert ist, genügt es nicht von einer Erzieherin-Kind-Bindung zu sprechen. Die Vorstellungen, die damit verknüpft sind, müssen ausführlich und explizit dargestellt werden. Unklare Aussagen bergen große Risiken und Nebenwirkungen, sie führen zu Missverständnissen und können die Entwicklung von Kindern hemmen, auch und gerade, wenn dies alles gut gemeint ist.

(Winner, Anna (2013): Alles Bindung – oder was? In: www.erzieherin.de/alles-bindung-oder-was.php, 28.06.2013)

1. Recherchieren Sie weitere Stellungnahmen zum Thema Bindung und Feinfühligkeit.
2. Setzen Sie sich mit einigen Studien zur außerfamiliären Betreuung auseinander, z. B. NICHT und NUBBEK. Fassen Sie die Ergebnisse zusammen.
3. Befragen Sie junge Eltern zu dem Fazit von Anna Winner. Nehmen Sie selbst auch Stellung zu den von Anna Winner im Fachartikel vorgestellten Thesen. Entwickeln Sie erste Ideen für die Praxis. Wie kann das Fazit von Anna Winner z. B. in einer Tageseinrichtung für Kinder umgesetzt werden?

NICHT
National Institute of Child and human development

NUBBEK
Nationale Untersuchung zur Bildung, Betreuung und Erziehung in der frühen Kindheit

Methoden

Analyse eines Fachtextes

Zweck

Während der Erstellung einer Hausarbeit kommt nach der Literaturrecherche oft eine große Literatursammlung an Fachtexten und Büchern zusammen. Diese gilt es zu sichten, auszusortieren, zu analysieren, zu bewerten und in Beziehung zu setzen. Verschiedene Zugangswege können bei der Fülle von Informationen helfen. Aber auch bei der kritischen Auseinandersetzung mit einzelnen Fachtexten im Unterricht ist es wichtig, Analysetechniken zu kennen.

Besonderheiten und Vorgehensweise

[1] Das Markieren von Schlüsselstellen und -begriffen hilft, sich einen Überblick über den Text zu verschaffen.

Die folgenden Arbeitsschritte und Fragestellungen können bei der Analyse von Fachtexten hilfreich sein. Die hier angegebenen Beispiele beziehen sich auf eine Analyse des vorangegangenen Textes von Anna Winner.

Arbeitsschritte:

- Achten Sie auf die optische Gestaltung durch Überschriften und Absätze.
- Suchen Sie nach verwendeten Textquellen und Literaturhinweisen.
- Lesen Sie den Text zunächst langsam und aufmerksam durch und verschaffen Sie sich einen groben Überblick über den Text und sein Thema.
- Klären Sie unbekannte Begriffe.
- Markieren Sie Schlüsselstellen und -begriffe (Thesen, Behauptungen, Begründungen). Wählen Sie schon mögliche Textstellen für Zitate, z. B.:

BEISPIEL

„Je jünger die Kinder sind …“

- Arbeiten Sie die Kernaussagen des Textes heraus.
- Machen Sie sich kurze Randnotizen/Kommentare.
- Finden Sie für bestimmte Sinnabschnitte Überschriften.
- Fassen Sie bestimmte Passagen mit eigenen Worten zusammen.
- Bleiben Sie während der Fachtextanalyse sachlich! Eigene Meinung, Kommentare, Werteinschätzungen gehören nicht in eine Textanalyse.
- Überprüfen Sie die Glaubwürdigkeit eines Textes.
- Bestätigen Sie Ihre Analyse anhand von Textzitaten mit Zeilenangabe.

BEISPIEL

Die Autorin Anna Winner vertritt die These, dass der Bindungsbegriff von der Bindungsforschung bisher nicht eindeutig definiert wurde.

Fragen:

Da Fachtexte häufig sehr unterschiedlich aufgebaut sind, können nicht alle Fragen bei einem Text beantwortet werden.

- Wie heißt der Verfasser des Textes? Wie lauten der Titel und Untertitel des Fachtextes? Wo und wann ist der Text erschienen?
- Um welche Textart handelt es sich? (Praxisbericht, Sachtext, Zeitungsbericht, Kommentar etc.)
- An wen richtet sich der Verfasser? Wer ist seine mögliche Zielgruppe?

BEISPIEL: Fachkräfte in Einrichtungen der Kinder- und Jugendhilfe

- Beruft sich der Verfasser auf andere fachliche Autoritäten?

BEISPIEL: Auf weitere Bindungsforscher wie Grossmann & Grossmann, Brisch, Ahnert

- Worum geht es in dem Text? (Sachverhalt, Problem, Thema etc.)

BEISPIEL: Bindungsforschung, Definition des Begriffs Bindung inklusive der Konsequenzen

- Wie ist der Text aufgebaut bzw. gegliedert? Sinnabschnitte vorhanden?
- Wie verläuft die Argumentationsstruktur des Verfassers? (z. B.: These/Behauptung, Beleg der Thesen mit Argumenten, Zahlen, Schlussfolgerungen)
- Welche sprachlichen Mittel werden eingesetzt?
- Werden Zahlen oder Statistiken benutzt? Welche Funktionen erfüllen sie?
- Welche Absichten und Intentionen verfolgt der Verfasser? (eigene oder die Meinung einer anderen Person bestätigen, eine Meinung als falsch oder überholt darstellen, Anregungen vermitteln etc.)
- Welche persönliche Meinung vertritt der Verfasser? (verdeckte Wertungen erkennen, z. B. Einstellungen zum Sachverhalt)
- Welches Fazit zieht der Verfasser?

BEISPIEL: Erzieher müssen responsiv sein und dürfen ihre Aufgaben als pädagogische Fachkräfte nicht aus dem Blick verlieren: die **Eltern-Kind-Bindung ist zu stärken, Erzieher sollten verlässliche feinfühlige Bezugsperson werden.**

Je nach Aufgabenstellung ist es auch sinnvoll, sich mit anderen Mitschülern und Mitschülerinnen über Ihre Ergebnisse auszutauschen. Klären Sie offene Fragen miteinander. Vergleichen Sie Ihre Kommentare, Randnotizen und das Fazit. Diskutieren Sie über die Aussagen des Fachtextes.

3 Entwicklung als Prozess

Die nachfolgend dargestellten Entwicklungsbereiche bedingen einander und können nie ganz getrennt voneinander verstanden werden. Die körperliche Entwicklung nimmt z. B. Einfluss auf die Motorik, die wiederherum eng mit dem Spracherwerb sowie der kognitiven und sozial-emotionalen Entwicklung verknüpft ist. Die Gliederung in einzelne Teilbereiche menschlicher Entwicklung ermöglicht es allerdings, Prozesse und Theorien der Entwicklungspsychologie besser zu verstehen. Letztendlich münden alle Erkenntnisse wieder in einen ganzheitlichen Kontext menschlicher Entwicklung. Viele entwicklungsfördernde Maßnahmen lassen sich auf alle Teilbereiche übertragen.

3.1 Körperliche Entwicklung

Die ersten Lebensphasen des Menschen sind durch starke körperliche Veränderungen gekennzeichnet. Körpergewichtszunahme, Längenwachstum und die Veränderungen der Körperproportionen sind deutlich zu beobachten. Schon nach ca. sechs Monaten hat der Säugling sein Geburtsgewicht verdoppelt und mit zwölf Monaten verdreifacht.

In den ersten drei Lebensmonaten wächst er etwa 3–4 cm pro Monat. Der Kopf ist z. B. aufgrund der hohen Hirnaktivität zu Beginn überproportional zum Körper ausgebildet. Das Gehirn eines Babys bei der Geburt hat schon ein Drittel der Gehirngröße eines Erwachsenen erreicht.

Das Längenwachstum ist genetisch festgelegt. Das Körpergewicht dagegen wird durch endogene Faktoren wie Anlagen und Hormone, aber auch durch exogene Faktoren wie Ernährung und Bewegung beeinflusst. Eine vermeintliche Beschleunigung der Entwicklung, z. B. durch zu frühes Hinsetzen eines Säuglings, kann sich schädigend auf das optimale Wachstum der Beine und der Hüftknochen auswirken.

Die Entwicklungsgeschwindigkeit bei Wachstum und Körpergewicht sind von Mensch zu Mensch individuell.

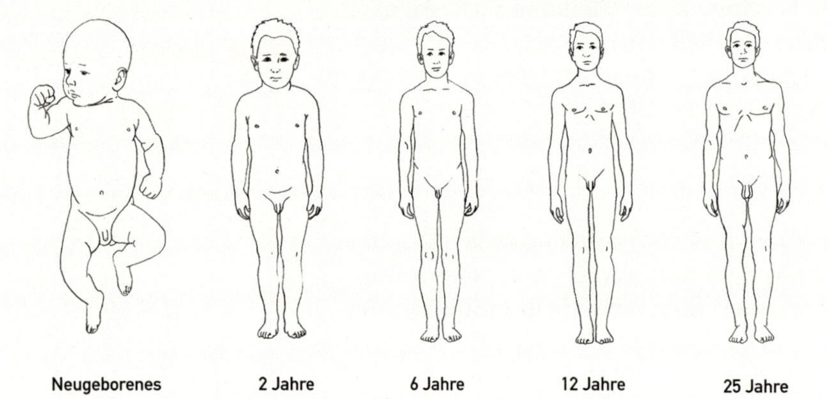

[1] Gestaltwandel: Veränderung der Körperproportionen im Verlauf der Entwicklung

Zum Wachstum zählt auch die Veränderung der Proportionen. Der sogenannte Gestaltwandel kommt durch die unterschiedlich schnelle Entwicklung und Reifung der Organe zustande. In der Pubertät findet ein bedeutender Gestaltwandel statt. In der späten Lebensphase bilden sich bestimmte Körperfunktionen zurück und die Körpergröße nimmt wieder ab.

3.2 Motorische Entwicklung

Kinder brauchen Bewegung, nicht allein für ihre gesunde körperliche Entwicklung, sondern auch für ihr geistiges, emotionales und soziales Wachstum. Sie sind neugierig, wollen sich bewegen, zeigen Freude dabei, haben Lust auf Neues, wollen sich spüren, Leistung zeigen und Anerkennung bekommen.

Bewegung ist für die Gesundheit und die körperliche Entwicklung bedeutsam. Zunehmend wird anerkannt, dass die Bewegung für die Entwicklung der Wahrnehmung und für die kognitive, emotionale und nicht zuletzt soziale Entwicklung auch von grundlegender Bedeutung ist.

Durch Bewegung erfährt das Kind etwas über sich und seine Umwelt. Gerade in der frühen Kindheit erfolgt die unmittelbare Erfahrung, das „Begreifen" der Umwelt, vorwiegend durch die Tätigkeit des Kindes, über seine körperlichen und sinnlichen Erfahrungen. Dies sind Körper-, Material-, und Sozialerfahrungen. Die unmittelbare Auseinandersetzung mit der Umwelt gilt als wesentlich für die |Entwicklung der geistigen Fähigkeiten, des Denkens und der |Sprachentwicklung. Für Bewegungserfahrungen braucht das Kleinstkind alle seine Sinne. Den Prozess, die Sinneseindrücke zu koordinieren und das Wahrgenommene in Bewegung umzusetzen, bezeichnet man als **sensorische Integration**. Die motorische Entwicklung des Kindes beginnt bereits vor der |Geburt. Bis zur 14. Schwangerschaftswoche sind z. B. alle Bewegungsmuster ausgebildet, die auch bei der Geburt beobachtet werden.

[2] Bewegung fördert die körperliche und geistige Entwicklung.

Gerade in den ersten 24 Lebensmonaten ist der Entwicklungsbereich der motorischen Entwicklung bemerkenswert. Ein zuerst in erster Linie von Reflexen gesteuerter Säugling überwindet die Schwerkraft und wechselt von der horizontalen in eine vertikale Position, um die Welt zu erkunden (explorieren). Innerhalb dieses Prozesses des Sichaufrichtens verliert der Mensch zunächst an Stabilität und Gleichgewicht, gewinnt aber an Bewegungsfreiheit und größeren Erfahrungsräumen.

Für hochdifferenzierte Bewegungsabläufe wie z. B. das Gehen auf zwei Beinen benötigt der Mensch Übung, Erfahrungen, Zeit und unzählige Wiederholungen. Bei anspruchsvollen Fähigkeiten sind so komplexe körperliche Voraussetzungen nötig.

[3] Senioren wie der 90-jährige Ruderer und Bodybuilder Charles Eugster (Foto von 2013) sind ein gutes Beispiel dafür, dass Vitalität und Leistungsfähigkeit trotz des Alterungsprozesses sogar zunehmen können.

Aus diesem Grund wird heute auch im Bereich der motorischen Entwicklung von einem lebenslangen Prozess gesprochen, der von |endogenen, exogenen und autogenen Einflussgrößen bestimmt wird. Körperliche Belastungen im Beruf oder Alltag, körperliches Training oder aber biologische Reifungs- bzw. Alterungsprozesse beeinflussen die motorische Entwicklung ebenso wie die eigene Motivation und das soziale Umfeld.

kognitive Entwicklung | S. 172
Sprachentwicklung | S. 170
pränatale Entwicklung | S. 135
Anlage-Umwelt | S. 137

Entwicklung über die Lebensspanne | S. 143

Kennen Sie die Situation? Schon lange überlegen Sie, eine neue Sportart zu beginnen, fühlen sich aber körperlich nicht gerade „sehr fit". Schon beim Treppensteigen spüren Sie Atemnot. Ihr Aushilfsjob beansprucht Sie zeitlich und körperlich sehr. Sie haben Angst, sich beim Training zu *blamieren*.

Es kann nicht grundsätzlich gesagt werden, dass die motorischen Fähigkeiten über die Lebensspanne hinweg im Alter nachlassen, auch wenn bestimmte Körperfunktionen abnehmen.

[1] Die Gesamtheit aller Bewegungsabläufe wird in Grobmotorik und Feinmotorik sowie Kondition und Koordination unterteilt.

Einteilung der motorischen Entwicklung

Die motorische Entwicklung, also die Gesamtheit aller Bewegungsabläufe, wird unterteilt in

- Grobmotorik: alle großen Bewegungsformen,
- Feinmotorik: z. B. zielgerichtetes Greifen, Halten eines Stiftes.

Eine zweite Möglichkeit der Einteilung motorischer Fähigkeiten ist die Unterteilung in

- konditionelle Fähigkeiten (Ausdauer und Kraft) und
- koordinative Fähigkeiten.

Die motorische Entwicklung folgt außerdem wichtigen Prinzipien:

Differenzierung	Aus unkontrollierten Massenbewegungen werden differenzierte Bewegungen.
Integration	Es werden immer gezieltere Einzelbewegungen gezeigt, komplexe Bewegungsmuster entstehen.
Variabilität	Motorische Entwicklung verläuft interindividuell, die Abfolge der Entwicklungsschritte ist zeitlich nicht genau festgelegt.
Entwicklungsrichtungen	„Von innen nach außen": Die zielgerichteten Bewegungen gelingen zuerst den Körperteilen, die näher an der Körpermitte liegen, z. B. erst die Arme, dann die Finger. „Vom Kopf bis zum Fuß": Die Körperkontrolle wird zuerst über den Kopf erlangt und folgt dann bis zu den Füßen.
Symmetrie und Asymmetrie	Körperhälften gleichen einander weitgehend, symmetrische Positionen schaffen durch gleiche Stützpunkte **Sicherheit** und Stabilität, erlauben aber wenig Bewegungsspielraum. Durch die Verlagerung des Schwerpunktes wird die Symmetrie aufgehoben. Hierdurch entstehen immer neue Haltungs- und Bewegungsbilder und mehr Mobilität ist möglich. In der Asymmetrie steckt aber auch das **Risiko**, die Stabilität und das Gleichgewicht zu verlieren. In der Bewegungsentwicklung bauen symmetrische und asymmetrischer Bewegungen im Wechsel aufeinander auf.

[Tab. 1] Prinzipien der motorischen Entwicklung

Motorische Entwicklung der ersten Lebensjahre

Neugeborenes	Das Kind kann sich der Schwerkraft nur wenig entgegenstellen, liegt hauptsächlich stark gebeugt. Der Kopf kann bereits auf die andere Seite gedreht werden, Arme und Beine bewegen sich, der Körperstamm kann noch nicht bewegt werden. Berührungen oder Lageveränderungen lösen frühkindliche Reflexe aus, die im Laufe der ersten sechs bis zwölf Monate durch differenzierte, willkürliche (erlernte) Bewegungen abgelöst werden.
bis drei Monate	Kopf und Schultern können gehoben und gehalten werden, Aufstützen auf die Unterarme. In Rückenlage Führung der Hände zur Körpermitte. Gegenstände werden angeschaut und in den Mund gesteckt. Kopf kann ohne Mitbewegung des Rumpfes gedreht werden, das Kind kann sich in der Umgebung umschauen, Objekte verfolgen. Die ersten Greifversuche erfolgen, gezieltes Loslassen ist noch nicht möglich.
bis sechs Monate	Volle Kopfkontrolle, Drehen von Bauch- in Rückenlage. Greifen zwischen Fingern und Handfläche; Wechsel von Gegenständen von einer Hand in die andere. Sitzen mit Unterstützung; Rollen um die eigene Achse, Schlängeln, Robben, Kriechen. Hilft mit beim Hochziehen aus der Rückenlage an den Händen. Die verbesserte abwechselnde Rechts-links-Bewegung, statische und dynamische Gleichgewichtskontrolle sind Voraussetzung für die weitere Körperbeherrschung.
bis neun Monate	Setzt sich aus der Bauchlage heraus hin, steht mit Festhalten, beginnt zu krabbeln auf Knien und Händen, Gegenstände werden aneinandergehalten oder -geschlagen; beherrscht Pinzettengriff (Gegenstände werden zwischen Daumen und Zeigefinger festgehalten und aktiv losgelassen); isst Zwieback o. Ä. aus der Hand, umfasst Tasse beidhändig und trinkt.
bis zwölf Monate	Übergang vom Säugling zum Kleinkind. Kind krabbelt viel, macht die „ersten Schritte" an der Hand von Erwachsenen, an Möbeln und evtl. bereits selbstständig. Vierfüßlergang auf Händen und Füßen kann Krabbeln ablösen, Wechsel von Fortbewegung und Sitzen frei möglich. Führt beim Essen einen Löffel selbstständig zum Mund.
bis 15 Monate	Guter Langsitz mit gestrecktem Rücken, aus dem Stand kann es in jede andere Position kommen. Freies Laufen mit Gegenstand in den Händen.
ab 18 Monate	Freies Gehen mit sicherer Gleichgewichtskontrolle ist möglich. Tragen von Gegenständen in jeder Hand beim Laufen. Aufstehen aus dem Sitzen mit einer Hand. Anstoßen eines Balls mit dem Fuß, Werfen aus dem Stand. Treppensteigen mit Hilfe und nachgezogenem Bein.
zwei Jahre	Rennen und Hindernisse umsteuern, Drehen um sich selbst, Rückwärtsgehen, auf Zehenspitzen stehen. Buchseiten umblättern oder Bonbons auspacken.
drei Jahre	Hüpfen von der untersten Treppenstufe, die Treppe alternierend nutzen (Voraussetzung für Klettern), Stehen auf einem Bein, Balancieren auf einem Balken. Tretbewegungen für das Dreiradfahren. Öffnen großer Knöpfe, Bedienen von Wasserhähnen, Schneiden mit der Schere.
vier Jahre	Koordiniertes Steuern und Treten auf dem Dreirad oder Roller möglich. Kinder können hüpfen sowie schneller und sicherer rennen. Halten eines Malstiftes mit drei Fingern, Knoten binden, alleine anziehen und Knöpfe schließen. Mit kleinen Bausteinen anspruchsvolle Konstruktionen bilden.
fünf Jahre	Springen, Kraft, Schnelligkeit und Großräumigkeit der Bewegungen nehmen zu. Genaueres Malen, Zeichnen, Schreiben ist möglich, Vorlagen können entlang der Begrenzung ausgemalt werden, großflächiges Malen ist aber deutlich früher möglich. Kann Buchstaben zeichnen.
sechs Jahre	Beidhändiges sicheres Fangen, Binden von Schleifen. Radfahren gelingt besser, ist aber noch nicht verkehrssicher.
Kindheit und Jugend	Vielfältige Bewegungsspezialisierungen und -verbesserungen, Kraft, Ausdauer, Schnelligkeit, Genauigkeit, Koordination verschiedener Bewegungen und deren Kombination. Mit Sportarten werden hochdifferenzierte motorische Leistungen erlernt. Gebrauch von Werkzeug wird erlernt.

[Tab. 2] Entwicklungsschritte der kindlichen Entwicklung

[1] Bewegungserfahrungen wie Balancieren fördern z. B. auch das Selbstvertrauen von Kindern.

Entwicklungsfördernde Faktoren der motorischen Entwicklung

Bereits Kleinstkinder müssen gezielt darin unterstützt werden, eigenständig ihre Umgebung erkunden zu dürfen. Für Kinder ist die Bewegung ein wichtiges Mittel, Informationen über ihre Umwelt, aber auch über sich selbst, ihren Körper und ihre Fähigkeiten zu erfahren sowie die eigenen Fähigkeiten einzuschätzen, das notwendige Selbstvertrauen zu entwickeln und im (Bewegungs-)Spiel mit anderen soziale Lernerfahrungen zu sammeln. Kinder benötigen daher möglichst vielfältige Bewegungserfahrungen und Bewegungsfreiräume.

Informationen zum Thema kindliche Bewegungsentwicklung und frühkindliche Bildung im Bereich der Bewegungserziehung finden Sie bei der Expertin und Autorin Renate Zimmer:
www.renatezimmer.de

Durch abwechslungsreiche Bewegungserfahrungen ist die Stärkung der Ich-Kompetenz, der Sozialkompetenz und der Sachkompetenz möglich.

Diesem stehen kontraproduktive Faktoren entgegen: Erst, wenn das Kleinstkind im Liegen bestimmte Bewegungsmuster beherrscht und seine Muskeln kräftig genug sind, richtet es sich über die Seite erstmals auf. Wird es vor dieser Zeit hingesetzt, kann dieses „passive" Hinsetzen zu gesundheitlichen Problemen führen und den stufenweisen Ablauf der Bewegungsentwicklung behindern.

3.3 Sprachliche Entwicklung

Die Sprache ist das Werkzeug des Menschen, mit dem er Gedanken, Wünsche und Gefühle ausdrücken und mit anderen austauschen kann. Die Sprache ermöglicht den Anschluss an die soziale Gemeinschaft und das kulturelle Wissen.

Kommunikationsfähigkeit entsteht durch den Dialog mit anderen Menschen: Denken, Sprechen und die Fähigkeit, zielgerichtet zu handeln, hängen eng zusammen. Die Sprachentwicklung beginnt, bevor das Kind die ersten Worte selbst spricht, denn vor dem Sprechen kommt das Hören.

Das Kind versteht intuitiv bereits vieles, lange bevor es selbst sprechen kann. Seine Vorliebe für Gesichter und für die menschliche Stimme sowie die Fähigkeit, nachzuahmen und der Einsatz von Zeigegesten – das Kind lenkt die Aufmerksamkeit eines Erwachsenen z. B. mit dem Zeigefinger und da/da-Rufen auf einen Gegenstand – bereiten auf das aktive Sprechen vor. Dazu kommt die Freude an der Lautbildung – dem Gurren, Lallen, Lautieren, Plappern. Das Wechselspiel in der Kommunikation, das Sprechen-Zuhören-Sprechen, nutzen Kinder schon etwa im neunten Lebensmonat.

Der normale Spracherwerb eines körperlich gesunden Kindes mit feinfühligen Bezugspersonen erfolgt eigentlich mühelos und schnell. In nur 14 Jahren lernt ein Kind etwa 60.000 Vokabeln ohne besondere Übungseinheiten und ohne Korrekturen.

Das folgende Schaubild der **Sprachpyramide** nach Wolfgang Wendlandt (*1944) nimmt Bezug auf den Spracherwerb in den verschiedenen Sprachebenen. Zu dem angegebenen Zeitpunkt haben ca. 90 % der Kinder diesen Entwicklungsschritt vollzogen.

Beispiele	Sprachverständnis – Lautbildung	Wortschatz	Grammatik – Sprachverständnis	Alter
„Als ich noch jünger war, habe ich mich noch nicht alleine angezogen."	sämtliche Laute können deutlich und korrekt gebildet werden	umfangreicher Wortschatz ermöglicht differenziertes Sprechen / abstrakte Begriffe können auf kindlichem Niveau sicher verwendet werden	Grammatik größtenteils richtig (S-P-O) / eigene Gedanken und Vorstellungen werden abwechslungsreich angewendet (Zeiten, Plural) / sinnhaftes Nacherzählen	ca. 6 Jahre
„Gestern war ich mit Papa beim Einkaufen. Da bin ich ge(s)tolpert und hindefallen. Da hab ich danz laut deschreit."	bis auf schwierige Lautverbindungen (br, gl, ...) wird die Aussprache beherrscht / eventuelles physiologisches „Stottern" (lockere Laut-, Wortwiederholungen)	Wortschatz erweitert sich stetig / z.B. Farben Pronomen werden mit angewendet	Nebensätze werden angewandt / komplexe Sätze gebildet / schwierige Satzkonstruktionen evtl. noch fehlerhaft	ca. 4 Jahre
„Da is ne Katze, die guckt durch'n Zaun. Warum?"	langsam werden auch schwierige Lautverbindungen gemeistert (z.B. gr, bl, kn)	Wortschatz wird zunehmend erweitert	2. Fragealter findet statt (wer, wie, was, warum, ...) Bildung einfacher Sätze / Nebensätze werden versuchsweise angewendet	ca. 3 Jahre
„Meine Maria kommen." „Mone will nich essen."	ch (r) k g	Wortschatz wird weiter absorbiert und nimmt sprunghaft zu / eigene Wortkreationen	Mehrwortsätze nehmen zu / Kind bezeichnet sich bewusst als „ICH" / eigene Endungsbildungen an Nomen bzw. Verb	ca. 2 ½ Jahre
„Auto putt." „Wo Lisa is?" „Susi danz leine." (... ganz alleine)	weitere Laute kommen dazu (w, d, f, t, ...)	bis zu ca. 50 Wörter Verben in Grundform / Adjektive kommen mehr dazu	Zwei-, oder Drei-Wort-Sätze werden gebildet / Satzmelodien / 1. Fragealter	ca. 2 Jahre
„Opa" „Tomm!" (Komm) „Meine"	b, n, p, m, ... Laute werden gezielt artikuliert / Worte bewusst als solche wiedergegeben	immer mehr einzelne Wörter werden gesprochen	Einwortsätze / Formulierung einer Frage durch Ansteigen der Stimme	ca. 1 ½ Jahre
„Miau, M(i)au" „Papa" „Nana" „da-da-da"	Silbenwiederholung / verschiedene Laute werden ausprobiert / ausgeprägte Lallphase / erste Worte entstehen			ca. 1 Jahre
z.B. Rachenlaute wie „kch, kch" / „gr, gr" (Gurgellaut)	Lallen Gurren Schreien			ca. ½ Jahre

Das angegebene Alter entspricht einem Durchschnitt. Es kann beim Einzelnen abweichen.

Eine tatsächliche Sprachentwicklungsverzögerung kann nur der Arzt und / oder Logopäde sicher feststellen! Die Angaben beziehen sich auf den Erwerb der Muttersprache, nicht einer Zweit-, Fremdsprache).

Die Sprachpyramide (nach Wolfgang Wendlandt)

[2] Sprachpyramide nach Wendlandt, Wolfgang (2000): Sprachstörungen im Kindesalter, Thieme, Stuttgart, New York, S. 25

Entwicklungsfördernde Faktoren

Durch einen stetigen Interaktionsprozess zwischen Kind und Erwachsenen wird Sprache gelernt. Sprechen lernt man durch Kommunikation. Kinder benötigen Ermutigung, interessierte Bezugspersonen, die auch zuhören können, und eine sprachanregende Umgebung. Sprachförderung geschieht, wenn Kinder positive Reaktionen von ihrer Umwelt und vielfältige Anregungen in allen Entwicklungsbereichen erhalten. Da sich Kleinstkinder am Anfang stark an der Mimik und dem Stimmklang anderer Menschen orientieren, ist es bedeutend, Handlungen während des Tuns sprachlich zu begleiten.

3.4 Kognitive Entwicklung

Von der ersten Sekunde seines Lebens an empfängt der Mensch Informationen über die Umwelt, andere Menschen und sich selbst. Die Sinnesorgane sind dabei der Schlüssel zur Welt. Mit jeder Sinneserfahrung vergrößert sich das Wissen über die Welt. Man kann sagen: „Ich sehe die Welt, ich rieche die Welt, ich höre die Welt, ich fühle die Welt, ich schmecke die Welt." Informationen werden so verknüpft und angepasst.

Unter kognitiver Entwicklung wird zum einen die Entwicklung jener Funktionen verstanden, die für das Erkennen und Erfassen von Gegenständen und Personen der Umgebung und der eigenen Person notwendig sind – zum anderen die Fähigkeit zum Beurteilen von Problemlösesituationen.

Wahrnehmung | S. 105

Dazu zählen z. B. die Wahrnehmungsfunktionen, das Problemlösen, die Sprache, die Aufmerksamkeit, das Gedächtnis und die Intelligenz. Es wird auch in diesem Entwicklungsbereich deutlich, dass er nicht losgelöst von den anderen Bereichen betrachtet werden kann. Eine höhere Mobilität ermöglicht z. B. ein größeres Erfahrungsfeld. Die Sprache hilft, Dinge zu verstehen, zu beschreiben und festigt Erkenntnisse. Die Beziehungsqualität zu Menschen nimmt Einfluss auf das Explorationsverhalten bzw. die Lernbereitschaft und Lernmotivation.

Explorationsverhalten | S. 159
Lernmotivation | S. 223

3.4.1 Modell der kognitiven Entwicklung nach Jean Piaget

[1] Jean Piaget (1896–1980), Schweizer Psychologe

Der Schweizer Psychologe Jean Piaget hat die Entwicklungspsychologie auf dem Gebiet der kognitiven Entwicklung stark geprägt. Im Mittelpunkt seiner Forschung stand die kognitive Auseinandersetzung des Kindes mit seiner Umwelt. Bis heute werden seine theoretischen und empirischen Erkenntnisse unterrichtet, überprüft und ergänzt, aber auch sehr kritisch korrigiert.

Piaget vertrat die Meinung, dass das Kind sein Weltverständnis (Wissen) in der selbsttätigen Auseinandersetzung mit seiner Umwelt (Handeln) selbst konstruiert. Das Kind lernt aus sich selbst heraus und ist aus sich selbst heraus motiviert, zu lernen. Das konkrete Handeln führt in Piagets Stufenmodell zum abstrakten Denken. Seine Beobachtungen beruhten auf Auswertungen von Versuchen mit seinen eigenen Kindern.

Der Mensch integriert nach Piaget neues Wissen und neue Erfahrungen in bisheriges Wissen und die bisherigen Erfahrungen. Dies geschieht durch die **Tendenz zur Adaption:** Die kognitiven Strukturen müssen sich an die neuen Anforderungen der Umgebung anpassen.

Nach Piaget bildet ein Schema den Grundbaustein des menschlichen Wissens. Unter Schema versteht man ein organisiertes Wissens- oder Verhaltensmuster. Ein Schema dient als Wissensvorlage, in das nach bestimmten Regeln Objekte oder Ereignisse eingeordnet werden können.

Die Adaption umfasst dafür zwei wechselseitige Prozesse, die ineinander übergehen: die **Assimilation** und die **Akkommodation.** Assimilation meint die Veränderung der Umwelt, um diese den eigenen Bedürfnissen und Wünschen anzupassen. Akkommodation bezeichnet die Veränderung des eigenen Verhaltens, um sich selbst den Umweltbedingungen anzupassen. Die **Äquilibration** ist laut Piaget der entscheidende Prozess, in dem der Mensch ein Gleichgewicht zwischen Assimilation und Akkommodation herstellen will.

[2] Kann eine Situation nicht durch bestehende Schemata erfolgreich bewältigt werden (Assimilation), so muss das entsprechende Schema um die neuen Erkenntnisse erweitert werden (Akkommodation).

Piaget spricht außerdem von der **Tendenz zur Organisation** (Integration der eigenen Prozesse in ein komplettes ganzes System). So schaut ein Baby z. B. einen Gegenstand erst an oder fasst ihn an. Im Laufe der Entwicklung integriert es beide Prozesse und nutzt das System der Auge-Hand-Koordination.

Entwicklungsstufen nach Piaget

Piaget unterscheidet vier Hauptstadien der kognitiven Entwicklung bei Kindern.

	Sensumotorische Stufe
Geburt bis 2. Lebensjahr	■ Handlungen sind anfangs **überwiegend instinktorientiert** ■ sobald Kinder erkennen, dass ihre Handlungen Auswirkungen auf die Umwelt haben, wird auch das Denken angeregt ■ eine wichtige Einsicht ist, dass Objekte auch da sind, wenn sie außerhalb der eigenen Sichtweite liegen (Objektpermanenz)
	Präoperationale Stufe
2. bis 6. Lebensjahr	■ Kinder sehen die Welt nur aus der eigenen Perspektive und können sich nicht in andere hineinversetzen (**Egozentrismus**) ■ Kinder können sich nur auf ein Merkmal konzentrieren (Zentrierung) ■ Kinder nehmen an, Dinge sind beseelt und haben Absichten (magisches Denken) ■ Kinder können sich komplexe Dinge merken und in anderen Situationen zur Anwendung bringen
	Konkret-operationale Stufe
7. bis 10. Lebensjahr	■ konkrete Erfahrungen machen nach und nach Platz für **realistische, logische Betrachtungen**, Zweifel an magischen Figuren führt zu deren individuell schnellerem oder langsamerem Verschwinden ■ Kinder können sich auf mehrere Merkmale gleichzeitig konzentrieren ■ im späteren Verlauf der Stufe können Kinder die Perspektive eines anderen einnehmen
	Formal-operationale Stufe
ab 11. Lebensjahr	■ das Denken wird **abstrakt** ■ Kinder können sich systematisch einen Überblick verschaffen, logische Schlussfolgerungen ziehen und neue Lösungen finden ■ Kinder sind nicht mehr von einer realen und konkreten Darstellung abhängig

[Tab. 1] Die kognitiven Entwicklungsstufen (modifiziert nach Piaget)

[1] In der präoperationalen Phase können Kinder durch Ausprobieren konkrete Erfahrungen machen, aber sich noch nicht auf mehr als ein Merkmal konzentrieren.

exogene und endogene Faktoren | S. 137

Kritik an Piagets Modell

Neuere Forschungsergebnisse haben gezeigt, dass die kognitive Entwicklung bei Kindern viel schneller verläuft, als Piaget dies in seinen Studien herausfand. Säuglinge und Kinder sind in ihrer kognitiven Entwicklung weiter, als Piaget annahm. Besonders die Objektpermanenz ist bei Säuglingen viel früher zu beobachten (Beginn ab dem 3. Monat).

Außerdem bleiben in seinem Stufenmodell weitere Einflussfaktoren wie exogene und endogene Faktoren für die kognitive Entwicklung fast unberücksichtigt. Dadurch schließt Piaget intraindividuelle Entwicklungsverläufe bei Kindern fast ganz aus.

Im Stufenmodell bleibt auch das heute anerkannte lebenslange Lernen unberücksichtigt. Für Piaget war die kognitive Entwicklung des Menschen nach der vierten Stufe abgeschlossen.

Die heutige Säuglingsforschung zeigt deutlich, dass kognitive Denkprozesse schon bei Säuglingen zu beobachten sind, die noch nicht selbsttätig sein können. So erkennt z. B. ein Säugling seine Mutter am Geruch oder die in der Schwangerschaft häufig gehörte Musik.

3.4.2 Weitere Erklärungsansätze kognitiver Entwicklung

Theorien der Informationsverarbeitung
Das menschliche Denken wird in diesem Ansatz als Prozess der Verarbeitung und Speicherung von Informationen (Daten) im Gehirn betrachtet. Es zeigt sich so eine Analogie zur Computertechnik. Das Gedächnis (Kurz- und Langzeitgedächnis) wird in diesem Ansatz als Möglichkeit verstanden, Informationen aufzunehmen, zu speichern und bei Bedarf wieder abzurufen. Man spricht von einer kontinuierlichen Entwicklung von Fertigkeiten und nicht, wie bei Piaget, von Stufen der Entwicklung.

[2] Informationsspeicherung im Gehirn

Sozio-kulturelle Theorien
Diese Theorien verdeutlichen, dass Entwicklung im Kontext gesellschaftlicher und kultureller Faktoren zu betrachten ist. Der Mensch lernt in der Auseinandersetzung mit anderen, kompetenteren Menschen. Besonders der Austausch mit älteren Kindern oder Erwachsenen bei der Lösung von Problemen und Fragen und bei der Bewältigung neuer Aufgaben ist für Kinder notwendig für die Entwicklung kognitiver Kompetenzen. Sie können sich durch die Auseinandersetzung mit „Experten" Handlungsweisen und Formen des Denkens und der Problemlösungsansätze aneignen, welche die Kultur einer Gemeinschaft ausmachen.

[3] Sozio-kulturelle Theorien sehen kognitive Entwicklung im Miteinader mit kompetenten Älteren.

Wie Piaget sieht auch Wygotski (1896–1934) als großer Vertreter des Konstruktivismus Kinder als aktive, konstruktive Wesen an. Anders aber als Piaget versteht er die kognitive Entwicklung auch als einen stark durch die Gesellschaft vermittelten Prozess (Ko-Konstruktion).

Wygotski | S. 220

Entwicklungsfördernde Faktoren

In den ersten Lebensjahren ist es wichtig, dass die Umgebung der Kinder ihre Sinne ausreichend stimuliert (reizt). Besonders sind dabei Haut-, Körper- und Blickkontakt wichtig. Visuelle, akustische und taktile Reize sollten vielfältig vorhanden sein. Vorsicht aber vor dem gleichzeitigen Angebot zu vieler Reize. Die Selbstbildungspotenziale, also die Frage, wie Kinder lernen, müssen in der Praxis berücksichtigt werden. Kinder sind z. B. forschende Lernende, die spielerisch mit anderen Kindern und Erwachsenen die Welt erobern. Sie wiederholen Handlungen und wollen aktiv tätig sein. Junge Kinder brauchen keine spezielle kognitive Förderung. Sie lernen in einer anregenden Umgebung unter Berücksichtigung der Selbstbildungspotenziale aus sich selbst heraus. Sinnvoll ist es, Kinder im Tun nicht ständig zu unterbrechen.

Selbstbildungspotenziale | S. 139

3.5 Sozial-emotionale Entwicklung

[1] Das Kind ist Teil der Gesellschaft und durchläuft daher auch eine soziale Entwicklung.

Bindung | S. 154

Sozialisation | S. 268

Für die soziale und emotionale Entwicklung des Menschen und seine damit verbundene Entwicklung der Identität sind die ersten Lebensjahre besonders wichtig. Die Erfahrung einer sicheren Bindung, der enge Kontakt zwischen Kleinstkind und mindestens einer weiteren engen (erwachsenen) Bezugsperson legt den Grundstein psychischer Sicherheit oder Unsicherheit. Der Mensch braucht für eine gesunde Entwicklung seiner Persönlichkeit Erfahrungen sozialer Sicherheit und das Gefühl des Angenommenwerdens sowie kompetente Vorbilder. Dieser Prozess ist ein lebenslanger Prozess im Kontext von Gesellschaft, Werten und Normen.

Zur positiven sozial-emotionalen Entwicklung des Selbst sind neben der Erfahrung sicherer Bindung, positiver Beziehungen und Kommunikation mit Erwachsenen auch Interaktionen mit anderen Kindern in den ersten Lebensjahren von großer Bedeutung. Kinder lernen mit- und voneinander.

Gruppe | S. 300

Peergroup | S. 154

Kinder müssen die Erfahrung der Balance zwischen der Berücksichtigung individueller Bedürfnisse und denen der Gruppe machen können. Weiterhin ist es von großer Bedeutung, dass Kinder erfahren, dass sie auf ihre Umwelt Einfluss nehmen können und ebenso die Umwelt auf das Kind. Im Jugendalter nimmt die Peergroup großen Einfluss auf die Identitätsentwicklung.

[2] Kuno Bellers Entwicklungstabelle 0-9 (Titelblatt der Neuauflage vom Dezember 2016)

Ein wichtiger Entwicklungsschritt in der sozialen und emotionalen Entwicklung des Kindes ist die sogenannte Autonomiephase, in der das Kind die Erfahrungen von Grenzen, Willensregulierung, den Widerspruch nach Erkundung der Welt, Anspruch an eigene Kompetenzen und Möglichkeiten und damit verbundene Grenzen und Frustrationen erlebt.

Zwei exemplarische Phasen der sozialen und emotionalen Entwicklung aus dem zweiten Lebensjahr

Die Entwicklungstabelle nach Kuno Beller unterscheidet acht Entwicklungsbereiche. Jeder Entwicklungsbereich wird in 14 Phasen unterteilt, die das Alter von null bis sechs Jahren darstellen sollen. Es werden in jeder Phase einzelne beobachtbare Kriterien beschrieben. Exemplarisch fasst der folgende Abschnitt die Phasen 5 und 6 im Bereich der sozial-emotionalen Entwicklung nach Kuno Beller zusammen.

Phase 5, 12.–18. Monat:
Emotionen werden deutlich eigenaktiv ausgedrückt, wie Begrüßung bekannter Personen, Eifersucht, Zuneigung und Ärger. Ein Kleinkind kann begrenzt Mitgefühl für andere empfinden: Es schaut betroffen, versucht zu helfen oder bringt z. B. einem anderen traurigen Kind ein Spielzeug. Das Kleinstkind beginnt damit, schwierigere Aufgaben zu befolgen. Das können Aufforderungen wie z. B. „Warte bitte" oder „Bring mir bitte" sein. Es kann zunehmend seine Bedürfnisse auch sprachlich ausdrücken und fängt an, ein Bild von sich selbst zu entwickeln.

Phase 6, 18.–24. Monat:
Das Kind entwickelt eigene Werte und Vorstellungen von „richtig" und „falsch". In dieser Phase spielt es bereits für kurze Zeiten mit anderen Kindern und teilt mit diesen z. B. sein Spielzeug. Es kann Namen in kleinem Umfang den Menschen richtig zuordnen und benutzt besitzanzeigende Fürwörter wie „mein" und „dein". Es drückt Emotionen im Hinblick auf Kooperation, Konkurrenz und Fairness aus („Ich will auch!"). Es hilft bei Routinen (wie z. B. beim Zusammenpacken der Spielsachen) und kennt einfache Regeln, z. B. benutzt es beim Essen einen Löffel und wischt sich mit einem Lätzchen selbst ab. Gleichzeitig mit dem Zuwachs an sozialen Regeln, anerkennenden und emotionsregulierenden Verhaltensweisen und sich entwickelnden Kompetenzen zeigt das Kind zunehmend den eigenen Willen gegenüber Erwachsenen (z. B. durch „Nein"-Sagen oder körperlichen Ausdruck). Die sogenannte Trotzphase (Autonomiephase) kann in dieser Zeit beginnen.

Ab Ende des 2. Lebensjahres bilden sich komplexere, sogenannte Sekundär- bzw. Sozialemotionen aus. Dazu gehören Stolz, Scham, Schuld, Neid, Verlegenheit und Mitleid. Um diese empfinden zu können, müssen Kinder sich ihrer selbst bewusst sein und reflektieren können. Mit dieser Entwicklung geht auch die zunehmende Kompetenz der Emotionsregulation einher, die Fähigkeit, eigene Gefühle zu regulieren und zu kontrollieren.

[3] Verlegenheit ist eine komplexe Sozialemotion, die erst ab Ende des 2. Lebensjahrs zu beobachten ist.

Sozial-emotionale Kompetenzen
Die Entwicklung von Kompetenzen vollzieht sich in der Auseinandersetzung des Kindes mit seiner Umwelt. Das Kind erwirbt innerhalb der Entwicklungsaufgaben Kompetenzen, die ihm helfen, seinen Alltag zu bewältigen und sich die Welt anzueignen. Mithilfe bestimmter Kompetenzen können neue Bildungs- und Entwicklungsprozesse in Gang gesetzt werden.

BEISPIEL

Finn (5 Jahre) hat gerade mit dem Lesen angefangen. Erzieher und Eltern unterstützen ihn dabei. Seinem Interesse nach neuen Informationen über Dinosaurier kann er jetzt selbstständig nachgehen. Wenn er darauf angesprochen wird, wird er ganz rot vor Stolz. Seiner kleinen Schwester Lisa liest er erste Bilderbücher laut vor.

In diesem Beispiel wird deutlich, dass die Lesekompetenz Einfluss auf die Selbst- und Sozialkompetenz von Finn nimmt.

Selbstkompetenz ist die Fähigkeit, die eigene Identität zu entwickeln, zu erproben und zu bewahren sowie eigene Fähigkeiten und Stärken zu kennen und damit verantwortlich und situationsgerecht umzugehen. [...] Die folgenden [Beispiele von] Orientierungszielen konkretisieren die Leitidee zur Selbstkompetenz:

- positives Selbstkonzept entwickeln,
- sich selbst – auch als Mädchen oder Junge – wahrnehmen,
- Umgang mit Erfolgen und Misserfolgen lernen,
- eigene Fähigkeiten einschätzen,
- Urteilsfähigkeit und Entscheidungsfähigkeit weiterentwickeln.

Sozialkompetenz ist die Fähigkeit, Bedürfnisse, Wünsche, Interessen und Erwartungen anderer zu erkennen und im eigenen Verhalten angemessen zu berücksichtigen. [...] Die folgenden Orientierungsziele konkretisieren beispielhaft die Leitidee zur Sozialkompetenz:

- Meinungsunterschiede wahrnehmen,
- eigene Interessen in der sozialen Interaktion vertreten,
- Vorurteile überwinden und Empathie weiterentwickeln,
- Kommunikationsfähigkeit differenzieren,
- Konfliktfähigkeit entwickeln und Kooperationsfähigkeit aufbauen,
- Umgang zwischen den Geschlechtern reflektieren.

(Ministerium für Familie, Kinder, Jugend, Kultur und Sport des Landes NRW (2011): Mehr Chancen durch Bildung von Anfang an. Düsseldorf, S. 25f.)

[1] Erik Homburger Erikson (1902–1994), deutsch-US-amerikanischer Psychoanalytiker

Psychosoziale Entwicklung nach Erikson

Die psychosozialen Phasen der Ich-Entwicklung, die Erik Erikson definiert, beschreiben bestimmte Entwicklungsaufgaben der einzelnen Phasen/Stufen, die positiv oder negativ bewältigt werden können. Das Modell geht davon aus, dass sich jeder Mensch in Stufen entwickelt, die von Geburt an angelegt sind. Jede dieser Stufen besitzt einen thematischen Schwerpunkt, den es zu bewältigen gilt bzw. dessen Probleme/Krisen zu lösen sind. Wenn die Krise bewältigt wurde, folgt die nächste Stufe usw. Für eine gesunde Persönlichkeit müssen die einzelnen Krisen erfolgreich bewältigt werden. Erikson beschreibt die Entwicklungsaufgaben bis ins hohe Alter. Die acht Stufen mit ihren spezifischen Krisen sind vor dem Hintergrund der westlichen Industriegesellschaft beschrieben.

Kritik an Eriksons Stufenmodell

Erikson entwickelt das Modell einer psychosozial „gesunden", normalen Persönlichkeit, so sagen Kritiker, im Sinne einer gesellschaftlich weitgehend angepassten Persönlichkeit. Das Stufenmodell orientiert sich stark an „normalen" leistungsstarken, resilienten Mittelschichtmenschen und berücksichtigt zu wenig andere Lebensumstände wie z. B. Arbeitslosigkeit oder Krankheiten. Einige Aussagen in Eriksons Modell sind außerdem sehr vage formuliert. Details bleiben unklar und bieten damit auch geringe Möglichkeiten der Überprüfbarkeit. Der Begriff der Stufen muss kritisch betrachtet werden. In der heutigen Forschung wird eher von Phasen oder einem lebenslangen Entwicklungsprozess gesprochen. Reichen acht Kategorien wirklich aus, um die Entwicklung des Menschen zu beschreiben? Wo bleibt Raum für Unvorhersehbares?

Stadien bzw. Stufen der Entwicklung	Wichtige Erfahrungen	Mögliche Risiken mit Auswirkungen auf die weitere Entwicklung
1. Lebensjahr **Vertrauen vs. Misstrauen** „Ich bin, was man mir gibt."	■ existenzielle Angewiesenheit auf die Mutter (Mutter repräsentiert Welt) ■ Ängste und Bedrohungsgefühle bei nicht ausreichender Nahrung, Sicherheit, Geborgenheit, Nähe ■ Entwicklung eines gewissen Maßes an Misstrauen (Vorsicht)	■ Gefahr der Entwicklung eines Ur-Misstrauens: generalisiertes Zweifeln an der Vertrauenswürdigkeit anderer; Gefühl, der Umwelt ausgeliefert zu sein, Folge: soziale Isolation ■ Reiz- oder Erlebnishunger, Depression, starke Abhängigkeitswünsche (durch zu starke orale Frustration)
3. Lebensjahr **Autonomie vs. Scham und Zweifel** „Ich bin, was ich will."	■ zunehmende Autonomieentwicklung (wichtig für positives Selbstkonzept und Identität) ■ zu starke Einschränkung des Willens führt dazu, dass eigene Wünsche und Bedürfnisse als nicht akzeptabel eingestuft werden ■ Konflikte mit Regeln	■ Scham und Zweifel an der Richtigkeit eigener Bedürfnisse ■ Umgang mit Regeln wird nicht beherrscht, Regeln beherrschen das Individuum ■ frühreifes strenges Gewissen, hohe Selbstkritik, Unsicherheit, Selbstzweifel ■ Kleinlichkeit und Geiz in Bezug auf Liebe, Zeit und Geld sowie Betonung von Ordnung, Fleiß, Recht
4. und 5. Lebensjahr **Initiative vs. Schuldgefühle** „Ich bin, was ich mir vorstellen kann zu werden."	■ Eltern werden idealisiert ■ Identifikation mit den Eltern (bildet das Gewissen aus) ■ Bedeutung anderer Menschen im Leben der Mutter wird erkannt ■ Phase der Fantasie, Wissbegierde, Initiative ■ Scham auch unabhängig von der Entdeckung eigener „Missetaten"	■ ängstliches, starres Gewissen ■ unrealistisch überhöhtes Ich-Ideal ■ Einschränkung der eigenen Wünsche und Gefühle ■ übersteigertes Leistungsstreben und Aktivität
mittlere Kindheit **Wertsinn vs. Minderwertigkeit** „Ich bin, was ich lerne."	■ Schule: beobachten, teilnehmen, lernen ■ etwas Nützliches und Gutes machen ■ an Welt und Kultur der Erwachsenen teilnehmen ■ Leistungsbewertung	■ Gefühle von Unzulänglichkeit, Minderwertigkeit (durch Überforderung oder Unterforderung des Leistungsinteresses) ■ Überkompensation durch Arbeit und Leistung ■ Pflichtversessenheit ■ Angst vor Leistung oder Versagen
Adoleszenz **Identität vs. Rollendiffusion** „Ich bin, was ich bin."	■ Identitätsfindung ■ hohe Bedeutung der Gruppe	■ Instabilität von Zielen, ideologische Einseitigkeit, oberflächliches Engagement ■ Unausgewogenheit zwischen Hoffnungen und Möglichkeiten ■ ewige Pubertät, unbefriedigte Identität, vorschnelle Begeisterung ■ Intoleranz (durch zu starke Identitätsausrichtung)
Beginn Erwachsenenalter **Intimität vs. Isolation** „Ich bin, was mich liebenswert macht."	■ Aufbau intimer Beziehungen (auch Freundschaften, kollegiale Beziehungen) zur Stabilisierung der Identität und zur Abwehr von negativen Einflüssen	■ Verzicht auf Gemeinschaften, Freundschaft, Liebe (durch Karriereziele, Individualisierung, Mobilität) ■ Selbstbezogenheit, soziale Isolierung ■ Selbstaufopferung, Verschmelzung mit anderen
mittleres Erwachsenenalter **Generativität vs. Stagnation** „Ich bin, was ich bereit bin zu geben."	■ Förderung der nächsten Generation ■ soziales, berufliches, politisches Engagement ■ Fürsorge für andere Menschen oder Gruppen	■ Selbstvernachlässigung (durch übermäßige Sorge um das Wohl anderer) ■ Stagnation ■ Gefühl der dauerhaften Leere und ständigen Langeweile, zwischenmenschliche Verarmung
spätes Erwachsenenalter **Ich-Integrität vs. Verzweiflung** „Ich bin, was ich mir angeeignet habe."	■ Reflektieren des eigenen Lebens ■ Akzeptieren der Begrenztheit des Lebens ■ Integrität durch Zufriedenheit mit sich und dem Leben ■ sinnstiftendes und produktives Engagement	■ Gefühl, falsch gelebt zu haben, Selbstvorwürfe ■ Angst vor dem Tod, Verzweiflung, Trauer ■ Verachtung und Abscheu vor dem eigenen Leben und dem anderer (durch fehlende Auseinandersetzung mit dem Tod)

[Tab. 1] Entwicklungsstufen des Menschen (modifiziert nach Erikson)

Entwicklungsfördernde Faktoren

Ein sensibler und empathischer Umgang und Körperkontakt mit jungen Kindern sind im Bereich der sozial-emotionalen Erziehung notwendig. Signale von Bedürfnis nach Nähe oder Distanz müssen wahrgenommen werden. Der Aufbau einer sicheren, spiegelnden, „antwortenden" Beziehung ist wichtig. Wie nimmt das Kind Kontakt auf? Wie reagiert es auf Kontaktaufnahme? Welche Gefühle zeigt es? Der Erwachsene braucht ein Bewusstsein darüber, wie wichtig die Kommunikation, Interaktion und wertschätzende Sprache von Anfang an ist. Differenziertes Loben und Kritik sollten bewusst nur an negativem Verhalten und nicht an der ganzen Person festmachen. Förderlich ist auch die Beteiligung von Kindern an Entscheidungsprozessen, die Unterstützung des Kindes in seinen Entscheidungen, in der Bewusstwerdung der eigenen Gefühle, Bedürfnisse und Abneigungen.

3.6 Moralische Entwicklung

[1] Bei Demonstrationen zeigen Menschen öffentlich ihre moralischen Vorstellungen.

Schon vor über 1600 Jahren gingen Menschen der Frage der moralischen Entwicklung nach. Der damalige Philosoph Sokrates schrieb von einer Jugend mit schlechten Manieren, mit einer Liebe zum Luxus, ohne Respekt vor älteren Menschen.

Moral | S. 57

Was ist Moral? Moral ist die Gesamtheit von Normen und Werten, die das zwischenmenschliche Verhalten einer Gesellschaft regeln. Diese werden von den Mitgliedern einer Gesellschaft als verbindlich akzeptiert.

Aber wie entwickelt sich diese Moral? Kinder kommen ohne ein Verständnis von Regeln und Normen auf die Welt. Wodurch übernehmen Menschen Werte und Normen? Warum halten sich viele daran und andere wieder nicht?

Was ist für Sie Moral?
Ein Freund verliebt sich in die Freundin seines besten Freundes. Er ist hin und her gerissen zwischen seinen Gefühlen und der Freundschaft zu seinem Freund. – Eine Mutter erschießt im Gerichtssaal den Vergewaltiger ihrer Tochter. Das Gericht hatte ihn zu fünf Jahren Haft verurteilt. – In Mexico-City überfällt ein Achtjähriger einen Touristen und raubt ihn aus, weil er Hunger hat.
Was halten Sie für moralisch in Ordnung bzw. bedenklich? Sie kennen sicherlich auch das Gefühl, bestimmte Regeln übertreten zu wollen – kennen Sie auch das Gefühl der Reue oder Schuldgefühle? Wo nützt Moral?

Sozialisation | S. 268

Die moralische Entwicklung, auch ein wichtiger Teilbereich der Sozialisation des Menschen, kann nicht isoliert von anderen Entwicklungsbereichen gesehen werden und wird wie diese von exogenen, endogenen und autogenen Faktoren beeinflusst. Ein einzelnes Verhalten kann nicht an sich als moralisch oder unmoralisch gewertet werden.

BEISPIEL

- Larissa ist 25 Jahre alt und Kinderkrankenschwester. Sie hilft gerne anderen Menschen – ist das selbstlose Hilfe? Nein, denn Larissa braucht den Dank der Patienten zur Stärkung ihres Selbstbewusstseins und unterliegt also ganz egoistischen Motiven.
- Anton (4 Jahre) hat im Kindergarten Süßigkeiten aus einer Schale genommen, ohne zu fragen – das ist ein Regelverstoß! Anton kann bestimmte Bedürfnisse noch nicht regulieren. Das Bedürfnis, Süßigkeiten essen zu wollen, war stärker als der Wunsch nach Ehrlichkeit.
- Sebastian (16 Jahre) ist leidenschaftlicher Graffiti-Sprayer und will zu dieser einen Clique gehören, egal, was er dafür tun muss. Selbst die Mutprobe, auf der S-Bahn mitzufahren und zu sprayen, nimmt er mit all ihren Gefahren und Verboten in Kauf.
- Sarah (9 Jahre) fällt es schwer, sich in andere Kinder hineinzuversetzen und deren Perspektive im Spiel und besonders in Konfliktsituationen zu übernehmen. Oft enden die Konflikte körperlich.

Der Psychologe Lawrence Kohlberg ist der Frage der moralischen Entwicklung des Menschen nachgegangen und hat die Theorien der kognitiven Entwicklung nach Jean Piaget weiterentwickelt. Kohlberg und Piaget gehen beide davon aus, dass Moral nicht angeboren ist, sondern erlernt wird. Es entstand bei Kohlberg über viele Forschungsjahre ein differenziertes **Stufenmodel**, bei dem sich die Entwicklungsabfolge über sechs Stufen erstreckt, die qualitativ unterschiedliche Organisationsformen des Denkens und Argumentierens darstellen. Nicht jeder Mensch durchläuft alle komplexen Stufen in seinem Leben. Im Unterschied zu Piaget sieht Kohlberg die moralische Entwicklung als **lebenslangen Prozess**, wobei Piaget explizit nur von der moralischen Entwicklung in der Kindheit spricht. Gemeinsam ist beiden, dass sie von einem **universellen Modell** sprechen, in dem die Qualität der moralischen Entwicklung durch die Verbesserung der Kompetenz der Perspektivenübernahme beeinflusst wird.

[2] Lawrence Kohlberg (1927–1987). US-amerikanischer Psychologe und Erziehungswissenschaftler

Kritik an Kohlbergs Theorie

Kohlberg beleuchtet die moralische Entwicklung des Individuums, die sich an Gesetzen, Menschenrechten und der Angst vor Strafe oder Schuldgefühlen orientiert. Das Modell gibt aber keine Auskünfte darüber, wie sich die Inhalte der Gesetze und anderen Normen entwickeln.

„Eine Gesellschaft, die es vorzieht, Milliarden Dollar für einen Flug zum Mars auszugeben, statt Hunger und Armut in der Welt zu bekämpfen, hat eine Wahl getroffen." (Weizenbaum, *1923, österr.-amerik. Mathematiker)
Beurteilen Sie dieses Zitat.

Kohlbergs Stufenmodell stellt die kognitive Entwicklung stark in den Vordergrund. Es wird nicht zwischen Urteilen und Handeln unterschieden. Kohlberg berücksichtigt in seinen Studien auch nicht die Frage nach Unterschieden der moralischen Entwicklung bei Männern oder Frauen.

	Präkonventionelle Moral (Ebene des Selbstinteresses)
	Kinder akzeptieren von Autoritäten gesetzte Regeln, die Beurteilung der Schwere eines Verstoßes hängt von dessen Folgen ab. Verhalten, das bestraft wird, ist schlecht, belohntes Verhalten ist gut. Hier gibt es eine weitgehende Übereinkunft mit Piagets heteronomem Stadium. In den ersten zehn Lebensjahren dominiert dieses Urteilsvermögen und nimmt im späteren Jugendalter ab.
1. Stufe:	Orientierung an Strafe und Gehorsam, Angst vor Strafe Kinder unterwerfen sich Autoritäten, um Strafen zu vermeiden. Sie können die Absichten anderer für deren Handlung noch nicht berücksichtigen. Ob eine Handlung gut oder schlecht ist, hängt von ihren (physischen) Konsequenzen ab.
2. Stufe:	Instrumentell relativistische Orientierung, Streben nach Lob Die eigenen Interessen sind das Maß für „gut und böse“. Was den eigenen Interessen entgegenkommt, ist gut, was ihnen widerspricht, ist schlecht. Das Prinzip „eine Hand wäscht die andere“ oder „Auge um Auge“ wird praktiziert.
	Konventionelle Moral (Ebene der sozialen Regeln)
	Kinder erkennen, dass Regeln notwendig sind. Ihr Ziel ist die Aufrechterhaltung sozialer Rollen und Normen. Dieses Urteilsvermögen herrscht in der mittleren und späteren Jugend sowie im jungen Erwachsenenalter.
3. Stufe:	Orientierung am „guten Jungen oder Mädchen“, Streben nach sozialer Anerkennung Kinder möchten sich die Zuneigung und Wertschätzung ihrer Freunde oder Verwandten bewahren, sie möchten gute Beziehungen zu ihnen aufrechterhalten und können den Blickwinkel anderer schon berücksichtigen. Die Familie oder Freunde sind der Bezugsrahmen sozialen Handelns. Es können noch nicht alle Interessen sämtlicher wichtiger Sozialpartner gleichermaßen einbezogen werden.
4. Stufe:	Orientierung an der Aufrechterhaltung der sozialen Ordnung, Gültigkeit von sozialen Gesetzen Regeln müssen befolgt werden, damit die soziale Ordnung erhalten bleibt, die Gültigkeit von Gesetzen wird anerkannt, sie regeln die Ansprüche, Pflichten und Rechte aller. Die Perspektive der Jugendlichen wird breiter. Nichtbefolgen darf unter keinen Umständen geduldet werden. Die Orientierung erfasst auch nicht persönlich bekannte Personen sowie übergreifende Gruppen, Religionsgemeinschaften oder Staaten.
	Postkonventionelle Moral (Ebene der abstrakten Ideale)
	Heranwachsende erkennen, dass Regeln Übereinkünfte sind, die man in gewissen Situationen auch ändern kann oder muss. Das System wird nicht mehr als fraglos richtig und verteidigenswert angesehen, es muss definiert werden. Die Selbstbezogenheit des Kindes der ersten Stufen ist grundsätzlich überwunden. Dieses Urteilsvermögen entwickelt sich erst im Erwachsenenalter und die höchste Stufe eignen sich wenige Menschen an.
5. Stufe:	Orientierung an sozialen Verträgen und Menschenrechten, innere Verpflichtung Regeln und Sitten der Gesellschaft werden als Übereinkunft anerkannt. Alternative Regelungen sind möglich, wenn die Mehrheit es will. Menschenrechte und Menschenwürde sind unverrückbare grundlegende Werte. Gesetze werden dann befolgt, wenn sie im Interesse der Menschen sind.
6. Stufe:	Orientierung an den Grundsätzen des eigenen Gewissens und allgemeingültiger ethischer Prinzipien Gültigkeit universaler Normen. Steuerungsinstanz ist das eigene Gewissen, das ethischen Prinzipien folgt, die für alle Menschen verbindlich sind. Kein fester Normenkatalog wird eingehalten, sondern nach allgemeingültigen ethischen Prinzipien gesucht. Hier erreicht das Urteilsvermögen eine Metaebene, in der Kriterien, Verfahren, Argumentationen zur Überprüfung und Begründung von Entscheidungen hinterfragt und entwickelt werden.

[Tab. 1] Stufenmodell zur Entwicklung des moralischen Urteilens nach Kohlberg

Entwicklungsfördernde Faktoren

Erziehung soll nicht in erster Linie Werte, Normen und Tugenden kognitiv vermitteln, sondern den Aufbau moralischer Urteilskompetenz und angemessenes moralisches Handeln fördern. Partizipation von Kindern und Jugendlichen im Alltag trägt dazu bei. Eine demokratische Haltung ist für diese Form der Erziehung notwendig. An der Lebenswelt der Kinder oder Jugendlichen orientierte Konflikte müssen diskutiert und ausgehandelt werden. Kohlberg spricht von sogenannten Dilemmata, die es zu lösen gilt, also der Notwendigkeit, Entscheidungen zwischen gleichwertigen Normen zu treffen.

Partizipation
Mitbestimmung, Beteiligung an Entscheidungsprozessen

3.7 Psychosexuelle Entwicklung

Kinder haben von Geburt an körperliche Bedürfnisse. Sie suchen Kontakt und Wärme. Kinder kuscheln, schmusen und mögen es in der Regel, berührt zu werden und auch selber den eigenen Körper zu berühren. Positive angenehme Berührungen und Hautkontakt sind für die positive gesunde Entwicklung von jungen Kindern in den ersten Lebensmonaten unverzichtbar. Kinder sind neugierig – sie riechen, schmecken, fühlen und sehen; das Erkunden des eigenen Körpers gehört dazu. Wie sie Berührungen erleben, hängt eng mit ihrer Biografie zusammen. Positive Gefühle und Gedanken, die durch Berührungen entstehen, werden abgespeichert und beeinflussen den Umgang mit sich selbst. Zur Entwicklung der Persönlichkeit und der Ich-Identität sind die Phasen der psychosexuellen Entwicklung von großer Bedeutung.

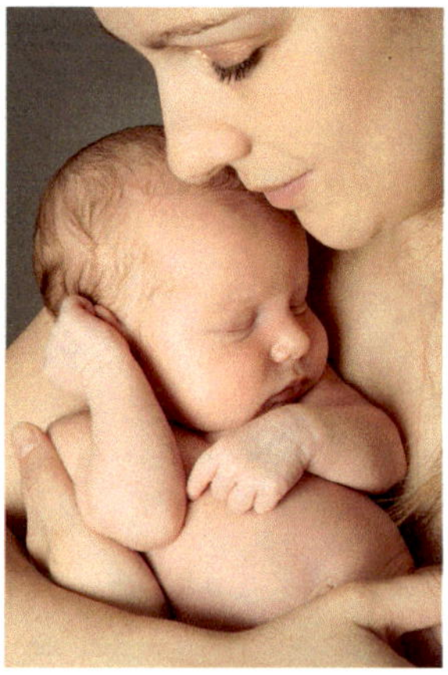

[1] Körperkontakte sind wichtige Bedürfnisse von Kindern.

Es besteht für Kinder noch keine Trennung zwischen Zärtlichkeit, Sinnlichkeit und Sexualität wie bei Erwachsenen. Kindliche Sexualität unterscheidet sich wesentlich von der Sexualität Erwachsener. Mit der Pubertät rückt sie allmählich in die Nähe zur Erwachsenensexualität. Selbsterkundungen des Körpers finden in der gesamten Kindheit statt. Sexualität in allen Lebensphasen umfasst körperliche, psychosoziale und emotionale Aspekte, wie das Bedürfnis nach Fürsorge und Geborgenheit.

Psychoanalytische Theorie (Freud)

Der Psychoanalytiker Sigmund Freud entwickelte das **Instanzen-Modell**, mit dem er versuchte, die Struktur der Psyche zu erklären. Demnach besteht die Psyche aus dem „Es", dem „Ich" und dem „Über-Ich". Das **„Es"** umfasst die biologische Grundausstattung des Menschen und zielt damit ab auf die Befriedigung von Trieben wie Sexualität. Das **„Über-Ich"** repräsentiert Ideale, Werthaltungen und soziale Normen eines Menschen und wird durch die Eltern und die Gesellschaft vermittelt. Diese Instanz wacht über das Verhalten, sie bildet das Gewissen. Das **„Ich"** vermittelt zwischen den Anforderungen des „Es" und des „Über-Ich".

[2] Sigmund Freud (1856–1939), österreichischer Neurologe und Tiefenpsychologe, Begründer der Psychoanalyse

Sigmund Freud | S. 400

Vielfältige Links zur Person und den Forschungserkenntnissen von Sigmund Freud finden Sie unter:
http://bildungsserver.hamburg.de/sigmund-freud/

„Freud'sche Fehlleistung"
Fehlhandlung, wie z. B. Versprecher, bei denen verborgene Gedanken des Sprechers zum Vorschein kommen

Freud ging davon aus, dass der größte Anteil der menschlichen Entscheidungen unbewusst getroffen wird. Er beschrieb **Grundtriebe** wie Lebens- und Todestrieb, die das menschliche Handeln bestimmen, und eine Reihe von spezifischen **Abwehrmechanismen**. Die Verdrängung ist ein Abwehrmechanismus, bei dem z. B. Angst auslösende Wünsche aus dem Bewusstsein in das Unterbewusste verschoben werden. Des Weiteren beschäftigte sich Freud mit den Auswirkungen unbewusster Prozesse, wie sie sich angeblich in Träumen, Fehlhandlungen („Freud'sche Fehlleistung") und auch in Witzen zeigen.

Sigmund Freud hat sich intensiv mit Sexualität aus psychoanalytischer Sicht beschäftigt. Er beschreibt die psychosexuelle Entwicklung von Kindern und Jugendlichen in einem Phasenmodell.

orale Phase (1. Lebenshalbjahr)	▪ Die Mundregion ist das primäre Bezugsorgan (z. B. Lutschen an Zeh und Daumen). ▪ Durch Essen, Trinken oder künstliche Reizung kommt es zu einer Verminderung der Triebspannung und zu einem Auftreten von Lustgefühlen. ▪ Störungen in dieser Phase führen zu Persönlichkeitsmerkmalen, aufgrund derer viel von anderen gefordert wird. Auf die orale Phase fixierte Menschen zeichnen sich durch eine niedrige Frustrationstoleranz aus und geben schnell auf.
narzisstische Phase (2. Lebenshalbjahr)	▪ Kind entdeckt den eigenen Körper und entwickelt dabei Lustgefühle (Autoerotismus). Dieses Verhalten ist die Urform der Selbstliebe (Narzissmus). ▪ Störungen in dieser Phase können im Erwachsenenalter zu Verminderung des Selbstvertrauens und der Selbstachtung führen.
anale Phase (2.–3. Lebensjahr)	▪ Lust wird in dieser Phase durch den Vorgang der Defäkation erzielt, durch das Ausscheiden und das Zurückhalten der Exkremente. ▪ Das Kind übt in dieser Lebensphase Kontrollmechanismen ein und vollzieht die ersten Anpassungen an die Erfordernisse der Umwelt. ▪ Störungen in dieser Phase, insbesondere durch zwanghafte Sauberkeitserziehung, können zu „manischen" oder zwanghaften Persönlichkeitstypen führen, mit starker Unterdrückung von Aggressionen, Überkontrolliertheit, Geiz und extremer Reinlichkeit. Es kommt bei manischen Persönlichkeiten zu einer starken Trennung zwischen Vorstellungen und tatsächlichen Gefühlen.
phallische Phase (4.–5. Lebensjahr)	▪ Genitalien werden in dieser Phase zu erogenen Zonen. ▪ Jungen stellen fest, dass bei Mädchen der Penis fehlt, und führen dies auf eine Bestrafung zurück. Es entwickelt sich Kastrationsangst; bei Mädchen Penisneid. ▪ Ödipuskomplex: Es treten Rivalitätsgefühle mit dem gleichgeschlechtlichen Elternteil auf, der andersgeschlechtliche wird geliebt. Auf der anderen Seite fürchtet das Kind den Verlust der Liebe des gleichgeschlechtlichen Elternteils. Dieser Konflikt wird durch die Unterdrückung der sexuellen Wünsche beigelegt. ▪ In der phallischen Phase kommt es zur Übernahme geschlechtlicher Moralbegriffe und zur Entwicklung des Über-Ich. Störungen in der phallischen Phase können zu einer „hysterischen" Persönlichkeitsstruktur führen. Diese ist durch ein auffälliges sexuelles Gebaren gekennzeichnet, das aber im Widerspruch zur ängstlichen, passiven Grundstruktur steht, die sexuelle Kontakte zu meiden versucht.

▼

Latenzphase (6.–7. Lebensjahr)	■ Scheinbare Unterbrechung der sexuellen Entwicklung. ■ Sexuelle Regungen werden abgewehrt und verdrängt, Spielkameraden vor allem beim gleichen Geschlecht gesucht. ■ Während dieser Zeit Verinnerlichung der Anforderungen der Umwelt.
genitale Phase (8. Lebensjahr bis zur Pubertät)	■ Wiederaufleben der Sexualität und des Ödipuskomplexes. ■ Hinwendung zum anderen Geschlecht beginnt. ■ Der beschleunigten körperlichen und intellektuellen Reifung steht eine verzögerte emotionale Reifung gegenüber. ■ Pubertät: stark konfliktgeladene Phase voller motorischer und innerer Unruhe.

[Tab. 1] Entwicklungsphasen nach Freud (verändert nach: http://arbeitsblaetter.stangl-taller.at/PSYCHOLOGIEENTWICKLUNG/EntwicklungFreud.shtml)

Kritik an Freuds Phasenmodell

Freuds Theorie ist keine wissenschaftliche Theorie im engeren Sinne, da sie mit |wissenschaftlichen bzw. empirischen Methoden nicht überprüfbar ist. Sie spielt daher in der modernen Psychologie bzw. Entwicklungspsychologie keine Rolle mehr. Freuds Annahmen sind vor allem im historischen Kontext zu verstehen: Er lebte in einer Zeit, in der Sexualität stark tabuisiert war. Freud selbst sah den Ödipuskomplex als entscheidend für die Krise in der Entwicklung der Sexualität eines Kindes und damit als universelle Entwicklungsphase an. Einige Kritiker verstehen ihn lediglich als eines von vielen kindlichen Entwicklungsmustern.

[1] Die Hinwendung zum anderen Geschlecht ist anfangs von Unsicherheit geprägt.

wissenschaftliche Methode | S. 30

Sexualerziehung

Sexualerziehung ist weit mehr als die Aufklärung über die Geschlechtsorgane, die Zeugung oder die Geburt. Sexualerziehung ist ein Prozess, der sich durch das Leben eines Kindes bzw. Jugendlichen zieht und von vielfältigen Faktoren geprägt wird. Dazu gehören bewusste Mitteilungen über Sachverhalte auf dem jeweiligen Entwicklungsstand des Kindes bzw. Jugendlichen oder aber auch das „|Lernen am Modell“. Erwachsene und ihr eigener Umgang mit Körperlichkeit, Sexualität und mit Grenzen anderer haben eine entscheidende Vorbildfunktion für Kinder. Kinder und Jugendliche erleben zum Teil unsichere Erwachsene, sehr moralische Erwachsene oder auch übergriffige Erwachsene, die die Grenzen der Kinder nicht akzeptieren. Kulturelle, religiöse, soziale und familiäre Vorstellungen beeinflussen ebenfalls die psychosexuelle Entwicklung eines Menschen.

Lernen am Modell | S. 217

Entwicklungsfördernde Faktoren

Für viele Erwachsene ist die sexuelle Entwicklung von Kindern und Jugendlichen ein Tabuthema. Aus Angst, etwas Falsches zu tun oder zu sagen, bleiben Fragen von Kindern z. B. ungeklärt oder werden erste eigene Körpererfahrungen verboten. Dabei ist es wichtig für die Entwicklung des Körperbildes, die Stärkung des Selbstwertgefühls und die Identitätsentwicklung von Jungen und Mädchen, Körpererfahrungen zu unterstützen, indem Experimentieren mit dem eigenen Körper erlaubt bleibt und sich Erwachsene offen zeigen für das Gespräch über Körperwahrnehmungen und Gefühle. Letztlich trägt dies auch präventive Effekte gegen sexuelle Grenzverletzungen und sexuellen Missbrauch in sich.

3.8 Verhalten wird durch psychische Faktoren bestimmt

Die psychischen Kräfte eines Menschen werden als Antrieb verstanden, die das menschliche Erleben aktivieren und steuern. Ein Gefühl, eine Befindlichkeit sind Beispiele für eine psychische Kraft. Im Verlauf lernen Sie zwei wesentliche psychische Kräfte kennen: die Emotion und die Motivation.

Die Emotion – eine psychische Kraft

Mit dem Begriff der Emotion wird in der Regel das Wort Gefühl gleichgesetzt, dabei wird die Emotion umfassender verwendet. Bei einer Emotion sind auch körperliche Vorgänge, das Beeinflussen des seelischen Befindens und die Beeinflussung des menschlichen Verhaltens gemeint.

BEISPIEL

Laurin, 17 Jahre, hat seine Führerscheinprüfung in einer Stunde. Er merkt dies sehr durch bestimmte körperliche Vorgänge. Er hat feuchte Hände, er zittert etwas, weil er aufgeregt ist. Er kann nichts essen, da er leichte Bauchschmerzen hat. Erst nachdem er die Prüfung bestanden hat, löst sich seine Anspannung und seine körperlichen Symptome verschwinden. Die Spannung legt sich und wird durch das Gefühl der Entspannung abgelöst. Er freut sich über die gelungene Prüfung und nimmt sich vor, vor anderen Prüfungen nicht mehr so nervös zu sein, sondern sich immer gut vorzubereiten. Das hat ja auch dieses Mal gut funktioniert.

Emotionen sind persönliche Erlebensweisen, die sich in körperlichen Veränderungen und seelischen Vorgängen zeigen und die das Verhalten des Menschen beeinflussen können.

Angst als Beispiel für Emotion

Angst | S. 418

Angst kann als eine unangenehme Erlebensweise verstanden werden, die mit körperlichen und seelischen Vorgängen einhergeht. Somit kann Angst das Verhalten eines Menschen beeinflussen.

Angst ist grundsätzlich ein subjektives Erleben einer bestimmten bekannten oder auch unbekannten Situation. Angst beeinflusst unser Verhalten und löst starke körperliche Reaktionen aus. Die Angst vor dem Krankenhaus oder dem Zahnarzt kennen viele. Das Betreten und der Geruch der Praxis lösen häufig einen schnelleren Herzschlag aus, man beginnt zu schwitzen und verkrampft sich. Die Intensität dieses Gefühls ist subjektiv unterschiedlich und bestimmt auf unterschiedliche Art und Weise unser Verhalten. Der eine Patient verlässt sofort wieder die Zahnarztpraxis und vermeidet die angstauslösende Situation. Der andere lässt alle Behandlungen über sich ergehen, ohne zu sprechen, und wird passiv.

Die Motivation – eine psychische Kraft

Jeder Mensch hat Beweggründe, warum er etwas tut oder warum er etwas nicht tut – die sogenannte **Motivation**. Ein Beweggrund, also ein Motiv, kann zu einer Handlungsbereitschaft führen. Durst und Hunger sind z. B. angeborene, nicht sichtbare Motive. Sie treiben jeden dazu, aktiv zu werden und sich zu einem Ziel hin bewegen zu lassen. Hier wäre der Kühlschrank ein mögliches Ziel, das es zu erreichen gilt. Unter Motivation oder Motiviertheit versteht man die Bereitschaft einer Person, sich intensiv und anhaltend mit einem Gegenstand auseinanderzusetzen.

Die Motivation ist durch vier Merkmale gekennzeichnet:

Aktivierung	Richtung	Intensität	Ausdauer
– ein Prozess, in dem Verhalten in Bewegung gesetzt wird	– die Aktivität wird gesteuert, bis ein bestimmtes Ziel erreicht wird oder bis ein neues Ziel wichtiger erscheint	– die Aktivität kann mehr oder weniger stark ausgeprägt sein	– das Verhalten kann mehr oder weniger zielstrebig ausgeprägt sein

Das Zusammenspiel von Emotion und Motivation führt zum Erfolg

Die psychischen Prozesse Emotion und Motivation sind sehr eng miteinander verbunden und bedingen sich gegenseitig. Ein Gefühl kann dazu führen, dass wir motiviert werden und handeln. Dabei wird jede Emotion auch kognitiv bewertet. Diese Bewertung steuert unser Verhalten und Handeln.

BEISPIEL

Alice (16) ist zu ersten Mal verliebt. Wenn sie an Tom denkt, schlägt ihr Herz schneller, sie ist aufgeregt und sie überlegt, wie sie ihm eine Freude machen und wann sie ihn wiedersehen kann. Wenn sie jedoch an Toms Exfreundin denkt, die immer wieder mit Tom ausgeht, wird sie sauer und überlegt, wie sie ihr eins auswischen kann.

Unterschiedliche Richtungen der Psychologie und auch der Therapie haben sich mit diesem Zusammenspiel von Emotion und Motivation auseinandergesetzt. Ziel ist es, das Verhalten von Menschen zu beschreiben, positiv zu beeinflussen und ressourcenorientiertes Verhalten zu fördern.

Im |**Rubikon-Modell** der Handlungsphasen beschreibt der deutsche Psychologe Heinz Heckhausen 1987 menschliches Handeln in einer chronologischen Abfolge. Es geht hier darum, Handeln in Bezug auf Emotion und Motivation zu erklären und beispielweise Lehrenden zu erklären, warum Handeln gelingen bzw. scheitern kann. Das Modell kann als Veranschaulichung von Selbststeuerungsprozessen verstanden werden.

Rubikon
Der Name stammt von einer historischen Gegebenheit im Jahre 49 v. Chr. ab. Der Fluss Rubikon bildete damals die natürliche Grenze zwischen Italien und der römischen Provinz Gallia Cisalpina. Genauso wie es für Caesar mit Überschreiten des Rubikon kein Zurück mehr gab und es zum Bürgerkrieg zwischen Caesar und Pompeius kam.

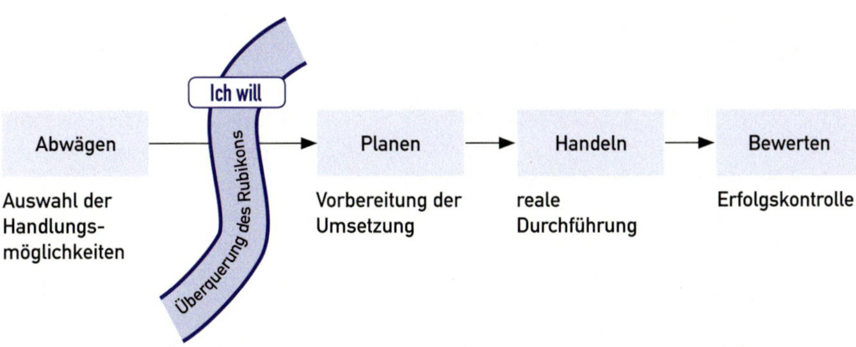

[1] Phasen des Rubikon-Modells

Beim Rubikon-Modell entscheidet sich der Handelnde mit dem „Schritt über den Rubikon“ für eine Handlung. Ein Zurück ist in der Regel nicht mehr möglich.

Danach tritt die Planungsphase ein, das heißt wie kann man das gewählte Ziel erreichen. In der Handlungsphase geht es darum, das eigene Handeln ausdauernd auf das Ziel auszurichten. Bei Problemen und Schwierigkeiten muss das Handeln flexibel verändert werden. In der letzten Phase kommt es zur Zielerreichung oder Nichterreichung. Es wird beurteilt, ob das Handeln erfolgreich war oder ob noch Nachbesserungen durchgeführt werden müssen.

BEISPIEL

Lars (17) schreibt in sechs Wochen seine Abiturprüfungen. Er lässt sich oft von „youtube“ und sozialen Netzwerken ablenken. Heute jedoch beschließt er, ab sofort nur noch eine Stunde am Tag das Handy und soziale Netzwerke zu nutzen. Er erstellt einen Tages- und Wochenplan, wann er was üben wird und wann er Zeit für sich einplant. Er bittet seine Freundin, darauf zu achten, dass er sich an den Plan hält. Es gelingt ihm immer besser und in der Vorklausur, für die er wirklich gelernt hat, schreibt er eine gute Note. Er findet, dass ihm seine Verhaltensänderung gut gelungen ist, und beschließt, so weiterzumachen und nach dem Abitur will er wieder beginnen, Sport zu treiben.

Auf Grundlage des Rubikon-Modells entwickelte die Schweizer Psychologin Maja Storch das sogenannte Züricher-Ressourcen-Modell. Dieses Modell soll selbstgesteuertes Lernen erleichtern und helfen, sich selbst zu motivieren und Lernblockaden zu überwinden.

Ablauf des Züricher-Ressourcen-Modells

Phase	Aktion
Klärung	- Klären von Zielen und Bedürfnissen - Passt das zusammen?
Motivierung	- Wie kann das Ziel erreicht werden? - Formulieren eines klaren Wunsches! - Was ist man bereit zu tun, um dieses Ziel zu erreichen?
Überschreiten des Rubikons	Aus der bloßen Absicht wird das unbedingte Wollen! Starke positive Anreize sind nötig, damit man sich für die beabsichtigte Handlung entscheidet. Hierbei handelt es sich um sogenannte somatische Marker. Dies sind Emotionen oder Körperempfindungen, die wir unbewusst mit einem Ereignis verbinden und die eine bestimmte Handlung mit sich bringen.
Intention	Formulieren des Ziels in einem kurzen Satz, der aus Begriffen besteht, mit denen man positive Dinge verbindet. Hierzu werden Tiere, Farben und andere Dinge ausgesucht, die in einem positive Emotionen auslösen. Dieser Mottosatz soll immer wieder zur Zielerreichung motivieren!
präaktionale Vorbereitung	Hier werden Erinnerungshilfen geschaffen, die einen das Ziel nicht aus dem Auge verlieren lassen. Dies können visuelle, akustische und optische Hilfen sein. Es ist sinnvoll, die gleichen somatischen Marker zu verwenden, wie bei der Formulierung des Mottosatzes.
Handeln	Der Weg zum Ziel und die Zielerreichung werden konsequent umgesetzt. Das Ziel wird erreicht!

[1] Ablauf des Züricher-Ressourcen-Modells (nach Storch, Maja/Schett, Jörg: Den Rubikon überschreiten. Lerncoaching als Beitrag zum selbstgesteuerten Lernen. In: Lernende Schule, 45/2009)

Häufig beginnen Lernschwierigkeiten damit, dass Schüler sich keine klaren Ziele setzen oder Ziele nicht konsequent verfolgen. Dies hat unterschiedliche Gründe. Mangelnde Konzentration, aber auch zu hoher Erwartungsdruck sind Gründe, warum eine Zielerreichung erschwert wird. Hier setzt das Züricher-Ressourcen-Modell an.

4 Persönlichkeit und Identität

4.1 Was ist Persönlichkeitspsychologie?

Die Persönlichkeitspsychologie beschäftigt sich als Teilgebiet der Psychologie mit dem Aufbau, der Entwicklung und den Ursprüngen der Persönlichkeit. Auf dieser Grundlage versucht sie Vorhersagen über Verhaltensweisen zu treffen. In der wissenschaftlichen Persönlichkeitspsychologie haben sich mittlerweile verschiedenste Theorien entwickelt. Typische Fragestellungen sind z. B.:

- Welche Struktur hat die Persönlichkeit?
- Wie entwickelt sich die Persönlichkeit?
- Wie beeinflussen wichtige Lebensereignisse die Persönlichkeit?

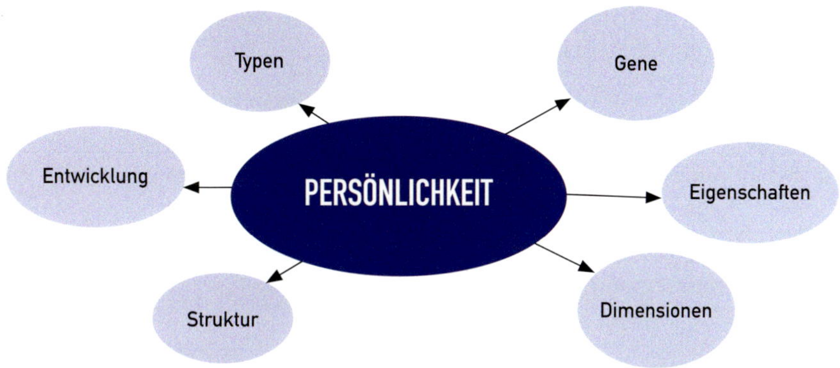

Früher versuchte man dabei Menschen nach klar zu unterscheidenden Typen zu klassifizieren. Dabei wurden unterschiedliche Eigenschaften, im englischen *Traits*, beschrieben. Auch im Alltag neigen wir dazu, Menschen einer bestimmten Kategorie zuzuordnen, da dies unser alltägliches Handeln wesentlich vereinfacht. Eine Einordnung anhand von Typen birgt dabei natürlich die Gefahr, Vorurteilen zu erliegen. Ist die Einordnung anhand von Typen ein in sich starres System, gehen Trait-Theorien von weicheren Merkmalen aus, wie z. B. Freundlichkeit oder Schüchternheit.

Traits
engl. Eigenschaft/Merkmal

Der Forscher Gordon Allport unterschied drei Arten von Traits:
1. kardinale Traits – z. B. Selbstaufopferung, aber nicht alle Menschen entwickeln kardinale Traits
2. zentrale Traits – diese bilden die wesentlichen Charakterzüge eines Menschen, z. B. Ehrlichkeit
3. sekundäre Traits – sind spezifische persönliche Merkmale, z. B. die Art sich zu kleiden oder Vorlieben beim Essen

[2] Gordon Allport (1897–1967) gilt als Mitbegründer der humanistischen Psychologie. Er war Professor für Sozialpsychologie in Harvard.

Für Allport waren die Strukturen der Persönlichkeit und nicht die Umweltbedingungen entscheidend für das menschliche Verhalten. Viele Theorien der Persönlichkeitspsychologie basieren auf den Annahmen Allports.

So formulierte Hans Eysenck drei wichtige Dimensionen der Persönlichkeit:
- Extraversion – also die Fähigkeit, auf andere Menschen zuzugehen
- Neurotizimus – also die emotionale Stabilität eines Menschen
- Psychotizimus – also die Freundlichkeit eines Menschen

[3] Hans J. Eysenck (1916–1997), Psychologe, der insbesondere zu den Themen Intelligenz und Persönlichkeit forschte

Diese Dimensionen können in die eine oder andere Richtung unterschiedlich stark ausgeprägt sein. So sind Menschen in der Dimension Psychotizimus also entweder besonders freundlich oder eher aggressiv. Heute gehen Forscher von fünf Faktoren aus, die eine Persönlichkeit bestimmen.

Persönlichkeitsstruktur nach dem Fünf-Faktoren-Modell

Ein wichtiges Standardmodell in der Erforschung der Persönlichkeit wird als Fünf-Faktoren-Model (FFM) oder „Big Five“ bezeichnet, da es von fünf Faktoren ausgeht, die eine Persönlichkeit ausmachen. Diese Faktoren sind zeitlich stabil und universell, also überall zu finden. Diese fünf Faktoren sind:

Kürzel	Faktor ...	... ist schwach ausgeprägt	... ist stark ausgeprägt
O	Offenheit für Erfahrungen (Openness)	konservativ, vorsichtig, wenig emotional	erfinderisch, neugierig, wissbegierig, fantasievoll, experimentierfreudig
C	Gewissenhaftigkeit (Conscientiousness)	unbekümmert, nachlässig, ungenau, spontan	effektiv, organisiert, sorgfältig, zuverlässig, überlegt
E	Extraversion	zurückhaltend, reserviert, gerne alleine	gesellig, aktiv, gesprächig, optimistisch, heiter
A	Verträglichkeit (Agreeableness)	wettbewerbsorientiert, antagonistisch, egozentrisch, misstrauisch	kooperativ, freundlich, mitfühlend, altruistisch
N	Neurotizismus (Neuroticism)	selbstsicher, ruhig, stabil, entspannt	emotional, verletzlich, ängstlich, unsicher

Inwieweit sich Menschen für neue Erfahrungen und Erlebnisse interessieren, wird durch den Faktor Offenheit beschrieben. Ob Menschen sich gut selbst kontrollieren können, genau und zielstrebig sind, erfasst der Faktor Gewissenhaftigkeit. Extraversion oder auch Begeisterungsfähigkeit erfasst das zwischenmenschliche Verhalten der Menschen. Auch die Verträglichkeit bezieht sich auf das zwischenmenschliche Verhalten. Der Faktor Neurotizismus beschreibt Unterschiede im Erleben von negativen Emotionen.

Vererbung und Traits

Die Verhaltensgenetik untersucht, inwieweit Eigenschaften der Persönlichkeit vererbt werden. Erblichkeitsstudien konnten dabei zeigen, dass viele Persönlichkeitseigenschaften durch genetische Faktoren beeinflusst werden.

Einschätzung der Typologien und Trait-Theorien

Forscher können durch diese Theorien Persönlichkeiten genau beschreiben. Allerdings sagen sie nur wenig über den Entstehungsprozess und die weitere Entwicklung einer Persönlichkeit aus. Vielmehr beschreiben sie die Persönlichkeitsstruktur zu einem festgelegten Zeitpunkt. Im Gegensatz dazu betonen z. B. psychodynamische, sozial-kognitive oder humanistische Theorien die Veränderungen in der Persönlichkeit.

4.2 Klassische Theorien der Persönlichkeitsentwicklung

Nachfolgend dargestellte Theorien nehmen für sich in Anspruch, die Entwicklung der Persönlichkeit erklären zu können. Beschrieben werden hier „Klassiker“ der Persönlichkeitspsychologie, die seit ihrem Entstehen großen Einfluss auf die Forschung ausgeübt haben.

4.2.1 Psychodynamische Theorien – Sigmund Freud

Wie bei der |psychosexuellen Entwicklung erklärt |Sigmund Freud die Entwicklung der Persönlichkeit durch das sogenannte Instanzen-Modell. Die Persönlichkeit eines Menschen sei demnach aus drei sogenannten Instanzen zusammengesetzt, dem Es, Ich und Über-Ich.

psychosexuelle Entwicklung | S. 183
Freud | S. 400

Instanz	Beschreibung der Instanz	Funktion	Beispiel
Es	Triebe, Wünsche und Bedürfnisse müssen befriedigt werden. Es regiert das „Lustprinzip". Dieses ist seit der Geburt vorhanden.	Das Es kündigt Bedürfnisse beim Ich an.	Fritz, 16 Jahre alt, hat eine Freundin. Auf einer Party lernt er Simone kennen. Beide unterhalten sich nett und kommen sich näher. Fritz möchte Simone schließlich küssen.
Ich	Die „Vermittlungsinstanz" zwischen Bedürfnissen des Es und den Ansprüchen der Realität. Das „Realitätsprinzip" folgt dem vernünftigen Handeln.	Das Ich vermittelt zwischen Es und Über-Ich und gleicht mit den Ansprüchen der Realität ab. Hierbei entstehen Konflikte.	Fritz überlegt, dass ein bisschen Küssen eigentlich gar nicht „richtiges" Fremdgehen ist. Außerdem ist man doch auf einer Party immer etwas lockerer drauf und er hat auch schon drei Gläser Bier getrunken.
Über-Ich	Werte und Normen sind wichtig. Eine Bewertung der Bedürfnisse wird durchgeführt. „Moralitätsprinzip" und „Gewissen". Hier sitzt auch die Ideal-Vorstellung des Ich als Leitbild.	Das Über-Ich bewertet Wünsche und Bedürfnisse des Es.	Fritz weiß, dass er besser nicht „fremdgehen" sollte. Er hat jetzt schon ein schlechtes Gewissen und eigentlich möchte er auch kein Mann sein, der seine Freundin betrügt.

Ich-Stärke/-Schwäche und Ängste

Schafft es das Ich einen Ausgleich zwischen Es, Über-Ich und der Realität herzustellen, spricht man von Ich-Stärke. Umgekehrt liegt eine Ich-Schwäche vor, wenn Es, Über-Ich und Realität in einem Ungleichgewicht stehen. Solch ein Ungleichgewicht kann – so Freud – zu Ängsten führen. Zum Beispiel kann Fritz Angst davor haben, dass seine Freundin erfährt, dass er Simone geküsst hat (Realangst). Das Ich bekommt Angst vor den Forderungen des Über-Ich. So bekommt Fritz Gewissensbisse und macht sich Vorwürfe, dass er fremdgegangen ist (Gewissensangst). Oder das Ich hat Angst vor den Bedürfnissen des Es. Fritz hat Angst, dass er immer wieder seiner Freundin fremdgehen wird (neurotische Angst).

Abwehrmechanismen

Das Ich findet nach Freud nun entweder eine Möglichkeit, mit diesen Ängsten umzugehen, oder es reagiert mit Abwehrmechanismen. Mögliche Ängste und Konflikte werden ins Unbewusste verlagert und damit sozusagen ausgeschaltet und verdrängt. Damit werden sie aber nicht aufgelöst, sondern wirken weiter, aber eben unbewusst.

Diese Verdrängung kann auf verschiedene Art und Weise erfolgen:

Projektion	Fritz beschimpft einen Freund, der seiner Freundin fremdgegangen ist. Damit projiziert er sein Problem auf den Freund.
Reaktionsbildung	Fritz kauft seiner Freundin Rosen und schreibt ihr einen Liebesbrief. Seine Ängste werden durch gegenteiliges Handeln „abgewehrt".
Verschiebung	Statt fremdzugehen kauft sich Fritz ein neues Handy.
Rationalisierung	Fritz sagt sich, dass Küssen kein Fremdgehen ist.
Identifikation	Fritz sagt sich, dass auch berühmte Vorbilder immer wieder mal fremdgehen.
Widerstand	Fritz bestreitet, dass er wirklich fremdgegangen sei.
Sublimierung	Statt fremdzugehen kümmert sich Fritz vermehrt um seine gebrechliche Oma.
Fixierung und Regression	Statt fremdzugehen isst Fritz vermehrt Süßigkeiten. Psychoanalytiker würden darin einen Rückfall in die orale Phase erkennen.

Pseudo-Erklärung
Erklärung, die die Struktur und Funktion wissenschaftlicher Erklärungen aufweist, wissenschaftliche Ansprüche aber nicht erfüllt

Der Begriff „Verdrängung" ist Ihnen bestimmt schon häufiger begegnet. Dies zeigt, wie sehr Theorien der Psychoanalyse in unseren Alltag eingedrungen sind, obwohl sie in der wissenschaftlichen Psychologie heute keine Rolle mehr spielen. Freud hat viele Elemente seiner Theorie aber so formuliert, dass Verhalten damit scheinbar plausibel erklärt werden kann. So ist es egal, wie Fritz sich verhält, die Psychoanalyse findet dazu eine Pseudo-Erklärung. Freuds psychodynamische Theorie wurde von unterschiedlichen Personen modifiziert und erweitert. Ein wichtiger Vertreter ist Carl Gustav Jung (1875–1961).

4.2.2 Sozial-kognitive Theorien – Albert Bandura

Lernen am Modell | S. 217

reziprok
wechselseitig
Determinismus
vom lat. determinare, d. h. festlegen, begrenzen

Analog zu seiner sozialkognitiven Lerntheorie des Lernens am Modell entwickelt sich die Persönlichkeit eines Menschen für Albert Bandura wesentlich durch die Wahrnehmung, Bewertung, Bearbeitung und Beurteilung von Umwelteinflüssen. Die Persönlichkeit eines Menschen entwickelt sich also in Wechselwirkung von personalen und sozialen Elementen. Forscher sprechen hier auch von einem reziproken Determinismus. Damit ist gemeint, dass das Verhalten des Menschen durch seine individuellen Voraussetzungen und die auf den Menschen einwirkende Umwelt bestimmt wird. Beide Faktoren wirken immer zusammen.

Um die Persönlichkeit eines Menschen zu verstehen, müssen die Umwelt, der Mensch und sein Verhalten immer zusammen betrachtet werden.

Besonders wichtig ist dabei für Bandura die Beobachtung von Modellen.

Selbstwirksamkeit

Für Bandura ist entscheidend, ob Menschen ihr Verhalten als wirksam erleben oder nicht. Ist diese Selbstwirksamkeit gegeben, beeinflusst dies die Wahrnehmung, die Motivation und die Leistungsfähigkeit positiv.

BEISPIEL

Die Schülerin Hanna glaubt, dass ihre Englischlehrerin sie nicht mag und ihr deshalb schlechte Noten gibt. Sie schätzt ihre Selbstwirksamkeit damit als gering ein: „Ich kann so viel lernen wie ich will, ich bekomme trotzdem eine schlechte Note, weil Frau Schmitt mich nicht mag!“

Hannas Überzeugung könnte nach Bandura durch folgende Informationen positiv beeinflusst werden:

- Hanna sieht, dass ihre Freundin Petra lernt und eine gute Note in der nächsten Klassenarbeit bekommt (stellvertretende Erfahrung/Beobachtung).
- Ihre Eltern erklären Hanna, dass sie mit der Lehrerin gesprochen haben. Diese hat versichert, dass sie nur nach der tatsächlich erbrachten Leistung Noten vergibt (Überzeugung).
- Hanna schafft es, sich selbst zum Lernen zu motivieren und ihre Angst vor einer schlechten Note zu überwinden (Überwachung der emotionalen Erregung).

4.2.3 Humanistische Theorien – Carl Rogers

Carl Rogers | S. 255, 402

Carl Rogers entwickelte seine Theorie der Persönlichkeit auf Grundlage therapeutischer Arbeit. Rogers geht davon aus, dass der Mensch immer bestrebt sei, seine Entwicklungsmöglichkeiten zu erhalten, sich zu entfalten und unabhängig sowie selbstbestimmt zu agieren. Er bezeichnet dies als **Tendenz zur Aktualisierung**. In einem Prozess bewertet der Mensch seine Erfahrungen dahingehend, ob sie ihm helfen, sich zu entfalten, oder einschränken. Rogers Bezeichnung dafür ist **organismischer Bewertungsprozess**. Im Laufe seiner Entwicklung führen alle gemachten Erfahrungen und Wahrnehmungen des Menschen zu seinem Selbstkonzept. Dieses besteht aus zwei Elementen:

- dem Real-Selbst, also dem Bild, das ein Mensch über sich hat
- dem Ideal-Selbst, also einer Vorstellung davon, wie er selbst sein möchte und wie andere Personen ihn haben möchten

Dieses Selbstkonzept unterliegt einem ständigen Änderungsprozess, z. B. durch neue Lernerfahrungen, Erziehungseinflüsse. Dabei bestimmen die Erfahrungen der Person oder Wünsche und Forderungen an diese Person das Selbstkonzept.

BEISPIEL

Hanna (4;5) wird von ihren Eltern häufig gelobt, z. B. wenn sie alleine ein Puzzle macht. Sie bildet das Selbstkonzept: „Ich kann alleine auch schwierige Probleme lösen.“

BEISPIEL

Tom's (6;0) Eltern sagen ihm häufig, wie ungeschickt und dumm er sich anstellt. Er wird ein negatives Selbstkonzept entwickeln und sich auch nichts mehr zutrauen.

Für Rogers sind die **Bezugspersonen** besonders dann wichtig, wenn sie ein Kind positiv beachten. Er versteht darunter, dass dem Kind grundsätzlich mit Wärme, Achtung, Wertschätzung und Anerkennung begegnet wird. So kann es Selbstachtung entwickeln.

Die Entwicklung der Persönlichkeit wird also
- gefördert durch positive Beachtung → Selbstachtung und flexibles Selbstkonzept;
- gehemmt durch wenig Beachtung → es entwickelt sich keine Selbstachtung.

Auch der Körper spielt für Rogers eine wichtige Rolle. Die Aktualisierung des Menschen drückt sich körperlich aus. Er spricht hier von *organismischem Erleben*. Bringen gemachte Erfahrungen den Menschen dazu, dass das organismische Erleben und das Selbstkonzept übereinstimmen, wird dies als Kongruenz bezeichnet. Entsprechend wird die fehlende Übereinstimmung als Inkongruenz beschrieben.

Verfügen Menschen eher über ein starres Selbstkonzept, sind sie eher nicht in der Lage, neue Erfahrungen in ihr Selbstkonzept zu integrieren, reagieren sie unter Umständen mit Abwehr. Rogers spricht hier entweder von Verleugnung (neue Erfahrungen werden also verleugnet) oder Verzerrung (neue Erfahrungen werden so lange uminterpretiert, bis sie zum Selbstkonzept passen).

psychische Störungen | S. 381, 390

Menschen, die Inkongruenz erleben, erfahren diese als psychische Spannung. Wird das Selbstkonzept nachhaltig durch neue Erfahrungen erschüttert, kann dies die Ursache für psychische Störungen sein.

4.3 Rahmenmodell der Persönlichkeit

Der Psychologe Dan P. McAdams und die Psychologin Jennifer Pals Lilgendahl entwickelten 2006 ein Rahmenmodell der Persönlichkeit. In diesem Modell werden wichtige Ergebnisse und Theorien zusammengefasst. Zum Verständnis der Persönlichkeit arbeiteten sie fünf wichtige Prinzipien heraus:

Lernen | S. 200

1. Die Persönlichkeitspsychologie muss auch die biologischen Wurzeln der Menschen berücksichtigen. Sie beziehen sich hier auf Erkenntnisse der Evolutionsforschung. Es gibt Eigenschaften, die bei allen Menschen vorhanden sind (universal), z. B. die Fähigkeit zum Lernen.
2. Menschen haben Persönlichkeitseigenschaften, die kontextunabhängig sind. Sie sind also relativ unspezifisch und beschreiben das typische Verhalten und Erleben eines Menschen. Sie erklären die Kontinuität und Stimmigkeit des Verhaltens und erlauben anderen Menschen eine schnelle Einordnung des Gegenübers.
3. Menschen entwickeln charakteristische Persönlichkeitsmerkmale, die sich in Zielen, Motiven, Einstellungen, Plänen und Werten ausdrücken. Sie haben spezielle Fertigkeiten. Diese Persönlichkeitsmerkmale können durch die Umwelt oder Kultur verändert werden.

4. Die Identität eines Menschen muss als *narrative Identität* verstanden werden. Das bedeutet: Die Vergangenheit und die mögliche Zukunft eines Menschen werden von ihm so „erzählt“, dass sie stimmig zueinander passen. Das Leben erhält damit Sinn und Bedeutung. Die Lebensgeschichten sind dabei individuell sehr verschieden und einmalig.
5. Die Kultur hat auf allen Ebenen einen starken Einfluss auf die Persönlichkeit. Insbesondere beeinflusst sie, wie sich bestimmte Eigenschaften ausdrücken. Für die Erzählung der eigenen Identität bildet sie den gesellschaftlichen und historischen Kontext.

narrativ
in erzählender Form

Durch diese Prinzipien wird ein integratives Rahmenkonzept der Persönlichkeit gebildet. Auch wenn – wie bei allen Universaltheorien – der umfassende Erklärungsanspruch kritisiert wurde, bietet sie eine Möglichkeit, die Persönlichkeit der Menschen grundsätzlich zu erforschen und zu verstehen.

Universaltheorien
Theorien, die für sich in Anspruch nehmen, eine Fragestellung umfassend beantworten zu können

Persönlichkeit kann nach Adams/Pals definiert werden als einzigartige Variation der menschlichen Natur, die durch bestimmte Eigenschaften, ihre individuellen Anpassungen und die eigene Lebenserzählung gebildet und von der Kultur beeinflusst wird.

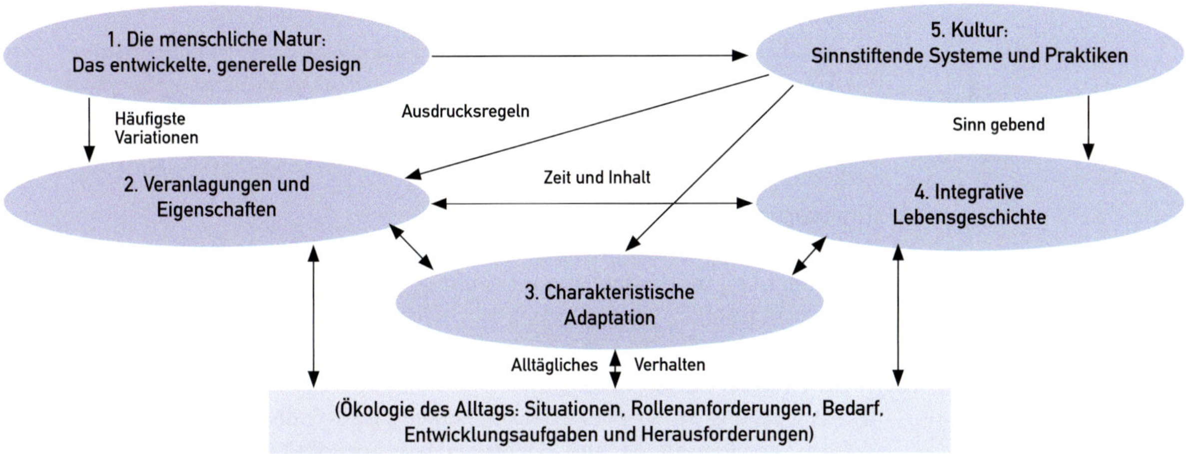

[1] Integratives Modell der Persönlichkeitspsychologie nach McAdams und Pals (2006) (aus Herzberg, P.Y. und Roth, M.: Persönlichkeitspsychologie; 2014, S. 31)

4.4 Persönlichkeit und Identität

Der Begriff Persönlichkeit kann folgendermaßen definiert werden:

Die Persönlichkeit basiert auf einer Menge an psychischen Eigenschaften, die die für einen Menschen typischen Verhaltensmuster für unterschiedliche Situationen über einen längeren Zeitraum hinweg bestimmten.

Stabilität

Die psychischen Eigenschaften, auf welchen die Persönlichkeit basiert, sind also über einen längeren Zeitraum stabil. Sie ändern sich nicht plötzlich von heute auf morgen. Menschen, die z. B. als Jugendliche besonders freundlich zu ihren Mitmenschen waren, werden dies vermutlich auch noch als Erwachsene sein.

Veränderbarkeit

Das Merkmal der Stabilität bedeutet nicht, dass sich die Persönlichkeit nicht auch längerfristig verändern kann. So können z. B. lang anhaltende einschneidende Erfahrungen die Persönlichkeit eines Menschen wandeln. Zum Beispiel sind Kriegserlebnisse so einschneidend, dass sie auf die Persönlichkeit eines Menschen Einfluss haben.

Der Krieg zerstört die Persönlichkeit des Soldaten

Die Erfahrung, dass ein Kampftrauma die Persönlichkeit eines Soldaten dauerhaft zerstören kann, ist vor etwa 2.700 Jahren das erste Mal von dem Dichter Homer in seiner Ilias beschrieben worden. Sein Werk handelt vom Soldaten im Kriege. Der amerikanische Psychiater Jonathan Shay vergleicht die Erlebnisse Achills mit den Erlebnissen amerikanischer Soldaten in Vietnam. Er beschreibt Erscheinungen, zu denen es gewöhnlich bei langen, schweren Kämpfen kommt: „Der Verrat, an dem was recht ist“ und die darauf folgende psychotraumatische Reaktion bezeichnet er als „Berserkertum“. Wenn eine Person erst einmal in die Berserkerphase eingetreten sei, dann sei sie für immer verändert. „Kriegszitterer, Kriegsneurotiker, Kriegshysteriker“, so wurden die Soldaten in den beiden letzten Weltkriegen genannt, die dem Krieg nicht mehr gewachsen waren, die nervlich zerbrachen am Krieg.

Quelle: Dr. Angelika Claußen
„Der Krieg kehrt heim“
www.ippnw.de/commonFiles/pdfs/Frieden/AngelikaClaussen_Der_Krieg_kehrt_heim.pdf (13.10.2016)

Einzigartigkeit

Die Persönlichkeit des Menschen ist einzigartig. Dass jeder eine einzigartige Persönlichkeit haben darf, garantiert in der Bundesrepublik Deutschland sogar das Grundgesetz in Artikel 2 Satz 1:

> „Jeder hat das Recht auf die freie Entfaltung seiner Persönlichkeit, soweit er nicht die Rechte anderer verletzt und nicht gegen die verfassungsmäßige Ordnung oder das Sittengesetz verstößt.“

Identität

Identität | S. 291

Sozialisation | S. 268

Die Begriffe Identität und Persönlichkeit sind verwandt und es ist gar nicht so einfach, beide voneinander abzugrenzen. Persönlichkeit bezieht sich auf psychologische Merkmale – Identität geht darüber hinaus. So wird heute auch von digitaler Identität gesprochen – gemeint sind damit Profile in sozialen Netzwerken. Die kulturelle Identität wird wiederum durch das Herkunftsland, die Sprache oder Religion und durch ein Zugehörigkeitsgefühl festgelegt. Die sexuelle Identität bezieht sich auf die sexuelle Orientierung eines Menschen. Wie sich eine Identität entwickelt, ist Thema der Sozialisation.

Der Begriff „Identität“ bezeichnet die unverwechselbaren Merkmale eines Menschen.

Der Begriff Identität wird häufig auch in soziologischen, also die Gesellschaft betreffenden, Zusammenhängen gebraucht. So ist z. B. im Rahmen des vermehrten Zuzugs von Flüchtlingen die Rede von der Identität Deutschlands. Definiert werden soll damit, was Deutschland als Staat eigentlich ausmacht. Der Anthropologe Michael Tomasello spricht auch von Wir-Identität, die die Menschheit besonders auszeichnet. Gemeint ist damit die Fähigkeit, als Gruppe ein gemeinsames Ziel zu verfolgen.

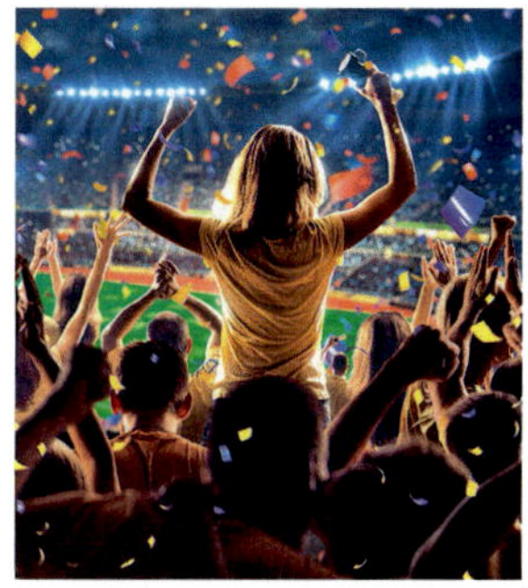

[1] Fußballfans erfahren eine Wir-Identität.

Identitätsmodell von Marcia

Der Psychologe James E. Marcia hat das Konzept Eriksons weiterentwickelt. Dabei erforschte er empirisch mithilfe unterschiedlicher Fragestellungen den sogenannten Identitätsstatus einer Person. Insbesondere mit Blick auf das Jugendalter waren für ihn dabei besonders die beruflichen Pläne, die Weltanschauung und die moralischen Überzeugungen wichtig. Ebenfalls erfragte er Überzeugungen im Bereich der Sexualität und Partnerschaft. Marcia beschreibt den Identitätsstatus mit zwei Dimensionen:

Erikson | S. 178

Commitment	**Exploration**
Selbstverpflichtung und Anerkennung von Werten	Suche nach Möglichkeiten und Alternativen

Werden die Dimensionen in ihren Ausprägungen kombiniert, ergeben sich vier unterschiedliche Identitätsstatus. Diese zeichnen sich durch ein hohes oder niedriges Maß an Selbstverpflichtung gegenüber bestimmten Wertvorstellungen und durch ein hohes oder geringes Maß an Explorationsverhalten aus.

Status	Beschreibung	Beispiel berufliche Pläne	Einordnung
übernommene Identität	Es gibt Werte und Ziele – Alternativen wurden aber nicht ausprobiert. Autoritätspersonen geben die Ziele manchmal vor.	Andrea möchte Frisörin werden. Ihre Mutter – selbst Frisörin – hat ihr einen Praktikumsplatz besorgt. Sie sagt: „Für Frauen ist das ein schöner Beruf!"	eher ungünstiger/ niedriger Identitätszustand
diffuse Identität	Eine klare Richtung fehlt, keine klaren Werte und Ziele – Alternativen werden nicht aktiv erkundet.	Thomas geht gerne jedes Wochenende weg und macht Party, in der Schule läuft es nicht so gut. Was er später mal beruflich machen will, weiß er nicht.	
kritische Identität (Moratorium)	Keine endgültige Festlegung, sich noch ausprobieren, Sammlung von Informationen.	Fritz sagt: „Mit Autos zu arbeiten hat mir im Praktikum viel Spaß gemacht. Aber ob ich diese Arbeit mein ganzes Leben machen will?"	eher günstiger/ reifer Identitätszustand
erarbeitete Identität	Erkundung von Alternativen, daran anschließend: Verpflichtung zu bestimmten Werten. Klare Vorstellungen, welcher Weg eingeschlagen werden soll – daher psychisches Wohlbefinden.	Luise hat mehrere Praktika in unterschiedlichen Berufen gemacht. Jetzt ist sie sich sicher: „Ich will Erzieherin werden!"	

[Tab.1] Status der vier Identitäten nach Marcia

← Auschecken

Das habe ich in diesem Kapitel dazugelernt:

- ✔ Ich kann den Unterschied zwischen endogenen, exogenen und autogenen Faktoren erklären.
- ✔ Ich verstehe, dass Entwicklung ein lebenslanger Prozess ist und durch die Wechselbeziehung zwischen Anlage, Individuum und Umwelt geprägt wird.
- ✔ Ich kann die unterschiedlichen Merkmale und Grundsätze von Entwicklung mithilfe von Praxisbeispielen erklären.
- ✔ Ich kann die Unterschiede zwischen Wachstum, Reifung und Lernen erläutern.
- ✔ Ich verstehe die Entwicklung über die Lebensspanne und kann Entwicklungsaufgaben des späten Erwachsenenalters benennen.
- ✔ Ich kann Transitionen im Leben eines Menschen in Beziehung setzen zu den Entwicklungsaufgaben.
- ✔ Ich kann begründen, warum Schutzfaktoren zur Stärkung der Resilienz bedeutsam sind für die Überwindung von Transitionen.
- ✔ Ich kann Stellung beziehen zu der Aussage von Richard von Weizsäcker: „Es ist normal, verschieden zu sein."
- ✔ Ich kann erklären, in welchem Zusammenhang Bindung und Exploration stehen.
- ✔ Das wechselseitige System der ersten Lebensmonate zwischen Kind und primären Bezugspersonen, das durch intuitive Verhaltensweisen geprägt ist, kann ich mithilfe von Beispielen erläutern.
- ✔ Ich kann die Aussage „Keine Bildung ohne Bindung" erörtern und Konsequenzen für die Arbeit in der Kinder- und Jugendhilfe ziehen.
- ✔ Den Begriff der Feinfühligkeit und seine Bedeutung kann ich konkretisieren und auf die pädagogische Praxis übertragen.
- ✔ Ich kann die vier unterschiedlichen Qualitäten von Bindung darstellen und in Beziehung setzen.
- ✔ Ich habe unterschiedliche Entwicklungsbereiche beleuchtet und einzelne Theorien kennengelernt. Ich kann die Begründer benennen und in Grundzügen die Theorien beschreiben.
- ✔ Ich kann das Rubikon-Modell und das Züricher-Ressourcen-Modell erklären und Konsequenzen für die sozialpädagogische Praxis ziehen.

Aufgaben / Fragen

1 Gehen Sie auf Spurensuche Ihrer eigenen Entwicklung. Suchen Sie Fotos heraus, auf denen Sie von Geburt an bis heute zu sehen sind. Beschreiben Sie Ihre Veränderungen in den unterschiedlichen Entwicklungsbereichen deutlich und benennen Sie erkennbare Entwicklungsaufgaben.

2 Erläutern Sie die Begriffe endogene, exogene und autogene Faktoren im Rahmen der Anlage-Umwelt-Frage.

3 Setzen Sie die beiden Begriffe „Entwicklung" und „Erziehung" in Beziehung.

4 Beschreiben Sie die Bezeichnung „Entwicklung in der Lebensspanne".

5 Interviewen Sie ältere Menschen zu einem bestimmten selbst gewählten Thema. Stellen Sie eine schwierige Frage. Seien Sie bereit für alle Antworten. Wo nehmen Sie in den Antworten Lebenserfahrung oder Faktenwissen wahr?

6 Benennen Sie Aufgaben der heutigen Entwicklungspsychologie.

7 Setzen Sie die Begriffe Transition, Resilienz und Entwicklungsrisiken in Beziehung.

8 Setzen Sie sich mit der Bindungstheorie auseinander. Ziehen Sie mögliche Konsequenzen daraus für die pädagogische Arbeit mit Kindern, Jugendlichen und Familien.

9 Arbeiten Sie heraus, welche entwicklungsfördernden Faktoren Kinder und Jugendliche benötigen, um sich zu einer eigenverantwortlichen, individuellen Persönlichkeit entwickeln zu können.

10 Vergleichen Sie unterschiedliche Entwicklungstabellen miteinander. Beurteilen Sie die jeweiligen Tabellen.

11 Erstellen Sie nach Kohlberg sogenannte Dilemmata der Jugendphase und diskutieren Sie diese im Klassenverband. Sie können für die Diskussion auch die „Pro-und-Contra-Methode" nutzen (ein Thema, zwei Gruppen, Argumente sammeln, Diskussionsrunde).

12 Recherchieren Sie nach den unterschiedlichen Bildungsplänen der Bundesländer für Tageseinrichtungen für Kinder. Finden Sie die oben genannten Entwicklungsbereiche wieder? Fassen Sie mögliche Handlungspläne für das Praxisfeld „Elementarbereich" zusammen.

13 Entwickeln Sie für eines Ihrer Ziele einen möglichen Verlauf nach dem Züricher-Ressourcen-Modell.

Lernen

Mit Spickzetteln fällt Lernen leicht

Spicker helfen auch im Job. Ob Vortrag oder Präsentation, das Anfertigen von Spickzetteln ist eine effiziente Lerntechnik (...).

Fürs Lernen wollte ich schon in der Schulzeit nicht zu viel Zeit opfern. Also habe ich mir Spickzettel angefertigt. Mit der Zeit wurden sie immer raffinierter und effektiver. Das Verblüffende: Das Zettel-Anfertigen half mir beim Lernen. So effizient, dass der Spicker selbst am Ende völlig überflüssig wurde. Trotzdem habe ich bis heute nicht aufgehört, mit Spickzetteln zu arbeiten. Denn sie sind eine der besten Lernmethoden. Ob bei Bewerbungen, im Job, für Reden, (...) – immer, wenn es darum geht, einen Inhalt auf das Wesentliche zu reduzieren und zu präsentieren, hilft das Anfertigen eines Notizzettels. Im ersten Schritt gilt es, den zu präsentierenden Inhalt zu lesen und sich dabei zu fragen, was daran die wichtigsten Aussagen sind. Im nächsten Schritt bringt man Ordnung in die Aufzeichnungen. Alles Wissenswerte wird dabei in eine eigene Ordnung strukturiert. (...)

Das Problem an gut gemachten Spickzetteln ist allerdings: Sie sind in der Regel gar nicht mehr nötig. Denn das Anfertigen eines Spickzettels erfordert alles Wichtige, um einen Stoff effektiv zu lernen: Auf die Kernaussagen fokussieren, einen umfassenden Inhalt auf das Wesentliche reduzieren, ihn strukturieren, übertragen und wiederholen. Was muss ich wirklich notieren, wie kann ich einen Inhalt kürzer ausdrücken? Fragen wie diese erfordern eigenständiges Denken und eigenständiges Denken wiederum ist Lernarbeit pur. Lernen ohne Aufwand gibt es nicht. Aber er lohnt sich, denn mit jedem Training wächst die Merkfähigkeit. (...)

(Böhme, Matthias (2013): Mit Spickzetteln fällt lernen leicht. In: www.zeit.de/karriere/beruf/2013-02/tipps-leichter-lernen, 19.02.2013)

1 Schildern Sie die Methode, die Herr Böhme zum Lernen empfiehlt!

2 Warum hält er diese Methode für effektiv?

3 Kennen Sie andere Lernmethoden?

1 Der Mensch ist ein Lernwesen

Der Mensch hat eine einzigartige Fähigkeit: Er kann lernen! Natürlich können auch Tiere hinzulernen, man denke nur an die Tricks von Zirkustieren, aber nur der Mensch ist in der Lage immer wieder neue Informationen aufzunehmen und diese mit bereits bekannten Informationen zu verknüpfen, um daraus seine Schlüsse zu ziehen. Diese Fähigkeit wurde im Prozess der Evolution immer weiter verfeinert und ist eng mit der Biologie verknüpft. So konnten Forscher zeigen, dass Lernen glücklich macht: Bei einem positiven Lernerfolg werden Botenstoffe im Gehirn ausgeschüttet, die uns Glücksgefühle erleben lassen. Dementsprechend beschäftigt sich dieses Kapitel zunächst kurz mit dem Gehirn und dem Gedächtnis. Danach lernen Sie die grundlegenden |Lerntheorien kennen. Abschließend erfahren Sie etwas über die |Bedingungen, die das Lernen beeinflussen, und ganz praktisch: etwas über |Lernmethoden. Lernen ist dabei eigentlich keine isolierte Eigenschaft des Menschen, sondern steht in enger Wechselwirkung z. B. zu Prozessen der Wahrnehmung, der Motivation und des sozialen Miteinanders. Dies ist immer mit zu bedenken.

Lerntheorien | S. 208
Lernbedingungen | S. 223
Lernmethoden | S. 227

Was hat das mit mir zu tun?

Täglich lernen Sie Neues hinzu: Zum Beispiel lernen Sie im Unterricht eine neue Sprache oder wie Lernprozesse grundsätzlich funktionieren (neues Wissen). Sie haben gelernt, mit Ihren Lehrern anders zu sprechen als mit Ihren Mitschülern oder Ihren Eltern (Verhaltensweisen). Ihre persönliche Freiheit ist Ihnen wichtig und Rassismus lehnen Sie ab (Einstellungen). Sie sind gerade frisch verliebt in Ihren neuen Freund oder Ihre neue Freundin – heute Nachmittag haben Sie einen Zahnarzttermin, vor dem Sie sich jetzt schon fürchten (Gefühle). In Ihrer letzten Klassenarbeit haben Sie ein „sehr gut" bekommen. Gerade machen Sie Ihren Mopedführerschein und lernen dafür die Straßenschilder (Bedeutungen). Heute Nachmittag versuchen Sie, einen neuen Trick auf Ihrem Skateboard zu üben (Bewegungen).

Lernen findet im Gehirn statt. In den letzten 20 Jahren wurde, auch dank neuer Untersuchungsverfahren, intensiv über die Funktionsweise des Gehirns und damit über das Lernen geforscht. Die neuen Untersuchungsmethoden erlauben dabei einen Blick von außen in das Gehirn – ohne einen operativen Eingriff. Sie machen so den Lernprozess verständlicher.

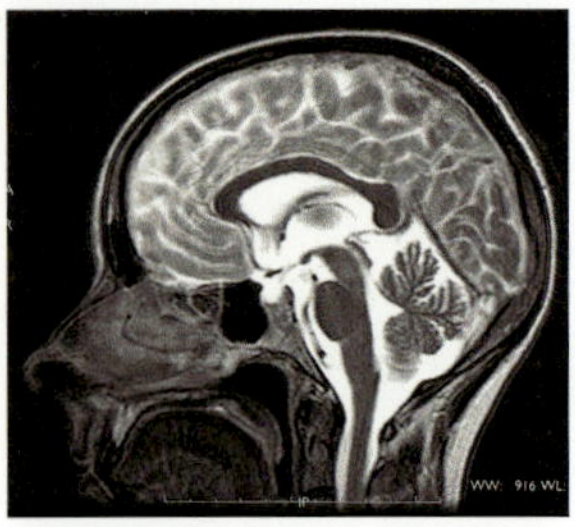

[1] MRT eines menschlichen Gehirns

Fakten zum menschlichen Gehirn

- Es wiegt ca. 1,5 Kilo und macht damit im Schnitt nur ca. 2 % des Körpergewichts aus.
- Es besteht aus 86 Milliarden Nervenzellen.
- Es verbraucht ca. 20 % der aufgenommenen Energie.
- Schon vor der Geburt fangen die Nervenzellen an, sich zu verknüpfen. Eine Zelle kann 10 000 Verknüpfungen zu anderen Zellen ausbilden. Dies wird als **neuronales Netzwerk** bezeichnet.
- Die Verknüpfungen sind bei jedem Menschen unterschiedlich.
- Im Gehirn gibt es Areale, die für bestimmte Aufgaben zuständig sind.

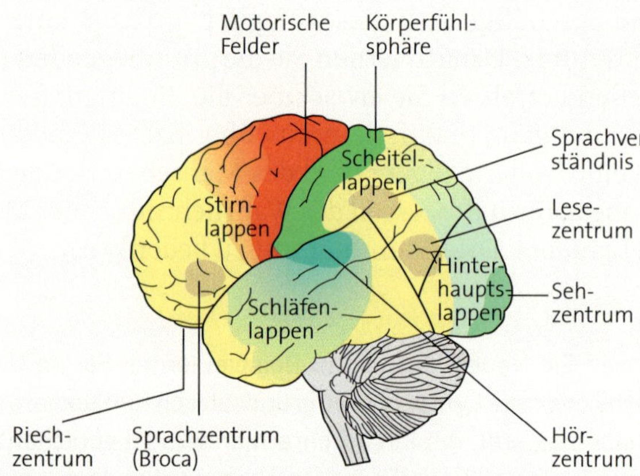

[2] Bau des menschlichen Großhirns und Funktion der Rindenfelder

Im Gehirn sind natürlich auch die für das Lernen entscheidenden Gedächtnisfunktionen lokalisiert. Wie das Gedächtnis funktioniert, soll nachfolgend genauer betrachtet werden.

Der Psychiater Oliver Sacks beschreibt in seinen Büchern auf amüsante und interessante Art und Weise, was passiert, wenn das Gehirn – insbesondere das Gedächtnis – nicht mehr richtig funktioniert. Dann kann es nämlich passieren, dass ein Mann seine Frau mit einem Hut verwechselt.

1.1 Das Gedächtnis

Wesentliche Voraussetzung für das Lernen ist das menschliche Gedächtnis, denn Lernen bedeutet – stark vereinfacht gesagt –, sich an gemachte Erfahrungen wieder erinnern zu können. Dabei wird heute davon ausgegangen, dass das Gedächtnis keine Einheit darstellt, sondern sich aus verschiedenen Stufen zusammensetzt. Gesprochen wird hier vom sogenannten **Mehrspeichermodell**. Gedächtnisinhalte werden also durch mehrere Speicher verarbeitet und aufgenommen. Unterschieden wird dabei zwischen

- dem sensorischen Gedächtnis,
- dem Arbeitsspeicher und dem
- Langzeitgedächtnis.

Sensorisches Gedächtnis

Statt vom sensorischen Gedächtnis wird gelegentlich auch vom Ultrakurzzeitgedächtnis oder sensorischen Register gesprochen. Hier werden durch die Sinnesorgane Informationen aufgenommen und kurz gespeichert. Alles, was Menschen hören, riechen, fühlen oder schmecken, gelangt also zunächst in das sensorische Gedächtnis. Dort wird entschieden, ob diesen Informationen mit Aufmerksamkeit begegnet wird und sie an das Arbeitsgedächtnis weitergereicht oder vergessen werden. Das sensorische Gedächtnis ist also gewissermaßen die Eingangstür.

Der Arbeitsspeicher

Gelangt die Information vom sensorischen Gedächtnis in den Arbeitsspeicher, wird geprüft, ob sie mit anderen Informationen in Verbindung gebracht werden kann. Damit wird über ihre Bedeutung entschieden.

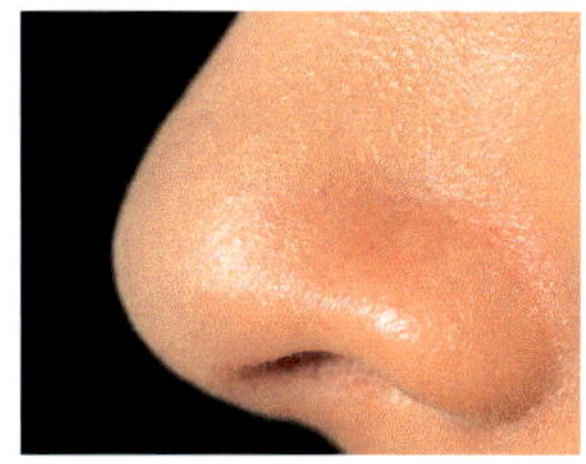

[3] Die Nase riecht Leckeres.

BEISPIEL

Sie riechen etwas Leckeres zu essen. Sie erinnern sich, dass dies der Geruch Ihres Lieblingsessens ist, das Sie zuletzt gemütlich mit Freunden gegessen haben, und bekommen Appetit.

Die Anzahl an Informationen, die der Arbeitsspeicher gleichzeitig verarbeiten kann, ist dabei sehr begrenzt. In der Regel sind dies 7 ± 2 Informationseinheiten. Statt von Arbeitsspeicher wird oft auch von Kurzzeitgedächtnis gesprochen.

[4] Das Gedächtnis erinnert sich an den Geruch von Pizza.

Langzeitgedächtnis

Informationen, die dauerhaft erinnert werden, sind im Langzeitgedächtnis gespeichert. Es ist sozusagen die Festplatte im Kopf und hat eine nahezu unbegrenzte Kapazität.

Informationen können aus dem Langzeitgedächtnis abgerufen werden. Dabei wird unterschieden zwischen einem episodischen, einem semantischen und einem prozeduralen Langzeitgedächtnis. Diese drei Gedächtnistypen unterscheiden sich in dem, was sie dauerhaft abspeichern.

[5] Das Gedächtnis verbindet den Geruch von Pizza mit dem gemeinsamen Essen mit Freunden.

Langzeitgedächtnis	
semantisches Gedächtnis	beinhaltet unser Faktenwissen z. B. 1 + 1 = 2; Bälle sind rund; in die Schule geht man, um zu lernen; Kants kategorischer Imperativ lautet ...
prozedurales Gedächtnis	beinhaltet motorische Abläufe und Bewegungen, die einmal bewusst gelernt wurden und später oft ohne Überlegung ausgeführt werden können z. B. eine Schleife binden, ein Tanzschritt, Radfahren
episodisches Gedächtnis	beinhaltet unterschwellig wahrgenommene Eindrücke z. B. das unbestimmte Wissen, dass man eine Person schon einmal gesehen hat; das Gespür, dass sich in einem Raum, den man viele Jahre nicht betreten hat, etwas verändert hat, ohne dass man es näher beschreiben kann

Speicherformen des Langzeitgedächtnisses

Lerntheorien | S. 208

Das Langzeitgedächtnis speichert dabei das Wissen in sogenannten **Kerninhalten** oder **Konzepten**. Diese wiederum sind mit vielen anderen Inhalten verknüpft. Je ausgefeilter dieses Netzwerk ist, desto einfacher fällt es, neue Inhalte einzusortieren, also zu behalten.

Entscheidend für das Lernen ist auch immer das vorhandene Vorwissen!

Beispiel für ein Wissensnetzwerk im Langzeitgedächtnis zum Begriff „Schule“

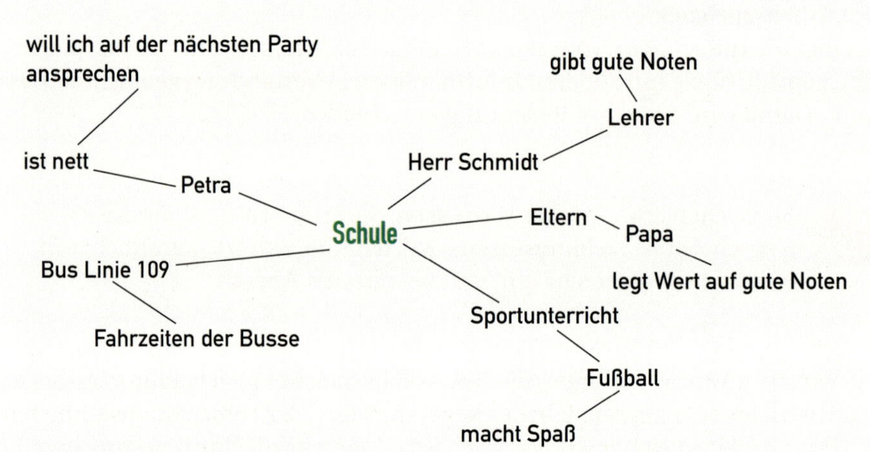

Beispiel für einen Gedächtnisprozess nach dem Mehrspeichermodell

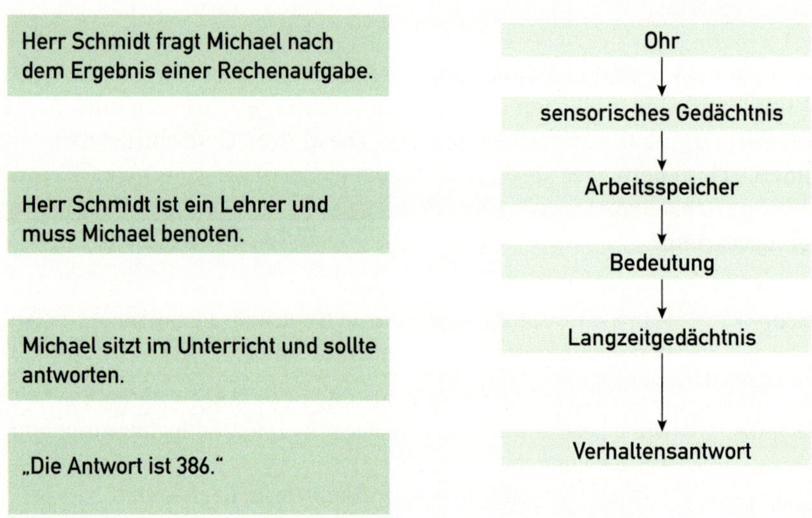

Dieses Beispiel soll noch einmal den relativ einfachen Aufbau des Mehrspeichermodells verdeutlichen. Wichtig ist festzuhalten, dass die Verarbeitung von Informationen nach diesem Modell in einer festgelegten zeitlichen Abfolge geschieht.

Geht das **Mehrspeichermodell** davon aus, dass Informationen in zeitlicher Abfolge das sensorische Gedächtnis, das Arbeits- und das Langzeitgedächtnis passieren, vermuten andere Theorien, dass das menschliche Gehirn sehr stark als Netzwerk konstruiert ist und viele Speicherprozesse auch parallel ablaufen.

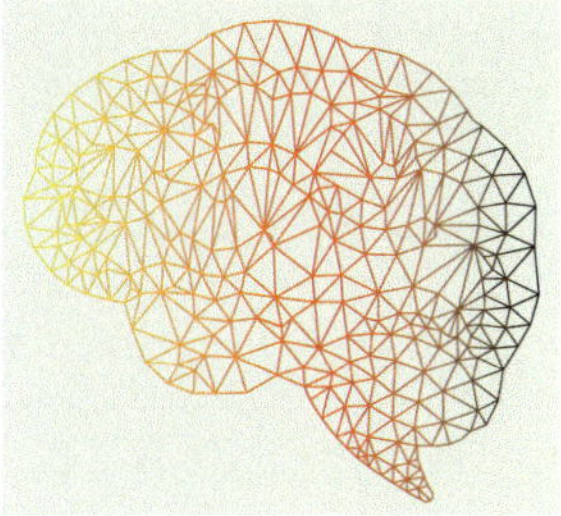

[1] Das Gehirn ist als Netzwerk konstruiert.

Dabei hat das Gedächtnis grundsätzlich drei verschiedene Fähigkeiten:
1. die Fähigkeit der sogenannten Basisprozesse: assoziieren/verbinden, wiedererkennen, Fakten abrufen
2. die Fähigkeit, Strategien einzusetzen: einüben, sortieren, ausarbeiten
3. die Fähigkeit zur |Metakognition: situationsadäquate Strategien, nachdenken über den Lösungsweg

Metakognition | S. 221

Metakognition ist die Fähigkeit, über das Nachdenken selbst nachzudenken. Denken Sie z. B. darüber nach, wie Sie Vokabeln am besten auswendig lernen können, ist dies Metakognition.

Forscher haben herausgefunden, dass gerade die Fähigkeit zur Metakognition ganz entscheidend dafür ist, ob bestimmte Inhalte gelernt und dauerhaft behalten werden.

Frühkindliche |Amnesie
Als Erwachsener kann man sich nicht an Erlebnisse erinnern, die vor dem zweiten Lebensjahr stattgefunden haben. Dies wird als frühkindliche Amnesie bezeichnet. Ein möglicher Grund dafür ist die Qualität der Speicherung im Gehirn. Diese ist anscheinend in den ersten zwei Lebensjahren nicht gut genug, damit die Erinnerungen überdauern können.

Amnesie
griech. für ohne Gedächtnis, ohne Erinnerung

1.2 Das Lernen beginnt

Wie zu Beginn dieses Kapitel beschrieben, ist die Fähigkeit zu Lernen eine ganz besondere Eigenschaft des Menschen. Es stellt sich die Frage, ab welchem Zeitpunkt der Mensch diese Fähigkeit nutzen kann.

In den 1980er Jahren haben Wissenschaftler entdeckt, dass Menschen bereits im Mutterleib lernen können. Dies wird als |**fetales Lernen** bezeichnet. Ausgangspunkt für die Entdeckung des fetalen Lernens beim Menschen waren Experimente an Ratten. Die Ratten lernen bereits im Mutterleib den Geruch des Fruchtwassers: Auf diese Weise finden sie nach der Geburt die Brustwarzen der Mutter. Werden die Brustwarzen vom Fruchtwasser gereinigt, mit dem sie während der Geburt in Berührung kommen, können die neugeborenen Ratten diese nicht mehr finden. Aufgrund solcher Ergebnisse begannen Forscher auch nach der Fähigkeit des fetalen Lernens beim Menschen zu suchen. Schließlich konnte festgestellt werden, dass Menschen diese Fähigkeit in den letzten drei Schwangerschaftsmonaten ausbilden. Nachgewiesen wurde das pränatale (vorgeburtlichen) Lernen u. a. für den Geruch des Fruchtwassers, den Geschmack bestimmter Nahrungsmittel sowie die Stimme der Mutter.

Fetus
ungeborener Mensch ab der achten Schwangerschaftswoche

Die Forscher Anthony DeCasper und Melanie Spence führten 1986 folgendes Experiment zum Wiedererkennen einer Geschichte durch:

BEISPIEL

Mütter wurden gebeten, zweimal am Tag eine Geschichte laut vorzulesen. Dies geschah in den letzten sechs Wochen der Schwangerschaft. Nach der Geburt konnten die Kinder zwischen dieser bekannten oder einer anderen Geschichte wählen, und zwar indem sie in einer bestimmten Häufigkeit an einem Schnuller saugten. Die Kinder zogen die ihnen aus dem Mutterleib bekannte Geschichte vor! Sie hatten also den Klang der Geschichte im Mutterleib gespeichert und konnten sich jetzt an diesen Klang erinnern.

Eine sehr einfache Form des Lernens für das ungeborene Kind ist, sich an bestimmte Dinge zu gewöhnen. Wird ihm z. B. ein Silbenpaar vorgesprochen, reagiert es zunächst mit einer erhöhten Pulsfrequenz, welche die Reaktion ausdrückt: „Das ist aber aufregend!" Schließlich sinkt diese Frequenz langsam ab, da sich das ungeborene Kind an die Silben gewöhnt und diese für ihn langweilig werden. Verändert man nun die Silben, steigt die Pulsfrequenz erneut an. Dies zeigt: Das ungeborene Kind hat gelernt, die Silben zu unterscheiden.

Experimente, bei denen durch die Darbietung von Inhalten und durch die zu- oder abnehmende Reaktion auf diese Inhalte der Lernerfolg gemessen wird, werden als Gewöhnungsexperiment bezeichnet. Der Fachausdruck lautet Habituations-Dishabituations-Methode.

pränatale Lernfähigkeit | S. 135

Bereits der Fetus verfügt also über eine große Lernfähigkeit. Moderne Untersuchungsmethoden konnten zeigen, dass zunächst viel mehr Verbindungen zwischen den einzelnen Nervenzellen entstehen, als eigentlich benötigt werden. Regelmäßig genutzte Verbindungen bleiben schließlich bestehen, neue werden aufgebaut. Dieser Vorgang findet erst im Jugendalter sein Ende. Mit Blick auf diesen Vorgang wird auch von einer starken Formbarkeit oder **Plastizität** des Gehirns gesprochen.

[1] Wegen der pränatalen Formbarkeit des Gehirns sind für die Schwangere Alkohol, Nikotin und Drogen tabu.

Da das Gehirn schon vor der Geburt formbar ist, können z. B. Alkohol, Nikotin und Drogen einen großen Schaden bei ungeborenen Kindern anrichten!

1.3 Das Lernen entwickelt sich

kognitive Entwicklung | S. 172

In den ersten sechs Lebensjahren werden neben dem Inhaltswissen grundsätzliche Denkprozesse gelernt. Der Fachausdruck dafür ist **kognitive Grammatik**. Diese kognitive Grammatik hat großen Einfluss auf die Art und Weise zu Lernen und mit Problemen umzugehen, da es im Erwachsenenalter schwierig ist, sie noch einmal zu verändern.

„Schon Einjährige betreiben Statistik"
Erziehung ist keine zielgerichtete Tätigkeit

(...)

Gopnik: Eine New Yorker Mutter hat kürzlich eine Vorschule verklagt. Sie fand, dass ihre Dreijährige dort zu viel spielte und nicht genug auf das College vorbereitet wurde! Und dann wundern wir Professoren uns über Studenten, die hart arbeiten – aber leider nur über das nachdenken, was in der Prüfung abgefragt wird. Nun, genau diese jungen Leute haben wir uns ausgesucht. Besser würden wir Jugendliche begünstigen, die uns erklären, dass sie in einer wichtigen Prüfung leider durchgefallen sind, weil sie in der Nacht zuvor bis zum Morgengrauen über den Sinn des Lebens diskutiert haben. Denn das ist die Haltung, die Philosophie und Wissenschaft hervorgebracht hat.

ZEITmagazin: Ironischerweise bewirken viele ehrgeizige Eltern genau das Gegenteil von dem, was sie wollen – eigentlich möchten sie ja kluge Kinder.

Gopnik: So ist es. Kinder haben ein erstaunliches Sensorium dafür, ob Erwachsene eine Sache nur tun, um sie zu belehren. In einer Serie von Experimenten probierte meine Kollegin Laura Schulz vor den Augen einer Gruppe von Vierjährigen an einem ziemlich komplizierten elektronischen Spielzeug herum. Allein gelassen, fanden die Kinder bald selbst alles heraus, was dieses Ding konnte. Anderen Jungen und Mädchen gleichen Alters zeigte Schulz gezielt ein paar Funktionen des Spielzeugs. Doch als sie ging, wiederholten diese Kinder nur das wenige, was sie ihnen vorgeführt hatte.

ZEITmagazin: Was die Kinder im Spiel lernen, lässt sich weder vorhersehen noch kontrollieren. Offenbar mangelt es den ehrgeizigen Eltern an Vertrauen in die Lernfähigkeit ihrer Kleinen.

Gopnik: Das Problem liegt noch tiefer: Früher war es selbstverständlich, den Umgang mit Kindern an seinen Geschwistern, Cousins und Nichten zu üben. Doch die Großfamilie ist dahin. So sind wir vermutlich die erste Generation von Eltern, die intensiver mit Kindern zu tun haben, wenn sie selbst welche in die Welt setzen. Das erzeugt eine gewaltige Verunsicherung. Hingegen ist uns das zielstrebige Handeln aus der Ausbildung und aus dem Beruf sehr vertraut. Dieses Modell versuchen wir nun auf das Familienleben zu übertragen.

ZEITmagazin: Und scheitern ...

Gopnik: ... weil Erziehung eben keine zielorientierte Tätigkeit ist.

ZEITmagazin: Wirklich? Ich will schon, dass meine Kinder den Weg in ein erfülltes Erwachsenenleben finden – auch wenn ich nicht weiß, was das für sie genau heißt.

Gopnik: Eben. Trotzdem quälen sich gerade Mittelschichteltern mit Fragen wie: Tue ich das Richtige? Was kommt dabei heraus? Was wird er mit 30 seinem Psychotherapeuten erzählen? Dabei kommt es oft gar nicht so sehr darauf an, was wir unseren Kindern beibringen. Entscheidend ist vielmehr, ihnen einen geschützten Raum zu geben, in dem sie selbst ihre Erkundungen machen können. Der andere Weg ist also, zu erleben, was es bedeutet, ein Kind zu sein – und zu verstehen, was das Kind jetzt braucht ...

(...)

(Klein, Stefan (2012): www.zeit.de/2012/39/Alison-Gopnik-Entwicklung-Kinder-Psychologie/seite-3, 21.09.2012)

1. Welches Bild vom Kind hat Frau Gopnik? Stellen Sie ihre wichtigsten Thesen zusammen!
2. Was ist für Frau Gopnik das Haupthindernis, um zu lernen?

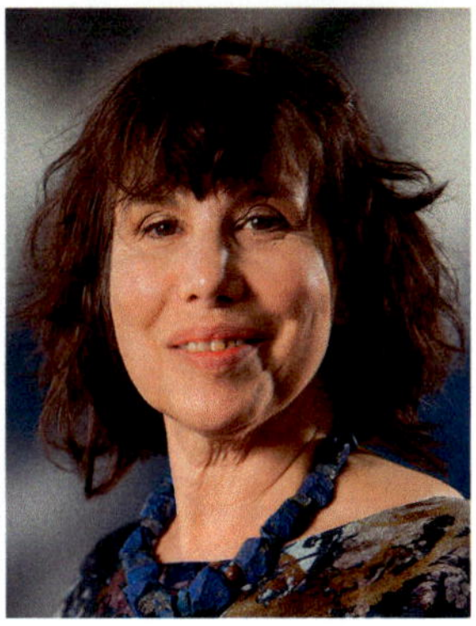

[2] Prof. Alison Gopnik (*1955), amerikanische Psychologin und Mitglied in der American Academy of Arts and Sciences

[1] Die gebündelte Aufmerksamkeit des Kindes liegt wie ein Scheinwerfer auf seiner Umwelt.

Alison Gopnik erklärt in ihrem Artikel, warum das Spiel für Kinder besonders wichtig ist. Für sie ist der (früh-)kindliche Verstand eine Art Laterne, die alles beleuchtet. Ziel des Kindes ist hier, möglichst viel über die Welt zu erfahren, dann wird die Aufmerksamkeit zu einem Scheinwerfer gebündelt.

Kinder lernen sowohl vor als auch direkt nach der Geburt in einem aktiven Prozess. Die Umwelt ist dabei besonders wichtig, um die Lernprozesse positiv zu beeinflussen. Außerdem hat das emotionale Erleben besonderen Einfluss auf die Möglichkeit zu lernen. Ein positiver Lernerfolg setzt |Neurotransmitter im Gehirn frei, welche dann Glücksgefühle hervorrufen. Für einen positiven Lernerfolg belohnt sich das Gehirn also gewissermaßen selbst.

Neurotransmitter
chemische Botenstoffe im Gehirn

Für Neugeborene sind neben den klassischen Lerntheorien vor allem drei Lernformen wichtig. Dies sind das oben erwähnte **Wiedererkennen** (Habituation), das **Wahrnehmungslernen** und das **statistische Lernen**:

- Auf Reize, die bekannt sind, wird weniger stark reagiert als auf neue Reize. Vorteil: Neues wird besonders aufmerksam beobachtet!
- Reize, die immer wiederkehren und für das Kind von besonderem Interesse sind, wie z. B. das Gesicht der Mutter, werden aus der Flut an Reizen herausgefiltert.
- Regelmäßigkeiten und Wiederholungen werden erkannt und beachtet. Dies spielt z. B. beim |Spracherwerb eine wichtige Rolle.

Spracherwerb | S. 170

2 Die wichtigsten Lerntheorien

Nach grundlegenden Bemerkungen über den Aufbau des menschlichen Gedächtnisses, sozusagen als Hardware des Lernens, und über den Beginn des menschlichen Lernens sollen nun die „Klassiker" der Lerntheorien dargestellt werden. Lernen kann dabei grundsätzlich mit Absicht (Sie lernen Vokabeln.) oder beiläufig (Sie lesen ein Buch mit interessanten Informationen.) erfolgen.

intentional
absichtsvoll

inzident
zufällig

Gesprochen wird hier auch vom |intentionalen und |inzidentellen Lernen. Als Ergebnis des Lernprozesses tritt eine einigermaßen stabile Veränderung des Fühlens, Denkens oder Verhaltens ein. In o. g. Beispiel: Sie können die Vokabeln auch noch nächste Woche. Grundlage dafür sind entweder gemachte Einsichten und Erfahrungen oder Ergebnisse von Prozessen der Verarbeitung dieser Einsichten und Erfahrungen. Aus diesen Überlegungen ergibt sich folgende Definition:

behavior
engl. Verhalten

Lernen erfolgt intentional oder inzidentell und bezeichnet den Prozess der stabilen Veränderung des Fühlens, Denkens oder Verhaltens auf Grundlage gemachter Einsichten und Erfahrungen.

[2] Der Behaviorismus versteht das Gehirn als Blackbox: Nur Lernergebnisse sind sichtbar, nicht aber die Lernprozesse.

Intensiv erforscht wurde das Lernen zu Beginn des 20. Jahrhunderts. Zu dieser Zeit ging man noch davon aus, dass die im Gehirn stattfindenden Prozesse nicht beobachtbar bzw. beschreibbar sind. Was Forscher sehen konnten, waren immer nur die Resultate eines Lernprozesses – aber nicht den Lernprozess selbst. Das Gehirn wurde daher als sogenannte „Blackbox" angesehen, in die es nicht möglich sei hineinzuschauen. Dementsprechend bezeichnet man die zuerst entstandenen Lerntheorien als |**Behaviorismus**, da sie sich eben ausschließlich mit dem beobachtbaren Verhalten beschäftigten.

Im Laufe des 20. Jahrhunderts entstanden zwei weitere lerntheoretische Strömungen, der **Kognitivismus** und der **Konstruktivismus**.

Übersicht der wichtigsten Lerntheorien

	Behaviorismus	**Kognitivismus**	**Konstruktivismus**
zeitliche Einordnung	1920–1960	1960–1990	ab 1990
grundlegendes Lernprinzip	Lernen durch Belohnung und Strafe	Lernen durch Verstehen und Einsicht	Lernen als Konstruktion von eigenem Wissen
das Gehirn ist ...	eine Blackbox	die Basis für informationsverarbeitende Prozesse	ein aktives Informationssystem

2.1 Das klassische und operante Konditionieren

2.1.1 Klassisches Konditionieren

Die bekannteste Theorie des Behaviorismus ist das **klassische Konditionieren**, entwickelt von dem russischen Mediziner und Physiologen Iwan Petrowitsch Pawlow (1849–1936).

[3] Iwan Petrowitsch Pawlow erhielt 1904 den Nobelpreis für Medizin.

Pawlow forschte intensiv mithilfe von Tierexperimenten, insbesondere an Hunden. So brachte er ihnen bei, den Klang einer Glocke mit der Gabe von Futter in Verbindung zu bringen. Schließlich begannen die Hunde zu speicheln, wenn die Glocke ertönte, auch **ohne** dass das Futter zu sehen war. Sie hatten gelernt.

Versuchsaufbau von Pawlow

Als klassisches Konditionieren wird eine Form des Lernens bezeichnet, bei der ein an sich neutraler Reiz (Glockenton) mit einem weiteren Reiz (Futter) verbunden wird. Schließlich löst der neutrale Reiz die Reaktion aus (Speicheln), die ursprünglich nur beim Futter-Reiz zu beobachten war.

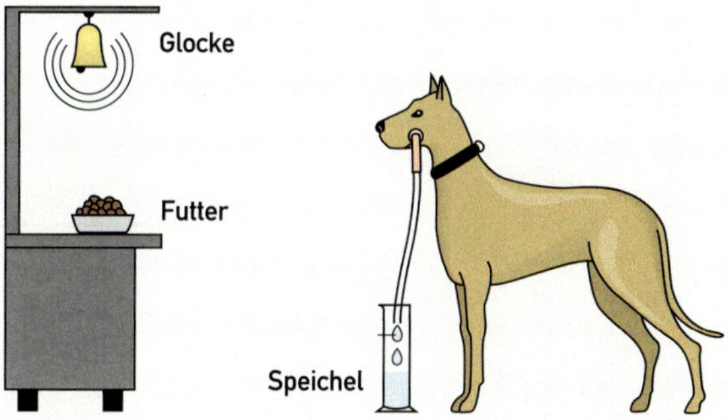

[4] Der Versuchsaufbau von Pawlow zeigt den Mechanismus der klassischen Konditionierung.

Der neutrale Reiz ist jetzt ein Signal für das Futter, deshalb wird diese Form des Lernens auch als **Signallernen** bezeichnet. Wichtig dabei ist, dass der Glockenton mehrmals und kurz hintereinander mit der Gabe des Futters ertönt, um die Verbindung herzustellen. Dies wird als Gesetz der Kontiguität bezeichnet.

Kontiguität
lat. contiguus = angrenzend

Neu erlerntes Verhalten kann auch wieder verlernt werden, und zwar indem der neutrale Reiz (Glockenton) immer wieder gegeben wird, **ohne** dass anschließend Futter erscheint. Die ursprüngliche Bedeutung des neutralen Reizes – „jetzt gibt es Futter" – wird so wieder gelöscht. Der Fachbegriff dafür ist **Extinktion**. Manche Techniken der Verhaltenstherapie funktionieren dementsprechend: Ein Mensch mit Höhenangst wird so lange mit einer großen Höhe konfrontiert, bis die Bedeutung von großer Höhe = große Bedrohung = Angst gelöscht wurde. Sorgt der Therapeut dafür, dass sich die Person trotz des angstauslösenden Reizes körperlich entspannen kann, spricht man von **systematischer Desensibilisierung**.

In der Theorie Pawlows wird ein bestimmtes Vokabular gebraucht, um die Zusammenhänge zu erläutern. Dieses wird hier anhand des klassischen Experiments von Pawlow dargestellt: Der unkonditionierte Stimulus (UCS) löst natürlicherweise die unkonditionierte Reaktion (UCR) aus. Der Ton als neutraler Stimulus (NS) löst keine Reaktion aus. Während des Konditionierens wird der NS mit dem UCS verbunden. Durch diese Verbindung wird der NS zum konditionierten Stimulus (CS) der eine konditionierte Reaktion (CR) auslöst.

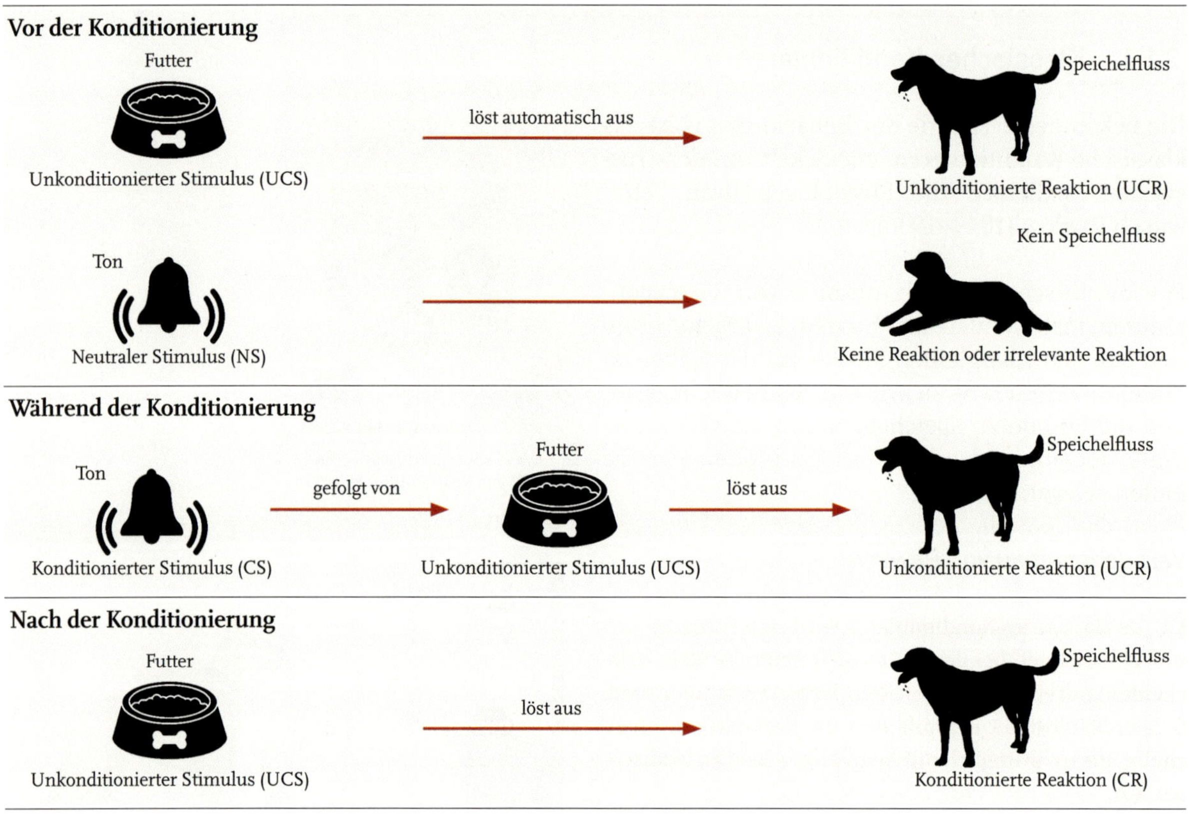

Das klassische Konditionieren findet auch beim Menschen statt, wie der Psychologe Robert Siegler bei Babys zeigen konnte.

Zeitpunkt	**Verhalten**	**Reiz und Reaktion**	**Erklärung**
Vor der Konditionierung	Die Brustwarze der Mutter ist im Mund des Kindes.	Die Brustwarze wird als unkonditionierter Reiz (engl. **un**conditioned **s**timulus – **UCS**) bezeichnet.	Lernen bedeutet hier: Ein neutraler Reiz (die Brust der Mutter) tritt immer zusammen mit dem **UCS** (Brustwarze *im* Mund des Kindes) auf.
	Ausgelöst wird der Saugreflex.	Der Saugreflex wird als unkonditionierte Reaktion (engl. **un**conditioned **r**esponse – **UCR**) bezeichnet.	
Während der Konditionierung	Das Kind sieht die Brust der Mutter.	Die Brust ist der konditionierte Reiz (engl. **c**onditioned **s**timulus – **CS**); das Kind wird anschließend gestillt bzw. gefüttert (UCS).	Schließlich wird der Saugreflex (UCR) durch den Anblick der Brust ausgelöst (CS).
Nach der Konditionierung	Das Kind sieht die Brust und macht Saugbewegungen.	Diese Reaktion wird als konditionierte Reaktion (engl. **c**onditioned **r**esponse – **CR**) bezeichnet.	

[Tab. 1] Klassisches Konditionieren bei Babys (nach Siegler, Robert u. a. [2011]: „Entwicklungspsychologie im Kindes- und Jugendalter, Spektrum, Heidelberg, S. 201)

Die Brust bekommt für das Baby also eine Hinweis- oder Signalfunktion – „jetzt gibt es etwas zu Essen" – weil das tatsächliche Füttern folgt. Schließlich reicht der bloße Hinweis durch die Brust aus, um Saugbewegungen auszulösen. Am Ende des Prozesses reicht das Erscheinen der Mutter für diese Reaktion aus.

[1] Der Anblick der Mutterbrust löst den Saugreflex aus.

Grundsätzlich ist es auch möglich, dass nicht nur ein bestimmter Reiz eine Reaktion auslöst, sondern auch ähnliche Reize diesen Auslösemechanismus in Gang setzen. In Pawlows klassischem Experiment wäre dies z. B. ein etwas höherer oder etwas tieferer Glockenklang. Dieses Phänomen wird als **Reizgeneralisierung** bezeichnet. Im Beispiel des Babys an der Mutterbrust wäre es vielleicht das Parfum der Mutter oder ein bestimmtes |Setting, wenn das Kind immer am gleichen Ort gestillt wird.

Setting | S. 26

Von **Gegenkonditionierung** spricht man, wenn ein unerwünschtes Verhalten nicht belohnt wird, bei gleichzeitiger Belohnung des erwünschten Verhaltens. In der Sprache Pawlows: CS löst CR aus. CS wird mit einem neuen UCS verbunden, der einen entgegengesetzten CR auslöst.

BEISPIEL

Ein Schüler stört in der Klasse. Der Lehrer ignoriert dieses Verhalten komplett. Sobald der Schüler mitarbeitet, wird er vom Lehrer gelobt.

Konditionierung erster und zweiter Ordnung

Verbindet sich eine bereits vorhandene Konditionierung mit einer weiteren Reiz-Reaktions-Verbindung spricht man von Konditionierung zweiter Ordnung. Folgendes Beispiel soll dies verdeutlichen:

BEISPIEL

Beim Mittagessen wird der kleine Max von seiner Mutter immer angeschrien und zurechtgewiesen, sobald er den kleinsten „Fehler" macht und etwas Essen auf den Boden fällt. Das Verhalten der Mutter macht Max Angst. Max wird also so konditioniert, dass die laute Stimme der Mutter bei ihm Angst auslöst (Konditionierung erster Ordnung). Da das Essen in der Küche stattfindet, verbindet er diese Angst jetzt auch mit dem Raum „Küche". Er bekommt jetzt schon Angst, wenn er nur die Küche betritt (Konditionierung zweiter Ordnung).

Bedeutung des klassischen Konditionierens

Das klassische Konditionieren, so wie es von Pawlow untersucht wurde, bezog sich zunächst auf angeborene Reflexe wie das Speicheln. Die Theorie kann aber auch helfen, Alltagsphänomene besser zu verstehen. Zum Beispiel sind viele emotionale Reaktionen durch das Konditionieren erlernt. Die Psychologen Richard Gerrig und Philip Zimbardo machen dies an folgendem Beispiel deutlich:

BEISPIEL

Stellen Sie sich vor, Sie sehen einen Horrorfilm. Oftmals gruseln Sie sich, noch **bevor** wirklich etwas Schreckliches zu sehen ist. Auslöser dafür ist die Filmmusik. Eine bestimmte Art von Musik bringen Sie in Verbindung mit einem schrecklichen Ereignis, das gleich passieren wird! Gegenprobe: Stellen Sie bei einem Horrorfilm einfach einmal den Ton ab!

[1] Gefahrstoffsymbol für giftige Stoffe

Viele von uns als eklig oder gefährlich erlebte Situationen sind so stark konditioniert, dass wir auch wider besseren Wissens Ekel oder Furcht erleben – oder würden Sie Limo aus einer Flasche mit einem Totenkopf darauf trinken, selbst wenn man Ihnen gesagt hat, dass das Zeichen auf der Flasche ein Fehler ist?

Aber nicht nur viele negative Reaktionen wie Ekel, Angst und Furcht können durch das klassische Konditionieren erklärt werden. Auch positive Reaktionen werden z. B. durch die Werbung genutzt. So versucht die Werbung ein bestimmtes Produkt – z. B. ein Deodorant – mit einem bestimmten Gefühl in Verbindung zu bringen: Ein Deo wird von Frauen oder Männern beworben, die gut aussehen und erfolgreich sind. Dahinter steht die Annahme, dass das Produkt selbst mit diesen positiven Gefühlen und Eigenschaften in Verbindung gebracht wird.

Erklärbar wird durch die Theorie des klassischen Konditionierens auch, warum z. B. Lob oder Tadel durch Erzieher, Lehrer und Eltern möglichst zeitnah zum erwünschten oder unerwünschten Verhalten auftreten sollten. Nur dann wird das daraus resultierende positive oder negative Gefühl mit dem erwünschten oder unerwünschten Verhalten in Verbindung gebracht.

2.1.2 Das operante Konditionieren

Wie Sie im vorangegangenen Kapitel erfahren haben, geht es beim klassischen Konditionieren um die Frage, wie zwei Reize miteinander verknüpft werden können. Beim sogenannten **operanten Konditionieren** (manchmal auch als instrumentelles Lernen bezeichnet) geht es um die Frage, welche **Konsequenzen** bestimmte Verhaltensweisen haben. Wie beim klassischen Konditionieren wurde diese Lernform zunächst an Tieren erforscht – maßgeblich durch den US-amerikanischen Psychologen Burrhus Frederik Skinner.

[2] Burrhus Frederik Skinner (1904–1990)

operant
die Umwelt beeinflussend

Die unterschiedlichen Fragestellungen des klassischen und operanten Konditionierens:

klassisches Konditionieren	operantes Konditionieren
↓	↓
Wie können Reize verbunden werden, um eine bestimmte Reaktion auszulösen?	Wie kann die Auftretenswahrscheinlichkeit eines Verhaltens erhöht werden?

Skinner entwickelte die sogenannte Skinner-Box, in der z. B. Ratten lernten, einen Hebel zu drücken, sobald ein Licht aufleuchtete oder ein Ton zu hören war. Daraufhin wurden sie mit Futter belohnt.

Die Belohnung von erwünschtem Verhalten wird als positive Verstärkung bezeichnet.

Positive Verstärkung ist das, was Eltern, Erzieher und Lehrer ständig machen (oder machen sollten), wenn sie Kinder oder Schüler für ein Verhalten loben oder belohnen.

Skinner brachte den Ratten aber auch bei, einen negativen Reiz zu vermeiden. So bekamen die Ratten einen leichten Stromschlag über den Käfigboden. Wenn sie einen Hebel betätigten, wurde der Stromschlag abgestellt. Skinner hat mit seiner Skinner-Box also eine sehr einfache Möglichkeit geschaffen, den Ratten eine bestimmte Reaktion beizubringen. Das Experiment ist ein klassischer Versuch aus der Lehr-Lern-Forschung.

Führt das erwünschte Verhalten zum Wegfall eines negativen Reizes, wird dies als negative Verstärkung bezeichnet.

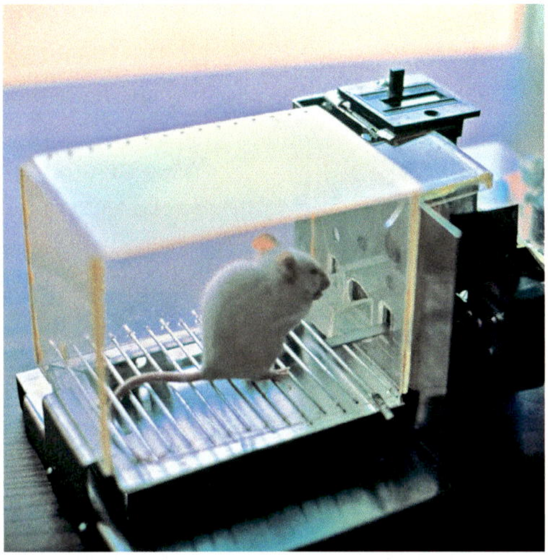

[3] Skinner-Box

Verallgemeinert man Skinners Experiment, geht es beim **operanten Konditionieren** um eine Form des Lernens, bei der ein (zufällig) auftretendes Verhalten durch die Umwelt oder Umgebung verstärkt wird. Dies kann durch Lob und Belohnung oder den Wegfall von negativen Reizen geschehen. Damit erhöht sich die Wahrscheinlichkeit, dass das Verhalten wieder gezeigt wird. Eine fehlende Verstärkung bzw. eine Bestrafung führt dazu, dass die Wahrscheinlichkeit, dass das Verhalten erneut gezeigt wird, sinkt. Gelernt wird also aus den guten oder schlechten Erfahrungen, die eine Person macht.

Wie erfolgreich diese Lernform ist, kann schon durch Untersuchungen an Neugeborenen gezeigt werden, wie die folgende Tabelle wiedergibt:

Erlernte Reaktion	Positive Verstärker/Belohnung
Ein Neugeborenes dreht den Kopf zur Seite.	Es kann dadurch an einer Zuckerlösung trinken.
Ein drei Wochen alter Säugling saugt in einem bestimmten Rhythmus.	Er kann so etwas Interessantes sehen.
Ein 5–12 Wochen alter Säugling saugt in einem bestimmten Rhythmus.	Er kann damit einen Film im Blickfeld behalten.
Ein sechs Monate altes Kind drückt auf einen Hebel.	Es setzt damit eine Spielzeugeisenbahn in Bewegung.

[Tab. 1] Lernen durch operantes Konditionieren bei Neugeborenen (nach Siegler, Robert u. a. [2011] Entwicklungspsychologie im Kindes- und Jugendalter, S. 202)

Je älter die Kinder sind und je enger Verhalten und Belohnung zusammenliegen, desto erfolgreicher ist dieser Lernprozess. Durch das operante Konditionieren lernen Kinder aber nicht nur die Verbindung von Verhalten und Belohnung. Sie lernen auch, welchen Einfluss sie auf ihre Umgebung haben können und welche Möglichkeiten sie besitzen, diese zu kontrollieren.

Die Überzeugung, dass das eigene Verhalten einen bestimmten Effekt hat, wird als Selbstwirksamkeit bezeichnet.

Wie entscheidend die Erfahrung der Selbstwirksamkeit gerade im Bereich des Sozialen und der Pädagogik ist, wird deutlich, wenn man die Selbstwirksamkeit beschränkt. Erhalten Neugeborene durch ihre Kopfdrehung keine Zuckerlösung mehr, fangen sie an zu weinen. Auch konnten Untersuchungen zeigen, dass Kinder von Müttern mit einer Depression weniger lächeln und insgesamt weniger Emotionen zeigen. Ursächlich dafür sind vermutlich die Mütter, die aufgrund ihrer Depression die Kinder **nicht** mit Aufmerksamkeit belohnten. So mussten die Kinder eine Erfahrung geringer Selbstwirksamkeit machen. Die Überlegungen zur Selbstwirksamkeit wurden von dem sozial-kognitiven Lerntheoretiker Albert Bandura entwickelt.

Bandura | S. 217

Skinner selbst entwickelte für das operante Konditionieren folgende Lernprinzipien:

Das gezeigte Verhalten führt zu positiven Konsequenzen.	**positive Verstärkung** Wird ein Verhalten belohnt (z. B. Lob, Schokolade, gute Noten), steigt die Wahrscheinlichkeit, dass das Verhalten erneut gezeigt wird.	BEISPIEL Die Gruppenleiterin lobt eine Lernende für ihre besondere Aufmerksamkeit bei der Betreuung einer Bewohnerin. Die Lernende wird dieses Verhalten in Zukunft häufiger zeigen.
	negative Verstärkung Wird durch ein Verhalten etwas Negatives beendet (z. B. Schmerzen, Langeweile, Angst), steigt die Wahrscheinlichkeit, dass das Verhalten erneut gezeigt wird.	BEISPIEL Herr Peters hat Rückenschmerzen. Er überwindet sich und geht zur Krankengymnastik. Die Schmerzen lassen nach. Herr Peters geht nun bei Schmerzen häufiger zur Krankengymnastik.
Das gezeigte Verhalten führt zu negativen Konsequenzen.	**Bestrafung Typ 1** Wird ein Verhalten bestraft (Tadel, Schläge, Strafarbeit), sinkt die Wahrscheinlichkeit, dass das Verhalten erneut gezeigt wird.	BEISPIEL Ein Schüler wird getadelt, weil er erneut zu spät zum Unterricht kommt. Er wird nächstes Mal versuchen, pünktlicher zu sein.
	Bestrafung Typ 2 Wird durch ein Verhalten etwas positives Gewohntes entzogen (z. B. Taschengeld, Freiheit, Liebe, Nachtisch), sinkt die Wahrscheinlichkeit, dass das Verhalten erneut gezeigt wird.	BEISPIEL Der zehnjährige Sebastian ist es gewohnt, jeden Tag am Nachmittag eine Stunde fernzusehen. Für sein freches Verhalten am Vormittag wurde das Fernsehen für heute gestrichen. Sebastian wird versuchen, morgen besonders lieb zu sein.

[Tab. 2] Lernprinzipien für das operante Konditionieren

Insbesondere das Instrument der Bestrafung ist allerdings nicht unproblematisch, und zwar aus zwei Gründen:

1. Strafen nutzen sich ab. Wird beispielsweise ein Kind sehr häufig bestraft, wird es sich davon bald nicht mehr abschrecken lassen. Als Reaktion darauf müsste die Strafe weiter verschärft werden.
2. Strafe kann auch als Form der Aufmerksamkeit oder Zuwendung erlebt werden. Daraus folgt, dass das unerwünschte Verhalten gerade deswegen gezeigt wird, um eine Strafe zu bekommen.

Da Strafen problematisch sind, lautet ein pädagogisches Grundprinzip, dass positives Verhalten verstärkt werden sollte. Eine Bestrafung sollte nur sehr zurückhaltend eingesetzt werden.

Begriffe beim operanten Konditionieren

Ruft eine bestimmte Aktion **immer** eine bestimmte Reaktion in der Umwelt hervor, wird von **Kontingenz bei der Verstärkung** gesprochen. Es handelt sich also um eine besonders zuverlässige Verbindung bei der Verstärkung.

Wenn auf ein Verhalten keine Verstärkung folgt, wird es nach der Theorie des operanten Konditionierens weniger oder gar nicht mehr gezeigt. Man spricht hier von **Löschung.** Werden erwünschte Verhaltensweisen regelmäßig verstärkt wird dies als **kontinuierliche Verstärkung** bezeichnet.

Ein Kind wird zum Beispiel von der Mutter jedes Mal gelobt, wenn es seine Schuhe wegräumt. Lobt die Mutter ihr Kind nur manchmal, bezeichnet man dies als **intermittierende Verstärkung.** Wird nicht erst das vollständig erwünschte Verhalten verstärkt, sondern bereits die Annäherung an das erwünschte Verhalten, spricht man von **Shaping.** Wird nur das erwünschte Verhalten verstärkt, das unerwünschte Verhalten aber einfach nicht beachtet spricht man von **differentieller Verstärkung**.

intermittierend
lat. intermittere = unterbrechen

Lernen am Erfolg

[1] Edward L. Thorndike (1874–1949), US-amerikanischer Psychologe

Skinner selbst bezog sich bei seinen Untersuchungen auf die Forschung von Edward L. Thorndike (1874–1949).

Thorndike erforschte, wie sich die Konsequenzen eines Verhaltens auf dieses Verhalten selbst auswirken. Er fand heraus, dass erfolgreiche Verhaltensweisen beibehalten werden, erfolglose Verhaltensweisen dagegen abnehmen. Seine Beobachtungen formulierte Thorndike in vier „Gesetzen“:

1. Ein bestimmtes Bedürfnis bringt die Bereitschaft zum Lernen hervor. Ein Bedürfnis kann z. B. sein, eine angenehme Erfahrung zu machen.
2. Oftmals werden mehrere Verhaltensweisen ausprobiert, um zu testen, mit welcher man ein Ziel erreichen kann.
3. Die Verhaltensweisen, die erfolgreich sind, werden beibehalten, andere gehen verloren (Effektgesetz).
4. Die erfolgreichen Verhaltensweisen müssen eingeübt werden, damit sie dauerhaft verfügbar sind.

Fazit

Die behavioristischen Theorien können viele Lernsituationen erklären, sind sehr einfach zu verstehen und daher heute schon fast Allgemeingut. Sie stammen allerdings aus einer Zeit, in der die Erforschung des menschlichen Denkens und Verhaltens gerade am Anfang stand, und viele ihrer Aussagen basierten zunächst auf Tierexperimenten. Das Menschbild ist insofern ein sehr einfaches. Es wird daher auch als **mechanistisch** bezeichnet. Der Mensch verhält sich mehr oder weniger wie eine Maschine. Die Fähigkeit des Menschen zur Selbstreflexion, also seine Fähigkeit, über sein Verhalten intensiv nachzudenken, wird hier systematisch unterschätzt.

Auf der anderen Seite ging Skinner davon aus, dass das gesamte menschliche Verhalten erlernt ist. Neuere Forschungen haben aber gezeigt, dass viele Aspekte des menschlichen Verhaltens bereits durch die eigenen Gene zumindest vorgeprägt sind. Neueste Ergebnisse der Epigenetik zeigen mittlerweile, dass diese Vorprägung sogar generationenübergreifend stattfinden kann.

Epigenetik | S. 138

2.2 Das Lernen am Modell

Wie das vorangegangene Kapitel gezeigt hat, erklären die behavioristischen Lerntheorien viele Aspekte des Lernens – einige aber auch nicht.

BEISPIEL

Wenn man einem Säugling die Zunge rausstreckt, wird er dieses Verhalten mit hoher Wahrscheinlichkeit nachahmen, auch ohne dass er dafür belohnt wird.

Ein Ausbilder arbeitet im Ausbildungsbetrieb selbst fleißig mit. Die Auszubildenden eifern ihm nach.

Der 14-jährige Michael sieht häufig, wie sein älterer Bruder seine Mitschüler einschüchtert und so „der Boss" in seiner Klasse ist. Michael fängt an, ebenfalls seine Klassenkameraden einzuschüchtern.

[2] Der Säugling ahmt das Zungeherausstrecken nach.

Diese in den Beispielen dargestellten Verhaltensweisen können durch die behavioristischen Theorien nicht hinreichend erklärt werden. Um zu einer tragfähigen Erklärung zu kommen, müssen diese Theorien also erweitert werden.

Nicht einbezogen wurden bis jetzt die sozialen Komponenten des Lernens. Diese werden erst von den **sozial-kognitiven Lerntheorien** mitbedacht. Berücksichtigt wird in diesen Theorien, dass es mit Blick auf das Lernen eine große Wechselwirkung zwischen den Individuen und ihrer Umwelt gibt. Die klassische Theorie in diesem Bereich ist das sogenannte **Lernen am Modell**, begründet vom kanadischen Psychologen Albert Bandura.

Kognition | S. 172

Umwelt ⟷ **Individuum**

Insbesondere für Kinder ist das Lernen am Modell eine Möglichkeit, durch Beobachten und Nachmachen Verhaltensweisen zu erlernen. Wie intensiv diese Lernform wirkt, zeigen Versuche, die belegen, dass bereits Kinder im Alter von sechs Monaten Erwachsene nachahmen, selbst wenn das beobachtete Verhalten schon etwas zurückliegt. So wird mit 14 Monaten ein Verhalten nachgemacht, das bereits eine Woche zuvor beobachtet wurde!

Kinder machen dabei nicht einfach das nach, was sie gesehen haben, sondern versuchen, die Absichten der Person zu verstehen.

[3] Albert Bandura (*1925), kanadischer Psychologe

BEISPIEL

In einem Versuch gebrauchen erwachsene Personen den Kopf statt die Hände, um eine Tätigkeit ausführen zu können. Die Hände haben die Erwachsenen offensichtlich nicht frei.

Trotzdem gebrauchen die Kinder für die gleiche Tätigkeit ihre Hände. Sie scheinen zu verstehen, dass die Erwachsenen die Hände benutzt hätten, wenn ihnen dies möglich gewesen wäre!

Das sozial-kognitive Lernen ist ein komplexer Vorgang. Schon kleine Kinder können eine Strategie nutzen, um dasselbe Ziel wie das Modell zu erreichen. Dabei ahmen sie aber dessen Verhalten nicht direkt nach.

Übrigens: Schon mit 15 Monaten werden Handlungen nachgeahmt, die Kinder im Fernsehen gesehen haben.

Das Lernen am Modell hat dabei den großen Vorteil, dass man nicht alles selbst ausprobieren muss, um zu wissen, ob es erfolgversprechend sein wird. Statt des Lernens über „Versuch und Irrtum“ (engl. trial and error) schaut man sich einfach Modelle mit erfolgreichem Verhalten an!

Grundsätzlich kann der Unterschied zwischen den Lerntheorien also wie in nachfolgender Grafik dargestellt werden:

[1] Fernsehsendungen regen schon Kleinstkinder zur Nachahmung an.

Das Rocky-Experiment

Besonders bekannt wurde die Theorie Albert Banduras durch das von ihm 1965 durchgeführte sogenannte Rocky-Experiment. Dieses hat auch heute noch – mit Blick auf die Diskussion um Gewalt im Fernsehen und in Computerspielen – seine Aktualität. Das Experiment läuft in vier Phasen ab:

Phase 1	In einem Kindergarten sieht eine Gruppe von Kindern einen Film, in dem gezeigt wird, wie ein Erwachsener namens Rocky eine Puppe namens Bobo beschimpft, schlägt und mit den Füßen tritt.
Phase 2	Ein Teil der Kinder sieht eine Fortsetzung des Films, in der Rocky für sein Verhalten gelobt und belohnt wird. Ein anderer Teil der Kinder sieht eine Fortsetzung des Films, in der mit Rocky geschimpft und er bestraft wird. Eine dritte Gruppe sah nur den aggressiven Rocky, ohne dass dieser später belohnt oder bestraft wurde.
Phase 3	Im Anschluss an den Film haben die Kinder die Gelegenheit, in einem Raum u.a. mit der Puppe Bobo zu spielen. Dabei kann beobachtet werden, dass die Kinder Rockys Verhalten deutlich stärker nachahmen, wenn sie davor gesehen haben, dass Rocky für sein Verhalten belohnt wurde. Auch die Kinder, die nur das Verhalten von Rocky gesehen haben, machten sein Verhalten nach.
Phase 4	Schließlich wurden Kindern aus allen drei Gruppen Belohnungen angeboten, wenn sie ein aggressives Verhalten Rockys aus dem Film nachmachen konnten. Dies schafften alle Kinder gleich häufig.

[Tab. 1] Phasen des Rocky-Experiments von Bandura

Bandura zog aus seinem Experiment den Schluss, dass alle Kinder durch ihre Beobachtung von Rocky aggressive Verhaltensweisen gelernt haben. Dabei war es egal, ob Rocky belohnt oder bestraft wurde, oder ob es überhaupt keine Konsequenzen für sein Verhalten gab. Ob die Kinder im Spiel tatsächlich die Verhaltensweisen nachahmten, war aber abhängig davon, welche Konsequenzen Rocky im Film erfahren hat. Unstrittig ist, dass Menschen sowohl positives soziales Verhalten, wie z.B. anderen Menschen zu helfen, als auch negatives soziales Verhalten durch die Beobachtung von Modellen lernen. Aber welche Modelle werden nachgeahmt und welche nicht?

Eigenschaften von Modellen

Mittlerweile haben viele Forschungsergebnisse einen Katalog mit Eigenschaften zutage gefördert, die ein Modell haben sollte, um als nachahmenswert betrachtet zu werden:

- Das Verhalten des Modells hat positive Folgen.
- Das Modell ist beliebt und wird respektiert.
- Beobachter und Modell sind sich ähnlich.
- Der Beobachter wird dafür belohnt, wenn er auf das Modell achtet.
- Das Modell ist gut zu sehen und grenzt sich von anderen klar ab.
- Das beobachtete Verhalten ist für den Beobachter erreichbar.

Ablauf des Lernens am Modell

Albert Bandura beschreibt den Prozess des Lernens am Modell in zwei Schritten:

Aneignungsphase
beinhaltet
Aufmerksamkeits- und
Gedächtnisprozesse

→

Ausführungsphase
beinhaltet
Reproduktions- und
Motivationsprozesse

Zunächst muss der Beobachter seine Aufmerksamkeit auf das Modell richten. Das Verhalten des Modells wird dann im |Gedächtnis gespeichert. Es muss also nicht direkt wiederholt werden, vielmehr kann das beobachtete Verhalten auch erst Tage später reproduziert werden. Gedächtnis | S. 202

In der Reproduktionsphase wird schließlich das beobachtete Verhalten aus dem Gedächtnis abgerufen und ausgeführt. Zum Beispiel bei komplizierten motorischen Abläufen ist dabei die korrekte Ausführung oftmals nicht sofort beim ersten Mal möglich: Das Verhalten muss geübt werden. Ob das Verhalten ausgeführt wird, hängt natürlich eng damit zusammen, wie erfolgversprechend es für den Beobachter ist. Deshalb spielen hier |Motivationsprozesse eine wichtige Rolle. Interessanterweise neigen Beobachter, die über ein geringes Selbstvertrauen verfügen, eher dazu, Modelle nachzuahmen. Wichtig für das Lernen am Modell sind also nicht nur die Eigenschaften des Modells, sondern auch die des Beobachters. Der Beobachter muss gewissermaßen eine Bereitschaft mitbringen, an einem Modell etwas zu lernen. Motivation | S. 223

Dass die unterschiedlichen Lerntheorien nicht isoliert voneinander betrachtet werden können, wird deutlich, wenn Bandura selbst darauf hinweist, dass auch beim Lernen am Modell die Konsequenzen einer Handlung wichtig seien.

Sind beim Lernen am Modell die Folgen des nachgeahmten Verhaltens positiv oder kann beobachtet werden, dass ein erlerntes Verhalten bei anderen Menschen positive Effekte hat, erhöht dies die Auftretenswahrscheinlichkeit des Verhaltens. Gleiches gilt, wenn sich der Beobachter für ein bestimmtes Verhalten selbst belohnen kann oder er sieht, dass andere Menschen für solch ein Verhalten belohnt werden. Im Unterschied zum |operanten Konditionieren weist Bandura aber darauf hin, dass das Lernen am Modell auch ohne diese Verstärker funktioniert. Wichtig ist dabei, dass der Lernende seine Handlungen als wirksam erlebt. Bandura spricht in diesem Zusammenhang von **Selbstwirksamkeit**. operantes Konditionieren | S. 213

Soziokulturelle Theorien

Einen noch stärkeren Fokus auf die Umwelt als beim Lernen am Modell legen sogenannte soziokulturelle Theorien. Lernen wird hier grundsätzlich in Verbindung mit der Umwelt, dem Kontext gesehen, in dem es stattfindet. Gesprochen wird daher auch von **Kontextualismus**. Insbesondere im Bereich der Entwicklungspsychologie sind diese Theorien sehr wichtig, da die in diesen Theorien beschriebenen Prozesse für die kindliche Entwicklung eine entscheidende Rolle spielen. Lernen ist hier ein Prozess der Wissensvermittlung von informierten Menschen zu weniger informierten Menschen. Diese Experten helfen also, neues Wissen einzuordnen und zu deuten – somit Lernprozesse zu begünstigen. Diesen Vorgang bezeichnet man als **kognitive Resonanz**.

Lew Wygotski | S. 175

Namentlich sind die soziokulturellen Theorien mit dem russischen Psychologen |Lew Wygotski (1896–1934) verbunden, der davon ausging, dass wir im Wesentlichen soziale Wesen sind und damit durch die uns umgebende Kultur geformt werden, auf die wir aber auch Einfluss nehmen können.

2.3 Konstruktivistische Ansätze

Entwicklungspsychologie | S. 146
Jean Piaget | S. 172

Sogenannte konstruktivistische Ansätze gehen davon aus, dass der Mensch aus seinen Annahmen über die Welt, seinen gemachten Erfahrungen und seinen Gedächtnisinhalten Schlussfolgerungen zieht und so dazulernt. Der Lernprozess läuft also ähnlich ab wie der Forschungsprozess von Wissenschaftlern. Im Bereich der Psychologie, insbesondere im Bereich der |Entwicklungspsychologie, ist diese Theorie eng mit dem Namen des Schweizers |Jean Piaget (1896–1980) verknüpft. Seine Theorie wird ausführlich im Kapitel Entwicklungspsychologie erklärt.

Im Unterschied zu den behavioristischen und kognitivistischen Theorien legen die konstruktivistischen Theorien den Schwerpunkt ihrer Betrachtung auf den **Konstruktionsprozess** des Wissens selbst, also auf die Bedeutung von Reizen für das Individuum. Wichtig dabei ist die Annahme, dass Lernen etwas ganz anderes ist als das passive Speichern von Informationen. Vielmehr werden neue Informationen ständig in bereits bestehende integriert und das Gesamtbild so neu geordnet. Auch sich widersprechende Informationen sind dabei von großem Wert, da sie den Lernprozess besonders anregen können, wenn sie – z. B. von einem Lehrer – gezielt eingesetzt werden.

Lernen kann verstanden werden als ein aktiver Konstruktionsprozess!

Metakognition

Metakognition | S. 205

In den letzten Jahren konnten Untersuchungen zur sogenannten |Metakognition zeigen, wie flexibel das Denken und damit verbundene Lernprozesse sind. Dies wird von sogenannten **Informationsverarbeitungstheorien** erforscht. Bei der Erforschung gerade auch des kindlichen Denkens und Lernens wurde deutlich, dass oftmals nacheinander verschiedene Strategien eingesetzt werden, um Probleme zu lösen. Je mehr Strategien bekannt sind, desto höher ist die Wahrscheinlichkeit, dass ein Problem gelöst werden kann.

Metakognitive Kompetenzen zu erlernen ist also besonders wichtig. Darunter wird z. B. verstanden,

- etwas vorhersagen,
- kontrollieren und
- unter bestimmten Fragestellungen betrachten

zu können.

Insbesondere im Elementarbereich wird immer mehr gefordert, dass Erzieherinnen und Erzieher die metakognitiven Kompetenzen von Kindern gezielt fördern, indem sie die entsprechenden Angebote machen und Gesprächstechniken einsetzen. Da dies im Dialog mit den Kindern geschieht, wird dieses auch als **ko-konstruktivistische** Position bezeichnet und namentlich im deutschen Sprachraum von Prof. Wassilios Fthenakis vertreten.

[1] Prof. Dr. mult. Fthenakis (*1937) ist Pädagoge, Psychologie und Anthropologe. Von 1975–2002 leitete er das Staatsinstitut für Frühpädagogik in München. Er arbeitete wesentlich an den Bildungsplänen der Bundesländer für den Elementarbereich mit.

Selbstbildung und Ko-Konstruktion

Bildung als Selbstbildung

„Selbstbildung" meint, dass Kinder grundlegend über alle notwendigen Ressourcen verfügen, um die innere Verarbeitung ihrer Erfahrungen zu organisieren und so ihre Fähigkeiten zu entwickeln und zu entfalten. Aufbauend auf neuen Erfahrungen, die die Kinder sammeln, entwickeln sie diese Ressourcen stets weiter und gewinnen neue hinzu, je nach den Möglichkeiten, die ihnen ihre Umwelt bietet. Selbstbildung ist also der „Anteil des Kindes mit welchen es sich an der Erschließung seiner Wirklichkeit beteiligt" (Schäfer ...). So gesehen ist Erziehung die Ermöglichung, Unterstützung und Herausforderung der Selbstbildungskräfte des Kindes. Erwachsene können die Selbstbildung der Kinder nicht direkt, sondern lediglich indirekt durch eine entsprechend anregende Gestaltung der Umwelt und der zwischenmenschlichen Beziehungen beeinflussen. Selbstbildung braucht einen unterstützenden Rahmen und wird dann möglich, wenn soziale Prozesse sie zulassen oder unterstützen, vor allem, wenn Erwachsene die Eigenständigkeit der Kinder im Umgang mit der Welt akzeptieren und mittragen. Denn das selbstständige Kind ohne Erwachsene, die ihm die Möglichkeit zur Selbstständigkeit geben, gibt es nicht (...). Die pädagogische Fachkraft kann daher auch nicht die Selbstbildungsprozesse der Kinder einfach abwarten, sondern ist gefordert, die Selbstbildung der Kinder zu unterstützen und zu bereichern. (...) Erwachsene haben in der Regel einen erheblichen Vorsprung, wenn es um kulturspezifische Formen von Lernen und Wissen geht, „den man bei aller Wertschätzung der Kompetenzen von Kindern nicht übersehen kann. Die Rolle des Erwachsenen kann also nicht auf die des Moderators im Selbstbildungsprozess des Kindes reduziert werden".

Bildung als Ko-Konstruktion

Der Begriff der „Ko-Konstruktion" setzt den Akzent anders, indem er weniger die Eigentätigkeit des Kindes in den Vordergrund rückt, sondern stärker den Aushandlungsprozess betont, durch den Kinder gemeinsam mit Erziehungspersonen und Gleichaltrigen Begriffe und mentale Konzepte konstruieren (...). Entwicklung ist in diesem Sinne ein Prozess, der untrennbar mit der Lebenswelt des Kindes verknüpft ist. Bildung braucht zwingend „entwicklungs- und kompetenzfördernde Interaktionen (...), die gezielt zu gestalten sind" (...).

Lesen Sie weiter auf S. 222. ▸

Wassilios E. Fthenakis stellt die Interaktionsprozesse zwischen Erwachsenem und Kind von Geburt an in den Mittelpunkt. In dieser sozialkonstruktivistischen Perspektive wird das einzelne Individuum vor allem in Zusammenhang mit Beziehung und Umgebung betont (...). Die Vorsilbe „ko-" soll hervorheben, dass sich Kind und Erwachsener gleichrangig begegnen und gemeinsam Bildung herstellen (...). Der Begriff der Ko-Konstruktion ist zentral für das Verständnis von Bildung im Bayerischen und im Hessischen Bildungs- und Erziehungsplan. Er wird dort auch explizit als Abgrenzung zum Begriff der „Selbstbildung" genutzt (...). Gleichzeitig wird seine Bedeutung erweitert und auch für die Zusammenarbeit zwischen Eltern und Fachkräften sowie für die Beteiligung von Trägern, Eltern, Kindern und Pädagogen im Sinne der Mitbestimmung oder auch für die Gestaltung des Übergangs vom Kindergarten in die Grundschule benutzt.

Quelle: aus Schelle, Regine: Die Bedeutung der Fachkraft im frühkindlichen Bildungsprozess – Didaktik im Elementarbereich: Eine Expertise der Weiterbildungsinitiative Frühpädagogische Fachkräfte (WiFF) © 2011 Deutsches Jugendinstitut e. V. Weiterbildungsinitiative Frühpädagogische Fachkräfte (WiFF) www.weiterbildungsinitiative.de/uploads/media/WiFF_Expertise_18_Schelle_Internet_PDF.pdf (Abruf vom 2.3.2017)

1. Was ist Selbstbildung?
2. Was ist Ko-Konstruktion?
3. Diskutieren Sie die Unterschiede!

Fazit

Aus den konstruktivistischen Ansätzen zum Thema Lernen ergeben sich Prinzipien für das Lehren und Lernen, die für eine erfolgreiche Wissensvermittlung zu berücksichtigen sind. An diese Prinzipien sollte also immer dann gedacht werden, wenn etwas Neues gelernt oder gelehrt werden soll.

Prinzip	Empfehlung für das Lernen und Lehren
Es kann nur das verstanden und gelernt werden, was sich mit bereits vorhandenem Wissen verbinden lässt.	Das Vorwissen des Lernenden muss berücksichtigt werden und Neues darauf aufbauen.
Die Konstruktionsprozesse/Lernprozesse sind bei jedem individuell verschieden.	Jeder hat sein eigenes Lerntempo. Jeder lernt für sich anders. Jeder kommt zu einem anderen Lernergebnis.
Lernen erfordert die Umstrukturierung bereits vorhandenen Wissens.	Irritation wird auch als Bedrohung und Frustration erlebt und erfordert eine verlässliche Lernumgebung und eine gute Beziehung zwischen dem Lernenden und Lehrenden.
Jeder organisiert sich selbst und ist für seinen Lernprozess selbst verantwortlich.	Lernen kann man nicht erzwingen, man kann nur eine für das Lernen anregende und motivierende Lernumgebung schaffen.

3 Lernvoraussetzungen

Nachdem Sie in den vorangegangenen Abschnitten Informationen über die grundlegenden Lerntheorien erhalten haben, soll speziell auf die Voraussetzungen gelungenen Lernens eingegangen werden. Diese Voraussetzungen sind als Rahmenbedingungen zu verstehen, die jeweils individuell angepasst werden müssen. Sie setzen sich wie ein Puzzle zusammen und stehen in enger Verbindung zueinander. Immer dann, wenn alle Teile vorhanden sind und zueinander passen, gelingt Lernen besonders gut.

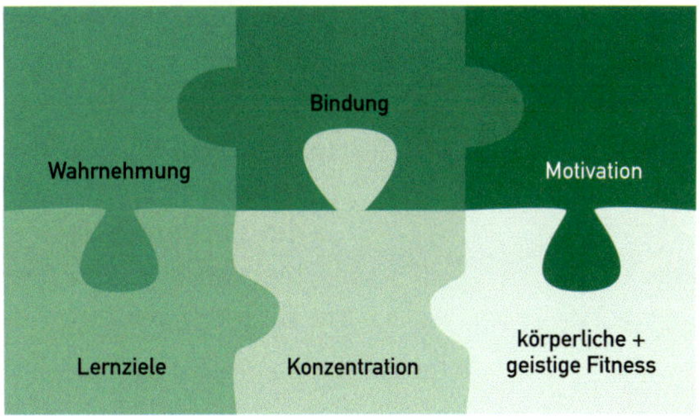

[1] Puzzle der Lernvoraussetzungen

3.1 Motivation und Lernziele

Erfolgreiches Lernen setzt Motivation voraus. Sich kurzfristig zu motivieren ist dabei wesentlich einfacher, als Motivation für ein Ziel zu haben, das in weiter Ferne liegt. Grundsätzlich ist es aber wichtig, eine klare Vorstellung von dem zu haben, was man erreichen will. Das Ziel sollte also möglichst eindeutig definiert sein. Auch benötigt der Lernende eine Vorstellung davon, auf welchem Weg er zu seinem Ziel kommen kann. Nur wenn die Herangehensweise klar ist, kann ein Ziel effizient erreicht werden. Häufig gibt es Argumente, die für oder gegen ein Ziel sprechen. Diese sollten im Vorfeld abgewogen und gewichtet werden.

effizient
das Richtige richtig tun

Zielorientiertes Denken kann dabei helfen, Probleme zu überwinden. So kann sich der Lernende deutlich machen, dass auch unliebsame Aufgaben zum Erreichen des „großen Ganzen" dazugehören.

BEISPIEL

Sven ist in der 11. Klasse der FOS. Mathe ist für ihn besonders schwierig und er stand mit diesem Fach schon immer auf Kriegsfuß. Ihm ist aber klar, dass er sich auch mit diesem Fach beschäftigen muss, wenn er einen Abschluss erreichen will. So kann er motiviert für die nächste Klassenarbeit lernen.

Grundsätzlich lassen sich zwei Arten von Motivation unterscheiden: **intrinsische** und **extrinsische Motivation**. Erstere ist die Motivation aus sich selbst heraus, um ein Ziel zu erreichen. Die Motivation entsteht hier z..B. aus dem Wunsch, sich selbst zu verwirklichen oder unabhängig zu sein. Die extrinsische Motivation wird wesentlich durch äußere Faktoren bedingt. Diese Faktoren können hier das Gehalt, Lob, aber auch Angst vor Bestrafung sein.

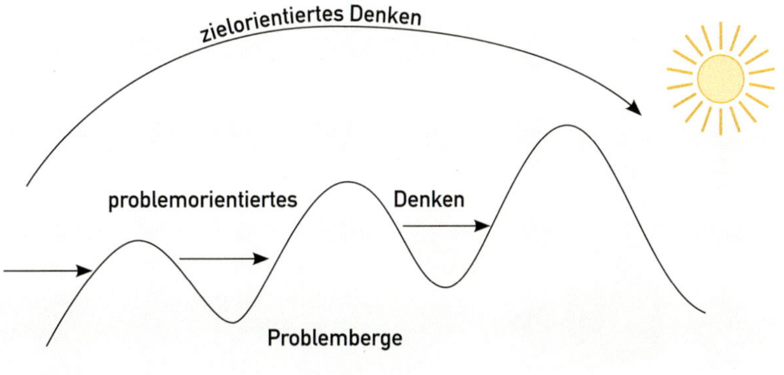

[2] Zielorientiertes Denken hilft, Probleme zu überwinden.

Um motiviert zu bleiben, darf der Lernstoff oder die Aufgabe weder zu einfach noch zu schwierig sein. Idealerweise liegt er in einem Bereich, den der Lernende gerade noch erreichen und bewältigen kann – in der Pädagogik spricht man hier von der **Zone der proximalen Entwicklung.**

proximal
lat. *proximus* = der Nächste

Der Motivationspsychologe Mihály Csíkszentmihályi prägte für das Erleben, welches sich in der schmalen Zone zwischen Über- und Unterforderung einstellt, den Begriff „Flow“. In diesem Bereich geht alles „leicht von der Hand“, der Lernende ist hochmotiviert und voll konzentriert auf seine Aufgabe. Häufig blendet er dafür seine Umgebung komplett aus und ist vollkommen in seine Tätigkeit vertieft.

Flow
engl. fließen

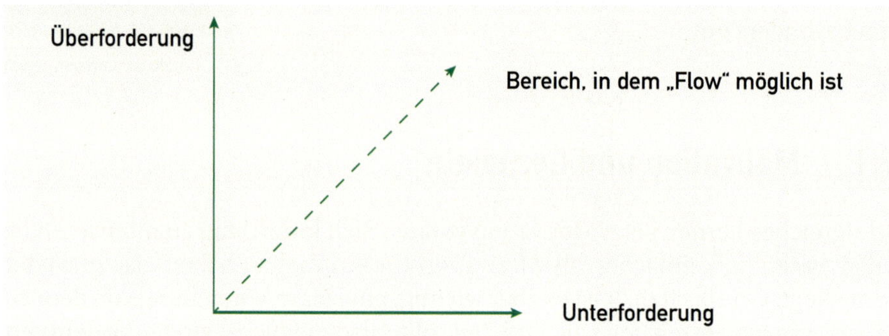

[1] Flow ist ein Lernbereich ohne Über- oder Unterforderung.

Für optimales Arbeiten ist Überforderung genauso schlecht wie Unterforderung.

3.2 Konzentration sowie körperliche und geistige Fitness

Voraussetzung für gelungenes Lernen ist die Fähigkeit, sich konzentrieren zu können. Konzentration bedeutet, eine Aufgabe auch über einen längeren Zeitraum sorgfältig und genau durchzuführen, ohne sich dabei ablenken zu lassen. Schwierigkeiten mit der Konzentration können z. B. auftreten durch

Exploration
Erkundung

- Reizüberlastung: Hier gibt es externe Quellen wie laute Gespräche oder Lärm, die einen daran hindern, sich zu konzentrieren.
- Arbeitsüberlastung: Diese kann zu einer Überforderung führen, man fühlt sich der Aufgabe einfach nicht mehr gewachsen.
- körperliche Schwierigkeiten: Zu wenig Schlaf oder eine falsche Ernährung können die Konzentrationsfähigkeit herabsetzen.
- Langeweile: Ist die Aufgabe oder das Ziel nicht anspruchsvoll genug, tritt Langeweile ein und die Konzentration schwindet.

BEISPIEL

Michael Z. will Vokabeln für die nächste Englischarbeit lernen. Aus dem Radio seines Bruders im Nebenzimmer dröhnt Musik. Michael hat schon lange keine Vokabeln mehr gelernt, sodass er einen riesen Berg vor sich hat. Letzte Nacht war er auf einer Party und ist erst um vier Uhr morgens nach Hause gekommen. Zum Mittagessen hat er an der Bude gegenüber einen Döner gegessen.

Die Konzentrationsfähigkeit ist grundsätzlich über den Tag nicht gleich verteilt. Die durchschnittliche Leistungskurve können Sie der Grafik unten entnehmen. Natürlich hängt diese sehr stark vom Individuum und seiner „Tagesform“ ab.

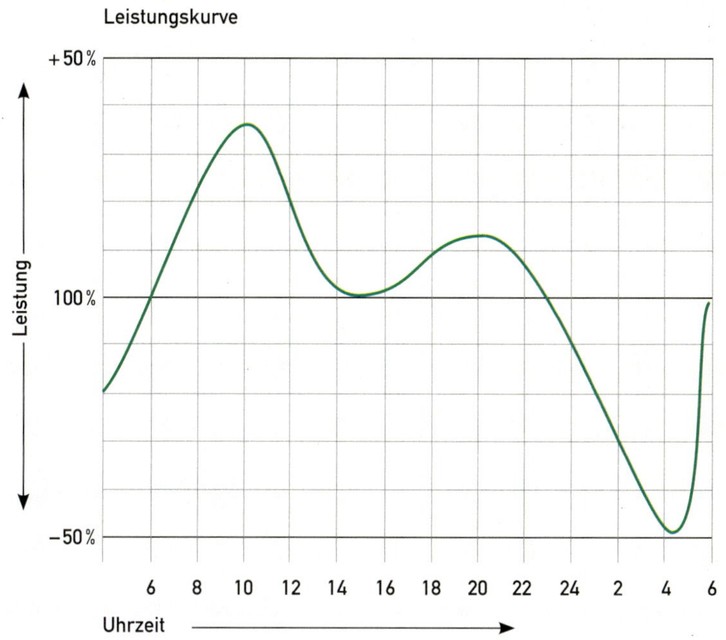

[2] Leistungskurve der durchschnittlichen Leistungsbereitschaft

3.3 Wahrnehmung und Bindung

Wahrnehmung

Eine weitere Voraussetzung für das Lernen sind |Wahrnehmungsprozesse. Grundsätzlich gilt: Was Sie nicht wahrnehmen, können Sie auch nicht lernen! Das gezielte und genaue Hören und Sehen ist also eine entscheidende Bedingung für das Lernen. Die Wahrnehmung setzt sich dabei mit Blick auf das Lernen aus drei einzelnen Bereichen zusammen:

Wahrnehmung | S. 104

- Aufmerksamkeit – so glaubt man in Gesprächen häufig schon zu wissen, wie bestimmte Sätze zu Ende gehen, und schaltet frühzeitig ab.
- Assoziieren: Es fällt wesentlich leichter, Neues zu lernen, wenn es mit bereits bekanntem Wissen verknüpft werden kann.
- Visualisieren: Wenn Sie zu bestimmten Sachverhalten, die Sie wahrnehmen, bildliche Vorstellungen entwickeln, werden diese schneller erlernt.

Bindung | S. 154

Bindung

Wie die sozial-kognitiven Lerntheorien zeigen, ist Lernen auch wesentlich an die Interaktion mit anderen Menschen geknüpft.

BEISPIEL

Der Vater zeigt seinem Sohn, wie man beim Frühstück ein Brot mit Butter bestreicht.

Freunde erklären sich gegenseitig die neuesten Tricks auf dem Skateboard.

Der Lehrer erklärt den Schülern den Dreisatz.

Der Schwimmtrainer zeigt den Jugendlichen, wie sie ihre Technik verbessern können.

[1] Die Unterstützung vertrauter Personen erleichtert das Lernen.

[2] Durch persönliche Hinwendung unterstützt der Trainer das Erklären der Schwimmtechnik.

Lernen ist ein sozialer Prozess!

Sozialisation | S. 268
Entwicklung | S. 135

Diese Zusammenhänge werden näher in den Kapiteln Sozialisation und Entwicklung erklärt. Wie wesentlich Prozesse der Bindung mit denen des Lernens verknüpft sind, machen Forschungen mit Kleinkindern besonders deutlich:

Die *entwicklungslogische Verzahnung von Bindungs- und Explorationsverhalten* ist (...) empirisch gut bestätigt: Erst auf Basis einer sicheren Bindung und eines entsprechenden inneren Arbeitsmodells wird das Explorationssystem eines Kindes voll aktiviert. In der Folge kann es sein geistiges Potenzial optimal ausnutzen. Bindung erscheint in diesem Zusammenhang als *Voraussetzung* von kognitiver Entwicklung, insofern die Bindungsperson als sichere Basis für *Selbstbildungsprozesse* fungiert („sichere Exploration"). Das Kind muss sich bildlich gesprochen emotional und kognitiv gewiss sein, in den sicheren Hafen zurückkehren zu können, wenn es seine soziale und materielle Mit- und Umwelt erkundet.

(Driescher, Elmar (2011): Bindung und kognitive Entwicklung – ein Zusammenspiel. München: DJI, S. 13)

1. Geben Sie die zentrale Aussage des Textes in Ihren eigenen Worten wieder!
2. Welche Konsequenzen ergeben sich durch diese Aussagen für das Arbeiten z. B. mit Kindern im Elementarbereich?

4 Lerntechniken

Lerntechniken sind Methoden, die das Lernen erleichtern sollen. Sie können auf einer Lerntheorie basieren oder haben sich schlicht in der Praxis bewährt. Abschließend zum Kapitel Lernen sollen hier nur einige Anregungen gegeben werden, wie das Lernen gut gestaltet werden kann.

Zeitmanagement

Zeitmanagement hilft, für sich selbst die Arbeit zu organisieren. In der Regel macht man dies häufig automatisch, z. B. indem man frühzeitig anfängt, für eine Klassenarbeit zu lernen, und nicht erst einen Tag vor der Arbeit. Hat man größere Arbeitspakete vor sich, beispielsweise ein Referat oder eine Präsentation, macht es Sinn, sich im Vorfeld zu überlegen, wann welches Arbeitspaket erledigt wird. Eventuell ist es auch sinnvoll, Zwischenschritte, sogenannte Meilensteine, gezielt einzuplanen.

Zergliedern Sie ein großes Ziel in kleinere Zwischenziele, sogenannte Meilensteine!

Für Termine ist es praktisch, einen Terminkalender zu führen. Dieser entlastet den Kopf, da die Termine nicht mehr gemerkt werden müssen. Viele Smartphones haben solch einen Kalender in Verbindung mit einer praktischen Erinnerungsfunktion.

Weiterhin kann es sinnvoll sein, Aufgaben auf einer To-Do-Liste festzuhalten. Diese wird dann regelmäßig kontrolliert und aktualisiert. Die Aufgaben sollten dabei in kleinen Arbeitsschritten notiert werden. „Referat schreiben" wäre kein sinnvolles „to do". Besser wäre:

- ✓ Thema für Referat bis Ende der Woche absprechen
- ✓ Bücher in d othek besorgen
- ✓ im Internet recherchieren
- ✓ mit Lisa klären, „wer schreibt was"
- ✓ evtl. Fußballtraining absagen, um eigenen Teil zu schreiben
- ✓ Einkaufen: Milch, Brot, Wurst
- ✓ Opa zum Geburtstag gratulieren

Stehen sehr viele Aufgaben an, kann es wichtig sein, diese nach Prioritäten zu ordnen. Dies kann mithilfe folgender Fragen passieren:

- Wie **wichtig** ist die Aufgabe?
- Wie **dringend** muss sie erledigt werden?

Daraus ergibt sich folgendes Schema:

Sehr dringend	Dies sind **C-Aufgaben**. Es handelt sich häufig um Alltagsroutinen wie einkaufen oder Blumen gießen. Am besten werden sie zu einem immer gleichen Zeitpunkt erledigt.	Dies sind **A-Aufgaben**. Diese Aufgaben müssen sofort erledigt werden, z. B. das Lernen für die morgige Klassenarbeit.
Nicht dringend	Dies sind **D-Aufgaben**. Man könnte sie vielleicht auch streichen, z. B. den Anruf bei einem entfernten Bekannten.	Dies sind **B-Aufgaben**. Sie können zu A-Aufgaben werden, wenn man sie nicht bald erledigt. Sind aktuell keine A-Aufgaben vorhanden, sollten B-Aufgaben abgearbeitet werden, z. B. das Bezahlen der Rechnungen für das Zeitungsabo.
	Nicht wichtig	**Sehr wichtig**

Wochenplan

	Montag	Dienstag	Mittwoch	Donnerstag	Freitag
Vormittag		$9^{00}-12^{00}$ Physiologie Teil 2 durcharbeiten	* Sven Geburtstag ANRUFEN!		9^{00} Klausur Physiologie
Nachmittag	$14^{00}-17^{00}$ Physiologie Teil 1 durcharbeiten	$14^{00}-16^{00}$ Lerngruppe mit Nadine und Sven	$16^{00}-17^{30}$ Fitness-Studio Lebensmittel einkaufen	$14^{00}-17^{00}$ Lernstoff wiederholen	
Abend	19^{00} Joggen	19^{00} Pizza essen mit Nadine			19^{00} Fete bei Sven

[1] Beispiel eines Wochenplans

Für einige Menschen macht es Sinn, sich analog zu einem Schulstundenplan einen Wochenplan zu schreiben, in den eingetragen wird, welche Aufgaben in der Woche erledigt werden müssen. Wichtig ist dabei, auch genügend Pufferzeiten einzuplanen, um sich zu erholen oder überraschend auftretende A-Aufgaben erledigen zu können.

Methoden

Das Zeitmanagement hat eine übergeordnete Funktion für das Lernen. Daneben gibt es auch spezielle Lerntechniken, die hier kurz benannt werden:

- **Wiederholung**: Es sollte geplant werden, wann welcher Lernstoff wiederholt wird, da eine gezielte Wiederholung die Grundvoraussetzung dafür ist, Lerninhalte längerfristig im Langzeitgedächtnis zu speichern.
- **Lernkartei**: Die Lerninhalte werden auf Karteikarten geschrieben. Diese werden dann in einem bestimmten Rhythmus bearbeitet.
- **Mindmap**: Die Lerninhalte werden in Form einer Mindmap bildlich dargestellt, um Zusammenhänge zu verdeutlichen.
- **Aufbereitung des Lernstoffes**: Darunter fallen Techniken wie die gezielte Markierung von bestimmten Textstellen in einem Lehrbuch, das systematische Zusammenfassen wichtiger Inhalte aus einem Text (Exzerpieren) oder auch das Mitschreiben bei Vorträgen, Gruppenarbeiten oder Referaten.

Methoden

Lernen mit der Loci-Methode

Zweck

Damit ein Stoff effektiv gelernt werden kann, gibt es unterschiedliche Lernmethoden. Dies sind Werkzeuge, die letztlich die Fähigkeit verbessern sollen, etwas zu behalten und im richtigen Moment abrufen zu können – wie die Inhalte dieses Lehrbuchs für eine Prüfung. Eine einfache Lernmethode kennen Sie alle: Man liest sich z. B. einen Text oder eine Reihe von Vokabeln immer und immer wieder durch, um so die Inhalte abzuspeichern. Die Lernmethode heißt hier ganz einfach: Abspeichern durch Wiederholung. Was bei körperlichen Übungen erfahrungsgemäß gut funktioniert, ist bei komplexeren Inhalten eine Herausforderung – oder wollen Sie sich dieses Buch immer und immer wieder durchlesen?

Hier soll kurz eine etwas „sportlichere“ Methode des Lernens vorgestellt werden: die sogenannte **Loci-Methode.**

[2] Orte werden beim Lernen mit Lerninhalten verbunden: Das Einsteigen in den Bus ist z.B. mit den Lernfakten „Gedächtnis“ verknüpft.

Besonderheiten und Vorgehensweise

Diese Methode stammt vermutlich aus dem antiken Griechenland und wurde von den Philosophen und Rednern genutzt. Dies ist insofern plausibel, da es damals nur wenige Möglichkeiten gab, schnell und unproblematisch Wissen festzuhalten oder nachzuschlagen – geschweige denn zu „googeln“. Man musste es sich merken. Die Methode funktioniert folgendermaßen:

1. Stellen Sie sich einen Ihnen gut bekannten Weg vor, z. B. Ihren Weg von zu Hause in die Schule.
2. Je mehr Plätze oder Orte Ihnen auf diesem Weg bekannt sind, desto mehr Fakten können Sie mit dieser Methode speichern.
3. Jetzt verknüpfen Sie die Fakten, die Sie lernen möchten (z. B. die Inhalte dieses Kapitels), mit den Orten. Dies könnte folgendermaßen aussehen:
   - Mein Schulweg = Kapitel Lernen
   - Ich steige in den Bus ein ... Bus = Gedächtnis
     - Erste Sitzreihe = sensorisches Gedächtnis
     - Zweite Sitzreihe = Arbeitsspeicher
     - Dritte Sitzreihe und die dahinter = Langzeitgedächtnis
     - Nachdem ich aus dem Bus ausgestiegen bin, laufe ich zur Schule. Rechts steht eine schöne Villa = klassisches Konditionieren
     - Die Fenster der Villa = Merkmale des klassischen Konditionierens
     - Ich gehe an einem Parkhaus vorbei = operantes Konditionieren
     - Jedes Parkdeck = Merkmale des operanten Konditionierens

[3] Mit dem Anblick der Villa lassen sich die Inhalte des klassischen Konditionierens verbinden.

So verknüpfen Sie die Lerninhalte mit Orten und Plätzen auf einem bekannten Weg, an die Sie sich auf jeden Fall erinnern werden. Wenn Sie jetzt die Fakten abrufen wollen, gehen Sie im Geiste diesen Weg entlang.

Auschecken

Das habe ich in diesem Kapitel dazugelernt:

- ✓ Ich kenne die Bedeutung von Spickzetteln und weiß, was sie mit dem Thema Lernen zu tun haben.
- ✓ Die verschiedenen Lernbereiche sind mit bekannt.
- ✓ Ich weiß, wie das Gehirn des Menschen grundsätzlich aufgebaut ist, und kenne die unterschiedlichen Hirnareale.
- ✓ Ich weiß, was sich hinter dem Begriff „fetales Lernen“ versteckt.
- ✓ Ich kann die Lernformen von Neugeborenen erklären.
- ✓ Ich kann Lernen definieren.
- ✓ Die Lerntheorien des Behaviorismus sind mir bekannt.
- ✓ Ich kann die Abläufe des klassischen Konditionierens wiedergeben.
- ✓ Ich kenne die klassischen Experimente des klassischen Konditionierens.
- ✓ Ich kann den Ablauf des operanten Konditionierens erklären.
- ✓ Ich kenne die Grundbegriffe der Theorie des „Lernen am Modell“.
- ✓ Ich weiß, was ein Modell attraktiv macht.
- ✓ Die Idee der konstruktivistischen Lerntheorien kann ich benennen.
- ✓ Ich kann wichtige Voraussetzungen des Lernens wiedergeben und erklären.
- ✓ Lerntechniken kann ich einsetzen.
- ✓ Ich kann das Thema Lernen mit anderen Themen aus diesem Lehrwerk in Verbindung bringen.

Aufgaben / Fragen

1 Analysieren Sie den Text im Abschnitt „Einchecken“ auf Grundlage dessen, was Sie in diesem Kapitel gelernt haben!

2 Beschreiben Sie, was Lernen mit Biologie zu tun hat.

3 In welchen Bereichen ist Lernen grundsätzlich möglich?

4 Recherchieren Sie, welche Untersuchungsmöglichkeiten es für unser Gehirn gibt.

5 Schildern Sie einen Gedächtnisvorgang mithilfe des Mehrspeichermodells.

6 Sie wollen jemandem etwas beibringen. Überlegen Sie sich Fragestellungen aus einer metakognitiven Perspektive.

7 Erklären Sie das Wort Amnesie und recherchieren Sie, welche Ursachen für diesen Vorgang verantwortlich sein könnten.

8 Recherchieren Sie im Internet Bereiche des fetalen Lernens bei ungeborenen Kindern.

9 Was hat der Begriff „Plastizität“ mit dem Begriff „Lernen“ zu tun? Nehmen Sie Stellung!

10 Beschreiben Sie die wesentlichen Lernformen von Neugeborenen.

11 Was bedeutet Lernen für Sie? Versuchen Sie eine Definition zu erstellen.

12 Analysieren Sie die grundlegenden drei Strömungen in den Lerntheorien und arbeiten Sie deren Schwerpunkte heraus!

13 Nennen Sie weitere Beispiele für das klassische Konditionieren.

14 Beschreiben Sie den Vorgang des klassischen Konditionierens anhand unterschiedlicher Beispiele.

15 Sammeln Sie Beispiele für das operante Konditionieren im Alltag.

16 Stellen Sie auf der Grundlage des Lernens am Modell Beispiele für diese Lernform zusammen.

17 Recherchieren Sie Informationen zum Thema „Konstruktivismus“.

18 Stellen Sie zusammen, welche Voraussetzungen für Sie persönlich wichtig sind, um optimal lernen zu können.

Kommunikation

Chats belegen das Gegenteil von Sprachverfall

(...) Alle haben allen etwas mitzuteilen, ständig, dauernd, überall. (...) Es ist, als habe die Menschheit das Schreiben neu entdeckt. Und als hätte sie dabei vor lauter Begeisterung die genormte Schriftsprache über Bord geworfen. Kleinschreibung, Abkürzungen, fehlende Artikel und verkürzte Syntax zeichnen die schriftlichen Unterhaltungen aus, geschmückt sind die Dialoge dafür mit grinsenden Gesichtern oder auf der Seite liegenden Gefühlsbekundungen. (...) Müssen Lehrer, Ausbilder, Bildungsbürger sich Sorgen machen? (...) Unter die Lupe haben die Linguisten im letzten Jahrzehnt so ziemlich alles genommen: Was passiert mit der Satzstellung, was mit den Zeitformen, was mit der Rechtschreibung? Welche Rolle spielen Inflektive, also endungslose Verben wie *heul* oder *tröst*? Wann und wozu werden lachende, zwinkernde oder weinende Smileys – die sogenannten Emoticons – eingesetzt? „Eine Zeit lang ging man davon aus, dass in der Chatkommunikation im Gegensatz zum mündlichen Gespräch etwas fehlt", erklärt Georg Albert von der Universität Landau, „und dass diese fehlende Verständigungsebene von den Nutzern unter anderem mit Emoticons aufgefüllt werden müsse." Aber ganz so eindeutig, meint der Wissenschaftler, sei die Sache nicht. (...) Ganz folgenlos bleiben die Spielarten der Internetsprache trotzdem nicht. Manche Begriffe wie „dissen" schaffen es bis in den Duden. (...) Aber wird das die deutsche Standardsprache langfristig wirklich verändern? Henn-Memmesheimer bezweifelt es. „Es gibt sehr starke Regulative, die dagegenwirken." Bei offiziellen schriftlichen Texterzeugnissen werden Abweichungen von Rechtschreibung und Orthografie nach wie vor nicht geduldet, weder in der Schule noch an den Universitäten oder im Berufsalltag. (...)

(Quelle: gekürzt nach Zeit Online, Astrid Herbold, 14.1.2013, http://pdf.zeit.de/digital/internet/2013-01/chat-sprache-forschung.pdf)

1 Notieren Sie Situationen, in denen Kommunikation eine sehr wichtige Rolle spielen kann.

2 Besprechen Sie untereinander, wann Kommunikation erfolgreich ist.

1 Kommunikation und Interaktion

Mit anderen Menschen zu kommunizieren und zu interagieren gehört wesentlich zu dem, was uns als Menschen auszeichnet und von den Tieren unterscheidet. Natürlich verwenden auch Tiere eine „Sprache", indem sie sich mit Lauten verständigen, aber nur der Mensch hat ein so hochkomplexes Kommunikationssystem entwickelt. Viele Philosophen halten die Sprachfähigkeit daher für das entscheidende Kriterium, welches den Menschen charakterisiert. Dabei ist mit Sprachfähigkeit nicht nur das verbale Sprechen gemeint, sondern alle Möglichkeiten zu kommunizieren, beispielsweise auch über Gebärdensprache oder Schriftsprache. Gebärdensprache wird besonders von gehörlosen Menschen genutzt. Sie basiert auf einer Kombination aus Handzeichen zusammen mit Mimik und lautlos gesprochenen Wörtern (sogenanntes Mundbild).

Gerade im sozialen/pädagogischen Bereich ist die Fähigkeit zu kommunizieren außerdem ein wichtiges Instrument, um den beruflichen Alltag gestalten zu können. In den sozialen Berufsfeldern gehört also ein fundiertes Wissen über die menschliche Kommunikation und Interaktion zum unbedingt notwendigen Repertoire, da sie die Methode ist, um andere Menschen zu beeinflussen oder zu lenken.

soziale Berufsfelder | S. 458

Ein gutes theoretisches Hintergrundwissen über die Abläufe der Kommunikation hilft, diese wirkungsvoller und gezielter in der Praxis einsetzen zu können. Die sogenannte Kommunikationskompetenz wird damit zur Schlüsselqualifikation.

Schlüsselqualifikation | S. 478

[1] Aristoteles (384–322 v. Chr.), griechischer Philosoph

Bereits im antiken Griechenland beschäftigten sich Gelehrte mit dem Prozess der Kommunikation und dessen Funktionen. So schrieb der griechische Philosoph Aristoteles (384–322 v. Chr.) ein Buch mit dem Titel „Rhetorik", die Redekunst. Aristoteles stellt darin u. a. drei Mittel dar, wie Überzeugungen zustande kommen können: durch den Charakter des Redners (griech. ethos), durch die Emotionen des Publikums (griech. pathos) und durch Argumente (griech. logos). Insbesondere den Einsatz von Emotionen, um seine Absichten durchzusetzen, findet Aristoteles aber unpassend:

„Nun haben die, die bisher die rhetorischen Lehrbücher verfasst haben, nur einen geringen Teil von ihr zuwege gebracht. Denn nur das Überzeugen ist der Kunst gemäß, das andere sind Zugaben. (...) Beschuldigung nämlich, Mitleid, Zorn und solche Emotionen der Seele gehören nicht zur Sache, sondern zielen auf den Richter."

Aristoteles: Rhet I 1, 1354a, 12–18

Im Laufe der Jahrhunderte wurde das Wissen über die Rhetorik immer ausgefeilter und genauer. Auch entwickelte sich ein Wissen über die Sprachwissenschaften und die Psychologie der Kommunikation.

Grundlegende Begriffe

Wenn man sich mit dem weiten Themenfeld der Kommunikation, Interaktion und damit auch der Sprache beschäftigt, tauchen immer wieder einige Fachbegriffe auf, die an dieser Stelle kurz geklärt werden sollen:

Begriff	Erklärung
Die Linguistik ...	ist die Wissenschaft, die sich mit der menschlichen Sprache beschäftigt (Sprachwissenschaft).
Kommunikation ...	bezeichnet ganz allgemein einen Informationsaustausch, der auch über Sprache stattfindet.
Die Phonetik ...	beschäftigt sich mit der akustischen, hörbaren Seite der Sprachlaute.
Die Phonologie ...	beschäftigt sich mit der Funktion der Sprachlaute.
Die Semantik ...	beschäftigt sich mit dem Sinn und der Bedeutung von Zeichen (Wörter, Symbole).
Die Morphologie ...	beschäftigt sich mit der Wortbildung.
Die Syntax ...	bezeichnet die Satzbildung.
Die Pragmatik ...	beschäftigt sich mit der Verwendung von Sprache.

[Tab. 1] Fachbegriffe zum Themenfeld

1.1 Kommunikation und Interaktion verstehen

Das Wort Kommunikation kommt vom lateinischen Wort „communicare", was so viel bedeutet wie „teilnehmen lassen" oder „gemeinsam machen". Damit ist auch schon ein wesentlicher Aspekt von Kommunikation benannt: mit dem Gegenüber etwas zu einer gemeinsamen Sache werden zu lassen. Eine allgemein verbindliche Definition, was genau Kommunikation ist, gibt es aber nicht, da man sich dem Begriff aus verschiedenen Blickwinkeln annähern kann.

Wie kann man die Begriffe Kommunikation und Interaktion unterscheiden?

Sehr allgemein formuliert bezeichnet der Begriff Kommunikation einen Informationsaustausch. Dieser kann über Sprache, aber auch z. B. über Mimik und Gestik stattfinden. So teilen Sie jemandem durch eine Ohrfeige mit, dass Sie ihn nicht mögen. Auch der Begriff Information ist dabei sehr allgemein und weit gefasst: Nicht nur die sachlichen Inhalte, sondern z. B. auch Wünsche oder Bedürfnisse sind hier mit einbezogen.

Kommunikation findet mit sprachlichen und nicht-sprachlichen Zeichen statt. Sie ist eine Kontaktaufnahme und Interaktion. Ihr Ziel ist die Verständigung.

intra...
innerhalb

Grundsätzlich können Menschen auch mit sich selbst kommunizieren, z. B. im Selbstgespräch. Dies wird auch als intrapersonale Kommunikation bezeichnet. Im Gegensatz dazu bezeichnet der Begriff **soziale Kommunikation** den Informationsfluss zwischen mindestens zwei Menschen. Der Informationsfluss ist dabei mehr als das Austauschen von Inhalten, er steht immer auch im Kontext von Steuerung und Beeinflussung anderer. Diese wechselseitige Beeinflussung und Steuerung von Menschen wird als **soziale Interaktion** bezeichnet.

Wichtig ist dabei das Wort sozial, denn Interaktion alleine kann auch zwischen Mensch und Maschine stattfinden, beispielsweise indem Sie gegen den Fahrkartenautomaten treten, wenn er nicht so funktioniert, wie Sie wollen!

inter... zwischen

Soziale Kommunikation und soziale Interaktion sind dabei wechselseitig aufeinander bezogen.

Im dem Moment, in welchem Menschen miteinander kommunizieren, beeinflussen und steuern sie sich (Interaktion). In dem Moment, in welchem sich Menschen steuern und beeinflussen (interagieren), kommunizieren sie auch miteinander!

Kommunikation kann auf verschiedenen Mitteilungsebenen stattfinden:

Mitteilungsebene	Inhalt
verbale Ebene/das gesprochene Wort	Kodierung (Verschlüsselung) und Dekodierung (Entschlüsselung) der Nachricht, die passenden und angemessenen Worte finden, den richtigen Satzbau verwenden
Ausdrucksmittel	Lautstärke, Betonung, Tempo, Prosodie (Satzmelodie) etc.
nonverbale Ebene	Mimik, Körperhaltung, Gestik, Blickkontakt
Objektkommunikation	Kleider, Schmuck

[Tab. 2] Mitteilungsebenen der Kommunikation

Eine besondere Schwierigkeit taucht dann auf, wenn sich die Inhalte der Ebenen widersprechen – z. B. kann man „Ich liebe dich!" sagen, dabei aber die Arme ablehnend vor dem Körper verschränken. In diesem Fall wird von inkongruenter (nicht passender) Kommunikation gesprochen. Weisen dagegen alle Ebenen in dieselbe Richtung – jemand sagt: „Ich liebe dich!", und nimmt sein Gegenüber in den Arm, um es zu küssen –, wird dies als kongruente (passende) Kommunikation bezeichnet.

[1] Soziale Kommunikation – Das Gespräch unter Freunden

Ziel sollte es natürlich sein, möglichst kongruent zu kommunizieren, da so der Nachricht auf der verbalen Ebene mithilfe der Ausdrucksmittel, der nonverbalen Ebene und ggf. auch über die Objektkommunikation Nachdruck verliehen wird. Inkongruente Kommunikation führt dagegen häufig zu Verwirrung und zu Missverständnissen. Weiter unten wird dieser Gedanke unter dem Stichwort „double bind" noch einmal aufgegriffen.

Kommunikation erfolgt auf verschiedenen Ebenen, die möglichst passend zu einander sein sollten!

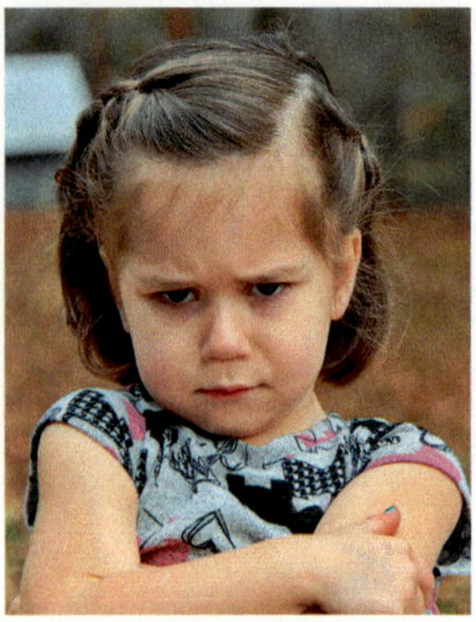

[1] Nonverbale Kommunikation – auch durch Körperhaltung und Blickkontakt kann kommuniziert werden.

Ausdrucksbereiche

Anstelle von Mitteilungsebenen wird auch gelegentlich von Ausdrucksbereichen gesprochen. Grundsätzlich lässt sich die menschliche Kommunikation dabei in drei Ausdrucksbereiche unterteilen: verbale, paraverbale und nonverbale Kommunikation. Folgende Tabelle erklärt die Unterschiede:

Menschliche Kommunikation	
verbale Kommunikation	das, was tatsächlich gesagt wird – die Inhalte: „Du bist schön!“
paraverbale Kommunikation	wie etwas gesagt wird; bestimmend dafür sind der Klang der Stimme, das Sprechtempo und die Stimmlage
nonverbale Kommunikation	synonym (gleichbedeutend) wird dieser Aspekt auch als „körpersprachlicher Ausdruck“ bezeichnet; gemeint sind damit die Körperhaltung, Mimik und Gestik

[Tab. 1] Formen der menschlichen Kommunikation

Wichtig dabei ist, dass sowohl die nonverbale als auch die paraverbale Kommunikation entscheidenden Anteil an der verbalen Kommunikation haben. Beide Aspekte bestimmen also wesentlich mit, wie die Inhalte vermittelt werden.

1.2 Die Funktionsweise von Kommunikation

Das Verständnis für die Funktionsweise von Kommunikationsprozessen eröffnet Menschen die Möglichkeit, diese Prozesse zu steuern.

Als Fachkraft im pädagogischen Bereich führen Sie täglich Gespräche im Team, mit anderen Fachleuten, Vertretern der Einrichtungen, Vorgesetzten oder dem Hausmeister. Ob Sie Ihre Ziele erreichen und welche Stimmung in der Einrichtung, in der Sie arbeiten, herrscht, hängt wesentlich davon ab, wie Sie und Ihre Kollegen und Kolleginnen die Gespräche führen. Das angemessene und zielgerichtete Steuern von Gesprächen ist deshalb eine zentrale Methodenkompetenz.

Im Laufe des 20. Jahrhunderts wurden Modelle entwickelt, um den Kommunikationsprozess beschreiben und analysieren zu können. Modelle vereinfachen dabei natürlich immer die Realität, die tatsächlichen Zusammenhänge sind häufig wesentlich komplexer. Nachfolgend werden einige wichtige Modelle vorgestellt:

- Das Organonmodell
- Das Sender-Empfänger-Modell
- Das Eisberg-Modell

1.2.1 Das Organonmodell nach Karl Bühler

[2] Karl Bühler (1879–1963), deutscher Denk- und Sprachpsychologe und Sprachtheoretiker.

Das Kommunikationsmodell von Bühler ist eines der ersten ausdifferenzierten Modelle zum Gebrauch der Sprache. Es entstand ca. 1934. Karl Bühler war ein deutscher Psychologe. Er vertrat einen ganzheitspsychologischen Ansatz. Nach der Verfolgung durch die Nazis ging er zunächst nach Österreich, später in die USA.

Bühler betrachtet die Sprache als Werkzeug oder Hilfsmittel (griech. Organon), mit denen Menschen anderen etwas mitteilen. Schematisch stellt sich sein Modell folgendermaßen dar:

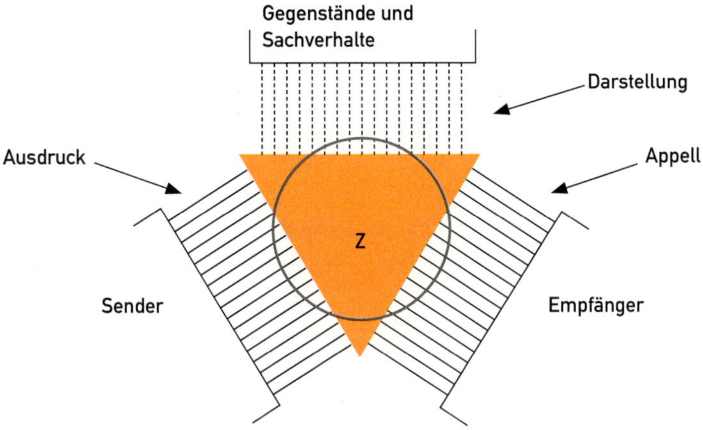

[3] Schematische Darstellung des Organonmodells

Z steht dabei für Zeichen, der Kreis symbolisiert den Schall des gesprochenen Wortes. Z ist in einer Beziehung zum Sender, zum Empfänger und zu Gegenständen und Sachverhalten, über die gesprochen wird.

Zum einen stellt Z die Sachverhalte, die in der Welt passieren und Gegenstände dar. Zum anderen ist Z auch Ausdruck des inneren Erlebens des Senders, da es in einer Abhängigkeit vom Sender steht. Die Sprache hat damit Ausdrucksfunktion. Der Sender drückt etwas aus und sagt dabei auch etwas über sich selbst. Z ist aber auch Signal kraft seines Appells an den Hörer. So kann der Sender ihn zu etwas auffordern oder ich warnen. Damit liegt eine Appellfunktion des Zeichens vor. Kommunikation funktioniert für Bühler nur über Zeichen. Die Sprache ist dafür ein Werkzeug mit den drei Funktionen

- der Darstellung,
- des Ausdrucks und
- des Appells.

BEISPIEL

Der Sender kann sagen: „Da ist ein Hund!“, aber er kann auch rufen: „Da ist ein Köter!“. Im zweiten Fall sagt der Sender etwas über sich selbst aus, dass es vielleicht keine Hunde mag. Der Sender teilt dem Empfänger mit, da sei ein Köter, und er versucht ihn z. B. zu warnen, weil der Sender womöglich einmal von einem Hund gebissen wurde.

1.2.2 Das Sender-Empfänger-Modell

Aus einer eher technisch-naturwissenschaftlichen Perspektive heraus wird Kommunikation als Übertragung von Signalen verstanden. Nachrichten werden vom Sender „kodiert" und vom Empfänger „dekodiert". Die Rollen wechseln dabei, sodass ein Regelkreis entsteht.

Ignorieren der Nachricht | S. 243

Dies ist also ein sehr einfaches Modell, um den Kommunikationsprozess zu erklären: das sogenannte „Sender-Empfänger-Modell". Ein Sender/Sprecher sendet dabei eine Nachricht an einen Empfänger/Zuhörer. Dieser sendet dann eine Nachricht als Antwort an den Sender zurück, wobei selbst das Ignorieren der Nachricht durch den Empfänger eine Antwort darstellt, wie Sie später sehen werden.

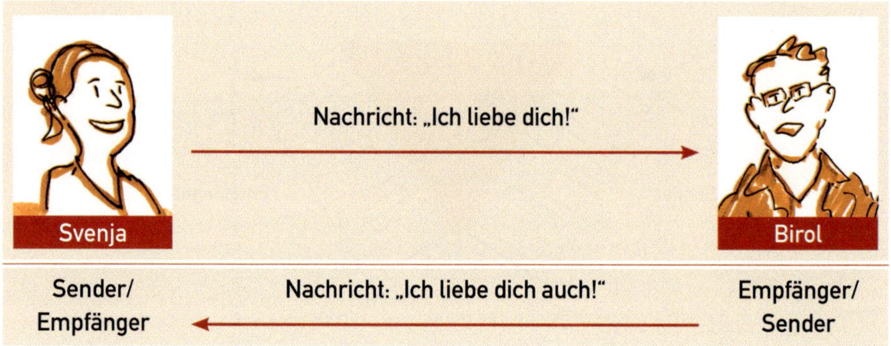

Das „Sender-Empfänger-Modell" stellt den Prozess der Kommunikation als sehr einfachen Ursache-Wirkungs-Zusammenhang dar. Dies hat historische Ursachen, da das Modell ursprünglich entwickelt wurde, um technische Abläufe deutlich zu machen. Das „Sender-Empfänger-Modell" ist allerdings so vereinfachend, dass es nicht alle Aspekte von Kommunikation erfassen kann. So lassen sich beispielsweise Missverständnisse, die in einer Kommunikation aufkommen, mit dem Modell nicht besonders schlüssig erklären.

Das Sender-Empfänger-Modell ist das einfachste Beispiel für die Funktionsweise von Kommunikation, erfasst aber nicht alle ihre Gesichtspunkte.

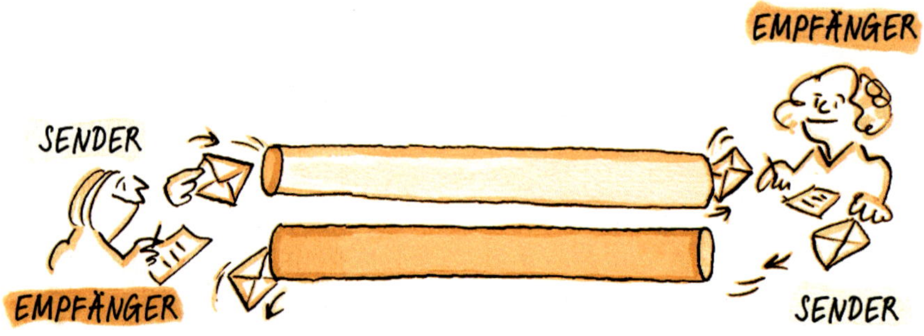

Regelkreis der Kommunikation

Betrachtet man das Sender-Empfänger-Modell genauer, entsteht ein Regelkreis der Kommunikation. Dieser Regelkreis sieht folgendermaßen aus:

1. Ein Sender verfolgt eine Absicht.
2. Er verschlüsselt (**kodiert**) seine Information in bestimmte Zeichen (z. B. Wörter oder Gesten).
3. Mithilfe eines **Mediums** (z. B. Sprache oder Zeichen) und über einen **Kanal** (z. B. Hören oder Sehen) sendet er seine Information an den Empfänger.
4. Dabei können auch **Kommunikationsmittel** verwendet werden (z. B. ein Mobiltelefon).
5. Der Empfänger entschlüsselt (**dekodiert**) die Informationen. Wichtig ist, dass sowohl Sender als auch Empfänger das gleiche Wissen über die Zeichen und deren Bedeutung haben müssen. Ansonsten können Sie sich missverstehen.
6. Die erhaltene Information führt beim Empfänger zu einer bestimmten **Reaktion** – er wird damit selbst zum Sender und schickt Informationen an den Empfänger.

Der ständige |Rollenwechsel zwischen Senden und Empfangen ist damit ein Charakteristikum für soziale Kommunikation. Rolle | S. 307

Unsere Erfahrungen im Alltag zeigen aber, dass dieses Modell sehr stark vereinfacht. Die richtigen Worte zu finden kann sehr schwierig sein und oft kommt es zu Missverständnissen. Es kann dabei sehr anstrengend sein, so lange über das Gesagte zu verhandeln, bis die Bedeutung für alle Gesprächsteilnehmer die Gleiche ist.

Weitere Perspektiven

Sprachwissenschaftlich betrachtet geht es um die Zeichen – den **Code** –, mit denen man sich verständigt. Gedanken und Gefühle werden in einen Code übersetzt. Auch hier kann es zu Schwierigkeiten kommen, wenn die Gesprächsteilnehmer für denselben Code nicht die gleiche Bedeutung finden. Diese Bedeutung hängt dabei nicht nur von der Gesprächssituation ab, sondern auch vom kulturellen Hintergrund und der Biografie der Kommunikationsteilnehmer. Gerade nichtsprachliche (nonverbale) Zeichen können in verschiedenen Kulturen unterschiedliche Bedeutung haben.

So gilt es in Japan als unhöflich, Geschenke sofort auszupacken – in Europa würde man vermutlich beleidigt reagieren, wenn ein Geschenk erst einmal zur Seite gestellt wird. Auch wird man in traditionellen japanischen Restaurants lautstark begrüßt und verabschiedet, was auf Europäer befremdlich wirkt.

Konstruktivismus

Konstruktion der Wahrheit | S. 121

Die konstruktivistische Perspektive schließlich macht deutlich, dass sich die Gesprächsteilnehmer selbst ihre „Wahrheit" konstruieren. Auch wenn diese Theorie in der Psychologie und den Kognitionswissenschaften besonders aktuell ist, hat bereits der Philosoph Immanuel Kant in seinem Werk „Kritik der reinen Vernunft", erschienen 1781, beschrieben, dass die menschliche Wahrnehmung in bestimmten Kategorien (wie z. B. Raum und Zeit) stattfindet und insofern vom Menschen konstruiert wird.

Konstruktivismus | S. 220

Die konstruktivistische Perspektive macht dabei besonders klar, dass es keine einfachen Ursache-Wirkungs-Zusammenhänge in der Kommunikation gibt, so wie es das Sender-Empfänger-Modell suggeriert. Vielmehr unternimmt der Empfänger immer auch eine **Interpretation** der Nachricht des Senders und diese kann eben völlig unterschiedlich ausfallen.

BEISPIEL

Die dreijährige Lotta saugt beim Frühstück die Milch aus ihrem Becher in einen Strohhalm und pustet diese dann quer über den Tisch. Ihre Mutter reagiert darauf ärgerlich mit Ermahnungen.
Lottas Wirklichkeit: „Dieses Ding ist interessant, ich muss einmal ausprobieren, wie es funktioniert!"
Die Wirklichkeit der Mutter: „Das Kind macht den ganzen Tag nur Unfug und will mich andauernd provozieren!"

Die Chefin sagt zu ihrem Mitarbeiter: „Können Sie bei der Sache bitte etwas genauer arbeiten!" Der Mitarbeiter reagiert beleidigt und sagt: „Was haben Sie jetzt schon wieder daran auszusetzen?"
Die Wirklichkeit der Chefin: „Wir müssen darauf achten, dass unsere Kunden zufrieden sind, damit wir genug Umsatz machen, um die Gehälter zahlen zu können!"
Die Wirklichkeit des Mitarbeiters: „Immer nörgelt sie an den Mitarbeitern rum, soll sie ihren Kram doch selber machen!"

Besonders problematisch ist dabei die sogenannte Erwartungs-Erwartung, also das, was ein Gesprächsteilnehmer über die mögliche Erwartung des Gegenübers glaubt (aber nicht sicher weiß).

1.2.3 Das Eisberg-Modell

Das Sender-Empfänger-Modell wurde im Laufe des 20. Jahrhunderts von vielen Kommunikationstheoretikern weiterentwickelt. Das Hauptaugenmerk dieser Theorien liegt darauf, deutlich zu machen, dass die Kommunikation nicht als eine reine Abfolge sachlicher Argumente zu verstehen ist, sondern psycho-logisch funktioniert. Damit wird also betont, dass Gespräche häufig z. B. von der Sympathie oder Antipathie, der Verfassung und Laune sowie der subjektiven Erfahrung der Gesprächspartner abhängig sind.

Psyche
griech. für Seele/Gemüt

Die Psychologie ist die Grundlage menschlicher Kommunikation!

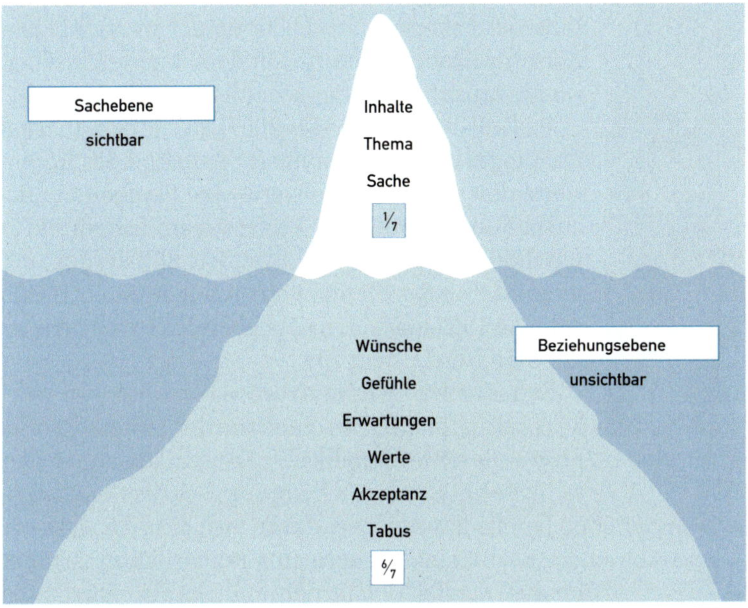

[1] Das Eisberg-Modell

Diese Idee wird im sogenannten Eisberg-Modell prägnant dargestellt. Das Modell geht davon aus, dass, wie bei einem Eisberg, das gesprochene Wort nur den relativ kleinen und offen sichtbaren Teil der Kommunikation darstellt. Der weitaus größere Teil ist unsichtbar unter der Oberfläche verborgen.

Dieser unsichtbare Teil aber ist es, der das Kommunikationsgeschehen entscheidend mit beeinflusst.

Dabei basiert das Modell auf der **Psychoanalyse**, die von Sigmund Freud begründet wurde. Im Mittelpunkt dieser Theorie steht die Annahme, dass der Mensch durch Triebe gesteuert wird. Diese stehen in enger Wechselwirkung mit seinen sexuellen Wünschen und sind ihm nicht bewusst. Die Zeit, in der Freud lebte, war geprägt durch die Tabuisierung der Sexualität. Deshalb ist einleuchtend, warum Freud der Sexualität solch großen Einfluss auf den Menschen zuschrieb. Die moderne Psychologie steht der Psychoanalyse in der heutigen Zeit kritisch gegenüber, da viele ihrer Annahmen nicht bestätigt werden konnten und diese Theorie auch wissenschaftlichen Kriterien nicht genügt. So lässt sich Freuds Theorie beispielsweise nicht durch Experimente bestätigen oder widerlegen. Viele ihrer Annahmen wirken zwar plausibel, sind aber letztlich nur Vermutungen.

Sigmund Freud | S. 191, 400

wissenschaftliche Kriterien | S. 14

1.3 Erfolgreiche und gestörte Kommunikation

Wieso verlaufen manche Gespräche positiv, andere nehmen eine negative Wendung und enden nicht selten im Streit? Damit diese Unterschiede im Verlauf der Gespräche erklärbar werden und natürlich auch, um diese Gespräche positiv zu beeinflussen, haben Theoretiker wie Paul Watzlawick und Friedemann Schulz von Thun Theorien entwickelt, die gerade im sozialen Bereich sehr bekannt sind und im Folgenden kurz dargestellt werden.

1.3.1 Die Theorie Paul Watzlawicks

[1] Paul Watzlawick (1921–2007), Psychotherapeut und Autor

Eine der bekanntesten Theorien der menschlichen Kommunikation stammt von dem österreichischen Kommunikationswissenschaftler Paul Watzlawick.

Paul Watzlawick (1921–2007) studierte zunächst Philologie und Philosophie in Venedig und promovierte dort 1949. Er absolvierte eine Psychotherapieausbildung, wurde 1957 Professor am Lehrstuhl für Psychotherapie an der Universität El Salvador und ging 1960 an das Mental Research Institut nach Palo Alto. Ab 1967 lehrte er im Fachbereich Psychiatrie an der Standford University.

Sein Denken wurde dabei maßgeblich von zwei Theorien geprägt: zum einen von der **Systemtheorie**, zum anderen vom **radikalen Konstruktivismus**. Der radikale (im Sinne von kompromisslose) Konstruktivismus geht, wie weiter oben bereits beschrieben, davon aus, dass das, was wir wahrnehmen, kein Abbild der Realität ist, sondern eine Konstruktion aus Sinnesreizen und Gedächtnisinhalten darstellt. Wahrnehmung ist also vollständig subjektiv.

Wahrnehmung | S. 104

Systemtheorie | S. 319

Die Systemtheorie geht davon aus, dass menschliches Handeln nicht isoliert betrachtet werden kann, sondern immer das Ergebnis von zwischenmenschlichen und gesellschaftlichen Strukturen ist.

BEISPIEL

Stellen Sie sich vor, Sie gehen nackt durch die U-Bahn. Ziemlich schnell werden Sie merken, dass Ihr Verhalten durch die Reaktion Ihrer Umwelt (Empörung, Erstaunen, Angst, Aggressivität) und die gesellschaftlichen Strukturen (die Polizei kommt und nimmt Sie wegen der Erregung öffentlichen Ärgernisses fest) mitbestimmt wird. Das gleiche Verhalten in einer Sauna wird dagegen wenig Beachtung finden.

Komplizierte Wechselwirkungen bestimmen unser Leben und nicht einfache Ursache-Wirkungs-Zusammenhänge. Dies im Blick zu haben bedeutet systemisch zu denken (nicht zu verwechseln mit systematisch). Diese systemischen Zusammenhänge zu entwirren ist oft sehr kompliziert, hilft aber, die Kommunikation zu verstehen.

Die fünf Axiome der Kommunikation

Watzlawick entwickelte fünf sogenannte Axiome, die seiner Meinung nach maßgeblich für die menschliche Kommunikation sind:

1. Man kann nicht nicht kommunizieren.
2. Kommunikation hat einen Beziehungs- und einen Inhaltsaspekt.
3. Kommunikation erfolgt systemisch.
4. Kommunikation erfolgt digital und analog.
5. Kommunikationsabläufe sind symmetrisch und/oder komplementär.

Axiom
Das Wort Axiom bedeutet Grundsatz und bezeichnet damit insbesondere den Grundsatz einer wissenschaftlichen Theorie.

Man kann nicht nicht kommunizieren

Mit diesem Axiom will Watzlawick verdeutlichen, dass wir uns als Menschen immer und grundsätzlich in einer Kommunikationssituation befinden. So können wir uns zwar weigern, miteinander zu sprechen, trotzdem stellt auch diese Verweigerung eine Kommunikation dar.

BEISPIEL

Birol und Svenja, beide 17 Jahre alt, sind seit Kurzem ein Paar. Sie haben sich heftig über die Gestaltung des Samstagabend-Programms gestritten, woraufhin sich Svenja trotzig auf das Sofa setzt und beleidigt ist. So teilt sie Birol mit, dass sie mit seinem Vorschlag, ins Kino zu gehen, nicht einverstanden ist.

Menschen, die sich gegenseitig wahrnehmen, kommunizieren also miteinander, da jedes Verhalten auch eine Art von Kommunikation darstellt. Weil man sich nicht nicht verhalten kann, ist es auch nicht möglich, nicht zu kommunizieren. Von „Verhalten" gibt es sozusagen kein Gegenteil. Dieses erste Axiom ist somit eine Art Grundlage für alle weiteren Gedankengänge Watzlawicks und wird deshalb auch als das metakommunikative Axiom bezeichnet.

meta...
griech. für „über" oder „hinter"

Kommunikation hat einen Beziehungs- und einen Inhaltsaspekt

Das zweite Axiom besagt, dass menschliche Kommunikation nicht nur Inhalte transportiert, sondern immer auch Beziehungen definiert.

[2] Auch ein Lachen kann eine Nachricht beeinflussen.

BEISPIEL

Svenja sagt: „Ich will nicht ins Kino gehen – immer müssen wir machen, was du willst!" Dabei ist sie den Tränen nahe. Svenja bringt damit zum Ausdruck, dass sie nicht damit einverstanden ist, wie die Beziehung zwischen ihr und Birol zurzeit läuft.

Die mitgeteilten Informationen bilden also den Inhaltsaspekt – gefragt wird hier: WAS ist die Botschaft einer Nachricht? Die Art und Weise, WIE die Botschaft vermittelt wird, verweist auf den Beziehungsaspekt einer Nachricht. Häufig bestimmt dabei der Beziehungsaspekt den Inhaltsaspekt entscheidend mit. Gestik, Mimik und Tonfall, also die sogenannten nonverbalen (wortlosen) Anteile der Kommunikation, beeinflussen entscheidend den Beziehungsaspekt und damit die Reaktionen des Gegenübers. Kommunikationsstörungen können mit Blick auf das 2. Axiom entstehen, wenn Inhalts- und Beziehungsebene nicht klar getrennt werden, oder die Gesprächspartner z. B. ihre Beziehung zueinander unterschiedlich definieren.

Das Kommunikationssystem

Das dritte Axiom von Watzlawick besagt, dass in einem Kommunikationsprozess das Gesagte nicht nur die Antwort ist, sondern immer auch einen neuen Reiz darstellt, der wiederum eine neue Antwort hervorruft. Es ist also oftmals schwierig, den Anfang und das Ende in einem Kommunikationsprozess festzulegen. Kommunikationsstörungen können z. B. entstehen, wenn in dem System Druck oder Zwang ausgeübt wird. Auch können selbsterfüllende |Prophezeiungen eine Störung hervorrufen.

Prophezeiung | S. 118

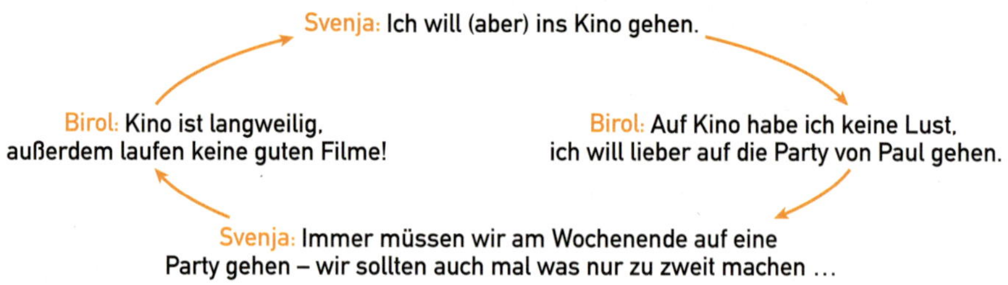

Kommunikation erfolgt verbal und nonverbal

Wir können mit Worten, aber auch ohne Worte – z. B. mit Mimik und Gestik – kommunizieren. Watzlawick verwendet dafür die Bezeichnungen **digitale** Kommunikation und meint damit das gesprochene Wort, sowie **analoge** Kommunikation für die nonverbalen Anteile, also das Verhalten. Interessant ist, dass manchmal die analoge der digitalen Kommunikation widersprechen kann und so Kommunikationsstörungen entstehen..

[1] Pantomimen benutzen Gestik und Mimik, um zu kommunizieren.

Gregory Bateson wurde 1904 in England geboren und starb 1980 in den USA. Er beschäftigte sich mit Anthropologie, Biologie, Sozialwissenschaften, Kybernetik und Philosophie. Die Kybernetik geht dabei der Frage nach, was komplexe Systeme – wie z. B. den Menschen – eigentlich steuert.
Bateson prägte für den Widerspruch zwischen Gesagtem und nonverbalem Verhalten den Begriff **double bind** (Doppelbindungstheorie). Früher ging man davon aus, dass solche widersprüchlichen Botschaften sogar eine Ursache für Schizophrenie, einer schweren psychiatrischen Erkrankung, seien.

Kommunikationsabläufe sind symmetrisch oder komplementär

Mit diesem Axiom bezieht sich Watzlawick auf die relative soziale Position der Gesprächspartner zueinander. Diese kann symmetrisch, also gleichwertig sein – Beispiele dafür wären Gespräche zwischen Arbeitskollegen oder Freunden – oder komplementär, also ergänzend/unterschiedlich – Beispiele dafür wären Gespräche zwischen Vorgesetzten und Mitarbeitern oder zwischen Eltern und Kindern. Ist das Gespräch dadurch gekennzeichnet, Ungleichheiten zu verringern, findet es in einer symmetrischen Beziehung statt. Hier soll Gleichheit hergestellt werden. Werden die Unterschiede betont, findet das Gespräch in einer komplementären Beziehung statt. Kommunikationsstörungen entstehen z. B. dann, wenn den Gesprächspartnern ihre soziale Position zueinander nicht klar ist.

1.3.2 Die Theorie Friedemann Schulz von Thuns

Friedemann Schulz von Thun, Psychologe und Kommunikationswissenschaftler, entwickelte in den 1970er Jahren das bekannte Modell des **Kommunikationsquadrates**, welches ausführlich in seinem dreibändigen Werk „Miteinander reden" dargestellt wird.

[2] Friedemann Schulz von Thun (geb. 1944), Psychologe und Kommunikationswissenschaftler

Mehr zu Schulz von Thuns Kommunikationsmodellen finden Sie auf www.schulz-von-thun.de

Wie er in seinen Büchern erläutert, geht Schulz von Thun davon aus, dass Kommunikation grundsätzlich ‚quadratisch' stattfindet, d. h., in ein und derselben Nachricht sind, bewusst oder unbewusst, vier Seiten enthalten:

1. Sachinformationen (der Sachinhalt der Nachricht: Sachverhalte, Daten und Fakten; Watzlawick bezeichnete dies als digitale Kommunikation)
2. Selbstkundgabe (das, was ich von mir preisgebe: was ich fühle, was in mir vorgeht und welche Rolle ich einnehme; in den Worten Schulz von Thuns ist damit jede Äußerung eine Kostprobe der Persönlichkeit, die Selbstkundgabe kann dabei ausdrücklich [explizit] oder verdeckt [implizit] gemacht werden)
3. Beziehungshinweise (so, wie ich zu dir stehe: wie schätzt man die Beziehung zum Gesprächspartner ein; wie definiere ich unsere Beziehung)
4. Appell (das, wozu ich dich auffordere: wie kann ich auf den Gegenüber Einfluss nehmen, wozu kann ich ihn veranlassen)

Seite der Nachricht	**Inhalt**	**Beispiel: Der Schüler Lars geht zu seinem Lehrer Herrn Becker und sagt: „Häufig verstehe ich den Inhalt ihres Unterrichts nicht!"**
Sachinhalt	Daten, Fakten, Sachverhalte: Wahr oder unwahr? Zutreffend oder nicht zutreffend? Relevant oder irrelevant? Ausreichend oder unzureichend?	Mögliche Sachverhalte: „Die Inhalte des Unterrichts sind für mich zu schwierig. Sie sprechen zu leise!"
Selbstkundgabe	Explizit (Ich-Botschaft) oder implizit? Welche Gefühle, Werte, Bedürfnisse?	„Ich traue mich, mit Ihnen über mein Problem zu sprechen, und möchte dafür eine Lösung haben."
Beziehungshinweis	Wie stehe ich zu dir?	„Ich respektiere Sie als Lehrer und hoffe, dass Sie mir helfen können."
Appell	Ratschläge, Wünsche, Anweisungen? Offen oder verdeckt geäußert?	„Bitte helfen Sie mir! Reden Sie lauter! Erklären Sie genauer."

[Tab. 1] Vier Seiten einer Nachricht

Das Modell des Kommunikationsquadrates wird manchmal auch als Vier-Ohren-Modell bezeichnet.

Das Vier-Ohren-Modell

Ebenso, wie der Sprecher, in diesem Fall der Schüler Lars, in einem Satz vier Aspekte mitsendet, hört nun der Empfänger die Nachricht mit „Vier-Ohren“ (Schulz von Thun spricht hier auch von den vier Schnäbeln, s. u.).

[1] Vier-Ohren-Modell

Dabei kann der Empfänger oftmals speziell mit einem Ohr besonders gut hören. Hört er beispielweise mit dem Sach-Ohr achtet er insbesondere auf Daten und Fakten. Hört er mit dem Selbstkundgabe-Ohr, wird er darauf achten, was ihm die Inhalte über sein Gegenüber verraten. Beim Beziehungs-Ohr liegt der Schwerpunkt auf der Beziehungsdefinition der Kommunikationspartner. Wird mit dem Apell-Ohr gehört, hört man vor allem die Handlungsaufforderungen, die sich tatsächlich oder vermeintlich aus dem Gesagten ergeben.

Mit welchem Ohr gehört wird, ist oft eine Frage der Gewohnheit oder das Resultat gemachter Erfahrungen. Dies wiederum verweist darauf, dass Lernprozesse auch bei Kommunikation eine entscheidende Rolle spielen. Problematisch wird es dann, wenn der Hörer ein Ohr besonders betont und dementsprechend die Nachricht so interpretiert, wie sie der Gesprächsteilnehmer vielleicht gar nicht gemeint hat.

Das Modell von Schulz von Thun bietet damit eine gute Möglichkeit, Gespräche zu analysieren und seine eigenen Kommunikations- und Hörgewohnheiten zu überdenken. Auf der nächsten Seite finden Sie ein Interview mit Schulz von Thun, in dem bestimmte Aspekte noch einmal näher beleuchtet werden.

Interview mit Friedemann Schulz von Thun

Interviewer: Sehr geehrter Herr Schulz von Thun, Ihr Kommunikationsmodell ist sehr bekannt. Können Sie uns kurz skizzieren, wie Sie auf die Idee gekommen sind, dieses Modell zu entwickeln?

Schulz von Thun: Als junger Diplompsychologe führte ich Anfang der Siebzigerjahre Kommunikationsseminare für Führungskräfte durch. Damals waren mir zwei wichtige Dinge bekannt: die grundlegende Unterscheidung von Inhalts- und Beziehungsebene von Paul Watzlawick und zweitens die Sprachpsychologie von Karl Bühler. Dieser unterschied drei Funktionen der Sprache: Symbol, Symptom und Appell. Sachverhalte werden sprachlich symbolisiert, das entspricht etwa dem Inhaltsaspekt von Paul Watzlawick. Wie jemand spricht, ist symptomatisch für ihn selbst (= der Sender offenbart etwas von sich selbst). Und alles, was geäußert wird, soll den Empfänger zu etwas veranlassen (Appell). Bei Bühler fehlt aber der Beziehungsaspekt: dass ich zu erkennen gebe, wie ich zu dir stehe und was ich von dir halte.

So habe ich diese beiden Gedanken zusammengeführt und vier Aspekte einer Nachricht unterschieden. Ich kam auf die Idee, den Führungskräften diese Nachricht als ein Quadrat mit vier Seiten aufzumalen. Die vier Ohren und die vier Schnäbel kamen erst viel später dazu.

I: Gibt es bei den vier Aspekten einer Nachricht – Sachinformation, Selbstkundgabe, Beziehungshinweis und Appell – einen, den Sie für besonders wichtig halten, damit die Kommunikation gut funktioniert?

SvT: Das hängt sehr von der Situation ab. Wenn der Biologielehrer die Vererbungsgesetze erklären will, dann muss er hochverständlich und anschaulich auf der Sachebene kommunizieren, sonst kapiert man einfach die Zusammenhänge nicht! Wenn wir im Konflikt aneinandergeraten, dann wird die Beziehungsebene sehr bedeutsam. Wer mit seinem empfindlichen Beziehungs-Ohr das Gefühl bekommt, herabgesetzt oder lächerlich gemacht zu werden, der wird seinerseits mit kraftvollen Du-Botschaften antworten, und so droht eine Eskalation „unter der Gürtellinie". Wenn Sie eine Beratung aufsuchen, dann wird der Berater besonders hellhörig mit dem Selbstkundgabe-Ohr hören, und der Ratsuchende ist herausgefordert, auszusprechen, wie ihm ums Herz ist und was in ihm vorgeht. Und z. B. bei einer politischen Rede wird die Appell-Ebene besonders entscheidend sein. Meistens ist Kommunikation aber ein Spiel, das auf allen vier Feldern gleichzeitig gespielt wird. Dabei kann es vorkommen, dass ich auf dem Sachfeld gerade ein Tor schieße, gleichzeitig auf dem Beziehungsfeld ein Eigentor.

Karl Bühler | S. 237

I: In der Arbeitswelt geht es häufig darum, Gespräche professionell zu führen. Was raten Sie einem Berufsanfänger, wie sollte er in solch ein Gespräch hineingehen?

SvT: Er sollte „alle beisammen" haben! Zum Beispiel einen, der über sich selbst kraftvoll und differenziert Auskunft geben kann. Sodann jemanden, der das eigene Anliegen vertritt und während des Gespräches nicht aus den Augen verliert. Drittens jemanden, der die Äußerungen seines Gegenübers mit allen vier Ohren hört und gegebenenfalls zurückfragt, ob er diese und jene Botschaft richtig verstanden hat. Und sollte der Kontakt an irgendeiner Stelle schwierig werden, dann gilt die Empfehlung von Ruth Cohn: „... dann sag, was mit Dir ist!" (z. B. „Ich merke gerade, dass

Lesen Sie weiter auf S. 248. ▸

Riemann-Thomann-Modell
Das Riemann-Thomann-Modell ist eine Persönlichkeits-, Beziehungs- und Entwicklungslehre. Es erklärt Unterschiede mit Blick auf die Kommunikation und Beziehungen.

ich mich irgendwie angeschuldigt fühle, aber ich weiß gar nicht, wie der Vorwurf lautet!").

I: Der Satz von Ruth Cohn ist ja soetwas wie Metakommunikation – also die Kommunikation über die Art und Weise der Kommunikation. Wie wichtig ist aus Ihrer Sicht „Metakommunikation" für ein erfolgreiches Gespräch?

SvT: Darauf gibt es leider keine kurze Antwort. Ich unterscheide inzwischen zwischen expliziter und impliziter Metakommunikation. Explizit: die Art des Gespräches direkt zum Thema machen. Zum Beispiel: Wenn Sie sagen: „Man macht sich so seine Gedanken ...", dann empfinde ich das als unpersönlich und wenig offen. Denn welche Gedanken Sie sich machen, teilen Sie ja gar nicht mit! – Solche explizite Metakommunikation ist zuweilen fruchtbar, oft aber auch alles noch komplizierter machend.

Implizite Metakommunikation ist oft eleganter und zielführender. Hier wird nicht ein ganz neues Thema auf der Metaebene eröffnet, sondern man verbleibt auf der Gesprächsebene mit steuernden kleinen Hinweisen. Beispiel: Wenn der andere sagt: „Man macht sich so seine Gedanken ...", dann könnte man reagieren: „Nämlich welche?"

I: Ihr „quadratisches" Modell der Kommunikation wurde durch andere Modelle erweitert und ergänzt. Bitte schildern Sie uns kurz, welche Ergänzungen es gibt und wo die Schwerpunkte liegen.

SvT: Oha, jetzt öffnen Sie aber fünf große Fässer! Vielleicht nur ein paar Andeutungen! Entscheidend für gute Kommunikation ist die innere Klarheit und Authentizität der kommunizierenden Partner. Das Modell vom „Inneren Team" hilft, mit diesem inneren Menschen in Kontakt zu kommen und ihn weiterzuentwickeln. Zweitens, Menschen reden, wie ihnen der Schnabel gewachsen ist. Genauer: die „vier Schnäbel"! Je nach Persönlichkeit sind diese Schnäbel recht unterschiedlich gewachsen. Für diese Unterschiede sensibilisiert das Riemann-Thomann-Modell. Drittens: In jeder Kommunikation geht es auch um Werte, z. B. Verständnis, Selbstbehauptung, Authentizität, Respekt. Es hat sich gezeigt: Es müssen immer zwei Werte paarweise zusammenkommen, damit etwas Gutes daraus werden kann. Zum Beispiel ist Ehrlichkeit ohne Takt genauso gefährlich wie Takt ohne Ehrlichkeit. Erst wenn beide Tugenden zusammenkommen, sich verbinden und verbünden, geht, wie ich das nenne, der Regenbogen auf! Für die „Integration der Gegensätze" sensibilisiert uns das „Werte- und Entwicklungsquadrat"! Viertens, die zwischenmenschlichen Teufelskreise sind ein weiteres wichtiges Thema. Geht er auf Distanz, weil sie immer nörgelt? Oder nörgelt sie immer nur, weil er auf Distanz geht? Auch dies ist ein ganzes spannendes Kapitel. Fünftens und schlussendlich: Das Oberideal gelungener Kommunikation nenne ich „Stimmigkeit". Eine Kommunikation ist stimmig, wenn sie authentisch und situationsgerecht ist. Das heißt, deine Kommunikation sei 1. in Übereinstimmung mit dir selbst und 2. in Übereinstimmung mit der „Wahrheit der Situation". Zur Ermittlung der Wahrheit der Situation haben wir ein Situationsmodell entwickelt.

Interviewer: Dr. Bodo Rödel, Juni 2013

1. Fassen Sie die wichtigsten Aussagen von Schulz von Thun kurz zusammen!
2. Analysieren Sie, was Schulz von Thun unter „Metakommunikation" versteht.
3. Recherchieren Sie im Internet Erweiterungen des Modells von Schulz von Thun.

1.3.3 Erfolgreiches Kommunizieren als soziale Methodenkompetenz

Kommunizieren ist in allen Berufsfeldern eine zentrale Kompetenz. Was an Inhalten richtig und falsch, wahr oder unwahr ist, unterliegt dabei den ethischen Wertmaßstäben der Gesprächsteilnehmer. Im Wesentlichen geht es bei der **Methodenkompetenz** „Kommunikation“ deshalb nicht um Inhalte, sondern darum, überhaupt die Möglichkeit einer Verständigung herzustellen. Wie der Psychologe Robert Feldman beschreibt, können erstaunlicherweise selbst „Lügen“ einen Sinn haben:

„Lügner sind sympathisch“

(...) ZEIT Wissen: Professor Feldman, warum lügen wir so viel?

Robert Feldman: Weil es funktioniert. Lügen sind der Schmierstoff der Kommunikation. Die Menschen wollen oftmals nicht die Wahrheit hören, sondern etwas, mit dem sie sich gut fühlen.

ZW: Wir tun dem anderen also einen Gefallen, indem wir ihn belügen?

RF: Ja. Die meisten Leute würden zwar beteuern, dass sie selbstverständlich die Wahrheit wissen wollen. Aber im Alltag sind wir oft mit einer Lüge glücklicher. (...) In einem Experiment haben wir den Versuchspersonen Dinge über sie selbst gesagt. Wenn es negative Aussagen waren, wollten sie das lieber nicht hören. (...)

ZW: Sind gute Lügner erfolgreicher im Leben?

RF: Sozial geschickte Menschen lügen häufiger. Sie verstehen besser, was die soziale Situation erfordert. Weniger beliebte Menschen sind nicht so sensibel dafür, was ihre Gesprächspartner hören wollen, daher sind sie eher verletzend. Gute Lügner sind sympathischer.

ZW: Sind sie sozial erfolgreich, weil sie lügen? Oder ist ihre Fähigkeit zu lügen nur ein Nebeneffekt ihrer sozialen Geschicklichkeit?

RF: Vermutlich lässt sich für beides argumentieren. Ich würde jedenfalls nie sagen, man solle bewusst lügen, um sich beliebt zu machen. Aber die meisten sozial kompetenten Menschen praktizieren das Lügen unbewusst als eine wirksame Technik.

ZW: Kann man denn unabsichtlich lügen? (...)

RF: Ein Mensch lügt, wenn er etwas sagt, das der Realität, wie er sie sieht, widerspricht. Mit „unabsichtlich lügen“ meine ich: Wenn man darüber nachdenken würde, dann würde man es als Lüge erkennen. (...)

ZW: Ist dieser Umgang mit Lügen kulturell geprägt? Wird in anderen Kulturen häufiger oder seltener gelogen?

RF: Andere Kulturen definieren Lügen anders. Zum Beispiel haben fernöstliche Kulturen ein großzügigeres Verständnis von Wahrheit. Das eigene Gesicht zu wahren und andere nicht in Verlegenheit zu bringen ist sehr wichtig in Asien. (...) Dort gehört es noch mehr als im Westen zur guten Umgangsform, zu sagen, was der andere hören will. Bei einem Forschungsaufenthalt in Asien habe ich einmal Einheimische gefragt, ob sie abends auf eine Party gehen würden. Sie schauten mich an und sagten Ja. Später erfuhr ich, dass sie nichts von einer Party wussten. Sie hatten dies nur gesagt, weil sie glaubten, ich wolle diese Antwort hören. Für sie war es keine Lüge.

(Hürter, Tobias (2012): www.zeit.de/zeit-wissen/2012/03/Interview-Robert-Feldman; 17.05.2012)

Kommunikationsstörungen vorbeugen und beheben

Wie Sie alle vermutlich schon selbst häufig erfahren haben, kann Kommunikation gut funktionieren oder misslingen. Grundsätzlich verfolgen Menschen, wenn sie kommunizieren, Absichten und ein Ziel, z. B. den Freund zu einem Kinobesuch zu überreden. Wird dieses Ziel erreicht, war die Kommunikation erfolgreich. Umgekehrt bedeutet dies: Ist die Kommunikation gestört oder misslingt sie, wird das Ziel nicht erreicht. Als Folge davon streiten sich vielleicht die Gesprächsteilnehmer oder verlassen frustriert die Gesprächssituation.

Aus den vorangegangenen Theorien Watzlawicks und Schulz von Thuns können wichtige Aspekte für die erfolgreiche Kommunikation abgeleitet werden:

- Sprechen Sie mit dem Gesprächspartner über Ihre Beziehung und über die Art und Weise, wie Ihre gegenseitige Kommunikation verläuft. Dies wird als Metakommunikation bezeichnet. Häufig entstehen Missverständnisse dadurch, dass die Beziehung zueinander nicht eindeutig geklärt ist (Wer hat was zu sagen?) oder Botschaften anders gemeint sind, als sie verstanden wurden.
- Die Bereitschaft zur Kommunikation sollte deutlich gemacht werden. Wenn das Gegenüber nicht das Gefühl bekommt, ernst genommen oder wertgeschätzt zu werden oder von vornherein davon ausgeht, dass seine Argumente nicht gehört werden, entwickeln sich im Gespräch Widerstände. Das Fachwort für Widerstände ist Reaktanz.
- Schaffen Sie eine positive Kommunikationsatmosphäre. Zwang und Angst sind ‚Kommunikationskiller'. Deswegen sollte bei schwierigen Gesprächen immer eine gute Atmosphäre geschaffen werden.
- Hören Sie zu! Oftmals scheitern Gespräche daran, dass das Gegenüber nicht zuhört, nicht ausreden lässt oder ständig unterbricht.
- Versuchen Sie Ihr Gegenüber zu verstehen und zu akzeptieren. Festgefahrene Meinungen stehen dem entgegen. Wichtig ist also, immer wieder selbst seine eigenen Kommunikationsziele zu reflektieren und zu überprüfen. Dem Gegenüber sollte folglich nichts unterstellt werden. Häufig hilft einfaches Nachfragen, um zu klären, ob man die Inhalte richtig verstanden hat.

[1] Ein positives Kommunikationsklima hilft, um ein erfolgreiches Gespräch führen zu können.

- Teilen Sie Ihre Erwartungen und Bedürfnisse offen mit! Indem Sie offen kommunizieren, schaffen Sie eine Atmosphäre des Vertrauens, in der auch das Gegenüber offen sprechen kann.
- Oftmals entstehen Kommunikationsstörungen dadurch, dass Erwartungen an den Gesprächspartner oder die eigenen Bedürfnisse nicht offen formuliert werden. Beispielsweise schlägt ein Kind ein anderes Kind, weil es die Aufmerksamkeit von Bezugspersonen erhalten will.
- Eine besondere Möglichkeit, Kommunikationsstörungen vorzubeugen, ist, sogenannte Ich-Botschaften zu verwenden.

Versuchen Sie, die dargestellten Kommunikationsmodelle aktiv in Ihren Gesprächen zu benutzen – dies kann man einüben.

Ich- und Du-Botschaften

Soziale Kommunikation verläuft dann besonders schwierig, wenn die eigenen Wünsche, Gefühle, Anforderungen und Bedürfnisse nicht offen mitgeteilt werden. Dies findet dann meist in Form von Du-Botschaften statt:

BEISPIEL

Svenja: „**Du** willst nie mit mir ins Kino gehen!" „**Du** bist langweilig!" „**Du** machst nie, was ich sage!"
Birol: „**Du** willst immer nur ins Kino gehen!" „**Du** willst immer deinen Willen durchsetzen!" „**Du** machst Stress ...!"

Du-Botschaften bringen den Gegenüber in eine Verteidigungshaltung, bewerten häufig das Verhalten des anderen und rufen so Widerstände hervor. Im Gegensatz dazu formulieren Ich-Botschaften Mitteilungen über die eigene Person. Dadurch wird man sich auch selbst seiner eigenen Gefühlslage bewusst und das Gegenüber kann genau erkennen, was gewollt oder gebraucht wird. Eine Verteidigungshaltung wird vermieden und die Beziehung gewinnt an Klarheit. Sachliche Inhalte werden so nicht auf der Beziehungsebene ausgetragen.

[2] Ich-Botschaften sorgen auch im Team für eine klare Kommunikation.

BEISPIEL

Svenja: „Ich möchte gerne ins Kino gehen!" „Ich wünsche mir mehr Einsatz von dir!" „Ich fühle mich nicht ernst genommen!"
Birol: „Ich möchte gerne mit dir auf die Party gehen!" „Ich möchte einmal das machen, was ich für richtig halte!" „Mir ist das zu viel Aufregung um nichts ...!"

Als Ich-Botschaften werden Äußerungen bezeichnet, welche die eigenen Gefühle und Ansichten zum Ausdruck bringen.

Besonders bekannt wurde im deutschsprachigen Raum das 1970 erschienene Buch „Familienkonferenz" des amerikanischen Psychologen Thomas Gordon. Hier gibt er auf Basis der Kommunikationspsychologie Ratschläge zum Leben und Erziehen in der Familie. Ein zentraler Punkt dabei ist auch das Senden von Ich-Botschaften und das aktive Zuhören.

aktives Zuhören | S. 255

Du-Botschaften	Ich-Botschaften
Du bist sehr aggressiv!	Wenn du mich so anschreist, fühle ich mich bedroht und kann nicht mehr mit dir reden.
Du telefonierst ständig mit deinem Handy! Das nervt!	Mich ärgert es, dass du ständig mit dem Handy telefonierst. Ich kann mich so schlecht konzentrieren.

[Tab. 1] Weitere Beispiele für Ich- und Du-Botschaften

2 Im Alltag kommunizieren

2.1 Beispiele für Kommunikationstechniken

Nachfolgend sollen drei bekannte „Techniken" vorgestellt werden, um Gespräche effektiv und zielgerichtet analysieren, führen und damit lenken zu können .

Transaktionsanalyse nach Berne

Die Transaktionsanalyse (TA) wurde vom amerikanischen Arzt und Psychotherapeuten Eric Berne (1910–1970) entwickelt. Er geht davon aus, dass jeder Mensch unterschiedliche Persönlichkeitsanteile, sogenannte „Ich-Zustände", in sich trägt, die er wesentlich in der Kindheit erworben hat. Berne unterscheidet das Erwachsenen-Ich, das Eltern-Ich und das Kind-Ich. Je nachdem in welchem emotionalen Zustand wir uns befinden, dominiert ein bestimmter Ich-Zustand. Dieser hat dann auch Auswirkungen auf die Kommunikation.

- Das Eltern-Ich ... missbilligt, ist fürsorglich, bemuttert ...
- Das Erwachsenen-Ich ... ist gleichwertig, respektvoll und sachlich ...
- Das Kind-Ich ... ist eigensinnig, trotzig, aber auch fantasiereich ...

In jedem Menschen existieren gleichzeitig drei Ich-Zustände.	Sie bestimmen ...	... den inneren Dialog. ... die Kommunikation mit den anderen.
Eltern-Ich 	kritisch / unterstützend →	
Erwachsenen-Ich 	der Situation angemessen und logisch →	
Kind-Ich 	natürlich / angepasst / rebellisch →	

[Tab. 1] Ich-Zustände

Mehr über die Transaktionsanalyse finden Sie auf der Homepage der Deutschen Gesellschaft für Transaktionsanalyse (DGTA)
www.dgta.de

Der Austausch und die Kommunikation zwischen Menschen (Transaktion) können jetzt stimmig sein, d. h., Sender und Empfänger befinden sich auf der gleichen Ich-Ebene. Oder es findet eine unstimmige Transaktion statt, Empfänger und Sender kommunizieren auf unterschiedlichen Ich-Ebenen. Insbesondere die unstimmige Transaktion kann zu Problemen in der Kommunikation führen. Indem die Transaktionsanalyse diese unterschiedlichen Ebenen bewusst macht, hilft sie, Kommunikationsprobleme zu lösen. Sie bietet mit ihrem relativ einfachen Erklärungsmodell gute Möglichkeiten, die Ursachen von Schwierigkeiten in der Kommunikation zu identifizieren.

Das Neurolinguistische Programmieren – NLP

In den 1970er Jahren wurde das Neurolinguistische Programmieren – kurz NLP – von dem Psychologen Richard Bandler und dem Linguisten John Grinder entworfen. Sie nahmen dabei vor allem Bezug auf drei bekannte psychotherapeutische Richtungen, deren Vorgehen sie hinsichtlich der verwendeten Sprache, des Verhaltens der Therapeuten und der angenommenen mentalen Prozesse analysierten:

- die Hypnotherapie von Milton H. Erickson
- die Familientherapie von Virginia Satir
- die Gestalttherapie von Fritz Perls

Aber auch andere Disziplinen prägten und prägen das NLP, wie z. B. die Linguistik, die Neurowissenschaften und die Informatik.

Sinngemäß übersetzt bedeutet NLP „neue Verbindungen zwischen Nerven und Sprache" schaffen. Von den Kommunikationspartnern eingefahrene Verhaltensmuster, z. B. geraten Birol und Svenja immer in Streit, wenn es um die Wochenendplanung geht, werden hinterfragt und neu programmiert. NLP verfolgt dabei das pragmatische Ziel, möglichst erfolgreich zu kommunizieren. Dafür wurden im Laufe der Zeit immer wieder neue NLP-Techniken und Analysemöglichkeiten für Gespräche geschaffen und ausprobiert. Alle NLP-Techniken, sogenannte Formate, fußen dabei auf denselben Grundannahmen:

1. Innere Prozesse steuern das Verhalten des Menschen, wobei Geist, Körper und Umwelt in einer engen Wechselwirkung stehen – sie bilden ein System.
2. Das Verhalten der Menschen und ihre Sicht auf bestimmte Sachverhalte stehen in einer engen Verbindung.

Auf der offiziellen Website des Deutschen Verbandes für Neurolinguistisches Programmieren e.V. www.dvnlp.de finden Sie weitere Informationen zum Thema NLP.

Verändert man also diese Sichtweise, kann man auch das Verhalten der Menschen ändern!

Dabei bestimmt das NLP nicht, was gutes oder schlechtes Verhalten ist. Das NLP nimmt also keine ethische Bewertung des Verhaltens vor, sondern will die Wahlmöglichkeiten der Menschen erhöhen. Beispielsweise könnte Svenja einen anderen Vorschlag machen, sich von Birol trennen, andere Argumente bringen oder mit einer Freundin auf die Party gehen. Folglich gibt es für NLP auch kein verrücktes oder neurotisches Verhalten, vielmehr ist das jeweilige Verhalten für einen Menschen zu einem Zeitpunkt X die (vermeintlich) beste Wahl, auf seine Umwelt zu reagieren.

Des Weiteren geht das NLP davon aus, dass die Menschen die Welt immer auf individuelle und damit unterschiedliche Weise wahrnehmen. NLP spricht in diesem Zusammenhang von der geistigen Landkarte jedes Menschen.

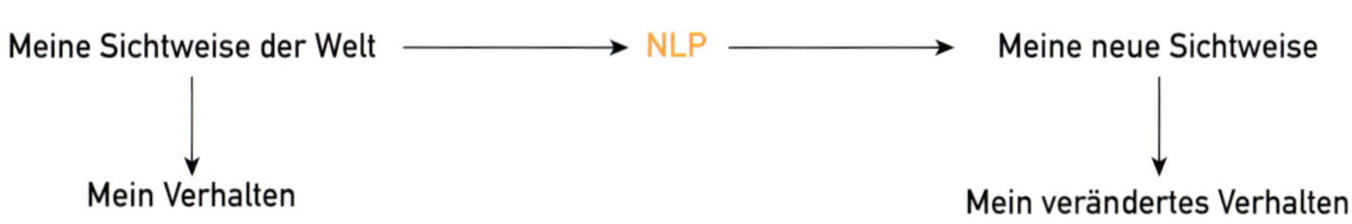

Ganz entscheidend für die Sichtweise des **Neurolinguistischen Programmierens** auf Kommunikation ist also immer das Ergebnis. Die Absichten des Senders stehen erst einmal nicht im Vordergrund, sondern die Reaktion des Empfängers.

[1] Nach NLP eine wichtige Basis: ein guter Kontakt zum Gesprächspartner

NLP geht außerdem davon aus, dass sich jeder Mensch aus sich selbst heraus verändern kann, er verfügt über die notwendigen Ressourcen. Dabei wird davon ausgegangen, dass neue Verhaltensweisen immer weiter erlernt werden können, die Lernschritte müssen nur klein genug sein.

Voraussetzung für die Änderung der Sichtweise eines Menschen auf bestimmte Sachverhalte durch einen anderen Menschen ist, dass beide in einem guten Kontakt zueinander stehen – diesen Kontakt nennt man im NLP Rapport.

Rapport bezeichnet im NLP den positiven Kontakt zueinander.

Besteht dieser Kontakt, können zwei Grundtechniken zum Einsatz kommen: das sogenannte Pacing (engl. für Mitgehen) und Leading (engl. Führen).

Pacing: Körperbewegungen, Atemrhythmus und Sprechgeschwindigkeit werden nachgeahmt. So wird das Gegenüber gespiegelt. Dabei wird davon ausgegangen, dass sich Menschen, die sich ähnlich sind, gut verstehen.

Leading: Der Gesprächspartner kann geführt werden, wenn der Rapport hergestellt ist. Beispielsweise können ihm neue Sichtweisen auf bestehende Probleme aufgezeigt werden. Schließlich bietet das NLP darauf aufbauend ganz unterschiedliche Möglichkeiten an.

BEISPIEL

Birol sagt zu Svenja: „Ich möchte lieber mit dir ins Kino gehen, weil ich gerne mit dir alleine etwas unternehme. Außerdem können wir im Kino schön kuscheln ..."

Birol bietet Svenja damit eine neue Sichtweise auf ein altes Problem an. Diese Sichtweise ist für Svenja vielleicht attraktiv, sodass sie auf Birols Vorschlag eingeht. Im NLP nennt man die Technik, einer Sichtweise oder Handlung eine neue Bedeutung zu geben, Reframing.

BEISPIEL

Svenja hat sich eine Woche vorher an einen schönen entspannten Abend mit Birol erinnert und dabei ihren Talisman, eine kleine Muschel, in der Hand gehalten. Dies hat sie einige Male wiederholt. Jetzt, wo Svenja auf „180" ist, greift sie nach ihrem Talisman in der Hosentasche und kann sich so wieder schnell beruhigen.

Positive Gefühle mit Gegenständen oder Handlungen zu verbinden nennt das NLP „Ankern".

Nicht-direktive Beratung nach Rogers

Carl Rogers (1902–1987), amerikanischer Psychologe und Psychotherapeut, entwickelte die Theorie und Praxis der partnerzentrierten Gesprächsführung.

[2] Carl Rogers (1902–1987), Psychologe und Autor

Carl Rogers | S. 66

Gleichbedeutend mit dem Begriffspaar „nicht-direktive Beratung" werden auch die Begriffe „klientenzentrierte Gesprächsführung" oder „personenzentrierte Gesprächsführung" gebraucht. Wichtige deutsche Vertreter dieser Richtung sind die Psychologen Reinhard (1921–2013) und Anne-Marie Tausch (1925–1983).

Rogers machte sich insbesondere über folgende Fragen Gedanken: Welche Bedingungen müssen gegeben sein, damit eine Person über ihr Erleben und ihre Gefühle spricht? Wann kann sie sich dabei besser verstehen und ihr Verhalten ändern?

Als Vertreter der sogenannten Humanistischen Psychologie ging Rogers dabei davon aus, dass sich Menschen positiv entwickeln wollen und Kommunikationssituationen positiv gestalten möchten. Grundvoraussetzung für ein gelingendes Gespräch ist demnach eine positive **Wertschätzung** des Gegenübers, die nicht an Bedingungen gebunden ist. Außerdem muss ein Grundverständnis für die Sichtweise des Gegenübers vorhanden sein, was als einfühlendes Verstehen, als **Empathie**, bezeichnet wird. Schließlich muss das, was gesagt wird, auch wirklich so gemeint sein – Rogers nennt dies **Echtheit** oder Wahrhaftigkeit. Diese Echtheit muss sich auch in Verhalten und Ausdruck wiederfinden – sie darf nicht im Widerspruch zum Gesagten stehen – ansonsten entsteht ein double bind.

Humanistische Psychologie
Richtung der Psychologie, die Wert auf eine gesunde, sich selbst verwirklichende und schöpferische Persönlichkeit legt

double bind | S. 244

Die partnerzentrierte Gesprächsführung hat viele Techniken, eine der wichtigsten ist das sogenannte **aktive Zuhören**. Damit ist gemeint, dass der Empfänger einer Nachricht aktiv auf die Botschaften einer Nachricht achtet, die versteckt sind und, wie bereits gezeigt wurde, nicht offen zutage treten. Diese versteckten Bedürfnisse, Gefühle oder Aufforderungen, die ihrerseits wieder die Beziehungen und so auch die Kommunikation beeinflussen, werden nicht bewertet, aber zurückgemeldet.

Drei Stufen können dabei unterschieden werden:

1. Über das Verhalten (Mimik/Gestik) sowie über kurze Äußerungen wird ein grundsätzliches Interesse am Gesprächsteilnehmer signalisiert. Beispiel: Tom, ein Freund von Birol und Svenja, nickt Svenja aufmunternd zu, als sie ihm ihren Konflikt mit Birol schildert.
2. Das Gesagte wird in eigenen Worten wiederholt, somit wird überprüft, ob die Nachricht richtig verstanden wurde. Beispiel: Tom sagt zu Svenja: „Habe ich das richtig verstanden, dass du heute lieber mit Birol auf die Party gehen willst als ins Kino?"
3. Die versteckten Teile der Nachricht, so wie der Empfänger sie verstanden hat, werden bewusst wiedergegeben. Beispiel: Tom sagt zu Svenja: „Du bist ganz schön traurig darüber, dass Birol nicht mit dir auf die Party gehen will, nicht wahr?"

Ich-Botschaften | S. 251

Eine andere wichtige Technik ist das Senden sogenannter |Ich-Botschaften. Hier verwendet der Sprecher/Sender die Ich-Form, wenn er offen über seine Emotionen und Wünsche spricht.

Wahrnehmung | S. 104

Betont wird damit die |Selbstkundgabeseite einer Nachricht, und zwar so, dass beim Gesprächspartner wenig oder keine Widerstände hervorgerufen werden – anders, als dies vielleicht bei Du-Botschaften der Fall wäre.

Der sokratische Dialog stammt ursprünglich aus der Philosophie. In seinen Werken lässt der griechische Philosoph Platon (427–348 v. Chr.) seinen Lehrer Sokrates (469–399 v. Chr.) als Gesprächspartner auftreten. Philosophische Probleme werden in diesen Dialogen mithilfe bestimmter Fragestellungen diskutiert. Diese Fragestellungen helfen, falsche Vorstellungen zu entlarven und richtige Vorstellungen zu entdecken. Mithilfe dieser Fragetechniken wird gewissermaßen das korrekte Wissen aus dem Gesprächspartner hervorgeholt, dies bezeichnet man deshalb auch als „Hebammenkunst“ (griech. Mäeutik). Auf Belehrungen wird dabei bewusst verzichtet, stattdessen soll der Gesprächsteilnehmer zum Überdenken seiner Position gebracht werden, die schließlich zur Veränderung seiner Meinung führt.
Wie immer im Bereich der Kommunikation sind die Freiwilligkeit der Gesprächsteilnahme und die positive Beziehung der Gesprächsteilnehmer zueinander eine Grundvoraussetzung für das Gelingen des sokratischen Dialoges.

2.2 Beispiele für professionelle Kommunikationsanlässe

Im beruflichen Alltag gibt es immer wieder Anlässe für gezielt geführte Kommunikation, wie beispielsweise:

Gespräche im Praktikum | S. 444

- |Gespräche mit Klienten (z. B. Hilfestellung und Anleitung)
- Gespräche mit Kollegen (z. B. Absprachen und Koordination)
- Gespräche mit Angehörigen von Klienten(z. B. Beratung und Unterstützung)
- Gespräche mit externen Kontakten (z. B. mit Dienstleistern)

[1] Gespräch unter Kolleginnen

[2] Gespräch mit Klienten

[3] Gespräch mit Angehörigen

[4] Gespräch mit externen Kontakten

Grundvoraussetzungen für Gespräche

Für eine positiv verlaufende professionelle Gesprächsführung ist die Schaffung von guten Grundvoraussetzungen unerlässlich. Gemeint ist dabei insbesondere genau zu klären, wer an dem Gespräch mit welcher Position und welchem Hintergrund teilnimmt (Freunde, Kollegen, Vorgesetzte) und über welches Vorwissen die Gesprächsteilnehmer verfügen. Auch muss genug Zeit eingeplant werden und es sollte dafür gesorgt werden, dass das Gespräch nicht unterbrochen wird. Ist das Gespräch vertraulich oder nicht? Eventuell ist dafür zu sorgen, dass das Gespräch in einer geschützten Atmosphäre, beispielsweise bei geschlossener Tür, stattfinden kann. Wichtige Gespräche müssen inhaltlich vorbereitet sein.

Werden in solch einem Gespräch Ziele vereinbart, sollten diese SMART sein:
S pezifisch (welche Aufgabe soll bis wann erledigt werden?)
M essbar (wie stellen wir fest, dass ein Ziel erreicht wurde?)
A ttraktiv (was motiviert dazu, dass Ziel zu erreichen?)
R ealistisch (kann das Ziel unter den gegebenen Bedingungen erreicht werden?)
T ransparent (wissen alle, was zu tun ist?)

Gespräche mit Kollegen

In fast allen Berufsfeldern zählt die Kommunikation mit und zwischen Kollegen zum Arbeitsalltag. Institutionalisierte Gespräche finden z. B. in Teambesprechungen statt, um sich abzustimmen und den Informationsfluss zwischen den unterschiedlichen Hierachieebenen einer Firma oder Organisationseinheit zu gewährleisten.

Checkliste für die erfolgreiche Teambesprechung:
- Einladung zur Teambesprechung wurde kommuniziert.
- Tagesordnung oder Agenda der Besprechung ist allen Teilnehmern bekannt.
- Die Rahmenbedingungen für eine ungestörte Besprechung sind organisiert (z. B.: Materialien für die Teilnehmer, Funktion der Technik, Catering)
- Ggf. wurde ein Gesprächsleiter benannt.
- Protokollführer ist festgelegt.
- Im Protokoll werden ggf. auch „to do" pro Person festgehalten.

Teambesprechungen verlaufen im Idealfall |symmetrisch, alle Beteiligten können ihre Meinung sagen und mitdiskutieren. In leitungszentrierten Teamsitzungen wird das Team oftmals nur von einem Vorgesetzten über bestimmte Entschlüsse informiert. Dafür kann es sinnvoll sein, Gesprächsregeln zu vereinbaren. Außerdem sollte man konzentriert zuhören, die anderen ausreden lassen und unbedingt nachfragen, wenn etwas unklar geblieben ist. Die eigenen Beiträge sollten, wenn möglich, kurz und prägnant formuliert sein. Auftretende |Konflikte in einem Team können nach zwei Ursachengruppen differenziert werden:

symmetrische Gesprächsführung | S. 244

Konflikte | S. 323

1. schwierige strukturelle oder organisatorische Rahmenbedingungen (z. B. Personalmangel, als Auslöser gruppendynamischer Prozesse)
2. schwierige Gesprächspartner (z. B. weil diese |selektive Hörgewohnheiten besitzen)

Vier-Ohren-Modell | S. 246

Das Feedback

Das englische Wort Feedback steht für Rückmeldung. Hiermit ist die gezielte Rückmeldung einer Person zum Verhalten einer anderen Person nach bestimmten Regeln gemeint.

Grundsätzlich ist, wie Sie schon zu Beginn des Kapitels gelernt haben, jeder Kommunikationsprozess ein Wechselspiel aus Input und Reaktion auf diesen Input. Feedback unterscheidet sich davon durch das Einhalten von bestimmten Regeln. So kann es zu einem wirkungsvollen Steuerungs- und Lerninstrument werden.

[1] Gutes Feedback beinhaltet auch das Einhalten von Regeln.

Damit dies gelingt, ist Folgendes zu beachten:

- ✓ Der Empfänger muss etwas dazulernen können. Ist dies nicht möglich, macht Feedback keinen Sinn!
- ✓ Verhalten wird beschrieben und nicht bewertet.
- ✓ Es wird präzise auf eine konkrete Verhaltensweise Bezug genommen.
- ✓ Wünsche und nicht Forderungen werden formuliert. Feedback erfolgt zeitnah zum gezeigten Verhalten.
- ✓ Es werden neue Aspekte und nicht Selbstverständlichkeiten formuliert. Der Empfänger muss bereit sein, das Feedback anzunehmen.

[2] Aus Feedback lässt sich auch lernen: „Lasst uns morgen bessere Fehler machen."

Natürlich formulieren diese Regeln ideale Gesprächssituationen, also so, wie es im besten Fall sein sollte. In vielen beruflichen Zusammenhängen wird die Berücksichtigung aller Regeln nicht möglich sein. Wichtig ist jedoch festzuhalten, dass eine bloße Plauderei oder ein Heruntermachen des Gegenübers nichts mit Feedback zu tun hat.

Beim Feedback kommt es entscheidend darauf an, dass der Empfänger für eine Rückmeldung bereit ist. Er muss also gut zuhören und im Zweifelsfall bei Unklarheiten nachfragen. In professionellen/beruflichen Zusammenhängen braucht man sich in der Regel auch nicht zu rechtfertigen – wichtig ist, sich das Gesagte zunächst einmal anzuhören und dann seine Schlussfolgerungen daraus zu ziehen.

Besonders herausfordernde Gespräche

Im sozialen Kontext bedeutet besonders herausfordernde Gespräche zu führen häufig mit solchen Personengruppen zu sprechen, die Klienten oder Patienten sind. Dafür müssen sich die Fähigkeiten, Lebensumstände und Ressourcen der Gesprächsteilnehmer besonders bewusst gemacht werden. Grundsätzlich gilt natürlich auch hier, dass dem Gegenüber mit Respekt zu begegnen ist, egal in welcher besonderen Lebenslage er sich befindet.

Wenn Sie in Ihrem Praktikum im sozialen Bereich beispielsweise das Gespräch mit alten Menschen suchen, kann dies eine herausfordernde Gesprächssituation darstellen. Mit alten Menschen muss in besonderer Weise ruhig und strukturiert gesprochen werden. Ungeduld sollten Sie auf jeden Fall vermeiden. Auch mit geistig behinderten Menschen (z. B. mit Menschen mit Trisomie 21, dem sog. Down-Syndrom) zu sprechen stellt eine besondere Herausforderung dar. Oft haben diese Menschen Probleme, sich sprachlich auszudrücken. Deshalb können Wünsche und Bedürfnisse der Person oft unerkannt bleiben und es kann zu Missverständnissen zwischen Betreuer und Menschen mit Behinderung kommen. Auch fällt es vielen Menschen schwer, sich in die Lebenswelt von Menschen mit geistiger Behinderung hineinzuversetzen, was das gegenseitige Verständnis zusätzlich erschwert.

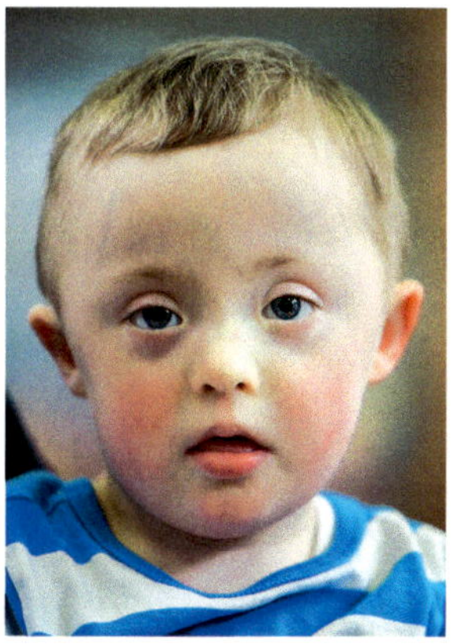

[3] Junge mit Trisomie 21, dem sog. Down-Syndrom

Im sozialen Bereich kann gerade auch die Kommunikation und Interaktion mit Flüchtlingen eine besondere Herausforderung sein. Es gibt nicht nur Sprachbarrieren, sondern je nach Herkunftsland auch kulturspezifische Unterschiede beispielsweise hinsichtlich geltender Werte und Normen. So haben vermutlich viele Flüchtlinge aus einem islamisch geprägten Kulturkreis andere Vorstellungen was das Zusammensein oder die Kleidung von Männern und Frauen anbelangt. Manchmal kommt es vielleicht auch zu Missverständnissen zum Beispiel, wenn Männer auf Grund ihrer Erziehung und Religion Frauen zur Begrüßung nicht die Hand geben wollen.

Umso wichtiger ist es, ins Gespräch zu kommen und diese Unterschiede transparent zu machen. Hilfreich dabei ist, wenn idealerweise ein Dolmetscher übersetzen kann, oder wenn eine gemeinsame Sprache (z. B. Englisch) genutzt wird. Zur Übersetzung gibt es mittlerweile auch diverse Apps für das Smartphone oder Bildtafeln, die heruntergeladen werden können.

Insbesondere Kinder sind sehr leicht über kindgerechte Angebote wir Basteln oder Sport zu erreichen.

Bei Flüchtlingen handelt es sich um normale Menschen, die sich in einer unnormalen Situation befinden!

Grundsätzlich gelten immer Regeln jedes pädagogischen Handelns: Flüchtlingen muss auf Augenhöhe begegnet werden. Sie werden ernstgenommen und müssen Verantwortung übernehmen.

www.deutschland-kann-das.de

Konfliktlösung

Konflikte | S. 323
Vier-Ohren-Modell | S. 246

Zwischenmenschliche Konflikte sind an der Tagesordnung. Birol und Svenja streiten sich über das Samstagabendprogramm, Eltern und Kinder streiten sich über die Ordnung im Kinderzimmer und Arbeitskollegen streiten sich über Zuständigkeiten. Da häufig mit dem „Beziehungsohr" gehört wird, neigen solche Konflikte zur Eskalation. Die Sachebene wird verlassen und man fühlt sich persönlich angegriffen. Um einen heraufziehenden Konflikt zu erkennen, gibt es ein Frühwarnsystem:

- Gesprächspausen
- Unterbrechungen
- ansteigende Lautstärke
- nicht aufeinander eingehen können

sind Merkmale eines entstehenden Konflikts.

Dabei ist es möglich, verschiedene Konfliktarten zu unterschieden. Zum Beispiel gibt es Konflikte um unterschiedliche Wertvorstellungen („Unsere Einstellung ist die richtige!"), um Hierarchien („Ich bin der Chef!") oder um die Ablösung voneinander („Ich will endlich ausziehen!"). Nachfolgend werden drei Möglichkeiten skizziert, wie Konflikte gelöst werden können.

Methode der Konfliktlösung	Erläuterung/Beispiel	Beispiel
Vermeiden von Verhärtung des Konflikts	Beinhaltet das aktive Signalisieren von Kooperationsbereitschaft und das Vermeiden aller weiteren Konflikt-Anheizer.	BEISPIEL Birol sagt zu Svenja: „Lass uns noch mal in Ruhe darüber reden, vielleicht finden wir etwas, was wir beide gerne heute Abend machen würden!"
Vermeiden von Bewertung und Argumentation auf Sachebene	Hier wird auf der Sachebene ohne jede Bewertung des Gesprächsteilnehmers argumentiert.	BEISPIEL Birol sagt zu Svenja: „Wir waren die letzten drei Wochenenden schon auf einer Party, ich möchte jetzt ins Kino gehen, weil mich der Film sehr interessiert!"
Metakommunikation praktizieren	Um ein gutes Konfliktgespräch führen zu können, sollte die Art und Weise thematisiert werden, wie der Konflikt geführt wird, losgelöst von deren Inhalten.	BEISPIEL Birol sagt zu Svenja: „Ich möchte nicht, dass du mich anschreist!"

[Tab. 1] Methoden der Konfliktlösung

Schweigepflicht | S. 447

Metakommunikation ist die Kommunikation, welche – losgelöst von den Inhalten – die Art und Weise der Kommunikation thematisiert. Für jedes Gespräch in einem beruflichen Zusammenhang sind die Beachtung der Schweigepflicht und die Vertraulichkeit von Gesprächsinhalten besonders wichtig. Dies ist gesetzlich geregelt.

In den vorangegangenen Abschnitten haben Sie viele Grundlageninformationen über Kommunikation und Interaktion bekommen. In den letzten Jahrzehnten hat eine Entwicklung die menschliche Fähigkeit zur Kommunikation nachhaltig beeinflusst: die Entwicklung moderner Kommunikationsmedien. Der letzte Abschnitt dieses Kapitels beschäftigt sich mit dieser Entwicklung.

2.3 Kommunikation und neue Medien

Der weite Themenkomplex von Kommunikation und neuen Medien kann unter zwei Gesichtspunkten betrachtet werden. Zum einen geht es darum, wie wir mit neuen Medien umgehen und wie unsere Wahrnehmung und unser Verhalten durch neue Medien verändert werden. Stichworte sind hier z. B. die „usability" von Computern oder Maschinen.

Wahrnehmung | S. 104

usability
Der Begriff „usability" bezeichnet die Bedienbarkeit von Computern und Programmen.

Hier kam es in den letzten Jahren durch die Einführung grafischer Benutzeroberflächen und Touchscreens zu grundlegenden Veränderungen.

Ein anderes Beispiel ist die „augmented reality", also die erweiterte oder angereicherte Realität. Ein einfaches Beispiel dafür ist die Einspiegelung von Zusatzinformationen in das Sichtfeld des Autofahrers.

augmented reality
erweiterte oder angereicherte Realität, wie z.B. Texte, die auf dem Bildschirm einer Digitalkamera sichtbar sind

Zum anderen geht es darum, wie neue Medien unsere zwischenmenschliche Kommunikation verändert haben.

Entwicklung der neuen Medien

Der Begriff „neue Medien" steht dabei seit den 1990er Jahren insbesondere für elektronische Medien, die digital und interaktiv sind. Allen voran ist hier an das Internet und die damit verbundenen Programme und Anwendungen zu denken, das in seiner heutigen Form 1989–1991 entstanden ist. Diese Form der Kommunikation ist also gerade einmal 25 Jahre alt! Damit eng verbunden sind rasante technologische Entwicklungen bei Computern, Mobiltelefonen, MP3-Playern usw. Da diese Veränderungen durchgreifenden Einfluss auf die gesamte Gesellschaft hatten und immer noch haben, unterscheiden manche die Menschen in „digital natives" (engl. für digitale Eingeborene) und „digital immigrants" (engl. für digitale Einwanderer). Der erste Begriff beschreibt dabei Menschen, die seit ihrer Geburt mit digitalen Technologien aufgewachsen sind, der zweite Begriff steht für diejenigen, die sie erst als Erwachsene kennengelernt haben. Die Unterscheidung wird durch einen Satz von John Barlow treffend auf den Punkt gebracht:

Internet | S. 354

„You are terrified of your own children, since they are natives in a world where you will always be immigrants." („Ihr habt Angst vor euren eigenen Kindern, da sie Einheimische in einer Welt sind, in der ihr immer Einwanderer bleibt."
(Barlow, John (1996): A Cyberspace Independence Declaration, Davos)

Mittlerweile wird diese Unterscheidung aber nicht mehr von allen geteilt, da sich das tatsächliche Nutzerverhalten stark angenähert hat und auch nicht alle, die potenziell „digital natives" sein könnten, die Form der Technik auch tatsächlich intensiv nutzen.

[1] „Digital natives" haben oft ihre eigenen Zeichen.

JIM-Studie
Die JIM-Studie (Jugend, Information, [Multi-]Media) untersucht jährlich, wie 12- bis 19-Jährige mit Medien umgehen.

JIM-Studie 2015

Jugendliche wachsen heute in Haushalten mit einem sehr breit gefächerten Medienangebot auf. Mobiltelefone (meist Smartphones), Computer oder Laptop sowie Fernseher und Internetzugang sind in praktisch allen Familien vorhanden. Ein Tablet-PC steht in 58 Prozent der Familien zur Verfügung, hier zeigt sich eine deutliche Steigerung im Vergleich zum Vorjahr (2014: 48 %). Die Jugendlichen selbst verfügen ebenfalls über ein vielfältiges Medienrepertoire. Praktisch jeder Zwölf- bis 19-Jährige besitzt ein Handy (98 %). 92 Prozent haben ein Smartphone und drei Viertel können mit einer Internetflatrate Online-Dienste nutzen. Gut drei Viertel der Zwölf- bis 19-Jährigen besitzen einen eigenen Computer oder Laptop, knapp sechs von zehn Jugendlichen verfügen über einen MP3-Player (59 %) oder einen Fernseher (57 %). Ein Radio (54 %) hat gut jeder Zweite im eigenen Zimmer, zudem besitzt die Hälfte der Jugendlichen eine Spielkonsole. 47 Prozent haben eine Digitalkamera im Eigenbesitz und mittlerweile verfügt mit 29 Prozent knapp ein Drittel der Jugendlichen im Alter zwischen zwölf und 19 Jahren über einen eigenen Tablet-PC. Im Alltag von Jugendlichen spielen auch weiterhin nonmediale Aktivitäten eine große Rolle. 78 Prozent der Mädchen und Jungen verabreden sich regelmäßig mit Freunden oder Bekannten, gut sieben von zehn Jugendlichen treiben regelmäßig Sport und 36 Prozent unternehmen mindestens mehrmals wöchentlich etwas gemeinsam mit ihrer Familie. Jeder Vierte macht selbst Musik (23 %).

(...) Die Ergebnisse [der Untersuchung] zeigen, dass das Internet, das Hören von Musik sowie das Smartphone den größten Stellenwert für die Jugendlichen haben, diese Medientätigkeiten sind etwa neun von zehn Befragten (sehr) wichtig. Radio und Bücher haben für die Hälfte der Jugendlichen einen hohen Stellenwert, ebenso sind Fernsehen und digitale Spiele für knapp jeden Zweiten von besonderer Alltagsrelevanz. Die Tageszeitung ist für etwa jeden dritten Jugendlichen sehr wichtig oder wichtig.

(...) Um sich zu verschiedenen Themen zu informieren, haben die Jugendlichen verschiedene Informationsstrategien. Während das Internet zwar bei acht von 14 Themen die bevorzugte Informationsquelle ist, können bestimmte Informationsbedürfnisse besser durch „klassische" Medien erfüllt werden: So ist das Fernsehen bei Bundespolitik, beim aktuellen Zeitgeschehen sowie Sport auf Bundesebene das Informationsmedium erster Wahl. Die Tageszeitung hat ihre spezifische Stärke in der lokalen Berichterstattung zu den Themen Sport und Politik. Informieren sich die Jugendlichen zu einem Thema bevorzugt im Internet, so dominiert die Google-Suche nur bei manchen Themen. Die Zwölf bis 19-Jährigen haben auch innerhalb der Internetrecherche themenspezifische Informationswege über spezielle Seiten und Plattformen sowie Online-Auftritte von anderen Medienangeboten entwickelt.

(Quelle: Medienpädagogischer Forschungsverbund Südwest/JIM-Studie 2015: www.mpfs.de/fileadmin/JIM-pdf15/JIM_2015.pdf)

1. Führen Sie eine Woche lang Tagebuch, welche der im Text genannten Medien wie läufig von ihnen genutzt wird!

Tatsache ist, dass die Nutzung der internetgestützten Kommunikation große Ausmaße angenommen hat: WhatsApp nutzen 1 Milliarde Menschen weltweit. Bei Twitter sind mittlerweile 320 Millionen Menschen angemeldet, bei Facebook ca. 1,5 Milliarden Menschen aktiv. Diese Zahlen belegen, dass moderne Kommunikationsmedien aus unserem Alltag nicht mehr wegzudenken sind.

Wie beeinflussen die neuen Medien und technischen Möglichkeiten unsere Fähigkeit, miteinander zu kommunizieren?

Folgende positive Aspekte lassen sich festhalten:

- Neue Medien ermöglichen es, sich weltweit zu „präsentieren" und Kontakte zu knüpfen. War früher der Freundeskreis auf das Dorf oder die Stadt begrenzt, können jetzt auch weltweit sehr einfach Freundschaften gepflegt werden.
- Kommunikation kann schnell und direkt weltweit stattfinden. Nachrichten können sich sehr schnell weltweit verbreiten. So wurden ganz neue Formen, wie etwa das |whistleblowing, also die Veröffentlichung geheimer Dokumente, erst durch die neuen Medien möglich.
- Jeder hat die Möglichkeit, mit geringem Aufwand und kostengünstig an Informationen zu gelangen.
- Technik ermöglicht |barrierefreie Kommunikation, z. B. indem sich die Schriftgröße auf Internetseiten problemlos vergrößern lässt. Dadurch wird |Inklusion ermöglicht.

Es gibt aber auch negative Aspekte dieser Entwicklung

- In der Informationsflut ist es schwierig, relevante und richtige Informationen zu bekommen. So glauben viele Menschen, die Internetenzyklopädie Wikipedia sei eine verlässliche Informationsquelle. Viele Artikel werden dort aber von Laien geschrieben, andere Artikel werden zensiert oder gelöscht. Viele Menschen fühlen sich durch die Fülle an verfügbaren Informationen überfordert.
- Die starke Vernetzung ermöglicht auch schnell negative Kommunikation, wie z. B. das Mobbing oder den Shitstorm. Auch verschwimmt immer mehr die Grenze zwischen Privatsphäre und Öffentlichkeit.
- Schließlich besteht bei der Nutzung von neuen Medien eine Suchtgefahr und es wird vermutet, dass sie zur Entfremdung und Vereinsamung führen können wenn virtuelle Kontakte realen Kontakten vorgezogen werden.
- Die digitale Kommunikation ist häufig eindimensional, wichtige Aspekte der menschlichen Interaktion, wie z. B. die Mimik und Gestik, gehen dabei verloren.
- Digitale Medien bieten auch eine Plattform für die Verbreitung von extremistischem Gedankengut, Gewalt und Pornografie.

Unter www.bfdi.bund.de finden Sie die Seite des Bundesbeauftragten für den Datenschutz und die Informationsfreiheit.

Bei der Bundeszentrale für politische Bildung www.bpb.de finden Sie mehr Infos zum arabischen Frühling.

Whistleblower
aus dem Englischen: to blow the whistle = in die Pfeife blasen.
Meint einen Hinweisgeber oder Skandalaufdecker, der geheime Informationen, die Missstände, illegales Handeln und Ungerechtigkeiten betreffen, enthüllt. Der wohl bekannteste Whistleblower ist Edward Snowden.

„Barrierefrei" bedeutet, dass behinderte Menschen ohne fremde Hilfe kommunizieren können.

Inklusion | S. 95, 456, 473

[1] Kinder sollten schon früh einen versierten Umgang mit den Medien lernen.

Mit Blick auf die negativen Aspekte wird eine kompetente **Medienerziehung** immer wichtiger. So fordern Wissenschaftler, Medienerziehung als Unterrichtsfach anzubieten. Diese muss dann nicht nur zum Ziel haben, einen versierten technischen Umgang zu lehren, sondern auch über die Gefahren und Nachteile der digitalen Kommunikation aufzuklären. Allgemein wird die Bildung im Bereich neue Medien und neue Technologien als media literacy oder auch e-literacy (literacy, engl. für Bildung) bezeichnet.

Welche Auswirkungen haben die intensive Nutzung von Computer und Internet?

Die aktuelle Forschung zu dieser Frage liefert folgende Antworten:

- ✓ Es gibt keine sicheren Belege dafür, dass die intensive Nutzung des Internets dazu führt, dass die Menschen weniger soziale Kontakte haben oder einsamer sind.
- ✓ Die Nutzung des Internets kann zu mehr gesellschaftlichem und politischen Engagement beitragen.
- ✓ Die intensive Nutzung des Computers kann zu Übergewicht führen. Vor allem aber Kinder, die viel Fernsehen schauen, werden häufig auch übergewichtig.
- ✓ Der Einsatz vom Computer und Internet in der Schule, hilft beim Lernen. Vor allem aber kommt es auf den Lehrer und seine Art zu unterrichten an.
- ✓ Lernspiele am Computer können das Lernen unterstützen.
- ✓ Das Schreiben am Computer hat wahrscheinlich keine negativen Auswirkungen auf die Qualität der Texte.
- ✓ Gewalt in Computerspielen kann die Aggressivität der Spieler erhöhen. Wichtig ist dabei aber immer auch die Situation in der Familie und im Freundeskreis. Computerspiele machen also nicht automatisch aggressiv.

(Quelle: Appel, Markus/Schreiner, Constanze: Digitale Demenz? Mythen und wissenschaftliche Befundlage zur Auswirkung von Internetnutzung. In: Psychologische Rundschau 65 (1) 1–10, Göttingen: Hogrefe 2014 DOI: 10.1026/0033-3042/a000186)

Methoden

PowerPoint-Präsentation

Zweck

Mit dem Microsoft Programm „PowerPoint" lassen sich Präsentationen, z. B. für Referate zu einem bestimmten Thema, erstellen. Diese können dann mithilfe eine Beamers/Projektors an eine Leinwand projiziert werden. Das Programm bietet dabei eine große Bandbreite an Möglichkeiten, diese Präsentationen zu gestalten und zu animieren.

Besonderheiten und Vorgehensweise

Die einzelnen Präsentationsseiten in PowerPoint werden *Folien* genannt. Neben normalem Text können Diagramme, Tabellen, Grafiken und Mulitmedia-Inhalte, wie z. B. Filme, eingebunden werden. Alle diese Elemente lassen sich zusätzlich animieren: Sie können beispielweise von der Seite in das Bild „fliegen", kurz aufleuchten oder sich drehen. Diese Möglichkeiten sind aber nicht nur von Vorteil. Viele PowerPoint-Folien sind überladen und schlecht strukturiert. Beim Erstellen einer Präsentation gilt es daher einige Grundregeln zu beachten:

1. Überlegen Sie sich vorab ein Konzept und eine schlüssige Gliederung für ihre Präsentation. Eine Gliederung könnte z. B. so aussehen:
   Folie 1: Ziel und Thema der Präsentation/des Referats
   Folie 2: Kurzes Inhaltsverzeichnis
   Folien 3 bis 6: Inhalte
   Folie 7: Zusammenfassung und Ausblick
2. Der Übergang zwischen den einzelnen Folien sollte schlüssig sein. Dem Zuhörer muss klar werden, worauf Sie hinauswollen, was genau die Problemstellung ist und an welchem Punkt Sie gerade stehen.
3. Gehen Sie mit Bildern und Animationen sparsam und gezielt um.
4. Pro Folie nennen Sie fünf bis sieben Punkte, machen Sie lieber zwei Folien anstatt eine zu „überladen". Ein Text auf einer Folie sollte nicht länger als zwölf Zeilen sein. Die Schriftgröße muss dabei groß genug sein, sodass man den Text gut lesen kann. Die Schriftfarbe und der Hintergrund benötigen einen deutlichen Kontrast.
5. Denken Sie an das KISS-Prinzip: „Keep It Short and Simple!"
6. Formulieren Sie Sätze nicht aus, sondern verwenden Sie Schlüsselbegriffe.
7. Machen Sie nicht zu viele Folien, sondern erklären Sie mit Ihren eigenen Worten während der Präsentation die Inhalte.
8. Die Qualität ihrer PowerPoint-Präsentation hängt nicht nur von den Folien ab, sondern auch von der Art Ihres Vortrags.
9. Reden Sie laut, deutlich und langsam. Präsentieren Sie nicht im Sitzen, sondern stehen Sie auf. Ganz wichtig: Sprechen Sie zu Ihren Zuhörern und nicht zur Leinwand.
10. Probieren Sie vorher aus, ob die verwendete Technik auch funktioniert. Nichts ist peinlicher als ein Computer, der im entscheidenden Moment nicht richtig funktioniert.

[2] Die Folien einer PowerPoint-Präsentation sollten klar gegliedert sein.

PowerPoint ist ein Programm der Firma Microsoft. Kostenlose Alternativen dazu sind z. B. Open Office Impress:
www.openoffice.org/de

Auschecken

Das habe ich in diesem Kapitel dazugelernt:

- ✓ Ich kann einschätzen, warum das Wissen über Kommunikation von Bedeutung ist.
- ✓ Ich kenne grundlegende Begriffe und deren Bedeutung zum Thema Kommunikation.
- ✓ Ich kenne den Unterschied zwischen Kommunikation, Interaktion und sozialer Interaktion.
- ✓ Sprachliche und nicht-sprachliche Kommunikation kann ich unterscheiden.
- ✓ Ich kenne unterschiedliche Mitteilungsebenen und Ausdrucksbereiche.
- ✓ Ich weiß, wie das Sender-Empfänger-Modell funktioniert und was sich hinter dem Begriff „Code“ verbirgt.
- ✓ Das Eisberg-Modell ist mir bekannt. Ich verstehe seine Bedeutung für das Verständnis von Kommunikation.
- ✓ Ich kann Watzlawicks Axiome benennen und verstehe ihre Anwendung mit Blick auf die Kommunikation.
- ✓ Ich kenne die Theorie Schulz von Thuns und kann die vier Seiten einer Nachricht benennen.
- ✓ Ich weiß, wie ich Kommunikationsstörungen vorbeugen kann, und kenne den Unterschied zwischen Ich- und Du-Botschaften.
- ✓ Ich kenne unterschiedliche Kommunikationstechniken und weiß, worin sie sich unterscheiden.
- ✓ Ich weiß um die Herausforderung der Kommunikation im Beruf, gerade auch in sozialen Berufsfeldern.
- ✓ Die Bedeutung von neuen Medien in der Kommunikation verstehe ich.
- ✓ Ich kenne die Grundlagen einer guten Präsentation.

Fragen

1 Fertigen Sie eine PowerPoint-Präsentation zum Thema „Kommunikation und Medien“ an und stellen Sie Ihre Präsentationen in der Klasse vor. Geben Sie sich professionelles Feedback zu ihren Präsentationen.

2 Beschreiben Sie, was ein Eisberg mit Kommunikation zu tun hat!

3 „Kommunikation ist quadratisch!“ Nehmen Sie Stellung zu dieser Aussage!

4 Im „Spiegel“ vom 21.8.2012 ist ein Bericht über den sogenannten „Facebook-Mord“ in den Niederlanden veröffentlicht worden. Recherchieren Sie diesen Artikel.Was hat dies mit dem Thema Kommunikation zu tun?

5 Lesen Sie noch einmal das Interview mit Prof. Feldman auf Seite 18:

- Warum haben wir ein ambivalentes Verhältnis zur Lüge?
- Wann haben Sie das letzte Mal gelogen? Warum?
- Was hat das Thema „Lüge“ mit dem Kapitel Kommunikation zu tun?
- Warum bezeichnet Prof. Feldman Lüge als „Schmierstoff der Kommunikation“?

6 Stellen Sie sich vor, in Ihrer Welt würde nicht mehr gelogen! Was würde sich verändern? Wäre die Welt jetzt einfacher oder schwieriger?

7 Sammeln Sie Informationen zum Thema Kommunikation in unterschiedlichen sozialen Berufen. Führen Sie ein Interview zum Thema „Kommunikation“ mit einer Erzieherin/einem Erzieher, einer Altenpflegerin/einem Altenpfleger und einem Sozialarbeiter/einer Sozialarbeiterin. Versuchen Sie, die unterschiedlichen Anforderungen an den Kommunikationsstil herauszufinden.

8 Analysieren Sie, warum das Thema „Datenschutz“ heutzutage so wichtig ist und was dies mit Kommunikation zu tun hat.

9 Erproben Sie den Unterschied zwischen Ich- und Du-Botschaften in einem Rollenspiel!

10 Finden Sie heraus, was unter „Methodenkompetenz“ verstanden wird und welche anderen Kompetenzbereiche es gibt.

11 Fassen Sie ihre wichtigsten Erkenntnisse aus diesem Kapitel in eigenen Worten zusammen.

→ Einchecken

Sozialisation

„Was die Menschen essen, wo sie wohnen, was sie arbeiten, welche Kleidung sie tragen, wie lange sie leben, wen sie heiraten – das System, genauer gesagt: die Funktionäre, schreiben alles vor. Und nicht nur das! Es gibt genau 100 Gedichte, 100 Kunstwerke, 100 Bücher, 100 Filme ... Das System hat auch hier ausgewählt und alles andere vernichtet. Natürlich gibt es für jede Regel und jede Begrenzung eine vernünftig erscheinende Begründung, außerdem leben die Menschen bereits seit zwei Generationen in diesem System. Die meisten wissen daher gar nicht mehr, wie es vorher war. Nur die Großeltern können sich erinnern, gehörten immerhin zu der Generation, die ausgewählt hat. In dieser Welt lebt die 16-jährige Cassia, und für sie ist diese Reglementierung völlig normal.
Mit einem vom System zur Verfügung gestellten, hübschen Kleid ist sie auf dem Weg zu ihrem Paarungsbankett. Dort wird sie erfahren, wer ihr zukünftiger Partner sein wird, und natürlich ist sie aufgeregt. Zu ihrem Erstaunen, aber auch zu ihrer Freude, hat das System ihren besten Freund Xander für sie ausgewählt. Zuhause stellt sie jedoch fest, dass das System einen Fehler gemacht hat [...] Das System macht keine Fehler – und genau dies beginnt sie in Frage zu stellen."

(*Abbassi-Götte, Corinna: Rezension des Zukunftsromans „Die Auswahl"; www.jugendbuch-couch.de/ally-condie-die-auswahl-cassia-ky-1.html, 04.04.2013*)

In dem Jugendbuch „Die Auswahl" wird deutlich, dass ein System Menschen prägt und eine ganze Gesellschaft verändern kann. Die Geschichte hebt aber auch hervor, dass jeder die Chance ergreifen kann, die Regeln und das System zu hinterfragen und zu verändern.

1 Wie kommt es Ihrer Meinung nach dazu, dass sich Gesellschaftsformen verändern? Wie, denken Sie, passt sich das Individuum den sozialen Anforderungen der Gesellschaft an?

2 Inwieweit sehen Sie Möglichkeiten, die gesellschaftliche Entwicklung und soziale Ordnung zu beeinflussen?

1 Lebenslange Erziehung – die Sozialisation des Menschen

1.1 Sozialisation – ein vielschichtiges Thema

Der Begriff der **Sozialisation** ist ein sehr komplexer Forschungsgegenstand. Schon 400 Jahre nach Christus betrachtete Platon (Philosoph und Schüler von Sokrates) es als staatliche Aufgabe, die Menschen in ihrer Suche der Selbstbestimmung und Orientierung bei Lebensfragen bestmöglich zu unterstützen und für soziale Gerechtigkeit zu sorgen. Seit Mitte des 19. Jahrhunderts beschäftigen sich Wissenschaftler sehr intensiv mit der Frage, wie Menschen Teil einer Gesellschaft werden und welchen Einfluss die Umwelt auf die Entwicklung der Persönlichkeit eines Menschen nimmt.

Im alltäglichen Gebrauch wird unter Sozialisation häufig das Vermitteln von Fertigkeiten und Wissen von einer Generation zur nächsten verstanden bzw. die **Eingliederung** von Kindern und Jugendlichen in eine Gesellschaftsform. Dieses automatische Hineinwachsen und sich einbinden lassen in eine Gesellschafft und Kultur nennt man **Enkulturation**. Die Sozialisation soll das Überleben des Individuums in einer bestimmten Umwelt sichern. Dabei wird unter Umwelt zum einen die Umgebung verstanden (Klima, Infrastruktur etc.) und zum anderen die soziale Umwelt. Unter sozialer Umwelt wird dabei zwischen sozialen und familiären Lebensverhältnissen und kulturellem Kontext unterschieden.

Enkulturation | S. 45

Sozialisation drückt sich dabei im beabsichtigten und unbeabsichtigten Zusammenspiel zwischen Individuen, sozialen Gruppen (Freundeskreis, Familie, Reisegruppe etc.) und Institutionen (Kindergarten, Schule, Jugendfreizeittreff, Universität etc.) aus. Ziele sind die soziale Einbindung des Einzelnen und das gemeinschaftliche Wohlergehen.

BEISPIEL

Was heißt es, in verschiedenen Teilen der Erde groß zu werden?

Die Lebenswelt von Kindern im Regenwald von Kolumbien in einer Großfamilie ist kaum vergleichbar mit der Lebenswelt eines Einzelkindes mit seiner alleinerziehenden Mutter mitten in Berlin-Kreuzberg in einer Mietwohnung. Klima, Lebensgewohnheiten, Gefahrenquellen, Bezugspersonen, Nahrung, Sprache, Rituale im Alltag, Regeln für das Zusammenleben, Erziehung, Religion, Werte und Normen unterscheiden sich sehr voneinander. In beiden Fällen prägt die Umwelt die Kinder und sie werden sozialisiert.

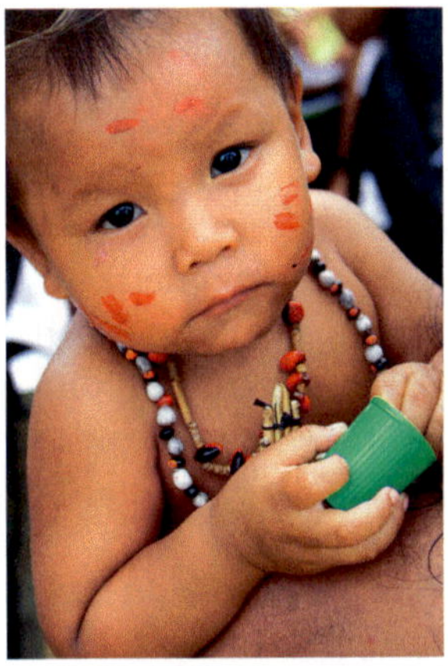

[1] Kind eines Amazonas-Stamms in Kolumbien

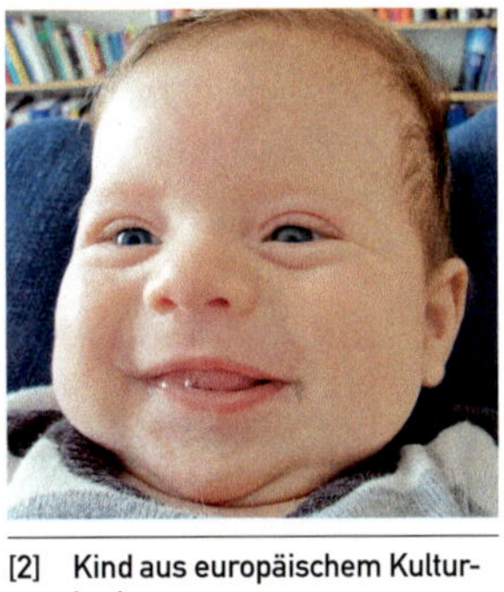

[2] Kind aus europäischem Kulturkreis

Werte, Normen und soziale Rollen

Trotz vielfältiger Lebenswelten ist allgemeingültig zu sagen, dass überall auf der Welt die Sozialisation das Zusammenleben der Menschen prägt. Eine Bindung des Einzelnen an seine soziale Bezugsgruppe findet statt. Der Begriff der Sozialisation wird in der Sozialwissenschaft neben der physiologischen Geburt deshalb oft als zweite, „sozio-kulturelle" Geburt angesehen. Dahinter verbirgt sich die Annahme, dass nach der Geburt eine Eingliederung des Individuums in die Gesellschaft stattfindet, durch die das Individuum Werte und Normen erfährt, sich Wissen aneignet und seine Rolle in der Gesellschaft des jeweiligen Kulturkreises Schritt für Schritt übernimmt. **Sozialisationsinstanzen** wie Familie, Schule, Peergroup und Medien steuern und beeinflussen diesen Prozess sowohl beabsichtigt als auch unbeabsichtigt.

Werte und Normen | S. 57

Sozialisationsinstanzen | S. 277

Peergroups
Gruppen von etwa gleichaltrigen Kindern oder Jugendlichen. Gemeinsame Normen und Werte werden miteinander ausgehandelt. In einer Peergruppe entstehen deutlich weniger hierarchische Beziehungen als in einer Familie. In Peergruppen kommt es zu ständigen Aushandlungsprozesse und Kompromisslösungen.

Werte als Grundlage für Normen	**moralische Werte:** Treue, Zuverlässigkeit, Gerechtigkeit, Rücksicht, Ehrlichkeit **politisch-soziale Werte:** Einhaltung der Menschenrechte, Toleranz, Gleichheit, Freiheit, Solidarität, Leistung **religiöse Werte:** Gottesfurcht, Nächstenliebe **materielle Werte:** Wohlstand, Besitz
Normen (Verhaltensweisen, die von einer Gruppe anerkannt werden)	z. B. Begrüßungsformen, Höflichkeitsformen, Gesprächsregeln, Kleidervorschriften, Bräuche, Rituale, Umgang in Gefahrensituationen **Normen setzen Werte um:** z. B.: Du sollst nicht stehlen = Ehrlichkeit
Rollen (Handlungsmuster für Inhaber von Positionen)	z. B. Erwartungen an eine Mutter, an einen Schüler, an einen Pastor, an Politiker, an Lehrer, an die beste Freundin

Rolle | S. 310

Soziale Normen werden von den meisten Mitgliedern einer Gesellschaft oder Gruppe akzeptiert. Normen schützen die Werte einer Gesellschaft. Sie geben Orientierung und Sicherheit in der Interaktion mit anderen Gruppenmitgliedern. Vorschriften und Regelwerke entlasten dadurch den Einzelnen und machen das Handeln und Reagieren der anderen Gruppenmitglieder vorhersagbar. Die Einhaltung und Beachtung wird von bestimmten Individuen der Gruppe kontrolliert und ggf. sanktioniert. Soziale Normen entstehen durch die Interaktion von Individuen und können natürlich auch zu Konformismus führen. Gruppenzwang und Mitläuferverhalten können die Folge sein.

Sanktionen
Es handelt sich um eine Aktion, um etwas zu verbieten bzw. durchzusetzen. Es gibt verschiedene Stufen von Sanktionen (z. B. Missbilligungen, Ausschluss von der Gruppe, Strafen).

Konformismus
übertriebene Anpassung an gesellschaftliche Normen und Werte unter Aufgabe der eigenen individuellen Lebenseinstellung

Ihre persönliche Entwicklung wurde auch durch unterschiedliche Personen geprägt. Wer hat Sie beeinflusst? In Ihrer Herkunftsfamilie gab es sicherlich Werte und Normen, die besonders wichtig waren. Gab es z. B. ein „Familienmotto", mit dem Sie groß geworden sind? Es wird Werte geben, die Sie auch heute noch als hilfreich empfinden und andere eher als einschränkend. Bestimmte Werte und Normen nehmen besonders Einfluss auf die Arbeit im sozialen Bereich. Sie beeinflussen z. B. die Haltung im Umgang mit Kindern und Jugendlichen oder prägen die eigene Vorstellung von Teamarbeit.

Primäre Bezugspersonen

Ein Kind wird in eine zuerst sehr überschaubare, unmittelbare Welt mit sozialen Strukturen hineingeboren. Es hat Bezugspersonen, die Nahrung und Schutz bieten, seine kindlichen Signale wahrnehmen und angemessen darauf eingehen, und Mitmenschen, die es in seiner alltäglichen Umwelt begleiten und erziehen.

Die primären Bezugspersonen vermitteln durch ihre Erfahrungen und als Vorbilder das soziale Miteinander. Sie bieten im besten Fall ein sicheres |Bindungssystem an. Der Soziologe Matthias Grundmann (*1959) spricht von einem wechselseitigen Interaktionssystem zwischen Kind und Bezugspersonen. Der Prozess der Sozialisation wird auch im weiteren Leben immer beeinflusst durch die Interaktion zwischen mindestens zwei Personen. Die Interaktionspartner bringen ihre eigene Persönlichkeit mit und besitzen als Subjekte eine ganz eigene, individuelle Lebensführung, die beide in den Prozess einfließen und auch von ihm beeinflusst werden. Dieses System oder Modell ist aber auch übertragbar auf große Gruppen und Gesellschaftssysteme.

Bindung | S. 154

[1] Eltern – primäre Bezugspersonen für das Kind

Die durch die Erwachsenen übertragbare soziale Praxis wird bei ganz jungen Kindern zunächst als Wahrheit begriffen. Mit der Weiterentwicklung sozial-emotionaler und kognitiver Kompetenzen entwickelt sich aber auch die Fähigkeit, vielfältige Wirklichkeiten und Wahrheiten wahrzunehmen und zu hinterfragen. Ansichten und Meinungen von Menschen können deutlich unterschieden werden. Im Laufe der |Persönlichkeitsentwicklung erweitert sich der Erfahrungshorizont von Heranwachsenden. Die kritische Auseinandersetzung mit der bisher erlebten Wirklichkeit gehört zum Erwachsenwerden unbedingt dazu. Werte und Normen verändern sich unter Umständen. Bisher gelebte Verhaltensweisen werden differenziert beurteilt und es finden Aneignungs- und Auseinandersetzungsprozesse statt. Früher wurde die Sozialisation eher auf das Kinder- und Jugendalter begrenzt. Heute wird von einem lebenslangen Prozess gesprochen.

Persönlichkeitsentwicklung | S. 275

BEISPIEL

Als Schüler sind Ihnen vielleicht zurzeit eher idealistische und soziale Werte wie z. B. Freiheit oder Gerechtigkeit wichtig. Auch der Wunsch nach Selbstständigkeit, d. h. „auf eigenen Füßen" stehen, steht im Mittelpunkt. In ein paar Jahren als Familienvater oder Mutter könnten Werte wie Verantwortung oder Sicherheit im Mittelpunkt stehen. Als Rentner möchten Sie vielleicht sagen, dass Sie ein erfülltes individuelles Leben führen, und freuen sich, wenn Sie gesund sind. Die jeweilige Lebenssituation beeinflusst die persönliche Werte-Hierarchie. Werte und Normen werden der veränderten Lebenssituation angepasst. Es gibt aber auch Werte, die ein ganzes Leben wichtig sein können, z. B. Ehrlichkeit und Treue.

Individualisierung

Besonders in den westlichen Kulturkreisen hat sich die natürliche Bindung des Individuums an die soziale Gemeinschaft (z. B. Herkunftsfamilie, Verwandtschaft) stark verändert. Ursachen für das Infragestellen von Werten und Normen liegen in |Modernisierungsprozessen und dem stärker werdenden, nach Freiheit und Unabhängigkeit strebenden Persönlichkeitsideal. Dieser Wandel wird mit dem Begriff der **Individualisierung** umschrieben. Maßgebliche Fragen dieses Individualisierungsprozesses sind z. B.: Wer bin ich und wo gehöre ich hin?

Modernisierung | S. 339

[1] Berliner Mauerfall 1989

Der politisch mündige autonome Bürger möchte sich von Zwängen der Gesellschaft befreien und hinterfragt bisher (unkritisch) übernommene Werte und Normen, die von einer Generation zur nächsten weitergegeben wurden. In der jüngsten Vergangenheit zählen z. B. die 68er Bewegung oder der Mauerfall und die Wende der Deutschen Demokratischen Republik dazu.

[2] Demonstration gegen Vietnam-Krieg, 1968

Institutionelle Betreuungsinstanzen, in denen Lernende und Lehrende bzw. |Zu-Erziehende und Erziehende viel Zeit miteinander verbringen (z. B. Kindergarten, Schule, Jugendfreizeiteinrichtungen), und Peergroups sind zum Teil an die Stelle der Familie getreten, die durch Erziehung und Bildung die Individuen auf das Leben in der Gesellschaft vorbereiten.

Erziehung | S. 44

Sozialisation wird damit zu einem persönlichen Projekt des Individuums in verschiedenen Lebensphasen und Sozialisationsinstanzen.

In dem bekannten Werk von Klaus Hurrelmann „Einführung in die Sozialisationstheorie" wird folgende neue Definition des Sozialisationsprozesses vorgenommen:

„Sozialisation bezeichnet […] den Prozess, in dessen Verlauf sich der mit einer biologischen Ausstattung versehene menschliche Organismus zu einer sozial handlungsfähigen Persönlichkeit bildet, die sich über den Lebenslauf hinweg in Auseinandersetzung mit den Lebensbedingungen weiterentwickelt. Sozialisation ist die lebenslange Aneignung von und Auseinandersetzung mit den natürlichen Anlagen, insbesondere den körperlichen und psychischen Grundlagen, die für den Menschen die ‚innere' Realität bilden, und der sozialen und physikalischen Umwelt, die für den Menschen die ‚äußere' Realität bilden."
(Hurrelmann, Klaus (2006): Einführung in die Sozialisationstheorie. 9. Aufl., Beltz Verlag, Weinheim, Basel, S. 15f.)

Nach Hurrelmann ist Sozialisation der Prozess, in welchem der Mensch zu einer sozial handlungsfähigen Persönlichkeit wird. Persönlichkeit bezeichnet die Komplexität von Merkmalen, Eigenschaften, Einstellungen, Gewohnheiten und Handlungskompetenzen des einzelnen Menschen. Neben den biologischen Anlagen prägt die Umwelt diese Komplexität, d. h. die Erfahrungen, die jeder Einzelne in seiner Lebensgeschichte gemacht hat.

Der Mensch ist also im Sozialisationsprozess kein passives Wesen. Sozialisation wird vielmehr als „Subjektwerdung“ verstanden, in der die Entfaltung der individuellen Persönlichkeit durch die Auseinandersetzung mit der inneren und äußeren Realität im Vordergrund steht. In der Fachsprache wird das mit dem Begriff der **Individuation** umschrieben.

Individuation
Der Prozess der Ich-Werdung umfasst vor allem die Entfaltung der eigenen Fähigkeiten, Anlagen und Möglichkeiten, wobei das Ziel der Individuation eine schrittweise Bewusstwerdung darstellt, um sich als etwas Eigenes und Einmaliges zu erkennen und zu verwirklichen.

Dabei ist natürlich zu beachten, welches Menschenbild der jeweiligen Gesellschaftsform zugrunde liegt. In der individualistischen Gesellschaftsform steht die Entfaltung des Individuums im Mittelpunkt, während in der kollektivistischen Gesellschaftsform das Wohlergehen der Gruppe im Vordergrund steht.

Deutschland ist stark individualistisch geprägt. Die persönliche Freiheit und Entfaltung, aber auch der Wettbewerb und das Konkurrenzverhalten sind unter anderem Merkmale dieser Gesellschaftsform.

Individualisierung | S. 339

In kollektivistischen Ländern, in denen die Gemeinschaft Vorrang vor dem Einzelnen hat, wie z. B. in China, zählt viel eher der gemeinsame Erfolg eines Unternehmens. Kein Gruppenmitglied möchte hier herausgestellt und hervorgehoben werden. Die Entfaltung der individuellen Persönlichkeit tritt in kollektivistischen Gesellschaften in den Hintergrund.

1.2 Phasen der Sozialisation

Interaktionsprozess | S. 234

Im alltäglichen Sprachgebrauch wird Sozialisation häufig auf die Phase der Heranwachsenden begrenzt. Aber auch „sozialisierte“ Erwachsene erleben Interaktionsprozesse mit anderen Menschen, in denen der Aufbau einer gemeinsamen Praxis des Zusammenlebens ausgehandelt werden muss. Im Arbeitsalltag ist es z. B. für die Arbeitsprozesse wichtig, dass es transparente Vereinbarungen gibt, an die sich alle zu halten haben. Sinnvolle Gesprächsregeln können beispielsweise eine Dienstbesprechung in einer Einrichtung der Kinder- und Jugendhilfe optimieren.

Transition | S. 147

Besonders in Transitionen (Übergängen) in eine neue Lebensphase, wie z. B. Umzüge, neue Arbeitsstelle, Gründung einer Familie, sind intensive Anpassungsprozesse zu beobachten.

BEISPIEL

Felix Woschnik hat sich für eine neue Stelle als Berater im Jugendamt beworben. Er ist sehr aufgeregt und steht im Anzug vor der Tür des Jugendamtes. In seiner letzten Arbeitsstelle gab es starke Hierarchien und eine strikte Kleiderordnung. Die Sekretärin in Jeans und Sweatshirt öffnet die Tür und führt ihn durch das Amt. Währenddessen plaudert sie auf ihn ein: „Ich heiße Michaela. Hier bei uns ist alles etwas lockerer. Es gibt keine Kleidungsordnung und wir duzen uns alle – auch mit den Chefs.“

In diesem Beispiel ist zu vermuten, dass die Prozesse konsequenzenreich sein werden für alle Beteiligten. Felix Woschnik wird vermutlich am ersten Arbeitstag andere Kleidungsstücke anziehen. Seine Vorgesetzten werden ihm das Konzept der flachen Hierarchien vorstellen müssen und Verständnis für seinen bisherigen Umgang mit Vorgesetzen zeigen.

Es findet also ein wechselseitiger Prozess statt. Dieser wird Einfluss auf die Persönlichkeitsentwicklung des Einzelnen nehmen, aber auch soziale Prozesse unterschwellig in Gang setzen, die wieder Einfluss auf die Beziehung nehmen werden.

[1] Kind am Übergang von Kindergarten in Schule

Was hat das mit mir zu tun?

Sie haben auch schon wichtige Übergänge und Veränderungen in Ihrem Leben erlebt. Zum Beispiel der Schritt vom Kindergarten in die Grundschule oder von der Grundschule in die weiterführende Schule. Vielleicht sind Sie auch schon umgezogen und mussten irgendwo „neu anfangen“. Sie haben bereits Praktika im sozialen Bereich absolviert. Denken Sie zurück. Es haben sich sicherlich Einstellungen und Gewohnheiten bei Ihnen verändert. Sie haben neue Erkenntnisse und neues Wissen dazugewonnen und an andere weitergegeben.

In der Fachliteratur wird zwischen drei Phasen unterschieden, die einen lebenslangen Prozess deutlich werden lassen. Dabei wird von der heutigen Lebenswelt der westlichen Industriegesellschaft ausgegangen.

In manchen Schaubildern wird das Erwachsenenalter noch unterteilt in tertiäre und quartäre Sozialisation. Der Phase des Ruhestandes und der damit verbundenen Auseinandersetzung mit neuen Lebensbedingungen ohne die Berufstätigkeit kommt durch diese Unterteilung eine noch stärkere Bedeutung zu.

Die folgende Abbildung veranschaulicht, in welcher Alterspanne und durch welche Sozialisationsinstanzen welche Kompetenzen erworben werden.

	Sozialisations-phase	**Lebensabschnitt**	**Kennzeichen / Sozialisationsgeschehen**
	**primäre Sozialisation**	frühe Kindheit	wechselseitiger Austausch des Kindes mit seiner primären Bezugsgruppe (Familie oder andere enge Bezugspersonen) → Schaffung von wesentlichen Grundlagen für spätere soziale Lernprozesse
	**sekundäre Sozialisation**	frühe oder spätere Kindheit	Erweiterung der sozialen Beziehungen durch Eintritt in Sekundärgruppen (Kindergarten, Schule) → Einfluss der Familie sinkt, Einfluss der Peergroup steigt, Massenmedien gewinnen an Bedeutung
	**tertiäre Sozialisation**	frühes und mittleres Erwachsenenalter	eigenverantwortlich handelndes Subjekt mit den Aufgaben, Erfahrungen und Umwelten eines Erwachsenen → Sozialisation durch Beruf, Partnerschaft, Familiengründung, Freizeitaktivitäten
	**quartäre Sozialisation**	spätes Erwachsenenalter	Ruhestandsphase → Auseinandersetzung mit Lebensumständen, die sich durch das Leben ohne Berufstätigkeit ergeben

[Tab. 1] **Überblick Sozialisationsphasen**

Das Phasen-Modell berücksichtigt eine wichtige Kernaussage von Hurrelmann. Der Mensch entwickelt sich in allen Lebensphasen durch die ständige Auseinandersetzung mit der inneren und äußeren Realität, in der er sich befindet, und durch die Lebensbedingungen, mit denen er sich auseinandersetzen muss, weiter. Innerhalb dieser als Sozialisations- oder auch als Lebensphasen bezeichneten Zeiten hat der Mensch bestimmte Entwicklungsaufgaben zu erfüllen, neue Rollen zu übernehmen und er gewinnt Kompetenzen hinzu.

Entwicklungsaufgaben | S. 289

1.3 Erziehung und Sozialisation

[1] Nürnberger Trichter: Erziehung ist mehr als nur ein bloßes Eintrichtern von wichtigen Kompetenzen.

In Kapitel 1.1 wurde deutlich dargestellt, dass die Interaktion zwischen Kindern und Erwachsenen ein wichtiger Bestandteil des Sozialisationsprozesses ist. Ziel der verschiedenen Sozialisationsinstanzen ist es unter anderem, dem Kind das Hineinwachsen in eine Gemeinschaft zu ermöglichen. Es ist sinnvoll, den Erziehungsbegriff vom Sozialisationsbegriff abzugrenzen. Dieser ist viel umfassender zu verstehen. Erziehung- und Bildungsprozesse sind dem Begriff der Sozialisation untergeordnet.

Erziehung | S. 44

Erziehung kann als absichtsvoller, gezielter, bewusster und gesteuerter Prozess bezeichnet werden, der in der Regel die Interaktion und das bewusste Handeln zwischen Kindern bzw. Jugendlichen und Erwachsenen in den Mittelpunkt stellt.

Der Erwachsene verfügt über mehr Lebenserfahrung, häufig auch über mehr Wissen, und besetzt (scheinbar) eine stärkere Position. Es wird auch von einem Gefälle zwischen Erzieher und dem Zu-Erziehenden gesprochen. Der Erwachsene nutzt planvoll verschiedenste Methoden, um Kindern und Jugendlichen Kompetenzen zu vermitteln, und nimmt dadurch Einfluss auf deren Bildungs- und Entwicklungsprozess.

kompetenter Säugling | S. 488

Dabei darf nicht vergessen werden, dass Heranwachsende keine Trichter aufhaben, in die Erwachsene alles ungefragt hineinwerfen können. Kinder sind, anders, als der Soziologe Emile Durkheim vermutete, bei der Geburt „kein unbeschriebenes Blatt", das es zu füllen gilt. Vielmehr prägt die Säuglingsforschung den Begriff des „kompetenten Säuglings". Das heißt nicht alles schon zu können, aber sich alles aneignen zu können. Heutzutage wird von dem menschlichen aktiven Subjekt gesprochen, welches Wissen und Kompetenzen erwirbt, Werte und Normen übernimmt, aber gleichzeitig die Gesellschaft hinterfragt, beeinflusst, verändert und mitgestaltet.

Die Sozialisation meint die Gesamtheit der Lernprozesse im weitesten Sinne, egal, ob sie geplant oder unbeabsichtigt sind, und umfasst alle Dimensionen der Persönlichkeitsentwicklung.

Die wichtigsten Dimensionen der Persönlichkeitsentwicklung sind z. B. Bedürfnisse, Interessen, Wissen, Motive, Gefühle und Handlungskompetenzen eines Individuums.

Erziehung ist nicht gleich Sozialisation!
Sozialisation ist aber durch Erziehung möglich!

Erziehungsziele | S. 56

Die Erziehungsziele, die verfolgt werden, sind abhängig von der jeweiligen Gesellschaftsform und Kultur. Sie variieren z. B. auch durch die Werte und Normen der einzelnen Familie. Beispiele für heutige Erziehungsziele sind Selbstständigkeit, Selbstvertrauen, Ehrlichkeit, Hilfsbereitschaft, Verantwortung und Kritikfähigkeit.

2 Sozialisationsinstanzen

2.1 Bedeutung von Sozialisationsinstanzen

Mit dem Begriff der Sozialinstanzen sind die Gruppen gemeint, die den Menschen prägen und ihm Werte vermitteln. Durch das Zusammenleben und das gemeinsame Handeln von Menschen werden Werte und Normen vermittelt und weitergeben.

[2] Sozialisationsinstanz Familie

[3] Sozialisationsinstanz Peergruppe

[4] Sozialisationsinstanz Ausbildung

[5] Sozialisationsinstanz Sportverein

[6] Sozialisationsinstanz Schule

[7] Sozialisationsinstanz Medien

Die Sozialisation beginnt in allen Kulturen in der Familie. Im Laufe des Lebens kommen Sozialisationsinstanzen wie die Peergruppen dazu. Weitere Sozialisationsinstanzen sind die besuchte Schulform, die Medien und später Ausbildung und Arbeit sowie sportliche Aktivitäten.

Medien | S. 261

BEISPIEL

Tom feiert seinen 18. Geburtstag. Er lädt seine ganzen Freunde ein. Manche kennt er schon aus dem Kindergarten und der Grundschule. Einige Freunde hat er erst über das Handballspielen im Verein kennengelernt. Viele seiner Freunde trinken mit Tom eine große Menge an Alkohol. Luisa, seiner Kindergartenfreundin, ist dies ein Dorn im Auge: „Tom, so warst du früher nicht! Seit wann trinkst du Alkohol?“

Sozialisationsprozesse bewirken demnach, dass im sozialen Zusammenleben Handlungsbezüge und Handlungsorientierungen entstehen. Hieraus ergibt sich auch die Tendenz von Menschen, sich entsprechend den jeweils geltenden Normen und Werten der Gesellschaft zu verhalten.

Die Sozialisation eines Menschen gilt als gelungen, wenn er sich entsprechend den Regeln der Gesellschaft verhält.

2.2 Familie als Sozialisationsinstanz

Die Familie gilt seit Jahrhunderten als einer der wesentlichen und ersten Bereiche, in dem Sozialisation des Menschen stattfindet. Durch das Hineingeborenwerden in eine Familie beginnt eine frühe und sehr nachhaltige Prägung der Persönlichkeit.

Familie | S. 344
Industrialisierung | S. 463
Sozialgesetzgebung | S. 472

Die Lebensform der Familie unterliegt in den letzten Jahrhunderten einem stetigen Wandel. Das heutige Verständnis von Familie unterscheidet sich deutlich von dem der früheren Jahrhunderte. In der Zeit der Industrialisierung galt die bäuerliche Großfamilie mit Großeltern, Gesellen, Mägden und weiteren Mitgliedern als normal und diente als Wirtschaftsgemeinschaft. Die Großfamilien waren Selbstversorger und bereits in jungen Jahren wurden Kinder als Arbeitskraft und später als Altervorsorge genutzt. Ein gesetzliches Recht gab es erst mit der Einführung der Bismarckschen Sozialgesetzgebung 1881.

Patriarchat
ein von Männern geprägtes soziales System

Rolle | S. 307

In dieser Familienform galt das Patriarchat, der Mann hatte das Sagen und alle Familienmitglieder hatten sich seinem Wort unterzuordnen. Das Kind lernte entsprechend seinem Geschlecht die männliche oder weibliche Rolle umzusetzen. Als Junge half es in der Landwirtschaft und übernahm Führungsrollen, als Mädchen wurde es hauswirtschaftlich geprägt und ordnete sich dem Mann unter.

[1] Familie zu Beginn des 19. Jahrhunderts

Mit der Einführung des gesetzlichen Rentensystems und der Sozialgesetzgebung Anfang des 20. Jahrhundertes veränderte sich die Form der Familie stetig. Die Zahl der Kinder in einer Familie reduzierte sich deutlich, da sie nicht länger als Arbeitskräfte und zur Sicherung des Alters gesehen wurden. Die Kernfamilie bestand jedoch weiterhin aus Vater, Mutter und Kindern.

Durch die Entwicklung von Verhütungsmitteln, insbesondere der „Antibabypille“ in den 1960er Jahren konnten Familien gesichert über die Anzahl der gewünschten Kinder entscheiden. Es wurde möglich, die Zahl der Kinder zu reduzieren. Die klassische Großfamilie mit dem patriarchalischen Menschenbild wurde zur Ausnahme.

Heute stehen vielfältige Lebens- und Wohngemeinschaften nebeneinander. Gleichgeschlechtliche Paare mit und ohne Kinder oder Alleinerziehende sind in unserer Gesellschaft genauso zu finden wie traditionelle Formen der Familie mit Vater, Mutter und Kind. Das Zusammenleben hat unterschiedliche Gründe und somit Folgen für die Sozialisation von Kindern.

Die Familie ist die erste Sozialinstanz in unserem Leben und die Ausrichtung der Familie prägt unser soziales Tun und Handeln.

Familienform	Beispiel
normale Kernfamilie	traditionelle Vater-Mutter-Kind-Beziehung
Familie als normatives Ideal	Alleinstehende mit Orientierung an einem traditionellen Familienideal (Kontakt zum Vater ist erwünscht)
kinderlose Paarbeziehung	unfreiwillig oder aufgrund eigener Entscheidung kinderlose Paare
nichteheliche Beziehung mit Kindern	moderne Doppelverdiener-Familie mit Kind(ern)
postmoderne Ehebeziehung ohne Kinder	auf Berufskarriere und intime Partnerschaft bezogene Ehe ohne Kinder
nichteheliche Elternschaft ohne Orientierung an einer Idealnorm	Wohngemeinschaften mit Kindern, Ein-Eltern-Familien, gleichgeschlechtliche Beziehungen/ eingetragene Lebensgemeinschaften
verheiratete Paare mit Kindern (aber ohne normatives Ideal)	alternativ orientierte Eltern, die dennoch verheiratet sind

[Tab. 1] Familienformen (modifiziert nach M. Petzold)

Kernfamilie

Ein-Eltern-Familie

Patchworkfamilie

Großfamilie

Sie selbst sind in einer bestimmten Familienform und mit eigenen Familientraditionen aufgewachsen. Diese Erfahrungen bestimmen Ihre Haltung und Ihr Denken, z. B. im sozialpädagogischen Praktikum. Das Verständnis für eine alleinerziehende Mutter kann größer sein, wenn Sie selbst in einer solchen Familienform aufgewachsen sind und bereits früh selbstständig sein mussten. Das Leben einer Großfamilie, manchmal auch unter einem Dach, können Sie wiederum besser nachvollziehen, wenn Sie selbst mit Eltern, Geschwistern und Großeltern zusammengelebt haben.

Methoden

Literaturrecherche

Familienformen mit der Methode Literaturrecherche entdecken

Was sind wissenschaftliche Quellen? Wichtigster und größter Teil sind Fachartikel aus wissenschaftlichen Zeitungen etc., die strengen Begutachtungsrichtlinien unterliegen und von Fachleuten kritisch auf ihre Glaubwürdigkeit geprüft werden. Daneben gibt es natürlich Bücher etc. zum Thema.

Primärliteratur
Originalinformationen

Sekundärliteratur
Informationen über Originalinformationen (Nachschlagewerke etc.)

Ziel der Methode

Die systematische Literaturrecherche folgt, nachdem für eine Hausarbeit, ein Referat oder andere wissenschaftliche Arbeiten eine Themenwahl und eine Grobgliederung erarbeitet wurden. Die Suche nach wissenschaftlichen Quellen (z. B. einem Artikel in einer Fachzeitschrift, einem einschlägigen Buch) führt in der Regel in die Mediothek der Schule oder aber auch in die Hauptbibliothek der jeweiligen Universität der Stadt. Die Internetrecherche oder die Recherche der Datenbanken der Bibliotheken gehören natürlich auch dazu.

Aber Vorsicht ist geboten! Die Richtigkeit und Glaubwürdigkeit von Internetquellen sind stets kritisch zu hinterfragen.

Um sich für ein fachwissenschaftliches oder eher fachpraktisches Thema kundig zu machen, helfen |Primär- und |Sekundärliteratur. Diese ausgewählte Literatur unterstützt die Strukturierung und Gliederung einer Arbeit und hilft, eine wissenschaftliche Fragestellung eines Forschungsgegenstandes zu diskutieren und unter Umständen zu beantworten. Durch umfassende Kenntnisse über ein Thema ist es z. B. auch möglich, neue und eigene Lösungsansätze für eine wissenschaftliche Fragestellung zu erarbeiten und Ergebnisse argumentativ zu untermauern. Die Auswahl und Eingrenzung nützlicher themenorientierter Literatur sollen außerdem helfen, bei der Erstellung der schriftlichen Arbeit nicht den Überblick zu verlieren.

Besonderheiten

Bei der Literaturrecherche ist es wichtig, diese zeitlich zu planen und zu strukturieren. Die Suche nach geeigneter Literatur zu einem Thema macht häufig sehr viel Spaß. Immer wieder werden dabei auch Querverweise gefunden, denen nachgegangen werden kann. Um sich nicht in der Literaturrecherche „zu verlieren", ist es wichtig, nicht zu viel Zeit dafür einzuplanen und sich einen verbindlichen Anfangs- und Endtermin für die Recherche zu setzen.

Beispielrechnung als Orientierungswert

	Literaturrecherche	Literaturauswertung	Schreiben der Arbeit
Hausarbeit (4–6 Wochen)	1 Woche	1–2 Wochen	2–3 Wochen

Diese Zeitwerte sind abhängig von der eigenen Arbeits- und Vorgehensweise.

Unter dem Begriff der Literaturrecherche verbergen sich drei Arbeitsschritte:
1. Schritt: Literatursuche
2. Schritt: Literaturauswahl
3. Schritt: Literaturbeschaffung

Vorgehensweise

- Informieren Sie sich über die Öffnungszeiten und die Möglichkeiten der Ausleihe bei Bibliotheken. Bestellen Sie ausgeliehene Fachliteratur rechtzeitig.
- Verwenden Sie (wenn gewünscht) auch fremdsprachige Forschungsliteratur.
- Nutzen Sie bei der Literaturrecherche die Schlagwortsuche und die Suche nach sogenannten Schlüsselbegriffen.

BEISPIEL

Familienformen

Familie früher – heute	Generationen
bürgerliche Familie	postmoderne Familie
Kernfamilie	Stieffamilie
Ein-Eltern-Familie	Pflegefamilie
eheähnliche Gemeinschaft	Patchworkfamilie
Großfamilie	Adoption
Qualität familiärer Bindung	Trennung – Scheidung
etc.	

An diesem Beispiel wird deutlich, dass das Thema noch nicht genug eingegrenzt ist. Möglich wären z. B.: „Die Bedeutung heutiger Familienformen für die Bindungsfähigkeit von jungen Kindern" oder „Familienformen im Wandel der Zeit" ...

- In der Bibliothek schauen Sie sich bei einer thematischen Sortierung auch die Bücher links und rechts neben dem gefundenen Buch an. Sie werden so auf weitere Bücher zum Thema stoßen. Wichtig ist aber auch die Begrenzung der Literaturliste.
- Notieren Sie sich auf allen Kopien die Literaturangaben (bzw. kopieren Sie sich die Titelseite), damit Sie diese Textauszüge auch später zuordnen können, und erstellen Sie eine Literaturliste. Es gibt nichts Schlimmeres, als wenn ein wichtiger Gedanke in einer schriftlichen Arbeit aufgenommen werden soll und die Quelle nicht zurückzuverfolgen ist. Für wissenschaftliche Arbeiten ist dieser Gedanke dann wertlos.
  Das Spicken von Büchern mit selbstklebenden Zetteln und das Notieren der Literaturangabe helfen zur Orientierung und fördern das schnellere Arbeiten.
- Halten Sie am Ende der Literaturrecherche Rücksprache mit Ihrem betreuenden Fachlehrer und legen Sie eine Literaturliste vor. Nutzen Sie dessen Beratung und Tipps.
- Setzen Sie sich einen verbindlichen Endtermin für die Literaturrecherche.

Verwendete Literatur kann mithilfe einer Excel-Tabelle oder einer Tabelle in einer Word-Datei erfasst werden. Es gibt mittlerweile auch Literaturverwaltungsprogramme (z. B. Zotero, Citavi).

[1] Ein Endtermin für die Literaturrecherche kann helfen, seine Zeit richtig einzuteilen.

2.3 Sozialisationsaufgaben der Familie

Die Sozialisationsaufgaben in einer Familie sind vielfältig und werden im Sechsten Familienbericht der Bundesregierung beschrieben.

Autonomie
Als Autonomie bezeichnet man den Zustand der Selbstständigkeit und Selbstbestimmung.

Familienleben in Deutschland ist vielfältig. Werden Familien ausländischer Herkunft in die Betrachtung einbezogen, nimmt die Vielfalt familialer Lebensformen zu. Diese Familien unterscheiden sich beispielsweise nach ihren Migrationserfahrungen, ihrer kulturellen Herkunft, ihrer Integration in die deutsche Gesellschaft, ihrem aufenthaltsrechtlichen Status, ihrer nationalen und ethnischen Zusammensetzung, ihrem Humanvermögen und ihren Wanderungsoptionen. In Familien übernehmen Menschen Verantwortung füreinander. Sie erwerben Kenntnisse und Fähigkeiten, die ihr ganzes Leben prägen. Sie lernen Grenzen kennen und Konflikte auszutragen. Mit der Erziehung und Bildung von Kindern eröffnen und sichern Familien nachhaltig Lebenschancen. Familien leisten Alltagsbewältigung und Zukunftsvorsorge. Sie handeln selbständig, sind aber nicht autonom. Ihre Gestaltungsspielräume hängen von rechtlichen, wirtschaftlichen und lebensräumlichen Rahmenbedingungen ab. Dies gilt in besonderer Weise für Familien ausländischer Herkunft. Von ihnen hängt es entscheidend ab, ob und wie die Weichen für die künftige Integration und Entwicklung der Kinder gestellt werden, ob und wie problematische Situationen mit Arbeitslosigkeit, Krankheit oder im Alter bewältigt werden können.

(Sechster Familienbericht der Bundesregierung (2000); www.bmfsfj.de/doku/Publikationen/familienbericht/download/6_Familienbericht.pdf, S. 12)

[1] Mädchen und Jungen erlernen meist unterschiedliche Verhaltensweisen.

In der Familie erwerben Kinder von ihren Bezugspersonen Verhaltensweisen, die charakteristisch für die Familie und Rollenbilder sind.

Töchter und Söhne lernen unterschiedliche Verhaltensweisen von Mutter und Vater kennen. Dabei sind die Beziehungen zu Vater und Mutter unterschiedlich geprägt. Bei männlichen Vorbildern werden häufiger Werte wie Toleranz, Solidarität und Kooperation beobachtet, bei weiblichen Vorbildern häufiger Emotionalität, Mitgefühl, Zuwendung und Anleitung.

Die traditionelle, eher patriarchalische Ausrichtung der Familie wandelt sich zu einer gleichberechtigten Struktur.

Stereotype
ein gleichbleibendes oder häufig vorkommendes Muster

Stereotype Bilder und Rollen, „So muss eine Frau/ein Mann sein", werden durch veränderte Familienformen hinterfragt und auch bewusst vermieden.

Durch Geschwisterbeziehungen erlernt ein Kind in der Familie Rangfolgen, Kompromisse zu schließen und auch Fürsorge für andere zu tragen.

Die Geschwisterposition, in der ein Kind geboren ist, hat ebenso einen Einfluss auf das Sozialverhalten eines Kindes wie die Form der Familie. Einzelkinder kennen die Aufgaben nicht, die durch Geschwisterkinder entstehen, und benötigen den Kontakt zu anderen Kindern außerhalb der Familie, um ein soziales Miteinander mit Gleichaltrigen zu erlernen. Dafür lernen Kinder in Ein-Eltern-Familien (ein Elternteil und Kind oder Kinder) in der Regel ein hohes Maß an Selbstorganisation und Selbstständigkeit.

Die soziale und ökonomische Lage einer Familie ist mitentscheidend für die Sozialisation in eine Familie.

Ökonomie
Ökonomie ist ein Bereich des gesellschaftlichen Lebens, der sich mit Befriedigung der menschlichen Bedürfnisse nach Gütern und Dienstleistungen befasst.

BEISPIEL

Familie Berger lebt am Rande des Existenzminimums und versucht, dies vor ihren Mitmenschen zu verstecken. Der Vater ist arbeitslos, obwohl er eine Ausbildung zum Mauer hat und arbeitswillig ist. Die Mutter kümmert sich um die drei Kinder im Alter von vier, sechs und neun Jahren. Die Familie verzichtet auf Ausflüge, Kleidung und spart bei Lebensmitteln. In der letzten Woche wollte Luise (4 Jahre) am Kindergartenausflug in den Zoo teilnehmen. Da dieser jedoch 3 € pro Kind kostete, hat die Mutter Luise an diesem Tag in der Tageseinrichtung krankgemeldet.

Ebenso wird die soziale Position, in der sich eine Familie befindet, an die Generation der Kinder weitergegeben und entscheidet mit über die Bildungschancen der Kinder.

Bildungschancen | S. 284

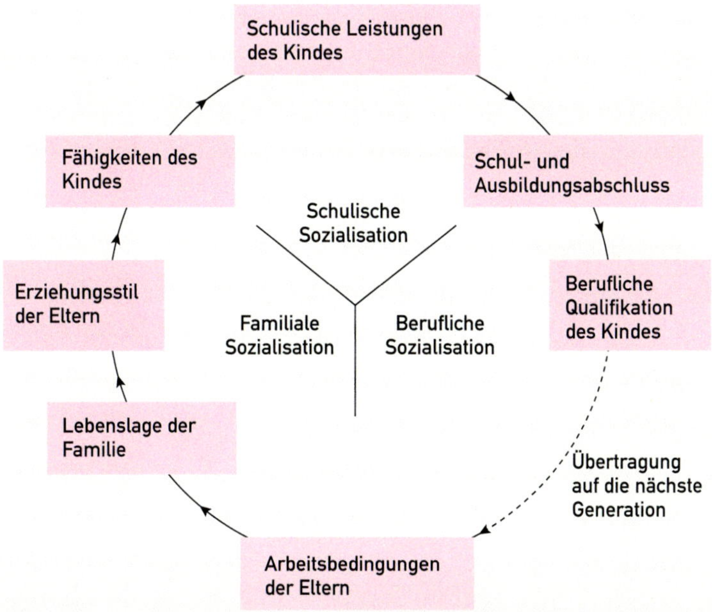

[2] Zirkelförmiger Verlauf des Sozialisationsprozesses (modifiziert nach Hurrelmann)

Armut | S. 335

aktueller Stand der Langzeitstudie AWO-ISS unter www.iss-ffm.de

Armut in der Familie

Immer mehr Familien in Deutschland sind jedoch von Armut betroffen und somit bietet die Sozialisationsinstanz Familie zunehmend weniger Möglichkeiten der Entwicklung und Bildung der Kinder. Dies zeigt auch eine Studie der Arbeiterwohlfahrt (AWO), in der die Probleme von Kindern aus in Armut lebenden Familien ermittelt wurden.

Bis heute ist die Langzeitstudie AWO-ISS die einzige Studie, die sich mit den Armutsverhältnissen junger Kinder auseinandergesetzt hat. Hier wurden folgende Kernaussagen getroffen:

„Dabei sind besonders die Auswirkungen auf die Bildungschancen von hoher gesellschaftspolitischer Brisanz: Kinder aus armen Familien besuchen seltener oder erst sehr spät einen Kindergarten, 30 % werden nicht regulär eingeschult. 69 % der bei den AWO-Studien einbezogenen Kinder waren schulisch auffällig, und vor allem die Kinder, deren Familien seit längerer Zeit in Armut lebten und bei denen gleich mehrere Problemsituationen zusammentrafen, zeigten sehr starke aggressive Verhaltensauffälligkeiten."
(Deutscher Familienverband (2004): Grundlagenpapier „Armut in der Familie", Berlin, S. 13)

Weitere Informationen über die Fördermaßnahmen für Familien in Armut finden Sie auf der Homepage des Bundesministeriums für Bildung und Forschung unter www.bmbf.de.

Der Staat muss hier den primären Aufgaben der Familie nachkommen und Familien finanziell und sozial unterstützen. Neben dem Ausbau von Kinderbetreuungsmöglichkeiten hat der Staat die Zahlung von Elterngeld eingerichtet und Bildungs- und Teilhabepakete zur Förderung von Bildung und Entwicklung bei einkommensschwachen Familien ins Leben gerufen.

2.4 Sozialisation in Scheidungsfamilien

Bei www.destatis.de handelt es sich um das Internetangebot des Statistischen Bundesamtes mit aktuellen Informationen, Publikationen, Zahlen und Fakten der amtlichen Statistik.

In den letzten Jahren wurde statistisch jede dritte Ehe wieder geschieden.

30 % der Ehen sind nur noch ein Bündnis auf Zeit, das belegt die neueste Scheidungsstatistik des Statistischen Bundesamtes. 51,1 % der Scheidungsverfahren betrafen Ehen ohne Kinder, während 48,9 Prozent der Ehen mit minderjährigen Kindern in 2010 geschieden wurden. Von der Scheidung der Eltern waren 145 minderjährige Kinder betroffen.

Scheidungen
Ehescheidungen und betroffene minderjährige Kinder

Jahr	Ehescheidungen	darunter Ehescheidungen mit minderjährigen Kindern	betroffene minderjährige Kinder
2011	187 640	92 892	148 239
2010	187 027	91 455	145 146
2009[1]	185 817	91 474	145 656
2008	191 948	94 521	150 187
2007	187 072	91 700	144 981
2006	190 928	94 120	148 624

[Tab. 1] Ehescheidungen und die betroffenen minderjährigen Kinder in Anlehnung an Daten des Statistischen Bundesamtes

[1] Im Zusammenhang mit der vollständigen Neufassung der Anordnung über die Erhebung von statistischen Daten in Familiensachen zum 01. September 2009 im Zuge des FGG-Reformgesetzes und der Umstellung des Geschäftsstellenautomationssystems bei den meldenden Berichtsstellen ist in der Ehelösungsstatistik für das Jahr 2009 in Bayern von einer Untererfassung von schätzungsweise 1 900 Fällen auszugehen.

Auswirkungen von Scheidung

Die Folgen einer Scheidung für Kinder sind unterschiedlicher Art. Eine Scheidung kann zu Familienarmut, sozialem Abstieg und auch Krankheit wie z. B. Depressionen führen. Neben Kosten für Scheidung und Unterhalt treten auch soziale Schwierigkeiten auf. Der Streit um das Sorge- und Aufenthaltsrecht des Kindes kann zur psychischen Destabilisierung führen.

Depression | S. 421

Der Phase der Trennung oder Scheidung geht häufig eine längere Zeit mit Konflikten und Beziehungsproblemen der Eltern untereinander voraus. Diese Phase ist für Kinder sehr belastend, da sie sich oft mitverantwortlich für die Probleme fühlen und Gründe für die Störungen zwischen den Eltern nicht nachvollziehen können.

[1] Alleinerziehende übernehmen die Sozialisationsaufgaben meist ohne fremde Hilfe.

Oft kommt es nach einer Scheidung zum Verlust einer Bezugsperson. Ein Drittel aller Kinder, die von Trennung betroffen sind, lebt mit einem Elternteil, meist mit der Mutter, alleine. Jeder vierte Vater verliert den Kontakt zu seinen Kindern. Die Sozialisationsaufgaben des Vaters fallen somit weg. Diese Kinder haben häufiger größere Schwierigkeiten, mit Aggressionen und Enttäuschungen umzugehen. Es fällt ihnen oft schwer, sich in andere Menschen hineinzuversetzen, wie Studien gezeigt haben.

Nicht die Scheidung an sich stellt ein Problem für die Sozialisation der Kinder dar, sondern die vorausgehenden Beziehungsprobleme und der Abbruch der Kontakte zu Bezugspersonen.

Kinder erleben Verhaltensprobleme in der Familie und eine meist nicht angemessene Form der Konfliktlösung als Vorbild durch die Bezugspersonen.

Vorbild | S. 217

Im späteren Leben werden diese Kinder dann meist in eigenen Persönlichkeitsproblemen oder Partnerschaftskonflikten die vorgelebten Formen des Verhaltens ihrer Eltern übernehmen. Das führt häufig dazu, dass sie selbst Probleme mit der Konfliktlösung bekommen und keine Strategien haben, Probleme angemessen zu lösen.

Ein Teil der getrennten Eltern geht neue Beziehungen mit anderen Partnern ein. Es entstehen neue familiale Modelle, die sogenannten Patchworkfamilien. Hier leben Lebenspartner mit Kindern zusammen, die sie aus einer früheren Beziehung mitbringen. Eine neue Beziehung heißt auch ein neuer Partner für das Elternteil und ein neuer Erzieher und neue Anforderungen und Anpassungsnotwendigkeiten für das Kind.

3 Sozialisationstheorien

Unterschiedliche Theorien versuchen in der Soziologie den Prozess der Auseinandersetzung des Menschen mit seiner inneren und äußeren Realität zu analysieren und zu erklären. Im nachfolgenden Kapitel werden drei besonders wichtige Theorierichtungen in ihren Grundaussagen vorgestellt.

3.1 Struktur-funktionale Theorie

Talcott Parsons (1902–1979) war einer der bekanntesten amerikanischen Soziologen und der Begründer des „Strukturfunktionalismus“ bzw. der „Systemtheorie“. Er wurde von Emile Durkheim und Max Weber beeinflusst und ging in seinen Studien unter anderem folgender Frage nach: Wie kann eine komplexe Gesellschaft Stabilität erreichen und die Persönlichkeit von Menschen dabei berücksichtigen?

Systemtheorie | S. 242

Die Gesellschaft und die Persönlichkeit des Menschen beschreibt er in seiner Theorie als „System“. Seine Theorie bezieht biologische und psychologische Theorien mit ein. Parsons schaffte in seiner Theorie damit eine Analogie zu lebenden Organismen.

Analogie
Ähnlichkeit, Entsprechung, Übereinstimmung

BEISPIEL

Zum besseren Verständnis kann der menschliche Körper als Sinnbild für ein Gesamtsystem genutzt werden. Die Struktur des menschlichen Körpers besteht aus einer Anordnung von unterschiedlichen Körperteilen und Organen (Subsystemen). Es findet ein regelmäßiger Austausch zwischen den Körperteilen und Organen durch die Atmung, den Blutkreislauf etc. statt. Alle Subsysteme sind darauf aus, das übergeordnete System – den Körper – gesund und „am Laufen“ zu halten.

Parsons versteht Sozialisation als einen Prozess, in dem das einzelne Individuum Kompetenzen erwirbt, kulturelle Werte übernimmt und sich mit seinen Eigenschaften einbringt, die notwendig sind, um in der komplexen Gesellschaft (System) bestimmte Rollen übernehmen zu können. Das System muss im Gleichgewicht sein. Dabei handelt der Einzelne innerhalb sozialer Subsysteme (z. B. Politik, Bildungswesen, Arbeitswelt). Diese Systeme besitzen eine Struktur (statische stabile Anteile eines Systems) und bestimmte Funktionen (dynamische Anteile eines Systems).

Übertragbar auf das Subsystem Schule beinhaltet die Struktur die Organisation und den Aufbau der Schule. Dazu zählen unter anderem Lehrpläne, Verhaltensregeln, Stundenpläne (statisch stabile Anteile). Die Schule erfüllt die Funktion, Wissen und Werte zu vermitteln, zu qualifizieren, aber auch zu selektieren. Innerhalb dieses Subsystems gibt es unterschiedliche Rollen und damit verbundene Verhaltensweisen (dynamische Anteile), die von verschiedenen Menschen übernommen werden (Schulleiter, Lehrer, Schüler etc.). Die statischen und dynamischen Anteile halten das System Schule „am Laufen“.

Das Rollenhandeln nach Parsons ist eine Notwendigkeit zur Erhaltung eines Systems. Die Voraussetzung für Stabilität von Gesellschaftssystemen ist die Entwicklung eines an das Gesellschaftssystem angepassten Handelns des Individuums (Konformismus).

Kritisch betrachtet richtet Parsons seinen Blick stärker auf die Stabilität der Gesellschaft und weniger auf die Entwicklung der individuellen Persönlichkeit. Die |soziale Rolle betont die Anpassung des Einzelnen an das System (der Nagel, der aus dem Brett steht), weniger das aktive Subjekt und den damit verbundenen Spielraum des Einzelnen (der Fisch, der gegen den Strom schwimmt). Das Rollenhandeln kann als Bedürfnisbefriedigung und |Konformismus verstanden werden. Das dahinter versteckte |Menschenbild wirkt eher mechanistisch und ignoriert die Möglichkeit für den Einzelnen, Gestalter seiner Umwelt zu sein.

soziale Rolle | S. 310
Konformismus | S. 270
Menschenbild | S. 86, 373

Dahrendorf (1929–2009), ein Schüler Parsons geht von einem Menschen aus, der das tut, was er tun soll, ähnlich einer Rolle in einem Theaterstück. Der von ihm bezeichnete „Homo Sociologicus", trägt durch die Gesellschaft vielfältige sozial vorgeformte Rollen in sich, an die gleichzeitig vielfältige Erwartungen gestellt werden.

Insbesondere unter Bezug auf Merton (1910–2003) wendet sich Dahrendorf allerding deutlich gegen sozial-deterministische Positionen, wonach die Rolle des Menschen in sozialen Systemen nur durch äußere Erwartungen gesteuert wird. Er kritisiert, dass die Soziologie den einzelnen Menschen und seinen Entfaltungsspielraum nicht mit bedenkt. Dahrendorf unterscheidet zwischen Kann-, Soll- und Muss-Erwartungen. Im Fall der Kann-Erwartungen eröffnen sich dem Menschen viefältige Handlungsspielräume.

Ein Schüler kann zum Beispiel Mitschülern Hilfe anbieten, ein Lehrer soll gerecht bewerten, ein Arzt muss Leben retten.

Weitere Erklärungsansätze		
Konzept der Rahmenanalyse	Erving Goffmann (1922–1982	Unter Rahmen wird ein durch Sozialisation erlernte Erfahrungsschemata verstanden. Der Mensch versucht jede neue Situation in den bekannten Rahmen einzuordnen.
Systemtheorie	Niklas Luhmann (1927–1998)	Eine philosophisch-soziologische Kommunikationstheorie, mit der die Gesellschaft universell erklärt werden kann.
Individualisierungsthese	Ulrich Beck (*1944)	Der Menschen durchläuft von der Fremd- bis zu Selbstbestimmung einen bestimmten Prozess. Selbstgestaltungspotenzial wird als die Biographie steuernde entscheidende Institution verstanden.

3.2 Symbolischer Interaktionismus

Anders als bei Parsons' Theorie gehen die amerikanischen Sozialpsychologen Herbert Mead (1863–1931) und Herbert Blumer (1900–1987) sowie die deutschen Soziologen Lothar Krappmann (*1936) und |Jürgen Habermas (*1929) davon aus, dass der soziale Prozess des Zusammenlebens von Individuen Werte, Normen und Regeln schafft und aufrechterhält und nicht andersherum. Menschen erschaffen selbst die Realität, in der sie leben.

[1] Jürgen Habermas (*1929)

Jürgen Habermas | S. 287

In diesem Erklärungsansatz wird der Blick auf die Interaktionsprozesse gelenkt. Der Mensch wird als schöpferischer, leistungsfähiger Konstrukteur seiner Umwelt verstanden. Die Sprache (Inhalt, Tonfall, Mimik, Körpersprache) wird dabei als ein Symbolsystem zur Verständigung und für Aushandlungsprozesse zwischen mindestens zwei Menschen genutzt.

Nur durch den Austausch und die Auseinandersetzung mit sich selbst durch selbstreflexive Aspekte sind eine gemeinsame Ausrichtung von Menschen und die Entwicklung der eigenen Identität möglich.

BEISPIEL

Die zweijährige Marie beobachtet ihre sechs Jahre ältere Schwester Lilli. Lilli sitzt auf dem Boden und weint. Dabei hält sie ihr Knie fest an sich gedrückt. Blut tropft aus einer Wunde. Marie geht auf ihre Schwester zu und nimmt sie in den Arm. Marie sagt laut und deutlich: „Oh!", und drückt Lilli einen Kuss fest auf die Wange. Lilli beginnt zu lachen und bedankt sich bei Marie. Marie strahlt sie an.
Marie hat die Signale ihrer Schwester wahrgenommen, gedeutet und ist feinfühlig darauf eingegangen.

Das Symbolsystem Sprache

Im Symbolischen Interaktionismus ist die Bildung einer eigenen Identität erst durch den Austausch und die Interaktion mit einem Gegenüber mithilfe des Symbolsystems Sprache möglich. Unter Sprache werden das gesprochene Wort, aber auch Gestik und Mimik verstanden.

Gestik und Mimik | S.244

Damit unterscheidet sich der Mensch im Wesentlichen von Tieren, die einem Reiz-Reaktions-Schema aufgrund ihres Instinktes unterliegen. Der Mensch kann dieses Schema verlassen, weil er in der Lage ist, Handlungen zu planen und Vorerfahrungen einzubeziehen. Dabei ist die Bedeutung, welche die „Dinge" für den Menschen haben, von großer Relevanz für das menschliche Handeln. Unter „Dingen" wird alles verstanden, was der Mensch in seiner Umwelt wahrnimmt (Gegenstände, andere Menschen, Peergroup, Schule, etc.).

Beurteile nie einen Menschen, bevor Du nicht mindestens einen halben Mond lang seine Mokassins getragen hast.
(alte Indianerweisheit)

Mead geht davon aus, dass die Menschen andere sein müssen, um sie selbst zu sein. Das heißt, dass das Individuum in der Lage sein muss, auch die Sichtweise des Gegenübers einzunehmen. Er verwendet dafür folgende Begrifflichkeiten:

I = ich als Individuum (psychische Komponente)
Me = die Vorstellung von dem, was andere über mich denken, das Bild, was andere über mich denken (soziale Komponente)

Beide Komponenten müssen in einem langwierigen Sozialisationsprozess mithilfe eines reflexiven Bewusstseins zusammengefügt werden zu einem Self = Ich-Identität (Selbstverständnis und Selbstbild). Der Mensch überdenkt und reflektiert dabei sein eigenes Handeln unter Berücksichtigung der jeweiligen Situation und der Interaktion mit anderen Menschen. Für das reflexive Bewusstsein benötigt der Mensch bestimmte Fähigkeiten: Rollendistanz, Empathie und Ambiguitätstoleranz. Das heißt, der Mensch ist zum einen fähig, sich mit Rollenerwartungen und Rollenanforderungen auseinanderzusetzen (Rollendistanz). Er kann sich zum anderen in andere Menschen hineinversetzen und die Perspektive einnehmen und diese verstehen (Empathie). Außerdem kann er Widersprüche in Interaktionen aushalten (Ambiguitätstoleranz).

Was hat das mit mir zu tun?

Als Schüler werden bestimmte Erwartungen und Anforderungen an Sie gestellt. Sie haben sich damit auseinandergesetzt und wissen, welche Anforderungen und Erwartungen Sie bereit sind zu erfüllen. In Ihrer Freizeit mit Freunden oder in Ihrer Familie leben Sie andere Rollen (Rollendistanz).
Sie haben gewiss schon einmal in einem Konflikt erlebt, wie hilfreich es sein kann, die Situation aus der Sicht des Gegenübers „von oben" zu betrachten (Empathie).

3.3 Interdisziplinärer Ansatz – Sozialisation als ständiger Balanceakt

Der deutsche Soziologe Klaus Hurrelmann (*1944) entwickelte das Modell der produktiven Realitätsverarbeitung. Er geht davon aus, dass sich die Identität eines Menschen durch die ständige Auseinandersetzung mit der inneren und äußeren Realität entwickelt. Hurrelmann versucht in diesem Modell verschiedene Ansätze zu verbinden.

Er sieht den Menschen als selbstständiges Subjekt, das in allen Lebensphasen Entwicklungsaufgaben lösen muss. Unter |Entwicklungsaufgaben werden Anforderungen verstanden, die der Mensch in bestimmten Lebensphasen lösen muss, um sich weiterentwickeln zu können.

Entwicklungsaufgaben | S. 290

Ziel ist es, sich gleichzeitig in die Gesellschaft sozial zu integrieren (Anpassung an gesellschaftliche Normen und Werte) und die eigene einzigartige Identität bzw. die persönliche Individualisation voranzutreiben. Beide Prozesse sollten im Gleichgewicht stehen. Ein Ungleichgewicht kann zu Identitäts- und Gesundheitsstörungen führen.

[1] Sozialisation als Balanceakt

Im |Jugendalter besteht eine besonders intensive Zeit der Bewältigung der Entwicklungsaufgaben. Junge Menschen benötigen gute Bewältigungsstrategien, um das Wechselspiel zwischen psychisch-biologischen und sozio-ökologischen Anforderungen lösen zu können. Auf der einen Seite möchten junge Menschen in dieser Lebensphase unverwechselbar sein und sich von anderen abheben und unterscheiden. Sie wollen sich selbst „treu sein" und einen eigenen Weg gehen. Auf der anderen Seite ist es eine Zeit, in der sie auch soziale Erwartungen erfüllen und zu einer Peergroup dazugehören wollen.

Sozialisation im Jugendalter | S. 290

BEISPIEL

Merle (15 Jahre) gehört zu einer Clique, in der Markenartikel sehr wichtig sind. Fast ihr gesamtes Taschengeld benötigt Merle pro Monat für Kleidung. Ihre Eltern können und wollen ihr diesen Luxus nicht in dieser Form bieten. Vor einigen Tagen hat Merle einen Beitrag im Fernsehen gesehen, in dem von der Herstellung dieser Label in Südostasien berichtet wurde. Merle ist hin- und hergerissen. Kleidungsstücke tragen, die unter schlimmen Arbeitsbedingungen und für wenig Lohn gefertigt werden, ist das mit dem Gewissen zu vereinbaren?

4 Sozialisation im Jugendalter

4.1 Der Jugendbegriff

Familie | S. 278

Lebensphasen | S. 142

In der vorindustriellen Gesellschaft lebten alte und junge Menschen unter einem Dach zusammen und hatten ähnliche Aufgaben. Erst mit der Einführung der allgemeinen Schulpflicht und der Entstehung der bürgerlichen Gesellschaft und |Familie etablierte sich langsam im 20. Jahrhundert eine Art Jugendphase in der Gesellschaft. Die Verlängerung der schulischen und beruflichen Ausbildungsprozesse führte zu einem Ausbau dieser |Lebensphase.

Mit dem Begriff der Jugend wird heutzutage eine bestimmte Altersspanne im Leben eines Menschen bezeichnet. Es handelt sich um eine Art Übergangszeit zwischen der Kindheit und dem Erwachsensein und wird mittlerweile als eigenständige Lebensphase gesehen. Sie beginnt mit der Geschlechtsreife. Ein Ende der Lebensphase Jugend ist nicht eindeutig gekennzeichnet. Noch vor dreißig Jahren endete die Jugendphase mit dem Eintritt in das Berufsleben und mit der Gründung einer eigenen Familie. Aufgrund der höheren Lebenserwartung verschieben sich aber die einzelnen Lebensphasen. Außerdem ist es für viele Menschen mittlerweile ein hoher Wert geworden, so lange wie möglich jugendlich zu bleiben und zu wirken. Mit diesem Blick wäre Jugendlichkeit nicht mehr am Alter einer Person festzumachen. Durch lange Ausbildungs- und Studienzeiten verschiebt sich ebenfalls der Schritt in die nächste Lebensphase.

Die Sätze aus den Sprechblasen sind Ihnen sicherlich aus dieser Lebensphase vertraut.

In der Lebensphase der Jugend geht es unter anderem darum, sich abzugrenzen von den Erwachsenen, die eigene **Identität** zu finden, Werte und Normen zu hinterfragen, Lebensentwürfe und verschiedene Verhaltensmöglichkeiten auszuprobieren und eigene Überzeugungen zu finden. Jugendliche wollen sich in dieser Phase auch von der Bevormundung Älterer (besonders der Eltern) befreien. Die eigene Existenz können sie allerdings in der Regel noch nicht ganz verantwortlich sichern. Die Phase der Jugend dient dazu, Grenzen auszuloten und zu testen, was gesellschaftlich gestattet, toleriert bzw. nicht mehr toleriert und abgelehnt wird.

Biologische und psychologische Veränderungen

Umgangssprachlich wird Jugend häufig als **Pubertät** bezeichnet. Damit wird in erster Linie ein biologisches Geschehen benannt (u. a. Veränderung der körperlichen Geschlechtsmerkmale, Veränderung der Körperproportionen, Wachstum). Auch die geistige Entwicklung verändert sich. Die Neurobiologie spricht in dieser Phase oft von einer Neustrukturierung bzw. Umwandlung des Gehirn („einer sogenannten Neuro-Baustelle"). Es kommt in dieser Phase für Erwachsene manchmal zu unvorhersehbaren, unkontrollierten und kaum nachvollziehbaren Verhaltensweisen der Jugendlichen.

In der Psychologie hat sich der Begriff der **Adoleszenz** (lat. adolescere, „heranwachsen") etabliert. Damit ist die Entwicklungsphase von Jugendlichen gemeint, die noch über die Pubertät hinausgeht. Mit Adoleszenz werden alle Entwicklungsprozesse und Entwicklungsaufgaben bezeichnet, die zwischen der Kindheit und dem Erwachsensein liegen. Das Konzept der Entwicklungsaufgaben wurde in den 1950er Jahren von |Havighurst entwickelt. |Erikson bezeichnet diese Entwicklungsaufgaben eher als Krisen.

Havighurst | S. 294
Erikson | S. 176, 293

Die Situation junger Menschen in Deutschland wird in regelmäßigen Abständen seit 1953 von Forschungsinstituten unter der Schirmherschaft von Shell untersucht. In der sogenannten Shell-Studie gilt es dabei die unterschiedlichen Lebensrealitäten, Erwartungen, Wünsche und Perspektiven von Jugendlichen zu erfassen und für gesellschaftspolitische Diskussionen und gesellschaftliche Veränderungen sinnvoll zu nutzen. Wichtige Fragen dieser Studie sind: Sind Veränderungen dieser Lebensphase über die Jahre zu beobachten? Welche Themen beschäftigen junge Menschen im Jahr 2013? Welche sinnvollen Rahmenbedingungen brauchen Jugendliche zur Bewältigung ihrer Entwicklungsaufgaben? Wo sieht die Gesellschaft ihre Verantwortung?

4.2 Die Frage nach der Identität: „Wer bin ich?"

„Wer bin ich?" ist eine zentrale Frage der Jugendphase. Die folgenden Beispiele verdeutlichen, dass es sehr vielfältige Lebensentwürfe von Jugendlichen gibt, vor deren Hintergrund diese wichtige Frage beantwortet werden soll.

[1] Jugendliche haben vielfältige Lebensentwürfe.

BEISPIEL

Aysegül (16 J.) beendet im Sommer die Realschule. Seit Wochen schreibt sie Bewerbungen. Sie möchte Floristin werden. In ihrer Freizeit kümmert sie sich nur um ihre Hobbys.

Max (15 J.) besuchte die 9. Klasse des Gymnasiums. Er geht im Sommer für ein Jahr nach Australien. Danach will er sein Abitur machen. Zurzeit trifft er sich nur mit seiner ersten großen Liebe Nele.

Jessica (14 J.) ist schwanger und erwartet im Oktober ihr erstes Kind. Sie wohnt in einem Mutter-Kind-Heim.

Luca (18 J.) macht eine überbetriebliche Ausbildung zum Schreiner. Das Wochenende ist er viel mit Freunden unterwegs. Party machen steht auf Platz eins.

Sabrina (17 J.) besucht die Fachoberschule Soziales, Klasse 11, und will danach Sozialarbeit studieren. Mündlich beteiligt sie sich aus Angst vor Mitschülern nicht am Unterricht. In ihrer Freizeit engagiert sie sich bei den Grünen.

Marina (21 J.) hat drei Ausbildungen abgebrochen und lebt wieder bei ihren Eltern. Sie hat keine Idee für ihre Zukunft.

Entwicklungsaufgaben im Jugendalter

Die zuvor beschriebene Vielfalt der Lebensformen im Jugendalter darf nicht darüber hinwegtäuschen, dass alle Jugendlichen in spätmodernen westlichen Industriegesellschaften spezifische Entwicklungsaufgaben zu bewältigen haben. In diesem Sinne sehen sich Jugendliche nach wie vor mit den Erwartungen konfrontiert, dass sie sich bis zum Ende der Jugendphase von ihrem Elternhaus ablösen und sozial und ökonomisch selbstständig werden, zumindest entsprechende Schritte, z. B. in Form eines qualifizierenden Schulabschlusses und einer Ausbildung, in diese Richtung eingeleitet haben. Zur gleichen Zeit sind Jugendliche gefordert, eine eigenständige Identität zu entwickeln, die einhergehen sollte mit einem [...] postkonventionellen moralischen Bewusstsein und entsprechendem Handeln sowie der Bereitschaft, für sich selbst und für andere Verantwortung zu übernehmen und Achtsamkeit auszuüben. Jugendliche müssen dabei nicht nur die Krisen der Pubertät überstehen, sondern letztendlich wird erwartet, dass sie in der Lage sind, partnerschaftliche Freundschaftsbeziehungen aufzubauen und eine gesellschaftlich akzeptable Geschlechterrolle zu übernehmen. Und nicht zuletzt steht im Raum, dass Jugendliche in die Rolle des demokratisch gesinnten Citoyen hineinwachsen und entsprechend agieren sollen (vgl. z. B. Fend 2001; Hurrelmann/Quenzel 2012). Diese fast schon klassischen Beschreibungen der Entwicklungsaufgaben im Jugendalter werden immer wieder ergänzt und um weitere Ansprüche fortgeschrieben. Relevant scheinen dabei vor allem Hinweise zu sein, dass der kompetente Umgang mit

Medien eine spezifische Herausforderung darstellt. Zugleich betonen sozialisationstheoretische und entwicklungspsychologische Studien den zentralen Stellenwert, der der Ausbildung einer nachhaltigen Selbstwirksamkeit, also der Überzeugung, sein Leben und „die Welt" verstehen und mitgestalten zu können, zukommt. Aus einer kritischen gegenwartsanalytischen Perspektive mutiert dieses zu der Aufforderung, dass es unter den aktuellen gesellschaftlichen Bedingungen primär um die Ausbildung eines „unternehmerischen Selbst" ginge (Bröckling 2007): „Permanente Weiterbildung, lebenslanges Lernen, persönliches Wachstum – die Selbstoptimierungsimperative implizieren die Nötigung zur kontinuierlichen Verbesserung. Angetrieben wird dieser Zwang zur Selbstüberbietung vom Mechanismus der Konkurrenz" (...)

(Auszug aus dem 14. Kinder- und Jugendbericht (2013), Deutscher Bundestag, Drucksache 17/12200, S. 140f.)

1. Fassen Sie die Entwicklungsaufgaben des Jugendalters strukturiert zusammen.
2. Benennen Sie mögliche Schwierigkeiten dieser Lebensphase.
3. Begründen Sie aus Ihrer Sicht, welche Faktoren und Rahmenbedingungen für junge Menschen hilfreich sind, um die eigene Identität gut entwickeln zu können.

In den Beispielen wird deutlich, dass Jugendliche die Entwicklungsaufgaben der Jugendphase sehr unterschiedlich bewältigen. Einflussfaktoren sind dabei die wirtschaftlichen, kulturellen und sozialen Ressourcen der Jugendlichen.

Der 14. Kinder- und Jugendbericht zeigt auf, dass die Mehrzahl der Jugendlichen in Deutschland die Entwicklungsaufgaben weitgehend problemlos, unauffällig und häufig erfolgreich lösen. Einzelne Jugendliche oder Gruppen von Jugendlichen mit häufig problematischen Entwicklungsverläufen scheitern aber an den Entwicklungsaufgaben und agieren dann in einer gesellschaftlich nicht akzeptierten Weise (z. B. Jugendkriminalität, Gewaltbereitschaft gegen sich selbst oder andere, Drogenkonsum, Flucht in die virtuellen Welten).

Gewalt | S. 406

Weitere Informationen, Hinweise und Datenmaterial zum Thema Kinder- und Jugendbericht finden Sie auf der Homepage des Deutschen Jugendinstitutes www.dji.de.

In der Jugendphase steht die ständige Suche nach der eigenen Identität im Mittelpunkt. Alle Rollenerwartungen und Rollenzuweisungen der sozialen Umwelt gilt es zu überprüfen und ggf. zu erfüllen. Es ist die Zeit des Ausprobierens unterschiedlicher Identitäten.

Was hat das mit mir zu tun?

Beleuchten Sie Ihre eigene Lebenssituation. Auch Sie stehen vor bestimmten Entwicklungsaufgaben. Sie wollen Rollenerwartungen erfüllen oder sich von diesen abgrenzen. Die Fragen nach der Gestaltung der privaten und beruflichen Zukunft sind Ihnen vertraut. Dabei beschäftigen Sie bestimmt auch Fragen wie:
Bin ich zufrieden mit mir selbst? Fühle ich mich wohl? Wie will ich leben? Wie kann ich mein Leben verändern? Was ist mir wirklich wichtig im Leben? Was erwarten andere von mir? Erfülle ich die Erwartungen? Will ich das?

Konzepte der Sozialisationsprozesse

Nachfolgend werden exemplarisch zwei Konzepte zur Erläuterung des Sozialisationsprozesses in der Jugendphase und zur Entwicklung der Identität in Auszügen vorgestellt.

Konzept der Entwicklungsaufgaben
Gründer des Konzeptes: Entwicklungspsychologe Robert James Havighurst

- Menschen lösen in bestimmten Lebensphasen bestimmte Aufgaben und Probleme.
- Es gibt alterstypische Entwicklungsaufgaben, die zeitlich begrenzt sind, und Aufgaben, die ein Leben lang bestehen.
- Die Bewältigung einer Entwicklungsaufgabe bringt Glück und Gewinn. Das Scheitern macht unglücklich. Unter Umständen führt das Versagen auch zur Ablehnung der Gesellschaft.
- Entwicklungsaufgaben werden subjektiv unterschiedlich wahrgenommen und in unterschiedlichem Tempo gelöst.
- Entwicklungsaufgaben sind kulturabhängig.
- Bei der Bewältigung einer Aufgabe wird Selbstvertrauen und Mut für weitere Aufgaben gewonnen.
- Der Soziale Wandel und der historische Bezug nehmen Einfluss auf Entwicklungsphasen.

Jugendphase

- Jugendliche schätzen vor dem Hintergrund ihrer sozialen Umwelt ihren Entwicklungsstand, ihre Ziele und Entwicklungsmöglichkeiten selbst ein. Daraus entwickeln sie zukunftsorientierte Ziele. Die Selbstbestimmung ist ein wichtiger Aspekt dieses Konzeptes.
- Aufgrund der hohen Dichte an Entwicklungsaufgaben, mit der Jugendliche konfrontiert werden, sind sie auch erheblich empfindlicher für Störungen und Krisen als Erwachsene.
- Entwicklungsaufgaben lassen sich in drei Bereiche unterteilen:

Persönliche Aufgaben	Beziehungsaufgaben	Sozioinstitutionale Aufgaben
▪ selbstständiger werden ▪ Alltagssituationen bewältigen ▪ mehr Verantwortung übernehmen ▪ Selbstbewusstsein entwickeln ▪ Entwicklung eines relativ stabilen Selbstkonzeptes (reflexives Wissen) ▪ sich positionieren / Werte und Normen hinterfragen ▪ Bewusstwerden der eigenen Körperlichkeit, eigene Geschlechterrolle ausgestalten	▪ Kompetenzen erwerben/ vertiefen für Freundschaften und Partnerschaften ▪ emotionale Unabhängigkeit gegenüber den Eltern entwickeln ▪ festen Freundeskreis aufbauen (Peergroup) ▪ erste Liebesbeziehung aufbauen ▪ etc.	▪ Schule erfolgreich abschließen ▪ sich auf den Beruf und die Arbeitswelt vorbereiten ▪ finanzielle Unabhängigkeit vorbereiten ▪ Umgang mit Finanzen und Konsum üben ▪ Pläne für die Zukunft – z. B. die eigene Familie – entwerfen

Konzept der Identität
Gründer des Konzeptes:
Psychoanalytiker
Erik H. Erikson

- Menschen müssen in ihrem Leben Probleme lösen und Krisen bewältigen.
- Identität ist das bewusste oder unbewusste Erleben der „Ich-Kontinuität“, d. h. zu lernen, dass man der Gleiche bleibt, egal wo man sich befindet und welche Rolle man gerade lebt.
- Ziel der Entwicklung ist eine gesunde, reife Persönlichkeit.

Jugendphase

- Die größte Krise im Jugendalter ist der Konflikt zwischen Identität und Rollendiffussion: „Wer bin ich und wer bin ich nicht?“
- In der Jugendphase ist die Suche nach der eigenen Identität besonders ausgeprägt.
- Rollenerwartungen bzw. -zuweisungen der sozialen Umwelt stehen der Selbstdefinition gegenüber.

	Beobachtbare Verhaltensschwerpunkte in dieser Lebensphase
Angst	Was und wie werde ich sein? Idole und Ideale zeigen wünschenswerte Identitäten
Zweifel	Ist der eingeschlagene Weg der richtige? Verunsicherungen und Schwankungen treten auf
Diffusion/ Furcht	Häufig auftretende Abgrenzungsbemühungen, verschließen vor den Erwachsenen
Zugehörigkeit	Peergroups bieten Raum zur Identifikation und zur Versicherung der eigenen „Normalität“
Intoleranz	Abgrenzungsbestrebungen zu Menschen, die anders sind als man selbst, oder die eigenen Freunde
hohe Moral	Klare Vorstellungen über Richtig und Falsch, über Gut und Böse – wechselhafte Einstellungen

Erikson hat die psychoanalytische Theorie zum Teil um kulturelle und soziale Aspekte erweitert und sich auch mit der Entwicklung im Erwachsenenalter beschäftigt. Es handelt sich aber auch kritisch gesehen um eine Theorie, die durch empirische Verallgemeinerungen entstanden ist und die Veränderung der Lebensumstände des einzelnen Menschen kaum berücksichtigt. Die Anpassung an die Gesellschaft steht auch bei Erikson im Fokus der jeweiligen Krisen.

[Tab. 1] Konzepte zur Erläuterung des Sozialisationsprozesses in der Jugendphase (in Anlehnung an Niederbacher/Zimmermann 2011)

Identitätsbildung heute

Wurden einem jungen Menschen früher noch viele Rollen vorgegeben (z. B. übernahm der Sohn den Beruf des Vaters, die Eltern halfen bei der Partnerwahl), so sind in der heutigen, sehr komplexen und globalen Gesellschaft viele Lebensbereiche offen und frei wählbar. Eine eigene Identität zu finden ist gar nicht so leicht. Häufig fühlen sich junge Menschen auf der Suche nach der eigenen Identität und der Planung ihrer Zukunft auf sich alleine gestellt.

[1] Seine eigene Identität zu finden ist nicht immer leicht. In der Soziologie spricht man heutzutage von Patchwork-Identitäten, da sie vielfältig wie die Farben des Regenbogens sein können.

Konnten Jugendliche früher den Werten und Normen der äußeren Realität entfliehen, indem sie z. B. von Zuhause wegliefen, um irgendwo neu anzufangen, so ist dies in Zeiten des technischen Fortschritts nicht mehr so einfach möglich. Alte, schon längst abgelegte Identitäten sind z. B. auf Internetplattformen wie Facebook gespeichert und können jederzeit nachvollzogen werden.

Den oben dargestellten Theorien gegenüber wurde in den 1990er Jahren ein neuer Begriff bei der Suche nach soziologischen Erklärungsmustern für die Entwicklung der Identität in der Jugendphase in der postmodernen Gesellschaft entgegengesetzt – die **Patchwork-Identität** (Heiner Keupp, Sozialpsychologe).

BEISPIEL

Nuriye (19 J.) ist in Deutschland geboren und hat einen deutschen Pass. Ihre Eltern sind vor fünf Jahren zurück in die Türkei gegangen. Nuriye ist bei ihrem älteren Bruder geblieben. Im Sommer macht sie ihr Abitur. Sie hat keine Idee, was sie danach studieren soll. Die Vielfalt der Studienangebote erschlägt sie. Aus der Familie kann ihr keiner helfen. Eine gute Freundin hat BWL studiert, ist arbeitslos und kellnert jetzt. Zuhause kleidet sie sich aus Sicht der Mutter angemessen, auch wenn sie kein Kopftuch trägt. Ihre Familie weiß nicht, wie sie sich gibt, wenn sie mit dem Freundeskreis unterwegs ist. Das ist auch besser so, sagt sie. Hier in Deutschland fühlt sie sich oft als türkische Deutsche – im Urlaub in der Türkei sprechen sie viele als deutsche Türkin an. Vom Koran weiß sie nicht viel ...

Wichtige Faktoren, die Havighurst oder auch Erikson als Unterstützung für junge Menschen bei der Bewältigung von Entwicklungsaufgaben oder Krisen benannten (|Familie, Verwandte, Freundeskreis, Schule, Vorbilder in der Politik etc.), haben sich in der postmodernen |Gesellschaft stark verändert:

Familie | S. 278
gesellschaftlicher Wandel | S. 339

- Auftreten vielfältiger Familienentwürfe / verheiratete Eltern sind nicht mehr selbstverständlich / Zahl der Scheidungen steigt weiter
- eine gute Schulbildung bzw. ein gutes Studium führen nicht automatisch zu einer sicheren Position im Berufsleben / hohe Arbeitslosigkeit
- traditionelle Werte verlieren an Bedeutung
- höhere Mobilität der Menschen / häufigere Umzüge
- kürzere Planungszeiträume, biografische Entwürfe werden kürzer
- die nationale Herkunft vermischt sich / immer mehr Jugendliche haben einen Migrationshintergrund
- operative Eingriffe ermöglichen sogar die Geschlechtsidentität zu verändern
- etc.

Verschiedene Rollen müssen gelebt werden, widersprechen sich aber auch zum Teil und können nicht immer zu einem Ganzen zusammengeführt werden. Keupp spricht von einer Art **„Bastelbiographie“**, in der die Jugendlichen sich aus der Vielfalt der Angebote relativ selbstständig ihre Patchwork-Identität aus Teilidentitäten zusammenstellen müssen. Diese Veränderung ist nicht direkt negativ zu beurteilen. Jeder Mensch lebt in einer Gesellschaft in verschiedenen Rollen, die es flexibel zu wechseln gilt. Der Mensch zeigt damit, dass er sich an die jeweiligen Lebensumstände anpassen kann.

Leider sind aber in unserer Gesellschaft auch arbeits- und perspektivlose Jugendliche zu beobachten, denen es immer schwerer fällt, aus der Masse der Identifikationsangebote (insbesondere auch durch Medien) heraus eine eigene Identität zu entwickeln. Zum Teil „tauchen“ sie unter und entziehen sich den Anforderungen der Gesellschaft. Andere Jugendliche dagegen suchen Halt in stark politisch/ideologischen oder religiösen Gruppen. Wieder andere Jugendliche definieren ihre Identität nur über Konsumgüter (z. B. über Markenartikel, elektronische Artikel). Hier gilt es für eine Gesellschaft neue Unterstützungsangebote aufzubauen und Chancengleichheit zu schaffen. Dafür müssen dringend neue empirische Daten über die Lebenswelt von jungen Menschen erhoben werden.

[2] Es gibt Jugendliche, die Halt in rechtsradikalen Gruppen suchen. Foto aus dem sehenswerten Film zu diesem Thema: „Kriegerin“. (Marisa (Alina Levshin) in einer Szene des Kinofilms "Kriegerin" (undatierte Filmszene) Kinostart am 19. 1. 2012; Foto: Ascot Elite Filmverleih/Alexander Janetzko)

Sicherlich benötigt die Gruppe junger Menschen mit Flüchtlingserfahrungen auch besondere Unterstützungsmöglichkeiten. Sie müssen sich häufig mit sehr unterschiedlichen Rollenerwartungen des Herkunftslandes und der neuen Zuwanderungsgesellschaft auseinandersetzen.

Auschecken

Das habe ich in diesem Kapitel dazugelernt:

- ✓ Mir ist bewusst, dass der Prozess der Sozialisation ein sehr komplexer Forschungsgegenstand ist.
- ✓ Ich kann den Unterschied zwischen Werten und Normen erklären.
- ✓ Ich verstehe die Wechselbeziehung zwischen Individuum und Gesellschaft.
- ✓ Ich kann erklären, dass frühe Bindungserfahrungen als Kind Einfluss auf die Identitätsbildung des Menschen haben.
- ✓ Ich kann den Unterschied zwischen innerer und äußerer Realität eines Menschen darstellen.
- ✓ Ich kann die einzelnen Phasen der Sozialisation benennen und ihre Merkmale zuordnen.
- ✓ Ich kann den Zusammenhang zwischen Erziehung und Sozialisation herausarbeiten.
- ✓ Ich kann die Sozialisationsaufgaben der Familie erklären.
- ✓ Ich kenne unterschiedliche Familienformen und kann daraus unterschiedliche Rollenvorbilder ableiten.
- ✓ Ich kann die Methode der Literaturrecherche anwenden.
- ✓ Ich habe unterschiedliche Sozialisationstheorien beleuchtet und verglichen. Ich kann die Begründer benennen und in Grundzügen die Theorien beschreiben.
- ✓ Ich habe begriffen, dass der Jugendphase im Hinblick auf die Identitätsbildung eine große Rolle zukommt.
- ✓ Ich habe mich mit den Entwicklungsaufgaben der Jugendphase auseinandergesetzt und kenne verschiedene Konzepte zur Erläuterung des Sozialisationsprozesses in der Jugendphase.
- ✓ Ich kann den Begriff „Patchwork-Identität“ mit eigenen Worten erläutern.
- ✓ Ich hinterfrage kritisch die heutige Entwicklung der Jugendphase in Deutschland. Dabei berücksichtige ich die Veränderungen einer postmodernen Gesellschaft.

Aufgaben / Fragen

1 Erstellen Sie Ihr persönliches „Sozialisationswappen“ (Kindheit bis heute), indem Sie sich Notizen zu den folgenden Stichworten machen: „wichtige Bezugspersonen im Leben, Herkunftsland, Sprache(n), wichtige Werte und Normen, Lieblingsessen, Lieblingsfest der Familie, Oberhaupt der Kernfamilie, Familienmotto etc.“. Tauschen Sie sich in Kleingruppen mit Ihren Mitschülern über die Ergebnisse aus.

2 Erläutern Sie die Begriffe Sozialisation, Sozialisationsinstanzen, Lebensphasen und Identität anhand eines Beispiels.

3 Setzen Sie die beiden Begriffe „Erziehung“ und „Sozialisation“ in Beziehung.

4 Arbeiten Sie heraus, welche Rahmenbedingungen Kinder und Jugendliche benötigen, um in unserer Gesellschaft mündige, autonome und partizipierende Bürger zu werden, die ihre eigene Identität und Individualität als Teil eines Ganzen sinnvoll und gesunderhaltend leben können.

5 Fassen Sie mit eigenen Worten zusammen, wie die Familie und Peergroups für ein Kind bzw. einen Jugendlichen maßgeblich zur Bewältigung von Entwicklungsaufgaben beitragen.

6 Vergleichen Sie die Sozialisationstheorien miteinander. Benennen Sie Unterschiede und Gemeinsamkeiten.

7 Beschreiben Sie den Zusammenhang von intensiver Mediennutzung und zunehmender Kommerzialisierung der Freizeit bei Kindern. Gehen Sie dabei auch auf mögliche, daraus resultierende Probleme ein.

8 „Die eigene Identität zu finden ist heutzutage schwieriger denn je.“ Begründen Sie diese Aussage.

9 Erheben Sie Daten über die Interessen und Hobbys, die Entwicklungsaufgaben, die Lebenssituationen, die Mediennutzung etc. von Jugendlichen. Entwickeln Sie dazu einen ansprechenden Interviewleitfaden für Jugendliche. Setzen Sie ihn an Ihrer Schule ein und werten Sie die Ergebnisse aus.

Gruppe

Ein Blick auf eine Skateboard-Anlage irgendwo in Deutschland.
Heute ist es an der Anlage voll, die Sonne scheint und es sind 25 Grad. Die Schule ist seit zwei Stunden aus und hier wird es so langsam lebendig. An der Anlage sind viele Kinder unterschiedlichen Alters zu finden, aber auch Jugendliche kommen gerne am Nachmittag und Abend hierhin. In der Halfpipe fährt gerade eine Gruppe zwölfjähriger Jungen Skateboard und wie durch eine unsichtbare Hand gesteuert, fängt immer einer an und alle wechseln sich ohne Absprachen ab. Auf der Bank sitzen zwei 16-jährige und reden miteinander über die kommenden Prüfungen zum mittleren Schulabschluss. Einen weiteren Jungen, der dazukommt, grüßen sie mit einem Handschlagritual. Dann unterhalten sie sich jedoch weiter und ignorieren ihn.
Gerade kommt eine Gruppe BMXler mit ihren Fahrrädern – die Clique wird bei den Skatern nicht gerne gesehen und die Stimmung an der Anlage verändert sich. Die BMXler fahren in die Pipe und nehmen den Kindern die Möglichkeit zu skaten. Die Zwölfjährigen setzen sich oben auf das Geländer der Halfpipe und beraten sich miteinander, was sie nun tun sollen. Zunächst warten sie und gucken den BMXlern zu. Deren Tricks sind wirklich gut – einer kann sogar einen Backflip (Rückwärtssalto).
Nach 30-minütigem Fahren machen die BMXler eine Pause und sofort sind die Skater wieder dran. Auch die drei Jugendlichen fahren plötzlich mit. Respektvoll lassen die jüngeren Kindern beim „dropin“ den Älteren den Vorrang.
In diesem Beispiel wird deutlich, dass sich unterschiedliche Gruppen bei gemeinsamen Interessen arrangieren können.

1 Wie würden Sie das Entstehen der beiden Gruppen erklären?

2 Was könnten die Skater und BMXler in ihrer jeweiligen Gruppe lernen?

3 Welche gemeinsamen Interessen beider Gruppen erkennen Sie?

1 Gruppe als soziales Gebilde

1.1 Begriffbestimmung

Für die Definition des Begriffs Gruppe gibt es mehrere Kriterien. Das erste Kriterium ist, dass die Basis einer Gruppe mindestens zwei oder mehr Personen sind. Viele Gruppenerscheinungen sind bereits bei einer Dyade erkennbar. Bei anderen Phänomenen benötigt man mindestens drei Personen in einer Gruppe. Beispielsweise wird dies beim Phänomen ‚Koalitionsbildung' deutlich.

Dyade
Gruppe, bestehend aus zwei Personen

Damit jedoch aus einer zufälligen Ansammlung von Menschen eine Gruppe wird, müssen noch weitere Kriterien erfüllt sein. Die fünf weiteren Kriterien sind die gemeinsame Interaktion, das Verfolgen gemeinsamer Ziele oder Interessen, die Entwicklung eines Wir-Gefühls, eine Organisationsstruktur sowie eine zeitliche Stabilität.

Interaktion | S. 233

Kriterium (Merkmal)	Beschreibung
Interaktion	Alle Mitglieder einer Gruppe interagieren miteinander. Dies bedeutet, dass sie sich gegenseitig wahrnehmen und miteinander kommunizieren. Mit zunehmender Gruppengröße wird die Interaktion immer schwieriger. In der Regel wird deshalb von einer Gruppe gesprochen, wenn sie mindestens zwei, aber nicht mehr als 25 Mitglieder umfasst.
gemeinsame Ziele oder Interessen	Die Gruppe bzw. ihre Mitglieder verfolgen ein gemeinsames Ziel oder besitzen gemeinsame Interessen, wie z. B. Skaten an der Anlage oder das Bestehen einer Prüfung. Die Ziele und Interessen können von Gruppe zu Gruppe sehr unterschiedlich sein.
Wir-Gefühl	Die Gruppe nimmt sich als Gruppe wahr und grenzt sich gegenüber anderen Personen ab. Es entsteht ein Wir-Gefühl, ein Gefühl der Zusammengehörigkeit. Eine Gruppe wird von Außenstehenden auch als eine Einheit wahrgenommen, wie die BMXler im Beispiel.
zeitliche Stabilität	Eine Gruppe wird erst über eine gewisse Dauer zu einer Gruppe und bildet dann gruppenspezifische Strukturen aus. Das gemeinsame Sitzen in der Straßenbahn macht aus unterschiedlichen Menschen noch keine Gruppe.
Organisation und Struktur	Die Gruppe strukturiert sich dadurch, dass die einzelnen Mitglieder aufgrund ihrer Eigenheiten und Fähigkeiten unterschiedliche Rollen und Positionen übernehmen. Beispielsweise gibt es Gruppenführer, Kritiker, aber auch sogenannte Mitläufer in einer Gruppe.

Sie wissen nun, welche Kriterien aus einer Ansammlung von Menschen eine Gruppe werden lassen. Sie selbst sind in unterschiedlichen Gruppen Mitglied und haben dort eine Rolle und auch Aufgaben.
Im Praktikum werden Sie auf verschiedene Gruppen treffen, die durch eigene Ziele und ein Wir-Gefühl verbunden sind. Hilfreich ist es, wenn Sie die Gruppe anerkennen und sich der eigenen Mitgliedschaft in Gruppen bewusst sind. Im Praktikum gehören Sie z. B. für die Jugendlichen zur Gruppe der Aufsichtspersonen.

1.1.1 Erscheinungsformen sozialer Gebilde

In unserer Gesellschaft lassen sich ständig Ansammlungen von Menschen finden – nicht jede davon ist eine Gruppe. Es besteht eine Vielzahl von sozialen Gebilden nebeneinander.

soziale Gebilde
Sammelbezeichnung für soziale Einheiten, die von mehreren Individuen gebildet werden

Menge und Masse

Mit einer **Menge** sind alle Personen gemeint, die sich ohne Verabredung und Kommunikation bzw. Interaktion an einem gemeinsamen Ort aufhalten. Die Beteiligten kennen sich nicht und bleiben anonym. Beispiele dafür sind alle Menschen in einer U-Bahn oder das Publikum in einem Theater. Das einzige gemeinsame Kriterium einer Masse ist die räumliche Nähe. Ein anderes Wort für Menge ist Aggregat.

[1] Menschenmenge auf einem Platz

[2] Menschenmasse bei einer Demonstration in Kairo

Auch der Begriff **Masse** wird nicht mit dem Begriff der Gruppe gleichgesetzt. Als Masse wird eine dicht gedrängte Menge von Menschen gesehen, die einem sehr reduzierten Ziel folgen. Eine Demonstration gegen Studiengebühren oder das Anfeuern einer Fußballmannschaft im Stadion sind Beispiele für eine Masse. Im Stadion sind sehr viele Personen anwesend, jedoch agieren nicht alle miteinander. Einer Masse wird häufig etwas Unberechenbares unterstellt, da die einzelnen Aktionen von Personen in dieser Anonymität durch andere Personen unreflektiert übernommen werden können. Beispielsweise läuft ein Fußballfan während des Spiels auf den Platz und stürmt den Rasen, weitere ihm unbekannte Personen folgen.

Nicht jedes soziale Gebilde wird als Gruppe bezeichnet. Der Begriff der Gruppe unterliegt bestimmten Kriterien. Eine Gruppe besteht aus mindestens zwei Personen, verfolgt gemeinsame Ziele, entwickelt ein Wir-Gefühl und besitzt eine zeitliche Stabilität. Eine Gruppe strukturiert sich durch unterschiedliche Rollen ihrer Mitglieder.

1.1.2 Funktionen der Gruppe

Alle Menschen gehören unterschiedlichen Gruppen an.

BEISPIEL

Lewin (5 Jahre) geht schon seit zwei Jahren in die Regenbogengruppe der Kita Sonnenschein. Er ist dort eines von 20 Kindern. In der Gruppe spielt er am liebsten mit seinen drei Freunden in der Bauecke. Sie treffen sich auch am Nachmittag und gehen gemeinsam in die Abenteuerturngruppe des Sportvereins.
Lewin kommt im Sommer in die Schule. In die Vorschulgruppe gehen alle zehn Kinder der Kita, die im Sommer in die Schule kommen.
Lewin hat noch zwei Geschwister. Gemeinsam leben sie mit den Großeltern in einem Haus – insgesamt sieben Personen aus drei Generationen. Lewin genießt das, es ist immer jemand für ihn da.

Die Zugehörigkeit zu Gruppen gibt dem Menschen Sicherheit, das Gefühl, Ziele erreichen zu können, und bringt Nutzen. Menschen bilden also Gruppen, um materiellen und psychologischen Nutzen zu erzielen.

Der materielle Nutzen einer Gruppe bedeutet, dass gemeinsame Ziele verwirklicht werden können, und bietet dem Einzelnen Sicherheit, Schutz und Macht. Ein komplexes Projekt beispielsweise ist ohne die Mithilfe anderer nicht zu lösen. Jedes Gruppenmitglied bringt unterschiedliche Fähigkeiten ein und hilft so, ein Ziel zu erreichen. Bei einer Theateraufführung in der Schule werden neben dem Regisseur z.B. auch Schauspieler, Bühnenbildner und Beleuchter benötigt.

[3] Mitglieder einer Lerngruppe können sich Aufgaben teilen.

In einer Lerngruppe liegt der Nutzen in der Aufteilung der Aufgaben. Jeder bearbeitet drei Aufgaben und stellt sie den anderen vor. Die Mitglieder verlassen sich aufeinander und übernehmen die verteilten Aufgaben.

Der materielle Nutzen kann auch in dem gemeinsamen Ausdruck einer Überzeugung liegen. Die Mitglieder einer kleinen Arbeitsgruppe wollen beispielsweise in der Firma alle Kollegen dazu bewegen, weniger Müll zu produzieren und eine bessere Mülltrennung durchzuführen. Die Gruppe fühlt sich stark und kann mit der gemeinsamen Haltung überzeugender auftreten.

Neben dem materiellen Nutzen bringt die Zugehörigkeit zu Gruppen auch psychischen Nutzen. Ein primäres Bedürfnis des Menschen ist das Bedürfnis nach Kontakt. Gruppen eignen sich besonders gut, dieses Bedürfnis zu befriedigen. Die Mitglieder einer Gruppe kommunizieren und interagieren miteinander.

primär
wichtig, hauptsächlich, erstrangig

Einer Gruppe anzugehören kann sich auch auf die soziale Identität eines Menschen auswirken.

soziale Identität
Vorstellung einer Person von sich selbst, welche die Person aus ihrer Mitgliedschaft in einer sozialen Gruppe gewinnt

Die Auswirkungen einer Gruppe auf die soziale Identität haben Sie bestimmt schon einmal erlebt, indem Sie sich einer Gruppe angeschlossen haben, weil diese aus gleichgesinnten Menschen bestand. Vielleicht sind Sie Mitglied einer Band oder einer Mannschaft. Der Erfolg der Gruppe bei Auftritten oder Wettkämpfen führt dazu, dass Sie Ihre Stärken erkennen und selbstbewusst auftreten.

Selbstdefinition einer Gruppe
Durch die Zugehörigkeit zu Gruppen bildet sich eine Selbstdefinition, d. h. man weiß, was oder wer man ist und orientiert sich dabei an den Normen und Werten einer Gruppe. Auch das Selbstwertgefühl wird von einer Gruppenzugehörigkeit beeinflusst. Die Zugehörigkeit zu einer erfolgreichen, attraktiven Gruppe wie z. B. zum Fußballteam der Schule wirkt sich positiv auf das eigene Selbstbewusstsein aus. Auch Erfolge wie der Gewinn der Schulmeisterschaften mit dem Team haben einen positiven Einfluss auf das Selbstwertgefühl. Misserfolge wirken sich negativ aus.

„Zusammenfassend lässt sich festhalten, dass Gruppen ihren Mitgliedern materiellen und psychologischen Nutzen bringen. Dieser Nutzen scheint häufig so groß zu sein, dass wir bereit sind, für die Zugehörigkeit zu einer Gruppe auch etwas in Kauf zu nehmen: Wir unterwerfen uns in der Gruppe herrschenden Regeln, zahlen einen Mitgliedsbeitrag oder nehmen im Extremfall sogar gefährliche und schmerzhafte Aufnahmerituale auf uns."

(Werth, Lioba/Mayer, Jennifer (2008): Sozialpsychologie. Springer Spektrum, Heidelberg/Berlin, S. 338)

1.2 Formen von Gruppen

Der Mensch erlebt im Laufe seines Lebens die Zugehörigkeit zu unterschiedlichen Gruppen. Dabei spielt zum einen eine zeitliche Dimension (Wann in meinem Leben treffe ich auf diese Gruppe?) und zum anderen die Sichtweise auf die Gruppe (Welchen Bezug habe ich zu dieser Gruppe?) eine Rolle.

1.2.1 Primär- und Sekundärgruppen

[1] Primärgruppe Familie

Primärgruppen sind Gruppen, die zuerst im Leben eines Menschen erscheinen. Dies ist z. B. die Familie mit Vater, Mutter und Geschwistern. Nachfolgend kommen Spielgruppen hinzu. Diese Gruppen sind meist klein und überschaubar und umfassen in der Regel zwei bis sechs Mitglieder.

Wahrnehmungskanäle | S. 107

Diese Gruppen zeichnen sich durch einen hohen Kontakt miteinander aus, der auf unterschiedlichen Kanälen geschieht. Er ist verbal, optisch und taktil. In der Regel handelt es sich dabei um einen direkten Kontakt. Die Eltern schauen den Säugling an, die Kinder spielen miteinander. Der Kontakt ist häufig emotionaler Art und beruht auf gegenseitigen Abhängigkeiten. Das Kind wird von der Mutter umsorgt und benötigt diese Umsorgung für eine gelungene Entwicklung.

Sekundärgruppen sind Gruppen, die erst im weiteren Verlauf des Lebens eines Menschen entstehen. Nach dem Verweilen in der Primärgruppe kommt das Kind in die Tageseinrichtung und in die Schule.

[2] Sekundärgruppe Kindertagesstätte

Diese Gruppen sind bereits deutlich größer und besitzen eine Vielzahl an Mitgliedern. Sie zeichnen sich dadurch aus, dass der Kontakt der Mitglieder geringer und nicht immer direkter Art ist. Die verbale |Kommunikation nimmt nun einen deutlich höheren Stellenwert ein, denn nicht jeder aus dieser Gruppe wird angefasst oder ständig wahrgenommen. Diese Gruppe verfolgt nur in Teilbereichen gemeinsame Ziele. Beispielsweise nehmen nur die Vorschulkinder an dem Waldausflug teil oder lediglich die Mädchen spielen in der Rollenspielecke.

Kommunikation | S. 232

1.2.2 Formelle und informelle Gruppen

Formelle Gruppen sind Gruppen, die sehr strikte Vorgaben über ihre Gruppenform besitzen. In diesen Gruppen wird ausdrücklich festgelegt, welche Normen, Ziele und Werte verfolgt werden sollen. Ebenso werden Rollen, Aufgaben und Zuständigkeiten festgelegt. Beispiele für eine formelle Gruppe sind der Vorstand eines Sport- oder Jugendvereins oder aber auch eine Schulklasse.

Formelle Gruppen sind in der Regel Mitgliedsgruppen. Dies sind Vereine und Gruppierungen, in denen man ein passives oder aktives Mitglied ist.

[3] Lehrer und Schüler bilden eine formelle Gruppe.

Als **informelle Gruppen** werden Gruppen bezeichnet, die keine Satzung besitzen und sich spontan bilden. Hier sind weder die Ziele, Normen und Werte ausdrücklich festgeschrieben noch sind Ordnung und Struktur der Gruppe von außen auferlegt.

Die Gruppe bildet von sich aus im Laufe der Zeit eigene Werte und Normen aus und strukturiert sich selbst über Rollen und Fähigkeiten ihrer Mitglieder. Beispiele für solch informelle Gruppen sind Peergruppen, Spielgruppen von Kindern und die Clique innerhalb einer Schulklasse.

BEISPIEL

Anna, Chava und Sofia sitzen in ihrer Klasse 8c immer nebeneinander. Sie treffen sich jeden Nachmittag und gestalten ihre Freizeit zusammen. Manchmal lernen sie für die Schule, an anderen Tagen gehen sie zusammen shoppen. Chava ist immer sehr ordentlich und pünktlich und in der Clique dafür zuständig, an Termine und Klassenarbeiten zu erinnern. Anna ist kreativ und sucht für ihre Freundin die besten Anziehsachen aus. Sofia ist einfach nur gerne mit den beiden zusammen und lässt viele Dinge mit sich machen.

Die Unterscheidung in formelle und informelle Gruppen ist nicht genau festzulegen. Eine Gruppe kann je nach ihrer Ausrichtung mehr oder weniger formell oder informell sein. Die Klasse, in die Chava, Anna und Sofia gehen, gilt laut Definition als eine formelle Gruppe, es bestehen jedoch in dieser Gruppe auch viele informelle Gruppen wie z. B. die Mädchengruppe. Der Einfluss dieser informellen Gruppen auf die Gesamtgruppe ist nicht zu unterschätzen. Die Mädchen könnten als Vorbilder für Trends gelten und so alle Mädchen der Klasse beeinflussen.

Rangordnung und Bezugsgruppe

Gruppe | S. 301

In jeder Gruppe besteht eine Rangordnung. Neben der formell festgelegten Rangordnung, Lehrer, Klassensprecher und Schüler, kann eine informelle Rangordnung bestehen: heimlicher Führer, Clique, Mitläufer.

Häufig sind informelle Gruppen auch sogenannte **Bezugsgruppen**. Dies sind Gruppen, mit deren Inhalten und Auffassungen man sich identifizieren kann. Die Verhaltensweisen der Mitglieder entsprechen den eigenen Einstellungen und Richtungen. Der Einzelne fühlt sich in seiner Bezugsgruppe angenommen und identifiziert sich in einem hohen Maß mit der Gruppe.

1.2.3 Eigen- und Fremdgruppe

Die **Eigengruppe** ist eine Gruppe, der man sich zugehörig fühlt und mit der man sich identifiziert. Sie wird auch als Innengruppe oder mit dem englischen Wort ingroup bezeichnet. Man bringt dieser Gruppe eine hohe Sympathie entgegen und will gerne Mitglied in dieser Gruppe sein. In der Eigengruppe herrscht ein Wir-Gefühl vor, alle Gruppenmitglieder vertrauen einander, sind sich sympathisch und kooperieren miteinander. Durch den starken Zusammenhalt grenzt sich die Gruppe nach Außen und von anderen ab.

Die Loyalität (innere Verbundenheit) der Gruppenmitglieder ist hoch. Neue Gruppenmitglieder werden nur selten aufgenommen und akzeptiert.

[1] Fremdgruppe

Als **Fremdgruppe**, auch Außengruppe oder englisch outgroup genannt, wird die Gruppe der anderen Menschen gesehen, die nicht zur Eigengruppe gehören. Meist ist dies auch im bewertenden Sinne gemeint.

Die Gruppenmitglieder dieser Gruppe sind fremd, wenig akzeptiert und anders. Das Verhalten der Mitglieder findet wenig Akzeptanz und erscheint unverständlich. Es findet eine Abgrenzung und Ablehnung der Fremdgruppe statt. Häufig kommt es zu negativen Vorurteilen und Rivalitäten mit der Fremdgruppe.

BEISPIEL Auf dem Schulhof der Luisen-Schule kommt es in den Pausen immer wieder zu den gleichen Vorfällen. Die Klasse 7a spielt in der rechten Ecke des Pausenhofs Fußball und ist dabei sehr laut. Die Klasse 7d sitzt in der andern Ecke und regt sich über das Verhalten der „Idioten aus der 7a" lautstark auf.

In extremen Fällen kann es sogar zu |Diskriminierungen kommen. Dies ist häufiger der Fall, wenn es sich bei Fremdgruppen um verschiedene |Ethnien oder Minderheiten handelt. Die Eigengruppe, in der man sich befindet, wird als Ideal einer Gruppe gesehen und somit überschätzt. Es kann daher zu Problemen führen, wenn die Fremdgruppen unterschätzt und nicht akzeptiert werden.

Diskriminierung
Benachteiligung oder Herabwürdigung von Menschen aufgrund bestimmter Merkmale, wie z. B. Alter, Hautfarbe, Geschlecht

Ethnie
Gruppe von Menschen, denen eine kollektive Identität zugesprochen wird, z. B. Herkunft, Kultur, Religion

2 Struktur- und Rollenelemente der Gruppe

2.1 Gruppenwerte und -normen

Zu jeder Gruppenstruktur gehören Regeln, die das Verhalten in der Gruppe bestimmen. Dabei können diese Regeln offiziell und ausgesprochen, aber auch inoffiziell sein. Grundsätzlich gelten sie für jedes Mitglied der Gruppe. Abhängig von der Rolle und dem Status eines Mitgliedes sowie dem Ausmaß des Zusammenhalts in der Gruppe (|Kohäsion) kann von diesen Normen im Einzelfall abgewichen werden.

Kohäsion
innerer Zusammenhalt einer Gruppe

Die vier strukturellen Elemente, die eine Gruppe bestimmen, sind:

Normen	Rollen	Status	Kohäsion
Verhaltenserwartungen aller Gruppenmitglieder	Verhaltenserwartung an eine Person der Gruppe	Stellenwert einer Person in der Gruppe	Zusammenhalt einer Gruppe

Diese vier Merkmale haben einen starken Einfluss auf das Verhalten aller Mitglieder in Gruppen und können dazu führen, dass |Gruppenkonflikte mit z. B. Zuschreibungen, Feindseligkeiten oder Unterdrückung entstehen.

Gruppenkonflikte | S. 323

Gruppen gelten als soziale Gebilde und beginnen sich bereits nach kurzer Bestehensdauer zu organisieren und zu strukturieren. Die Beziehungen untereinander und die jeweiligen Fähigkeiten werden gegliedert und aus dem ersten Nebeneinander wird nach kurzer Zeit eine Struktur.

Mit einer Gruppenstruktur sind der innere Aufbau und die Verhaltensweisen einer Gruppe gemeint.

Soziale |Normen sind Erwartungen darüber, wie sich jedes Mitglied einer Gruppe zu verhalten hat. Diese Einstellungen werden von der Allgemeinheit geteilt, unabhängig davon, welche Rolle jemand besitzt und wo er im Leben steht.

Normen | S. 270

[1] In Gruppen, wie bspw. in Sportteams, existieren bestimmte Strukturen.

BEISPIEL

Marek ist das erste Mal beim Baseball-Training dabei. Sein Freund Jan hat ihn eingeladen mitzumachen und ihm vorher erklärt, was er mitbringen muss und wann und wo das Training beginnt. Marek hat alles mitgebracht und grüßt schüchtern das Team in der Umkleide. Er hält sich an alle Regeln, die der Trainer den Spielern gibt. Auch wenn er nicht alles nachvollziehen kann, macht er zunächst alles mit. Duschen nach dem Training ist eine Regel und obwohl Marek zwei Minuten vom Spielplatz entfernt wohnt, duscht er nach dem Sport in der Umkleide. Im Laufe der Zeit kann Marek beobachten, wer im Team das Sagen hat und wer besonders beliebt ist. Die Regeln des Teams sind ihm klar und er verhält sich, wie die Gruppe es von ihm erwartet – er ordnet sich der Mannschaft und dem Trainer unter und regt sich über das Verhalten der gegnerischen Mannschaft, die „Idioten aus der 7a", lautstark auf.

Normen sind ungeschriebene Gesetze, wie sich jeder in einer Gruppe verhalten soll.

Gruppennormen können Regeln, Bestimmungen und Vorschriften sein, an die sich jedes Mitglied einer Gruppe mehr oder weniger anpassen soll. Nur dann wird es als vollwertiges Mitglied dieser Gruppe akzeptiert. Vergleichbar ist dies mit einem Regelwerk im Sport oder der Schulordnung einer Schule. Ziel dieser Normen ist es, dass die Interaktion der Gruppenmitglieder ohne Konflikte verlaufen kann.

Mitglieder einer Gruppe, die sich nicht an die aufgestellten Normen halten, müssen mit Sanktionen (Strafen) der Gruppe rechnen und werden aufgefordert, ihr Verhalten so zu verändern, dass es den Gruppennormen entspricht, oder es kommt zum Ausschluss aus der Gruppe.

BEISPIEL

Bettina, 16 Jahre, weigert sich seit drei Wochen, das neue Trikot des Tennisclubs anzuziehen – sie mag kein Rosa. Ihre Freundinnen bitten sie zum letzten Mal, das Trikot zu tragen, weil es die Farben des Vereins sind und sie sonst beim nächsten Doppelmatch nicht in ihrer Gruppe spielen darf.

Gruppennormen haben das Ziel, die Gruppe und ihre Mitglieder zu erhalten und ein Fortbestehen zu sichern.

Für den Menschen ist die Gruppenzugehörigkeit wichtig und deshalb wird er versuchen, den Normen zu entsprechen und Sanktionen zu vermeiden. Jedes Mitglied steht unter einem gewissen Anpassungsdruck, denn solange man sich normgerecht verhält, geschieht nichts – verstößt man gegen die Normen, kommt es zu Sanktionen.

„Weiterhin haben Normen die Funktion einer Grundsatzentscheidung, die in häufig wiederkehrenden Situationen Diskussionen über angemessenes Verhalten unnötig macht und damit Ressourcen spart. Frei werdende Kapazitäten können dann dazu eingesetzt werden, sich der Erfüllung der Gruppenziele zu widmen. Sind Personen mit den gruppeninternen Normen noch nicht vertraut – wie es zu Beginn einer Mitgliedschaft bzw. einer Gruppenbildung der Fall ist –, so versuchen sie trotzdem bereits, Normen nicht zu verletzen, indem sie zunächst vorsichtig agieren und sich am Verhalten der anderen orientieren.“

(Werth, Lioba/Mayer, Jennifer (2008): Sozialpsychologie. Springer Spektrum, Heidelberg/Berlin, S. 341)

Die Gruppe reglementiert das Verhalten eines Mitgliedes, indem sie konformes Verhalten belohnt und Verstöße bestraft.

Fast jeder Lebensbereich wird von Normen geleitet, kann aber höchst unterschiedlich ausgeprägt sein.

[2] Polizist bei einer Verkehrskontrolle

[3] Punks

Beide Gruppen auf den Abbildungen haben als eine gemeinsame Norm das Erscheinungsbild. Die Form ist jedoch deutlich verschieden, aber bei beiden Gruppen sehr wirksam.

Sie selbst unterwerfen sich in unterschiedlichen Gruppen normativen Einflüssen. Vielleicht sind Sie Mitglied in einer Gruppe, in der das Käppi tragen dazugehört, oder Sie hören die gleiche Musik und zeigen dies auch über Ihre Kleidung. Hilfreich für Ihr Praktikum ist es z. B., wenn Sie wissen, dass Kinder und Jugendliche sich Normen in Gruppen unterwerfen, um dazuzugehören.

Normen können sich auch auf das Lernverhalten von Kindern und Jugendlichen auswirken. In bestimmten Altersphasen könnte es angesagt sein, wenig zu lernen und sich eher durch das Verweigern im Unterricht oder durch Streiche spielen zu behaupten. Andererseits werden sehr aktive und strebsame Schüler ausgegrenzt und als „Streber“ bezeichnet. Die Gruppe sanktioniert sowohl Abweichungen nach unten („Du machst nie mit“) wie nach oben („Du Streber“).

2.2 Rollen in der sozialen Gruppe

Rolle | S. 439

Neben den Normen, die das Verhalten in einer Gruppe bestimmen, wird die Struktur einer Gruppe auch durch Erwartungen an einzelne Mitglieder bestimmt. Die Erwartungen unterscheiden sich durch die Rolle, die ein Mitglied in der Gruppe einnimmt.

Die sozialen Rollenvorschriften richten sich nur an die Inhaber einer bestimmten sozialen Position. Mit Position ist hier die Stellung in der Gruppe und damit auch der Rangunterschied zu anderen Mitgliedern gemeint.

Eine Rolle sind Erwartungen darüber, wie sich bestimmte Personen in Gruppen zu verhalten haben.

BEISPIEL

Von einem Trainer wird erwartet, dass er das Regelwerk der Sportart kennt, motivierend und anspornend ist. Er soll seine Mannschaft im Griff haben und gerecht sein. Sein Verhalten soll vorbildlich sein und er soll gutes Verhalten belohnen und negatives bestrafen.

soziale Position | S. 331

Das Entstehen von Rollen in einer Gruppe vollzieht sich durch die Unterschiedlichkeit der Mitglieder. Jedes Mitglied bringt eine Vielzahl von Interessen, Bedürfnissen, Fähigkeiten und sogenannten harten Faktoren wie Alter, Hautfarbe, soziale Position mit sich.

Durch das häufige Auftreten von bestimmten Verhaltensmustern eines Mitgliedes werden an das Gruppenmitglied auf Dauer Erwartungen gestellt, die in der Übernahme einer Rolle münden können.

BEISPIEL

Frederico meldet sich bei jeder Gruppensitzung zu Wort und hat kreative Ideen zur Umsetzung des Graffiti-Malprojektes im Jugendclub. Er schlägt Methoden vor und teilt die anderen Mitglieder zur Arbeit ein. Im Laufe des Projektes wird von ihm erwartet, dass er die Rolle des Führers in dieser Gruppe übernimmt.

Die Gestaltung einer Rolle wird durch zwei wesentliche Komponenten bestimmt. Zum einen sind die individuellen Fähigkeiten und Persönlichkeitsmerkmale des Rollenträgers wichtig, andererseits wird die Rolle durch die Erwartungshaltung der Gruppe bestimmt.

Rollen sind für eine Gruppe wichtig und haben die Aufgabe einer Arbeitsteilung. Sie helfen Gruppenziele zu erreichen und die Überlastung einzelner Mitglieder zu vermeiden. Jeder übernimmt ihm Rahmen seiner Fähigkeiten eine Aufgabe und Rolle in der Gruppe.

2.2.1 Beispiele für Rollen in einer sozialen Gruppe

Während des Bestehens einer Gruppe übernimmt jedes Gruppenmitglied eine bestimmte Rolle und somit eine Funktion innerhalb dieser Rolle. Für die Übernahme einer Rolle ist es wichtig, dass sie geschlechtspezifisch ausgeübt werden kann. Auch muss sie als altersangemessen erlebt werden und nicht negativ besetzt sein.

Aufgabenrollen nach Brocher

Nach dem deutschen Sozialpsychologen Tobias Brocher (1917–1998) lassen sich diese Rollen klassifizieren. Brocher spricht von einer Einteilung in „Aufgabenrollen“ und „Erhaltungs- und Aufbaurollen“. Unter „Aufgabenrollen“ versteht er Rollen, die notwendig sind, damit die Gruppe ihre Ziele erreicht und Aufgaben durchgeführt werden können. Die Funktionen, die dazu benötigt werden, sind Initiative und Aktivität, Koordination und die Fähigkeit, Informationen zusammenzufassen.

Als „Erhaltungs- und Aufbaurollen“ werden Fähigkeiten beschrieben, die zum Auswerten, Diagnostizieren und Vermitteln benötigt werden.

Brocher führt auch die „dysfunktionale Rolle“ an. Hiermit meint er Mitglieder einer Gruppe, welche die Gruppe und ihre Arbeit stören und negativ belasten. Diese Rollen zeigen sich in Verhaltensweisen wie Aggression, Passivität oder Clownerie.

Dysfunktion
Funktionsstörung

Führerrolle nach Bales

Der US-amerikanische Soziologe Robert F. Bales (1916–2014) identifizierte unterschiedliche Rollentypen. Es sollen hier nur die beiden gegensätzlichen Positionen benannt werden. Eine wesentliche Bedeutung hat die Rolle des „Führers“ oder auch Stars in einer Gruppe. Diese Rolle kommt in jeder Gruppe vor und kann auf eine oder mehrere Personen aufgeteilt sein. Nicht bestimmte Führungseigenschaften sind die Voraussetzung, Gruppenführer zu werden. Voraussetzung ist, dass er die Gruppe versteht und die Gruppe ihn. Gruppenführer wird, wer die Gruppennormen besonders erfüllt. Der Führer erkennt, dass es seine Aufgabe ist, zu führen. Seine Fähigkeiten liegen im Leistungsbereich und auf der sozial-emotionalen Ebene. Er hat Charisma, ist kontaktfreudig und hilfsbereit. Äußere Merkmale, wie gutes Aussehen oder eine bestimmte Art sich zu kleiden, können unterschwellige Einflussfaktoren für die Übernahme der Führungsrolle sein.

Die Rolle des Führers kann in einer Gruppe aber auch negative Eigenschaften aufweisen. In der Gruppenforschung wurden Führungsrollen des Herrschers oder des Tyrannen untersucht. Hier rollendominiert eine Form des Geltungsstrebens und der Gewaltanwendung. Durch Einschüchterung der Gruppenmitglieder wird Macht ausgeübt. Die Gruppe beugt sich dem Führer und fürchtet ihn.

Außenseiterrolle nach Bales

Der Außenseiter einer Gruppe ist von der Gruppe in einem gewissen Maße isoliert. Diese Rolle kann jemand innehaben, der nicht am Geschehen der Gruppe teilnimmt, sich nicht an die gültigen Gruppennormen hält oder den Mitgliedern einer Gruppe unsympathisch ist.

Im Laufe der Zeit kann sich daraus die Rolle des Sündenbocks bilden. Er wird zu demjenigen, der an allem schuld ist oder auf den das Nichterreichen des Ziels geschoben wird.

Zum Außenseiter kann ein Gruppenmitglied werden, wenn Auffälligkeiten im sozialen Verhalten wie Aggressionen, störendes Verhalten oder mangelhafte Fähigkeiten und Fertigkeiten wie Sprachprobleme etc. vorliegen. Der Außenseiter reagiert häufig mit Verhaltensweisen, die ihn noch unbeliebter machen.

Im Praktikum sollten Gruppen gut beobachtet und ein Soziogramm erstellt werden. Nur wenn Ihnen klar ist, wer der Gruppenführer bzw. der heimliche Führer oder der Außenseiter einer Gruppe ist, haben Sie Möglichkeiten der Einflussnahme. Am Gruppenführer vorbei gelingt Ihnen dies nicht.

2.2.2 Eine Gruppe erfassen mit der Methode des Soziogramms

Im Internet finden Sie verschiedene Gratisprogramme zur Erstellung von Soziogrammen, z. B. einen Soziogramm-Editor.

Ziel der Methode

Das Soziogramm dient der Darstellung von sozialen Strukturen und Beziehungen in der Gruppe. Für eine Gruppenleitung ist es wichtig, die Strukturen ihrer Gruppe zu ermitteln und so die Beziehungen der Gruppenmitglieder untereinander besser kennenzulernen.

Datenerhebung | S. 31

Besonderheiten

Das Soziogramm ist eine Methode, mit der soziale Beziehungen in einer Gruppe optisch dargestellt werden. Es bedarf vorher einer Erhebung von Daten. Dies kann entweder durch eine anonyme Befragung der Gruppenmitglieder oder durch gezielte Beobachtungen entstehen. Das Soziogramm ist nur eine Momentaufnahme, da eine Gruppe und ihre Beziehungen immer in Bewegung sind. Das, was heute noch gilt, kann morgen anders sein. Dennoch ist es eine sinnvolle Methode, um Beziehungen einer Gruppe zu erfassen und zu reflektieren.

Die Methode der Soziometrie wurde 1939 von Jakob Moreno als Methode zur Erfassung von Sozialstrukturen entwickelt.

Soziometrie
Methode der empirischen Sozialforschung, die dazu dient, Gruppenmitglieder und ihre Beziehung zueinander in einer Soziomatrix darzustellen

Vorgehensweise

Um die Beziehungen in einer Gruppe zu erfassen, ist es notwendig, den Beobachtungsgegenstand, z. B. eine gemeinsame Aufgabe oder Aktion der Gruppe, zu definieren. In Bezug auf eine Grundschulklasse könnten die einzelnen Schritte z. B. folgendermaßen aussehen:

1. Festlegen, was beobachtet oder befragt werden soll. Es gibt die Möglichkeit, entweder das Spielverhalten oder das Kontaktverhalten in den Mittelpunkt zu stellen.
2. Mögliche Fragen (altersabhängig) sind:
   - Wen würdest du gerne zu deinem Geburtstag einladen?
   - Neben wem möchtest du sitzen?
   - Mit wem möchtest du zusammenarbeiten?
   - Mit wem spielst du nie?
   - Neben wem möchtest du nicht sitzen?
3. Die Daten werden dann mit + und – in eine Soziomatrix eingegeben:
   + ist das Zeichen für Zuneigung.
   – ist das Zeichen für Ablehnung.

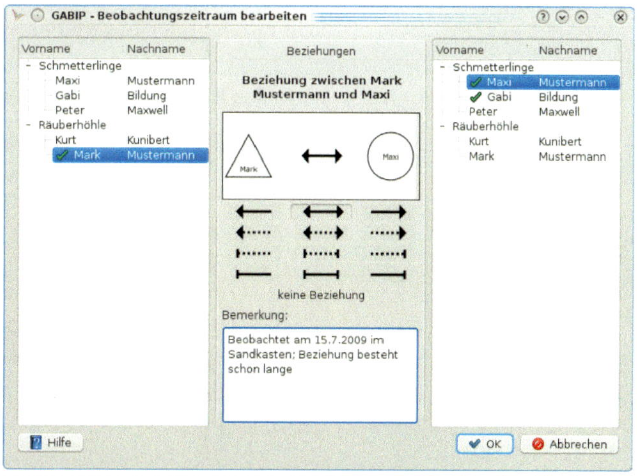

[1] Computergestützte Darstellung eines Soziogramms

Es wird dann eine Summierung aller Positiv- und Negativnennungen vorgenommen, um sich einen Überblick zu verschaffen: Welches Gruppenmitglied hat die meisten positiven Nennungen und steht im Mittelpunkt der Gruppe? Welche Kinder oder Jugendlichen werden nur selten benannt und besitzen wenige Kontakte?

4. Im letzten Schritt erfolgt dann die grafische Darstellung der Beziehungen in Form eines Soziogramms. Das Soziogramm verdeutlicht mit Pfeilen von einer Person zur anderen, wer mit wem eine Beziehung eingegangen ist und mit wem kein Kontakt aufgenommen wurde.
5. Mit dem fertigen Soziogramm kann die Situation der Gruppe analysiert und pädagogischer Handlungsbedarf erkannt werden.

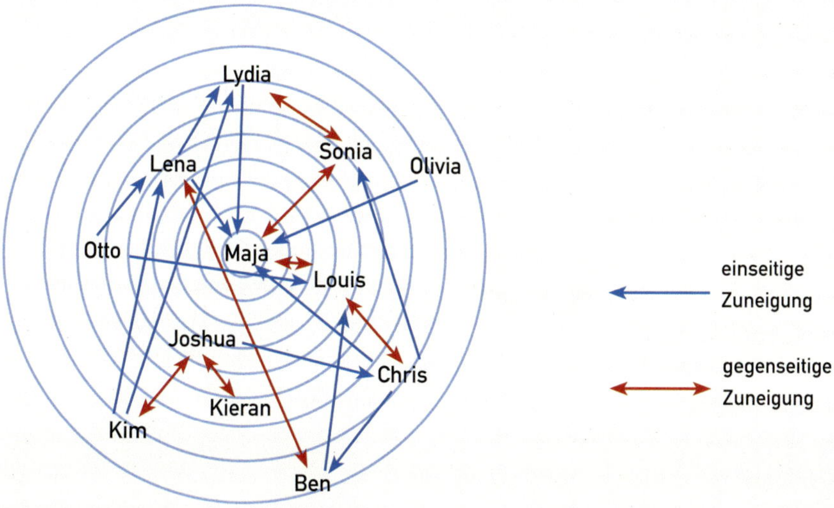

[2] Dieses Soziogramm verdeutlicht die Zuneigung unter den Gruppenmitgliedern.

2.2.3 Rollenkonflikte und Bewältigungsmöglichkeiten

Der Mensch ist Mitglied in verschiedenen Gruppen und nimmt dort unterschiedliche Rollen ein. Dadurch kommt es aber auch zu Problemen, den sogenannten Rollenkonflikten.

Von einem Rollenkonflikt wird dann gesprochen, wenn die Normen und Erwartungen an das Verhalten eines Menschen so unterschiedlich sind, dass sie für den Rolleninhaber nicht miteinander zu vereinen sind.

Form des Rollenkonfliktes	Auswirkungen
Inter-Rollenkonflikt	Zwei verschiedene Rollen in unterschiedlichen Gruppen sind nicht miteinander in Einklang zu bringen. BEISPIEL: Herr Berg ist Lehrer und Vater eines Sohnes. Als Lehrer ärgert er sich über vermeidbare Fehlzeiten seiner Schüler. Als Vater hat er aber selbst schon einmal seinen Sohn krankgemeldet, um einen Tag eher in die Ferien fahren zu können.
Intra-Rollenkonflikt	Innerhalb einer Rolle sind unterschiedliche Erwartungen von außen nicht vereinbar. BEISPIEL: Der Klassensprecher wird von der Klasse aufgefordert, eine Freistunde bei den Lehrern zu beantragen. Die Schüler wollen diskutieren und die nächste Klassenfahrt planen. Die Lehrer erwarten, dass der Klassensprecher seine Mitschüler dazu motiviert, die Freistunde zur Referatsvorbereitung zu nutzen.
Personen-Rolle-Konflikt	Die persönliche Einstellung und die Bedürfnisse des Rollenträgers stimmen nicht mit der Erwartungen an die Rolle überein. BEISPIEL: Der Gründer eines Schachclub möchte bei Neuanmeldungen nur auf das Alter der Teilnehmer achten. Der Trainer besteht aber darauf, dass auch die soziale Herkunft eine Rolle spielen muss.

Es bestehen unterschiedliche **Bewältigungsmöglichkeiten** für Rollenkonflikte.

Bewältigungsmöglichkeit	Beschreibung
Rollendistanz	Das Mitglied der Gruppe kann die Erwartungen, welche die Gruppe an ihn richtet, reflektieren und überprüfen. Es muss sich fragen, ob es diese Erwartungen erfüllen kann und will. Diese Form der Reflexion muss gelernt werden und gelingt nicht immer. Mit zunehmender Erfahrung kann ein Gruppenmitglied jedoch innehalten und eine Entscheidung treffen. So entsteht im Laufe der persönlichen Entwicklung eine eigene persönliche Identität.
Kompromisse schließen	Das Mitglied arrangiert sich mit der Rolle, macht aber bei der Ausübung und bei seinen eigenen Erwartungen Abstriche.
Rollenaufgabe	Eine Rolle, die zu belastend ist, kann aufgegeben werden.
Rollenabweichung	Das Gruppenmitglied verweigert sich gegenüber den Rollenerwartungen und erfüllt sie nicht. Es kann dadurch zu Veränderungen kommen, die förderlich für eine Gruppe sein können.
äußere Erfüllung mit innerem Protest	Das Mitglied erfüllt die Erwartungen, obwohl es innerlich dagegen ist. Auf Dauer kann dies zu einem Gewissenskonflikt führen.
Aushalten von Spannungen und Konflikten	Das Aushalten von Spannungen und Gruppendruck gehört zur Entwicklung eines Menschen. Es sollte ein sinnvoller entspannender Ausgleich dazu gefunden werden, z. B. Sport treiben, Freunde treffen. Auch eine Supervision kann helfen, Spannungen und Konflikte zu erkennen, zu reflektieren und zu bearbeiten.

Erst im Verlauf der persönlichen Entwicklung ist der Mensch in der Lage, mit Rollenkonflikten konstruktiv umzugehen. Der Umgang mit Gruppen und die Erfahrungen, die dort gemacht wurden, lassen den Mensch ein Selbstkonzept ausbilden, nach dem er handeln kann.

[1] Der konstruktive Umgang mit Rollenkonflikten trägt zur Zufriedenheit bei.

2.3 Status

Status | S. 333

Der Status ist das dritte Merkmal zur Unterscheidung von Gruppenstrukturen. Die interne Machtverteilung oder Rangordnung ergibt sich aus dem unterschiedlichen Status der Gruppenmitglieder. Nicht alle Rollen sind gleich anerkannt und bewertet. Es gibt einen deutlichen Unterschied, ob ein Mitglied der Führer oder der Sündenbock der Gruppe ist. Unterschiedlichen Positionen werden folglich verschiedene Rangpositionen zugeordnet.

Der Status ist die soziale Stellung eines Mitgliedes aus Sicht der anderen Gruppenmitglieder. Je höher der Status eines Gruppenmitgliedes ist, desto höher ist der Einfluss, den es hat.

Aus dem Status lässt sich auch der Handlungsspielraum eines Gruppenmitgliedes erkennen. Der Gruppenführer hat einen höheren Status als der Mitläufer und kann sich mehr erlauben. Er kann sich sogar bestimmten Normen entziehen.

Der türkische Sozialpsychologe Muzafer Sherif (1906–1988) beschäftigte sich intensiv mit dem Verhalten von Gruppen, mit der Einflussnahme von Gruppen auf die Einzelperson und dem daraus resultierenden Konformitätsverhalten des Individuums. Er bemerkte, dass Mitglieder einer Gruppe mit hohem Status und bestimmender Rolle eine Modellfunktion haben und sich meist sehr strikt an die entsprechenden Normen halten. Mitgliedern einer Gruppe wird dann ein hoher Status zugewiesen, wenn erwartet wird, dass sie in besonderem Maße zum Erreichen der Gruppenziele beitragen können. Dabei spielen neben Fähigkeiten und Fertigkeiten auch Statusmerkmale wie Alter, Geschlecht, kulturelle Herkunft und Titel eine Rolle.

Die Gruppe fördert Personen, die einen hohen Status haben, und orientiert sich an ihnen. Diese Personen kommen in Gruppensituationen öfter zu Wort als andere und ihre Ideen und Lösungsvorschläge werden meist umgesetzt. Personen mit einem geringen Status, aber mit genauso richtigen Lösungsideen können sich nur selten durchsetzen und haben einen geringen Einfluss auf die Gruppe.

2.4 Kohäsion – der Gruppenzusammenhalt

Umgangssprachlich ist mit dem Wort Kohäsion (Bindungskraft) das Wir-Gefühl einer Gruppe gemeint. Gruppen unterscheiden sich deutlich in ihrem Zusammengehörigkeitsgefühl. Die Grupppenkohäsion beschreibt die Kräfte, welche die Gruppe zusammenhalten. Alle Mitglieder motivieren mehr oder weniger Kräfte, um in der Gruppe zu bleiben.

Je stärker der Zusammenhalt einer Gruppe ist, desto wahrscheinlicher ist es, dass die Mitglieder in der Gruppe bleiben, an Gruppenaktivitäten teilnehmen und neue Mitglieder für ihre Gruppe anwerben. Dabei spielt es eine Rolle, wie attraktiv die Gruppe empfunden wird. Bereitet die Zugehörigkeit zu einer Gruppe Stolz und Befriedigung, dann ist die Kohäsion in und an die Gruppe groß.

BEISPIEL Kai will unbedingt zu der Gruppe der BMXler gehören. Er fährt schon seit einiger Zeit und beobachtet die Jungen. Einige von ihnen haben bereits einen Contest (Wettbewerb) gewonnen. Um in die Gruppe aufgenommen zu werden, muss man eine riskante Prüfung machen. Kai hat einige Figuren und Kombinationen noch nie gemacht, aber um in diese Gruppe zu kommen, würde er alles tun.

[1] BMXler

Die Attraktivität einer Gruppe kann so hoch sein, dass neue Mitglieder bereit sind, sich auf schwierige und gefährliche Aufnahmerituale einzulassen. Es gilt die Vorstellung: Wenn es so schwer ist, in diese Gruppe aufgenommen zu werden, dann muss sie sehr attraktiv und erfolgreich sein.

Ob es zu positiven oder negativen Effekten der Kohäsion in einer Gruppe kommt, ist von den geltenden Normen der Gruppe abhängig. Mit steigender Kohäsion fühlen sich die Mitglieder den Normen der Gruppe stärker verpflichtet. In einer Fußballmannschaft, in der die Kohäsion hoch ist, wird stärker und mehr an einem Erfolg gearbeitet als in einer Mannschaft mit niedriger Kohäsion.

Eine hohe Kohäsion in Gruppen resultiert auch aus den Loyalitätsgefühlen ihrer Mitglieder. Ein einzelnes Mitglied bleibt länger in einer Gruppe, weil es sich zugehörig fühlt, und verlässt die Gruppe nicht, auch wenn dies für das Mitglied vorteilhafter wäre.

Beobachtungen aus den Ferienlageruntersuchungen von Sherif & Sherif (1977):

„Jede Gruppe entwickelt eigene Handlungsstrategien, Gepflogenheiten und Vorstellungen vom ‚richtigen‘ Verhalten. Besonders auffallend waren die diesbezüglichen Unterschiede im Experiment bei Robbers Cave. Hier entwickelte eine Gruppe die Norm der ‚Stärke‘ bis zu einem derartigen Extrem, dass das Betreuerteam selbst auf Verletzungen acht geben musste, da sich die Jungen nicht um die Behandlung von Schnittwunden oder Hautabschürfungen kümmerten, geschweige denn Schmerz offen zeigten. Die andere Gruppe war stattdessen auf ein im gewöhnlichen Sinne des Wortes ‚anständiges‘ Benehmen bedacht (nicht zu fluchen, Rücksicht zu nehmen usw.). Diese Norm trat besonders deutlich hervor, als beide Gruppen aufeinander trafen. Die ‚anständige‘ Gruppe kauerte sich vor jedem Wettkampf zu einem Gebet zusammen (sie betete selbstverständlich darum, die Gegenseite zu besiegen), während die andere sich mit rüpelhaftem Benehmen und deftigem Fluchen hervorzutun versuchte …
Jede Gruppe entwickelte ihren eigenen Jargon, ihre besonderen Witze, ihre Geheimnisse, ihre eigenen Formen zur Lösung von Problemen sowie spezielle Vorlieben für bestimmte Orte … Einige Gruppen schufen sich standardisierte Maßnahmen für die Bestrafung von Leuten, die sich ‚danebenbenahmen‘. Beispielsweise bestand die Strafe in der ‚Bulldoggen‘-Gruppe darin, eine bestimmte Anzahl von Steinen aus der Badestelle zu entfernen …“

(Sherif, Muzafer/Sherif, Carolyn W., zitiert in: Koch, Jens-Jörg (Hrsg.) (1977): Sozialer Einfluss und Konformität. Das Feldexperiment in der Sozialpsychologie 2. Beltz, Weinheim, S. 167–192)

3 Phasen der Gruppenbildung

In unterschiedlichen Untersuchungen wurde herausgefunden, dass eine Gruppe während ihres Bestehens verschiedene Phasen durchläuft. Diese Phasen sind notwendig, damit in Gruppen das Wir-Gefühl entstehen und eine Gruppe zielorientiert wirken kann.

Das Phasenmodell der US-amerikanischen Sozialpsychologen Saul Bernstein und Louis Lowy, welches 1975 vorgelegt wurde, ist bis heute das gültige Modell zur Darstellung der Gruppenphasen.

Eine Gruppe durchläuft fünf Phasen, die sich zeitlich und in ihrer Intensität unterscheiden können.

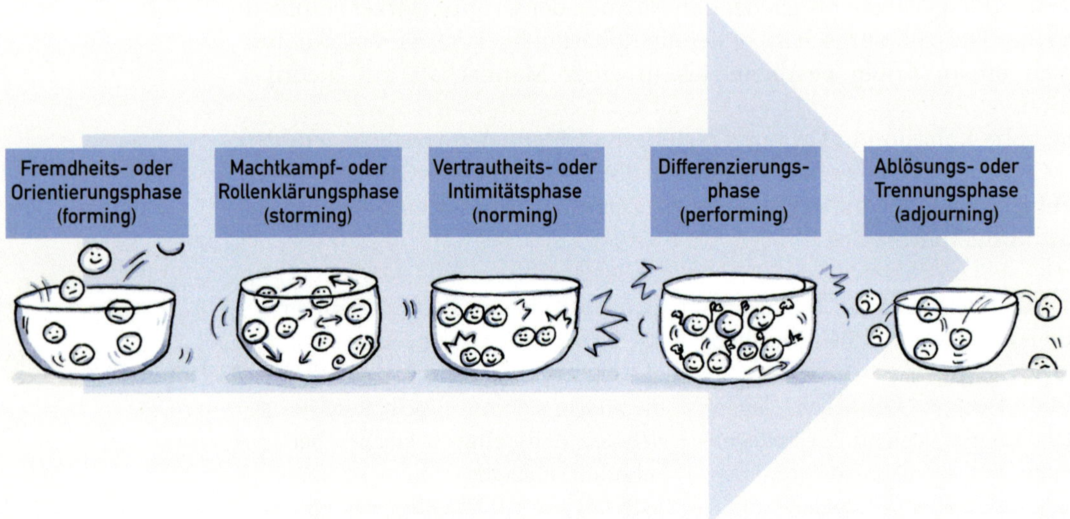

Nicht alle Mitglieder der Gruppe befinden sich zur selben Zeit in der gleichen Phase. Einzelne Mitglieder können bereits die dritte Phase der Vertrautheit erreicht haben, während sich andere noch in der Phase der Rollenklärung befinden. Die Dauer, die ein einzelnes Mitglied zum Durchlaufen einer Phase benötigt, ist unterschiedlich.

Umgangssprachlich wird meist dann vor einer Gruppe gesprochen, wenn sie funktioniert. Die Gruppe hat also die ersten beiden Phasen erfolgreich beendet und befindet sich in der dritten Phase, der „Vertrautheitsphase“. Viele Gruppen bleiben in den ersten beiden Phasen stecken und durchlaufen nicht den gesamten Prozess der Gruppenphasen. Häufig führt dies zur Auflösung einer Gruppe.

Die fünf Phasen nach Bernstein und Lowy sind eine Hilfestellung für Gruppenleiter und bieten eine Arbeitsgrundlage im Rahmen der Gruppenentwicklung.

Sie kennen dies vielleicht durch den Wechsel in eine neue Klasse oder einen Wahlkurs. Zu Beginn sind alle neugierig aufeinander und wollen sich kennenlernen. Im weiteren Verlauf kommt es zu Machtkämpfen und Rollenklärungen. Sie selbst müssen eine Rolle finden und entscheiden, ob Sie ein Macher oder eher ein Mitläufer sind.
Auch im Praktikum kommen Sie in eine bestehende Gruppe und der Prozess geht wieder von vorne los. Sie sind diesmal in der Rolle der Gruppenleitung und Ihnen hilft das Wissen über die Gruppenphasen bei der Auswahl der richtigen Spiele zur richtigen Zeit.

Ideen für Gruppenspiele mit Kindern und Jugendlichen finden Sie unter: www.praxis-jugendarbeit.de

3.1 Die Fremdheits- oder Orientierungsphase (forming)

In der Anfangsphase einer Gruppe sind sich alle Beteiligten in der Regel noch fremd. Es herrschen Unsicherheiten und soziale Ängste. Die Beteiligten stellen sich die Frage, was in dieser Gruppe auf sie zukommt und welche Menschen sich in dieser Gruppe befinden.

Vorsichtig erkunden sich die Mitglieder untereinander und es herrscht ein Wechsel aus Nähe und Distanz vor. Die Mitglieder wollen zum einen in Kontakt miteinander treten, zum anderen herrscht noch wenig Vertrauen zueinander, was die Kontaktaufnahme schwierig macht. Die Fragen nach Akzeptanz und Angenommensein spielen bei den einzelnen Mitgliedern eine große Rolle. Die Gruppe ist noch nicht in der Lage, eine langfristige Aufgabe zu lösen, und kann nur einfache Entscheidungsaufgaben tätigen.

[1] Kennenlernphase in einer Gruppe

BEISPIEL

In die Gruppe einer Kindertagesstätte kommen jedes Jahr einige neue Kinder. Für die neuen Kinder ist dies aufregend und spannend, aber auch mit unbekannten und unsicheren Situationen verbunden. Sie kennen den Tagesablauf und die anderen Kinder der Gruppe nicht und müssen sich schrittweise an die anderen Kinder herantasten. Sie müssen Freunde zum Spielen finden, die Regeln der Gruppe verstehen lernen und Vertrauen zu den Erziehern der Gruppe aufbauen.
Die Erzieher wissen um diese Situation und spielen Kennenlernspiele wie „Mein rechter Platz ist frei“ oder das „Zipp-Zapp-Spiel“.

Hilfreich ist es in dieser Phase, wenn durch die Gruppenleitung eine lockere Atmosphäre geschaffen wird und die Gruppe die Möglichkeit hat, sich näher kennenzulernen. Es sollte darauf geachtet werden, dass kein Gruppenmitglied isoliert wird. Der Gruppenleiter sollte geduldig vorgehen und Erkundungs- und Kennenlernspiele anbieten. So können erste Kontakte der Mitglieder untereinander gefördert werden.

3.2 Machtkampf- oder Rollenklärungsphase (storming)

In der zweiten Gruppenphase beginnt die Bildung der Gruppenstruktur. Eine erste soziale Organisation der Gruppe wird deutlich. Die Mitglieder der Gruppe zeigen Sympathien und Antipathien deutlich. Durch Veränderungen beispielsweise der Sitzordnung werden Zugehörigkeiten und Ablehnungen deutlich gemacht.

Die Stimmung in der Gruppe ist gespannt und unbehaglich. Es wird um Funktionen und Positionen in der Gruppe gerungen. Die Mitglieder entwickeln eine erste Ranghierarchie. Es wird über Normen und Werte der Gruppe diskutiert, Ideale werden aufgestellt und wieder verworfen. Die Gruppe befindet sich in einem dynamischen Prozess der Orientierung.

Die Stärken und Schwächen der einzelnen Mitglieder werden deutlich. Es gibt Menschen, die durch ihr dominantes Verhalten zu Führern einer Gruppe werden können. Dann wieder gibt es Gruppenmitglieder, die sich an dem Prozess nur wenig beteiligen und eher die Rolle eines Mitläufers einnehmen. Einzelne Positionen werden von mehr als einem Gruppenmitglied beansprucht und es kommt zu Rangkämpfen, die verbal ausgetragen werden. Dabei können die Gefühle des anderen verletzt werden.

Rolle | S. 310

Es gibt Sieger und Besiegte in dieser Phase. Die Position des Sündenbocks kann durch die Zuschreibungen der Gruppe ebenso entstehen wie die |Rolle des Außenseiters oder des Störers.

Im Prozess können sich Untergruppen bilden, die sich voneinander abgrenzen und nur aus wenigen Mitgliedern der Gesamtgruppe bestehen.

BEISPIEL

Für die Kinder in der Tageseinrichtung geht es darum, einen Platz in der Gruppe zu finden. Die Puppenecke wird von den vierjährigen Mädchen besetzt und jeden Tag verteidigt. Luisa, Leyla und Sina haben sich abgesprochen, dass nur sie drei dort spielen dürfen, und verweigern anderen Kindern den Zutritt. Sie spielen die gesamte Freispielzeit dort „Vater, Mutter, Kind“. Manchmal versucht Lara (auch 4 Jahre alt) mitzuspielen und setzt sich einfach dazu. Wenn sie Glück hat, darf sie der Hund der Familie sein. Meistens aber wird sie aus der Puppenecke vertrieben.

Die Gruppenleitung ist mit in den Prozess der Orientierung einbezogen und wird von den Gruppenmitgliedern ausgetestet. Sie dient darüber hinaus als Projektionsfläche für die Gefühle der Gruppe.

[1] Schiedsrichter müssen im Sport dafür sorgen, dass die Gruppen die Regeln einhalten.

In dieser Phase muss die Gruppenleitung Grenzen setzen, schwache Gruppenmitglieder stützen und starke bremsen. Sie muss neutral bleiben und dient als Vermittler und Schiedsrichter. Sie sollte eine positive Grundhaltung jedem Mitglied der Gruppe gegenüber besitzen und allen ermöglichen, am Prozess teilzunehmen.

Unterstützend kann die Gruppenleitung Aufgaben in wechselnden Arbeitsgruppen anbieten, weil sich die Gruppenmitglieder so intensiver kennenlernen können. Das eigene Verhalten der Gruppenleitung sollte als Vorbild für ein gelingendes |Gesprächs- und Streitverhalten dienen.

Kommunikation | S. 232

3.3 Vertrautheits- oder Intimitätsphase (norming)

Die dritte Phase des Gruppenmodells verspricht mehr Ruhe und Konzentration auf das Wesentliche.

- Die Machtkämpfe treten in den Hintergrund. Die Gruppenmitglieder haben ihren Platz gefunden und es gibt eine Struktur innerhalb der Gruppe.
- Nach der Phase der Auseinandersetzungen wirkt diese Phase sehr harmonisch und positiv. Die Gruppe entwickelt ein Wir-Gefühl und grenzt sich gegenüber anderen Gruppen ab. Es besteht in der Gruppe der Wunsch nach Harmonie und Zusammengehörigkeit.
- Die einzelnen Gruppenmitglieder suchen innerhalb der Gesamtgruppe Kontakte und es kommt zur Bildung von Kleingruppen. Neue Mitglieder werden nicht gerne in die bestehende Gruppe aufgenommen.
- Die Gruppe ist arbeitfähig geworden und kann sich nun Sachaufgaben zuwenden. Dabei ist sie in der Lage, längerfristig zu planen und Aufgaben selbst zu verteilen.
- Die Gruppenleitung kann nun teilweise zurücktreten und das gruppeneigene Tun akzeptieren und unterstützen. Der Gruppe können als Aufgabe längerfristige und mehrschichtige Projekte aufgegeben werden.

Alle Mitglieder der Gruppe sollten dabei weiter beobachtet werden, um ungelöste Konflikte zu erkennen und Hilfestellungen anbieten zu können.

3.4 Differenzierungsphase (performing)

[1] Differenzierungsphase – die Gruppenmitglieder haben ihren Platz in der Gruppe gefunden.

Bei der vierte Phase des Gruppenmodells spricht man von der „goldenen Phase“.

- Die Gruppe ist selbstsicher geworden, plant realistisch Projekte und setzt diese um. Das einzelne Gruppenmitglied ist in seiner Rolle akzeptiert, kann seine Individualität entfalten und trotzdem ein Mitglied der Gruppe sein.
- Es gibt wenige Machtkämpfe und es herrscht ein ausgesprochen starkes Wir-Gefühl vor. Die Gruppe wirkt stabil und die Mitglieder besitzen gegenseitiges Vertrauen zueinander. Konflikte werden unabhängig vom Gruppenleiter sachlich und konstruktiv gelöst.
- Kein Gruppenmitglied ist mehr auf seine bisherige Rolle festgelegt, neues Verhalten kann ausprobiert werden. Mitglieder, die neu hinzukommen, werden integriert und stören den Gruppenprozess nicht mehr.
- Die Gruppenleitung tritt in den Hintergrund und kann der Gruppe kooperative Aktivitäten anbieten. Sie sollte Beziehungen zu anderen Gruppen anbahnen und Elemente der Intergruppenarbeit einbauen.
- Die Mitglieder der Gruppe können nun selbstständig die Führung übernehmen, z. B. mit dem Prinzip der rotierenden Führung, bei der jedes Mal ein anderes Mitglied den Vorsitz übernimmt.

Intergruppenarbeit
Arbeit zwischen unterschiedlichen Gruppen zur Überwindung von Vorurteilen

Diese Phase kann unterschiedlich lange dauern. Eine gut funktionierende Gruppe kann lange zusammenarbeiten, jedoch auf Dauer ‚betriebsblind‘ werden.

3.5 Ablösungs- oder Trennungsphase (adjourning)

Die letzte Phase des Gruppenmodells ist die Auflösung der Gruppe. Vor der konkreten Auflösung steht die Phase der Ablösung. Beispielsweise löst sich eine Sekundarschulklasse nach der 10. Klasse auf, alle Mitglieder schlagen neue Wege ein.

Die Mitglieder investieren nichts mehr in die Gruppe, da sie um deren baldiges Ende wissen. Die Gruppenziele sind in der Regel erreicht und die Interessen der Mitglieder verändern sich. Die Bereitschaft zum gemeinsamen Handeln wird immer geringer. Beziehungen zu kommenden Gruppen werden aufgebaut.

Bereits überwundene Konflikte und Machtkämpfe können wieder an die Oberfläche treten und es kann zu einem Rückfall in frühere Gruppenphasen kommen. Die Mitglieder besitzen eine geringere Konsens- und Kompromissfähigkeit.

Konsens = Übereinstimmung

Der Gruppenleitung kommt in dieser Phase noch einmal eine große Bedeutung zu. Sie sollte der Gruppe einen sinnvollen Abschluss ermöglichen. Ein Abschlussfest oder eine Abschlussfahrt erleichtern das Abschiednehmen und ermöglichen einen Blick auf den gemeinsamen Weg der Gruppe.

Der Prozess der Gruppe sollte reflektiert, neue Wege sollten aufgezeigt und ermöglicht werden. Auch das Trösten über den Verlust der Gruppe ist eine Aufgabe der Gruppenleitung in dieser Phase.

Für Ihr Praktikum ist es wichtig, daran zu denken, dass Sie für eine gewisse Zeit Mitglied einer Gruppe sind und sich mit in den Gruppenprozess begeben. Sie werden an den unterschiedlichen Phasen beteiligt sein und sollten sich Ihre Aufgaben bewusst machen.
Bedenken Sie auch, dass Sie sich verabschieden müssen und den Ablösungsprozess aus der Gruppe planen können.

Praktikum | S. 437

4 Konflikte in Gruppen

Täglich erleben wir Konflikte, sei es in unserer näheren Umgebung in der Nachbarschaft, der Schule, am Arbeitsplatz oder der eigenen Familie, aber auch in indirekter Form, z. B. über die Medien.

Konflikte können zwischen einzelnen Personen (interpersonelle Konflikte) oder Gruppen entstehen. Wir können aber auch mit uns selbst in einen (intrapersonellen Konflikt) geraten. Bei Intra- und Inter-Gruppen-Konflikten kann nach dem Grad der jeweiligen Konflikttiefe unterschieden werden:

- **Verteilungskonflikte** (empfundene Ungerechtigkeit bei Ressourcenverteilungen, z. B. Absprachen über Urlaubszeiten zwischen Mitarbeitern)
- **Zielkonflikte** (empfundene Gegensätze in Bezug auf Absichten bzw. Interessen, z. B. Vereinbarung von Ansprüchen an eine qualitativ hochwertige Begleitung mit den zur Verfügung stehenden Zeitressourcen)
- **Beziehungskonflikte** (empfundene Gegensätze in Bezug auf Verhaltensweisen, z. B. Kollegen, die sich mutmaßlich leichter damit tun, Kontakt zu Betreuten herzustellen, und von diesen positive Rückmeldungen erhalten)
- **identitätsbasierte Konflikte** (empfundene Bedrohungen des Selbstbildes, z. B. verweigerte oder zu wenig gegebene Anerkennung vonseiten Vorgesetzter oder auch betreuter Personen)

4.1 Konfliktentstehung

Konflikte können verschiedene Ursachen haben und auf unterschiedlichen Ebenen angesiedelt sein. Differenziert werden Rollenkonflikte, Machtkonflikte und Informationskonflikte.

Rollenkonflikte	Machtkonflikte	Informationskonflikte
entstehen z. B., wenn man sich aus einer ethischen Verpflichtung heraus über den arbeitszeitrechtlichen Umfang hinaus engagiert, auf der anderen Seite damit aber unter Umständen für Kollegen ein Problem schafft, weil diese mit entsprechenden Erwartungen konfrontiert werden könnten	entstehen z. B., wenn neue Kollegen ins Team kommen, die formal höher qualifiziert sind, denen es aber im Vergleich zu den alteingesessenen Mitarbeiterinnen noch an Praxiserfahrung fehlt	entstehen z. B., wenn Informationen im Team nur selektiv weiterverbreitet werden, sodass Informationsvorsprünge für Einzelne entstehen und andere das Gefühl entwickeln, nicht gleichberechtigt in das Team einbezogen zu werden

Nach Larry L. Mullins, einem US-amerikanischen Psychologen und Managementtrainer, existieren folgende Ursachen für zwischenmenschliche Konflikte in Gruppen:

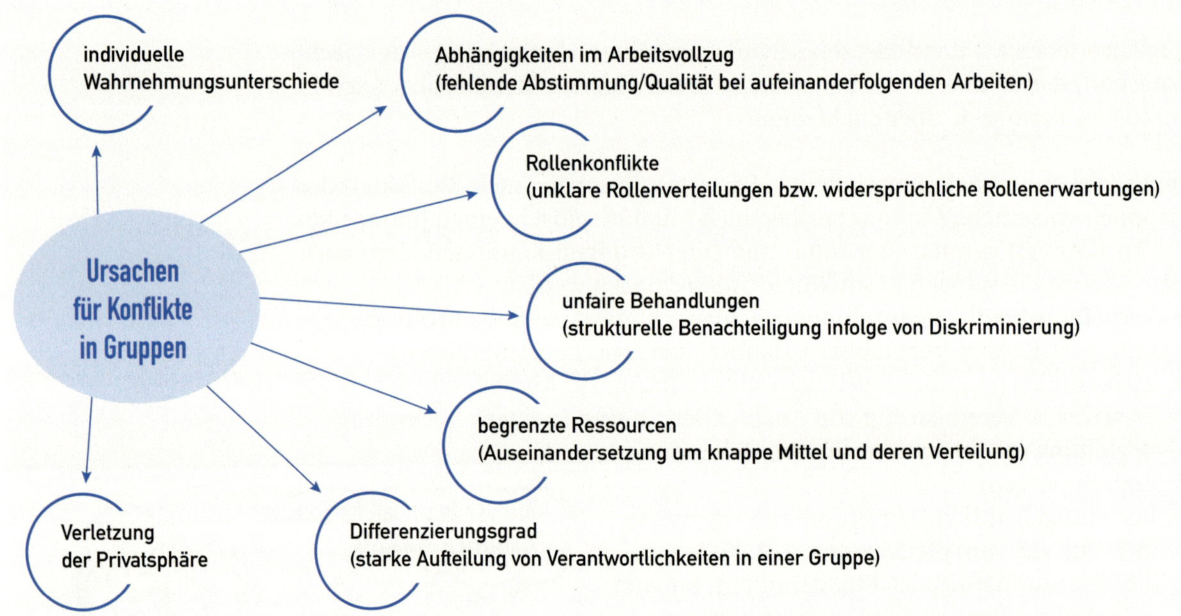

[1] Ursachen für zwischenmenschliche Konflikt-Gruppen; modifiziert nach Mullins, Larry L. (2007): Management and Organisational Behaviour. Pearson Education, Harlow, Essex.

Konflikten liegt selten eine einzelne Ursache zugrunde. Meist sind es mehr oder weniger komplexe Ursachenbündel, die zum Ausbruch von Konflikten führen.

4.2 Konfliktverlauf

Konflikte weisen häufig eine Eigendynamik auf, in der die Handlungsmöglichkeiten mit jeder Stufe eingeschränkt werden und die Situation zu eskalieren droht.

Nach dem Konfliktberater Friedrich Glasl haben Konflikte bestimmte Verlaufsmuster:

1. Verhärtung	der Standpunkte und schwer zu erzielende Einigungen in Gesprächen und Diskussionen.
2. Debatte	über zunehmend einander widersprechende Positionen, bei denen alles Negative auf die Gegenpartei projiziert wird und die Konfliktparteien zu unbeherrschten Aktionen (auch verbale Gewalt) neigen.
3. Taten statt Worte	beenden die (vermeintlich zu nichts führenden) Diskussionen und schaffen in strittigen Punkten vollendete Tatsachen, die zu einer Kultur des Misstrauens führen (mit aggressivem Verhalten und persönlichen Kränkungen).
4. Koalitionen	mit Verbündeten werden eingegangen und dabei zunehmend auch versucht, Unbeteiligte in den Konflikt hineinzuziehen.
5. Gesichtsverlust	der gegnerischen Partei wird versucht herbeizuführen, indem ihr Werte und Moral abgesprochen werden.
6. Drohstrategien	von beiden Seiten sollen den Gegner einschüchtern, drohen aber, die Situation eskalieren zu lassen, und führen zu Ultimaten.
7. Begrenzte Vernichtung	der Gegenpartei oder gezielte Gewaltaktionen machen eine argumentative Auseinandersetzung nicht mehr möglich.
8. Zersplitterung	der Gegenpartei soll erreicht werden, indem die Hauptakteure des Konflikts von ihren Unterstützern getrennt werden.
9. Gemeinsam in den Abgrund	kann es gehen, wenn die Vernichtung des Gegners, ohne Rücksicht auf Verluste, auf der letzten Stufe der Konflikteskalation vorangetrieben wird.

Selbstverständlich müssen Konflikte nicht die gesamte Eskalationsspirale durchlaufen. Prinzipiell bietet sich auf jeder Stufe die Möglichkeit, aus der Dynamik auszubrechen. Allerdings werden die Rahmenbedingungen für eine Konfliktlösung im Sinne eines Interessenausgleichs schwieriger.

4.3 Konfliktlösung

Eine Konfliktlösung kann erreicht werden durch
- Machtausübung (Zwang, Autorität),
- juristische Entscheidungen (Prozess, Urteil, Bestrafung) oder
- Interessensausgleich (Konsens).

Eine Konfliktlösung bedarf des grundsätzlichen Interesses aller Beteiligten, den Konflikt beizulegen. Wenn ein Konflikt nicht gelöst werden kann, aber die Beteiligten ihr Interesse an einer Beilegung des Konflikts aufrechterhalten, gibt es die Möglichkeit, sich professioneller Hilfe in Form einer Mediation zu bedienen. Dadurch können die Konfliktparteien mit Unterstützung von neutraler Seite (dem Mediator) zu einer Kompromisslösung gelangen, mit der beide Seiten leben können (z. B. Schlichtung). Der Mediator trifft dabei keine eigenen Entscheidungen, sondern wacht lediglich über das Verfahren und die Einhaltung der Diskussionsregeln.

Ein Mediationsverfahren läuft in der Regel in fünf Phasen ab:

1. Auftragsklärung:
Rolle und Haltung des Mediators werden geklärt. Vereinbarung über Konfliktvermittlung wird geschlossen und das weitere Vorgehen abgestimmt

2. Themensammlung:
offene und ausführliche Darstellung der Anliegen und Standpunkte. Themensammlung und -strukturierung

3. Positionen und Interessen/Sichtweisen- und Hintergrunderkundung:
eigentliche Problembearbeitung auf Basis der Prioritätenliste. Gemeinsamkeiten und Unterschiede werden festgestellt. Maßstäbe für eine gerechte bzw. sinnvolle Lösung werden entwickelt

4. Sammeln und Bewerten von Lösungsoptionen:
kreative Phase, bewertungsfreies Sammeln von Lösungsoptionen im Rahmen eines Brainstormings, Verhandlung über Lösungsoptionen und Überprüfung, ob und wie sie umsetzbar sind

5. Abschlussvereinbarung:
Ergebnisse werden schriftlich festgehalten, konkrete Regelung des weiteren Vorgehens einschließlich Festlegung von Umsetzungsfristen und Verhaltensregelungen in zukünftigen Konfliktfällen

Auschecken

Das habe ich in diesem Kapitel dazugelernt:

- ✓ Ich kann die Funktion einer Gruppe benennen und erklären.
- ✓ Ich kann die unterschiedlichen Gruppenformen erklären und zuordnen.
- ✓ Ich verstehe die Wechselbeziehung zwischen Gruppenmitglied und Gesamtgruppe.
- ✓ Ich kann die Methode des Soziogramms erklären.
- ✓ Ich kenne die Phasen eines Gruppenprozesses und kann sie an Beispielen anwenden.
- ✓ Ich kenne die Aufgaben eines Gruppenleiters.
- ✓ Ich verstehe Bewältigungsstrategien bei Rollenkonflikten und kann sie anwenden.
- ✓ Ich weiß, dass eine Rollendistanz sinnvoll ist und ich meine Rollen reflektieren muss.
- ✓ Ich erkenne Gruppenkonflikte und kenne Lösungsansätze.

Aufgaben / Fragen

1 Fassen Sie mit eigenen Worten zusammen, welche Bedeutung Gruppen für die Entwicklung von Kindern und Jugendlichen haben und was diese in Gruppen lernen können.

2 „Eine Gruppe ist mehr als die Summe ihrer Teile" – begründen und erklären Sie diese Aussage.

3 Überlegen Sie, welche Normen in Ihrer Klasse und Schule gelten und warum Sie sich daran halten.

4 Erstellen Sie eine Auflistung der Rollen, die Sie in Gruppen bereits innehaben. Welche dieser Rollen empfinden Sie als Bereicherung und welche bieten Ihnen Konfliktpotenzial?

5 Entwickeln Sie ein Soziogramm Ihrer Klasse.

6 Stellen Sie dar, in welcher Gruppenphase sich Ihre Klasse aktuell befindet. Benennen Sie Aufgaben der Gruppenleitung. Suchen Sie Spiele, die sich momentan für Ihre Klasse eignen.

Mensch und Gesellschaft

Einmal arm, immer arm: Davon ist in Deutschland die Mehrheit der jungen Leute aus sozial schwachen Verhältnissen überzeugt. Mehr als die Hälfte von ihnen glaubt einer Umfrage zufolge nicht, dass in Deutschland ein Aufstieg in eine höhere soziale Schicht möglich ist. Im Osten ist die negative Sicht noch stärker ausgeprägt als im Westen.
Das Allensbach-Institut untersuchte im Auftrag der „Bild der Frau“ und des Familienministeriums, wie Menschen in Schweden und Deutschland über Betreuung, Förderung und Erziehung von Kindern denken. In der Bundesrepublik wurden rund 1 800 Menschen, in Schweden rund 1 000 Menschen befragt.
Demnach ist in Deutschland mehr als ein Drittel der Bevölkerung überzeugt davon, dass Leistung sich nicht lohnt und allein das Elternhaus zählt. Ganz anders schätzen die Schweden laut der Umfrage ihre Chancen ein. Dort sind unabhängig von der sozialen Schicht zwei von drei jungen Erwachsenen überzeugt davon, dass jeder alles werden kann. 28 Prozent halten in dem skandinavischen Land einen sozialen Aufstieg für nur sehr schwer möglich. (...)

(www.spiegel.de/wirtschaft/soziales/umfrage-zu-aufstiegschancen-in-deutschland-a-869405.html (21.11.2013))

In diesem Auszug aus einem Artikel bei Spiegel Online wird deutlich, dass Menschen in zwei miteinander vergleichbaren westlichen Gesellschaften – Deutschland und Schweden – sehr unterschiedliche Ansichten zum Thema Aufstiegschancen in ihrem Land vertreten.

1 Was könnten Ihrer Meinung nach die Gründe dafür sein, dass in Deutschland weniger junge Menschen an den sozialen Aufstieg glauben als in Schweden?

2 Wovon ist die soziale Lage von Menschen in einer Gesellschaft abhängig?

1 Der Mensch in der Sozialstruktur

1.1 Sozialstrukturen: Grundlegende Begriffe

Gemeinschaft und Gesellschaft

Gemeinschaften sind die ursprünglichsten Formen des menschlichen Zusammenlebens. Es gibt sie, seitdem Menschen sich im Kampf ums Überleben in der Natur zusammenschlossen.

Mit dem Begriff Gesellschaft werden unterschiedliche Arten von Gemeinschaften zusammengefasst, deren Mitglieder untereinander durch |Normen, |Konventionen und Gesetze verbunden sind.

Norm
allgemein anerkannte, als verbindlich geltende Regel für das Zusammenleben von Menschen

Konvention
Regel des Umgangs, des sozialen Verhaltens, die für die Gesellschaft als Verhaltensnorm gilt

Sozialwissenschaftliche Bedeutung erlangte die Unterscheidung der Begriffe Gesellschaft und Gemeinschaft im 19. Jahrhundert durch den deutschen Soziologen Ferdinand Tönnies. Mit dem Ausrufen des preußischen Königs Wilhelm I. zum Deutschen Kaiser am 18. Januar 1871 entstand erstmals in der Geschichte ein deutscher Nationalstaat. Unter dem Eindruck dieser einschneidenden Veränderungen erschien 1887 das Hauptwerk Tönnies' mit dem Titel „Gemeinschaft und Gesellschaft", in dem er sich mit der Entwicklung von der ständisch-feudalen, agrarischen (bäuerlichen) Gesellschaft zur modernen Industriegesellschaft beschäftigte und als Erster den Begriff „Gesellschaft" aus soziologischer Sicht beschrieb.

Ausgangspunkt bildet für ihn der „soziale Wille", ohne den |soziales Handeln nicht möglich sei: Innerhalb einer **Gemeinschaft** fühlt sich der Einzelne als Teil eines größeren Ganzen (des Kollektivs) und orientiert sein Handeln an einem übergeordneten Zweck, den kollektiven Zielen. Beispiele für Gemeinschaften sind Familien, Nachbarschaften oder Freundschaften.

soziales Handeln
Handeln , das sich auf das Verhalten anderer bezieht

Innerhalb einer **Gesellschaft** hingegen bedient sich der Einzelne der anderen Menschen, um individuelle Ziele zu erreichen. Sie sind ihm Mittel zum Zweck. Beispiele für Gesellschaften sind Aktiengesellschaften, die Gesellschaft für deutsche Sprache oder der neuzeitliche Staat.

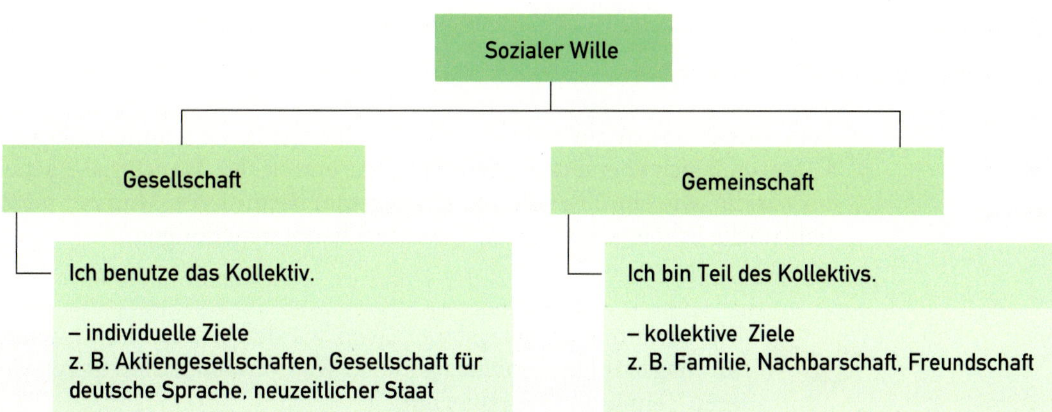

Strukturwandel | S. 339

Sozialstruktur
die Struktur einer Gesellschaft bzw. eines sozialen Systems

Empirische Forschungen
basieren auf nachprüfbaren systematischen und vom Forscher unabhängigen objektiven Beobachtungen, vgl. Kap. I, S. 14.

Der Wandel der Sozialstruktur vom Zeitalter der Gemeinschaft hin zum Zeitalter der Gesellschaft brachte verschiedene Phänomene mit sich, unter anderem die Anonymisierung und Selbstständigkeit des Individuums.

Sozialstrukturanalyse

Sozialstrukturanalysen werden verwendet, um die Veränderungen sozialer Strukturen widerzuspiegeln. Sie sind damit ein notwendiges Instrument zur Steuerung und Lenkung von hochkomplexen Gesellschaften. Um exakte Abbilder der Realität zu sein, die von jedem nachgeprüft werden können, müssen sie empirisch und möglichst wertfrei von der Meinung und Einstellung des Sozialforschers sein.

Sozialstrukturanalysen haben dabei folgende Aufgaben:

1. Stufe	deskriptiv (beschreibend)	Sozialstrukturanalysen beschreiben einen Sachverhalt objektiv. Sie verzichten auf Interpretationen und Bewertungen und sind prüfbar.
2. Stufe	erklärend	Sie helfen, zu einem besseren Verständnis der sozialen Realität zu kommen.
3. Stufe	beratend	Sie helfen dabei, begründet Entscheidungen zu treffen oder effizient zu planen.

[Tab. 1] Stufen der Sozialstrukturanalysen und deren Aufgaben

Die einzelnen Stufen sind dabei deutlich voneinander zu trennen, um den Forschungsprozess transparent und wiederholbar zu gestalten.

Sozialstrukturanalysen können auf drei Ebenen erfolgen:

Ebene	Art der Beziehung	Beispiele
Mikroebene	Betrachtung der individuellen zwischenmenschlichen Beziehungen	Verwandte, Freunde, Partner
Mesoebene	Betrachtung der formellen, mittleren Ebene	Kindergärten, Schulen, Vereine
Makroebene	Betrachtung abstrakter gesellschaftlicher Beziehungen	Bildungssystem, Umweltsystem

[Tab. 2] Ebenen der Sozialstrukturanalysen

Sozialstrukturanalysen können entweder einen ganz bestimmten Zeitpunkt erfassen oder sich über eine längere Zeitreihe erstrecken. Manchmal erscheint es notwendig, wie ein Blitzlichtfoto einen genau bestimmten Moment festzuhalten. Solche Erhebungen heißen **Querschnittsuntersuchungen**.

BEISPIEL

Die berühmte Sonntagsfrage „Wen würden Sie am kommenden Sonntag wählen?“ soll das aktuelle Wahlverhalten zum gegenwärtigen Zeitpunkt widerspiegeln.

Um eine Zeitreihe zu erfassen, müssten hingegen viele Fotos geschossen oder ein langer Film gedreht werden. Nach diesem Prinzip funktionieren **Längsschnittuntersuchungen**.

Statistik | S. 34 ff.

BEISPIEL

In Ihrem Briefkasten liegt ein Brief vom Landesamt für Statistik. Darin wird Ihnen mitgeteilt, dass Sie, als einer von hundert Haushalten, ausgesucht wurden, am Mikrozensus teilzunehmen, einer repräsentativen Flächenstichprobe über die Bevölkerung und den Arbeitsmarkt sowie die Wohnsituation der zufällig ausgesuchten Haushalte.
Entsprechend dem Mikrozensusgesetz sind Sie verpflichtet, wahrheitsgemäß Auskunft zu geben. Nach seiner Auswertung wird der Mikrozensus von Regierung, Verwaltung, Wissenschaft und der breiten Öffentlichkeit genutzt, um auf der Basis von verlässlichem Datenmaterial begründete Entscheidungen zu fällen.

repräsentativ
Eine Stichprobe wird als repräsentativ bezeichnet, wenn von ihr zuverlässig auf die Grundgesamtheit (z. B. die gesamte Bevölkerung) geschlossen werden kann. Da repräsentative Erhebungen nur einen Teil der Bevölkerung abbilden, sind sie deutlich kostengünstiger als Vollerhebungen.

1.2 Was ist soziale Ungleichheit?

Im Rahmen gesellschaftlicher Gebilde, z. B. in Familien oder Betrieben, sind Menschen in zahlreiche zwischenmenschliche Beziehungen und soziale Positionen eingebunden. So üben sie etwa einen bestimmten Beruf aus, sind Angehörige eines Geschlechts, haben ein bestimmtes Alter, eine Konfession und einen Familienstand. Sie können somit entweder gleiche oder aber unterschiedliche Merkmale (**soziale Kategorien**) aufweisen. Entscheidend ist, dass die Zugehörigkeit zu vielen Sozialkategorien mit ungleichen Lebensbedingungen verbunden ist.

BEISPIEL

Täglich ist zu beobachten, dass Mächtige ihren Willen durchsetzen können und dass Wohlhabende und VIPs ein angenehmeres Leben führen. Schwache und Arme sind von vielen Bereichen des Lebens ausgeschlossen. Männer genießen gegenüber Frauen noch immer Vorteile. Bildung und Sprachbeherrschung bestimmen den Zugang zu qualifizierten Berufsabschlüssen.

Eine Besser- oder Schlechterstellung zeigt sich in sozialer Ungleichheit.

‚Soziale Ungleichheit' liegt dann vor, wenn Menschen aufgrund ihrer Stellung in sozialen Beziehungsgefügen von den ‚wertvollen Gütern' einer Gesellschaft regelmäßig mehr als andere erhalten.
Hradil, Stefan (2001): Soziale Ungleichheit in Deutschland. Leske + Budrich, Opladen, S. 30

Wer von „sozialer Ungleichheit" spricht, meint damit in der Regel auch „Ungerechtigkeit". Der soziologische Begriff lässt jedoch offen, ob die jeweiligen Erscheinungen sozialer Ungleichheit problematisch oder vielleicht sogar gerechtfertigt sind.

Als wertvoll gelten Güter (**Ressourcen**) dann, wenn sich durch sie Vorstellungen verwirklichen lassen, die nach Ansicht der Gesellschaft „gutes Leben" repräsentieren. In der folgenden Tabelle finden Sie einige Beispiele hierfür:

Wertvolles Gut/Ressource	**Zielvorstellung eines „guten Lebens"**
Geld	Wohlstand
unkündbare Berufsstellung	Sicherheit
gesunde Arbeitsbedingungen	Gesundheit

[Tab. 1] Ressourcen und Zielvorstellungen

Soziale Ungleichheit bezieht sich einerseits auf die ungleiche Verteilung von Ressourcen, die sogenannte **Verteilungsungleichheit**.

Andererseits sind nicht alle Bevölkerungsgruppen (z. B. Frauen oder Migranten) in der Lage, an Positionen innerhalb solcher Verteilungen zu gelangen, die ihnen einen Vorteil bieten. Man spricht hier von **Chancenungleichheit**.

Die soziale Ungleichheit ist dabei in verschiedenen Gesellschaften und Nationen unterschiedlich stark ausgeprägt. Auch in der Vergangenheit waren die sozialen Unterschiede oftmals viel größer als heute (etwa im Zeitalter des |Absolutismus oder in der Ständegesellschaft) und galten als „von Gott gewollt". Im indischen |Kastensystem wird soziale Ungleichheit auch in der Gegenwart als legitim empfunden.

Absolutismus
politische Herrschaftsform, bei der eine einzelne Person vollständig über die souveräne Ausübung aller Staatsgewalt verfügt

Das **hinduistische Kastensystem** basiert im Wesentlichen auf drei Säulen: der Trennung gesellschaftlicher Gruppen, erblicher Arbeitsteilung und einer starken Hierarchie.

Aber auch die Weiterentwicklung einer Gesellschaft kann die soziale Ungleichheit nicht verringern oder gar verhindern. Der Münchener Soziologe Ulrich Beck stellt sogar fest, dass das Gegenteil zutrifft, und nennt dieses Phänomen „**Brasilianisierung**". Mit Brasilianisierung ist gemeint, dass immer mehr Menschen ohne sozialen Schutz und Erwerbsarbeit sind, sie vom kulturellen Leben ausgeschlossen werden oder oft mehrere Jobs bzw. Schwarzarbeit zum Überleben brauchen.

[1] Nicht für alle Mitglieder der Gesellschaft herrscht eine Chancengleichheit.

Neben den dramatischen Folgen für den Einzelnen, die sich im Verlust seiner Selbstachtung und der Anerkennung durch Andere äußern, entstehen aus der sozialen Ungleichheit auch gesellschaftliche Probleme und zunehmend politische Auseinandersetzungen. Dies ist an den aktuellen Entwicklungen in Deutschland, die durch die Flüchtlingspolitik begründet sind als Beispiel sehr deutlich.

Geht es wirklich nicht ohne soziale Ungleichheit?
Die San gelten als eine der ältesten Volksgruppen der Menschheit und sind im südlichen Afrika beheimatet. In ihrer traditionellen Lebensform leben sie ohne ein übergeordnetes Regelsystem (Regierung) und sind gleichberechtigt. Der Ausschluss aus der Gemeinschaft stellt das höchste Strafmaß dar.
Bereits 1902 berichtete der französische Soziologe Emile Durkheim von gleichartigen Gruppen und Einheiten in „primitiven Gesellschaften", deren Mitglieder wechselseitig austauschbar seien. Die Solidarität des Volkes der Nuer (Sudan und Äthiopien) z. B. gründe sich auf die Anerkennung gegenseitiger Ähnlichkeit, während das Solidaritätsgefühl der Mitglieder unserer Gesellschaft auf gegenseitiger Abhängigkeit basiere.

[2] Die Volksgruppe der San lebt ohne soziale Ungleichheit.

Je höher der Grad an Austauschbarkeit von sozialen Rollen in einer Gruppe, desto egalitärer (gleicher) ist die Struktur dieser Gruppe bzw. der Gesellschaft. Nicht Gerechtigkeit, sondern soziale Egalität bezeichnet folglich das Gegenteil von sozialer Ungleichheit.

1.3 Strukturebenen sozialer Ungleichheit

Soziale Ungleichheit in der Gesellschaft lässt sich anhand vielfältiger Erscheinungsformen ablesen: teurer Schmuck oder kaputte Schuhe, armselige Hütten oder Luxusvillen, ungesunde, gefährliche Arbeitsplätze oder klimatisierte Büros sind nur einige Beispiele hierfür. Um diese Phänomene besser begreifbar zu machen, werden sie zu beschreibenden Kategorien oder **Dimensionen** zusammengefasst.

Dimension
Ausdehnung, Ausmaß

In allen bekannten Gesellschaften fanden und finden sich drei Dimensionen sozialer Ungleichheit:
- materieller Wohlstand
- Macht
- Prestige

Die Konzentration auf diese Dimensionen ist in modernen Gesellschaften jedoch nicht mehr ausreichend, sodass zur Beschreibung der sozialen Ungleichheit zusätzlich Bildung, Arbeits-, Wohn-, Umwelt- und Freizeitbedingungen betrachtet werden müssen. Vor allem der erreichte Bildungsgrad stellt laut der Bundeszentrale für politische Bildung eine wichtige Dimension sozialer Ungleichheit dar. Denn darin lassen sich Bildungs-, Erwerbs-, Einkommens- bzw. Prestige Status benennen.

Menschen, die einen ähnlichen **Status** innerhalb einer oder mehrerer Ungleichheitsdimensionen innehaben, gehören einer **sozialen Schicht** an (z. B. einer Bildungs- oder Einkommensschicht). Die jeweilige Schichtzugehörigkeit hat positive oder negative Konsequenzen für die Lebens- und Arbeitsbedingungen. Damit die Stellung eines Menschen im der Schichtzugehörigkeit ermittelt werden kann, werden in der Regel der Bildungs-, Berufs- und Einkommensstatus kombiniert.

Eine Besser- oder Schlechterstellung eines Menschen innerhalb einer Dimension sozialer Ungleichheit wird als Status bezeichnet.

In den vor- und frühindustriellen Gesellschaften existierten andere Strukturen sozialer Ungleichheit: Die gesellschaftliche Stellung hing zunächst von der familiären Herkunft (**Stände**) ab, mit Beginn der Industrialisierung bestimmte der Besitz die Zugehörigkeit zu einer **Klasse**.

BEISPIEL

Die beiden fünfjährigen Mädchen Emily und Marlene sind Freundinnen und gehen in dieselbe Kindergartengruppe. Marlenes Vater arbeitet als Chirurg im städtischen Krankenhaus, ihre Mutter ist Journalistin. Seit zwei Monaten wird Marlene täglich von dem Au-pair-Mädchen Jeanne aus der Kita abgeholt. Montags bringt diese sie zum Gitarrenkurs in die Musikschule und donnerstags zum Ballettunterricht.
Emily lebt mit ihrer alleinerziehenden Mutter und zwei älteren Geschwistern zusammen. Mit der Aushilfstätigkeit in einem Pflegeheim verdient Emilys Mutter nicht genug, um die Familie davon ernähren zu können, und bezieht deswegen zusätzliche Leistungen vom Jobcenter. Nach der Kita geht Emily entweder mit ihren Geschwistern auf den nahegelegenen Spielplatz oder direkt nach Hause. Obwohl auch Emily leidenschaftlich gerne singt und tanzt, fehlt ihrer Mutter sowohl die Zeit als auch das Geld, ihr mögliches musikalisches Talent zu fördern.

soziales Milieu | S. 348
Lebensstil | S. 348

Abweichungen in der Mentalität und den Verhaltensweisen von Angehörigen einer sozialen Schicht lassen sich mit dem Begriff des unterschiedlichen |**sozialen Milieus** und dem Begriff |**Lebensstil** erfassen. Das soziale Milieu bezeichnet dabei Menschen mit ähnlichen Werthaltungen und Grundeinstellungen, während Lebensstil die Gesamtheit der immer wiederkehrenden Denk- und Verhaltensweisen meint.

determinieren
abgrenzen, bestimmen

Neben den Dimensionen, die soziale Ungleichheit lediglich beschreiben, bezeichnen |**Determinanten** außerdem Positionen oder Kriterien, die an sich keine sozialen Vor- oder Nachteile darstellen, diese aber mit hoher Wahrscheinlichkeit nach sich ziehen. Beispiele für Determinanten sozialer Ungleichheit sind das Geschlecht, das Alter, der Beruf, die Wohnregion, die ethnische Zugehörigkeit oder der Geburtsjahrgang.

Soziale Ungleichheit lässt sich durch beschreibende Dimensionen und beeinflussende Determinanten kategorisieren.

Was hat das mit mir zu tun?

Welche Erfahrungen haben Sie bei sich selbst oder in Ihrem Bekanntenkreis mit sozialer Ungleichheit gemacht? Gibt es Unterschiede in Ihrem Verhalten gegenüber Ihrer Ärztin und dem Mann, der wöchentlich den Treppenaufgang in Ihrem Mietshaus reinigt? Durch Ihr persönliches Handeln sind Sie immer wieder in der Lage, Ungleichheiten zu bekämpfen, aber auch zu erzeugen oder zu verstärken.
Menschen, die in Berufsfeldern tätig sind, die viel Umgang mit anderen Menschen, Jugendlichen oder Kindern haben, kommt daher eine besondere Verantwortung zu, das eigene Verhalten immer wieder zu überprüfen.

1.4 Ungleiche Lebenschancen in Deutschland

Welche sozialen Ungleichheiten finden sich in der Sozialstruktur Deutschlands? Dieser Frage soll anhand der zentralen Ungleichheitsdimensionen „materieller Wohlstand“ und „Bildung“ nachgegangen werden.

Einkommen und Erwerbstätigkeit

Materieller Wohlstand lässt sich in modernen Gesellschaften meist über den Weg der Erwerbsarbeit erreichen. Die **Einkommenschancen** sind dabei abhängig vom Bildungsgrad, vom Erwerbs- und Berufsstatus, aber auch vom Geschlecht und der Lebensform eines Menschen. Am meisten verdienen hochqualifizierte Erwerbstätige in leitender Stellung, am wenigsten gering qualifizierte Arbeitskräfte mit Zeitverträgen, in Leiharbeit oder in unfreiwilliger Teilzeitarbeit.

Frauen verdienen bei gleicher Arbeitszeit etwa ein Viertel weniger als Männer. Dies liegt vor allem daran, dass sie seltener |Führungspositionen einnehmen.

Führungspositionen von Frauen | S. 352

Kinder sind als weiterer Risikofaktor für geringe Einkommenschancen zu sehen. Die niedrigsten Einkommen erzielen Alleinerziehende, abgestuft nach der Anzahl der Kinder.

Auch das Risiko, seine Arbeit zu verlieren, ist bei einigen Bevölkerungsgruppen größer als bei anderen. Besonders betroffen sind gering Qualifizierte, Zuwanderer, Schwerbehinderte und Bewohner bestimmter Regionen, z. B. Ostdeutschland. Länger andauernde **Arbeitslosigkeit** hat neben den materiellen Aspekten auch andere einschneidende Folgen für die Betroffenen:

- Die Selbstachtung des Arbeitslosen, aber auch der Respekt seiner Mitmenschen ihm gegenüber nehmen ab.
- Die Belastungen für den Betroffenen und seine Familie nehmen zu; häufig führt die Arbeitslosigkeit auch zu gesundheitlichen Problemen.
- Mit der fehlenden geregelten beruflichen Tätigkeit nimmt die Fähigkeit des Arbeitslosen ab, den Tagesablauf zu strukturieren und zu organisieren.

Für Gruppierungen, die besonders häufig arbeitslos sind, sowie kinderreiche Familien und Alleinerziehende besteht zudem ein größeres |Armutsrisiko. Als **einkommensarm** werden Menschen bezeichnet, wenn sie weniger als 60 % des mittleren (|Äquivalenz-)Einkommens der Bevölkerung zur Verfügung haben. Für Alleinstehende beginnt Armut damit bei einem monatlichen Nettoeinkommen von 979 €. Familien mit zwei Kindern gelten als arm, wenn ihnen im Monat weniger als 2056 € zur Verfügung stehen.

Armut | S. 284

Äquivalenz
Gleichwertigkeit

> „Absolute Armut“, die dazu führt, dass Menschen um ihr physisches Überleben kämpfen müssen, ist in entwickelten Gesellschaften eher selten. Mit dem Begriff Armut, wie er hier verwendet wird, ist daher „relative Armut“ gemeint. Die wirtschaftliche Lage einer Person bemisst sich danach an dem, was in einer Gesellschaft als Mindestbedarf oder Existenzminimum bezeichnet wird.

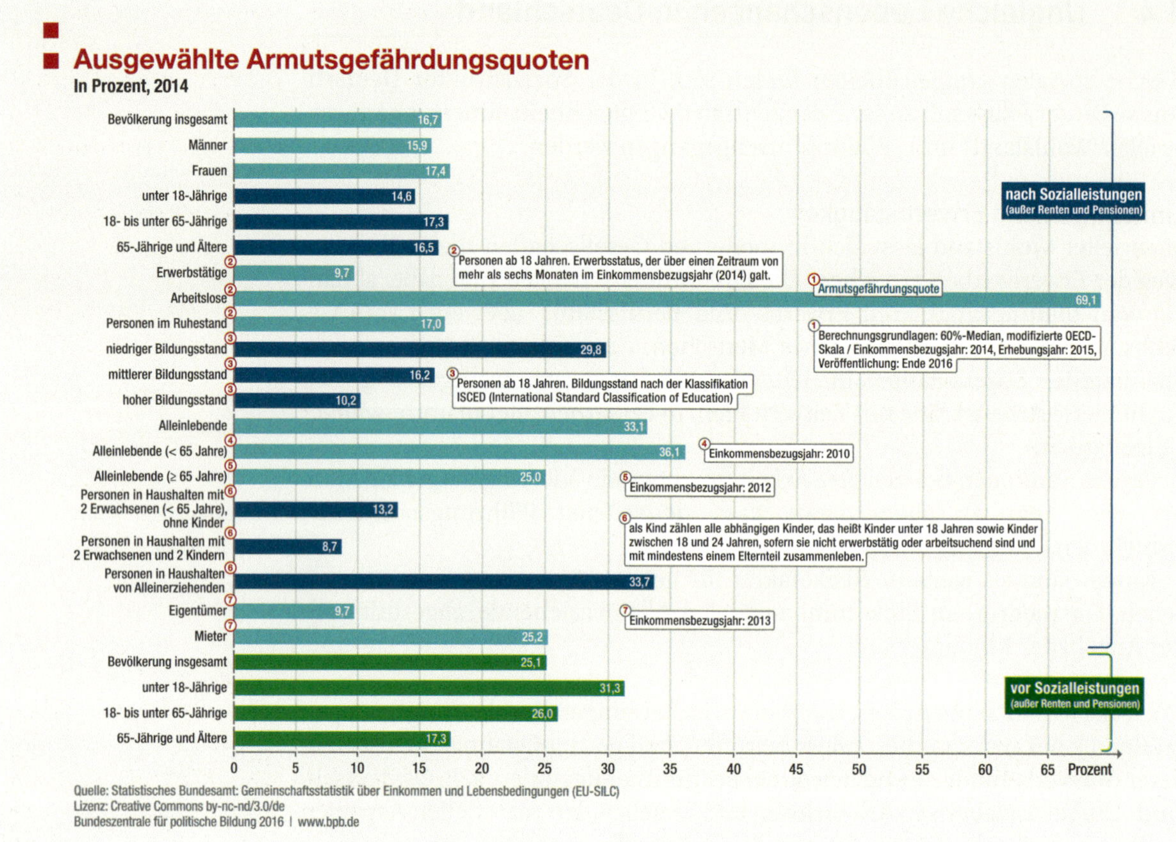

Bildung

Ungleiche Erwerbschancen lassen sich immer auch auf ungleich verteiltes, im Erwerbsleben aber relevantes Wissen zurückführen. Dabei spielen vor allem Bildungsabschlüsse und -zertifikate eine wichtige Rolle.

Durch die Bildungsexpansion, die nach dem Zweiten Weltkrieg überall in Europa stattfand, wurden seit den 1960er Jahren Schulen und Hochschulen weiter ausgebaut. Infolgedessen haben sich zwar die Bildungschancen für Kinder aller Gruppierungen erhöht, zwischen den einzelnen Bevölkerungsgruppen existieren jedoch weiterhin deutliche Unterschiede.

Frauen hat die Bildungsexpansion die besten Chancen eröffnet. Sie schneiden mittlerweile an fast allen Stellen im Bildungssystem genauso gut, wenn nicht gar besser als Männer ab. Dies zeigt sich auch daran, dass in Hauptschulen bzw. vergleichbaren Schultypen die Jungen in der Überzahl sind.

Bei den **schichtspezifischen Bildungschancen** hat sich nur wenig verbessert. Weiterhin gelangen Kinder aus unteren sozialen Schichten nur zu wesentlich geringeren Anteilen auf Gymnasien und Universitäten. In mit Deutschland vergleichbaren Ländern hat es hier deutlichere Fortschritte gegeben.

Migration
dauerhafter Wohnortwechsel von Menschen

Obwohl es den Kindern von **Migranten** immer häufiger gelingt, höhere allgemeinbildende Abschlüsse zu erzielen, konnten sie den Vorsprung der einheimischen Kinder bislang nicht aufholen. Eine weitere Herausforderung in das deutsche Bildungssystem stellt die Eingliederung von Flüchtlingen und Asylsuchenden dar.

Geringe Bildungschancen haben sowohl Folgen für den Einzelnen als auch für die Gesellschaft. Einerseits ist Bildung im Zusammenhang mit Gesundheit, Lebenserwartung, den Möglichkeiten der Freizeitgestaltung sowie den Integrations- und Durchsetzungschancen zu sehen. Der demografische und technologische Wandel sowie die Globalisierung führen andererseits dazu, dass qualifizierte Arbeitskräfte verstärkt benötigt werden, die auf dem Arbeitsmarkt immer weniger vorhanden sind.

demografischer Wandel
Veränderungen in der Zusammensetzung von Gesellschaften, insbesondere der Altersstruktur. Moderne Gesellschaften zeichnen sich durch niedrige Geburtenrate, höhere Sterberate sowie höhere Lebenserwartung aus. Der Anteil der älteren gegenüber den jüngeren Menschen nimmt zu.

Globalisierung | S. 353

Sie kennen eine Vielzahl an sozialen Berufen, in denen die Mitarbeiter eingesetzt sind, um vielfältige Formen von sozialer Ungleichheit zu verändern. So tragen Sozialarbeiter in den Schulen dazu bei, Kinder aus unteren Sozialschichten zu fördern und ihre Bildungschancen zu erhöhen. Ebenso helfen die Mitarbeiter in Behinderteneinrichtungen, die ungleichen Lebenschancen von behinderten Menschen zu verbessern.

1.5 Theoretische Modelle sozialer Ungleichheit

Sozialwissenschaftlich relevante Theorien, die erklären, weshalb es soziale Ungleichheit überhaupt gibt, wurden ab dem 18. Jahrhundert formuliert. Erst zu diesem Zeitpunkt machten sich Menschen bewusst, dass soziale Faktoren für die Unterschiede zwischen ihnen verantwortlich sind und nicht etwa göttliches Wirken oder natürliche Gesetzmäßigkeiten. Von „sozialer Ungleichheit" spricht man nach Stefan Hradil (2001) dann, wenn Menschen aufgrund ihrer Stellung im sozialen Beziehungsgefüge von den „wertvollen Gütern" einer Gesellschaft regelmäßig mehr als andere erhalten.

[1] Karl Marx (1818–1883), dt. Philosoph und Gesellschaftstheoretiker

Im Folgenden sollen einige dieser Erklärungsmodelle vorgestellt werden.

Ältere Theorien sozialer Ungleichheit

Nach der Klassentheorie von **Karl Marx** hängen die Lebenschancen eines Menschen von seiner Stellung im gesellschaftlichen Produktions- und Reproduktionsprozess ab. Die Gesellschaft spaltet sich hier in zwei Klassen: in Bevorzugte, also die Besitzer von Produktionsmitteln bzw. Kapitalisten, und Benachteiligte, nämlich Lohnarbeiter bzw. Proletarier, die sich in gänzlich ungleichen Lebenslagen befinden und einander entgegengesetzte Interessen haben.

[2] Max Weber (1864–1920), dt. Soziologe und Sozialökonom

Max Weber unterscheidet in seiner Typologie neben Klassen zusätzlich Stände und Parteien. Die **Klasse** bezeichnet für ihn eine Gruppe von Menschen mit aufgrund ihres Besitzes oder ökonomischer Leistungen gleichen materiellen Lebenschancen, während **Stände** Gruppen von Menschen mit gemeinsamen Eigenschaften des Denkens und Handelns darstellen. **Parteien** sind dagegen Gruppen, die darauf abzielen, durch gemeinsame Entscheidungen das menschliche Zusammenleben zu beeinflussen. Weber benennt somit neben der Wirtschaft bzw. dem Erwerb auch die Bereiche Prestige und Lebensführung sowie die Macht als entscheidend für ungleiche Lebensbedingungen.

Die **funktionalistische Schichtungstheorie**, die in den 1940er bis 1960er Jahren von verschiedenen Vertretern entwickelt wurde, sieht als Grundlage für die soziale Ungleichheit die Vielzahl von Positionen, die Menschen innerhalb der gesellschaftlichen Arbeitsteilung einnehmen. Um für die Gesellschaft wichtige Stellen mit den fähigsten Personen besetzen zu können, muss es für diese besondere Anreize geben. Soziale Ungleichheit ist demzufolge das Ergebnis eines Belohnungsprozesses.

BEISPIEL

In einer Zeitung lesen Sie folgende Stellenausschreibung:
Wir sind ein junges expansionsorientiertes Team und suchen einen leitenden Mitarbeiter / eine leitende Mitarbeiterin mit Führungserfahrung für herausragende Tätigkeiten. Wir setzen überdurchschnittliche Begabung, Fähigkeiten und Einsatzbereitschaft für unser Unternehmen voraus.
Sie erwartet ein weit überdurchschnittliches Einkommen sowie eine Beteiligung am Gewinn des Unternehmens.

[1] Pierre Bourdieu (1930–2002), frz. Soziologe

Habitus
Gesamterscheinungsbild einer Person nach Aussehen und Verhalten

Neuere Theorien sozialer Ungleichheit

In seiner Habitustheorie erklärt **Pierre Bourdieu**, dass die moderne Gesellschaft durch die ungleiche Verteilung der Ressourcen ökonomisches Kapital, Bildungskapital und „soziales Kapital“ (soziale Beziehungen) in „vertikale“ Klassen und durch ihren Kapitalbesitz zudem in „horizontale“ Klassenfraktionen (z. B. Besitzbürgertum oder Kleinbürgertum) gegliedert ist. Diese bringen „automatisch“ bestimmte Lebensbedingungen und Habitusformen mit sich.

Individualisierung | S. 339

Die Individualisierungsthese des deutschen Soziologen **Ulrich Beck** (geb. 1944) kann als Gegenpol zur Habitustheorie gesehen werden. Klassen und Schichten lösen sich aufgrund steigenden Wohlstands, zunehmender Freizeit, vermehrter Mobilität und höheren Bildungsniveaus auf. Dadurch kommt ein Individualisierungsprozess mit Chancen und Gefahren für den Einzelnen in Gang. Neue Lebensstile und Lebensweisen entstehen.

Systemtheorie | S. 346

Informationen über die Systemtheorie Luhmanns finden Sie z. B. unter:
http://www.ndr.de/geschichte/koepfe/luhmann132.html
http://www.fifoost.org/user/luhmann.html

Auch andere wichtige Soziologen der Gegenwart wie **Niklas Luhmann** (1927–1998) haben sich in ihren Arbeiten mit der sozialen Ungleichheit innerhalb der modernen Gesellschaft auseinandergesetzt. Niklas Luhmann, der Begründer der soziologischen Systemtheorie, provozierte in den 1980er Jahren mit der Behauptung, soziale Ungleichheit habe ihre zentrale strukturelle Bedeutung verloren und sei ein Kennzeichen vormoderner, hierarchisch differenzierter Gesellschaften. Zu späterer Zeit bestätigte jedoch auch er, dass mit steigender Komplexität der Gesellschaft das Risiko für sich selbst verstärkende soziale Ungleichheit zunimmt.

2 Der Mensch in der modernen Gesellschaft

Moderne Gesellschaften sind nicht statisch, sondern dynamisch: Sie sind geprägt von einem stetigen sozialen Wandel. Dieser Wandel innerhalb der Gegenwartsgesellschaft bezieht sich im Wesentlichen auf drei miteinander zusammenhängende Prozesse, die auf verschiedenen gesellschaftlichen Ebenen stattfinden:

1. Die Wirtschaft geht von einer |fordistischen in eine |postfordistische Form über.
2. Die Lebensführung individualisiert sich.
3. Der Alltag wird zunehmend durch die allgemeine Globalisierung bestimmt.

Einen guten Überblick über die deutsche Gesellschaft vermittelt die Bundeszentrale für politische Bildung unter: **www.bpb.de/politik/grundfragen/deutsche-verhaeltnisse-eine-sozialkunde/**

Der technische Fortschritt war der Hauptmotor für die Veränderungen auf der wirtschaftlichen Ebene. Vor allem durch ihn wandelte sich die Gesellschaft von einer Agrargesellschaft zu einer postindustriellen **Dienstleistungsgesellschaft**. Dies bedeutet, dass die meisten Menschen nicht mehr in der Industrie oder der Landwirtschaft tätig sind, sondern Berufen im Dienstleistungssektor nachgehen. Nach wie vor entstehen durch die Ausweitung der Informations- und Kommunikationstechnologien neue Arbeitsplätze in diesem Bereich.

Fordismus
Der Fordismus (ab 1920) ist gekennzeichnet durch standardisierte Massenproduktion, Massenkonsum, Ausbau von Sozialstaatlichkeit und die Lebensform der Kleinfamilie mit männlichem Alleinverdiener.

Aber auch Individualisierungsprozesse innerhalb der Gesellschaft führten zu einer vermehrten Nachfrage nach Dienstleistungen.

Postfordismus
Kennzeichen des Postfordismus (seit den 1970er Jahren) sind das Vordringen von Dienstleistungsberufen, eine finanzmarktgetriebene Wirtschaftsform, weitreichender Umbau des Sozialstaats und eine Individualisierung der Lebensformen.

BEISPIEL

Die zunehmende Berufstätigkeit von Frauen bewirkt, dass Tätigkeiten im Haushalt oder in der Familienarbeit von anderen übernommen werden. Die Folge ist unter anderem auch ein erhöhter Bedarf an Erzieherinnen und Erziehern.

Der Soziologe |Ulrich Beck charakterisiert den Begriff |**Individualisierung** durch folgende Aspekte:

- Lebensformen, welche die Industriegesellschaft mit ihren sozialen Klassen, Kleinfamilien und Geschlechterrollen prägten, lösen sich auf.
- Dadurch kommt es zu einem Verlust von traditionellen Sicherheiten (z. B. Handlungswissen, Normen, Glauben).
- Die Menschen werden auf neue Weise in die gesellschaftlichen Institutionen wie den Arbeitsmarkt, das Bildungssystem und die Massenmedien eingebunden.

Beck | S. 338

Individualisierung
Prozess des Übergangs des Individuums von der Fremd- zur Selbstbestimmung

Möglich wurden die Individualisierungsprozesse durch eine allgemeine Wohlstandssteigerung, die fast alle Bevölkerungsgruppen betraf, eine deutliche Verkürzung der Arbeitszeit und das gestiegene Bildungsniveau.

Gesellschaftswandel findet auch durch |**Globalisierung** statt: Hierunter ist die Einbindung von Kontinenten und Nationen in ein zunehmend engeres weltweites Netzwerk von Produktion, Handel, Information und Kommunikation zu verstehen.

Globalisierung | S. 353

2.1 Die riskanten Freiheiten

Die **Individualisierung** ihrer Lebensweise bedeutet für die Mitglieder einer Gesellschaft

- zum einen erweiterte Wahl- und Entscheidungsmöglichkeiten in sämtlichen Fragen der Lebensführung,
- zum anderen aber auch schwindende Bindungen an bestimmte Werte und Gemeinschaften.

Ralf Dahrendorfs **Konzept der Lebenschancen** zufolge benötigen Menschen beides: Angebote und Anrechte, z. B. das Demonstrationsrecht oder verschiedene Möglichkeiten, ihre Freizeit zu verbringen, sogenannte „Optionen", sowie sinnstiftende Bindungen und soziale Gemeinschaften, wie z. B. Freundschaften oder die Identifikation mit der eigenen Nation, sogenannte „Ligaturen". Je mehr Optionen und Ligaturen einem Menschen zur Verfügung stehen, desto besser sind seine Lebenschancen.

Mit dem sozialen Wandel erweitern sich die Chancen für den Einzelnen, sein Leben individuell zu gestalten. Die Individualisierung birgt aber auch Risiken, denen die Mitglieder einer Gesellschaft zuvor nicht ausgesetzt waren.

Ulrich Beck nennt die moderne Gesellschaft daher **Risikogesellschaft.**

Die nachfolgende Tabelle bietet einen Überblick über diese Gefahren und Chancen, welche die moderne Gesellschaft mit sich bringt, der im Folgenden vertieft wird.

Pluralisierung
Steigerung der Vielgestaltigkeit verschiedener Phänomene

Chancen der Individualisierung	Risiken der Individualisierung
■ Pluralisierung der Lebensstile: Veränderung der Lebenseinstellung hin zu einer „Erlebnisgesellschaft", durch die differenzierte Lebensstil-Szenen und -Milieus entstehen ■ Pluralisierung der Formen des Zusammenlebens: Herausbildung verschiedener Formen des Zusammenlebens von Menschen neben der im Fordismus vorherrschenden Kleinfamilie ■ Emanzipation der Frau: Rückgang der Benachteiligung von Frauen in vielen Bereichen ■ Entstehung neuer sozialer Bewegungen: Veränderung der inhaltlichen Forderungen und der Aktionsformen von politischen Akteuren	■ zunehmende „Prekarität": Zunahme unsicherer Arbeitsverhältnisse und Erwerbsbiografien auf verschiedenen Ebenen der Gesellschaft, die mit Ausgrenzung und Abstiegsängsten einhergehen ■ neue Gruppe der „Überflüssigen": wachsende Zahl von Menschen ohne Chancen auf dem Arbeitsmarkt ■ zunehmende Ausländerfeindlichkeit: wirtschaftlich verursachte Frustrationen führen zur Suche nach Sündenböcken, die häufig in Ausländern mit nicht christlich geprägtem kulturellem Hintergrund gefunden werden

[Tab. 1] Chancen und Risiken der Individualisierung

Multioptionsgesellschaft

Die Menschen in modernen Gesellschaften haben also die Möglichkeit, zwischen verschiedenen |Optionen der Lebensführung zu wählen. Es steht ihnen offen, mit wem sie auf welche Weise zusammenleben, welchen Beruf sie erlernen oder wohin sie in den Urlaub fahren. An die Stelle der zuvor fest in sozialen Milieus verankerten Normen, wie etwa die Sauberkeitserziehung der Kinder, ist eine Vielzahl an Entscheidungshilfen getreten, welche die |Wissensgesellschaft mittels Zeitungen, Zeitschriften, Ratgeberliteratur und dem Internet zur Verfügung stellt.

Option
Möglichkeit, Wahlmöglichkeit

Wissensgesellschaft
wachsende Bedeutung von Wissen in fast allen Lebensbereichen der modernen Gesellschaft

Diese Vielzahl an Optionen ist jedoch nicht nur positiv zu sehen: Es besteht eben auch die Notwendigkeit zur Entscheidung, die dem Einzelnen nicht mehr abgenommen wird. Der Schweizer Soziologe Peter Gross (geb. 1941) prägte hierfür den Begriff **Multioptionsgesellschaft**. Die Zunahme der Entscheidungszumutungen hat auch zur Folge, dass Menschen schnell das Gefühl bekommen, etwas falsch entschieden zu haben oder dass sie zumindest etwas hätten besser machen können. Schließlich hat die **Selbstverantwortung** häufig auch unabsehbare Folgen, die zu einer großen Belastung werden können. Dies kann der Fall sein, wenn z. B. jemand einen Beruf erlernt, der Jahrzehnte später nicht mehr gebraucht wird.

[1] Eine große Zahl von Entscheidungsmöglichkeiten kann für den Einzelnen auch eine Überforderung darstellen.

Lebensbewältigung erfordert von den Gesellschaftsmitgliedern folglich, dass sie in der Lage sind, ihre individuellen, sozialen und ökonomischen Ressourcen kreativ zu nutzen und sich selbst aktiv |soziale Netzwerke aufzubauen.

soziale Netzwerke | S. 354

Denken Sie einmal über Ihre Lebensvorstellungen und Pläne nach:
Was werden Sie nach der Schule zuerst machen? Wollen Sie einige Zeit reisen und die Welt kennenlernen oder eine Weile jobben? Planen Sie, zu studieren oder sofort einen Beruf zu erlernen? An welchem Ort sehen Sie sich in zehn Jahren? Wie sind Ihre Vorstellungen zu Partnerschaft und Familie? Möchten Sie heiraten und Kinder bekommen?
Können Sie diese Fragen für sich beantworten?
Wenn nicht, sehen Sie dies als etwas Positives, da Sie sich gerne vom Leben überraschen lassen, oder haben Sie Angst vor den Entscheidungen, die Ihnen bevorstehen?
Und nun überlegen Sie, wie es Ihren Großeltern in Ihrem Alter gegangen sein mag. Welche Antworten hätten sie auf diese Fragen gegeben? Unterhalten Sie sich doch einmal mit ihnen!

2.2 Die Arbeitsbedingungen im Spätkapitalismus

Arbeit ist die wichtigste Quelle von Einkommen und sozialer Anerkennung. An diesem zentralen Stellenwert hat sich auch in der Gesellschaft der Gegenwart nichts geändert.

monetär
geldlich

Unter dem Begriff Arbeit wird in der Regel Erwerbsarbeit verstanden, das heißt Arbeit, mit der monetäres Einkommen erzielt wird. Andere gesellschaftlich nützliche Tätigkeiten, wie Hausarbeit, Kindererziehung, Pflege von Angehörigen oder politisches Engagement, gelten hingegen gemeinhin nicht als richtige Arbeit, obwohl hierfür oftmals genauso viel oder sogar mehr Mühe und zeitlicher Aufwand nötig ist.

Die moderne Arbeitswelt

distributiv
verteilend

Die Arbeitswelt, das heißt die sozialen Beziehungen und die Institutionen, welche die Arbeit prägen, hat einen grundlegenden Wandel erfahren: Die heutige Arbeitsgesellschaft in Deutschland ist eine **Dienstleistungsgesellschaft**, da fast drei Viertel aller Erwerbstätigen im Dienstleistungsbereich beschäftigt sind. Die Vielfalt der Tätigkeiten ist erheblich. Angeboten werden: produktionsbezogene Dienste (Makler, Finanz- und Versicherungsdienstleistungen), distributive Dienste (Groß- und Einzelhandel, Transport und Kommunikation), persönliche Dienste (Hotel, Restaurants, Freizeit, Kultur, Haushaltshilfen) und soziale Dienste (Regierung, Gesundheit, Erziehung).

Tätigkeiten, die durch Konzeption, Organisation oder Planung andere Tätigkeiten vorbereiten, können als wissensbasierte Tätigkeiten bezeichnet werden. Sie machen damit Wissen für andere Menschen nutzbar und helfen z. B. bei der Identifizierung und Lösung von Problemen. Da etwa ein Drittel aller Beschäftigten (mit zunehmender Tendenz) mit Arbeiten dieser Art befasst ist, wird die Arbeitsgesellschaft der Gegenwart oft auch als **Wissensgesellschaft** bezeichnet.

Hierarchie
System der Über-/Unterordnung zwischen organisatorischen Einheiten

Aber auch die **Organisationsformen von Arbeit** haben sich verändert. Die Entscheidungsspielräume der Arbeitnehmer werden größer, hierarchische Steuerungsformen gehen zurück, obwohl in der Regel nicht vollständig auf sie verzichtet wird. Unternehmen setzen auf Gruppen- und Teamarbeit, Projektgruppen, Zielvereinbarungen oder kontinuierliche Verbesserungsprozesse, anstatt die Arbeit konkret vorauszuplanen. Auch die Arbeitszeiten sind flexibler gestaltbar. Für die Erwerbstätigen gehen diese Veränderungen mit höheren Anforderungen an ihre Eigenverantwortung und Lernbereitschaft einher.

Die gestiegenen Möglichkeiten, über die eigene Arbeit bestimmen zu können, führen aber auch dazu, dass Menschen eine andere Einstellung zu ihr entwickeln. Bei der Arbeit steht das Geldverdienen nicht mehr im Vordergrund; mindestens genauso wichtig ist die Verwirklichung eigener Ideen und die Freizeitgestaltung. Doch obwohl diese **Subjektivierung** der Arbeit zu mehr Motivation und Zufriedenheit bei den Beschäftigten führt, birgt sie in sich auch das Risiko für Stress, Überforderung und die Angst vor dem Scheitern.

Ein weiteres Phänomen der heutigen Arbeitswelt ist die **Entgrenzung** von Arbeit. Da aufgrund neuer Formen der Arbeitsorganisation und neuer Technik die Tätigkeit nicht immer an einem Ort, z. B. dem Büro, ausgeübt werden muss, verschwimmen die Grenzen zwischen Arbeit und Freizeit. Gelingt die **Work-Life-Balance** nicht, kann dies gravierende Auswirkungen haben, die sich in familiären Problemen, abbrechenden sozialen Kontakten oder Medikamenten- und Drogenmissbrauch äußern. Aber auch psychische Krankheiten bis hin zum sogenannten |Burn-out können die Folge sein.

[1] **Work-Life-Balance: Stehen Arbeit und Freizeit in einem ausgewogenen Verhältnis, ist dies eine optimale Voraussetzung für ein zufriedenes und gesundes Leben.**

Burn-out
tief greifende körperliche und emotionale Erschöpfung, die mit Leistungs- und Antriebsschwächen einhergeht

BEISPIEL

Simon ist Freitagabend um 18 Uhr mit Freunden verabredet. Um kurz vor halb sechs sitzt Simon immer noch im Büro. Da er an einem wichtigen Projekt arbeitet, in das er viel Zeit investiert hat und von dem er sich persönlich viel verspricht, befindet er sich in einem Zwiespalt: Soll er länger im Büro bleiben und die Verabredung mit seinen Freunden absagen oder soll er alles stehen und liegen lassen und am Montag weitermachen? – Er entscheidet sich für eine Zwischenlösung: Während er mit seinen Freunden in der Kneipe sitzt, checkt er mit seinem Smartphone regelmäßig seine E-Mails, um rechtzeitig auf wichtige Entwicklungen im Projekt reagieren zu können. Irgendwann merkt er, dass er der Unterhaltung seiner Freunde nicht mehr folgen kann, da er die meiste Zeit in Gedanken ganz woanders ist.

Wandel der Beschäftigungsformen

Gewandelt haben sich auch die Beschäftigungsformen. So gibt es immer weniger Erwerbstätige in sogenannten **Normalarbeitsverhältnissen**. Viele, vor allem Berufseinsteiger müssen sich zu Beginn ihrer Berufstätigkeit auf Zeitverträge einlassen, die keine Planungssicherheit bieten.

Der Begriff Normalarbeitsverhältnis bezeichnet eine abhängige, dauerhafte und unbefristete Vollzeiterwerbstätigkeit, bei welcher der Arbeitnehmer in die sozialen Sicherungssysteme wie Kranken-, Arbeitslosen- sowie Rentenversicherung integriert ist.

Für diese Form der Beschäftigung ist die geschlechtliche Arbeitsteilung von männlicher Erwerbsarbeit und weiblicher Hausarbeit grundlegend. Sie ist durch die stärkere Erwerbsorientierung von Frauen nicht mehr zeitgemäß. Obwohl immer noch zwei Drittel aller Beschäftigten ein Normalarbeitsverhältnis ausüben, nehmen sogenannte **atypische Beschäftigungsverhältnisse** an Bedeutung zu: Teilzeitbeschäftigung, geringfügige, nicht sozialversicherungspflichtige Beschäftigung (Minijobs), befristete Beschäftigung und Leih- oder Zeitarbeit.

Viele Beschäftigte arbeiten zwar bewusst in Teilzeit oder üben Jobs auf geringfügiger Basis aus, um z. B. Arbeit und Familienleben miteinander vereinbaren zu können. Atypische Beschäftigung kann jedoch auch leicht mit Unsicherheit einhergehen oder als unsicher erlebt werden. Man spricht dann von **prekären Beschäftigungsverhältnissen**.

Auch Normalarbeitsverhältnisse im Niedriglohnbereich oder die Arbeit von Kleinunternehmern oder Freiberuflern können unsicher und nicht existenzsichernd sein und als prekär bezeichnet werden.

2.3 Familie und „neue" Formen des Zusammenlebens

Pluralisierung der Lebensformen | S. 345
Individualisierung | S. 339

Seit Mitte der 1960er Jahre wirkt sich der soziale Wandel auch auf die Haushalts- und Familienformen aus. Um diese Veränderungen zu beschreiben, werden die Begriffe |**Pluralisierung** und |**Individualisierung der Lebensformen** verwendet. Es ist hier auch häufig von einer „Krise" und Tendenz zur Auflösung der Familie die Rede, was mit negativen Folgen vor allem für das Aufwachsen von Kindern einhergehe. Diese Einschätzung wird jedoch nicht von allen geteilt:

Langfristige und systematische Untersuchungen des Deutschen Jugendinstituts in München zu den Lebenslagen von Kindern, Jugendlichen, Frauen, Männern und Familie finden Sie unter:
www.dji.de

Gefühlte Krise: Die Familie lebt – und zwar gar nicht so schlecht

(...) Gerade Kinder aus der krisengebeutelten Mittelschicht bekämen angeblich alles, was sie wollten, nur nicht das, was sie brauchten: Zuwendung und Zeit.

Ihre Eltern werden angeblich aufgerieben von Job und Statussicherung, während die Kinder gegen den Dauerstress in Schule und organisierter Freizeit kämpfen. Da bleibe eben kein Raum mehr für das gemeinsame Erleben der Generationen. So lautet die allgegenwärtige Diagnose der Bestsellerbücher und Feuilletonanalysen.

Liest man dagegen die trockene Empirie der Sozialwissenschaftler, dann hellt sich das Bild der Familie als modernes Zerfallsprodukt deutlich auf. Das zeigt etwa ein Blick in die aktuelle Ausgabe des DJI-Bulletins, in der das Deutsche Jugendinstitut in München die aktuellen Befunde der Familienforschung zusammenträgt. Beispiel gemeinsames Essen: Die Zeit, da sich Eltern und ihre Kinder jeden Tag um den (von Mutter gedeckten) Tisch versammelten, um sich ausgiebig untereinander auszutauschen, sei so gut wie vorbei, heißt es häufig. Die isolierte Nahrungsaufnahme schreite voran. Stimmt nicht, haben Ernährungsforscher der Universität Gießen ermittelt. Im Gegenteil: Regelmäßige Mahlzeiten spielen für das Familienleben weiterhin eine große Rolle. Heute dauern die bewusst inszenierten Zusammentreffen von Jung und Alt um Suppenschüssel oder Bratentopf sogar länger als noch vor zwanzig Jahren.

Überhaupt wächst die dem Nachwuchs gewidmete Zeit, anstatt zu schrumpfen. 1990 verbrachten Eltern mit ihren (unter sechs Jahre alten) Söhnen und Töchtern pro Tag vier Stunden und 52 Minuten. Heute ist es laut der letzten Zeitbudgetstudie des Statistischen Bundesamts eine Dreiviertelstunde mehr. Gerade Väter spielen häufiger mit ihren Kinder und lesen ihnen mehr vor als früher, auch wenn weiterhin die Mütter den Großteil der sogenannten Beziehungsarbeit bewältigen.

Die gefühlte Krise der Familie ist sehr viel größer als die echte, wie auch die Angst vor dem sozialen Abstieg vieler (Mittelschicht-)Eltern in keinem Verhältnis zur realen Bedrohung steht. Das zeigte die jüngste Vorwerk-Familienstudie 2009. Danach gehen 52 Prozent der Eltern davon aus, dass Familien unter der aktuellen Wirtschafts- und Finanzkrise besonders hart leiden. Wird nach der eigenen Betroffenheit gefragt, schrumpft die Zahl auf 7 Prozent. (...)

(Spiewak, Martin: www.zeit.de/2010/03/Kommentar-Bildung (15. Januar 2010))

1. Welche Probleme der modernen Familie werden in dem vorangegangenen Artikel beschrieben und worauf werden diese zurückgeführt?
2. Welche unterschiedlichen Familienformen begegnen Ihnen in Ihrem Bekanntenkreis? Denken Sie, dass es Formen des Zusammenlebens gibt, die für Kinder problematisch sind?

Entstehung der modernen Kleinfamilie

Die |Familie als Form des menschlichen Zusammenlebens kann nur in eine Krise geraten, wenn sie ein allgemein verbindliches Grundmuster besitzt. Doch ist das so? Das, was traditionell mit dem Begriff „Familie" bezeichnet wird, ist eine Lebensform, die in Deutschland vor allem in den 1950er und 1960er Jahren dominant war und **moderne Kleinfamilie** genannt wird.

Familie | S. 278

Als moderne Kleinfamilie (oder auch Kernfamilie) ist die selbstständige Haushaltsgemeinschaft eines verheirateten Paares mit seinen unmündigen Kindern zu verstehen.

Bereits vor und noch zu Beginn der Industrialisierung gab es eine Vielzahl familialer Lebensformen, die an die wirtschaftlichen Anforderungen und Aufgaben der jeweiligen Bevölkerungsgruppe gekoppelt waren. Im Familienverband wurde gemeinsam produziert, jüngere Familienmitglieder wurden ausgebildet und ältere, die nicht mehr arbeiten konnten, versorgt. Erst als diese, aus heutiger Sicht nichtfamilialen Funktionen ausgelagert wurden, konnte sich die moderne Kleinfamilie entwickeln. In ihr stehen emotionale Beziehungen und |sozialisatorische Leistungen im Mittelpunkt.

Sozialisation | S. 268

In den 1950er und 1960er Jahren wurden Eheschließung und Familiengründung in Deutschland schließlich zur Norm und die moderne Kleinfamilie zur „normalen" Lebensform. Das „Leitbild der modernen Familie" sah dabei auch die Arbeitsteilung von Mann und Frau vor. Der Ehemann ging einem |Normalarbeitsverhältnis nach, während der Ehefrau die Haushaltsführung und Erziehung der Kinder unterlag. Dies wurde durch das sogenannte „|Wirtschaftswunder" und den Ausbau der sozialen Sicherungssysteme möglich, die eine deutliche Einkommensverbesserung nahezu der gesamten Bevölkerung zur Folge hatten.

Normalarbeitsverhältnis | S. 346

Wirtschaftwunder
rascher wirtschaftlicher Aufstieg in Westdeutschland nach dem Zweiten Weltkrieg

Pluralisierung der Lebensformen

Pluralisierung der Lebensformen bedeutet zunächst einmal nur, dass die Dominanz der Kleinfamilie abgenommen hat und andere bereits vorhandene Lebensformen häufiger wurden. **Nichtkonventionelle Lebensformen** wie nichteheliche Lebensgemeinschaften, Alleinerziehende und Alleinwohnende existierten nämlich auch schon zuvor. Wirklich neu hinzugekommen sind hingegen gleichgeschlechtliche Lebenspartnerschaften, Fernbeziehungen und gewollt kinderlose Ehen.

[1] Heute wachsen Kinder auch in nichtkonventionellen Lebensformen auf.

BEISPIEL

Der zehnjährige Oskar lebt mit seiner alleinerziehenden Mutter Susanne in einer Wohngemeinschaft. Seinen Vater besucht er meistens nur in den Ferien, da er mit seiner neuen Frau und deren Tochter in einer weit entfernten Stadt lebt. Erst vor drei Wochen wurde Linus, das jüngste Mitglied der WG, geboren. Linus hat zwei Mütter: Katja und Francesca.

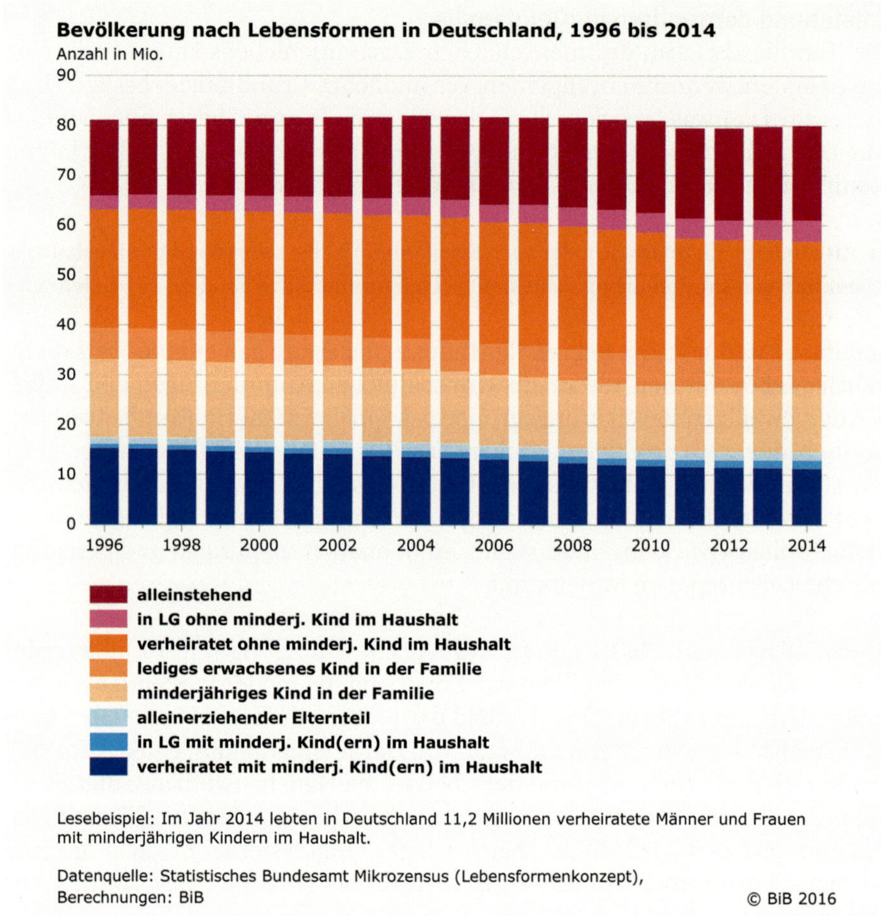

[1] Lebensformen in Deutschland (Quelle: www.bib-demografie.de/DE/ZahlenundFakten)

Daten zur aktuellen Bevölkerungsstruktur finden Sie unter: www.destatis.de

Neben der Pluralisierung der Lebensformen ist zu beobachten, dass die Haushalte, in denen mehrere Menschen leben, immer kleiner werden. Bestand ein Haushalt vor 30 Jahren noch aus durchschnittlich 2,7 Personen, so waren es 2011 nur noch 2,02. Dies ist eine Folge der Zunahme von Einpersonenhaushalten bei gleichzeitiger Abnahme der Haushalte mit fünf oder mehr Personen.

Ursachen des Wandels und Zukunft der Familie

Die Gründe für den Wandel der Familie lassen sich in der gesellschaftlichen Modernisierung und der damit zusammenhängenden Individualisierung finden. Die Bindung an soziale Normen und Kontrollen hat nachgelassen. Gleichzeitig sind Frauen durch ihre zunehmende Bildungsbeteiligung und Erwerbstätigkeit ökonomisch unabhängiger geworden.

Doch wohin entwickelt sich das Zusammenleben der Menschen?

Systemtheorie | S. 246

Eine Antwort darauf versucht die **Systemtheorie** zu geben. Sie stellt fest, dass moderne Gesellschaften zwei zentrale Merkmale aufweisen:

Komplexität
Vielschichtigkeit

- eine sehr große **Komplexität**, die durch die Auswahl von Möglichkeiten reduziert werden muss
- eine **funktionale Differenzierung**, mit der sich die verschiedenen Teilsysteme der Gesellschaft, z. B. die Wirtschaft, Politik, Wissenschaft oder auch die Familie, immer weiter spezialisieren.

Privatheitstypen

Die Theorie geht davon aus, dass die Differenzierung der Gesellschaft in unterschiedliche Teilsysteme nicht bei der sogenannten „Normalfamilie“ aufhörte. Die Anpassung an Veränderungen in der Gesellschaft machte es erforderlich, dass das relativ einheitliche bürgerlich-moderne Familienmuster sich weiter ausdifferenziert. Dadurch entstanden verschiedene Privatheitstypen:

- der **kindorientierte Privatheitstyp**, der die Struktur der Kleinfamilie prägt
- der **partnerschaftsorientierte Privatheitstyp**, z. B. nichteheliche Lebensgemeinschaft, kinderlose Ehe
- der **individualistische Privatheitstyp**, z. B. freiwillig Alleinlebende, Wohngemeinschaften, Fernbeziehungen

[2] Das Leben in Wohngemeinschaften ist individualistisch geprägt.

Die Pluralisierung der Lebensformen kann demzufolge als Anpassung an die moderne Gesellschaft verstanden werden, wie etwa als Anpassung an die Anforderungen des Arbeitsmarktes. Eine weitere Differenzierung der Lebensformen in der Zukunft ist also durchaus wahrscheinlich.

2.4 Die Pluralisierung der Lebensstile

Moderne Gesellschaften bringen neben dem Wandel der Arbeits- und Lebensbedingungen auch veränderte Einstellungen der Gesellschaftsmitglieder mit sich. Dieser sogenannte **Wertewandel** steht in engem Zusammenhang mit einer zu beobachtenden Individualisierung und Pluralisierung von sozialen Milieus und Lebensstilen.

Einen Überblick über die Einstellungsforschung finden Sie unter:
www.uni-bielefeld.de/ikg/zick/sozialeEinstellungenZick.pdf

Werte bezeichnen bewusste oder unbewusste Vorstellungen von Wünschen, die sich als Präferenz (Vorrang) bei der Wahl zwischen verschiedenen Möglichkeiten ausdrücken.

Werte | S. 270

Obwohl Werte tief sitzend und dauerhaft sind, können sie sich mit der Zeit ändern. Mit dem in allen westlichen Gesellschaften zu beobachtenden Wertewandel sind postmaterialistische Werte (Selbstverwirklichung und Kommunikation) gegenüber materialistischen (Vermögen und Besitztum) in den Vordergrund getreten. Vor allem in der Zeit zwischen 1970 und 1990 ging der Anteil der Menschen, denen überwiegend materielle Werte wichtig waren, gegenüber den Postmaterialisten zurück.

In den 1990er Jahren verlangsamte sich der Wertewandel jedoch und schlug eine neue Richtung ein. Immer mehr Menschen vertraten gemischte Werthaltungen, was zeigt, dass der Wertewandel mehrere Dimensionen hat. Zu unterscheiden sind:

- Pflichtwerte
- hedonistisch-materialistische Selbstentfaltungswerte
- idealistische Selbstentfaltungswerte

postmaterialistisch
Haltung, die keinen Wert auf Materielles legt

hedonistisch
nach Genuss strebend

idealistisch
an Ideale glaubend und nach ihrer Umsetzung strebend

Der Soziologe und Verwaltungswissenschaftler Helmut Klages entwickelte aus dieser Erkenntnis fünf verschiedene **Wertetypen**.

Wertetyp	Ausprägung der Wertdimensionen	Soziale Einstellungen und Kennzeichen	Anteil an der Bevölkerung (1997)
die Konventionalisten	hohe Pflichtwerte, geringe Selbstentfaltungswerte	Ordnungsliebe und Angepasstheit; Gegner der Modernisierung; überwiegend ältere Menschen	18 %
die perspektivenlos Resignierten	geringe Ausprägung aller Werte	Orientierungslosigkeit, Suche nach Nischen zum unauffälligen Überleben; Ablehnung von allen riskanten, eigenverantwortlichen Herausforderungen; gekennzeichnet durch Misserfolge	16 %
die aktiven Realisten	hohe Ausprägung aller Werte	Eigenverantwortung und Aufstiegsstreben; reagieren auf Herausforderungen aktiv, pragmatisch und erfolgsorientiert	36 %
die hedonistischen Materialisten	hedonistisch-materialistische Selbstentfaltung hoch, die beiden anderen Werte niedrig ausgeprägt	Mobilität und Anpassungsfähigkeit; geleitet vom Lust- und Erfolgsprinzip bei der aktiven Suche nach beruflichen und persönlichen Gelegenheiten und Chancen	14 %
die non-konformen Idealisten	idealistische Selbstentfaltung hoch, die beiden anderen Werte niedrig ausgeprägt	individuelle Emanzipation und gesellschaftliche Gleichheit; bejahen Modernisierung und Reformen, deren reale Umsetzung jedoch nicht mit ihren Idealen übereinstimmt	16 %

[Tab. 1] Wertetypen nach Klages

Was hat das mit mir zu tun?

„Die Jugend von heute – die weiß sich gar nicht mehr zu benehmen" – vielleicht haben Sie dies schon von Ihren Großeltern gehört und so Wertewandel unmittelbar erfahren. Sicher erkennen Sie in Ihrem Familien- und Freundeskreis auch die verschiedenen Werttypen wieder: Vergleichen Sie doch einmal Ihre eigenen Werte und Wertvorstellungen mit denen Ihrer Eltern und Ihrer Großeltern.

soziale Einstellungen
Einstellungen sind positive oder negative Wertungen eines bestimmten Objekts, die andauern und sich in verbalen Äußerungen, Gefühlen und Verhalten zeigen.

non-konform
nicht nach der herrschenden Meinung ausgerichtet

Trotz des Wertewandels und der Individualisierung finden sich auch in modernen Gesellschaften noch relativ stabile Gruppierungen in Form von Lebensstilen oder sozialen Milieus.

Lebensstile
Lebensstile sind Formen der Lebensführung und Selbstpräsentation von Menschen, welche die Zugehörigkeit zu einem bestimmten sozialen Milieu deutlich machen.

Soziale Milieus
Soziale Milieus sind Gruppen von Menschen, die ähnliche Werthaltungen, Mentalitäten und Lebensstile miteinander teilen.

Neue gesellschaftliche Gruppen

Die Entstehung dieser gesellschaftlichen |Gruppen beschreibt der französische Soziologe Pierre Bourdieu in seiner |**Habitustheorie**. Demnach entwickeln sich soziale Milieus und Lebensstile, indem sie sich an die Lebensbedingungen sozialer Klassen und Klassenfraktionen anpassen. Auf diese Weise werden sie auch reproduziert, also ständig neu erzeugt.

Gruppen| S. 301
Habitustheorie | S. 338

Lebensstile und Milieus sind im Vergleich zu älteren Gemeinschaften als flüchtiger und wandelbarer zu bezeichnen. Es handelt sich dabei um Wahlgemeinschaften, die, wenn sich die Lebensumstände und Neigungen eines Menschen verändern, auch wieder verlassen werden können.

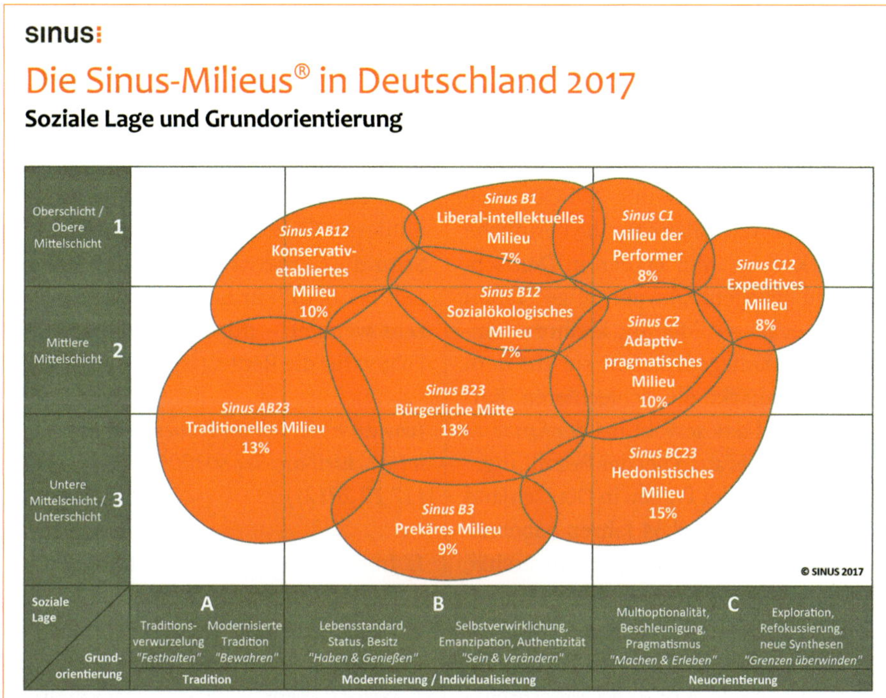

[1] Soziale Milieus in Deutschland 2017 (Quelle: www.sinus-institut.de)

Soziale Milieus existieren zwar über Schichtgrenzen hinweg, sind aber dennoch abhängig von der Klassen- und Schichtstruktur. Dies bedeutet, dass Unterschiede in den Werthaltungen und Mentalitäten zwischen den einzelnen Milieus immer auch damit zusammenhängen, über welches Einkommen, welche Bildung und welche berufliche Stellung die Mitglieder verfügen.

Die Übergänge zwischen den Milieus sind zudem fließend.

Die Zugehörigkeit zu einem Milieu bewirkt unter anderem, dass sich die Mitglieder mit Gleichgesinnten zusammentun, um ihren Lebensentwurf verwirklichen zu können. Dies führt in Städten oft zu **sozialer Segregation** (Trennung) von Stadtvierteln und einer immer schwieriger zu erreichenden sozialen Durchmischung. Die Arbeit von Menschen, die sozialen Berufen nachgehen, ist hiervon häufig geprägt oder wird gerade dadurch notwendig.

2.5 Wandel der Geschlechterverhältnisse

Am 21. Juli 1969 landeten die ersten Menschen auf dem Mond und der Astronaut Armstrong sprach die unvergesslichen Worte: „Das ist ein kleiner Schritt für den Menschen, aber ein riesiger Sprung für die Menschheit."

Nach der Mondlandung, einer technischen Meisterleistung, dauerte es noch fast zwei Jahre, bis die Schweizer Frauen auch einen riesigen Sprung vollziehen konnten, nämlich am 7. Februar 1971 zum ersten Mal in ihrer Geschichte mit ihren Männern gemeinsam wählen zu dürfen.

Auch in der Gegenwart sind Frauen noch nicht in allen Bereichen den Männern gleichgestellt. Das gilt in Deutschland besonders für den beruflichen Aufstieg oder für das Einkommen.

In ihrer Studie zur „Gleichstellung der Geschlechter" hat die Organisation für wirtschaftliche Zusammenarbeit und Entwicklung (OECD) eine verheerende Bilanz für die berufliche Wirklichkeit von Frauen in Deutschland gezogen. Obwohl junge Frauen besser ausgebildet sind als ihre männlichen Kollegen, haben sie auf dem Arbeitsmarkt die schlechteren Karten. Und das sowohl bei der Qualität des Jobs als auch bei der Bezahlung.
27 Prozent der Frauen in Deutschland zwischen 25 und 34 Jahren haben einen Abschluss von einer Universität, einer Fachschule oder einen Meisterbrief. Bei den gleichaltrigen Männern sind es nur 25 Prozent. „Zwar sind Frauen heute in vielen Ländern häufiger berufstätig als noch vor zwanzig Jahren, aber gerade in Deutschland, Österreich und der Schweiz arbeiten sie überproportional oft in Teilzeitanstellung", heißt es. „Das hat negative Auswirkungen auf ihr Gehalt und auf ihre Karriere." Frauen mit einem mittleren Einkommen verdienen im Schnitt 22 Prozent weniger als Männer, Freiberuflerinnen sogar 63 Prozent weniger – mit entsprechenden Folgen für die Rente. (...)

(www.n-tv.de/politik/Frauen-immer-im-Nachteil-article9803006.html (17.12.2012))

1. In welchen Bereichen sind Frauen den Männern immer noch nicht gleichgestellt? Welche Auswirkungen werden im Text beschrieben?
2. Kennen Sie weitere Beispiele für die Ungleichstellung von Mann und Frau?

[1] Die klassische Rollenverteilung zwischen den Geschlechtern ist auf dem Rückzug.

Die Beziehungen zwischen Männern und Frauen haben sich nichtsdestotrotz in den letzten 40 Jahren gravierend verändert. Am deutlichsten zeigt sich dieser Wandel bei den Einstellungen zur weiblichen und männlichen Rollenverteilung: Während noch 1982 nur 32 % der deutschen Bevölkerung eine Gleichstellung der Geschlechter befürworteten, stimmten dieser 2008 bereits 69 % der westdeutschen und 88 % der ostdeutschen Bevölkerung zu.

In einigen gesellschaftlichen Bereichen lassen sich die Veränderungen besonders gut ablesen. Hierzu zählen der Arbeitsmarkt, die Bildung und die Familie.

Erwerbsbeteiligung

Im Zeitraum von 1999 bis 2009 hat sich die Beschäftigungsquote der Männer wenig verändert. Die männlichen und weiblichen Beschäftigungsquoten gleichen sich immer stärker an. Die Frauenbeschäftigungsquote lag laut einer Studie der Bertelsmannstiftung im Jahr 2012 in den neuen Ländern bei 57,9 Prozent und in den alten Ländern bei 50,9 Prozent.

Was zunächst ausschließlich positiv erscheint, hat jedoch mehrere Haken:

Zwar sind immer mehr Frauen berufstätig, sie arbeiten jedoch nicht in demselben zeitlichen Umfang wie Männer. Etwa ein Drittel aller berufstätigen Frauen geht einer Teilzeitbeschäftigung nach oder ist geringfügig beschäftigt. Bei den Männern befinden sich nur 6 % in einem derartigen Beschäftigungsverhältnis.

Dies ist auch ein Grund für Verdienstunterschiede zwischen den Geschlechtern, dem sogenannten „Gender Pay Gap". Ein weiterer Grund ist die Tatsache, dass Frauen insbesondere durch die Erziehung von Kindern im Schnitt über weniger Jahre an Berufserfahrung verfügen als Männer.

Gender Pay Gap
Geschlechter-Einkommenslücke

Für die hohe Teilzeitquote von Frauen kann insbesondere eine Unterversorgung mit Kinderbetreuungseinrichtungen vor allem in vielen Regionen Westdeutschlands verantwortlich gemacht werden, obwohl es einen Rechtsanspruch auf einen Kitaplatz gibt. Aber auch die in vielen Familien noch bestehende geschlechtliche Arbeitsteilung, indem Frauen die Hauptverantwortung für Kinderbetreuung und Haushalt zukommt, ist als Grund hierfür zu sehen.

[2] Die Unterversorgung mit Kinderbetreuungseinrichtungen ist oftmals ein Grund dafür, dass Frauen den Spagat zwischen Kinderbetreuung und häuslichem Arbeitsplatz versuchen müssen.

BEISPIEL

Julius und Irem sind vor vier Jahren Eltern geworden. Da Julius vor der Geburt seines Sohnes Robin gerade erst einen guten Job in einer neuen Firma angenommen hatte, beschlossen die beiden, dass Irem die zwölf Monate Elternzeit für sich allein in Anspruch nimmt. Im Anschluss an die Elternzeit hatte Irem vor, ihren Beruf als Fremdsprachensekretärin wieder aufzunehmen. Die Suche nach einem Betreuungsplatz für ihren Sohn gestaltete sich jedoch schwieriger als gedacht. Erst nach zwei Jahren war es möglich, für Robin einen Platz in einer Kita zu finden – halbtags. Irem konnte aufgrund dessen nicht in ihren alten Job zurückkehren, da die Betreuungszeiten nicht mit den Arbeitszeiten im Büro vereinbar waren. Sie machte sich daraufhin auf die Suche nach einer für sie passenden Halbtagsstelle. Julius verdiente mit seiner Tätigkeit mittlerweile ein deutlich höheres Gehalt als Irem vor Beginn der Elternzeit, sodass ein Rollentausch für das Paar nicht infrage kam.

Berufsfelder und berufliche Positionen

Der soziale Wandel macht es möglich, dass viele vormals klassische „Männerberufe“ mittlerweile immer häufiger von Frauen ausgeübt werden, etwa bei der Polizei. Trotz dieser positiven Entwicklung lässt sich im Gegenzug auch eine „Feminisierung“ (Verweiblichung) insbesondere von Dienstleistungsberufen ausmachen, z. B. im Grundschullehramt oder im Erzieherberuf. Unverändert entscheiden sich Frauen eher für einen Beruf im Dienstleistungssektor, Männer wählen häufiger technische Berufe. Sind Frauen in Männerberufen tätig, kann es sein, das sie sich dem Druck ausgesetzt fühlen, mindestens genauso gut wie die Männer in ihrer Branche zu arbeiten.

[1] Weibliche Führungskräfte sind in den Unternehmen auch heute noch seltener anzutreffen als Männer.

Weiterhin auffällig ist die Dominanz von Männern in Führungspositionen. So sinkt mit steigender Hierarchieebene der Anteil der Frauen besonders in der Privatwirtschaft. Als Grund hierfür kann gesehen werden, dass von Führungskräften in der Regel erwartet wird, dass sie alle anderen Lebensbereiche dem Beruf unterordnen. Dies beeinträchtigt insbesondere die Karrierechancen von Frauen mit Kindern oder Kinderwunsch.

Bildung

Im Bereich der Bildung haben sich in Bezug auf die Gleichstellung der Geschlechter die meisten Veränderungen ergeben. Diese sind so gravierend, dass mittlerweile über eine mögliche Bildungsbenachteiligung von Jungen spekuliert wird, indem z. B. Jungen in der Grundschule überwiegend von Frauen unterrichtet werden.

Mädchen besuchen häufiger das Gymnasium und seltener die Hauptschule als Jungen, was bedeutet, dass sie am Ende der Schulzeit mit besseren Bildungsabschlüssen in das Berufsleben starten. Diese positiven Voraussetzungen bieten meist keinen Karrierevorteil, da Frauen häufig ihre Erwerbstätigkeit reduzieren, wenn sie Mütter werden.

Familie

Familie | S. 278

Partnerschaften zwischen Mann und Frau können am ehesten als gleichgestellt bezeichnet werden, solange keine Kinder versorgt werden müssen. Sobald ein Kind zur Familie gehört, setzt ein Prozess der sogenannten „Retraditionalisierung“ ein. Frauen kümmern sich dann mehr um Haushalt und Kinder, Männer übernehmen häufiger die Aufgabe des (Haupt-)Ernährers. Dennoch hat sich Vaterschaft in der modernen Gesellschaft verändert. So verbringen Väter heute mehr Zeit mit ihren Kindern als noch in den 1980er Jahren. Seitens junger Väter wird auch zunehmend die Elternzeit in Anspruch genommen.

BEISPIEL

Bis in die 1970er Jahre durften Männer den Kreißsaal nicht betreten und bekamen ihr Kind erst nach der Geburt zu Gesicht. Heutzutage hingegen muss ein Vater sich rechtfertigen, wenn er bei der Geburt seines Kindes nicht anwesend sein möchte.

2.6 Die Entgrenzung des sozialen Lebens

Entgrenzung ist ein Begriff, der sich auf viele Phänomene anwenden lässt, die mit dem gesellschaftlichen Wandel der vergangenen Jahrzehnte zusammenhängen. Zum einen ist damit der Wegfall bzw. die Verschiebung von Grenzen innerhalb einer Gesellschaft gemeint, wie z. B. die zuvor beschriebene Entgrenzung von Arbeit und Freizeit oder die Entgrenzung zwischen den Geschlechtern. Zum anderen bezieht sich Entgrenzung aber auch auf die Grenzen zwischen Staaten, die nicht mehr in dem Sinne als Trennlinien auftreten, wie sie das lange Zeit getan haben.

Globalisierung und ihre Folgen

Ausdruck der Entgrenzung ist auch die Globalisierung.

Unter der Bezeichnung „Globalisierung" wird ein weltumspannender Prozess verstanden, der die Bedeutung nationalstaatlicher Grenzen einschränkt und damit die Handlungsräume vergrößert. Dieser Prozess findet auf der wirtschaftlichen, der sozialen und der kulturellen Ebene statt.

Globalisierung bedeutet somit, dass Ereignisse in einem Teil der Welt zunehmend Gesellschaften und Problembereiche in anderen Teilen der Welt betreffen. Es kommt zu einem grenzüberschreitenden Austausch von Gütern, Kapital, Wissen und Ideen. Zu gleicher Zeit führen die weltweite Vernetzung (z. B. über das Internet), globale Herausforderungen (z. B. der Klimawandel) und der wirtschaftliche Wettbewerb zu neuen Konflikten und der Notwendigkeit, international zusammenzuarbeiten.

Die Probleme, die aus einer **globalisierten Wirtschaft** entstehen können, hat insbesondere die um 2007 aufgetretene Finanzmarktkrise deutlich gemacht. In deren Folge kam es zu einer weltweiten Rezession mit sinkender Wirtschaftsleistung, sinkendem Welthandel und steigender Arbeitslosigkeit.

Die wirtschaftliche Globalisierung hat für die Menschen in Deutschland und der westlichen Welt positive und negative Folgen. So ermöglicht es die Globalisierung der Güter- und Dienstleistungsproduktion, einen individualisierten Lebensstil zu führen.

Die Bundeszentrale für politische Bildung informiert Sie über die Finanzmarktkrise unter: www.bpb.de/nachschlagen/lexika/lexikon-der-wirtschaft/19366/finanzmarktkrise

BEISPIEL

Durch die weltweite Vernetzung der Wirtschaft ist es kein Problem, im Januar Kuchen mit frischen Erdbeeren zu essen oder die neueste Designermode aus Japan zu tragen. Südfrüchte aller Art in den Supermärkten zu finden, ist heute eine Selbstverständlichkeit.

Auf der anderen Seite bedeutet Globalisierung aber auch, dass Waren an verschiedensten Standorten in der Welt produziert werden können. Aus diesem Grund verlagern viele Firmen ihre Produktion in sogenannte Billiglohnländer. Beschäftigte mit niedriger Qualifikation haben so häufig das Nachsehen und verlieren ihren Arbeitsplatz.

[1] Unsere Speisekarte spiegelt die kulturelle Heterogenisierung wider: Italienische Pizza und japanisches Sushi gehören dazu.

Auch die **kulturelle Globalisierung** geht mit ambivalenten (zwiespältigen) Begleiterscheinungen einher. Über die Massenmedien, aber auch durch Tourismus und Migration oder von Flucht betroffenen Menschen verbreiten sich kulturelle Orientierungen, Praktiken oder Güter aus der ganzen Welt. Dies führt zunächst einmal zu einer **kulturellen Heterogenisierung**. Der Einzelne wird aus den kulturellen Begrenzungen seines Denkens und Handelns freigesetzt.

BEISPIEL

Statt zur Gymnastik gehen viele Menschen heutzutage zum Yoga-Kurs. Sushi oder Nasi Goreng waren noch vor dreißig Jahren nur wenigen Menschen in der westlichen Welt ein Begriff. Das asiatische Restaurant um die Ecke ist nicht mehr wegzudenken.

heterogen
uneinheitlich, ungleichartig

homogen
gleichartig, einheitlich

Zu gleicher Zeit ist aber auch eine **kulturelle Homogenisierung** zu beobachten, die durch die größere globale Verfügbarkeit von Gütern und Ideen entsteht, die westlichen Ursprungs sind, wie z. B. die Produkte von Fast-Food-Ketten. In diesem Zusammenhang wird auch von einer „Amerikanisierung“ der Welt gesprochen. Der weltweit existierende Reichtum an kulturellen Orientierungen könnte damit wieder reduziert werden.

Obwohl kulturelle Homogenisierung und Heterogenisierung zu gleicher Zeit stattfinden, lässt sich kulturelle Heterogenisierung eher bei gebildeteren und einkommensstärkeren Bevölkerungsschichten beobachten. Kulturelle Homogenisierung ist hingegen überwiegend in unteren sozialen Schichten anzutreffen. Da diese zahlenmäßig überwiegen, spricht man auch von einer Amerikanisierung der Massenkultur.

Internet

Die weltweite Vernetzung, wie sie heutzutage besteht, wäre ohne die Entwicklung moderner Informations- und Kommunikationstechnologien nicht denkbar gewesen. Vor allem das Internet sorgt für einen endlosen Informationsstrom, der Menschen auf der ganzen Welt in Echtzeit miteinander verbindet.

Für die meisten Menschen gehört das Internet mittlerweile zum Alltag: 2006 lag die Zahl der Internetverbindungen bei weltweit rund 426 Millionen. Darüber wird schnell vergessen, dass es dieses Medium erst seit sehr kurzer Zeit gibt. 1988 waren lediglich acht Staaten mit dem Internet verbunden, 1991 wurde es erstmals öffentlich zugänglich und erst seit Beginn dieses Jahrtausends sind alle Staaten mit dem Internet verbunden.

Durch das Internet haben sich Inhalte und Form der Kommunikation von Menschen gewandelt. Besonders einflussreich sind sogenannte **soziale Netzwerke** wie Twitter, Facebook oder Xing. Sie dienen zum einen der direkten Kommunikation im privaten oder beruflichen Bereich, zum anderen können hierüber verschiedenste Inhalte verbreitet und darüber diskutiert werden.

Kommunikation | S. 235

Als Gründe für die Mitgliedschaft in sozialen Netzwerken werden von den Nutzern genannt:

- Pflege bestehender Kontakte zu Freunden und Bekannten
- Austausch mit Menschen, die gleiche Interessen haben
- Finden von neuen Freunden und Bekannten
- Pflege beruflicher Kontakte

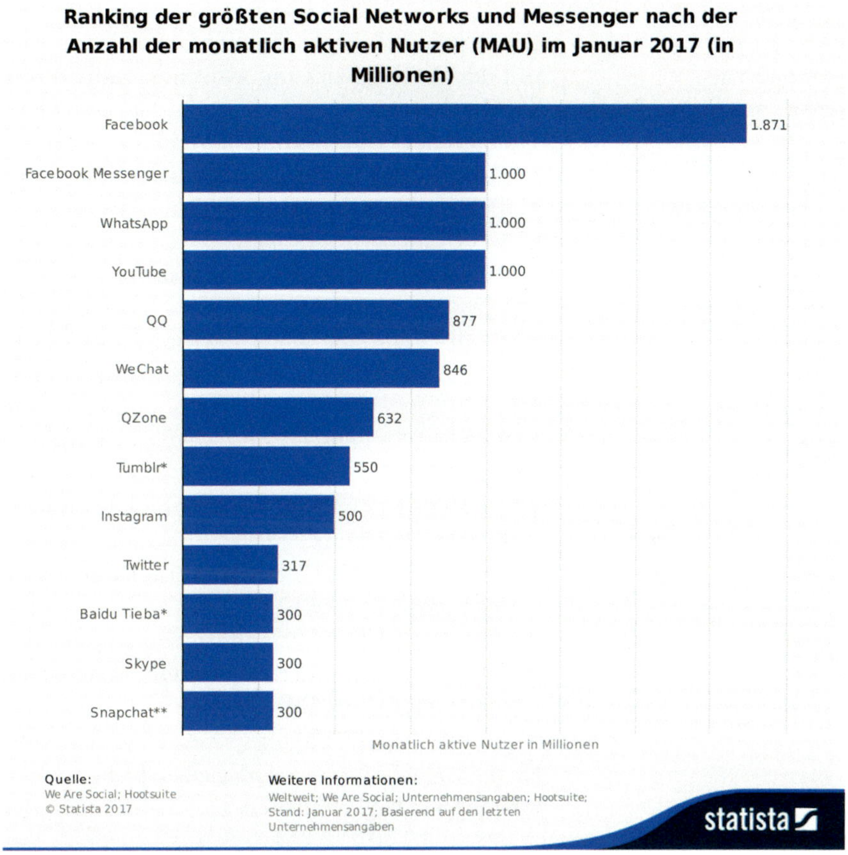

Durch die Zunahme der Nutzung sozialer Netzwerke sowie digitaler Medien im Allgemeinen können jedoch auch Probleme entstehen. So sind mehr als 85 % der Zwölf- bis 25-Jährigen mehrmals wöchentlich online, durchschnittlich zwei Stunden pro Tag. Weitere zwei Stunden werden täglich vor dem Fernseher verbracht. Es ist zu befürchten, dass die häufige Mediennutzung die sogenannten Face-to-Face-Kontakte einschränkt.

Face-to-Face-Kommunikation
persönliches Gespräch ohne zwischengeschaltete Medien

Moderne Medien spielen auch eine Rolle bei der Theorie von der „Verhäuslichung" der Kindheit: Demnach werden kindliche Aktivitäten in der modernen Gesellschaft erstens verstärkt in die elterliche Wohnung verlegt. Audiovisuelle Medien sind dabei ein fester Bestandteil der Freizeitgestaltung. Zweitens spielen Kinder häufiger in speziell für sie konzipierten Räumen, z. B. in Vereinen oder auf Spielplätzen.

3 Organisation und Organisationspsychologie

3.1 Was sind Organisationen und was ist Organisationspsychologie?

Organisation
griech. órganon: Werkzeug

Die **Organisationspsychologie** ist ein Teilgebiet der Psychologie. Sie befasst sich mit der Wechselwirkung zwischen Individuum und Organisation. Häufig ist die Organisationspsychologie mit der Arbeitspsychologie verbunden. Wichtige Themen der Organisationspsychologie sind:

Sozialisation | S. 268

- die Kommunikation zwischen den Mitarbeitern
- die Sozialisation und Enkulturation neuer Mitarbeiter
- die Arbeitszufriedenheit
- der Führungsstil von Vorgesetzten

Außerdem wird die Wechselwirkung von Markt und Wirtschaft auf die Organisation erforscht. Typische Fragestellungen der Organisationspsychologie sind z. B.:

- Welchen Stellenwert und welche Funktion hat die Arbeit im Leben der Menschen?
- Welche neuen Arbeitsformen gibt es und wie verändern sich Arbeitsaufgaben?
- Wie wird das Verhalten und Erleben der Mitglieder einer Organisation gesteuert?
- Wie wirkt sich die Zugehörigkeit einer Organisation auf die Menschen aus?
- Wie können Mitglieder einer Organisation für bestimmte Aufgaben gewonnen oder ausgewählt werden?

Die Organisationspsychologie beschäftigt sich mit dem Erleben und Verhalten von Menschen in Organisationen.

Zur näheren Begriffsbestimmung der Organisationspsychologie ist es sinnvoll, sich zu fragen, was eine **Organisation** ist. Dabei gibt es keine einheitliche Definition, sondern verschiedene Sichtweisen:

- Organisationen verteilen Aufgaben an ihre Mitglieder, um ein übergeordnetes Ziel zu erreichen.
- In Organisationen arbeiten Menschen zusammen. Sie bilden ein System, um ein Ziel zu erreichen.
- In Organisationen unterwerfen sich die Mitglieder den Regeln der Organisation.
- Organisationen sind soziale Gebilde mit einer Struktur, die die Funktionsweise, die Führung und die Kommunikationswege festlegt.
- Organisationen haben unterschiedliche Aufbau- und Ablaufformen. Diese können in einem Organigramm dargestellt werden.
- Organisationen sind zumeist auf Dauer angelegt.

Klassische Organisationsformen sind z. B. das Stab-Linien-System oder die Matrixorganisation.

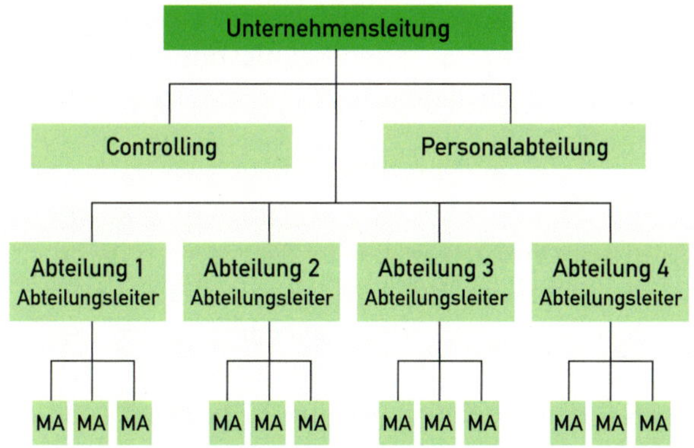

[1] Stab-Linien-System

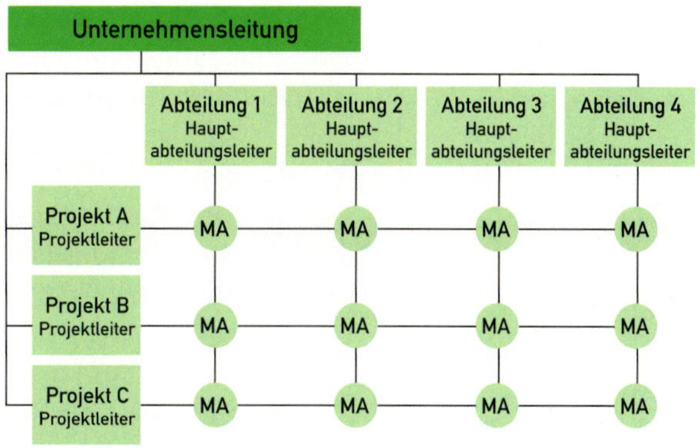

[2] Matrixorganisation

3.1.1 Profit- und Non-Profit-Organisationen

Unterschieden werden können |Profit- und Non-Profit-Organisationen (NPO). Ganz allgemein gesagt verfolgen Erstere wirtschaftliche Gewinnziele und Letztere nicht.

Für NPOs gibt es wiederum zahlreiche unterschiedliche Organisationsformen. Sie können beispielsweise als Verein (e. V.), Verband, gemeinnützige Gesellschaften (gGmbH), Genossenschaften oder Stiftungen organisiert sein. Insbesondere die Gemeinnützigkeit ist ein wichtiges Kriterium für eine NPO. Ob diese vorliegt, wird vom Finanzamt geprüft. NPOs benötigen natürlich trotzdem Gelder, um ihre Aufgaben erfüllen zu können. Diese bekommen sie z. B. über Mitgliedsbeiträge, Spenden, Zuschüsse oder Gebühren.

Profit
lat. profectus: Zunahme, Vorteil; der Gewinn, welcher nach Abzug der Kosten von einem Unternehmen erzielt wird

Non-Profit-Organisationen sind alle Organisationen, die weder gewinnorientierte Firmen noch Behörden sind. Sie verfolgen einen von der Gesellschaft als sinnvoll anerkannten Auftrag (Gemeinnützigkeit) und bewegen sich zwischen Markt und Staat.

NPOs widmen sich dabei – wie alle Organisationen – einer bestimmten Aufgabe oder einem bestimmten Zweck. Auch müssen NPOs natürlich kostendeckend arbeiten und dabei Überlegungen zur Wirtschaftlichkeit und Effizienz berücksichtigen. Sie schütten aber an ihre Mitglieder oder Eigentümer keine Gewinne aus. NPOs verwalten sich selbst und entscheiden autonom. NPOs finden sich vor allem im Kultur- und Erholungsbereich, im Bildungs- und Erziehungswesen, in der Gesundheits- und Katastrophenhilfe, der Entwicklungszusammenarbeit, dem |Sozialwesen oder der Politik. Ihre Aufgabengebiete können folgendermaßen unterschieden werden:

Sozialwesen | S. 436

	Kollektive Selbsthilfe	|Karitative Fremdhilfe	Interessensvertretung
Beispiel	Anonyme Alkoholiker e. V. www.anonyme-alkoholiker.de	Plan International Deutschland e. V. www.plan.de	Greenpeace e. V. www.greenpeace.de

karitativ
wohltätig

3.1.2 Soziale Organisationen

Soziale Organisationen können den Non-Profit-Organisationen untergeordnet werden. Sie kümmern sich besonders um soziale Aufgaben und wirtschaften im sozialen Tätigkeitsfeld. Gemeinnützige Vereine, Hilfsorganisationen oder auch Kindertagesstätten sind z. B. soziale Organisationen.

Kindertagesstätte | S. 358, 490

BEISPIEL

Der Kindergarten „Kleine Hände e. V." ist ein naturnaher Bewegungskindergarten in einem Vorort von Berlin. Der eingetragene Verein ist Arbeitgeber von mehreren Erzieherinnen und Erziehern, die bei dem Verein angestellt sind. Dieser wird von einem ehrenamtlichen Vorstand geführt, der durch einen Elternrat bei seiner Arbeit unterstützt wird. Da der Vorstand als „Arbeitgeber" seine Aufgaben ehrenamtlich erfüllt, stellt dies für das Zeitmanagement eine besondere Herausforderung dar und ist nur durch viel Engagement zu leisten. Der Atmosphäre im Kindergarten merkt man aber an, dass es hier nicht um Gewinnerzielung geht, sondern um eine gemeinsame Sache: Das bestmögliche Angebot für Kinder zu schaffen! Trotzdem muss der Vorstand natürlich die Finanzen immer im Blick haben.

3.2 Merkmale von Organisationen

Organisationen lassen sich über mehrere Merkmale genauer analysieren:

- ihren Systemcharakter
- ihre Zielbezogenheit
- ihre Strukturiertheit
- ihre Kommunikations-, Führungs- und Entscheidungsstrukturen

Systemtheorie | S. 242

Systemcharakter

In der Schule gibt es eine Direktorin oder einen Direktor, das Lehrerkollegium, verschiedene Klassen, den Hausmeister oder die Hausmeisterin und eine Elternschaft. Diese Elemente der Organisation „Schule" beeinflussen sich gegenseitig und stehen in einer engen Wechselwirkung zueinander.

Eine Organisation, die aus mehreren Elementen besteht, welche sich wechselseitig beeinflussen, bezeichnet man als System.

Systeme können als offene oder geschlossene Systeme angesehen werden – je nachdem, aus welcher Perspektive diese betrachtet werden.

Offenes System	Geschlossenes System
Beziehungen des Systems zu seiner Umwelt werden betrachtet. In unserem Beispiel wären das: das Schulministerium, das Cateringunternehmen für die Schulmensa, Schulbuchverlage etc.	Zahlen, Daten und Fakten innerhalb des Systems werden betrachtet. In unserem Beispiel wären das: die Anzahl der Schüler und der Lehrer, die Anzahl der Klassenräume, die erzielten Schulabschlüsse an der Schule etc.

In einem großem System, wie z. B. der Schule, können einzelne Elemente wie das Lehrerkollegium oder eine Klasse wiederum als eigene Systeme – sogenannte Subsysteme – betrachtet werden.

Zielbezogenheit
Organisationen sind auf ein Ziel hin ausgerichtet. Dies können je nach Organisation sehr unterschiedliche Ziele sein. Unternehmen haben z. B. das Ziel, ihre Waren und Dienstleistungen zu verkaufen. Schulen haben das Ziel, ihre Schüler bestmöglich zu unterrichten und dies gemäß den Lehrplänen. Gemeinnützige Organisationen wollen ihre Zielgruppe vielleicht bestmöglich unterstützen.

Strukturiertheit
Organisationen sind in einer bestimmten Art und Weise strukturiert. So gibt es Hierarchien (z. B. Abteilungsleiter – Teamleiter – Mitarbeiter) und festgelegte Kommunikationswege. Es gibt vielleicht Belohnungssysteme für hervorragende Arbeit, aber auch informelle Verhaltensregeln (z. B. wird von Bankmitarbeitern erwartet, dass sie im Anzug erscheinen). Die formale Struktur ist häufig in Organigrammen, Ablaufplänen, Geschäftsordnungen oder Anweisungen geregelt. Die Strukturen können dabei verschiedenartig ausdifferenziert sein (Spezialisierung). Hierarchien können unterschiedlich flach oder zentralisiert und Arbeitsabläufe sowie Zuständigkeiten ungleich stark festgeschrieben sein (Formalisierung).

Neben der formalen Struktur gibt es häufig auch informelle Strukturen in Organisationen. Diese wird durch Normen und Werte sowie durch die Kultur eines Unternehmens bestimmt, die nirgendwo festgeschrieben sind, aber häufig sehr stark wirken. Manchmal sind diese informellen Strukturen sogar wirksamer als die formale Struktur. Der amerikanische Ökonom Peter Drucker formulierte deshalb seinen bekannten Satz: „Die Kultur isst die Strategie zum Frühstück auf!" („Culture eats Strategy for breakfast").

3.2.1 Kommunikationsstrukturen in Organisationen

Kommunikation innerhalb von Organisationen ist aus mehreren Gründen ein entscheidendes Element, um die Ziele der Organisation zu erreichen. Sie motiviert durch Wertschätzung, Förderung, Lob und Unterstützung. Sie informiert die Mitglieder der Organisation über Strategien, Ziele und Anforderungen. Sie ermöglicht Gedankenaustausch und trägt dazu bei, Abläufe zu verbessern, vermittelt die Werte der Organisation und sorgt für Orientierung.

Kommunikation | S. 232

Unterschieden werden können die
- persönliche Kommunikation, z. B. in Einzelgesprächen, Gruppen- bzw. Teamsitzungen oder Versammlungen;
- schriftliche Kommunikation, z. B. durch Briefe, Zeitungen, schwarzes Brett und die
- virtuelle Kommunikation, z. B. durch E-Mails, Intranet/Internet oder Newsletter.

Formelle Kommunikationsstrukturen können unterschieden werden in
- vertikale Kommunikationswege (der Geschäftsführer spricht mit seinen Abteilungsleitern, diese sprechen mit ihren Mitarbeitern),
- horizontale Kommunikationswege (die Mitarbeiter sprechen miteinander, die Abteilungsleiter sprechen miteinander) und
- diagonale Kommunikationswege (der Geschäftsführer spricht direkt mit den Mitarbeitern).

Bei Letzterem spricht man häufig auch von flachen **Hierarchien.**

[1] Transparente Kommunikationskultur in einem Unternehmen

Kommunikationsstrukturen prägen auch die Kommunikationskultur in einer Organisation und umgekehrt. Eine von den Mitgliedern einer Organisation als transparent wahrgenommene Kommunikationskultur, in der vielleicht auch häufig diagonal kommuniziert wird, wird dabei häufig als motivierend erlebt. Die formale Kommunikationsstruktur kann in Diagrammen dargestellt werden, die von den Kommunikationswissenschaftlern Harold Leavitt und Lutz von Rosenstiel entwickelt wurden.

Zentralisation bezeichnet die Möglichkeit einer einzelnen Person, mehrere Kommunikationswege zu nutzen.

	„Rad"/„Stern"	**„Y(psilon)"**	**„Kette"**	**„Kreis"**	**„Vollstruktur"**
	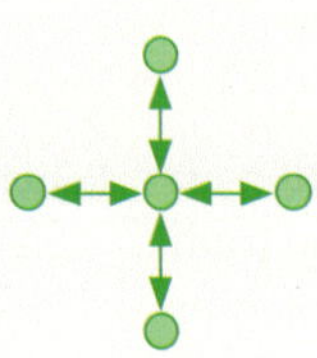	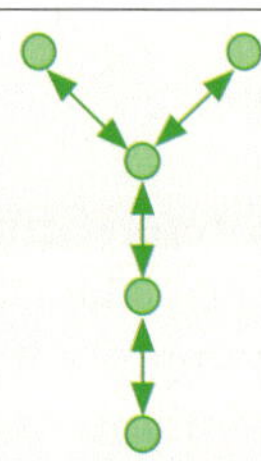		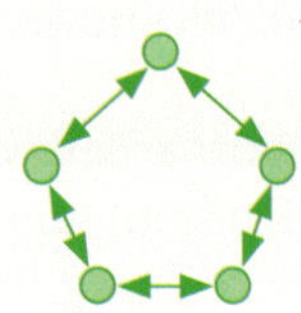	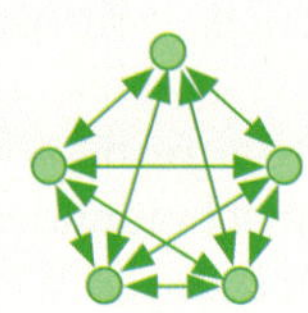
Zentralisation	sehr hoch	hoch	mittel	niedrig	sehr niedrig
Kommunikationsvorgänge	sehr wenige	sehr wenige	mittel	viele	sehr viele
Führung	sehr hoch	hoch	mittel	niedrig	sehr niedrig
Gruppenzufriedenheit	niedrig	niedrig	mittel	mittel	hoch
individuelle Zufriedenheit der Führenden	hoch	hoch	mittel	niedrig	sehr niedrig

[2] Zentralisationsformen (nach Lutz von Rosenstiel: Grundlagen der Organisationspsychologie. Basiswissen und Anwendungshinweise. 5. Auflage. Schäffer-Poeschel, Stuttgart 2003, ISBN 978-3-7910-9236-2, S. 287.)

3.2.2 Führungs- und Entscheidungsstrukturen

Organisationen können unterschiedliche Strukturen haben, um Entscheidungen zu treffen und umzusetzen. Diese können, müssen aber nicht mit der Kommunikationsstruktur übereinstimmen.

Die Entscheidungsstruktur wird definiert als Struktur, die den Gegenstand der Entscheidung sowie die Einordnung der Entscheidung in die Abläufe der Organisation beschreibt. Zur Entscheidungsstruktur gehört auch der Prozess der Entscheidungsfindung.

Die Entscheidungsstruktur legt auch fest wer was wann zu entscheiden hat. Dies wird als Entscheidungsbefugnis bezeichnet. Diese kann grundsätzlich eher zentral oder eher dezentral geregelt sein.

Entscheidungsbefugnis

zentral ◄——► dezentral

zentral	dezentral
Der Geschäftsführer bestimmt, dass eine neue Maschine gekauft wird.	In der Mitgliederversammlung legt der Sportverein fest, dass die Beiträge erhöht werden.

3.2.3 Motivation der Mitarbeiter in einer Organisation

Die Kommunikations- Führungs- und Entscheidungsstrukturen haben nicht nur Einfluss auf die Zielerreichung der Organisation, sondern wirken auch stark auf die Arbeitszufriedenheit und damit auf die |Motivation der Mitglieder einer Organisation.

Motivation | S. 186, 223

Bedürfnisse

Mitarbeiter sind zufrieden und motiviert, wenn bestimmte Bedürfnisse, z. B. nach Zugehörigkeit, Anerkennung und Selbstverwirklichung, erfüllt sind.

Der amerikanische Psychologe Abraham Maslow entwickelte 1946 das Konzept der **Bedürfnispyramide**.

Maslow war ein Vertreter der humanistischen Psychologie, deren zentrales Anliegen die Würde des Menschen und die Entwicklung der jedem Menschen innewohnenden Kräfte und Fähigkeiten darstellen. Er ging davon aus, dass jeder Mensch von Natur aus gut ist und sich selbst entfalten kann.

[3] Abraham Maslow

Er entwickelte 1946 das Konzept der Bedürfnispyramide, wonach die menschlichen Bedürfnisse hierarchisch ineinandergreifen und aufeinander aufbauend strukturiert sind.

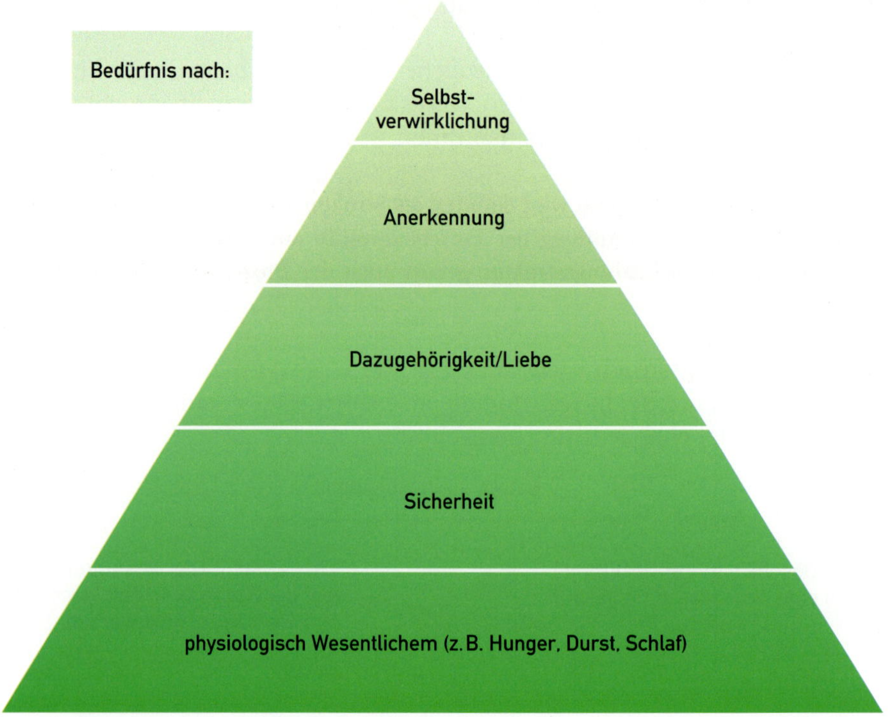

[1] Bedürfnispyramide nach Maslow

- **Physiologische Bedürfnisse:** körperliche Bedürfnisse wie Hunger, Durst, Schlaf und Sexualität
- **Sicherheitsbedürfnisse:** Bedürfnisse nach finanzieller Sicherheit, Stabilität, Ordnung, Schutz, Struktur, Gesetz
- **Zugehörigkeits- und Liebesbedürfnisse:** Bedürfnisse nach sozialen Kontakten, nach Freundschaft, Partnerschaft, Intimität und Kommunikation; Studien bestätigen die negativen Auswirkungen von Entwurzelung aus Bezugsgruppen, z. B. die Auflösung der Familie durch Scheidung oder Migration
- **Anerkennungsbedürfnis:** Bedürfnisse nach Stärke, Leistung und Kompetenz, nach Prestige, Status, Ruhm und Macht; darauf gründet sich das Selbstwertgefühl eines Menschen
- **Bedürfnis nach Selbstverwirklichung** (Wachstumsbedürfnis, Selbstaktualisierung): das Streben nach der Entwicklung der eigenen Persönlichkeit

Dieser Hierarchisierung liegt die Annahme zugrunde, dass zunächst die grundlegenden Bedürfnisse eine Befriedigung erfahren müssen, erst dann können die nächst höheren verwirklicht werden.

Obwohl dieses Modell über die Jahre hinweg eine Reihe von Ergänzungen und Veränderungen erfahren hat, bietet es auch heute noch ein gängiges und schlüssiges Verfahren, um Bedürfnisse und die sich davon ableitenden Motive für bestimmte Verhaltensweisen zu erkennen und zu erklären.

3.3 Prozesse und Strukturen beeinflussen

Organisationen müssen gezielt gesteuert werden können. Dafür haben sich in der Praxis diverse Methoden etabliert. Grundsätzlich können dabei personale Ansätze, in denen Personen, Gruppen oder Teams im Mittelpunkt stehen, und strukturelle Ansätze, in denen es um die Strukturen einer Organisation geht, unterschieden werden. Sollen Organisationen gezielt verändert werden, gibt es professionelle Herangehensweisen der Organisationsentwicklung. Diese sind in der Regel langfristig angelegt und beziehen sich auf die gesamte Organisation (nicht nur Teams oder Abteilungen). Die Mitglieder der Organisationen werden aktiv am Veränderungsprozess beteiligt. Sie sollen durch ihre eigenen Erfahrungen dazulernen und Probleme lösen.

Organisationsentwicklung	personale Ansätze	**Supervision** Ein Team oder eine Person kann mithilfe eines i. d. R. externen Supervisors Probleme und Herausforderungen aus dem Arbeitsalltag reflektieren und so seine Arbeit verbessern.
		Coaching Ein Coach hilft einem Team oder einer einzelnen Person, eigene Lösungen für Probleme zu entwickeln.
		Mitarbeitergespräch Viele Organisationen haben die Durchführung von Gesprächen zwischen Mitarbeitern und Vorgesetzen festgelegt. Hier können der Rahmen der Zusammenarbeit, Ziele und Probleme besprochen werden.
	strukturelle Ansätze	**Teamentwicklung** Mit Maßnahmen der Teamentwicklung, können problematische Situationen in einem Team überwunden werden oder die Zusammenarbeit wird weiter optimiert.
		Evaluation In einer Evaluation werden insbesondere wichtige Zahlen (Kennzahlen), die die Arbeit der Organisation abbilden, gesammelt und analysiert. Darauf aufbauend können Verbesserungsvorschläge gemacht werden.
		Mediation Wird ein Konflikt in einem Lösungsprozess durch einen externen Mediator bearbeitet, spricht man von Mediation. An diesem Verfahren nehmen alle Beteiligten freiwillig teil.

BEISPIEL

Das Harvard-Konzept

Diese Methode der Organisationsentwicklung wurde von den Amerikanern Roger Fisher und William Ury zu Beginn der 1980er Jahre entwickelt. Dieses Konzept basiert auf folgenden Prämissen:

1. Sachbezogen diskutieren! Menschen und ihre Interessen werden getrennt voneinander betrachtet. Wichtig ist, das Ziel zu erreichen und nicht das Gegenüber als Problem anzusehen.
2. Es gibt mehrere Entscheidungsoptionen. Unterschiedliche Lösungsmöglichkeiten sollen gesammelt werden.
3. Problemlagen werden möglichst objektiv beurteilt.
4. Die unterschiedlichen Interessen werden abgewogen.

Gearbeitet wird also immer an der Sache orientiert – im Umgang bleibt man fair. Wichtig ist dabei das aktive Zuhören.

aktives Zuhören | S. 255

Auschecken

Das habe ich in diesem Kapitel dazugelernt:

- ✓ Ich kann den Unterschied zwischen Gemeinschaft und Gesellschaft erläutern.
- ✓ Ich weiß, wozu Sozialstrukturanalysen verwendet werden.
- ✓ Ich kann den Begriff „soziale Ungleichheit“ definieren.
- ✓ Ich bin in der Lage, zwischen Dimensionen und Determinanten sozialer Ungleichheit zu unterscheiden.
- ✓ Ich verstehe den Zusammenhang zwischen materiellem Wohlstand und der Lebensform eines Menschen.
- ✓ Ich kann die Unterschiede bei den Bildungschancen verschiedener Bevölkerungsgruppen beurteilen.
- ✓ Ich kenne verschiedene Theorien der sozialen Ungleichheit und ihre wichtigsten Vertreter.
- ✓ Ich kann erklären, durch welche Veränderungen sich der soziale Wandel in modernen Gesellschaften ausdrückt.
- ✓ Ich kann Chancen und Risiken der Individualisierung benennen.
- ✓ Ich verstehe, in welchen Bereichen sich die Arbeit in modernen Gesellschaften verändert hat, und kann erklären, welche Folgen sich daraus für den Einzelnen ergeben.
- ✓ Ich kann darstellen, wie die moderne Kleinfamilie zur dominanten Lebensform wurde.
- ✓ Ich kenne den Unterschied zwischen Lebensstilen und sozialen Milieus.
- ✓ Mir ist bewusst, dass Frauen auch in der Gegenwart nicht in allen Bereichen den Männern gleichgestellt sind.
- ✓ Ich bin in der Lage, mich kritisch mit den Vor- und Nachteilen der Globalisierung für Menschen in der westlichen Welt auseinanderzusetzen.

Aufgaben / Fragen

1 Erläutern Sie Stufen und Ebenen der Sozialstrukturanalyse.

2 Erklären Sie den Unterschied zwischen Querschnitts- und Längsschnittuntersuchungen.

3 Setzen Sie die Begriffe „soziale Ungleichheit“, „Ungerechtigkeit“ und „Egalität“ in Beziehung.

4 Erläutern Sie Kategorien für die Beschreibung sozialer Ungleichheit.

5 Stellen Sie dar, welche Formen sozialer Ungleichheit in Deutschland eine Rolle spielen.

6 Stellen Sie den Zusammenhang zwischen ungleichen Lebenschancen und dem Geschlecht heraus und gehen Sie dabei insbesondere darauf ein, welche Veränderungen sich durch Elternschaft ergeben können.

7 Welche drei Typen gesellschaftlicher Gruppierungen unterscheidet Max Weber? Geben Sie diese kurz wieder.

8 Charakterisieren Sie die Aspekte, die den sozialen Wandel der Gesellschaft bestimmen.

9 Erläutern Sie, weshalb Ulrich Beck die moderne Gesellschaft als „Risikogesellschaft“ bezeichnet.

10 Nehmen Sie zu der Behauptung Stellung, die moderne Gesellschaft befände sich in einer Krise.

11 Nennen Sie die fünf verschiedenen Wertetypen und ordnen Sie die sozialen Einstellungen und Kennzeichen zu, die mit diesen verbunden sind.

12 Stellen Sie Beispiele für unterschiedliche Lebensstile und soziale Milieus dar.

13 Wie erklärt die Systemtheorie die Pluralisierung der Lebensformen?

14 Diskutieren Sie im Hinblick auf Ihr eigenes Leben die Chancen und Risiken der Globalisierung.

→ Einchecken

Menschen mit Behinderung in unserer Gesellschaft

„In vielen Bundesländern gibt es inzwischen eine Reihe guter Regelungen zur Umsetzung der Verpflichtung aus Art. 24 der UN-BRK auf gemeinsame Bildung. Manche Gesetze gehen aber noch nicht weit genug. So machen Elternverbände immer wieder darauf aufmerksam, dass der Anspruch behinderter Kinder und Jugendlicher auf Unterricht an einer allgemeinbildenden Schule durch Kostenvorbehalte eingeschränkt und vom Vorhandensein entsprechender Ressourcen abhängig gemacht werden kann. In der Praxis sollte zudem darauf geachtet werden, dass Menschen mit Behinderung ihre Rechte auch durchsetzen können. (...)
Ich kenne die Probleme und Herausforderungen, vor denen Menschen mit Behinderungen oft stehen und die ihnen den Alltag erschweren. Daher weiß ich, wie dringend einheitliche Kriterien sind, die die Richtung für gelungene Inklusion vorgeben können. Wenn in den Ländern nach solchen einheitlichen Kriterien vorgegangen würde – bei all der Unterschiedlichkeit der Systeme –, könnte dies die schulische Inklusion in ganz Deutschland voranbringen. Auf dem Weg zur Inklusion in der Bildung gibt es noch viel zu tun. Entscheidend ist, dass die Barrieren in den Köpfen abgebaut werden, dass das gemeinsame Lernen von Kindern mit und ohne Behinderung selbstverständlich wird und die erforderliche Unterstützung jeweils bereitgestellt wird."

(Bentele, Verena: Grußwort zu dem Band „Auf dem Weg zum gemeinsamen Unterricht? Aktuelle Entwicklungen zur Inklusion in Deutschland." Döttinger, I., Hollenbach-Biele N., (2015). S. 12f., Gütersloh: Bertelsmann Stiftung)

1 Recherchieren Sie im Internet die UN-Konvention für die Rechte behinderter Menschen. Fassen Sie wesentliche Aspekte zusammen.

2 Schildern Sie entweder ein Beispiel für die gelungene oder die problematische gemeinsame Erziehung und Bildung von Kindern mit und ohne Behinderung aus Ihrem persönlichen Erfahrungswissen.

1 Inklusion

1.1 Grundlagen der Inklusion

In dem Grußwort der Beauftragten der Bundesregierung für die Belange behinderter Menschen wird deutlich, dass die UN-Konvention für die Rechte behinderter Menschen (UN-BRK), die in Deutschland 2009 in Kraft trat, bereits umgesetzt wird. Über die konkrete Umsetzung, Kinder mit und ohne Behinderung gemeinsam zu erziehen und zu bilden, wird in Deutschland aber noch viel diskutiert. Im Rahmen einer inklusiven Pädagogik herrscht eine Grundhaltung, die sich an den Fähigkeiten des einzelnen Menschen orientiert, unabhängig von seinem Geschlecht, seiner kulturellen Herkunft oder einer vorliegenden Behinderung.

UN-BRK
Das Übereinkommen über die Rechte von Menschen mit Behinderungen wurde 2006 von der UNO-Generalversammlung verabschiedet. Ziel des völkerrechtlichen Vertrages ist es, Menschen mit Behinderung die gleichberechtigte Teilhabe an allen Bereichen der Gesellschaft zu ermöglichen.

In Artikel 1 des Grundgesetzes für die Bundesrepublik Deutschland steht: „Die Würde des Menschen ist unantastbar." Damit ist eine wertschätzende, respektvolle und fördernde Haltung gegenüber anderen Menschen verbunden.

Professionelles pädagogisches Handeln ist von einem bestimmten Menschenbild geprägt, das den Menschen positiv sieht, auf die individuelle Entwicklung ausgerichtet ist und jeden Menschen als einzigartig anerkennt. Diesem Menschenbild liegt eine Haltung zugrunde, die u. a. umfasst:

- die Würde des Menschen
- das Recht auf soziale Teilhabe
- das Recht auf Bildung
- Verschiedenheit als Bereicherung und
- Ressourcenorientierung

individuelle Entwicklung | S. 135

1.1.1 Bedeutung der Inklusion in der Pädagogik

Inklusion ist ein Ansatz der Pädagogik, in der diese Haltung zum Ausdruck kommt. Inklusion betont, dass alle Menschen in ihrer Vielfalt und mit ihrer unterschiedlichen Herkunft, ihren Fähigkeiten und der Art zu leben anerkannt werden. Inklusion beschränkt sich also nicht auf die Integration von Menschen mit Behinderung. Die **Ressourcenorientierung** betont die Fähigkeiten, über die Personen verfügen. Oft werden diese zu wenig beachtet und berücksichtigt.

Inklusion | S. 95

Integration
Eingliederung

Inklusion bedeutet, dass allen Menschen von Anfang an in allen gesellschaftlichen Bereichen eine selbstbestimmte und gleichberechtigte Teilhabe möglich ist, unabhängig von Geschlecht, Alter oder Herkunft, von Religionszugehörigkeit oder Bildung, von eventuellen Behinderungen oder sonstigen individuellen Merkmalen.

Der Begriff der Inklusion wird überwiegend im Zusammenhang mit Behinderung verwendet, ist aber viel weiter gefasst. Anlass für Inklusion sind z. B. auch Sprachschwierigkeiten, die bei 70 % der Migranten auftreten, oder Probleme von Kindern im Sozialverhalten. Aufgabe eines jeden Menschen ist es, sich mit Andersartigkeit auseinanderzusetzen, eigene Haltungen zu überdenken und Heterogenität als Normalität anzusehen. Eine entscheidende pädagogische Grundhaltung ist, die Andersartigkeit jedes einzelnen Menschen wertzuschätzen und offen auf die jeweilige Person zuzugehen – egal ob Mann, Frau oder Kind.

Störung des Sozialverhaltens | S. 382, 406

Heterogenität
Verschiedenartigkeit

1.1.2 Beitrag der Heil- und Sonderpädagogik für die Inklusion

Heilpädagogik

Mit dem Begriff der Inklusion wird eine Gesellschaft umschrieben, die jedem Menschen Teilhabe am gesellschaftlichen Leben ermöglicht. Aufgrund einer Behinderung soll niemand ausgeschlossen werden. Dieser Anspruch setzt voraus, dass sich aussondernde Hilfs- und Betreuungsangebote im Sinne von Inklusion öffnen. In außerschulischen Lebens- und Erfahrungsorten sind häufig Heilpädagogen tätig. Als Disziplin der Pädagogik befasst sich die Heilpädagogik mit der Beeinträchtigung von Teilhabemöglichkeiten von Kindern, Jugendlichen und Erwachsenen mit erhöhtem Unterstützungs- und Förderbedarf aufgrund einer Behinderung.

[1] Heilpädagogen arbeiten ressourcenorientiert.

Mit dem Verständnis von Behinderung als eingeschränkte Teilhabe am gesellschaftlichen Leben rückt die ressourcenorientierte Förderung in den Vordergrund. Es geht nicht um Heilung bzw. darum, die Behinderung zu beseitigen, sondern durch den Einsatz pädagogisch-therapeutischer Maßnahmen vorhandene Fähigkeiten zu fördern. Der Mensch mit seinen subjektiven Eigenschaften, seinem individuellen Entwicklungsstand, seinen Interessen sowie Ressourcen steht im Mittelpunkt. Auf dieser Grundlage setzen sich Heilpädagogen dafür ein, dass Teilhabe in allen Bereichen gesellschaftlichen Lebens realisiert werden kann und Inklusion stattfindet. Einrichtungen der Heilpädagogik geben Kindern und Jugendlichen Hilfestellung zur Selbstständigkeit und stärken die Eltern in ihrer Erziehungsfähigkeit, um eine stabile Familiensituation zu erreichen. Arbeitsfelder für Heilpädagoginnen und Heilpädagogen im Sozialwesen und Gesundheitswesen sind z. B.:

Sozialwesen | S. 436

- Erziehungs-, Jugend- und Familienberatungsstellen
- Einrichtungen der Kinder- und Jugendhilfe
- Tagesstätten für behinderte Menschen
- Kindertagesstätten
- Wohnheime der Alten- und Behindertenhilfe

BEISPIEL

Der Heilerziehungspfleger Roland führt die Praktikantin Isabella durch die Heilpädagogische Wohngruppe Haus Bambi. „Wir betreuen zwei Gruppen mit je acht Kindern und Jugendlichen ab drei Jahren, bei Bedarf bis zur Volljährigkeit. Die Kinder und Jugendlichen leben bei uns, weil sie und ihre Familien Hilfe zur Erziehung benötigen.“ Ziel der Arbeit ist es, die Entwicklung der Kinder durch heilpädagogische und therapeutische Hilfen, schulische Förderung, soziales Lernen in der Gruppe und eine intensive Elternarbeit zu unterstützen. Die 16 Kinder kommen jeden Mittag und bleiben bis zum Nachmittag.

Sonderpädagogik

Eine weitere Disziplin, die im Zusammenhang mit Inklusion angesprochen werden muss, ist die Sonderpädagogik. Der Ursprung dieser Pädagogik hatte die Andersartigkeit und die Sonderstellung von Menschen mit Behinderung im Blick, daher wurde die Sonderpädagogik auch als Behindertenpädagogik bezeichnet. Die Sonderpädagogik beschäftigt sich mit Menschen, bei denen ein besonderer Förderbedarf festgestellt wurde. Diese Form der Pädagogik erfolgt meist an Förderschulen durch entsprechende Lehrkräfte.

Im Rahmen der Inklusion können Sonderschullehrkräfte auch an allgemeinbildenden Schulen Kinder und Jugendliche mit Behinderung erziehen, unterrichten und fördern, sodass keine Separation mehr notwendig ist. Neben dem Förderschulbereich gehört zur Sonderpädagogik der Bereich der vorschulischen Erziehung sowie der Bereich der außer- und der nachschulischen pädagogischen Betreuung von Menschen mit besonderem Förderbedarf. Innerhalb des Bereiches der Sonderpädagogik wird versucht, durch individuelle Hilfen und Förderangebote Menschen mit Behinderung ein hohes Maß an schulischer und beruflicher Eingliederung sowie selbstständiger Lebensgestaltung zu ermöglichen. Aus der Sonderpädagogik entwickelte sich der Ansatz der integrativen Erziehung.

1.2 Inklusive Pädagogik

1.2.1 Konzept der inklusiven Pädagogik

Je nach Zusammensetzung der Gruppen und den damit zusammenhängenden Bedürfnissen der einzelnen Kinder richteten Kindertageseinrichtungen ihre Arbeitsschwerpunkte in den letzten Jahren unterschiedlich aus. Heute gibt es das Konzept der inklusiven Pädagogik, in dem jedes Kind in seiner Einzigartigkeit wahrgenommen wird.

integrative Erziehung	ausgewählte Kinder mit Behinderung besuchen Regelkindergärten oder -schulen mit sonderpädagogischer Unterstützung	
interkulturelle Erziehung	Kinder verschiedener Kulturen werden gemeinsam erzogen	*inklusive Pädagogik*
koedukative Erziehung	gemeinsame Erziehung von Jungen und Mädchen	

[Tab. 1] Statt unterschiedlicher Arbeitsschwerpunkte eine inklusive Pädagogik

Die inklusive Pädagogik hat sich aus der integrativen Pädagogik entwickelt. Die inklusive Pädagogik fordert, dass Kindertagesstätten und Schulen den Bedürfnissen aller Kinder gewachsen sind. Es findet keine Trennung mehr von Kindern „mit Förderbedarf" und „ohne Förderbedarf" statt, wie es bei der integrativen Pädagogik der Fall war.

„Das Konzept der Inklusion versteht sich als eine allgemeine Pädagogik, die es mit einer einzigen, untrennbar heterogenen Gruppe zu tun hat. In ihr sind unterschiedlichste Dimensionen von Heterogenität vorhanden: Verschiedene Geschlechterrollen, ethnische, sprachliche und kulturelle Hintergründe, religiöse und weltanschauliche Überzeugungen, Familienstrukturen, soziale Lagen sowie Fähigkeiten und Einschränkungen kommen in ihnen vor."

(Hinz, A. Von der Integration zur Inklusion – terminologisches Spiel oder konzeptionelle Weiterentwicklung? In: Zeitschrift für Heilpädagogik 53. 2002, S. 357)

1.2.2 Chancen und Risiken der inklusiven Pädagogik

Gemeinsame Bildung, Betreuung und Erziehung ist eine große **Chance** für alle Kinder. Die Kinder wachsen gemeinsam auf und empfinden ihre Vielfältigkeit, ihre jeweiligen Stärken und Schwächen als selbstverständlich. Kinder mit Beeinträchtigungen lernen durch soziale Teilhabe mehr als im geschützten Rahmen, z. B. steigert sich das Lern- und Bildungsniveau. Durch die Interaktion von Kindern mit und ohne Behinderung verbessern sich die sozialen Kompetenzen aller Kinder. Inklusive Bildung birgt jedoch auch **Risiken**. Kinder, die keine Behinderung aufweisen, drohen ungenügend berücksichtigt zu werden. Diese Kinder leiden auch, z. B. unter Leistungsdruck, Über- oder Unterforderung, sozialen Spannungen in Familien und Schulklassen, unter Außenseiterpositionen und Ungerechtigkeiten. Einfühlsam auf Benachteiligte zuzugehen und ihnen Toleranz und Offenheit entgegenzubringen ist schwierig, solange eigene Bedürfnisse und Probleme ignoriert werden. Schüler mit gleicher Beeinträchtigung finden erschwert Kontakt zueinander, da sie nicht in behinderungsspezifischen Fördereinrichtungen aufeinandertreffen.

Stigmatisierung
jemanden in negativer Weise kennzeichnen

Inklusion zielt darauf ab, alle Kinder gemeinsam zu betreuen und für Kinder mit Behinderung eine Ausgrenzung und Stigmatisierung zu verhindern. Jedoch gibt es ohne die Stigmatisierung eines Menschen als „behindert" in der Praxis keine Förderung. Ohne die Feststellung einer Behinderung durch die Behörden erfolgt z. B. keine Leistungserbringung für Erwachsene auf dem Arbeitsmarkt. Inklusion verlangt, diese Stigmatisierung zu überwinden, indem ressourcen- statt defizitorientiert gearbeitet wird. Stärken müssen in der pädagogischen Praxis erkannt, wertgeschätzt und gefördert werden.

Etikettierungs-Ressourcen-Dilemma

Der Begriff „Etikettierungs-Ressourcen-Dilemma" geht auf Hans Wocken (2013) zurück. Er bringt damit zum Ausdruck, dass ohne die Diagnostik und die Einstufung eines Menschen als „behindert" keine Ressourcen zur Förderung zur Verfügung gestellt werden. Die Erziehung in der inklusiven Kindertagesstätte oder der Regelschule hat zum Ziel, alle Kinder gemeinsam zu erziehen und zu bilden, ohne den Stempel der Beeinträchtigung aufzudrücken. Ohne die Etikettierung als „Mensch mit Behinderung" bekommt dieser jedoch keine individuellen Fördermaßnahmen. Hierdurch werden Dilemmata vor dem Hintergrund des inklusiven Ansatzes erzeugt.

2 Behinderung

2.1 Definitionen von Behinderung

Behinderungen sind sehr unterschiedlich in ihrer Erscheinungsform, ihren Ursachen und Folgen. So gibt es keine allgemeingültige Definition von Behinderung. Es werden daher zwei verschiedene Ansätze skizziert: eine Begriffsbestimmung nach rechtlichen Gesichtspunkten, die Definition nach dem Sozialgesetzbuch IX in Deutschland, und eine Begriffsbestimmung anhand sozialer Aspekte, das Krankheitsfolgenmodell der WHO.

Krankheitsfolgenmodell | S. 372

2.1.1 Definition nach dem Sozialgesetzbuch IX

Ein Schwerpunkt der Inklusion ist die Förderung der Chancengleichheit von Menschen mit Behinderung. Um den Begriff der Behinderung zu definieren, benutzt das |Sozialgesetzbuch IX Rehabilitation und Teilnahme, Teil 1 § 2, die folgende Definition:

Sozialgesetzbuch | S. 54, 94, 455

„Menschen sind behindert, wenn ihre körperliche Funktion, geistige Fähigkeit oder seelische Gesundheit mit hoher Wahrscheinlichkeit länger als sechs Monate von dem für das Lebensalter typischen Zustand abweichen und daher ihre |Teilhabe am Leben in der Gesellschaft beeinträchtigt ist."

Teilhabe
einbezogen sein in eine Lebenssituation

Behinderung ist nicht mit Krankheit gleichzusetzen. Einer Behinderung kann jedoch ursächlich eine Krankheit zugrunde liegen. Menschen, die an |Multipler Sklerose leiden, sind z. B. im fortgeschrittenen Stadium der Erkrankung häufig auf einen Rollstuhl angewiesen. Mit einer Behinderung können auch Begleiterkrankungen auftreten, z. B. leiden Menschen mit Arm- oder Beinamputation häufig an |Phantomschmerzen, wenn sie vor der Amputation längere Zeit Schmerzen in dem betroffenen Arm oder Bein hatten. Krankheiten treten außerdem als Folge einer Behinderung auf. Bei einer Behinderung mit notwendiger künstlicher Beatmung steigt z. B. die Gefahr einer Lungenentzündung.

Multiple Sklerose
entzündliche Erkrankung des Zentralen Nervensystems

Phantomschmerz
empfundener Schmerz, obwohl das ehemals schmerzende Körperteil nicht mehr vorhanden ist

Inklusion soll u. a. den schwerbehinderten Menschen helfen, die laut dem Statistischen Bundesamt 9,4 % der Bevölkerung ausmachen. Schwerbehinderung ist eine Untergruppe der Behinderung, bei der die Versorgungsämter einen Grad der Behinderung von 50 oder mehr festgestellt haben und ein entsprechender Ausweis ausgehändigt wurde. In Teil 2 des SGB IX werden besondere Regelungen zur Teilhabe schwerbehinderter Menschen getroffen. Da 2 % der deutschen Bevölkerung schwerbehinderte Kinder und Jugendliche sind, die bei geeigneter Förderung einen wichtigen Anteil am sozialen und wirtschaftlichen Leben beitragen können, spielt das pädagogische Team eine relevante Rolle bei der Inklusion.

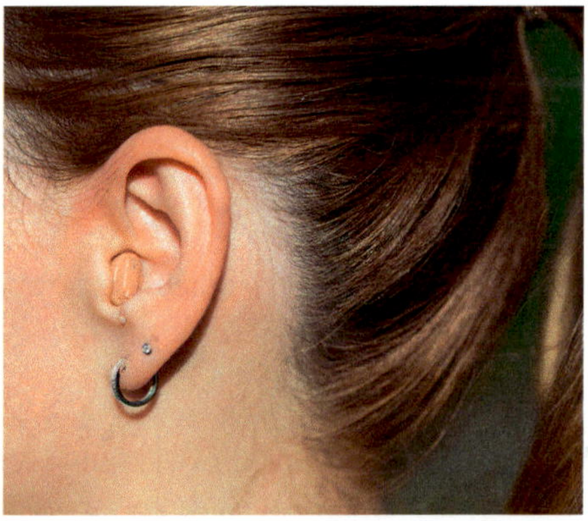

[1] Behinderung ist nicht immer sofort sichtbar: Frau mit Im-Ohr-Hörgerät.

In der obigen Definition wird als entscheidendes Merkmal einer Behinderung nicht die Beeinträchtigung des Körpers oder der Seele gesehen, sondern die eingeschränkte Teilhabe am gesellschaftlichen Leben. Grundlagen dieses gesellschaftlichen Lebens werden in Kindertagesstätten durch das pädagogische Team vermittelt und vorgelebt, das gilt natürlich insbesondere für Inklusion.

Als schwerbehindert gelten Personen, denen von den Versorgungsämtern ein Grad der Behinderung von 50 und mehr zuerkannt sowie ein gültiger Ausweis ausgehändigt wurde.

2.1.2 Definition nach WHO

WHO
World Health Organization: Weltgesundheitsorganisation; Behörde des internationalen Gesundheitswesens

Die WHO sieht Behinderung als Folge einer Schädigung, die durch eine Erkrankung oder Störung entstanden ist und zu einer sozialen Beeinträchtigung führt. Dieses Modell wird daher **Krankheitsfolgenmodell** genannt. Aktivitäten, die ein Mensch ohne Behinderung tun könnte, können nicht ausgeführt werden, weil Körper oder Seele des Menschen geschädigt sind. Es hängt auch von sogenannten Kontextfaktoren ab, inwieweit eine Person in ihrer Aktivität eingeschränkt ist. Es werden Umweltfaktoren und personenbezogene Faktoren unterschieden.

- **Umweltfaktoren:** soziale (z. B. Nachbarschaftshilfe, Partner) und physikalische Umwelt (z. B. rollstuhlgerechte Wohnung mit verbreiterten Türstöcken, Badewanne mit Lifter für eigenständige Körperpflege, rollstuhlgerechte öffentliche Verkehrsmittel in Wohnnähe)
- **Personenbezogene Faktoren:** z. B. individuelle Lebensgeschichte, Lebensführung, Grad an Motivation und Frustrationstoleranz

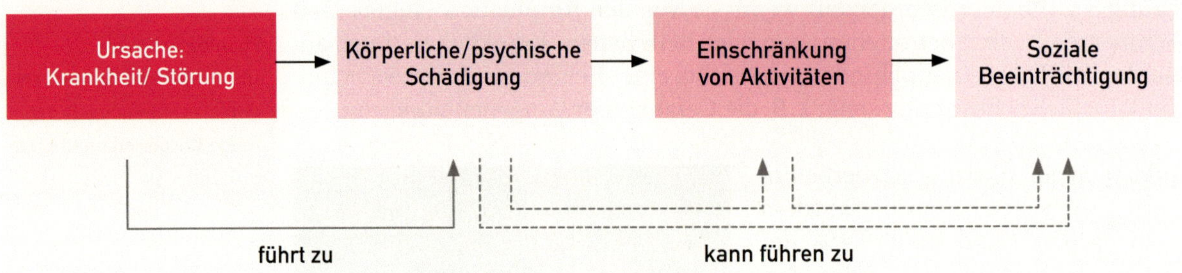

[1] Behinderung wird nach der WHO als Folge einer Krankheit oder Störung angesehen.

Bei vielen Menschen ist die Behinderung nicht offensichtlich. Kinder mit einer Behinderung sitzen nicht immer im Rollstuhl oder tragen ein Hörgerät.

Der Begriff Behinderter betont, dass die Person von dem abweicht, was die Gesellschaft als „normal" bezeichnet. Es sollte stattdessen die Bezeichnung „Mensch mit Behinderung" verwandt werden, da zuerst der Mensch als Persönlichkeit gesehen wird, erst dann die Behinderung.

Der Begriff „normal" wird im alltäglichen Sprachgebrauch in vielen Situationen verwendet. Bestellen Sie z. B. am Bahnschalter die „normale" Fahrkarte anstelle der 1.-Klasse-Fahrkarte, so meinen Sie damit das Standardprodukt ohne besondere Extras. Wird das Thema komplexer, z. B. ein ganz normaler Lebenslauf, wird es schwierig, eine allgemeingültige Definition für das Normale zu finden.
In der pädagogischen Diagnostik, die sich mit komplexen Fragestellungen beschäftigt, wird Normalität auf der Basis statistischer Verfahren festgelegt. Anhand von Normtabellen werden Abweichungen vom Durchschnitt ermittelt und mit dem Individuum verglichen.
Die Definition „normal" in Bezug auf kindliche Entwicklung und Verhalten wird demnach gleichbedeutend mit „dem Durchschnitt entsprechend" verwendet. Die Einzigartigkeit des Menschen mit seinen Stärken und Schwächen wird außer Acht gelassen.

2.2 Entstehung und Einordnung von Behinderung

2.2.1 Ursachen von Behinderung

Die Ursachen, die zu einer Behinderung führen, werden je nach dem Zeitpunkt ihres Auftretens unterschieden. Ursachen von Behinderungen können bereits vor der Geburt (pränatal) auftreten. Liegt eine Schädigung der Gene vor, handelt es sich um eine genetisch bedingte Behinderung. Das sogenannte Down-Syndrom ist eine genetisch bedingte Behinderung, deren Folgen sich in einer geistigen Behinderung und Organschädigungen äußern können. Auch eine Medikamenteneinnahme oder Alkohol- und Drogenmissbrauch der Mutter während der Schwangerschaft kann zu Schädigungen des Ungeborenen führen. Die Folgen können eine geistige oder körperliche Behinderung sein. Behinderungen können auch durch Komplikationen während des Geburtsvorganges (perinatal) entstehen. Eine mögliche Ursache kann eine Frühgeburt sein, d. h. wenn das Kind vor der 37. Schwangerschaftswoche geboren wird. Sauerstoffmangel während der Geburt ist ein weiterer Grund, der in der Folge zu einer Behinderung des Kindes führen kann. So kommt es beispielsweise zu Hirnschädigungen oder zu Lähmungen.

Down-Syndrom
auch: Trisomie 21
Die Behinderung wird durch ein überzähliges Chromosom verursacht.
Statt der üblichen zwei haben diese Menschen drei Chromosomen 21.

Behinderungen treten auch nach der Geburt (postnatal) auf. Eine mögliche Ursache sind Erkrankungen. Viruserkrankungen (z. B. Masern) können zu einer Hirnschädigung führen, die Körperbehinderung oder Intelligenzminderung zur Folge haben kann. Auch Unfälle mit Verletzungen können zu unterschiedlichen Behinderungen führen, z. B. Querschnittslähmung.

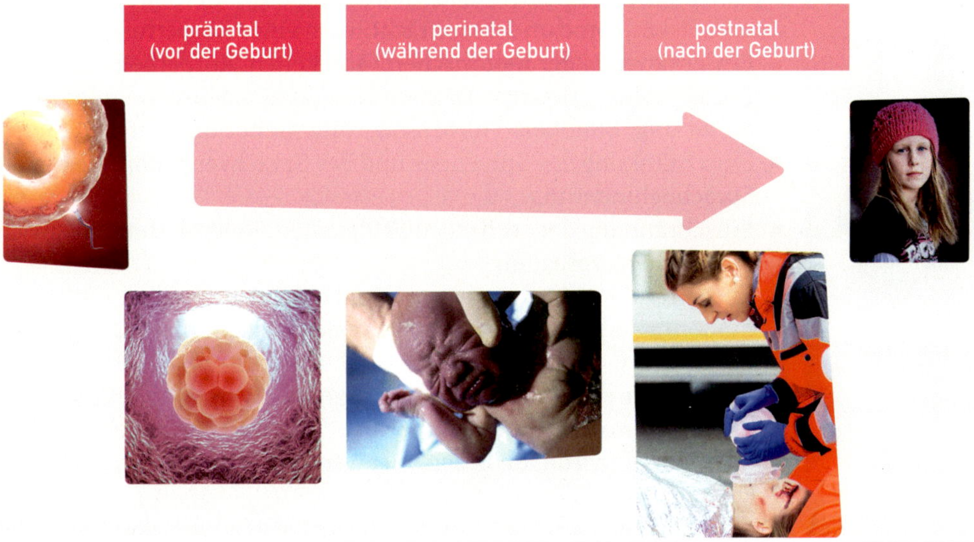

[2] Die Ursache einer Behinderung kann zu unterschiedlichen Zeitpunkten im Leben eines Menschen liegen.

- Behinderung mit pränataler Ursache: geistige Behinderung z. B. aufgrund von Alkoholmissbrauch der Mutter in der Schwangerschaft
- Behinderung mit perinataler Ursache: geistige Behinderung z. B. durch Geburtskomplikation mit Sauerstoffmangel des Babys
- Behinderung mit postnataler Ursache: Körperbehinderung, z. B. nach Verlust eines Beines oder Armes bei einem Autounfall

Multifaktorielle Ursachen und Erscheinungsform der geistigen Behinderung

Ursachen (beispielhaft)	Erscheinungsformen (beispielhaft)
pränatal: ▪ Mehrlingsgeburt ▪ Infektion während der Schwangerschaft ▪ Störung der Plazentadurchblutung, z. B. durch Nikotinabusus der Mutter ▪ genetische Veränderungen **perinatal:** ▪ Sauerstoffmangel während der Geburt ▪ Frühgeburt **postnatal:** ▪ Stoffwechselstörungen, z. B. Mangelversorgung mit Vitamin B_{12} und B_6 oder Jod ▪ Infektion ▪ Kopfverletzung ▪ Gehirnblutung ▪ Schlaganfall	▪ Entwicklungsverzögerung ▪ Lernbehinderung ▪ Verhaltensstörungen ▪ leichte Intelligenzminderung (IQ-Bereich 50–69, Lernschwierigkeiten in der Schule, Erwachsene sind in der Lage zu arbeiten und soziale Beziehungen zu unterhalten) ▪ mittelgradige Intelligenzminderung (IQ-Bereich 35–49, Entwicklungsverzögerung bei Kindern, Erwachsene benötigen Unterstützung im täglichen Leben und bei der Arbeit) ▪ schwerste Intelligenzminderung (IQ-Bereich unter 20, Beeinträchtigung von Motorik, Ausscheidung, Kommunikation und Selbstpflege)

2.2.2 Formen von Behinderung

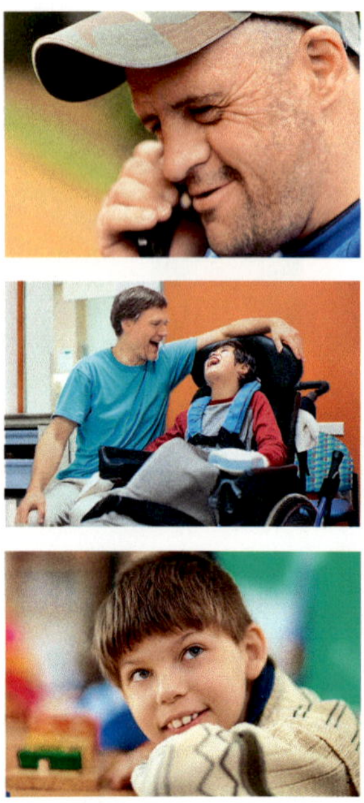

[1] Behinderung hat verschiedene Formen.

Behinderungen werden in verschiedene Formen eingeteilt, um einen fachlichen Austausch unter Kostenträgern und Leistungserbringern wie Ärzten und Therapeuten zu ermöglichen. Die Zuordnung einer Behinderung erfolgt anhand ihrer Leitsymptome und Beeinträchtigung einer Körperfunktion:

- Einschränkung der motorischen Fähigkeiten: Körperbehinderung
- Einschränkung der sensorischen Fähigkeiten: Sinnesbehinderung (Sehbehinderung, Blindheit, Hörbehinderung, Gehörlosigkeit)
- Einschränkung des Sprechens und des Sprachverständnisses: Sprachbehinderung
- Einschränkung der seelischen Fähigkeiten: Behinderung im sozialen und emotionalen Verhalten
- Einschränkung der kognitiven Fähigkeiten: Lernbehinderung/geistige Behinderung (abhängig von der Stärke der Einschränkung)

Am häufigsten sind Körperbehinderungen. Bei vorgeburtlichen Ursachen einer Behinderung kommen oft mehrere Beeinträchtigungen gleichzeitig vor, die als Mehrfachbehinderungen bezeichnet werden.

BEISPIEL

Alisia (2,8) hat durch ihre Hörbehinderung eine Sprachentwicklungsverzögerung. Sie spricht bisher nur Zweiwortsätze. Durch Blickkontakt, Gestik und Mimik sowie Lippenlesen ist Alisia jedoch in der Lage, ihre Grammatik und den Wortschatz auszubauen.

2.2.3 Klassifikation von Behinderung

In der Praxis wird teilweise noch von einer Einteilung von Beeinträchtigungen in leichte, mittelgradige oder schwere Behinderung gesprochen. Diese Einteilungen sind als schwierig zu bewerten, da sie weder auf die Kontextfaktoren und die Ressourcen der Person eingehen noch einen Rückschluss auf den Grad der Teilhabe und Selbstständigkeit zulassen.

Seit 2001 liegt mit der International Classification of Functioning, Disability and Health (ICF) ein Klassifikationssystem der WHO vor, mit dem die Beschreibung von Behinderungen weltweit vereinheitlicht und die Wechselwirkung von Person und Umwelt berücksichtigt wird.

ICF
Internationale Klassifikation der Funktionsfähigkeit, Behinderung und Gesundheit; Klassifikationssystem von Behinderung

In der ICF wird Behinderung als Gesundheitsproblem benannt, das aus einer Wechselwirkung von Körperfunktionen, Körperstrukturen, Aktivitäten und Teilhabemöglichkeiten zustande kommt. Beeinflusst werden diese Faktoren von Umweltfaktoren.

Die ICF ist nicht defizitorientiert, sondern betrachtet Funktionsfähigkeit, Behinderung und Gesundheit unter vier Aspekten:
- Körperfunktionen
- Körperstrukturen
- Aktivitäten und Partizipation (Teilhabe)
- Umweltfaktoren

Um den Gesundheitszustand, die Funktionsfähigkeit und die Behinderung einer Person anhand der ICF umfassend zu beschreiben, werden die Komponenten um Beurteilungsmerkmale ergänzt. Beurteilungsmerkmale beschreiben z. B. das Ausmaß einer Schädigung oder geben bei Umweltfaktoren an, ob der Faktor als fördernd oder als Barriere bewertet werden kann.

Zerebralparese
Beeinträchtigung der Motorik durch Veränderung der Muskelspannung, Koordinationsstörungen; Ursache u. a. Sauerstoffmangel während der Geburt

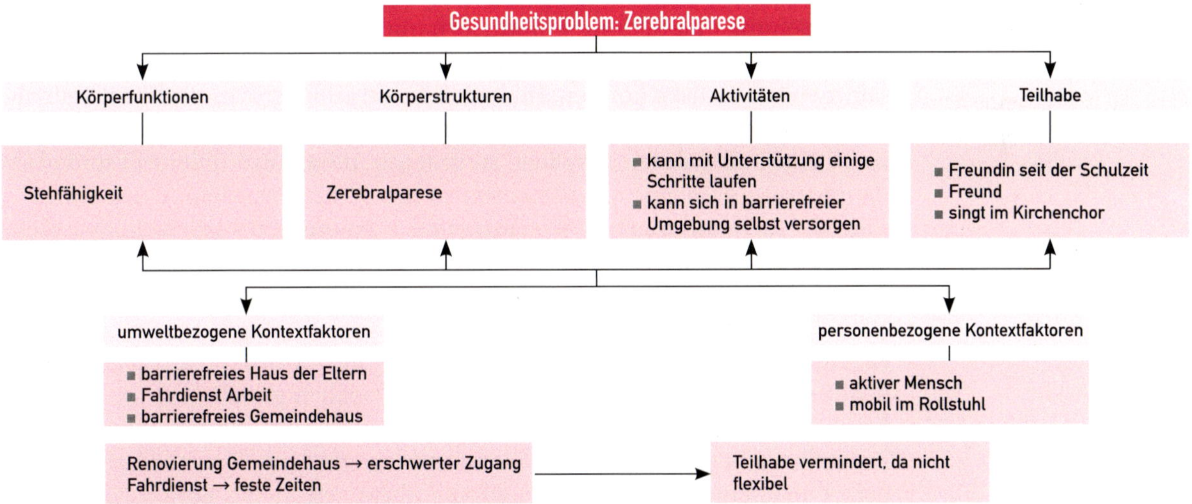

[2] Klassifikation von Behinderung nach ICF am Beispiel einer jungen Frau mit Zerebralparese

2.3 Unterstützungskonzepte bei Behinderung

Aus der Sicht Betroffener müssen diese sich einen Großteil ihres Wissens über Unterstützungsmöglichkeiten im Umgang mit der Behinderung selbst aneignen. Mangels leicht zugänglicher Informationen kostet dies viel Zeit und Energie. Nach der Darstellung allgemeiner Rahmenbedingungen für eine gelungene Inklusion und deren Chancen und Risiken wird ein Unterstützungskonzept im Rahmen von Behinderung exemplarisch beschrieben. Entscheidend für eine erfolgreiche Unterstützung von Menschen mit Behinderung ist außerdem eine gute Zusammenarbeit zwischen allen Fachleuten und den Betroffenen.

2.3.1 Rahmenbedingungen für gelungene Inklusion

Seit der Verabschiedung des Übereinkommens über die Rechte von Menschen mit Behinderung (Behindertenrechtskonvention der Vereinten Nationen, UN-BRK) 2006 haben Kinder mit Behinderung ein gesetzlich verankertes Recht auf ein erfülltes und menschenwürdiges Leben. Ihnen steht besondere Betreuung zu, die ihre Selbstständigkeit fördert und eine aktive Teilnahme am Leben ermöglicht. Die UN-BRK besteht aus 50 Artikeln.

In Deutschland wird seit Inkrafttreten des Übereinkommens besonders über die Ausgestaltung von Artikel 24 diskutiert, der von verschiedenen Interessengruppen unterschiedlich interpretiert wird. Artikel 24 regelt, dass die Vertragsstaaten den Zugang zu inklusiver Bildung bereitstellen müssen:

a) Es muss inklusive, qualitativ hochwertige und kostenfreie Bildung in Wohnortnähe angeboten werden.
b) Menschen mit Behinderungen müssen vollen Zugang zu diesen Bildungsangeboten haben.

Die Erziehung und Bildung von Kindern mit Behinderung wird vom Staat mitfinanziert, damit Kinder mit Behinderung und Kinder ohne Behinderung zusammen aufwachsen können. Inklusion ist ein einklagbares Recht auf Teilnahme an der Gesellschaft. Kindertageseinrichtungen und Schulen sind dazu verpflichtet, alles ihnen Mögliche zu unternehmen, um Kinder mit und ohne Behinderung gemeinsam aufwachsen zu lassen. Ebenso sollen Aspekte wie Armut oder Religionszugehörigkeit in den Blick genommen werden, da auch diese zum Ausschluss aus dem gesellschaftlichen Leben führen können und im pädagogischen Alltag Berücksichtigung finden sollten.

Diese Forderungen bereiten in Deutschland Probleme in der Umsetzung, da das Schulsystem in den Bundesländern unterschiedlich gestaltet ist und sich die Leistungsfähigkeit der Schüler in den verschiedenen Schularten unterscheidet. Zusätzlich gibt es für Kinder mit sonderpädagogischem Förderbedarf das Sonderschulsystem in 16 verschiedenen Ausführungen – jedes Bundesland gestaltet die Unterteilung des Sonderschulsystems anders. Bis 2016 konnten sich die Vertreter der 16 Bundesländer nicht auf ein gemeinsames Qualitätsverständnis und Maßstäbe für Inklusion einigen. Daher ist die Umsetzung von Inklusion schwer vergleichbar.

Der Weg zur Entwicklung inklusiver Strukturen ist weit, sowohl gesamtgesellschaftlich gesehen als auch mit Blick auf Kindertageseinrichtungen. Die ersten Kindergärten öffneten sich in den 80er Jahren des letzten Jahrhunderts. Meistens fand eine Einzelintegration statt, um einzelne Kinder in eine Gruppe aufzunehmen, teilweise gab es auch Kooperationen von Regel- und Sonderkindergärten. In verschiedenen Bundesländern fanden Modellversuche zur gemeinsamen Erziehung statt. Die Ergebnisse dieser Modellprojekte führten zu ähnlichen Erkenntnissen:

- Die Familien können vermehrt am gesellschaftlichen Leben teilnehmen.
- Alle Kinder profitieren von Kindern mit unterschiedlichen Voraussetzungen.
- Die besonderen Arbeitsweisen wirken sich auf Kinder mit und ohne Behinderung förderlich aus.

Als Voraussetzungen für ein gutes Gelingen dieses pädagogischen Konzeptes wurden genannt:

- Fortbildung des pädagogischen Personals
- bauliche Anpassung an die Betreuung von Kindern mit und ohne Behinderung
- Ausstattung mit Hilfsmitteln
- Orientierung der unterstützenden Fachkräfte am Kindergartenalltag und Rücksicht auf besondere Bedingungen des Kindergartens

In den Bundesländern ist in den letzten Jahren die gemeinsame Erziehung und Bildung in Gesetzen verankert worden. Der Begriff Integrations-Kita wurde vor einigen Jahren wieder abgeschafft, da die gemeinsame Erziehung inzwischen Teil jedes Kindertagesstätten-Konzeptes ist. Noch ist die Vielfalt jedoch nicht zum „Normalfall" geworden. Inklusion ist noch keine Selbstverständlichkeit.

Integrations-Kita
Kindertagesstätte mit dem Konzept der integrativen Erziehung

In Deutschland gelten in den 16 Bundesländern neben Bundesgesetzen die jeweiligen Landesgesetze für die Rahmenbedingungen der pädagogischen Arbeit in Kindertageseinrichtungen. Teilweise spielen kommunale Gesetze bei den Ausführungsvorschriften noch eine Rolle, deswegen sind allgemeine Aussagen über Rahmenbedingungen oder Qualitätskriterien für Deutschland nicht vorhanden. Im Bundesland Bayern ist z. B. das Bayerische Kinderbildungs- und Betreuungsgesetz (BayKiBiG) maßgeblich, in Berlin das Berliner Kindertagesförderungsgesetz.

kommunal
auf die Gemeinde bezogen

Die Umsetzung der Öffnung von Regelkindergärten für Kinder mit Behinderung ist sehr unterschiedlich. Alle Einrichtungen haben spezielle Konzepte zur Betreuung von Kindern mit und ohne Behinderung entwickelt. Erziehung und Bildung werden vom Staat mitfinanziert.

[1] Inklusion heißt, sich mit verschiedenen Merkmalen der Vielfalt auseinanderzusetzen.

Die **Aufnahme von Kindern mit Behinderung in die Regel-Kindertagesstätte** findet in unterschiedlicher Form statt:

integrative Kindertagesstätten	in jede Gruppe werden Kinder mit Behinderung aufgenommen
integrative Gruppen in Regelkindergärten	in einzelne Gruppen werden Kinder mit Behinderung aufgenommen
Einzelintegration	ein bis drei Kinder aus dem Wohnumfeld werden in die Kindertagesstätte aufgenommen
Krippe und Hort	Bereiche, in denen die Aufnahme eines Kindes mit Behinderung eine Ausnahme darstellt

Die Regelung für den Umfang der Fördermaßnahmen und Qualifikation des Fachpersonals ist in den Kindertagesstättengesetzen der Bundesländer unterschiedlich festgesetzt. Die Förderung ist Kind bezogen, d.h., dass die Träger für bestimmte Gruppen von Kindern eine unterschiedliche Förderung erhalten: für ein Kind mit Behinderung einen mehrfach höheren Zuschuss. Es muss dafür entsprechend mehr Personal eingestellt werden. Speziell qualifiziertes Fachpersonal, wie Heil-, Sonder- und Sozialpädagogen, können davon aber nur zum Teil finanziert werden.

2.3.2 Ökologisches Unterstützungskonzept bei Behinderung: Case Management nach Wendt

Hauptvertreter des ökologischen Unterstützungskonzeptes ist in Deutschland Wolf Rainer Wendt. Wendt entwickelte dieses Konzept aufgrund seiner Erfahrung, dass das bestehende soziale Dienstleistungssystem nicht ausreicht. Nach SGB IX § 4 Abs. 3 und SGB VIII § 22a Abs.3 sind die Sorgeberechtigten intensiv in die Planung und Gestaltung der Hilfen miteinzubeziehen. Das Konzept des Case Managements kommt dieser Forderung nach und bindet die Eltern eng ein. Aus Sicht der Betroffenen erfüllt das Case Management z.B. folgende Aufgaben:

- Verschaffen eines Überblicks über Therapie- und Fördermöglichkeiten
- Organisation und Vorantreiben des Abklärungsprozesses
- Auswahl und Erwirken zeitnaher Förder- und Therapiemöglichkeiten
- Durchsetzen der Förderansprüche
- Prüfung fachlicher Empfehlungen sowie alternativer Therapieangebote
- Suche nach geeigneten Freizeitangeboten
- Auswahl und Erwirken eines passenden Schulangebots
- Vermittlung zwischen Kind und pädagogischem Personal
- Vernetzung und Organisation von Übergängen
- Einholen fachlicher Unterstützung (emotionale Bewältigung, Förder- und Therapietipps für zu Hause, Krisenbewältigungsstrategien)

Manche Eltern setzen ihre im Case Management erworbenen Kompetenzen und Erfahrungen zur Unterstützung anderer ein und gründen Selbsthilfegruppen oder spezialisieren sich beruflich auf Kinder mit Behinderung.

Auschecken

Das habe ich in diesem Kapitel dazugelernt:

- ✓ Ich weiß, wie wichtig es ist, Kindern unabhängig von Geschlecht, Herkunft, Fähigkeiten und Einstellung positiv sowie vorurteilsfrei zu begegnen und ihre individuelle Entwicklung zu fördern.
- ✓ Ich verstehe Inklusion als einen gesetzlich verankerten Grundauftrag pädagogischer Einrichtungen in Deutschland und kenne die zugrunde liegenden Bestimmungen.
- ✓ Mir sind zwei Definitionen von Behinderung bekannt.
- ✓ Ich weiß, dass Kinder mit einer Behinderung zur Inklusion spezielle Rahmenbedingungen und unter Umständen die Unterstützung anderer Fachkräfte benötigen.
- ✓ Ich kann den Unterschied zwischen stärken- und defizitorientierter Sichtweise darstellen und darlegen, warum die Förderung von Stärken wichtig ist.
- ✓ Mir ist ein konkretes Unterstützungskonzept für Familien mit einem Kind mit Behinderung bekannt. Ich kann mindestens sechs Aufgaben dieses Konzeptes nennen.
- ✓ Ich kenne Gemeinsamkeiten und Unterschiede von Heilpädagogik und Sonderpädagogik.

Aufgaben / Fragen

1. Nennen Sie wesentliche Chancen und Risiken der inklusiven Pädagogik. Beschreiben Sie je einen positiven Aspekt und einen möglichen Risikofaktor genauer. Verdeutlichen Sie Ihre Aussage mit einem Beispiel aus Ihrer Praktikumserfahrung.
2. Erläutern Sie den Begriff „Behinderung“. Beschreiben Sie Ursachen und Formen von Behinderungen. Arbeiten Sie zu zweit.
3. Gestalten Sie eine Mindmap zum Thema „Unterstützungskonzepte bei Behinderung“. Vergleichen Sie Ihre Mindmap mit der Ihres Sitznachbars. Achten Sie auf Symbole und Farben.
4. Analysieren Sie den Zusammenhang von Stigmatisierung eines Menschen als „behindert“ und den Anspruch auf Förderung. Gehen Sie dabei auf das „Etikettierungs-Ressourcen-Dilemma“ ein.
5. Überlegen Sie, wie Sie den Umgang mit Menschen mit Behinderung in Ihrer Freizeit erleben. Tauschen Sie sich in Gruppen darüber aus.

Psychische Gesundheit

Psychische Gesundheit und psychische Erkrankungen

(...)

Laut der Weltgesundheitsorganisation (WHO) ist psychische Gesundheit das Resultat komplexer dynamischer Interaktionen zwischen biologischen, psychologischen und sozialen Faktoren. (...) Psychisch gesund fühlt sich eine Person z. B. wenn sie ihre intellektuellen und emotionalen Fähigkeiten ausschöpfen, die alltäglichen Lebensbelastungen bewältigen, produktiv arbeiten und in der Gemeinschaft einen Beitrag leisten kann.

(...)

Das Zusammenspiel von Belastungen und Ressourcen ist für die psychische Gesundheit entscheidend. Belastungen und Ressourcen können in der Person selbst liegen oder durch ihr Umfeld bedingt sein. Das Zusammenspiel von Belastungen und Ressourcen ist insbesondere bei kritischen Lebensereignissen wie dem Verlust einer nahestehenden Person entscheidend. Daneben gibt es auch Lebensumstände, die chronisch belastend wirken können, etwa Armut. Belastungen können mittels äusserer [sic!] und/oder innerer Ressourcen (z. B. sozialer Unterstützung, positives Selbstwertgefühl) modifiziert und bewältigt werden. Sind die Belastungen jedoch zu erschütternd (z. B. traumatisierende Kriegserfahrung) oder über einen längeren Zeitraum grösser als die Möglichkeiten, diese Belastungen zu ertragen, beeinträchtigt dies die psychische Gesundheit.

(Quelle: Bundesamt für Gesundheit BAG, Schweiz, https://www.bag.admin.ch/bag/de/home/themen/mensch-gesundheit/psychische-gesundheit/themenschwerpunkte-im-bereich-psychische-gesundheit/themenseite-l4--l6.html; Abruf vom 26.2.2017)

1 Fassen Sie Ihr Verständnis von psychischer Gesundheit in einem Satz zusammen.

2 Vergleichen Sie Ihre Möglichkeiten, psychisch gesund zu bleiben, mit denen eines gleichaltrigen Jugendlichen in einem aktuellen Krisengebiet der Welt.

1 Klinische Psychologie

1.1 Gegenstand der klinischen Psychologie

Begriffsklärung

Im Gegensatz zur Alltagspsychologie, mit der sich Menschen anhand subjektiver Theorien Vorgänge in der Welt erklären und Verhaltensweisen ihrer Mitmenschen deuten, trifft die klinische Psychologie Aussagen aufgrund wissenschaftlicher Untersuchungen, zuverlässiger Messungen und objektivierbarer Daten.

Klinische Psychologie ist ein Teilgebiet der angewandten Psychologie, das sich wissenschaftlich mit psychischen Störungen und den psychischen Auswirkungen körperlicher Beeinträchtigungen und psychischen Krisen in extremen Lebenssituationen beschäftigt. Dabei befasst sich diese Teildisziplin der Psychologie mit den biologischen, sozialen, emotionalen, kognitiven sowie entwicklungs- und verhaltensbedingten Grundlagen psychischer Störungen. Zudem untersucht die klinische Psychologie die Auswirkungen psychischer Erkrankungen auf das Erleben und Verhalten der betroffenen Personen.

Gegenstand der klinischen Psychologie:
- Ätiologie psychischer Störungen
- Klassifikation und Diagnostik
- Epidemiologie, Gesundheitsversorgung und Evaluation
- Intervention: Prävention, Psychotherapie und Rehabilitation

Ätiologie
Grundlagenforschung zu Bedingungen für die Entstehung und Aufrechterhaltung

Dabei ist zu beachten, dass die klinische Psychologie ein weites Feld abdeckt und sich mit anderen psychologischen Fachgebieten überschneidet. Die theoretischen Grundlagen und Modelle zur Erforschung, Klassifikation und Diagnostik psychischer Störungen sind wissenschaftlich fundierte und notwendige Grundlagen zur Prävention, Intervention und Rehabilitation psychischer Störungen.

Klassifikation
Einordnung in Gruppen

Intervention
Möglichkeit einzugreifen, Maßnahme

Klinische Psychologie ist die Teildisziplin der Psychologie, die sich mit psychischen Störungen und den psychischen Aspekten von Gesundheit und Krankheit bei Menschen aller Altersstufen beschäftigt.

psychische Störungen | S. 390
Gesundheit | S. 382
Krankheit | S. 382, 456

Die Humboldt-Universität beschreibt das Studienfach Klinische Psychologie folgendermaßen:
„Das Fach Klinische Psychologie strebt ein wissenschaftliches Verständnis psychischer Störungen an. Dazu gehören u.a. Phobien, Posttraumatische Belastungsstörungen, Zwangsstörungen, Depressionen und Schizophrenien. Dabei sind insbesondere Faktoren und Einflüsse von Interesse, die zur Entstehung und Aufrechterhaltung solcher Störungen beitragen, wie z. B. Lerneinflüsse oder veränderte neuronale und biologische Prozesse. Darauf aufbauend, werden Interventionen entwickelt und überprüft, welche solche Störungen verändern oder gar verhindern können."
(Quelle: https://www.psychologie.hu-berlin.de/de/prof/kli)

1.2 Gesundheit und Krankheit als Begriffe

[1] Arthur Schopenhauer (1788–1860) studierte erst Medizin, dann Philosophie.

Gesundheit

„Die Gesundheit ist zwar nicht alles, aber ohne Gesundheit ist alles nichts."

Kaum ein anderer Sinnspruch Arthur Schopenhauers wird so häufig zitiert wie dieser. Dass Gesundheit das höchste Gut sei – diese Einsicht ist heute aktueller denn je. Die persönliche Gesundheit eines jeden Menschen nimmt in seinem Leben einen zentralen Platz ein. Die subjektive Bewertung der Gesundheit jedes Einzelnen variiert und ist von Alter, Geschlecht, Bildung und kulturellem Hintergrund abhängig. Sie macht einen Teil der Identität des Menschen aus. Die Begriffe Gesundheit und Krankheit werden tagtäglich verwendet, jedoch gehen die Ansichten darüber, was genau darunter zu verstehen ist, auseinander.

WHO
World Health Organization

Definition der Weltgesundheitsorganisation (WHO), 2001:
„Gesundheit ist ein Zustand des vollständigen körperlichen, geistigen und sozialen Wohlbefindens und nicht nur das Fehlen von Krankheit oder Gebrechen."

Gesundheit ist nach der Definition der WHO mehr als nur das körperliche Wohlergehen und geht damit über medizinische Ansätze hinaus. Das soziale Umfeld und das seelische Wohlbefinden werden ausdrücklich als Voraussetzungen für Gesundheit genannt. Hierdurch entsteht eine ganzheitliche Auffassung von Gesundheit.

chronisch
dauerhaft

Dennoch ist in dieser Definition ein Vollkommenheitsideal zu spüren, das unrealistisch erscheint. Ist nur ein Bereich beeinträchtigt, kann sich die betroffene Person nicht mehr als gesund bezeichnen. Für chronisch Kranke oder Menschen mit Behinderung kann nach dieser Definition niemals Gesundheit erreicht werden. Gesundheit kann nicht als punktuelles Ereignis angesehen werden, sondern ist ein prozesshaftes Geschehen, das nicht nur von der Person selbst abhängt, sondern auch von der Umgebung, in der sie sich befindet.

Gesundheit kann auch als Gegenbegriff zu Krankheit aufgefasst werden und beschreibt dann den wünschenswerten „Normal"-Zustand als Abwesenheit von Krankheit.

Krankheit

Die Definition des Begriffs Krankheit ist stark von der Sicht der Medizin und dem Einfluss der Arbeitswelt geprägt. Die Rechtsprechung und Kostenträger des Gesundheitswesens sind auf einheitliche Begriffe, Messbarkeit und Festlegung auf Diagnosen angewiesen.

ICD
International Classification of Diseases

Im Sinne des Sozialversicherungsrechts stellt Krankheit eine Abweichung von der Norm dar, nämlich einen regelwidrigen Körper- oder Geisteszustand (§ 120 Abs. 1 Z1 Allgemeines Sozialversicherungsgesetz). Unter welchen Umständen von der Norm Gesundheit abgewichen wird, ist in Deutschland in der ICD festgelegt, einem Verzeichnis, in dem jeder Krankheit bestimmte Symptome zugeordnet werden. Anhand der Symptome wird eine Diagnose gestellt, die mit Zahlen und Buchstaben verschlüsselt ist. Diese Verschlüsselung ist die Grundlage für die Abrechnung ärztlicher Leistungen.

Beispiele für ICD-Verschlüsselung:
- Asthma bronchiale (eine Atemwegserkrankung): J45
- Störung des Sozialverhaltens: F91

ICD | S. 390
Störung des Sozialverhaltens | S. 406

1.3 Grundlagenmodelle von Krankheit

Bei körperlichen Krankheiten oder Unfällen kann oft anhand der Blutwerte oder eines Röntgenbildes eine klare Aussage getroffen werden, dass die Gesundheit des Betroffenen beeinträchtigt ist. Im Bereich psychischer Störungen ist die Frage der Abgrenzung von psychischer Gesundheit und Krankheit jedoch nicht so einfach. Verschiedene Modelle liefern Anhaltspunkte für den Zusammenhang von Gesundheit und Krankheit.

1.3.1 Biomedizinisches Krankheitsmodell

Im biomedizinischen Modell werden Gesundheit und Krankheit als sich einander ausschließende gegensätzliche Zustände verstanden. Der Mensch ist entweder gesund oder krank. Für jede Krankheit wird eine bestimmte Ursache angenommen. Demnach entsteht eine Krankheit, wenn Noxen auf den Organismus einwirken. Bei dieser Sichtweise handelt es sich um ein dichotomes (zweigeteilt, hier: gesund oder krank) pathogenetisches Modell von Gesundheit und Krankheit. Die Pathogenese ist das Grundlagenmodell für die Krankheitsentstehung in der Medizin. Der Mensch wird mit einer defekten Maschine gleichgesetzt, die im Krankheitsfall „repariert" werden kann. Die zentralen Fragen sind, was an einem Menschen nicht funktioniert und welche Ursachen sich für diese Fehlfunktion finden lassen.

[2] Noxen machen krank.

Noxe
schädlicher Einfluss von außen

Pathogenese
griech. patho: krank, genese: Entstehung
pathogenetisch
an der Krankheit und deren Verlauf orientiert

Stellenwert des biomedizinischen Krankheitsmodells

Dieses Modell ist gut geeignet, um aufgrund von Kausalitäten klar umschriebene Krankheitsbilder, z. B. Infektionskrankheiten, zu behandeln. Bei diesem Modell bleibt jedoch die Frage offen, warum die gleichen Noxen nicht bei allen Menschen eine Krankheit auslösen.

Das Modell konzentriert sich vor allem auf die Krankheit und vernachlässigt dabei die Betrachtung der Person in ihrem sozialen Kontext. Gehandelt wird erst, wenn eine Erkrankung feststellbar ist, obwohl mittlerweile bekannt ist, wie wichtig und sinnvoll Prävention ist.

Bei psychischen Störungen, dem Gegenstand der klinischen Psychologie, kann dieses Modell kaum angewandt werden. Psychische Störungen haben meist mehrere Ursachen, die sich auch gegenseitig bedingen und die Störung aufrechterhalten können. Dieses Modell lässt individuelle Faktoren jedes einzelnen Menschen wie Vulnerabilität und schützende Faktoren außer Acht. Wissenschaftliche Untersuchungen bestätigen, wie hilfreich die Ressourcenorientierung ist. Über je mehr Ressourcen ein Mensch verfügt und je stärker diese ausgeprägt sind, desto besser ist er geschützt, trotz schwieriger Lebensumstände eine psychische Störung zu entwickeln.

Kausalität
Ursache-Wirkungs-Zusammenhang

Prävention
lat. praevenire: zuvorkommen; Maßnahmen, um unerwünschte Entwicklungen zu verhindern

multimodales Modell | S. 412

Vulnerabilität
Verletzlichkeit, Anfälligkeit

Ressourcen | S. 150, 332

1.3.2 Modell der Salutogenese

Ein Modell für den Zusammenhang von Gesundheit und Krankheit, dessen Schwerpunkt auf den schützenden Faktoren und der Ressourcenorientierung liegt, ist das Modell der Salutogenese des Medizinsoziologen Aaron Antonovsky. Dieses Modell beschäftigt sich mit der Entstehung von Gesundheit (lat.: salus = Unversehrtheit; griech.: genese = Entstehung). Antonovsky studierte an der Yale University in den USA Geschichte und Wirtschaft. Nach seiner Auswanderung nach Jerusalem widmete er sich der Stressforschung. Sein Konzept kehrte sich von der bisher üblichen Meinung ab, dass Noxen, die er als Stressoren bezeichnet, krank machen. Er kam zu dem Schluss, dass Stressoren nicht direkt krank machen, solange eine stark positive Lebenseinstellung vorhanden ist. Es entsteht in der Person lediglich ein innerer Spannungszustand, der bewältigt werden kann.

Die theoretischen Überlegungen Antonovskys zu diesem Konzept beruhen auf einer Untersuchung von Frauen in Israel, welche die nationalsozialistischen Konzentrationslager überlebt hatten. Diese Frauen waren zum Teil trotz ihres Schicksals in psychisch und physisch guter Gesundheitsverfassung, wohingegen andere mit gleichem Schicksal weniger optimistisch waren und mit der Bewältigung ihrer Alltagsaufgaben Probleme hatten. Diese Feststellung führte dazu, dass sich Antonovsky fragte, wie es Menschen schaffen, trotz potenziell gesundheitsgefährdender Einflüsse dennoch gesund zu bleiben. Antonovsky fand in dieser Untersuchung heraus, dass die Gruppe der gesund Gebliebenen über eine besonders positive Lebenseinstellung verfügte. Er untersuchte diese Lebenseinstellung und nannte das daraus entwickelte Konzept Kohärenzgefühl.

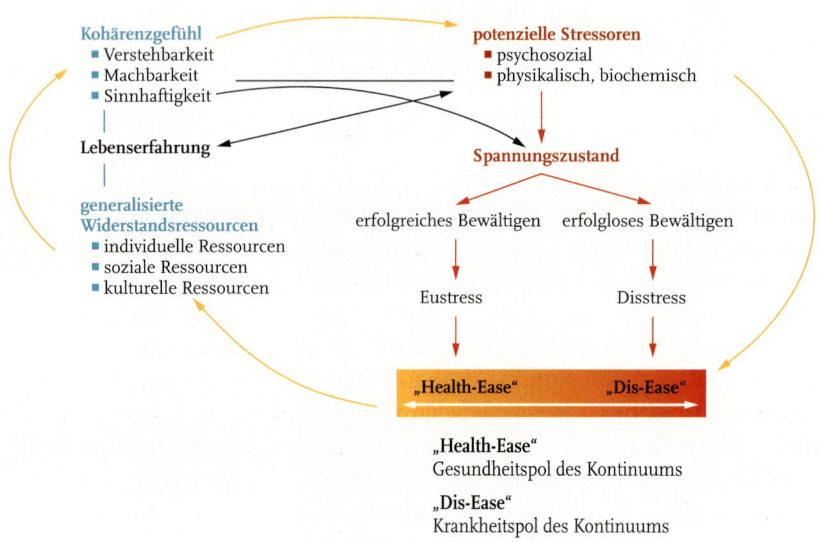

[1] Das Modell der Salutogenese von Antonovsky 1979 (vereinfachte Darstellung)

Das Salutogenese-Modell

Im Vordergrund des Salutogenese-Modells steht, dass Gesundheit und Krankheit im Sinne eines Kontinuums gedacht werden, auf dem sich ein Mensch Zeit seines Lebens bewegt. Diese Sichtweise ist an die Vorstellung von Leben im Ungleichgewicht (Heterostase) geknüpft, wonach der Mensch in einer ständigen Auseinandersetzung mit Stressoren aus seiner Umwelt lebt. Gesundheit und Krankheit werden nicht mehr als voneinander getrennte Gegensätze behandelt, vielmehr stellen sie die Endpunkte einer langen Strecke mit fließenden Übergängen dar. Krankheit und Tod („Dis-Ease“) werden als notwendige Bestandteile des Lebens gesehen. Gesundheit („Health-Ease“) muss immer wieder neu gewonnen werden, sie ist nicht statisch; manchmal überwiegt Gesundheit, manchmal Krankheit.

Antonovsky übte Kritik an dem damals aktuellen biomedizinischen Krankheitsmodell, das lediglich fragte, was Menschen krank macht. Er stellte sich dagegen die Frage, weshalb Menschen unter bestimmten Bedingungen gesund bleiben, unter denen andere erkranken. Er wählte zur Erklärung seiner Theorie die Metapher eines Flusses, in dem der Mensch Zeit seines Lebens schwimmt. Die Fähigkeit, unter ungünstigen Bedingungen wie Stromschnellen, Wasserfällen und Untiefen ein guter Schwimmer zu werden und dadurch seine Gesundheit zu erhalten, definiert Antonovsky als Kohärenzgefühl (sense of coherence, SOC). Das Kohärenzgefühl ist geprägt von dem Vertrauen, das Leben als sinnvoll zu erleben und Lebensprobleme bewältigen zu können. Es entwickelt sich im Kinder- und Jugendalter bis zum 30. Lebensjahr.

biomedizinisches Krankheitsmodell | S. 383

Metapher
Bild

- Verstehbarkeit, d. h. die Fähigkeit, Probleme zu erkennen, Art und Ausmaß zu erfassen und zu strukturieren.
- Handhabbarkeit, d. h. das Vertrauen und die Überzeugung, Situationen und Probleme aktiv bewältigen zu können.
- Sinnhaftigkeit, d. h. etwas bewältigen wollen, weil das Leben einen Sinn hat, Stressoren als positive Herausforderungen des Lebens anerkennen.

[2] Teilkomponenten des Kohärenzgefühls

Das Kohärenzgefühl ist eine Lebenseinstellung, inwieweit Menschen davon ausgehen, dass die Anforderungen des Lebens verstehbar und handhabbar sind und es sich lohnt, sie zu bewältigen.

Als Grundlage für die Entstehung des Kohärenzgefühls ist es notwendig, im Leben gewisse Erfahrungen zu machen. Antonovsky fand drei Grundbausteine an Erfahrungen, die das Kohärenzgefühl stärken.

[3] Grundbausteine für die Ausbildung des Kohärenzgefühls

> BEISPIEL
>
> **Konsistenz:** Mischa (16 Jahre) nimmt am Wahlfach Englisch teil. Er identifiziert sich stark mit seiner Arbeitsgruppe. Das Diskutieren und Aushandeln von Arbeitsschritten in der Gruppe macht ihm Spaß. Er erlebt, dass er in dieser Form des Unterrichtes Erfolg hat, und bewältigt seine anfänglichen Hemmungen, sich in der Gruppe zu Wort zu melden. In anderen Fächern verbessert er sich, seit er sich traut, sich an Gruppenarbeiten mehr zu beteiligen.

BEISPIEL

Balance zwischen Überlastung und Unterforderung: Nanette (14 Jahre) besucht die 9. Klasse einer Realschule. Dem Wechsel vom Gymnasium an die Realschule war ein langer Kampf schlechter Noten, begleitet mit Versagensängsten und schlaflosen Nächten, vorausgegangen. An der neuen Schule hat Nanette das Gefühl, das Anforderungsniveau entspreche genau ihren Fähigkeiten. Zusätzlich zum regulären Unterricht ist sie in der Theatergruppe und der Schulband aktiv, wozu sie am Gymnasium keine Zeit hatte.

BEISPIEL

Beteiligung an Entscheidungsprozessen: Heute ist Freitag; an der Grundschule München West findet der wöchentliche Klassenrat statt. Gülan (8 Jahre) leitet heute den Klassenrat. Alina (7,6 Jahre) ist Schriftführerin. Die Lehrerin der Klasse 2c, Frau Schmied, sitzt erwartungsvoll mit im Stuhlkreis und achtet auf die Einhaltung der Regeln. Nach einer hitzigen Diskussion treffen die Kinder eine eigene Entscheidung, wie die Klasse in Zukunft mit Unterrichtsstörern umgehen will. Frau Schmied akzeptiert die Entscheidung der Kinder und informiert die Kollegen.

Generalisierte Widerstandsressourcen

Von der Ausprägung des Kohärenzgefühls hängt es ab, wie gut eine Person in der Lage ist, Probleme zu lösen. Antonovsky spricht von generalisierten Widerstandsressourcen als Ressourcen, die zur Bewältigung eines Spannungszustandes aktiviert werden können:

1. individuelle Ressourcen (z. B. körperliche Konstitution, Intelligenz, Selbstreflexion, Selbstvertrauen)
2. soziale Ressourcen (z. B. finanzielle Möglichkeiten, soziale Unterstützung)
3. kulturelle Ressourcen (z. B. funktionierende gesellschaftliche Netze, Frieden, politische und materielle Sicherheit)

Bei der Entstehung von Spannungszuständen ist entscheidend, wie die Situation bewertet wird. Verfügt die Person über ein hohes Maß an Kohärenzgefühl, kann sie eine Situation als neutral oder positive Herausforderung bewerten. Eine Person mit einem niedrigen Kohärenzgefühl erlebt die gleiche Situation als bedrohlich. Antonovsky geht davon aus, dass Menschen mit einem hohen Kohärenzgefühl auf bedrohliche Situationen mit zielgerichtetem Verhalten reagieren, Ressourcen mobilisieren und Feedback aus der Umgebung einholen, wohingegen Personen mit einem niedrigen Kohärenzgefühl mit Verzweiflung und Angst reagieren und handlungsunfähig werden.

Verfügt der Mensch über ein hohes Kohärenzgefühl, schafft er es, den Spannungszustand zu lösen, der durch Stressoren entsteht. Vermag er dies nicht, entsteht Stresserleben. Der Mensch muss dadurch jedoch nicht krank werden. Ein hohes Kohärenzgefühl kann den Menschen dazu befähigen, Ressourcen zu mobilisieren.

Kritik am Salutogenese-Modell

Es gibt zu wenige Forschungsergebnisse, um daraus schließen zu können, dass gute Erfahrungen in den Bereichen Konsistenz, Balance und Beteiligung an Entscheidungsprozessen tatsächlich als Prädiktoren für die Stärke des Kohärenzgefühls angesehen werden können. Hier sollte noch mehr Forschung betrieben werden. Die Sicht, Gesundheit entstehe ausschließlich über die Bewältigung von Stresserleben, ist zu kurz gegriffen. Biologische Faktoren wie genetische Gegebenheiten und die Selbststeuerung des einzelnen Menschen werden vernachlässigt.

Prädiktor
Faktor zur Vorhersage

Laut Antonovsky ist das Kohärenzgefühl Ende des 30. Lebensjahres stabil ausgestaltet und unterliegt keinen Veränderungen mehr. Seine Auffassung, das Kohärenzgefühl als stabile Persönlichkeitseigenschaft zu betrachten, ist kritisch zu hinterfragen. Die Identitätsarbeit ist im gesamten Lebensverlauf als Prozess zu betrachten. Es kommen auch nach dem 30. Lebensjahr Lebenserfahrungen hinzu. Antonovsky gesteht eine Veränderung der Stärke des Kohärenzgefühls durch Psychotherapie zwar um ±5 Punkte zu, jedoch ist ungeklärt, wie er auf genau diese Größe kommt.

1.4 Stress und menschliche Gesundheit

Klinische Psychologie als Teilgebiet der Psychologie, das sich mit psychischen Störungen und den psychischen Aspekten von Gesundheit und Krankheit beschäftigt, leistet auch einen wichtigen Beitrag zur Stressforschung.

Der schmale Grat der richtigen Dosierung an Belastung ist individuell sehr verschieden, ebenso das Empfinden von Stress. Stress wird als erhöhte Aktivierung von Körper und Seele definiert. Was eine Person als positive Herausforderung sieht, kann für eine andere Person ein unüberwindbares Hindernis darstellen. Eine Zeit lang kann eine erhöhte Aktivierung folgenlos bleiben, bei dauerhaftem Stress reagiert der Menschen jedoch mit einer Verschlechterung des physischen und psychischen Gesundheitszustandes.

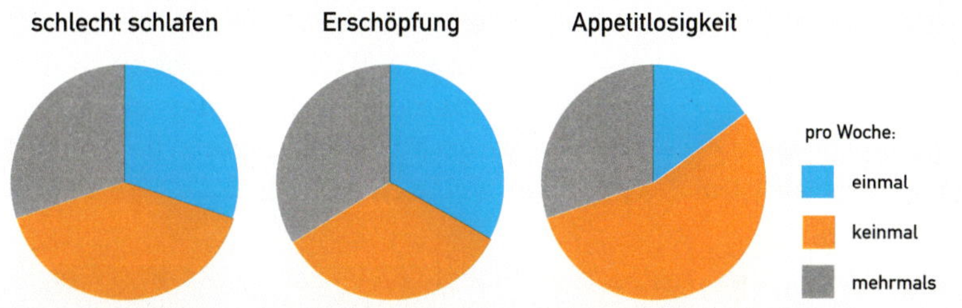

[1] Bereits bei Kindern im Alter zwischen acht und zehn Jahren zeigen sich Symptome von Stress (Quelle: Techniker Krankenkasse, 2002).

Belastung und Stressempfinden sind subjektive Wahrnehmungen.

Stress erleben nicht nur Erwachsene, sondern häufig auch schon Kinder. Kinder sind Konkurrenz- und Leistungsdruck in der Schule ausgesetzt, vielfältigen Anforderungen im Freizeitbereich, einem breiten Medienangebot und Konflikten in der Familie. Kinder brauchen daher ausreichende Ruhe- und Erholungsphasen, um ihre Eindrücke zu verarbeiten. Ihre Aufgabe im Praktikum ist es, Phasen der Ruhe bewusst zu begleiten und auf Überforderungssignale bei den Kindern zu achten.

Bei einer Kombination von persönlichen Risikofaktoren wie z. B. Perfektionismus und mangelnder Abgrenzungsfähigkeit mit arbeitsbedingter Überforderung durch z. B. Personalmangel und Zeitdruck entsteht **Dauerstress**, der zum Burnout-Syndrom führen kann. Dieser Begriff bezeichnet einen emotionalen, körperlichen und psychischen Erschöpfungszustand durch besondere Belastungen am Arbeitsplatz, der mit verringerter Leistungsfähigkeit einhergeht. Besonders gefährdet sind Personen, die in sozialen, therapeutischen oder pädagogischen Berufen tätig sind, mit der Aufgabe, die Bedürfnisse anderer Menschen zu erfüllen. Burnout ist keine Modediagnose, sondern eine stressbedingte Vorstufe der Depression. Umso entscheidender ist es, nicht nur Anforderungen wie Leistungserwartungen am Arbeitsplatz im Blick zu haben, sondern auch interpersonelle Ansprüche zu berücksichtigen, wenn es um die Entstehung von Stress geht.

Depression | S. 396, 421

interpersonell
in der Person liegend

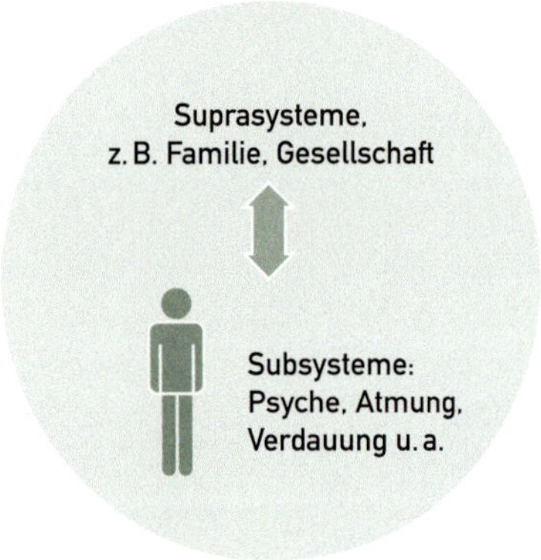

Systemisches Anforderungs-Ressourcen-Modell nach Becker (SAR-Modell)

Das Salutogenese-Modell richtet seinen Blick vor allem auf Anforderungen, die von außen auf den Menschen einwirken. Peter Becker erweiterte den Salutogenese-Ansatz um interne Anforderungen, die sich aus den Bedürfnissen der Person ergeben, und betrachtet den Menschen unter systemischen Gesichtspunkten. Außerdem ging er näher auf die Verfügbarkeit von Ressourcen ein.

Beckers Modell wird als systemisch bezeichnet, da er den Menschen als aus vielen Subsystemen bestehend ansieht. Gleichzeitig ist jede Person in verschiedene Suprasysteme eingebettet. Zum Beispiel lebt jede Person in einer bestimmten Stadt, einem Dorf oder Landstrich. Die menschlichen Subsysteme, z. B. Herz-Kreislauf-System oder Nervensystem, beeinflussen übergeordnete Systeme, umgekehrt werden die menschlichen Subsysteme von den übergeordneten Systemen beeinflusst. Zwischen den beiden Systemebenen gibt es Wechselwirkungen.

Subsystem
untergeordnetes System

Suprasystem
übergeordnetes System

BEISPIEL

Sherife (16 Jahre) schafft es seit einigen Wochen nicht, morgens aufzustehen und in die Schule zu gehen. Sie hat keine Kraft, sich zu duschen und anzuziehen, sieht in der Schule keinen Sinn und fühlt sich überflüssig auf der Welt. Begonnen hat Sherifes Situation mit der Trennung der Eltern vor einigen Wochen. Ihre Mutter, Frau Damreh, kommt immer öfter zu spät zur Arbeit, da sie morgens bemüht ist, Sherife doch zum Aufstehen zu bewegen. Kollegen und der Teamleiter sind auf Frau Damreh daher nicht gut zu sprechen. Als Sherife das mitbekommt, fühlt sie sich erst recht schuldig und kann an diesem Abend auch nichts essen.

Gesundheits-Krankheits-Kontinuum | S. 389

Das SAR-Modell geht von einem Gesundheits-Krankheits-Kontinuum aus, auf dem sich der Mensch Zeit seines Lebens bewegt. Nicht nur die Umwelt stellt Anforderungen an den Menschen, sondern der Mensch trägt auch interne Anforderungen in sich, die zur Bewältigung anstehen und die Position auf dem Gesundheits-Krankheits-Kontinuum beeinflussen. Interne Anforderungen ergeben sich aus Zielvorstellungen, Werten oder körperlichen Bedürfnissen.

[1] Beispiele für interne und externe Ressourcen des SAR-Modells nach Becker

Zur Bewältigung aller Anforderungen stehen externe und interne Ressourcen zur Verfügung. Wie erfolgreich interne und externe Anforderungen bewältigt werden, hängt von den zur Verfügung stehenden Ressourcen und deren Nutzung ab. Je nachdem, wie gut das Bewältigungsverhalten gelingt, ergibt sich der psychische und physische Gesundheitszustand mit seiner Position auf dem Gesundheits-Krankheits-Kontinuum.

Kritik am SAR-Modell

Das Anforderungs-Ressourcen-Modell nach Becker stellt einen direkten Zusammenhang von körperlicher und psychischer Gesundheit her, indem seelische Gesundheit nicht nur als Ergebnis eines gelungenen Bewältigungsverhaltens angesehen wird, sondern auch als interne Ressource. Die Trennung von Körper und Psyche wird so zum Teil aufgehoben, was im Hinblick auf die Psychosomatik berechtigt ist.

Jedoch sollte im Hinblick auf extreme Meinungen davon abgesehen werden, anzunehmen, dass jede Krankheit und jeder Unfall psychische Ursachen haben. Dies birgt die Gefahr, dem Betroffenen neben seinem Leid noch eine Art Schuld zuzuschreiben.

In diesem Kapitel wurden allgemeingültige Modelle im Zusammenhang mit Gesundheit und Krankheit vorgestellt. Im folgenden Kapitel verändert sich der Blickwinkel hin zu besonders herausfordernden Lebensereignissen für Kinder und Jugendliche, die mit einer erhöhten Gefährdung einhergehen, eine psychische Störung zu entwickeln. Ein Schwerpunkt liegt dabei auf den verschiedenen Möglichkeiten, betroffene Kinder und Jugendliche sowie deren Familien in diesen Situationen zu unterstützen.

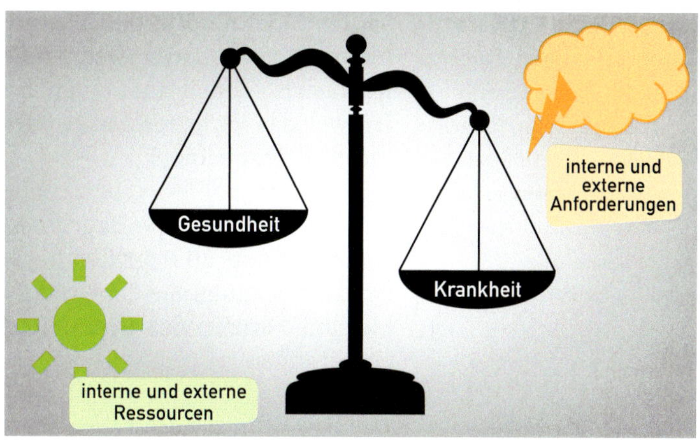

[2] Die aktuelle Position auf dem Gesundheits-Krankheits-Kontinuum ergibt sich nach Becker aus dem Verhältnis zwischen Anforderungen und Ressourcen.

2 Psychische Störungen

In diesem Kapitel geht es um psychische Störungen von Kindern und Jugendlichen und die damit einhergehende große Herausforderung für die Betroffenen, mit den Folgen und Belastungen dieser Krankheitsbilder umzugehen.

Genau festzulegen, wann Verhalten als gestört gilt, ist vor allem im Kindes- und Jugendalter wichtig, um eine gesunde Entwicklung zu ermöglichen. Eltern, Ärzten, Erziehern und Lehrern kann so geholfen werden, schwerwiegende Defizite zu erkennen und betroffenen Kindern letztlich die Eingliederung in die Gesellschaft zu ermöglichen. Unerkannte psychische Störungen im Kindes- und Jugendalter haben später weitreichende Folgen im Erwachsenenalter.

Der Schwerpunkt der Ausführungen liegt aufgrund der Häufigkeit dieser Störungen auf externalisierenden (nach außen gerichteten) und internalisierenden (nach innen gerichteten) Störungen sowie Entwicklungsstörungen. Auf Persönlichkeitsfehlentwicklungen wird am Rande eingegangen, da diese bei Kindern und Jugendlichen selten auftreten.

Psychische Störungen von Kindern und Jugendlichen stellen für Betroffene und deren Umfeld eine große Belastung dar, können aber mit Unterstützung von Fachleuten meist gut bewältigt werden.

2.1 Einteilung psychischer Störungen

Weltweit diagnostizieren Ärzte, Psychologen und Therapeuten psychische Störungen auf der Grundlage von Klassifikationssystemen. Die zwei bedeutendsten werden in dem Kapitel 2.2.3 näher behandelt: ICD und DSM. Die Neuerscheinung des DSM 2013 in der fünften Version sorgte bereits in der Erarbeitung für Diskussionen. Werden Störungen neu auf- und auch Vorstufen von Störungen dazugenommen, erhöht sich die Zahl der Betroffenen mit einer Diagnose. Kritiker lehnen die Neuauflage der „Psychiaterbibel“ ab, da wirksame Behandlungsmöglichkeiten oft fehlen. Psychische Störungen werden aber auch häufiger in einer Krankenakte notiert werden, weil Patienten die Diagnose zunehmend akzeptieren. Mediziner stellen oft dann eine **psychiatrische** Diagnose, wenn sich jemand über einen längeren Zeitraum so auffällig verhält, dass die Umwelt das Verhalten als gestört bezeichnet. Wann aber wird ein Verhalten als „gestört“ bezeichnet?

ICD
International Classification of Diseases; internationales Klassifikationssystem der Weltgesundheitsorganisation der Vereinten Nationen

DSM
Diagnostic and Statistical Manual of Mental Disorders; Diagnostischer und statistischer Leitfaden psychischer Störungen. Das DSM wird seit 1952 von der amerikanischen psychiatrischen Gesellschaft in den USA herausgegeben.

Psychische Störung – Begriffsbestimmung

Die Bandbreite an Begriffen für Verhaltensstörungen ist groß. Im Praktikumseinsatz begegnen Sie enger oder weiter gefassten Bezeichnungen, daher wird hier auf Formen der Beeinträchtigung und ihre Abgrenzung untereinander eingegangen.

Der Begriff der psychischen Störung hat den Begriff der psychischen Erkrankung weitgehend abgelöst, da eine Störung als weniger endgültig bewertet wird und stärker berücksichtigt, dass oft noch kein ausreichendes Wissen über die Ursachen und Behandlungsmöglichkeiten besteht.

Verhaltensstörungen sind häufig Ergebnis eines inneren, also subjektiven Erlebens, über das nur der Betroffene Auskunft geben kann. Dieses Wissen ist nie wirklich objektiv, daher kann eine psychische Störung nicht so eindeutig diagnostiziert werden wie z. B. ein gebrochenes Bein, das ein Röntgenbild klar anzeigt.

Den Betroffenen wird durch den Begriff der Störung das Gefühl genommen, von der Gesellschaft ausgestoßen zu sein. Der Begriff Erkrankung ängstigt, da mit einer Erkrankung etwas Schicksalhaftes verbunden wird, gegen das man machtlos ist. Eine Störung dagegen kann aktiv korrigiert werden. Der Begriff der Erkrankung wird von Ärzten oft noch benutzt, in diesem Buch soll aber der moderne Begriff der Störung verwendet werden.

Psychische Störung, Behinderung und auffälliges Verhalten

Der Begriff **psychische Störung** ist ein Kompromiss der Psychiater bei der Einigung auf eine allgemeine, international gültige Begriffsbestimmung von Störungen, die Gefühle, die Seele, den Verstand oder die Persönlichkeit betreffen. Eine sorgfältige Definition ist von großer Bedeutung, weil das menschliche Erleben und Verhalten sehr unterschiedlich ist. Nicht alles, was auf den ersten Blick als „krankhaft" erscheint, ist es auch tatsächlich. Der Begriff der psychischen Störung wird in der Literatur sehr vielschichtig definiert, da sich psychische Auffälligkeiten durch mehrere unterschiedliche Merkmale äußern können. Nach der ICD-10 ist folgende Definition maßgeblich:

Modern wird die psychische Störung als auffallendes Verhalten definiert, das als unangenehm erlebt wird und mit einer persönlichen Leistungseinschränkung einhergeht, die für den Betroffenen mit Leid verbunden ist.

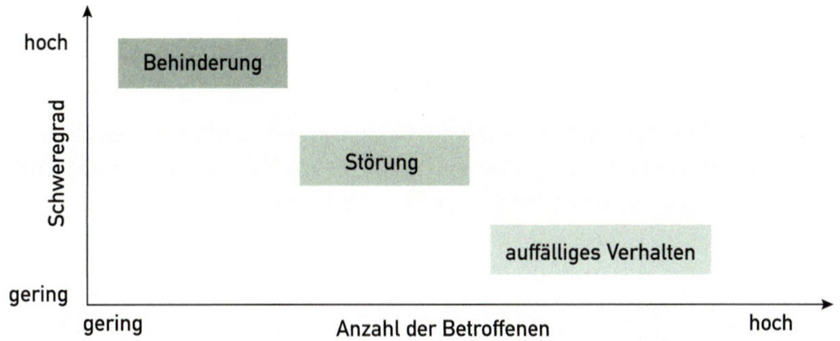

[1] Formen von Beeinträchtigungen

Eine **Behinderung** liegt vor, wenn es sich um eine schwerwiegende, umfangreiche Störung handelt, die zeitlich überdauernd ist, zu normabweichendem Verhalten führt sowie eine deutlichen Einschränkung am gesellschaftlichen Leben nach sich zieht.

Behinderung | S. 366

Nach Sozialgesetzbuch IX § 2 wird eine Behinderung folgendermaßen definiert:

„Menschen sind behindert, wenn ihre körperliche Funktion, geistige Fähigkeit oder seelische Gesundheit mit hoher Wahrscheinlichkeit länger als sechs Monate von dem für das Lebensalter typischen Zustand abweichen und daher ihre Teilhabe am Leben in der Gesellschaft beeinträchtigt ist."

Von der Störung und Behinderung abzugrenzen ist der viel weiter gefasste Begriff des **auffälligen Verhaltens**. Psychische Störungen bezeichnen ein sehr spezifisches Verhalten, das anhand genauer Kriterien erfasst werden kann. Diese Kriterien sind in international gebräuchlichen Klassifikationssystemen wie ICD-10 und |DSM-5 festgelegt. Bei einer leichten Form von |ADHS, welche die engen Kriterien der Klassifikationssysteme nicht erfüllt, kann dagegen der Begriff auffälliges *Verhalten* angewandt werden.

DSM-5
Das DSM-5 wurde 2013 veröffentlicht und löst die vierte Auflage (DSM-IV von 1994) ab.

ADHS
Aufmerksamkeits**d**efizit-/**H**yperaktivitäts**s**törung

Was hat das mit mir zu tun?

Wer kennt nicht die Situation, dass ein Schüler ständig vom Lehrer ermahnt wird, da er nicht still sitzen oder sich ruhig mit einer Aufgabe beschäftigen kann und ohne sich zu melden hereinruft. Aber ist dieses Verhalten gleich als „gestört" zu bezeichnen? Solche Verhaltensweisen können auch durch Unter- oder Überforderung bedingt sein. Genauso denkbar ist, dass der Schüler das Fach oder den Lehrer nicht mag. Treten die genannten Verhaltensweisen aber in mehreren Fächern bei unterschiedlichen Lehrkräften über einige Wochen auf und die restliche Klasse zeigt sich dadurch gestört, kann das Verhalten als auffällig bezeichnet werden und der betroffene Schüler sollte sich bei einem Schulpsychologen Unterstützung holen.

Ein Verhalten wird als „auffällig" bezeichnet, wenn es erheblich und dauerhaft von dem abweicht, was die meisten Menschen der Bezugsgruppe tun, empfinden oder erwarten.
Problemverhalten ist ein Sammelbegriff für negative Auffälligkeiten im Verhalten.

2.2 Einführung in Klassifikationssysteme

Um die Beschreibung und Interpretation psychischer Störungen weltweit zu vereinheitlichen, gibt es Klassifikationssysteme. Ein Klassifikationssystem stellt ein Handbuch dar, mithilfe dessen eine medizinische Diagnose gestellt werden kann. In der Psychologie erfolgt die Zuordnung von Befunden oder |Symptomen zu einem Störungsbild mithilfe dieser Handbücher.

Symptom
Begleiterscheinung; Zeichen, das auf eine Erkrankung hinweist

Psychische Störungen sind so alt wie die Menschheit selbst. Bereits in der Steinzeit erkannten die Menschen, wenn ihre Mitmenschen „anders" waren als sie selbst. Diese Verhaltensabweichungen führten sie auf Dämonen, Magie oder den Verlust der Seele zurück. Sie versuchten, diese ihrem Weltbild entsprechend zu beheben, indem sie beispielsweise mit spitzen Steinen Löcher in die Schädel schlugen, um die bösen Geister entweichen zu lassen. Nachweise für diese Heilmethoden geben uns Schädelfunde aus dieser Zeit, die deutliche Spuren einer |Trepanation aufweisen.
Heute werden psychische Erkrankungen, die für die Bevölkerung nach wie vor oft ein Rätsel darstellen, nicht mehr durch Aberglauben erklärt, sondern anhand von Klassifikationssystemen erkannt und mit Medikamenten oder Therapien behandelt.

Trepanation
Öffnung des Schädels

Es dauerte bis zur Epoche der Aufklärung, dass eine Einteilung psychischer Störungen nach biologischen Gesichtspunkten vorgenommen wurde. Der französische Psychiater Philippe Pinel (1745–1826) klassifizierte Krankheitsbilder, indem er sie den |Kategorien Melancholie, Demenz, Idiotie sowie Manie zuordnete.

Kategorie
Einheit, die durch Merkmale charakterisiert wird

2.2.1 Notwendigkeit von Klassifikationssystemen

Sind wirklich 50 % der Menschen psychisch krank? Der Psychologe Hans-Ulrich Wittchen von der TU Dresden ist einer der deutschen Experten, die an der Neufassung des |DSM-5 mitwirkten. Im Interview antwortet er auf die Behauptung, dass psychiatrische |Diagnosen viel zu leichtfertig vergeben werden:

DSM-5
Diagnostic and Statistical Manual of Mental Disorders; Handbuch über die Einordnung psychischer Erkrankungen in der fünften Auflage

Diagnose
in der Medizin und der Psychologie die Entscheidung für eine bestimmte Krankheit anhand von Beschwerden und Befunden

„Jeder wohl kaum, aber jeder Zweite durchaus! Die Frage ist, wie viel Störung darf es denn sein? Wenn wir Leiden und teure psychiatrische Erkrankungen erfolgreich behandeln können, sollten wir das auch tun. Unser Gehirn ist das komplexeste Organ des Körpers. Es wäre ein Wunder, wenn es gesünder wäre als unsere relativ einfache Blutpumpe, das Herz oder der Magen-Darm-Trakt. Insofern ist die große Zahl der psychischen Erkrankungen keine Überraschung. Widerstand kommt vor allem aus der Praxis, und da besonders von den Hausärzten. Das Problem ist klar: Was macht der zeitlich überbeanspruchte Hausarzt, wenn der Patient unter ängstlichen und depressiven Problemen leidet und sich nicht auf die Schnelle entscheiden lässt, ob es sich primär um eine Depression mit zusätzlichen Ängsten handelt – oder um eine Angststörung, die durch eine zusätzliche Depression kompliziert wird."

(Hans-Ulrich Wittchen im Interview mit Paulus, Jochen (2012): Wie viel Störung darf es sein? in Gehirn & Geist, Ausgabe 6/2012, Heidelberg, S. 46f.)

Um psychische Störungen und die Anzahl der Betroffenen zu bestimmen, gibt es jedoch weniger objektiv feststellbare Maßstäbe als in der klassischen Medizin. Oft legt eine Kultur fest, was als normal und was als gestört gilt.

Zu Beginn der Neufassung des DSM-5 sollten eigentlich in Zukunft objektiv erfassbare Merkmale herangezogen werden, um zu einer Diagnose zu gelangen. Ebenso wie bei körperlichen Krankheiten Blutwerte oder Röntgenbilder zu einer Diagnose verhelfen, sollten im Bereich der psychischen Störungen Biomarker wie Hormonwerte, Auffälligkeiten in der Hirnaktivität oder Genvarianten zur Grundlage werden. Diese lassen sich aber nicht so einfach erkennen wie angenommen. Eine Diagnose wird häufig anhand der Selbstauskunft des Betroffenen gestellt. Die Beantwortung eines Fragebogens oder Angaben in einem Gespräch stellen immer die subjektive Wahrnehmung des Betroffenen dar. Objektive Kriterien liegen häufig nicht vor. Die Einstufung psychischer Störungen erstreckt sich auf einem |Kontinuum von leicht auffällig bis schwer gestört. Die Grenzen sind auf diesem Kontinuum oft schwer zu bestimmen.

Kontinuum
ununterbrochene Skala, fließender Übergang

Klassifikationssysteme wie die ICD oder das DSM bieten Ärzten die Möglichkeit, Patienten eine relativ sichere Diagnose zu stellen. In der folgenden Therapie steht immer der Patient im Mittelpunkt.

2.2.2 Kategorialer und dimensionaler Ansatz als Klassifikation

Es gibt für die Klassifikation zwei Ansätze:
1. kategoriale Klassifikation
2. dimensionale Klassifikation

Einerseits ist es möglich, interessante Merkmale in verschiedene Klassen einzuteilen, die dann z. B. ADHS, Angststörung oder Manie heißen. So wäre es möglich, einer mit „Angststörung" benannten Klasse Merkmale wie „Furcht vor gewissen Situationen", „Herzklopfen" oder „Vermeidung dieser Situation" zuzuordnen. Der „Manie" könnte man Merkmale wie „unbegründete gehobene, heitere Stimmung", „starke Erregung", „Verlust von Hemmungen" oder „rastlose Aktivität" zuordnen. Diesen Ansatz bezeichnet man als **kategorialen Ansatz**. Sein Vorteil ist, dass er im Patientengespräch durch die genaue Bezeichnung eine einfache Kommunikation zwischen Therapeut und Patient ermöglicht. Es liegt die Annahme zugrunde, dass es zwischen normalen und krankhaften psychischen Prozessen eine klare Grenze gibt. Psychische Störungen werden außerdem als voneinander abgrenzbar angesehen.

Im Gegensatz hierzu liegt dem **dimensionalen Ansatz** eine Kontinuitätsannahme zugrunde.

Dabei wird ein Mensch bzw. sein Verhalten auf einem Kontinuum zwischen zwei Polen eingeordnet. Die Mitte ist hier der Normbereich, also so, wie die meisten Menschen im Durchschnitt sind.

Zum Beispiel könnte ein zweidimensionales System mit den Enden Depression und Manie formuliert werden. Sind die Symptome folgendermaßen verteilt: niedergeschlagene Stimmung, Interessenverlust, Konzentrationsstörung, kann die Depressionsausprägung als hoch, die Manieausprägung als niedrig eingestuft werden, ohne eine Trennung zwischen den Diagnosegruppen vornehmen zu müssen. Jeder Mensch kennt Phasen der Traurigkeit, Niedergeschlagenheit oder Euphorie. Vorteil der Berücksichtigung verschiedener Dimensionen ist, dass auch gemischte Störungen anerkannt werden können. Beispielsweise tritt eine Depression oft zusammen mit einer Angststörung auf. Auch die Stärke der Störung kommt zum Ausdruck, was gerade bei Kindern sinnvoll ist, da viele Störungen nicht so ausgeprägt wie bei Erwachsenen auftreten.

Depression | S. 396

[1] Kontinuitätsannahme des dimensionalen Ansatzes. Übergänge zwischen gesunden und krankhaften psychischen Prozessen sind fließend.

Die für psychische Störungen wichtigen Klassifikationssysteme ICD und DSM sind kategorialer Natur. Krankenkassen kommt dies entgegen, da eine klare Diagnose die Abrechnung erleichtert.

2.2.3 ICD-10 und DSM-5: Beispiele für Klassifikationssysteme

Nachdem Klassifikationssysteme allgemein eingeführt wurden, widmet sich dieser Abschnitt den zwei für das Kapitel wichtigsten Systemen: der ICD-10 und dem DSM-5. Während sich das DSM auf psychische Erkrankungen beschränkt, finden sich in der ICD alle Krankheiten.

Klassifikationssysteme erfüllen in der modernen Medizin eine konkrete praktische Aufgabe, nämlich als Grundlage für Diagnostik und Therapie sowie der Kommunikation zwischen Fachleuten. Dabei liegt ein Schwerpunkt auf der genauen, eindeutigen Festlegung der Störungen. Als Anwendungsbeispiel wird in diesem Kapitel das Störungsbild der Depression verwendet.

ICD-10

Das von der WHO herausgegebene Verzeichnis ICD-10 wird weltweit zur Verschlüsselung von medizinischen Diagnosen eingesetzt. Nach Verabschiedung durch die WHO wird die 11. Revision voraussichtlich 2018 veröffentlicht werden. In der ICD sind alle Krankheiten beschrieben. Sie ist in der Anwendung weltweit verbreitet, daher muss die ICD auf eine Vielzahl politischer internationaler Interessen Rücksicht nehmen. Seit 2004 ist eine deutsche Fassung im Einsatz, die vom Deutschen Institut für Medizinische Dokumentation und Information (DIMDI) gepflegt und herausgegeben wird. Zur Verschlüsselung von Diagnosen ist in Deutschland für Ärzte und Krankenhäuser seit dem 1. Januar 2012 die ICD-10 Version 2012 gültig. Psychische Störungen und Verhaltensstörungen sind in Kapitel V in der Gruppe F (00–99) zusammengefasst und damit mit dem DSM-IV vergleichbar.

WHO
Weltgesundheitsorganisation
Die WHO wurde 1948 gegründet. Sie umfasst 194 Mitgliedstaaten. Die WHO beteiligt sich weltweit an Forschungsfragen zum Thema Gesundheit und stellt Normen und Standards in der Gesundheitspolitik auf.

Intelligenzminderung | S. 429

Gruppe	ICD-10-Kodierung	Störungsbilder (Auswahl)
Organische einschließlich symptomatischer psychischer Störungen	F00 – F09	Alzheimer-Demenz
Psychische und Verhaltensstörungen durch psychotrope Substanzen	F10 – F19	Suchterkrankungen
Schizophrenie, schizotype und wahnhafte Störungen	F20 – F29	paranoide Schizophrenie
Affektive Störungen	F30 – F39	Depression
Neurotische, Belastungs- und somatoforme Störungen	F40 – F48	Angststörungen Zwangsstörungen
Verhaltensauffälligkeiten mit körperlichen Störungen und Faktoren	F50 – F59	Essstörungen
Persönlichkeits- und Verhaltensstörungen	F60 – F69	Persönlichkeitsstörungen
Intelligenzstörung	F70 – F79	Intelligenzminderung
Entwicklungsstörungen	F80 – F89	Lese- und Rechtschreibstörung tiefgreifende Entwicklungsstörungen, z. B. Autismus
Verhaltens- und emotionale Störungen mit Beginn in der Kindheit und Jugend	F90 – F98	hyperkinetische Störungen
Nicht näher bezeichnete psychische Störungen	F99	

[Tab. 1] Gruppen der ICD-10

DSM der Amerikanischen Psychiatrischen Vereinigung

Das DSM erfasst nur psychische Störungen, keine rein körperlichen Erkrankungen. Es wird vor allem in der internationalen Forschung verwendet. Bis zur vierten Auflage des DSM (DSM-IV) enthielt dieses Klassifikationssystem fünf Achsen, auf denen die Störungen beschrieben wurden. Zu einer vollständigen Diagnose gehörte eine Angabe auf jeder der fünf Achsen. Der für jede Störung vorgegebene Kriterienkatalog sollte die Zuverlässigkeit psychiatrischer Diagnosen sichern. Die seit 2013 gültige DSM-5 verzichtet auf eine Beschreibung auf mehreren Achsen.

Achse	Art der Information	Beschreibung
Achse I	Klinische Störungen	Symptome v. Verhaltens-Auffälligkeiten, die typischerweise schmerzhaft sind oder einen Funktionsbereich der Person beeinträchtigen
Achse II	a. Persönlichkeitsstörungen b. Geistige Behinderung	unangemessene Wahrnehmungsmuster und Verhaltensweisen
Achse III	Allgemeinmedizinischer Zustand	organische Probleme, die zum Verständnis der psychischen Störung beitragen könnten
Achse IV	Psychosoziale Schwierigkeiten/Umweltbelastungen	Beschreibung psychosozialer Faktoren hinsichtl. Behandlung und Genesung
Achse V	Genereller Funktionszustand der Person	Angepasstheit der Person in psychologischer und sozialer Hinsicht

[Tab. 1] Die Diagnostik nach dem DSM-IV erfolgte anhand von fünf Achsen. Die ICD-10 orientiert sich an diesem Schema.

2.2.4 Praxisbeispiel: Depression

[1] In keiner Altersgruppe in Deutschland sind Depressionen so weitverbreitet wie unter den 18- bis 29-Jährigen.

Angenommen, ein Schüler wird in die schulpsychologische Sprechstunde geschickt, da er im Unterricht ständig schläft und im Sport die Teilnahme verweigert. Ist dieses Verhalten als auffällig zu bezeichnen, als normal oder etwa schon als Störung anzusehen? Wo auf dem Kontinuum von krank bis gesund steht dieser Schüler? Der zuständige Schulpsychologe wird diese und andere Anzeichen anhand eines Diagnose-Manuals sorgfältig abfragen und erst dann eine Verdachtsdiagnose stellen, um den Schüler an einen Therapeuten weiter zu verweisen, da eine Diagnose stets kriteriengeleitet gestellt wird.

Diagnosestellungen erfolgen kriteriengeleitet: Eine Diagnose kann nicht willkürlich gestellt werden, sondern benötigt eine bestimmte Anzahl von überprüfbaren Symptomen, die über einen gewissen Zeitraum vorliegen müssen. Die Orientierung an vorgegebenen Gesichtspunkten nennt man kriteriengeleitet.

Symptome einer Depression

Die Feststellung einer Depression erfordert sowohl nach ICD als auch DSM mehrere der folgenden Symptome über mindestens zwei Wochen:

- ausgeprägte Freud- und Interessenlosigkeit
- Antriebsstörung
- Schlafstörungen
- Gedanken an den Tod
- Appetitlosigkeit oder Frustessen
- Tagesmüdigkeit

Informationen zur Suizid-Prävention der Deutschen Gesellschaft für Suizidprävention (DGS) finden Sie unter: www.suizidprophylaxe.de

Bei schweren Depressionen können auch Suizidgedanken hinzukommen. Suizide aufgrund von Depressionen sind die häufigste Todesursache im Kindes- und Jugendalter.

Die Erfassung der Symptome erfolgt im Gespräch mit dem Schüler und anhand eines Fragebogens. Zu den am meisten verwendeten Selbstbeurteilungsverfahren zur Messung von Depression bei Jugendlichen und Erwachsenen gehört das Beck-Depressionsinventar. Für die Diagnostik bei Kindern gibt es spezielle Verfahren, wie z.B. den Depressionstest für Kinder (DTK II).

Suizid
lat. Selbsttötung
Der Begriff „Selbstmord" ist moralisch abwertend und „Freitod" lässt die seelische Not und Einengung außer Acht.

3 Entstehungsmodelle für psychische Störungen

Die Bandbreite psychischer Störungen ist groß. Sie gehören zu den häufigsten Gründen für stationäre Krankenhausaufenthalte. Um Betroffenen helfen zu können, spielt die Ursachenklärung eine große Rolle. So kann ein speziell auf die Ursachen abzielendes Therapieprogramm diese verändern oder deren Folgen mildern.

Die Erkenntnisse über Ursachen und deren Zusammenwirken werden in verschiedenen Theorien über die Entstehung psychischer Störungen zusammengefasst. Es lassen sich viele verschiedene psychologische Ansätze zur Erklärung heranziehen. In diesem Buch wird der Schwerpunkt auf wissenschaftlich gut belegte Theorien gelegt. Diese sind die Lerntheorien und das Multifaktorielle Modell zur Erklärung psychischer Störungen. Die Psychoanalyse ist ein ebenfalls bekanntes Erklärungsmodell, jedoch konnten ihre Annahmen wissenschaftlich nicht nachgewiesen werden. Der aktuellen Forschung entsprechende Theorien werden am Rande behandelt.

wissenschaftliche Theorien | S. 14

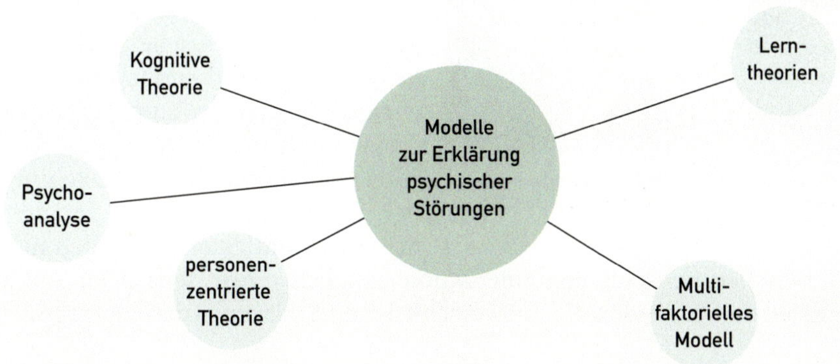

„Lisa, komm sofort zu mir!", schimpft ihre Mutter Anne. Alle Zweijährigen in der Spielgruppe sitzen auf dem Schoß ihrer Mama. Alle außer Lisa. Die hat es sich gerade auf den Knien der Spielleiterin bequem gemacht und strahlt sie aus ihren blauen Augen an. Warum ihre Mutter darauf so heftig reagiert, können die anderen Frauen nicht nachvollziehen.

Anders Peter: Der viereinhalbjährige Junge gerät bei kleinsten Unstimmigkeiten in Wut. Nur seine Mutter schafft es dann, ihn zu beruhigen. Während das Zusammenleben zu Hause einigermaßen funktioniert, hat Peter außerhalb des gewohnten Umfelds regelmäßig „Aussetzer". Am liebsten würden seine Eltern gar nicht mehr mit ihm weggehen. Aus dem Kindergarten mussten sie Peter nach kurzer Zeit wieder herausnehmen, weil er andere Kinder gefährdete. (...)

Viele Paare, die ein Kind in Pflege genommen oder adoptiert haben, berichten von derartigen Erfahrungen. Lisa lebte die ersten 18 Monate in einem Kinderheim, in dem die Betreuerinnen im Schichtbetrieb wechselten. Dort hatte sie gelernt, zu allen freundlich zu sein, denn das hatte ihr am meisten Zuwendung eingebracht. Peter dagegen wurde mit einem Jahr wegen Misshandlung von seinen suchtkranken leiblichen Eltern getrennt. (...)

Lisa und Peter zählen zu einer Gruppe von Kindern, bei denen Psychologen besonders häufig Probleme im sozialen Verhalten diagnostizieren.

(Gaschler, Katja (2011): Kinder brauchen Nähe. In: Gehirn und Geist 11/2011, Heidelberg, S. 30)

1. Nennen Sie die Faktoren, die der Text als Ursachen für das auffällige Verhalten der Kinder Peter und Lisa nennt.
2. Beziehen Sie das Konzept des Kinderpsychiaters |John Bowlby zur Bindungstheorie auf die Kinder Peter und Lisa.
3. Welche Theorien zur Entstehung psychischer Störungen kennen Sie?

[1] Eine gestörte Eltern-Kind-Beziehung kann eine Erklärung für eine psychische Störung des Kindes sein.

Bindung | S. 154

Die im Eingangsbeispiel beschriebenen Kinder Lisa und Peter zeigen Auffälligkeiten im sozialen Miteinander. Als Ursache dafür werden negative Beziehungserfahrungen deutlich, die zu einer gestörten |Bindung geführt haben.

Doch reicht die gestörte Eltern-Kind-Beziehung von Peter und seinen Eltern aus, um eine psychische Störung zu erklären? Die Lerntheorien und die Psychoanalyse machen zum Teil einzelne Umstände wie eine schwierige Eltern-Kind-Interaktion für die Entstehung einer psychischen Störung verantwortlich. Das Multifaktorielle Modell sieht in der zwischenmenschlichen Interaktion lediglich einen Teilaspekt. Auf den nächsten Seiten werden die drei verschiedenen Erklärungsansätze vorgestellt.

3.1 Lerntheorien als Erklärung für psychische Störungen

Anhand der |Lerntheorien können viele psychische Störungen erklärt werden: Demnach wird abweichendes Verhalten genau wie andere Verhaltensweisen erlernt. Die auf diesem Weg angeeigneten beeinträchtigenden Verhaltensweisen können über |verhaltenstherapeutische Maßnahmen korrigiert werden.

Lerntheorien | S. 208

Verhaltenstherapie
Setzt an den gegenwärtigen Problemen an. Der Therapeut legt gemeinsam mit dem Patienten Therapieziele fest. Durch neue Erfahrungen auf der Verhaltensebene sollen positive Veränderungen geschaffen werden. Dabei gibt der Therapeut „Hausaufgaben“, macht Übungen und Rollenspiele, damit neue Verhaltensweisen besser gelingen.

Drei Lerntheorien bieten Erklärungsansätze:
1. sozial-kognitive Theorie
2. klassisches Konditionieren
3. operantes Konditionieren

1. Die sozial-kognitive Theorie des kanadischen Psychologen Albert Bandura ist unter dem Namen |Lernen am Modell bekannt geworden. Laut dieser Lerntheorie übernehmen Kinder schon in der frühen Kindheit das Verhalten ihrer Bezugspersonen. So kann auch eine psychische Störung erworben werden, die sich dann im Laufe der Kindheit und Jugend immer mehr verfestigt. Eltern werden von ihren Kindern in der Regel nachgeahmt. Durch die viele Zeit, die Kinder mit ihren Eltern verbringen, wird das Verhalten gespeichert.

Modelllernen | S. 217

Bowlby | S. 154

BEISPIEL

Der Lehrer fordert Mario auf, sein Handy wegzulegen. Mario weigert sich. Als der Lehrer deutlich macht, dass er das nicht zulässt, versucht der Schüler mit dem Lehrer über die Schulordnung zu diskutieren. Als dies keinen Erfolg hat, hebt Mario seine Fäuste gegen den Lehrer, rennt dann aber aus dem Klassenzimmer.
In einem späteren Gespräch mit dem Lehrer erzählt Mario, gewalttätiges, aggressives Verhalten sei in seiner Familie ganz normal. Seine Eltern hätten ihn von Kindheit an so erzogen.

2. Auch das klassische |Konditionieren ist eine gut untersuchte Theorie zur Erklärung psychischer Störungen. Bereits 1920 wiesen die beiden Psychologen John Watson und Rosalie Rayner nach, dass eine Furchtreaktion durch die Kopplung an einen neutralen Reiz zu einer Angstreaktion führen kann. Das damalige Experiment mit dem elf Monate alten Albert ist heute sehr umstritten. Diese konditionierte Angstreaktion kann sogar auf andere, ähnliche Reize übertragen werden. Ein Kind, das von einem großen Hund gebissen wurde, wird auch vor einem kleinen Hund Angst haben.

Konditionieren | S. 209

BEISPIEL

Die kleine Gül (5 Jahre) geht mit ihrem Vater zur Kinderärztin. Da eine Impfung ansteht, bekommt sie von der Ärztin, die einen weißen Kittel trägt, eine Spritze. Diese tut ihr sehr weh. Nach dieser Erfahrung hat Gül vor Menschen im weißen Kittel Angst, da sie dann an die Impfung und die damit einhergehenden Schmerzen denken muss. Die Entstehung der Angst vor Ärzten in weißen Kitteln kann bei Gül mithilfe des klassischen Konditionierens erklärt werden.

3. Durch das operante Konditionieren können psychische Störungen ebenfalls erklärt werden. Sie entstehen dadurch, dass das erlernte Verhalten Vorteile verspricht bzw. Nachteile abwendet. Zum Beispiel genießt ein aggressiver Schüler die Aufmerksamkeit der Mitschüler, die ihm durch sein aufsässiges Verhalten zuteilwird. Umgekehrt entgeht eine Schülerin den Prüfungen in der Schule, wenn sie wiederholt die Schule schwänzt. Damit sich eine psychische Störung entwickelt, muss das Verhalten wiederholt belohnt bzw. eine unangenehme Konsequenz dadurch mehrmals vermieden werden.

3.2 Psychoanalyse als Erklärung für psychische Störungen

Sigmund Freud | S. 183

Die psychoanalytische Theorie versteht Verhaltensstörungen als Folge unbewusster und ungelöster Konflikte. Nach Sigmund Freud (1856–1939), dem bekanntesten Vertreter und Begründer der Psychoanalyse, entstehen diese aus nicht bewältigten Reifungsaufgaben der Kindheit, wie beispielsweise dem Ablösungsprozess von den Eltern.

Kinder entdecken im Alter von eineinhalb bis drei Jahren ihre eigene Person. Das Kind will in dieser Phase, Trotzphase oder Autonomiealter genannt, Dinge selbst ausprobieren und Grenzen erkunden. Wutausbrüche bei Konflikten mit den Eltern sind häufig, da das Kind seine Eigenständigkeit erproben will. Gibt es in diesem Entwicklungsschritt Schwierigkeiten, kann dies nach Annahme der Psychoanalyse zu psychischen Störungen führen.

Informationen zu Freud und seinem Werk finden Sie unter **www.freud-museum.at**

Sauberkeitserziehung

In der Psychoanalyse spielt vor allem die Reifungsaufgabe Sauberwerden eine große Rolle. In dieser Entwicklungsphase wird die Fähigkeit zur Selbstbestimmung ausgebildet. Inwieweit dies erfolgreich verläuft, hängt eng mit dem Verhalten der Eltern zusammen. In der Sauberkeitserziehung ist es besonders wichtig, die Unabhängigkeit zu stärken, um beim Kind ein Gefühl des Beherrschtwerdens zu vermeiden. Typische Fehler der Eltern sind:

- Kind zwingen, auf das Töpfchen zu gehen
- keine Zeit lassen
- fehlendes Loben bei „Erfolg"
- Ekel zeigen, wenn Kind mit Ausscheidungen spielt

Ziel der Sauberkeitserziehung insgesamt muss es sein, dem Kind dabei zu helfen, eine positive und verantwortungsbewusste Einstellung zum eigenen Körper zu gewinnen. Dies ist laut Psychoanalyse für eine spätere erfüllte Sexualität wichtig.

Als Ursache für psychische Störungen sieht die Psychoanalyse häufig verbotene Wünsche oder unangenehme Erlebnisse wie Bestrafung in dieser Entwicklungsphase an.

Erklärung für psychische Störungen

Hauptannahme der Psychoanalyse ist, dass Konflikte, unverarbeitete Probleme oder Wünsche in einen dem Bewusstsein nicht direkt zugänglichen Teil verdrängt wurden. Durch die Verdrängung entstehen psychische Störungen.

Das psychoanalytische Denkmodell gleicht dem medizinischen in der Ursache-Wirkungs-Annahme: So, wie es für eine körperliche Erkrankung wie Grippe als Auslöser Viren gibt, wird für jede psychische Störung eine spezielle Ursache angenommen, die es herauszufinden gilt. In einer psychoanalytischen Therapie wird versucht, dem Klienten die Ursachen seines Leidens bewusst zu machen. Nach Annahme der Psychoanalytiker liegen diese in der Kindheit. Wird die damalige auslösende Situation in der Gegenwart gedanklich wiedererlebt, führt dies zu einer neuen Erinnerung an die Situation und zu neuen Gefühlen.

biomedizinisches Krankheitsmodell | S. 383

Psychoanalytiker gehen davon aus, dass die Symptome einer psychischen Störung durch die Umstrukturierung der Gefühle und der Persönlichkeit weniger werden. Aufgabe des Therapeuten ist es, die Ursachen einer Störung herauszufinden und bewusst zu machen. Kritisch zu sehen ist, dass Psychoanalytiker über eine hohe Deutungskunst verfügen müssen, um die Situation der Kindheit zu ermitteln, die für die psychische Störung verantwortlich ist. Dass schlimme Erlebnisse in der Kindheit ursächlich für psychische Störungen sind, gilt sicher nicht für alle Betroffenen. Sich gedanklich mit einer belastenden Situation zu beschäftigen, wird ein auffälliges Verhalten außerdem noch nicht beenden.

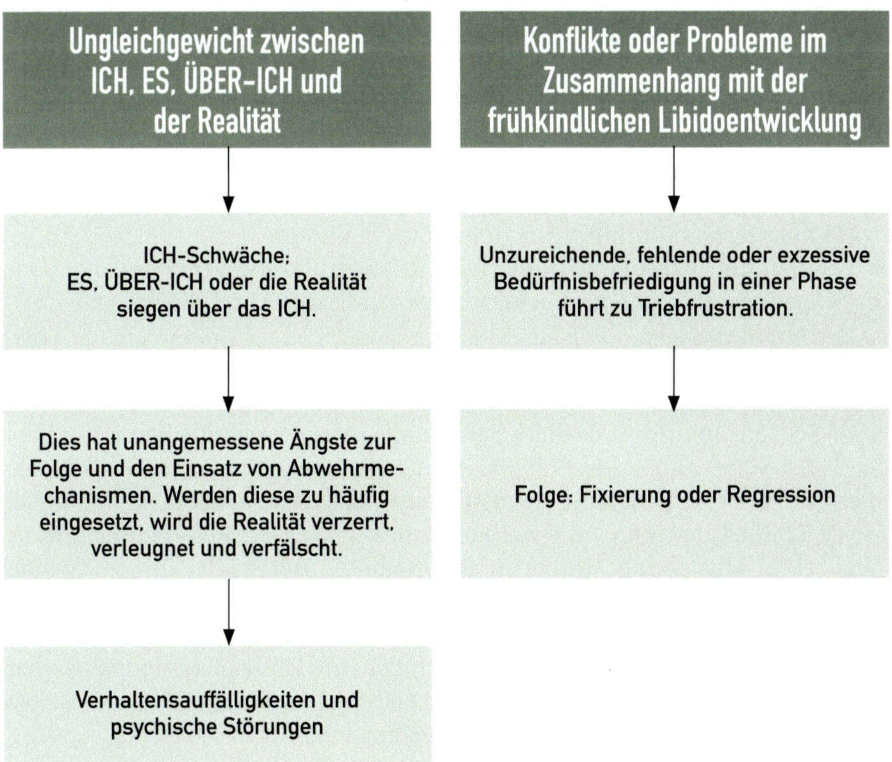

[1] Psychische Störungen können nach den Basisannahmen der psychoanalytischen Theorie auf zwei Weisen entstehen.

psychoanalytische Theorie | S. 183

3.3 Personenzentrierter Ansatz als Erklärung für psychische Störungen

[1] Carl Rogers (1902–1987), amerikanischer Psychologe und Psychotherapeut

Carl Rogers, ein US-amerikanischer Psychologe, wurde durch die personenzentrierte Gesprächsführung bekannt. Hierbei steht nicht das Problem, sondern der Klient im Mittelpunkt. Die personenzentrierte Psychotherapie wurde von Rogers in der Zeit von 1938 bis 1950 entwickelt. In ihrer Ursprungsform wurde sie als „nicht-direktive" Beratung oder Psychotherapie bezeichnet, da der Selbstreflexion mehr Gewicht gegeben wird als Impulsen von außen.

Die Entstehung psychischer Störungen erklärte Rogers mit Interaktionsstörungen. Psychische Störungen und ein negatives Selbstkonzept (Bild von sich) entstehen nach dem personenzentrierten Ansatz, wenn Menschen Akzeptanz und emotionale Zuwendung nur unter bestimmten Bedingungen erfahren. Das Selbstkonzept eines Menschen wird schon in frühester Kindheit geprägt. Erfährt das Kind hohe Wertschätzung, dann entwickelt es eine hohe Selbstachtung und daraus ein positives Selbstkonzept. Bei geringer Wertschätzung entwickelt es eine geringere Selbstachtung und damit ein negatives Selbstkonzept. Es kann zu einer Abweichung des idealistischen Selbstbildes einer Person, so wie sie gerne sein möchte und worauf sie für sich selbst den höchsten Wert legt, vom realistischen Selbstbild der tatsächlichen Fähigkeiten kommen. Personen streben nach der Übereinstimmung zwischen Real- und Ideal-Selbst. Sie sind unausgeglichen, wenn Real- und Ideal-Selbst zu weit voneinander abweichen. Psychische Störungen können die Folge sein.

Kongruenz
Übereinstimmung

Empathie
Mitgefühl, Fähigkeit des Perspektivwechsels, sich in eine andere Person hineinversetzen zu können

Eine positive Entwicklung von Kindern und Jugendlichen wird durch drei Prinzipien gefördert:

- Wertschätzung (Grundhaltung von Achtung und Wärme gegenüber einer anderen Person, nicht an Bedingungen geknüpft, Akzeptanz, erkennbar an Mimik, Gestik, Stimmführung und Körperhaltung)
- Echtheit (Ehrlichkeit und Kongruenz in Ausdruck und Verhalten)
- Empathie (einfühlendes Verstehen und zur Sprache bringen des Verstandenen)

aktives Zuhören | S. 255

Kinder und Jugendliche, denen dementsprechend begegnet wird, entwickeln hohe Selbstachtung, ein flexibles Selbstkonzept und verwirklichen sich selbst. Sie reifen zu gesunden Persönlichkeiten heran. Das aktive Zuhören als Instrument der Gesprächstherapie verwendet ebenfalls diese Prinzipien. Wertschätzung, Echtheit und Empathie werden heute auch als Berater-Haltung angesehen, eine Einstellung, mit der professionell Beratende ihren Klienten begegnen.

Werden Kinder und Jugendliche dagegen zu wenig beachtet oder müssen stets Wertmaßstäbe anderer Personen erfüllen, um Zuneigung und Wertschätzung zu erhalten, entwickeln sie geringe Selbstachtung und ein starres Selbstkonzept. So können psychische Störungen entstehen.

Rogers war der Ansicht, dass nicht unbedingt die Methode für eine erfolgreiche Therapie entscheidend ist, sondern vielmehr die Interaktion zwischen Klient und Therapeut. Der Klient hat in sich selbst alle Ressourcen, seine Verhaltensweisen zu verändern. Im Vordergrund einer Therapie steht der Prozess der Persönlichkeitsveränderung, nicht die psychische Störung.

3.4 Multifaktorielles Modell psychischer Störungen

Viele Therapeuten, Ärzte und Fachleute der psychologischen Forschung orientieren sich bei der Erklärung zur Entstehung psychischer Störungen an einem Modell, das unterschiedliche Faktoren berücksichtigt. Mittlerweile wird allgemein angenommen, dass mehrere Ursachen zusammentreffen müssen, damit sich eine psychische Störung entwickelt. Das Multifaktorielle Modell nennt Umweltfaktoren, Persönlichkeitsfaktoren und biologische Faktoren als Risikofaktoren für psychische Störungen. Oft treten diese gleichzeitig auf und steigern so die Wahrscheinlichkeit, eine Störung zu entwickeln.

multifaktoriell
auf vielen Bereichen beruhend, z. B. Umwelt, Persönlichkeit, Gene

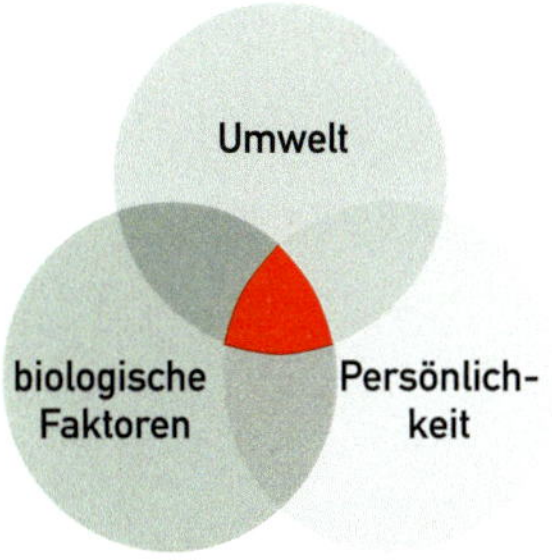

[2] Treffen mehrere Faktoren aus den drei Risikobereichen zusammen, besteht eine erhöhte Gefahr für eine psychische Störung.

3.4.1 Risikofaktoren für die Entwicklung einer psychischen Störung

Risikofaktoren führen nicht nur zur Entstehung, sondern auch zur Aufrechterhaltung von Störungen. Auslösende Ereignisse liegen häufig im Bereich der **Umwelt**. Durch einen Umzug beispielsweise kann ein Kind, das vorher gut in den Klassenverband integriert war, allein durch seine abweichende Sprache in Form eines Dialektes von der Klasse ausgeschlossen werden. Ein negatives, von wenig gegenseitiger Wertschätzung geprägtes Klassenklima stellt also einen psychischen Umweltfaktor dar, der zur Entstehung einer Störung beitragen kann. Ebenso sind physische Umweltfaktoren möglich, wie Größe und Temperatur eines Klassenzimmers.

Auch die **Persönlichkeit** des Betroffenen spielt eine wichtige Rolle. Ein reizbares Kind mit Aufmerksamkeitsproblemen hat ein erhöhtes Risiko, eine psychische Störung zu entwickeln.

Im Bereich der **biologischen Faktoren** ist ein schwieriges Temperament des Säuglings ein frühes Anzeichen für eine spätere Störung. Eltern betroffener Kinder berichten oft, dass das Kind bereits als Säugling Schlafprobleme, häufiges Schreien, Unruhe und Probleme mit der Ernährung zeigte. Biologische Faktoren sind oft mitverantwortlich für eine lang andauernde Therapie. Viele Störungen zeigen sich im Laufe der Pubertät, da die Hormonveränderung zu körperlichen und psychischen Umstellungen führt.

Risikofaktoren	Beispiele
Umwelt	■ beengter Wohnraum, schlechte Wohnumgebung ■ ungünstiger Erziehungsstil ■ psychische Erkrankung der Eltern ■ Scheidung ■ Werte- und Normverlust
Persönlichkeit	■ fehlende Selbstkontrolle ■ seelische Verletzungen durch Missbrauch, schweren Unfall u. Ä. ■ gestörte Eltern-Kind-Interaktion
biologische Faktoren	■ Gene ■ Hirnschädigung, Intelligenzminderung ■ Alkohol/Nikotin in der Schwangerschaft ■ niedriges Geburtsgewicht ■ Infektion (z. B. Grippevirus)

Werte/Normen | S. 270

Intelligenzminderung | S. 429

3.4.2 Schutzfaktoren des Kindes

Hat sich eine psychische Störung entwickelt, wird diese oft von aufrechterhaltenden Faktoren stabilisiert. Diese hängen meistens eng mit den Risikofaktoren zusammen. Interventionen (Maßnahmen) setzen daher an den Risikofaktoren oder aufrechterhaltenden Faktoren an. Protektive (schützende) Faktoren können in der Bewältigung einer belastendenden Situation helfen. Verfügt das Kind über genügend Schutzfaktoren im Sinne von |Resilienz, kann eine Störung trotz schwieriger Ausgangsbedingungen verhindert werden.

Resilienz | S. 150

Die Entstehung vieler psychischer Störungen lässt sich anhand des Multifaktoriellen Modells umfangreich erklären. Eine entscheidende Aussage dieses Modells ist, dass ein einzelner Risikofaktor nicht zu einer psychischen Störung führt. Es handelt sich immer um mehrere Risikofaktoren. Auch wenn diese vorliegen, muss es nicht zwangsläufig zu einer Störung kommen. Liegen starke Schutzfaktoren vor, werden herausfordernde Lebenssituationen erfolgreich gemeistert.

[1] Schutzfaktoren finden sich auf drei Ebenen: Person, Familie, Umwelt.

4 Externalisierende Störungen

Eine häufig verwendete Aufteilung der Störungen im Kindes- und Jugendalter ist die Unterscheidung von externalisierenden und internalisierenden Störungen. |Entwicklungsstörungen stellen eine eigene Kategorie dar.

Entwicklungsstörung | S. 429

Mit externalisierenden Störungen sind nach außen gerichtete Störungen gemeint, also Verhaltensweisen, die von außen sichtbar sind und die Umwelt beeinträchtigen. Kinder mit einer externalisierenden Störung machen es ihrer Umwelt nicht leicht. Sie zeigen unangemessenes und störendes Verhalten. Nach der ICD-10 fallen unter diesen Begriff Störungen des Sozialverhaltens und die hyperkinetische Störung (ADHS). Kinder mit einer hyperkinetischen Störung fallen durch starken Bewegungsdrang, beeinträchtigte Aufmerksamkeit und Impulsivität auf.

Unter externalisierenden psychischen Störungen werden nach außen gerichtete unangemessene und störende Verhaltensweisen wie hyperaktives oder aggressives Verhalten verstanden. Sie sind mit negativen Auswirkungen auf den Betroffenen und seine Umwelt verbunden.

Von einer Störung des Sozialverhaltens betroffene Kinder zeigen aggressives Verhalten wie Trotz und Widerstand gegen Autoritätspersonen, Stehlen oder Feuerlegen. Hyperkinetische Kinder können sich nicht lange auf eine Sache konzentrieren, stören durch übertriebene Aktivität wie Umherlaufen in unpassenden Situationen oder können sich schwer beherrschen, wenn sie auf etwas warten sollen.

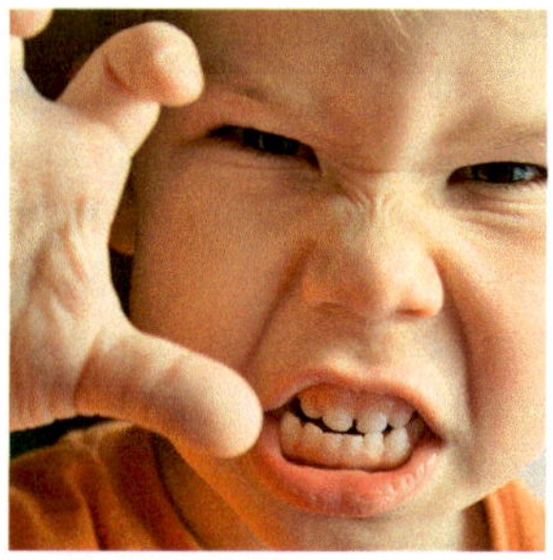

[2] Bei externalisierenden Störungen tritt Verhalten auf, das andere Personen beeinträchtigt oder schädigt.

Nach der ICD-10 fallen unter den Begriff internalisierende Störungen u. a. Angst, Depression und Essstörungen.

internalisierende Störungen | S. 418

In diesem Kapitel soll auf die beiden häufig auftretenden externalisierenden Störungen, die Störung des Sozialverhaltens und die hyperkinetische Störung, eingegangen werden. Da Mobbing in Schulklassen ein leider immer wieder zu beobachtendes Phänomen ist, wird auch dieses Thema behandelt, obwohl es nicht zu den ICD-10-kodierten Störungen gehört.

Externalisierende Störungen bei Kindern und Jugendlichen: Kontrollverhalten, Ungeduld und Ablehnung der Eltern können psychische Probleme verstärken

Externalisierende Störungsbilder (hyperkinetische Störungen und Störungen des Sozialverhaltens) gehören zu den am häufigsten diagnostizierten Auffälligkeiten bei Kindern und Jugendlichen. Man geht davon aus, dass sowohl biologische als auch psychosoziale Faktoren eine wichtige Rolle bei ihrer Genese spielen. Insbesondere die Eltern-Kind-Interaktion kann dazu beitragen, dass externalisierende Auffälligkeiten entstehen, aufrechterhalten werden oder sogar zunehmen – sie können also Ursache und Wirkung sein. (...) Was sich zwischen betroffenen Kindern und ihren Müttern abspielt, wollte eine Gruppe von Wissenschaftlern aus Mannheim genauer wissen. Sie beobachteten 31 Kinder mit hyperkinetischer Störung, 61 Kinder mit Störungen des Sozialverhaltens und 116 nicht-betroffene Kinder im Alter von acht Jahren und ihre Mütter per Video bei einer fünfminütigen, hausaufgabenähnlichen Interaktion. „Die Mehrzahl der betroffenen Kinder und Mütter hatte ein gespanntes Verhältnis zueinander", fanden die Forscher heraus. Zum Beispiel versuchten die Mütter hyperkinetischer Kinder stark, deren Verhalten zu steuern. Die Kinder verhielten sich wiederum unaufmerksam und impulsiv. Sie leisteten häufiger Widerstand gegen die mütterliche Beeinflussung und äußerten sich abwertender als unauffällige Kinder.

(Sonnenmoser, Marion (2002): Externalisierende Störungen bei Kindern und Jugendlichen. In Deutsches Ärzteblatt, PP, Heft 4, 2002, Köln, S. 167)

1. Notieren Sie Ursachen, die im Text für externalisierende Störungen genannt werden.
2. Fassen Sie den beschriebenen Versuch in drei Sätzen zusammen.
3. Welche Verhaltensauffälligkeiten zeigen die hyperkinetischen Kinder?

4.1 Störung des Sozialverhaltens

Ausgeprägt aggressives Verhalten wird in der Kinderpsychiatrie der Diagnose Störung des Sozialverhaltens zugeschrieben. Etwa 5 % der Mädchen und 10 % der Jungen zeigen diese Störung. Sie äußert sich meist in unangemessenem, aggressivem Verhalten gegenüber der Umwelt. Darunter sind Handlungen zu verstehen, die andere Menschen in ihrem leiblichen oder seelischen Wohlergehen beeinträchtigen. Grausamkeit gegenüber anderen Personen oder Tieren, Schulschwänzen, Weglaufen von zu Hause, Feuerlegen, Stehlen oder häufiges Lügen sind Beispiele. In dem folgenden Kapitel werden Ursachen und Auswirkungen dieses Verhaltens behandelt, bevor verschiedene Interventionsmöglichkeiten betrachtet werden.

4.1.1 Typisierung nach ICD-10

Entwicklungsniveau | S. 142

Bei der Diagnosestellung nach ICD-10 ist das |Entwicklungsniveau zu berücksichtigen. Wutausbrüche sind z. B. bei einem Dreijährigen normal, während sie für einen 14-Jährigen nicht mehr entwicklungsangemessen sind. Die ICD-10 unterteilt das Störungsbild in vier Typen.

Typen	Symptome
1. Störung auf den familiären Rahmen beschränkt (F91.0)	▪ aggressives Verhalten, beschränkt auf Familie ▪ Diebstahl, Zerstörung von Gegenständen, Zündeln
2. Störung ohne soziale Bindungen (F91.1)	▪ situationsübergreifendes aggressives Verhalten ▪ fehlende Freundschaften ▪ Erpressung, Widerstand gegen Autorität, Vandalismus
3. Störung mit sozialen Bindungen (F91.2)	▪ gute Integration über Freundschaften ▪ aggressives Verhalten in der Schule am deutlichsten
4. oppositionell aufsässiges Verhalten (F91.3)	▪ deutlich aufsässiges, trotziges oder ungehorsames Verhalten ▪ Missachtung sozialer Regeln und Anforderungen Erwachsener

[Tab. 1] ICD-Codierung der Störung des Sozialverhaltens

BEISPIEL

Der dreijährige Linus wirft sich beim wöchentlichen Großeinkauf regelmäßig auf den Boden, schreit und lässt sich schwer beruhigen. Sein 14-jähriger Bruder Benjamin beschimpft den Vater jeden Morgen. Fast täglich kommt es dabei zu körperlichen Auseinandersetzungen. Benjamin steigert sich in diese Wutanfälle derart hinein, dass die ganze Familie mit ihm beschäftigt ist.

4.1.2 Ursachen von Störungen des Sozialverhaltens

Das Multifaktorielle Modell

Eine Störung des Sozialverhaltens wird nach dem Multifaktoriellen Modell als Ergebnis mehrerer Risikofaktoren aufgefasst. Der Ursprung kann schon im Säuglingsalter liegen. Oft wird von den Eltern betroffener Kinder ein schwieriges Temperament als Säugling mit hektischem Verhalten und viel Schreien beschrieben. Die Eltern reagieren ablehnend und zuweilen aggressiv, da sie überfordert sind. Durch einen autoritären Erziehungsstil, oft mit körperlicher Bestrafung, versuchen Eltern dann, ihre Kinder zu angepassten Personen zu erziehen. Weitere mögliche Risikofaktoren, die auch gleichzeitig auftreten können und sich dann gegenseitig verstärken, sind in untenstehender Tabelle dargestellt.

Multifaktorielles Modell | S. 398

[1] Das schwierige Temperament eines Säuglings kann der Ursprung für Störungen des Sozialverhaltens sein.

Umweltfaktoren	▪ mütterliche Depression ▪ Gewalterfahrung ▪ Uneinigkeit der Eltern in der Erziehung ▪ beengter Wohnraum ▪ schlechte Wohnumgebung
Persönlichkeitsfaktoren	▪ Substanzmissbrauch ▪ Hoffnungslosigkeit in der Zukunftsplanung ▪ Mitgliedschaft in einer gewaltbereiten Clique ▪ schwieriges Temperament ▪ gestörte Eltern-Kind-Interaktion ▪ hyperkinetische Störung
biologische Faktoren	▪ männliches Geschlecht ▪ eingeschränkte Sinnesorgane ▪ niedrige Intelligenz

[Tab. 2] Risikofaktoren für eine Störung des Sozialverhaltens

Mögliche Schutzfaktoren sind ein flexibles, offenes Temperament, das zu einer positiven Eltern-Kind-Interaktion führt. Gute Schulleistungen erhöhen das Gefühl der Selbstwirksamkeit und Selbstachtung, dadurch empfindet das Kind weniger Stress.

Eltern-Kind-Interaktion | S. 156

Soziokognitiver Ansatz

Decodierung | S. 240

Nach dem Soziokognitiven Ansatz des Psychologen Kenneth Dodge liegt die Ursache für eine Störung des Sozialverhaltens in einer gestörten Verarbeitung sozialer Informationen. Die Decodierung und Interpretation sozialer Situationen funktioniert nicht. Das Verhalten anderer Menschen wird ohne tatsächliche negative Absichten des Gegenübers als aggressiv und missgünstig eingestuft. Darauf wird aggressiv reagiert. Über andere Reaktionsmöglichkeiten verfügt der Betroffene nicht. Dodge geht davon aus, dass frühe Umwelt- und Familienerfahrungen zu dieser negativen Wahrnehmung führen.

BEISPIEL

Sebastian (13 Jahre) steht alleine auf dem Pausenhof. Er bemerkt, dass Milan, Zuzanna und Sonja tuscheln und zu ihm hinsehen. Sebastian denkt: „Die ziehen über mich her." Sebastian geht zu der Dreiergruppe hin und schlägt Milan seine Cola aus der Hand. Zu Zuzanna und Sonja sagt er, sie sollen verschwinden. Es entwickelt sich eine Schlägerei zwischen Sebastian und Milan.
Später stellt sich heraus, dass Sonja überlegt hat, Sebastian um Nachhilfe in Mathe zu bitten. Darüber hatten sich die drei unterhalten.
Sebastian ist es als jüngstes von drei Geschwistern gewohnt, argwöhnisch darauf zu achten, nicht zu kurz zu kommen. Die Erfahrung in seiner Familie, nicht ernst genommen zu werden, hat ihn geprägt.

Lerntheoretischer Ansatz

Lerntheorien | S. 208

Nach den Lerntheorien wird abweichendes Verhalten erlernt. Dem operanten Konditionieren nach wird beispielsweise aggressives Verhalten vermehrt gezeigt, wenn die Person dadurch unangenehme Konsequenzen verhindern kann oder belohnt wird.

BEISPIEL

Pablo (11 Jahre) macht häufig seine Hausaufgaben nicht. Da er größer und stärker ist als viele seiner Mitschüler, erpresst er sie immer wieder, ihn die Hausaufgaben abschreiben zu lassen. Gibt ihm jemand die Hausaufgaben nicht, macht er Fahrräder kaputt, lässt Schulsachen verschwinden oder verprügelt denjenigen auf dem Heimweg. Er erreicht meistens sein Ziel. Dadurch kann er eine Zeit lang der Aufmerksamkeit und den Strafen der Lehrer entgehen.

[1] Aggressives Verhalten kann durch Lernen am Modell erworben werden.

Aggressives Verhalten wird auch durch Lernen am Modell erworben. Die eigene Familie, die Peergruppe oder Massenmedien wie das Fernsehen sind typische Quellen. Vor allem selbst erfahrene Gewalt kann bei Menschen dazu führen, dass sie absichtlich quälen oder körperliche Gewalt auch bei anderen Menschen anwenden.

Wer kennt nicht die Diskussion, ob Gewalt in den Medien negative Folgen für die Entwicklung hat?
Besonders Kinder und Jugendliche, aber auch andere Benutzer neuer Medien lernen durch gewalttätige Szenen aggressives Verhalten.
Der Psychologe Rudolf H. Weiß zeigte folgende Auswirkungen von Gewalt in den Medien auf Kinder und Jugendliche auf:

1) **Gewalt im Fernsehen: Später selbst erlebte Situationen werden schneller als provozierend wahrgenommen, aggressive Verhaltensweisen werden erlernt und laufen automatisiert ab.**
2) **Gewalt in PC-Spielen: Soziales Verhalten wird verringert, aggressive Gedanken und Verhaltensweisen nehmen zu. Durch die interaktive Tätigkeit sind die Auswirkungen stärker als durch den passiven Fernsehkonsum.**
3) **Gewalt im Internet: Im Internet kann Gewalt nicht nur konsumiert, sondern auch aktiv ausgelebt werden. Cyber-Mobbing bietet die Möglichkeit, das Opfer in einem sozialen Netzwerk bloßzustellen.**

4.1.3 Auswirkungen von Störungen des Sozialverhaltens

Eine Störung des Sozialverhaltens hat oft schwere Auswirkungen. Neben häufiger Kinder- und Jugendkriminalität ist ein erhöhter Drogenkonsum zu beobachten. Je stärker ausgeprägt und je früher diese Störung auftritt, desto wahrscheinlicher sind Drogenmissbrauch, Alkoholkonsum sowie Zigarettenrauchen.

Anhand des Beginns der Störung können Aussagen über die Auswirkungen getroffen werden. Bei einem Early-starter-Typ mit Beginn vor dem zehnten Lebensjahr ist ein eher ungünstiger, chronischer Verlauf die Folge. Je früher dissoziale Handlungen wie Lügen, Schule schwänzen oder Tiere quälen beginnen, desto höher ist die Wahrscheinlichkeit einer antisozialen Störung im Erwachsenenalter. Ein Mensch mit **Antisozialer Persönlichkeitsstörung** missachtet die Rechte anderer. Dies äußert sich in gesetzwidrigem Verhalten wie Lügen und Betrügen. Angst, Reue und Scham sind bei diesen Menschen nicht vorhanden.

[2] Eine Störung des Sozialverhaltens kann zu Drogen- oder Alkoholmissbrauch führen.

Bei einem Late-starter-Typ mit Beginn nach dem zehnten Lebensjahr besteht eine günstigere Prognose. Je früher sich Symptome zeigen und je stärker diese auftreten, desto negativer ist die Entwicklung.

Delinquenz
Überschreiten rechtlicher Grenzen, Straffälligkeit

Störungen des Sozialverhaltens bei Jungen und Mädchen

Die Tabelle zeigt den eher für Jungen typischen Verlauf. Betroffene Mädchen haben in der Jugend eher mit Prostitution und Drogenmissbrauch zu kämpfen. Die Störung des Sozialverhaltens im Jugendalter zeigt sich oft in Delinquenz wie Diebstahl und Einbruch, die durch Jugendamt und Polizei geahndet werden.

oppositionell
rebellisch, aufsässig

	Early-starter-Typ	**Late-starter-Typ**
Beginn	▪ Vorschulalter	▪ Jugendalter
Verhalten	▪ oppositionell ▪ körperliche Aggression	▪ oppositionell ▪ nicht aggressiv
Ursachen	▪ mehrere Risikofaktoren wirken gemeinsam	▪ übersteigerte Versuche, Entwicklungsaufgaben zu bewältigen
Prognose	▪ Verschlechterung ▪ Probleme bestehen auch als Erwachsene ▪ Gefahr der Antisozialen Persönlichkeitsstörung	▪ begrenzt auf das Jugendalter ▪ kurzer Zeitraum

[Tab. 1] Entwicklungstypen der Störungen des Sozialverhaltens

Peergruppe | S. 270

Gleichaltrige spielen für die Entwicklung von Kindern und Jugendlichen eine große Rolle. Kinder und Jugendliche mit einer Störung des Sozialverhaltens werden von der Peergruppe abgelehnt, da ihr Verhalten nicht akzeptiert wird. Diese Zurückweisung verstärkt wiederum das unerwünschte Verhalten und begünstigt den Anschluss an Jugendliche mit ähnlichen Problemen. Kinder aus Familien, in denen ein oder beide Elternteile alkohol- oder drogenabhängig sind, weisen ein erhöhtes Risiko auf.

4.1.4 Interventionsformen

Intervention
Möglichkeiten, einzugreifen

Wichtig ist ein möglichst frühes Eingreifen. Bei länger dauernder Störung fällt es dem Betroffenen zunehmend schwerer, Beratung anzunehmen. Vorrangiges Behandlungsziel ist, dass der Betroffene Kontrolle über seine Impulsivität und Aggression zurückgewinnt. Hilfreich dabei sind das Erlernen von Entspannungstechniken und das Bestärken prosozialer Verhaltensweisen.

Mögliche Therapieformen sind:
- die patientenbezogene Therapie, in der speziell der Betroffene behandelt wird
- die familienbezogene Therapie, die sich an die ganze Familie richtet
- die multimodale Therapie, die umfassend auf den Betroffenen, seine Familie und die soziale Umgebung eingehen will

So vielfältig die Ursachen nach dem Multifaktoriellen Modell der Entstehung dieser Störung sein können, so mannigfach sind auch die Therapiemöglichkeiten. Eine Behandlung in einer Klinik ist nur zu empfehlen, wenn viele Symptome in schwerer Ausprägung vorliegen, Drogen konsumiert werden oder eine emotionale Störung wie Depression, Zwang oder Angst vorliegt.

Patientenbezogene Therapie

Bei Therapieformen, die sich auf den Betroffenen konzentrieren, ist die Verhaltenstherapie erfolgreich. Es geht vor allem um die Verbesserung der sozial-kognitiven Informationsverarbeitung und eine Verhaltensänderung. Um handeln zu können, trifft eine Person viele Entscheidungen, wie sie Informationen aus ihrer sozialen Umwelt ordnet und interpretiert. Kinder, die von einer Störung des Sozialverhaltens betroffen sind, nehmen bevorzugt bedrohliche Reize wahr und unterstellen dem Gegenüber in einer mehrdeutigen Situation negative Absichten. Um diese Annahmen zu ändern, muss das Kind lernen, soziale Hinweisreize zu erkennen und richtig zu interpretieren. Aggressive Kinder wählen häufig konfliktreiche Problemlösungen, die nicht zum Erfolg führen, daher müssen sie alternative Verhaltensweisen trainieren. Dazu werden kognitive Problemlösetrainings eingesetzt, in denen die Betroffenen üben, soziale Probleme angemessen wahrzunehmen und zu lösen. Als alternative Reaktionsmöglichkeiten zu Aggression lernen sie, angemessen zu kommunizieren, den Ärger zu kontrollieren und sich zu entspannen.

sozial-kognitive Informationsverarbeitung
Interpretation der sozialen Umwelt, um handeln zu können

[1] Verhaltenstherapie

Training mit aggressiven Kindern

Ulrike und Franz Petermann haben ein Training speziell für Kinder mit einer Störung des Sozialverhaltens entwickelt. Das kann von Therapeuten als Einzeltraining durchgeführt werden. Es setzt sich aus fünf Modulen zusammen:

1. Anhand eines Videofilms setzt sich das betroffene Kind mit aggressivem Verhalten auseinander.
2. Anhand von Geschichten lernt das Kind, sich auszudrücken.
3. Mit einer Fotogeschichte lernt das Kind, verschiedene Konfliktlösungen zu unterscheiden und Konsequenzen vorherzusehen.
4. Mit dem Spiel „Vertragen und nicht schlagen“ beschreibt das Kind die Gefühle und Gedanken der Personen in Konfliktsituationen.
5. Das Kind erzählt eine vorgelesene Geschichte genau nach.

Anhand eines Detektivbogens wird sich das Kind jeden Tag bewusst, was ihm bereits gelungen ist. In Geschichten gegen Angst und Stress lernen Kinder alternative Verhaltensweisen. In sich anschließenden Gruppentrainings werden die erlernten neuen Verhaltensweisen in Rollenspielen eingeübt und mithilfe von Videos ausgewertet. Insbesondere die Probleme mit Gleichaltrigen und der Familie lassen sich durch diese verhaltenstherapeutische Maßnahme stark reduzieren.

Familie | S. 278

Familienbezogene Therapie

Es gibt keine spezielle Familientherapie für eine Störung des Sozialverhaltens. Systemische Therapien beschäftigen sich beispielsweise mit der Verbesserung des elterlichen Verhaltens gegenüber dem Kind. Das elterliche Verhalten wird systematisch und kontinuierlich analysiert. Hauptziel ist es, aggressives Verhalten des Kindes zu reduzieren und unangemessene Reaktionen der Eltern zu beenden. Familienbezogene Therapien beginnen mit einer wertschätzenden Kommunikation in der Familie. Indem die Bedürfnisse und Belastungen aller Familienmitglieder besprochen werden, entsteht ein positives Familienklima, sodass anhand der Beziehungen der Familienmitglieder untereinander, vor allem der Eltern, der Sinn des gestörten Verhaltens herausgearbeitet werden kann. Dann werden Veränderungswünsche mit der Familie erarbeitet.

multimodal
auf viele Arten

Multimodale Therapie

Eine multimodale Therapie auf Ebene des Betroffenen, seiner Familie und der sozialen Umgebung ist sinnvoll, will man diesem Störungsbild gerecht werden. Eine nur auf das Kind zentrierte Behandlung ist oft nicht ausreichend und kann zu einer Verschleppung der Symptome beitragen. Dieser Ansatz sieht auch die Einbeziehung des Jugendamtes und der Schule vor. Als Behandlungsziel soll der Jugendliche bzw. das Kind Kontrolle über sein aggressives Verhalten gewinnen. Dabei helfen Entspannungstechniken und das Erlernen positiver sozialer Verhaltensweisen. Positive Verstärker für prosoziales Verhalten werden angewandt, wann immer es möglich ist.

Medikamentöse Therapie

Bei akutem, schwerwiegendem aggressivem Verhalten kann niedrig dosiert ein Neuroleptikum wie Risperidon® gegeben werden. Allerdings sind Nebenwirkungen wie Gewichtszunahme, Verlangsamung der Reaktionen und Müdigkeit zu bedenken. Der Wirknachweis für andere Medikamente bei Störungen des Sozialverhaltens ist unbefriedigend. Außerdem haben sie keine Zulassung für die Altersgruppe der unter 18-Jährigen, da es zu wenige Studien über die Anwendung bei Kindern und Jugendlichen gibt.

4.1.5 Mobbing

Mobbing kommt in vielen sozialen Situationen vor. In diesem Buch liegt der Schwerpunkt auf dem Umfeld Schule. Mobbing an sich ist keine Störung des Sozialverhaltens, das Verhalten der Täter zeigt aber aggressive Züge mit einzelnen Symptomen der Störung des Sozialverhaltens.

Online-Link zu Informationen zum Olweus-Interventionskonzept: **mobbing-in-schulen.de**

Nach Dan Ake Olweus, einem bekannten Mobbing-Forscher, kann Mobbing wie folgt definiert werden:

„Ein Schüler oder eine Schülerin ist Gewalt ausgesetzt oder wird gemobbt, wenn er oder sie wiederholt über eine längere Zeit den negativen Handlungen eines oder mehrerer anderer Schüler oder Schülerinnen ausgesetzt ist."

(Olweus, Dan (2006): Gewalt in der Schule. Was Lehrer und Eltern wissen sollten – und tun können. Bern, S. 22)

Vier Bereiche müssen erfüllt sein:
1. Kräfteungleichgewicht: Der Gemobbte muss einem Tätern und dessen Mitläufern gegenüberstehen, die körperlich oder seelisch stärker als der Gemobbte sind.
2. Konfliktlösung: Aus eigener Kraft kann der Gemobbte seine Situation nicht beenden. Konfliktlösung | S. 260
3. Dauer: Dieser Zustand muss über mindestens drei Monate herrschen.
4. Häufigkeit: Übergriffe finden wöchentlich bis täglich statt.

Mobbing ist unabhängig von der sozialen Schicht, der Bildung oder Äußerlichkeiten. In der Grundschule tritt Mobbing am häufigsten auf. Für die Gemobbten können zwar gelegentlich Risikofaktoren wie Behinderungen, Lernschwierigkeiten, Unsportlichkeit oder provozierendes Verhalten genannt werden, tatsächlich kann es aber jeden treffen. Die Ursachen von Mobbing liegen in der Person des Täters. Entscheidend ist aber der gruppendynamische Prozess. Schicht | S. 333

Die Folgen von Mobbing in Kindheit oder Jugend reichen bis in das Erwachsenenalter. Psychische Probleme wie Angst und sozialer Rückzug sind eine natürliche Reaktion auf Ausgrenzung. Die Hilflosigkeit, aus der Außenseiterrolle nicht herauszukommen, führt zu Schulverweigerung, Selbstwertverlust und Depression bis hin zu Suizid. Körperliche Auswirkungen wie z. B. Übelkeit, Magenschmerzen und Schlafstörungen treten sehr früh auf.

4.2 Aufmerksamkeitsdefizit-/Hyperaktivitätsstörung

Der Begriff hyperkinetische Störung ist unter der Bezeichnung Aufmerksamkeitsdefizit-/Hyperaktivitätsstörung (ADHS) mittlerweile in der Bevölkerung bekannt und wird gerne für Verhaltensauffälligkeiten jeder Art verwendet. Es ist nicht immer einfach, ein sehr lebhaftes Kind von einem Kind mit ADHS abzugrenzen, da einzelne Symptome zeitweise tatsächlich bei vielen Kindern beobachtet werden können. Die Symptome Unaufmerksamkeit, Überaktivität und Impulsivität treten im Vorschulalter oder Jugendalter auch als ganz normale Entwicklungsphasen auf. Die Diagnose ADHS sollte daher sorgfältig anhand der ICD-10-Kriterien und nur durch einen Facharzt für Kinder- und Jugendpsychiatrie gestellt werden. Jugend | S. 290

[1] Sehr lebhafte Kinder haben nicht zwangsläufig ADHS.

4.2.1 Definition von ADHS

Die Aufmerksamkeitsdefizit-/Hyperaktivitätsstörung ist eine Verhaltensstörung, die bereits im Kindesalter einsetzt. Der Einfachheit halber wird in diesem Buch der Begriff ADHS verwendet. ADHS ist durch drei Symptome gekennzeichnet:

[1] Kinder richten ihre Aufmerksamkeit gezielt auf etwas.

1. Unaufmerksamkeit
   - kurze Konzentrationsfähigkeit, leichte Ablenkbarkeit
   - Aufmerksamkeit fällt über längere Zeit schwer
2. Impulsivität
   - plötzliches, unbedachtes Handeln
   - mit der Antwort herausplatzen, andere unterbrechen
   - Bedürfnisaufschub fällt schwer
3. Hyperaktivität
   - Ruhelosigkeit, Zappeln mit Händen und Füßen
   - nicht altersangemessene motorische Unruhe
   - ruhig Sitzen ist nicht möglich

motorisch
die Bewegung betreffend

Diese Symptome müssen seit mindestens sechs Monaten vorliegen, in verschiedenen Lebensbereichen auftreten, z. B. in Schule und Familie, vor dem siebten Lebensjahr erstmalig aufgetreten sein und von der altersgemäßen Entwicklung abweichen. Das Verhalten muss darüber hinaus eine schulische oder soziale Beeinträchtigung oder ein Leiden verursachen. Die Ausprägung kann unterschiedlich schwer sein. Etwa 5 % aller Schulkinder sind betroffen.

Laut ICD-10 gibt es drei Subtypen der ADHS:
1. Eine einfache Aufmerksamkeits- und Aktivitätsstörung liegt vor, wenn Unaufmerksamkeit, Hyperaktivität und Impulsivität erkennbar sind. Jungen sind dreimal häufiger vom hyperaktiv-impulsiven Typ betroffen als Mädchen.
2. Eine Hyperkinetische Störung des Sozialverhaltens liegt vor, wenn Kinder unaufmerksam, hyperaktiv und impulsiv sowie gleichzeitig aggressiv sind.
3. Eine Aufmerksamkeitsstörung ohne Hyperaktivität liegt vor, wenn Kinder nur unaufmerksam, aber nicht hyperaktiv-impulsiv sind. Es wird dann von ADS gesprochen. Mädchen sind doppelt so häufig vom unaufmerksamen Typ betroffen wie Jungen.

4.2.2 Ursachen

ADHS ist eine der am meisten durch Vererbung verursachten psychischen Störungen. Häufig sind die Eltern selbst betroffen. Was in Heinrich Hoffmanns Geschichte vom Struwwelpeter als ungezogen galt, wurde bereits in den 1950er Jahren als kindliche Hirnstörung erkannt. Es wird eine fehlerhafte Informationsverarbeitung im Gehirn angenommen.

Schuld daran ist eine Störung der Botenstoffe, vor allem |Dopamin. Dieses steht nicht in ausreichender Menge zur Verfügung. Die Unterversorgung mit diesem Botenstoff führt dazu, dass Impulse ungenügend gehemmt werden. Betroffene unterliegen einer Reizüberflutung. Neue Gedanken werden nicht gehemmt, mit der Folge, dass begonnene Gedanken nicht zu Ende gedacht werden. Eine geordnete Handlung mit vorausschauendem Blick wird schwierig. Nach außen hin erscheint diese gestörte Informationsverarbeitung des Gehirns als unaufmerksam, impulsiv und überaktiv. Diese Symptome einer mangelhaften Selbststeuerung haben negative Reaktionen von Eltern, Lehrern und Gleichaltrigen zur Folge. Dies führt zu einem negativen Selbstbild und geringem Selbstwertgefühl, was die Symptomatik verstärkt und aufrechterhält. Ein Teufelskreis entsteht.

Dopamin
Botenstoff (Neurotransmitter), der eine wichtige Rolle bei der Signalübertragung von einer Nervenzelle zur anderen spielt

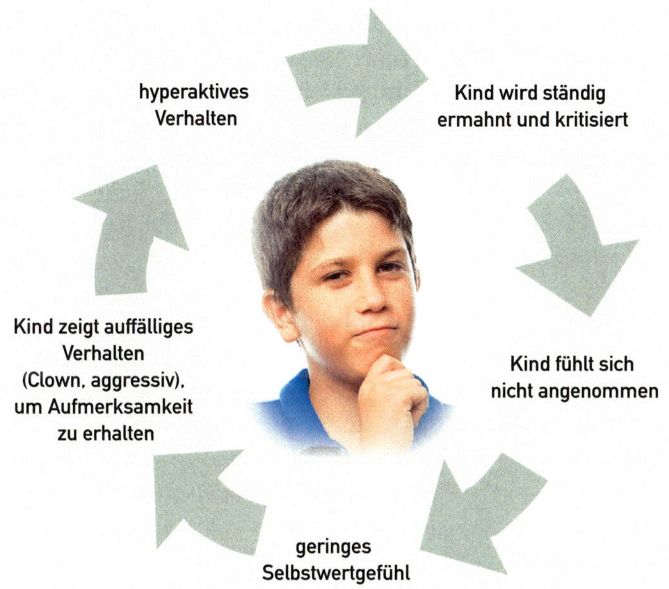

[2] Teufelskreis der ADHS

Genetische Faktoren spielen eine zentrale Rolle, ADHS ist jedoch ein multifaktoriell bedingtes Störungsbild. Auf das individuelle Erscheinungsbild und den Verlauf haben Umweltfaktoren wie ungünstiger Erziehungsstil, Arbeitslosigkeit, geringer Bildungsstand oder eine psychische Erkrankung der Eltern einen entscheidenden Einfluss. Vor allem eine Depression der Mutter wirkt sich auf den Schweregrad der ADHS aus. Hohe Leistungserwartungen setzten Betroffene unter Druck. Physische Umweltfaktoren wie beengter Wohnraum oder ein geringes Familieneinkommen schränken Kinder in ihrem Bewegungsdrang ein und führen zu Familienkonflikten.

In Kombination mit ungünstigem Verhalten von Lehrern und Erziehungspersonen entwickelt sich der Schweregrad der Symptome ungünstig. Umgekehrt kann aber auch ein günstiges soziales Umfeld wie aufmerksame, liebevolle Erzieherinnen in der |Kindertagesstätte oder geduldige, lobende Lehrer die Symptome der Störung positiv beeinflussen.

Kindertagesstätte | S. 490

ADHS-Kinder haben auch viele positive Eigenschaften. Sie sind phantasievoll, ideenreich, hilfsbereit, spontan, zeugen von plötzlicher Schaffenskraft und sind schnell für etwas zu begeistern.

4.2.3 Auswirkungen

Oft werden hyperaktive Kinder von ihren Eltern schon im Säuglingsalter als schwierig beschrieben. Sie fordern mit ausgeprägtem Schreien, Unruhe und Erregbarkeit alle Energie der Eltern. ADHS führt zu Schwierigkeiten in den sozialen Bezugssystemen Schule, Familie und Öffentlichkeit.

BEISPIEL

Jutta (4 Jahre) fällt im Morgenkreis der Kindertagesstätte mit ständigem Herumrutschen auf ihrem Stuhl, Dazwischenrufen und Aufspringen auf. In der Freispielzeit bleibt sie nie länger bei einer Aufgabe. Schnell lässt sie sich vom Spiel der anderen Kinder ablenken. Da Jutta den Erklärungen der Erzieherinnen nicht zuhört und das Spiel anderer mit ihren hektischen Bewegungen stört, will bald kein Kind mehr mit ihr spielen. Trotzig macht sie dann die Türme aus Bauklötzen kaputt, rennt wild im Zimmer herum und verärgert so die Erzieherinnen.
Juttas Eltern berichten von ähnlichen Problemen in der Familie.

[1] Eltern und Erziehende sollten nicht vergessen, die Ressourcen eines ADHS-Kindes zu berücksichtigen.

Betroffene Kinder werden wegen ihrer niedrigen Frustrationsschwelle als streitsüchtig angesehen und oft zu Außenseitern. Ihr Selbstwertgefühl wird zerstört.

Jugendliche mit ADHS verlassen wegen ihrer Unaufmerksamkeit und Lernstörungen sowie wenig Durchhaltevermögen und Anstrengungsbereitschaft die Schule häufig ohne Abschluss. Sie zeigen oft eine gefährliche Risikobereitschaft, was zu Unfällen und Alkohol- sowie Drogenmissbrauch führt. Auch kriminelle Taten treten gehäuft auf. 50–70 % leiden auch noch als Erwachsene an den Symptomen.

Es kann davon ausgegangen werden, dass etwa 1–2 % aller Erwachsenen an ADHS leiden. Typischerweise zeigt sich eine Erwachsenen-ADHS in mangelnder Alltagsorganisation, Vergesslichkeit und Stimmungsschwankungen. Durch ihr unaufmerksames und impulsives Verhalten fallen sie im Beruf oft negativ auf.

4.2.4 Interventionsformen

Für die Interventionsplanung sollten die verursachenden und aufrechterhaltenden Bedingungen berücksichtigt werden. Nicht zu vergessen sind schon vorhandene Ressourcen im häuslichen Umfeld, z. B. gute Geschwisterbeziehungen oder bestehende Mathematiknachhilfe.

In Anbetracht der vielfältigen Entstehungsursachen erfolgt die Therapie nach einem multimodalen Ansatz. Bei diesem Vorgehen werden je nach individuellem Bedarf verschiedene Methoden miteinander kombiniert: Medikation, Verhaltenstherapie, Familienberatung und Beratung der Lehrer.

Medikamentöse Therapie

Eine Behandlung mit Medikamenten erfolgt nur, wenn das Kind sehr unter den Symptomen leidet, sodass das Medikament zu einer Entlastung in familiären Situationen oder der Schule führt. Um den Dopamin-Mangel auszugleichen, wird meist der Wirkstoff Methylphenidat verabreicht. Es wird eine deutliche Symptomverbesserung erreicht. Bekannt als Ritalin® oder auch Medikinet® unterliegt dieses Medikament dem Betäubungsmittelgesetz. Eine medikamentöse Therapie wirkt bei 60–90 % der Betroffenen. Um längerfristige Erfolge zu erzielen, ist eine Kombination mit verhaltenstherapeutischen Maßnahmen notwendig.

[2] Eine medikamentöse Behandlung geschieht in Absprache mit den Eltern.

Die medikamentöse Therapie leistet einen Beitrag, um die Symptomatik der ADHS zu lindern. Besonders ist dabei immer die Unterstützung der Familie gefragt. Neben Geborgenheit und Liebe ist die Erziehung mit Einhalten von Regeln zur Verbesserung der Symptome wichtig.

Medikamente haben auch Nebenwirkungen. Bei Medikamenten gegen ADHS können dies Appetitlosigkeit, Kopf- und Bauchschmerzen, Schlafstörungen und Depressivität sein. Methylphenidat, der Wirkstoff von Medikinet®, gehört zu den Amphetaminen und kann zu psychischer Abhängigkeit führen. Eine medikamentöse Therapie heilt ADHS nicht, sie lindert nur die Symptome, was teilweise eine Therapie erst möglich macht. Können negative Verhaltensweisen durch andere Verhaltensweisen ersetzt werden, kann man das Medikament eventuell reduzieren oder abgesetzen.

Bei Gesunden, die diese Medikamente zur Leistungssteigerung eingenommen haben, wurden Schlafstörungen, Depressionen und Suizidgedanken beobachtet.

Familienberatung

Um die negative Eltern-Kind-Interaktion zu verbessern, ist die Aufklärung der Eltern über das Störungsbild der Grundstein der Beratung. ADHS geht in aller Regel mit Erziehungsproblemen und gestörten Beziehungen innerhalb der Familie einher, daher müssen diese Prozesse reflektiert werden, um ein alternatives Erziehungsverhalten ableiten zu können. Dieses wird anschließend unter Anleitung gemeinsam mit den Familienmitgliedern erprobt.

Kognitive Verhaltenstherapie

Gute Ergebnisse werden in Familie und Schule durch operante Verfahren erreicht. Zuerst werden klare Verhaltensziele, z. B. im Bereich der sozialen oder schulischen Kompetenz, in der Interaktion in der Familie oder im Zeitmanagement, gesetzt. Gewünschtes Verhalten wird dann durch ein |Belohnungssystem verstärkt. Auch kleine Fortschritte werden gelobt. Besonders verbales Lob ist überaus wirksam.

Belohnung | S. 218

5 Internalisierende Störungen

externalisierende Störungen | S. 404

Den externalisierenden Störungen, die in Kapitel 4 behandelt wurden, stehen die internalisierenden Störungen gegenüber. Da diese nach innen gerichtet sind, können sie von Bezugspersonen nicht so einfach erkannt werden wie externalisierende Störungen. Die Kinder und Jugendlichen leiden unter schlechter Stimmung und ziehen sich zurück. Typische Beispiele sind Angst, Depression, Zwang und Essstörungen. Die Grafik gibt einen Überblick über dieses Kapitel.

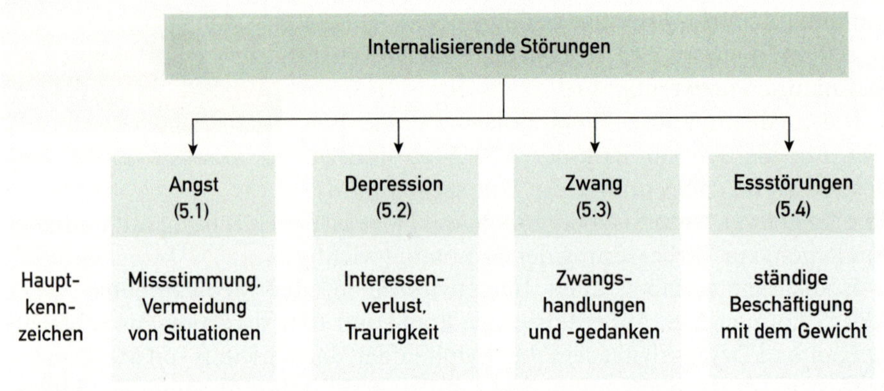

[1] Übersicht über die internalisierenden Störungen in diesem Kapitel

Unter internalisierenden psychischen Störungen werden nach innen gerichtete Erlebens- und Verhaltensweisen wie Depression und Ängste verstanden, die zu einer Beeinträchtigung der Emotionen führen. Sie sind mit negativen Auswirkungen für den Betroffenen verbunden.

5.1 Angst als pathologischer Zustand

pathologisch
durch eine Störung bedingt

Angst an sich ist nicht krankhaft. Sie ist ein Schutzmechanismus des Menschen, der ihn auf eine Gefahrensituation vorbereitet. Ein Angstzustand ist pathologisch, wenn folgende Kriterien gemeinsam zutreffen:

- übermäßige Angststärke und ungewöhnliche Angstinhalte
- unangemessene Reaktion im Verhältnis zur Situation
- fehlende Bewältigungsmöglichkeiten
- spürbare Beeinträchtigung der altersgemäßen Lebensinhalte

Angst zeigt sich auf verschiedenen Ebenen:

Psychische Ebene	Körperliche Ebene	Verhaltensebene
▪ Missstimmung ▪ Hoffnungslosigkeit ▪ Wut	▪ Schwitzen ▪ Herzklopfen ▪ Übelkeit	▪ Flucht ▪ Vermeiden von Situationen

[Tab. 1] Angst ruft Reaktionen auf drei Ebenen hervor

[2] Edvard Munch: Der Schrei (1895). Der Künstler hatte selbst mit Ängsten zu kämpfen.

Angst ist ein Erregungszustand mit psychischen, körperlichen und verhaltensbedingten Reaktionen. Im Mittelpunkt stehen die Vorstellung, das aktuelle Erleben oder die Erinnerung an eine Gefahr, die für die Person real oder auch eingebildet ist.

Ängste kommen im Kindes- und Jugendalter häufig vor. Die Inhalte sind altersabhängig. Im frühen Kindesalter stehen Ängste vor fremden Menschen oder Trennung im Vordergrund, im Schulalter Leistungsängste. Im Jugendalter sind soziale Ängste häufig.

Allgemeine Entstehungsmechanismen für Angststörungen

Ängstliche Kinder haben oft ängstliche Eltern, was durch das |Modelllernen erklärt werden kann. Auch bestimmte |Erziehungsstile wie überbehütendes Verhalten oder eine sehr enge Beziehung der Mutter zu ihrem Kind begünstigen Angstzustände. Meist ist die Entwicklung einer Angststörung |multifaktoriell bedingt.

Modelllernen | S. 217
Erziehungsstil | S. 68
Multifaktorielles Modell | S. 403

5.1.1 Trennungsangst: Angst vor Verlust der Bezugsperson

Der Begriff Trennungsangst steht für die Angst, von einer engen Bezugsperson getrennt zu werden. Von einer Störung wird erst gesprochen, wenn die Symptome sehr stark sind, lange anhalten oder im Jugendalter auftreten. Häufige Kennzeichen sind:

psychische Ebene	extreme Angst oder Wutausbrüche	
körperliche Ebene	Bauchweh, Übelkeit, Kopfschmerz	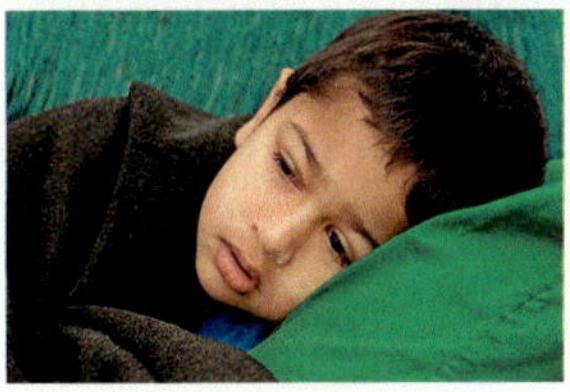
Verhaltensebene	Anklammern, Weinen	

Trennungserfahrungen in der Vergangenheit können zugrunde liegen, meist ist jedoch eine Bezugsperson die Ursache, die sich nicht von dem Kind trennen kann. Familientherapeutisch kann an der sehr engen Mutter-Kind-Bindung gearbeitet werden. Trennungsangst tritt häufig in Zusammenhang mit dem Schulbesuch auf. Sie wird dann als |Schulphobie bezeichnet.

Phobie
starker Wunsch, eine gefürchtete Situation zu vermeiden, z. B. Angst vor Dunkelheit, Angst vor Spinnen oder Hunden

5.1.2 Schulangst ist kein Schulschwänzen

Der Psychologe Manfred Döpfner belegt in seiner Studie über soziale Ängste, dass ungefähr 14 % aller deutschen Schüler im Alter von acht bis 18 Jahren Angst vor schlechten Noten als Grund, die Schule zu verweigern, beschreiben. Diese Angst wird als Schulangst bezeichnet. Schulängstliche Kinder gehen nicht in die Schule, weil sie Angst vor Versagen in Prüfungen oder vor Kränkungen durch Mitschüler und Lehrer haben. Das Vermeiden der Schule, um Freizeit zu haben, wird dagegen Schulschwänzen genannt.

Können Schüler ihr Wissen in Prüfungen trotz guter Vorbereitung nicht abrufen, liegt eine Prüfungsangst vor, die zum Schulversagen führen kann. Dafür verantwortlich ist ein Teufelskreis aus Misserfolg und negativen Gedanken.

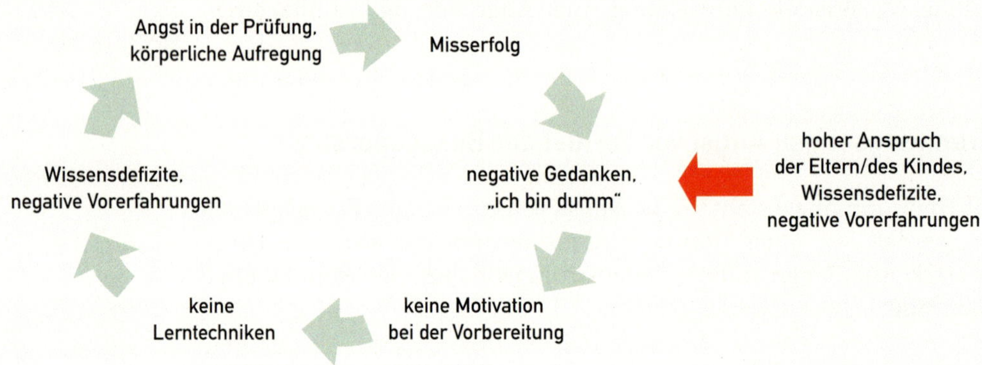

[1] Teufelskreis Prüfungsangst

Entspannungsübungen: www.tk.de/tk/medizin-und-gesundheit/stress/enstpannungstechniken/36170

Der Teufelskreis der Prüfungsangst kann an jedem Folgepfeil durchbrochen werden. Ein Schulpsychologe oder Therapeut für Kinder- und Jugendlichenpsychotherapie kann Betroffenen durch wenige Sitzungen ihre Prüfungsangst nehmen. Inhalt ist beispielsweise das Erlernen von Entspannungsübungen, um in der Prüfungssituation gegen die Angst anzukommen.

5.1.3 Die Soziale Phobie: eine häufige Angst des Jugendalters

Zwillingsstudie
Eine Forschungsmethode: Ähneln sich eineiige Zwillinge in einem Merkmal stärker als zweieiige Zwillinge, ist dieses Merkmal besonders genetisch beeinflusst.

Chronifizierung
Bestehen über einen längeren Zeitraum, immer wiederkehrend

Soziale Phobien treten im Jugendalter häufig auf, da soziale Situationen wie Sprechen in der Öffentlichkeit zunehmen. Die Angst, vor anderen sprechen zu müssen und bewertet zu werden, wird von Herzklopfen, Zittern oder Übelkeit begleitet. Betroffene versuchen solche Situationen zu vermeiden und isolieren sich von ihrer Gleichaltrigengruppe.

Die Entstehung einer Sozialen Phobie ist multifaktoriell bedingt. Durch Zwillingsstudien konnte eine genetische Beteiligung nachgewiesen werden. Ähnliche Verhaltensweisen in der Familie und negative Erlebnisse in der Schule treten als Umweltfaktoren auf. Erfolgt keine Behandlung, neigt die Soziale Phobie zur Chronifizierung. Verhaltenstherapie zeigt gute Erfolge.

Was hat das mit mir zu tun?

Vor der ganzen Klasse ein Referat zu halten, wem liegt das wirklich? Eine gewisse Aufregung wird bei jedem vorhanden sein. Angst ist also ganz normal, sie wird von vielen Menschen geteilt. Wichtig ist, die Situation durchzustehen, damit sie im Angstgedächtnis als erfolgreich überwundene Gefahrensituation abgespeichert wird. Die Bedeutung des Sprechens vor einer Gruppe nimmt im Laufe des Schulbesuchs und auch während des Studiums und Arbeitslebens immer mehr zu. Die Situation durch Verschieben des Referat-Termins zu umgehen, verstärkt die Angst davor.

[2] Das Sprechen in der Öffentlichkeit macht vielen Jugendlichen Angst.

Verhaltenstherapie

Die Wirksamkeit einer Verhaltenstherapie wird bei diesem Störungsbild von keiner anderen Behandlungsmethode erreicht. Der Jugendliche wird schrittweise, erst gedanklich, dann real, mit der Situation konfrontiert. Durch die Kombination mit einem Entspannungsverfahren, z. B. der |Progressiven Muskelentspannung nach dem Arzt Edmund Jacobson, kann der Jugendliche die Situation dann meist ertragen.

Progressive Muskelentspannung
Entspannung durch intensive Muskelanspannung und -entspannung. Der Entspannungszustand kann auch in schwierigen Situationen herbeigeführt werden.

5.1.4 Eine Generalisierte Angststörung beeinträchtigt dauerhaft

Bei einer |Generalisierten Angststörung wird alles als bedrohlich empfunden. Neben körperlichen Symptomen wie Zittern und Schwindel treten Zukunftsängste und Konzentrationsprobleme auf. Als Ursachen werden Ängste in der Familie, Depressionsneigung und traumatische Ereignisse angenommen.

generalisiert
alles betreffend

Da die Angst nicht an bestimmte Situationen gekoppelt ist, kann keine situationsspezifische Behandlung stattfinden. Bei einer Angst vor Hunden kann speziell die Begegnung mit einem Hund trainiert werden, was bei der Generalisierten Angststörung nicht möglich ist, da die Person in vielen verschiedenen Situationen Angst hat. Stattdessen werden in der Verhaltenstherapie Bewältigungsstrategien entwickelt. Kombiniert mit Entspannungsübungen wie |autogenem Training sinkt die Angst. Nur bei schweren Angstzuständen werden Medikamente gegeben: Benzodiazepine (Beruhigungsmittel) können wegen der hohen Suchtgefahr maximal sechs Wochen verabreicht werden. Die Prognose ist unterschiedlich: Angstfreiheit wechselt mit Angstzuständen ab.

autogenes Training
Entspannung durch Merksätze und das Vorstellen beruhigender Bilder

5.2 Depression

Im Laufe ihres Lebens leiden 18 % aller Deutschen mindestens einmal an einer |Depression. Lange Zeit wurde eine Depression als persönliche Schwäche angesehen, tatsächlich ist es eine neurobiologische Störung, die Gedanken, Gefühle, Verhalten und die körperliche Gesundheit beeinflusst. Im Jugendalter sind Depressionen häufig Ursache für Schulverweigerung, was langfristig zu Arbeitslosigkeit führt. Depressive Kinder und Jugendliche schätzen das eigene Leben als sinnlos ein. Suizidgedanken sind dabei nicht selten.

Depression | S. 396

5.2.1 Kennzeichen der Depression

Die Anzeichen einer Depression können sehr verschieden sein. Bei Kindern stehen körperliche Symptome wie Appetitverlust im Vordergrund. Jugendliche zeigen eher kognitive und emotionale Symptome. Hauptsymptome sind:

1. Niedergeschlagenheit
2. Denkhemmung
3. Antriebshemmung

Zwei Gesichter des Leids

„Seit 1952 die erste Ausgabe des ‚Diagnostic and Statistical Manual of Mental Disorders' erschien (...), definieren Mediziner sämtliche darin aufgeführten Leiden bewusst geschlechtsneutral. Heute zeichnet sich jedoch immer mehr ab: Ärzte, die vor geschlechtsspezifischen Unterschieden die Augen verschließen, erweisen ihren Patienten einen Bärendienst.

Auch unter Depressionsforschern setzt sich zunehmend die Erkenntnis durch, dass das Mann- oder Frausein sämtliche Aspekte der Erkrankung beeinflusst – angefangen bei den Symptomen über die Wirksamkeit von Medikamenten bis hin zum Krankheitsverlauf in verschiedenen Lebensphasen. Laut der Weltgesundheitsorganisation (WHO) sind Depressionen mit mehr als 150 Millionen Betroffenen, rund vier Prozent aller Erwachsenen, das weltweit häufigste psychische Leiden. Schon beim Blick auf die Statistik fällt eine Diskrepanz auf: Frauen werden als doppelt so häufig als depressiv diagnostiziert wie Männer. Warum ist das so? Eine mögliche Erklärung liefert die Verschiedenartigkeit der Symptome. Bei Frauen äußert sich Depression vorwiegend als Traurigkeit, bei Männern sind dagegen Zornesausbrüche und Reizbarkeit weitaus häufiger, gepaart mit riskantem, irrationalem Verhalten. Folglich missverstehen Betroffene, Angehörige, aber auch Therapeuten die männliche Depression leicht als generelle Unruhe, und die wahre Störung bleibt unerkannt. Möglicherweise suchen depressive Männer aus diesem Grund auch seltener Hilfe und nehmen sich eher das Leben."

(Westly, Erica (2011): Zwei Gesichter des Leids. In: Gehirn und Geist 1–2/2011, Heidelberg, S. 20)

1. Erklären Sie den Begriff „Diagnostic and Statistical Manual of Mental Disorders". Nennen Sie das in Deutschland angewandte Manual.
2. Fassen Sie die Kernaussage des Textes in zwei Sätzen zusammen.
3. Nehmen Sie Stellung zu der Aussage: „Bei einer depressiven Störung zeigen Frauen und Männer ähnliche Symptome."

Diagnosen werden in der ICD bewusst geschlechtsneutral formuliert. Es zeichnet sich aber in vielen Bereichen ab, dass es geschlechtsspezifische Unterschiede bei psychischen Störungen gibt. Genauso, wie sich ein Herzinfarkt bei Frauen anders bemerkbar macht als bei Männern, zeigt sich eine Depression bei Frauen anders als bei Männern. Die für Männer typischen Gefühle wie Zorn und Unruhe passen nicht in das traditionelle Bild der Depression.

5.2.2 Mögliche Ursachen einer Depression

Wegen ihrer Häufigkeit und der Kosten, die Depressionen verursachen, wurden die Ursachen in den letzten Jahren verstärkt untersucht. Neben geringen Effekten wie dem Mangel an Sonnenlicht im Winter wird hauptsächlich das Multifaktorielle Modell diskutiert.

Bei genetischen Untersuchungen wurden Risikogene gefunden. Biologisch gesehen liegt ein Mangel an den Botenstoffen Serotonin und Noradrenalin vor, die Stimmung und Aktivität steuern. Außerdem spielen Traumata in der Vergangenheit, akute Belastungen wie Trennung der Eltern oder Persönlichkeitseigenschaften eine Rolle. Protektive Faktoren sind Freunde, Bewegung, Erfahrungen der Selbstwirksamkeit und Möglichkeiten der Stressbewältigung.

Trauma
psychische Verletzung, schlimmes Erlebnis, z. B. Geiselnahme, Vergewaltigung, Unfall

protektiv
schützend

Alarmierend sind Zahlen über Depressionen bei US-amerikanischen Jugendlichen. Seit 2011 hat die Anzahl betroffener Jugendlicher stetig zugenommen, unabhängig von Bildungsweg und Wohnort. Jungen sind mit 5,8 % seltener betroffen als Mädchen, die zu 19,5 % mit Depressionen zu kämpfen haben. Für das Jahr 2015 gaben drei Millionen Teenager im Alter zwischen 12 und 17 Jahren an, mindestens einmal durch eine depressive Periode gegangen zu sein.
Als Gründe werden in der Studie von 2016 die Auswirkungen der Terroranschläge des 11. September 2001 und die Häufung zielgerichteter Gewalttaten an Schulen angegeben. Zukunftsangst und generelle Verunsicherung bei Jugendlichen sind die Folgen. Die Pflege der sozialen Identität über soziale Medien trägt erheblich zum Stressempfinden bei. Das Jugendalter stellte schon immer eine Zeit anspruchsvoller Entwicklungsaufgaben dar, jedoch stellen die US-amerikanischen Forscher fest, dass Defizite im Umgang mit modernen Medien zusätzlichen Druck erzeugen.
Quelle: Time (November 2016), Erhebungen des US-Department of health and human services

Verschiedene Wissenschaftler versuchen in ihren Theorien Erklärungen für die Entstehung von Depressionen zu finden. Zwei bedeutende Theorien sind die kognitive Theorie und die personenzentrierte Theorie.

personenzentrierte Theorie | S. 424

Kognitive Theorie

Der Amerikaner Aaron Beck war ursprünglich ein Anhänger der Psychoanalyse. Da seine Erfahrungen das Konzept der Psychoanalyse jedoch nicht bestätigen konnten, wandte er sich von der Psychoanalyse ab und entwickelte seine eigene Theorie, die kognitive Theorie. Diese geht von einem ganzheitlichen Menschenbild aus. Der Mensch wird als ein auf der Basis seiner biologischen Ausstattung lernendes Wesen angesehen, wobei persönliche und Umweltfaktoren berücksichtigt werden. Einstellungen, Bewertungen und Überzeugungen – Kognitionen – stehen im Mittelpunkt. In dieser Theorie bestimmt die subjektive Sichtweise eines Ereignisses die Depression.

Nach der kognitiven Theorie tragen unbewusste situationsübergreifende Grundannahmen zur Entstehung und Aufrechterhaltung psychischer Störungen bei. Beck nennt als Grundannahmen z. B.:

- „Wenn ich Fehler mache, bedeutet das, dass ich unfähig bin."
- „Mein Wert als Mensch hängt davon ab, was andere von mir denken."
- „Um glücklich zu sein, muss ich immer von allen Menschen akzeptiert werden."

Zur Erklärung von Depressionen geht Beck von drei Grundannahmen aus:

- **Negative kognitive Triade:** Negative Gedanken über die eigene Person, die Umwelt und die Zukunft bestimmen das Erleben und Verhalten der Person.
- **Dysfunktionale Überzeugungen:** Negative Überzeugungen zur eigenen Person gehen auf Schemata zurück, die auf vergangenen Erfahrungen beruhen.
- **Kognitive Verzerrungen:** Aufgrund der in der Kindheit erlernten Verarbeitungsmuster erfolgt eine fehlerhafte Verarbeitung von Informationen. Ereignisse werden negativ interpretiert und eine eigene Einflussnahme für unmöglich gehalten.

Schemata
hier: stabile kognitive Verarbeitungsmuster aus Kindheit und Jugend

Personenzentrierte Theorie

Carl Rogers | S. 255, 402

Die personenzentrierte Theorie von Carl Rogers folgt dem humanistischen Menschenbild. Jede Person wird als eigenständiges Individuum betrachtet, das über eine ihm innewohnende positive Kraft verfügt, die ihrer Natur nach konstruktiv, sozial und entwicklungsorientiert ist. Diese Kraft wird „Aktualisierungstendenz" genannt. Die personenzentrierte Theorie nimmt an, dass Depressionen durch Mangel an wertschätzender Kommunikation und fehlender Aufmerksamkeit anderer Menschen für die Interessen der Person entstehen. Aspekte des Selbstbildes, die von anderen Menschen nicht wertgeschätzt werden, werden als negativ angesehen und verdrängt. Stattdessen findet eine Orientierung an den Werten anderer statt. Gerade bei Kindern und Jugendlichen spielen die Bezugspersonen eine maßgebliche Rolle in der Bewertung des Selbstbildes. Teile des wahren Selbst werden abgelehnt und es entsteht eine Diskrepanz zwischen tatsächlichem Erfahren und Selbstbild. Wenn diese Inkongruenz nicht aufgelöst werden kann, entstehen Fehlanpassungen. Es kommt zu Anspannung, Angst und Schuldgefühlen sowie einem negativen Selbstkonzept. Eine Depression entsteht.

Inkongruenz
Nicht-Übereinstimmung

5.2.3 Therapie der Depression

Trotz der großen Anstrengung der letzten Jahre, das Bewusstsein in der Bevölkerung und auch bei Ärzten zu stärken, wird eine Depression bei Kindern und Jugendlichen immer noch viel zu selten erkannt. Wirksame Verfahren wie Antidepressiva und verschiedene Therapieansätze stehen zur Verfügung.

Antidepressiva

Da ein Mangel an Serotonin und Noradrenalin für die depressiven Symptome verantwortlich ist, helfen Stoffe, die das Niveau dieser Botenstoffe anheben. Die Medikamentengruppe der trizyklischen Antidepressiva zählt zu den wirksamsten Stoffen und kann in schweren Fällen auch bei Kindern und Jugendlichen eingesetzt werden.

Info- und Selbsthilfematerial:
www.buendnis-depression.de

Die Wirkung von Antidepressiva besteht darin, dass Serotonin und Noradrenalin länger an ihrem Wirkort bleiben, da die Gehirnzellen diese nicht gleich wieder aufnehmen. Die zweite Wirkstoffgruppe, selektive Serotonin-Wiederaufnahmehemmer, macht Serotonin an den Nervenzellen länger verfügbar. Antidepressive Effekte treten allerdings ein bis drei Wochen verzögert ein. Unter medikamentöser Behandlung verschwinden die depressiven Symptome bei 60–70 %. Als Nebenwirkung ist das Suizidrisiko zu bedenken.

Psychotherapie

Verhaltenstherapie ist in ihrer Wirksamkeit gut belegt. Bereits nach zehn Tagen treten Veränderungen im Gehirn ein. Im Tierversuch konnte nachgewiesen werden, dass eine Umwelt, die Lernen und Bewegung fördert, die Gehirnstrukturen positiv verändert. Psychotherapeuten sprechen Gefühle wie Trauer an, damit der Betroffene wieder Zugang zu diesen findet.

Psychotherapeutische und antidepressiv-medikamentöse Interventionen stehen bei Depression nicht im Widerspruch, sondern zeigen gleichwertige Effekte und können auch kombiniert eingesetzt werden.

Kognitive Therapie (nach Beck)

Die Wirksamkeit der Kognitiven Psychotherapie für die Behandlung der Depression ist bisher von allen Therapierichtungen am besten untersucht und am eindeutigsten nachgewiesen. Ausgangspunkt dieser Behandlung ist die Annahme, dass Depressionen mit automatischen negativen, selbstabwertenden Wahrnehmungs- und Denkmustern zusammenhängen. Meist kann der Therapeut mit dem Klienten gut herausarbeiten, dass diese negativen Muster durch frühere Erfahrungen erlernt wurden, in der Gegenwart aber unlogisch sind.

Kognitive Theorie nach Beck | S. 423

Bei der Therapie lernt der Klient:

- negative Gedanken bewusst werden lassen
- verzerrte Wahrnehmung von Ereignissen und Interaktionen bewusst werden lassen
- negative Annahmen überdenken
- alternative Überlegungen zu negativen Gedanken
- auslösende und aufrechterhaltende Faktoren für selbstabwertende Denkmuster herausfinden
- neue, für das Leben hilfreichere Muster des Erlebens und Verhaltens
- Problemlösetraining

Die Kognitive Psychotherapie ist gut auf ihre Wirksamkeit hin untersucht. Die Grundannahmen konnten größtenteils bestätigt werden. Sie ist ein von den Krankenkassen anerkanntes und refinanziertes Therapiekonzept und hat eine bessere rückfallprophylaktische Wirkung als Medikamente. In ihrer Wirkung ist die Kognitive Psychotherapie nach Beck der interpersonalen Therapie überlegen.

Personenzentrierte Psychotherapie (nach Rogers)

Die Wirksamkeit von Gesprächspsychotherapien ist sehr gut belegt. Dieses Therapiekonzept ist seit Langem eine Grundhaltung vieler Berater und Psychotherapeuten. Die personenzentrierte Psychotherapie stellt zwar kein störungsspezifisches Verfahren dar, dennoch ist die Wirksamkeit für Klienten belegt, bei denen die Depression keinen Auslöser hatte.

personenzentrierter Ansatz nach Rogers | S. 66, 402

Psychotherapeutisches Konzept:
- Grundbedingungen der Gesprächsführung: Wertschätzung, Echtheit und Empathie
- vertrauensvolle Gesprächsatmosphäre
- bedingungsloses Angenommensein durch den Therapeuten
- Äußerungen des Klienten werden nicht infrage gestellt
- Gedanken, Gefühle und Bedürfnisse des Klienten werden ausgesprochen
- Therapeut spiegelt dem Klienten seine Gefühle zurück
- Abwehrverhalten wird aufgegeben
- Reflexionsfähigkeit des Klienten wird angeregt
- Klient soll für sich gute Lösungen finden

Das Wesen und der Erfolg der Gesprächspsychotherapie liegt vor allem darin begründet, dass in diesem Schonklima in der besonderen Beziehung zwischen Therapeut und Klient die Auseinandersetzung mit geleugneten oder verzerrt wahrgenommenen Aspekten des Selbst gewagt werden kann. Auf diese Weise werden dem Klienten seine Gedanken und Gefühle bewusster. Er lernt, seine Bedürfnisse zu erkennen. Durch ein stärkeres Selbstbewusstsein entwickelt der Klient neue Perspektiven, die mit seinem Selbstkonzept übereinstimmen. Der theoretische Ansatz schreibt wenig Technik vor, was eine große Freiheit in dieser Therapiemethode ermöglicht. So kann jeder Therapeut seine eigene Arbeitsweise entwickeln. Auf jeden Klienten kann individuell eingegangen werden, was der personenzentrierten Haltung entspricht.

5.3 Zwangsstörungen

Zwangshandlungen sind wiederholte und absichtliche Verhaltensweisen, die auf einen Zwangsgedanken hin nach bestimmten Regeln ausgeführt werden.

Typische Zwangsstörungen bei Kindern sind Waschrituale und Kontrollzwänge. Die ICD-10 spricht von einer Zwangsstörung, wenn die Betroffenen unter diesen Handlungen und Gedanken leiden und sie den Tagesablauf stören. Das Durchschnittsalter beträgt zehn Jahre, Jungen sind häufiger betroffen.

BEISPIEL

Andreas, fünf Jahre, leidet unter einem Waschzwang. Immer wieder läuft er im Kindergarten zur Erzieherin und fragt, ob seine Hände sauber sind. Vom vielen Händewaschen sind seine Finger rot und die Handrücken sind aufgeplatzt. Zu Hause gibt es morgens mit seinen älteren Geschwistern Streit, da Andreas lange das Familienbad blockiert. Obwohl ihm klar ist, dass kein Schmutz an seinen Händen ist, lässt ihn die Angst davor nicht los. Als akute Belastungssituation war die Trennung der Eltern vorausgegangen.

[1] Wenn mehrmals hintereinander der Herd kontrolliert werden muss, bevor man das Haus verlassen kann, spricht man von einem Kontrollzwang.

Zwangsstörungen sind genetisch bedingt. Mehrere Bereiche im Gehirn sind betroffen. Lediglich kindliche Zwangsstörungen, die sehr plötzlich beginnen, sind auf eine bakterielle Infektion mit Scharlach zurückzuführen.

Die Rückfallquote ist unter Kombination von Verhaltenstherapie und Medikamenten am geringsten. In der Methode der Exposition lernen Kinder und Jugendliche, die Zwangshandlung nicht auszuführen. So wäre es Andreas aus dem Beispiel z. B. nicht gestattet, nach dem Spielen im Sandkasten seine Hände zu waschen. Als Medikamente werden Antidepressiva eingesetzt.

5.4 Essstörungen

Essstörungen treten in allen Gesellschaftsschichten auf. Sie nehmen kontinuierlich zu. In Deutschland besteht bei 22 % aller Kinder und Jugendlichen der Verdacht auf eine Essstörung mit negativen psychischen, körperlichen und sozialen Folgen wie Depressionen oder Infektanfälligkeit. Für den Einzelnen ist sie ein Risiko, das tödlich enden kann.

Beratungsstelle für Essstörungen:
www.cinderella-rat-bei-essstoerungen.de

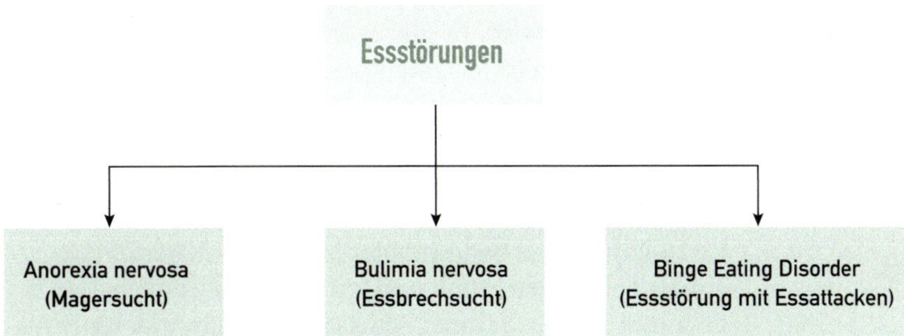

[2] Essstörungen treten in drei Formen auf.

Für die Diagnose wird das Gewicht herangezogen, das anhand spezieller Altersperzentilen berechnet wird. Die Entstehung von Essstörungen kann wissenschaftlich gesichert und anhand des Multifaktoriellen Modells erklärt werden. Die Risikofaktoren führen in ihrer Kombination zu einer Essstörung:

1. Umweltfaktoren: Schlankheitsideal, Überbehütung
2. Persönlichkeitsfaktoren: Perfektionismus, ADHS
3. biologische Faktoren: Gene, Hunger- und Sättigungsregulation

Altersperzentilen
Tabellen für Gewichtsvergleiche bei Kindern und Jugendlichen

Altersperzentilen unter www.a-g-a.de
Berechnung unter www.mybmi.de

ADHS | S. 413

Die Beteiligung der Gene ist gut untersucht: Ist ein Familienmitglied betroffen, ist das Risiko für die anderen zehnmal höher. Treffen auf vorbelastete Gene akute Traumata wie Verlusterlebnisse oder Angst vor Leistungsversagen, kann eine Essstörung ausgelöst werden.

Fütterstörung im frühen Kindesalter
Rumination, das Hochwürgen von Nahrung, tritt meist bei vernachlässigten Kindern auf. Pica, das Essen ungenießbarer Substanzen, wird oft bei geistig behinderten Kindern beobachtet; diese Kinder essen Abfälle, Schmutz, Sand usw. Fütterstörungen finden sich auch bei Streit in der Familie oder einer beeinträchtigten Eltern-Kind-Beziehung. Für die Behandlung hat sich ein Ansatz aus verhaltens- und familientherapeutischen Interventionen bewährt.

[3] Bei Kleinkindern ist ein gestörtes Essverhalten häufig. 30 % der 4-Jährigen verweigern das Essen oder dehnen den Essvorgang endlos aus.

5.4.1 Magersucht – bekannt als Anorexie

Die Anorexia nervosa ist eine der am schwersten zu behandelnden psychischen Störungen. Ein Prozent der Jugendlichen zwischen 14 und 24 Jahren erkrankt, wobei Frauen zehnmal häufiger betroffen sind.

In der besonderen Entwicklungsphase der Pubertät machen Jugendliche für fehlende Anerkennung oft ihr Aussehen verantwortlich. Zu einem anfänglichen Gewichtsverlust, der das Selbstbewusstsein steigert, gesellt sich dann das Erleben von Kontrolle, das zur Sucht wird. Es gibt drei Kernsymptome:

1. Körpergewicht unterhalb der zehnten Altersperzentile
2. selbst herbeigeführter Gewichtsverlust
3. Körperschemastörung

Körperschemastörung
Gefühl, dick zu sein, obwohl objektiv mager

BEISPIEL

Marion, eine 16-jährige mit beginnender Magersucht, berichtet: „Obwohl mir das Lernen leichtfällt und ich gute Noten will, habe ich keinen Spaß mehr an der Schule. Als sich mein Freund von mir getrennt hat, konnte ich einfach nichts mehr runterbringen. Schwierigkeiten mit meinen Eltern hatte ich vorher schon, immer wurde genau darauf geachtet, was ich für Noten habe ... das Kalorienzählen hilft mir – endlich habe ich etwas selber im Griff."

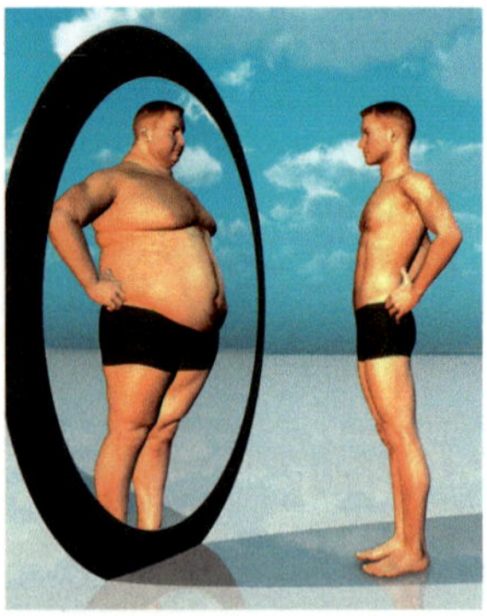
[1] Fehlwahrnehmung des Körpers (Körperschemastörung) bei Anorexia nervosa

Das Beispiel zeigt, wie positiv die Erfahrung erlebt werden kann, Dinge selbst zu steuern. Diese Zwanghaftigkeit macht die Behandlung so schwierig. Bei 30 % der Magersüchtigen bildet sich die Essstörung vollständig zurück, bis zu 10 % sterben.

Manche Sportler leiden an einer Essstörung (Anorexia athletica), indem sie ihr Körpergewicht bis an die Grenze des Untergewichts reduzieren. Diese Form der Essstörung hängt ausschließlich mit der ausgeübten Sportart zusammen. Der Vorteil geringeren Körpergewichts und der Nachteil schwacher Muskeln und größerer Verletzungsanfälligkeit ist eine Gratwanderung, da die Gefahr einer Anorexia nervosa besteht. Bei bestimmten Risikogruppen wie Balletttänzerinnen, Fotomodellen oder einigen Sportarten beträgt die Häufigkeit bis zu 25 %.

5.4.2 Ess-Brech-Sucht – die Bulimie

Umgangssprachlich als Bulimie bezeichnet, ist die Bulimia nervosa mit 3 % häufiger als die Anorexia. Jugendliche mit einer Bulimia nervosa schaffen es nicht, zwanghafte Ess- und nachfolgende Brechanfälle zu verhindern. Innerhalb kürzester Zeit nehmen sie Nahrung von mehreren 1000 kcal zu sich. Der erlebte Kontrollverlust führt zu Schuld- und Minderwertigkeitsgefühlen. Die Diagnose wird nach ICD-10 gestellt:

1. unwiderstehliche Gier nach Nahrungsmitteln, Essattacken
2. selbst herbeigeführtes Erbrechen, Missbrauch von Abführmitteln
3. Angst, dick zu werden

hilfreiche Websites:
www.magersucht-online.de
www.bulimie-online.de

Die Binge Eating Disorder wird hauptsächlich bei Adipositas (Übergewichtigkeit) beobachtet. Zwei Essanfälle pro Woche, die über sechs Monate anhalten, sind typisch. Von der Bulimia nervosa unterscheidet sich die Binge Eating Disorder dadurch, dass keine Maßnahmen zur Gewichtsreduktion getroffen werden.

5.4.3 Therapieansätze bei Essstörungen

Selbsthilfegruppen sind oft die erste Anlaufstelle. Kern der Behandlung ist die Verhaltenstherapie, in der ein positives Selbstwertgefühl aufgebaut wird, wobei die Normalisierung des Essverhaltens an oberster Stelle steht. Die Entscheidung, ob eine ambulante oder stationäre Behandlung notwendig ist, richtet sich nach dem Gewicht und der Schwere der Störung.

Therapeuten, die sich auf die Behandlungen von Menschen mit einer Essstörung spezialisiert haben, findet man unter: www.essstoerungs-hotline.de

6 Entwicklungsstörungen

6.1 Entwicklungsstörungen schulischer Fertigkeiten

Bei Entwicklungsstörungen schulischer Fertigkeiten handelt es sich um Teilleistungsstörungen in Lesen, Rechtschreiben oder Rechnen. Das Erlernen ist von Kindheit an gestört, was nicht die Folge von Krankheit, Seh- und Hörproblemen oder Intelligenzminderung ist.

Intelligenzminderung
Eine Intelligenzminderung ist eine angeborene oder erworbene eingeschränkte kognitive Leistungsfähigkeit. Die Auswirkungen sind unterschiedlich: Denken, Sprache, motorische und soziale Fähigkeiten können betroffen sein. Die meisten Menschen haben einen Intelligenzquotient von etwa 100. Werte unter 70 gelten als Intelligenzminderung. Ursachen sind genetische Abweichungen, Schwierigkeiten bei der Geburt oder Erkrankungen des Gehirns, z. B. bei Masern- oder Mumpsinfektionen.

Intelligenzquotient (IQ)
Kenngröße zur Bewertung der Intelligenz, wird mit Intelligenztests ermittelt

6.1.1 Legasthenie

Legastheniker haben Schwierigkeiten im Lesen und Schreiben. Sinnerfassendes Lesen dauert bei ihnen länger, da sie mühsam gelesene Worte wiedererkennen müssen. Rechtschreibstörungen treten meist gleichzeitig auf.

Legasthenie ist eine Störung des Lesens und Rechtschreibens, die entwicklungsbiologisch und zentralnervös begründet ist. Sie besteht trotz normaler Intelligenz und familiärer und schulischer Lernanregungen.

Entwicklung | S. 135

Auf der Homepage des Bundesverbands Legasthenie und Dyskalkulie gibt es weitere Informationen:
bvl-legasthenie.de/

UN-Behindertenrechtskonvention | S. 367
Sozialgesetzgebung | S. 54, 94

Ursache

Etwa 3–5 % aller Schüler sind von einer Legasthenie betroffen. Ursache ist eine Sprachverarbeitungs- und visuelle Wahrnehmungsstörung der linken Gehirnhälfte. Betroffenen Schülern wird ein Zeitzuschlag bei Prüfungen und Nicht-Bewerten von Rechtschreibfehlern gewährt. Das Recht auf einen Nachteilsausgleich leitet sich aus dem Grundgesetz der Bundesrepublik Deutschland, der UN-Behindertenrechtskonvention sowie der Sozialgesetzgebung ab und findet auf schulischer Ebene in Schulgesetzen seinen Niederschlag. Die Defizite können selbst durch viel Üben selten kompensiert werden. Eine vorübergehende Lese-Rechtschreib-Schwäche kann auftreten, wenn eine besondere Belastung wie ein Schulwechsel vorangegangen ist.

6.1.2 Rechenschwäche: die Dyskalkulie

[1] Eine Dyskalkulie verursacht bei betroffenen Schulkindern eine Misserfolgsorientierung und Schulversagen.

Mathemathik wird bei der Befragung Jugendlicher selten als Lieblingsfach genannt, dabei ist eine Grundbegabung im Umgang mit Zahlen im Gehirn verankert. Trotzdem treten Zähl- und Rechenstörungen bei etwa 5 % der Bevölkerung auf. Die Auswirkungen sind unterschiedlich: Es können nur bestimmte Rechenarten betroffen sein oder das komplette Zahlenverständnis fehlt. Rechenschwache Kinder leiden in ihrem Selbstbewusstsein und entwickeln eine Abneigung gegen die Schule, daher wird in einer Therapie besonders auf das schulische Selbstbewusstsein eingegangen. Das Jugendamt fördert Lerntherapie für einen Neuaufbau der Grundschulmathematik.

Dyskalkulie ist die Beeinträchtigung von grundlegenden Rechenfertigkeiten wie Addition, Subtraktion, Multiplikation und Division.

6.2 Autismusspektrumsstörungen

dimensionaler Ansatz | S. 394

Autismusspektrumsstörungen sind Entwicklungsstörungen, deren Ursache eine verzögerte Reifung des zentralen Nervensystems ist. Genetische Aspekte spielen dabei eine große Rolle: Zwischen sechs und zehn Gene sind vermutlich beteiligt. Die Bezeichnung Spektrum-Störung basiert auf der Annahme des dimensionalen Ansatzes, dass sich Autismus im Schweregrad unterscheidet, Kernsymptome aber immer vorhanden sind:

- Schwierigkeiten in der sozialen Interaktion, Kontaktstörung
- Kommunikationsstörung
- eingeschränkte Interessen und stereotype Verhaltensmuster

Autismus beginnt in der Kindheit, er umfasst den frühkindlichen Autismus, den atypischen Autismus und das Asperger-Syndrom. Die Probleme werden mit dem Älterwerden weniger, jedoch findet keine Heilung statt. Indikatoren für die Prognose sind die Intelligenz und sprachliche Fähigkeiten im Alter von sechs Jahren. In Einzeltherapie lernen autistische Menschen Fähigkeiten für ein gesellschaftlich angepasstes Leben, z. B. das Erkennen der Gefühle anderer Menschen. Medikamente werden zurückhaltend eingesetzt. Als Erwachsene können sie ihren Alltag nur mit Unterstützung bewältigen.

6.2.1 Formen von Autismusspektrumsstörungen

Frühkindlicher Autismus

Frühkindlicher Autismus zeigt sich vor dem dritten Lebensjahr. Den Eltern fällt auf, dass ihr Kind keinen Blickkontakt aufnimmt. Gestik und Mimik werden kaum zur sozialen Interaktion verwendet, auf Gleichaltrige wird aggressiv reagiert. Diese Kinder haben Angst vor Veränderungen wie einer Umstellung des Tagesablaufs oder neuer Kleidung. Es wird zwischen „Low-functioning-Autismus", Kindern mit Intelligenzminderung, und „High-functioning-Autismus", Kindern ohne Intelligenzminderung, unterschieden.

[2] Kinder mit einer Autismus-Spektrum-Störung haben Schwierigkeiten in der Kommunikation.

Atypischer Autismus

Der atypische Autismus unterscheidet sich vom frühkindlichen Autismus dadurch, dass die Kinder nicht alle oben beschriebenen Kernsymptome zur Diagnosestellung erfüllen oder sich Entwicklungsabweichungen erst nach dem dritten Lebensjahr zeigen. Diese Kinder sind häufig stark intelligenzgemindert.

Asperger-Syndrom

Das Asperger-Syndrom wird wegen der normalen Sprachentwicklung und mindestens durchschnittlicher Intelligenz meist erst ab dem Schulalter erkannt. Jungen sind im Verhältnis 8:1 häufiger als Mädchen betroffen. Oft haben sie ungewöhnliche Interessen, in denen sie außergewöhnliche Leistungen erbringen. Dieses Phänomen ist als Inselbegabung bekannt.

www.aspe-berlin.de/fibonacci
Das Berliner Programm „Fibonacci" vermittelt Mentoren an Schüler mit Asperger-Syndrom, die gezielt die Spezialinteressen Hochbegabter berücksichtigen.

6.2.2 Therapie und Förderung bei autistischen Störungen

Eine frühe Behandlung ist bei allen autistischen Störungen für die Entwicklung des Kindes ausschlaggebend. Damit ein speziell auf die Stärken und Schwächen abzielendes Therapieprogramm entwickelt werden kann, werden in Spezialambulanzen Tests wie Intelligenzdiagnostik und Verhaltensbeobachtung durchgeführt. Beratungsgespräche mit den Eltern und dem Kind geben Aufschluss über Beziehungsfähigkeit und Selbstständigkeit im Alltag. Abhängig von diesen Ergebnissen finden Einzeltherapie, Gruppentherapie und Elterntraining statt. Da Kinder mit autistischen Störungen meist vor allem wegen ihrer gestörten Kommunikation auffallen, stellt dieser Bereich einen Schwerpunkt der Förderungsmaßnahmen dar. In Sozial-Kompetenz-Gruppen lernen Betroffene, mit anderen zu sprechen und nonverbale Botschaften zu verstehen. Ziel der Therapie ist eine möglichst selbstständige Lebensführung. In sechs- bis zwölfmonatigen Abständen wird der Erfolg der Fördermaßnahmen überprüft.

Buchtipp
zum Thema Autismus:
Supergute Tage
von Marc Haddon
Filmtipp
zum Thema Autismus:
Mary and Max

nonverbale Kommunikation | S. 236

Methoden Mindmap

Zweck

Durch die grafische Darstellung von Zusammenhängen bieten Mindmaps einen Überblick über ein Thema. Informationen prägen sich durch Visualisierung und Struktur ins Gedächtnis ein.

Besonderheiten und Vorgehensweise

Eine Mindmap ähnelt einem von oben betrachteten Baum, von dessen Stamm sich Äste in alle Richtungen verzweigen. Die Äste stellen Gedanken zu einem bestimmten Thema dar, die in eine Denk-Landkarte grafisch umgesetzt werden.

- Nehmen Sie ein Blatt Papier im Querformat zur Hand.
- Schreiben Sie in die Blattmitte das Themenwort, um das es in der Mindmap geht. Kreisen Sie das Thema ein. Wer will, kann das Kernthema auch farbig hervorheben.
- Für Hauptaspekte werden Hauptäste angelegt, die vom Themenwort wegführen. Diese gliedern das Thema in verschiedene Teilbereiche. Die Hauptaspekte werden über den gezeichneten Ast geschrieben.
- Von jedem Hauptast können Nebenäste mit Begriffen abzweigen, die den Hauptaspekt näher erklären, z. B. Stichworte oder Jahreszahlen.
- Mindmaps arbeiten mit Symbolen, Farben und Bildern, damit man sich den Inhalt besser merken kann. Zum Beispiel können Vorteile in Grün, Nachteile in Rot geschrieben werden.

Anbieter von Mind-Mapping-Software:
kostenlos z. B. iMandMap, xMind oder Freemind, kostenpflichtig z. B. Mindmanager von Mindjet

Anwendungsbeispiel

BEISPIEL

Thomas (12 Jahre) besucht die 5. Klasse einer Gesamtschule. In der Familie leben noch der jüngere Stiefbruder, Mutter und Stiefvater. Die Familie wohnt in einem Hochhaus in einem sozial schwachen Gebiet. Der Vater arbeitet im Schichtsystem, die Mutter ist aufgrund einer Depression Hausfrau. Der Stiefvater macht ihr Vorwürfe, sie kümmere sich nicht ausreichend um Thomas und sei ihm gegenüber nicht konsequent. Thomas wird als brutal seinem Bruder gegenüber beschrieben. Seine Eltern lügt er an und bestiehlt sie.

Aus der Schule wird berichtet, er verweigere die Anforderungen, beschimpfe die Lehrer und schwänze die Schule. Es wird der Verdacht einer Lese-Rechtschreib-Schwäche geäußert, eine Hörbehinderung ist bekannt. Im Entwicklungsverlauf ist auffällig, dass die Mutter während der Schwangerschaft wiederholt von ihrem alkoholisierten Ehemann geschlagen wurde. Als Thomas fünf Jahre alt ist, wird sein Halbbruder geboren, worauf er mit Wutanfällen reagiert. Aus der Kindergartenzeit ist bekannt, dass Thomas durch motorische Unruhe und unkonzentriertes Spiel auffiel. Häufig habe er Konflikte mit anderen Kindern und daher keine Freunde gehabt.

Aufgabenstellung: Fallanalyse. Gliedern Sie den vorliegenden Fall anhand der wichtigsten Aspekte in einer Mindmap.

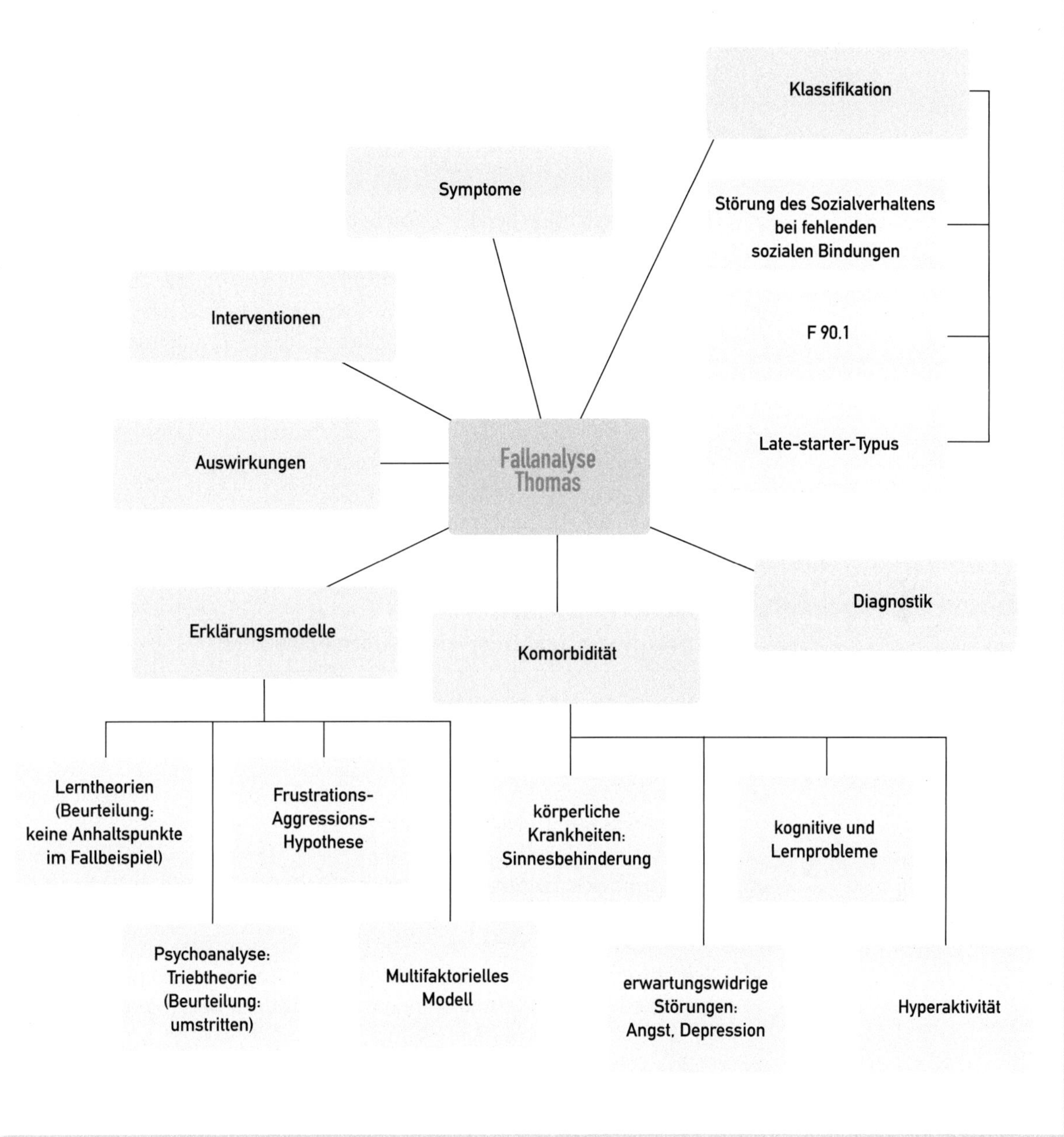

Auschecken

Das habe ich in diesem Kapitel dazugelernt:

- ✔ Ich bin mir bewusst, dass der Begriff der psychischen Störung die Bezeichnung psychische Erkrankung abgelöst hat.
- ✔ Ich kenne die Klassifikationssysteme ICD und DSM sowie deren Aufgaben.
- ✔ Ich berücksichtige bei der Ursachenklärung psychischer Störungen verschiedene Erklärungsmodelle.
- ✔ Das Multifaktorielle Modell der Entstehung psychischer Störungen ist mir bekannt. Ich kann es zur Erklärung für die Entstehung verschiedener psychischer Störungen anwenden.
- ✔ Ich habe Einblick in Schutzfaktoren erhalten, die Menschen vor psychischen Störungen bewahren können.
- ✔ Ich weiß, welche Störungen den externalisierenden Störungen zugeordnet werden und kann sie beschreiben.
- ✔ Ich kann einschätzen, wann ein Kind eine Störung des Sozialverhaltens aufweist, und Interventionsformen ableiten.
- ✔ Ich kann die Kernsymptome von ADHS benennen und verstehe die Auswirkungen auf das betroffene Kind und seine Umwelt.
- ✔ Ich weiß, welche Störungen den internalisierenden Störungen zugeordnet werden und kann sie skizzieren.
- ✔ Ich kenne den Unterschied zwischen Magersucht und Bulimie und weiß, wo ich mich bei Problemen informieren kann.
- ✔ Ich kenne die Kriterien für pathologische Angst und weiß, welche unterschiedlichen Angststörungen es bei Kindern und Jugendlichen gibt.
- ✔ Ich kenne die Bedeutung biologischer Faktoren für die Entstehung einer Depression und kann daraus Therapiemethoden ableiten.
- ✔ Ich kenne Mindmaps zur Darstellung von Zusammenhängen und kann mit dieser Methode eine Fallanalyse strukturieren.
- ✔ Ich habe Grundsätze zum Umgang mit psychischen Störungen und kann Betroffenen offen und wertschätzend begegnen.

Aufgaben / Fragen

1 Gestalten Sie eine Mindmap zum Thema „Psychische Gesundheit". Vergleichen Sie Ihre Mindmap mit der Ihres Sitznachbars. Achten Sie auf Symbole und Farben.

2 Beschreiben Sie, was der zeitliche Beginn einer Störung des Sozialverhaltens mit den Auswirkungen zu tun hat. Stellen Sie die beiden Entwicklungstypen tabellarisch gegenüber!

3 Analysieren Sie den Zusammenhang von Gewalt in den Medien und aggressivem Verhalten bei Kindern und Jugendlichen. Gehen Sie dabei auch auf die daraus resultierenden Probleme ein.

4 Verdeutlichen Sie mithilfe von selbst gewählten Beispielen die Bedeutung und die Auswirkungen der Trennungsangst auf
- das betroffene Kind,
- die Mutter,
- die Erzieherin/den Erzieher im Kindergarten,
- die Lehrerin/den Lehrer.

5 Erläutern Sie den Begriff Schulangst und beschreiben Sie den Teufelskreis der Prüfungsangst. Stellen Sie an einem Beispiel dar, wie dieser Teufelskreis durchbrochen werden kann. Arbeiten Sie zu zweit.

6 Nennen Sie wesentliche Formen von Essstörungen. Beschreiben Sie eine davon genauer. Verdeutlichen Sie Ihre Aussage mit möglichen Therapieansätzen.

7 Überlegen Sie, wie Sie Mahlzeiten mit der Familie in Ihrer Kindheit erlebt haben. Tauschen Sie sich in Vierergruppen darüber aus. Wenn Sie noch Zeit haben: Vergleichen Sie Ihre Lieblingsspeisen und Ihr aktuelles Essverhalten.

8 „Die Anorexia nervosa ist eine der am schwersten zu behandelnden psychischen Störungen!" Nehmen Sie Stellung zu dieser Aussage.

9 Fassen Sie die Entwicklungsstörungen schulischer Fertigkeiten in eigenen Worten zusammen. Verwenden Sie maximal eine halbe DIN-A4-Seite.

10 Bilden Sie eine Dreiergruppe. Teilen Sie die autistischen Spektrum-Störungen untereinander auf. Analysieren Sie diese in Einzelarbeit. Diskutieren Sie anschließend Gemeinsamkeiten und Unterschiede dieser Entwicklungsstörungen.

Sozialwesen

Zum Gammeln verdammt

Monatelanges Nichtstun trotz Schulpflicht: Hunderte Flüchtlingskinder gehen in Hessen nicht zur Schule. (...)

Hunderte Kinder und Jugendliche müssten in Erstaufnahme-Einrichtungen die Zeit totschlagen, statt wie vorgesehen in den Unterricht zu gehen. In Hessen gebe es in den Unterkünften derzeit rund tausend Kinder zwischen sechs und 16 Jahren. „Tatsächlich gehen nur wenige von ihnen zur Schule", heißt es in dem Bericht.

Die Schulpflicht beginnt mit der Zuweisung der Familie zu einer bestimmten Kommune, ein Recht auf Unterricht haben die Kinder sogar schon vorher. Dies werde aber „in der Praxis nicht nachgefragt", so ein Sprecher des Kultusministeriums. Die Menschen müssten „nach der Flucht erst einmal ankommen". Stadtverwaltungen begründen die zögerliche Einladung von Flüchtlingskindern zu Einschulungsuntersuchungen mit Bearbeitungs- und Ferienzeiten.

Das Verhalten der Behörden sei „ein Skandal", zitiert der Bericht die Landesvorsitzende der Gewerkschaft Erziehung und Wissenschaft (GEW), Birgit Koch: Bildung sei ein Menschenrecht, und zwar vom ersten Tag an, an dem die Flüchtlinge in Deutschland seien – „egal, ob die Menschen hier bleiben oder nicht".

Liebe Leserinnen und Leser,im Unterschied zu vielen anderen Artikeln auf SPIEGEL ONLINE finden Sie unter diesem Text kein Forum. Leider erreichen uns zum Thema Flüchtlinge so viele unangemessene, beleidigende oder justiziable Forumsbeiträge, dass eine gewissenhafte Moderation nach den Regeln unserer Netiquette kaum mehr möglich ist. (...)

(Spiegel Online http://www.spiegel.de/lebenundlernen/schule/fluechtlinge-einschulung-in-hessen-nur-sehr-schleppend-a-1111095.html Abruf 7.9.2016)

Fragen: Warum sind Flüchtlinge eine Herausforderung für das Sozialwesen? Was würden Sie den Nutzern des Forums sagen, die „Hasskommentare" posten?

1 Das Praktikum im Sozialwesen

1.1 Berufswahlmotive

Nach Beendigung Ihrer Regelschulzeit stehen Sie vor der Frage, welchen Beruf Sie erlernen möchten. Bei der Berufswahl spielen Motive und Werte eine große Rolle, die zur Entscheidung des weiteren Weges führen. Häufig sind die Beweggründe für die Berufswahl in der eigenen Biografie zu finden. Die eigenen Erfahrungen und die Motivation können dabei eine große Rolle spielen.

www.destatis.de
Bundesamt für Statistik

BEISPIEL

Theresia (17) besuchte als Kind einen integrativen Kindergarten. Für sie ist der Umgang mit Menschen mit Behinderung eine Selbstverständlichkeit. Sie hat positive Erinnerungen an die Atmosphäre in der Gruppe, die sie als Kind besuchte, und hat das Bild der pädagogischen Fachkraft, Frau Stitz, noch sehr lebendig vor Augen. Sie hatte immer gute Laune. Theresia erinnert sich gerne an die liebevolle Art, mit der Frau Stitz Lukas, einen Jungen mit leichter geistiger Behinderung und einer Spastik, in die Gruppe integrierte. Theresia unterstützte Frau Stitz bereits als Kind gerne in der Gruppenarbeit und mochte es sehr, Kindern, die Hilfe brauchten, Unterstützung zu bieten. Frau Stitz war ein Vorbild für Theresia. Bis heute sind die Erinnerungen an die Kindergartenzeit sehr präsent und prägen den Berufswunsch Theresias, Heilerziehungspflegerin zu werden. Dies hat auch dazu geführt, dass Theresia ehrenamtlich in ihrer Freizeit in der nahegelegenen OT (Offene Tür) arbeitet und eine Mädchengruppe leitet.

Folgende Motive für die Berufswahl im Sozialwesen sind zu erkennen:

- Sie haben gerne Kontakt zu Menschen.
- Sie unterstützten gerne Menschen.
- Sie sind gerne für andere Menschen da.
- Es gibt abwechslungsreiche Aufgabengebiete.
- Sie können Ihre Kreativität einsetzten.
- Sie können Menschen in ihrer Entwicklung begleiten und sie fördern.
- Sie haben Freiräume für eigenes Handeln.
- Sie erhalten viel Bestätigung.
- Sie können nach Ihren Vorstellungen arbeiten.
- Sie haben bereits eine gute soziale Kompetenz als Voraussetzung.
- Sie können sich in der sozialen Arbeit engagieren

[1] Ein wichtiges Motiv für die Wahl eines Berufs im sozialen Bereich ist eine gute soziale Kompetenz.

1.2 Arbeitsfelder des Sozialwesens

Mit der Entscheidung, die berufliche Fachoberschule oder das Berufsgymnasium mit Schwerpunkt Sozialwesen zu besuchen, haben Sie sicher auch schon über die Wahl Ihrer Praktikumsstelle nachgedacht. Das Sozialwesen bietet eine Reihe von Praxisfeldern, in denen Sie Ihr Praktikum absolvieren können und die beruflichen Aussichten sind zum jetzigen Zeitpunkt im sozialen Bereich sehr gut. Durch die von Ihnen gewählte Schulform bietet sich Ihnen ein interessanter und effizienter Weg, herauszufinden, welche berufliche Richtung Sie später einschlagen möchten.

An dieser Stelle erhalten Sie einen Überblick über die Praxisfelder, in denen Sie Ihr Praktikum absolvieren können. Diese Übersicht soll Ihnen die Entscheidung für eine Praktikumsstelle erleichtern.

Arbeitsfeld	Schwerpunkt	Grundlagen des Praktikums
Praktikum in der sozialen Arbeit in der Altenbetreuung und im pflegerischen Bereich 	pflegerischer Bereich	Im Praktikum werden grundlegende berufspraktische Erfahrungen in der Pflege und Betreuung von Kindern, Jugendlichen und Erwachsenen in Kliniken, Heimen, Sozialstationen u. ä. Einrichtungen gewonnen.
Praktikum in der sozialen Arbeit in weiteren sozialen Einrichtungen 	sozialpflegerischer Bereich	Im Praktikum werden grundlegende berufspraktische Erfahrungen im Bereich der Sozialämter, Jugendämter, Gesundheitsämter, der Verbände der freien Wohlfahrtspflege u.Ä. einschließlich der Durchführung von Verwaltungsaufgaben gewonnen.
Praktikum in der sozialen Arbeit mit Kindern und Jugendlichen 	sozialpädagogischer Bereich	Im Praktikum werden grundlegende berufspraktische Erfahrungen im Bereich der Jugendhilfe und Jugendpflege (Kindertageseinrichtungen, Heime, Einrichtungen der Jugendarbeit und Jugendsozialarbeit, Jugendämter u. Ä.) gewonnen.

[Tab. 1] Übersicht über die Praxisfelder des Sozialwesens

1.3 Der Rollenbegriff

BEISPIEL

Amir, ein17-jähriger Fachoberschüler der Klasse 11, beginnt im August nach den Sommerferien sein Praktikum in einer städtischen Tageseinrichtung für Kinder. Während der Sommerferien trifft er sich mit seiner Clique wie immer auf dem Schulhof der nahe gelegenen Grundschule. Einer der Freunde hat einen Kasten Bier mitgebracht, ein anderer den Gettoblaster. Zu fortgeschrittener Stunde wird die Gruppe der Jugendlichen immer lauter, sodass auch Amirs Eltern, die im Garten sitzen, aufmerksam werden. Als Amir gegen 23Uhr nach Hause kommt, ist sein Vater sauer: „Amir, wenn Du jetzt bald die Rolle des Praktikanten in dem Kindergarten hast, kannst Du Dir das nicht mehr erlauben. Du musst dann ein gutes Vorbild sein."

Jeder Mensch ist Träger unterschiedlicher |Rollen. In der Soziologie wird das als „Soziale Rolle" bezeichnet. Es werden bestimmte Erwartungen und Wünsche an das Verhalten der Menschen in unterschiedlichen Lebenskontexten gestellt. Diese Lebenskontexte können sich in Familie, Freundes- und Kollegenkreis, Nachbarschaft etc. unterschiedlich darstellen. Vorstellungen darüber, wie sich Menschen in bestimmten Situationen verhalten sollen, haben sich im Laufe der Zeit entwickelt und sind nicht selten durch die eigene Erziehung und Erfahrungen der Menschen, die sie vertreten, geprägt. Die jeweilige Rolle ergibt sich aus den Erwartungen der Gruppe an das Verhalten des Einzelnen und die Anforderungen, die er an sich stellt.

Rolle | S. 310

Sie werden in Praxisfeldern des Sozialwesens Ihr Praktikum absolvieren und damit die Rolle des Praktikanten übernehmen. An diese Rolle sind unterschiedliche Erwartungen geknüpft, die im folgenden Abschnitt erläutert werden.

Rolle des Praktikanten

Eine wichtige Frage ist, wie Sie die Rolle in der Institution, in der Sie Ihr Praktikum absolvieren, einnehmen. Als Praktikant gehören Sie für die Dauer des Praktikums zum Team. In Teams bestehen vielfältige individuelle Vorstellungen über Arbeitsweisen und Anforderungen. Mit Teamarbeit sind unterschiedliche zwischenmenschliche Beziehungen verbunden, die sich auf Ihre Rolle als Praktikant auswirken. Ihre eigene Persönlichkeit wird dazu beitragen, wie Sie die Zeit in Ihrem Praktikum erleben. Als Praktikant dürfen Sie sich neugierig zeigen und Fragen stellen. Schließlich möchten Sie das Berufsfeld kennenlernen. Sie können nicht alles wissen. Erwarten Sie nicht, dass Sie umfassend über die Themen des Praxisfeldes informiert werden. Übernehmen Sie Eigenverantwortung für Ihren eigenen Lern- und Entwicklungsprozess unter dem Motto: „Nur sprechenden Leuten kann geholfen werden." Trauen Sie sich zu, Fragen zu stellen und dadurch Unklarheiten zu beseitigen.

[1] Trauen Sie sich, Ihren Kollegen Fragen zu stellen.

Erproben und Anweisungen entgegennehmen

Da Sie den Status der Praktikantin haben, übernehmen Sie im Alltag Verantwortung im Rahmen Ihrer Möglichkeiten und wie sie Praktikanten entsprechen. Dies gibt Ihnen die Gelegenheit, sich „zu erproben" und die eigenen Fähigkeiten kennenzulernen. Sie sollten allerdings alle „Erprobungsexperimente" mit Ihren Praxisanleitern besprechen, denn diese tragen die Verantwortung für das Alltagsgeschehen und tragen für das, was in ihrem Verantwortungsbereich geschieht, die Verantwortung. Lernen Sie frühzeitig Regeln kennen, die in der Einrichtung, in der Sie Ihr Praktikum machen, bestehen. Das wird Ihnen vieles erleichtern und gibt Orientierung.

In der Zeit als Praktikantin nehmen Sie aktiv am Praxisgeschehen teil. Sie werden von Ihren Praxisanleitern begleitet, beobachtet und beurteilt. Das ist sicherlich nicht immer angenehm. Zu dieser Rolle gehört auch, dass Sie Anweisungen erhalten und sich in das Team einfinden müssen. Sie haben daneben die Chance, sich mit Ihren Ideen in das Alltagsgeschehen einzubringen. Nutzen Sie diese Chance. Durch direktes Feedback Ihrer Anleiterin bieten sich gute Entwicklungsmöglichkeiten.

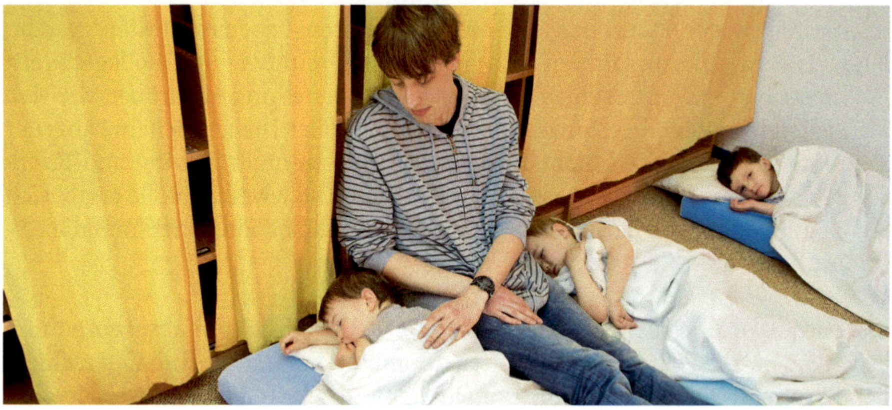

[1] In der Zeit des Praktikums nimmt ein Praktikant aktiv am Praxisgeschehen wie bspw. dem Zubettbringen der Kinder in der Kita teil.

Ängste und Erwartungen

Bevor das Praktikum startet, gehen den meisten Praktikanten viele Dinge durch den Kopf. Damit sind Gedanken und Gefühle verbunden, was sie erwartet und wie es in ihrer Praktikumsstelle sein wird. Auch Ängste sind an dieser Stelle normal und gehören dazu.

Erwartungen Ihrerseits in Ihrer Rolle als Praktikant könnten z. B. sein, dass Sie:

- viel von Ihren Praxisanleitern lernen möchten,
- neue Erfahrungen machen können,
- Anregungen und Hilfestellungen erfahren,
- vielfältig im Praxisfeld eingesetzt werden, damit Sie alles kennenlernen,
- einen guten Kontakt zum Team finden,
- Unterstützung durch Kollegen und Kolleginnen erfahren,
- eine an Ihrem Entwicklungsprozess interessierte Anleitung mit Zeit und Geduld haben,
- das Gefühl haben, dass Ihnen etwas zugetraut wird,
- viel ausprobieren können,
- nicht überfordert werden.

Rolle des Praxisanleiters

Praxisanleiter und Praxisanleiterinnen sollten eine mehrjährige Berufserfahrung haben und übernehmen während des Praktikums die Hauptverantwortung für die Gestaltung und Durchführung des Bildungsauftrages am Lernort Praxis. Sie gehen mit Praktikanten eine professionelle Beziehung ein und stellen allgemeine Erwartungen an sie. In dieser Rolle sind sie am Entwicklungsprozess der Praktikanten interessiert und unterstützen diesen mit ihren Kompetenzen als ausgebildete Fachkraft.

Praxisanleiter sollten gemeinsam mit Ihnen das Ziel des Praktikums im Auge haben und Orientierung bieten. Im Folgenden ist nachzulesen, welche Erwartungen Praxisanleiter an Sie stellen könnten.

In der Rolle der Praktikantin wird von Ihnen erwartet, dass Sie:

- Arbeitsbereitschaft mitbringen und sich engagieren,
- Interesse an dem Praxisfeld zeigen,
- Vereinbarungen treffen und sich daran halten,
- Fragen stellen und Offenheit zeigen,
- sich über Beobachtungen mit Ihren Anleitern austauschen,
- sich selbstständig Aufgaben suchen,
- Ihre Aufgabengebiete sorgsam erledigen,
- sich auf Ihre Arbeit vorbereiten,
- Gesprächsbereitschaft zeigen,
- angemessene Sensibilität und Flexibilität zeigen,
- mit allen Personen (Kollegen, Patienten, Eltern, Kindern u. a.) freundlich umgehen,
- Bereitschaft zur Reflexion zeigen,
- Ihre Rechte und Pflichten kennen (z. B. Schweigepflicht einhalten)
- Kritik zulassen und konstruktiv nutzen u. a.

Pünktlichkeit und Zuverlässigkeit sind selbstverständlich. Dazu gehört auch, dass Sie sich vor Dienstantritt entschuldigen, wenn Sie krank sind, und Pausenzeiten einhalten.

Es ist sinnvoll, wenn Sie sich als Praktikant mit den eigenen Schwächen und Stärken auseinandersetzten und Lern- bzw. Entwicklungsbedarfe für sich feststellen. Sie bringen schon Personal- und Sozialkompetenzen mit, um Ihr Praktikum gut zu absolvieren.

Personale Kompetenz
– auch Humankompetenz – umfasst Sozial- und Selbstkompetenz. Sie bezeichnet die Fähigkeit und Bereitschaft, sich weiterzuentwickeln und das eigene Leben selbstständig und verantwortlich im jeweiligen sozialen, kulturellen bzw. beruflichen Kontext zu gestalten.

Sozialkompetenz
bezeichnet die Fähigkeit und Bereitschaft, zielorientiert mit anderen zusammenzuarbeiten, ihre Interessen und sozialen Situationen zu erfassen, sich mit ihnen rational und verantwortungsbewusst auseinanderzusetzen und zu verständigen sowie die Arbeits- und Lebenswelt mitzugestalten.

Ziel des Praktikums ist das Kennenlernen des Arbeitsfeldes und die Verbindung praktischen Handelns mit schulischem Fachwissen.

1.4 Aufgaben des Praktikanten

Die Aufgaben, die an Praktikanten gestellt werden, unterscheiden sich von Praxisfeld zu Praxisfeld und von den zeitlichen Phasen im Verlauf des Praktikums. In einem Altenheim im pflegerischen Bereich werden andere Aufgaben an Praktikanten gestellt als in einer Tageseinrichtung für Kinder. In den meisten Institutionen gibt es Arbeitsplatzbeschreibungen für jede Tätigkeit. Hier werden die Aufgaben aufgezeigt, die in allen Einrichtungen von Praktikanten bearbeitet werden:

Das Phasenmodell – Aufgaben

	Praktikant	Praxisanleiterin
Anfangsphase	Praktikant orientiert sich und lernt das Arbeitsfeld kennen ▪ lernt Arbeitsabläufe kennen ▪ lernt Kollegen kennen ▪ nimmt erste Kontakte zum Klientel auf	▪ Erprobungs- und Entscheidungsspielraum wird breitgestellt ▪ Anleitungsstil wird dem Entwicklungsstand der Praktikantin entsprechend gewählt ▪ Vor- und Nachbereitung wird begleitet und reflektiert ▪ die Entwicklung der beruflichen Rolle wird unterstützt ▪ der Gesamtprozess des Praktikums wird gesteuert
Kernphase	▪ Gelerntes wird erprobt und geübt ▪ in der Schule gelerntes Fachwissen wir in den beruflichen Alltag übertragen ▪ eigene Ideen werden in die Arbeit eingebracht und nach Absprache mit der Anleitung umgesetzt ▪ eigene Arbeitsbereiche werden eigenständig bearbeitet ▪ eine eigene professionelle Rolle wird entwickelt	▪ Aufgaben werden delegiert ▪ die sich verändernde Rolle des Praktikanten wird reflektiert ▪ Methoden und praktische Ansätze werden gemeinsam reflektiert und kritisch hinterfragt ▪ Praktikant wird bei der Planung der zukünftigen beruflichen Situation unterstützt
Abschluss	▪ Beziehungen und Bindungen zu Klienten müssen langsam beendet werden ▪ gemeinsame Projekte werden beendet	▪ der Ablöseprozess wird begleitet ▪ Aufgaben werden rückdelegiert ▪ Praktikant wird beurteilt ▪ ein Abschlussgespräch wird geführt

delegieren
Aufgaben übertragen

rückdelegieren
Aufgaben zurückgeben

Ziel der Praktika ist es, dass die Praktikanten im Verlaufe des Praktikums Handlungskompetenzen entwickeln, um später in angestrebten Berufen wie Erzieherin, Sozialpädagogin etc. zu arbeiten.

Durch den Unterausschuss für „berufliche Bildung" der Kultusminister der Länder (BRD) wurde ein Qualifikationsprofil für die Ausbildung von Erzieherinnen und Erziehern beschlossen. In diesem Qualitätsprofil sind die Anforderungen des Berufes und die Formulierungen der beruflichen Handlungskompetenzen nachzulesen. Eine qualifizierte Fachkraft muss nach diesem Qualitätsprofil über berufliche Handlungskompetenzen verfügen.
(https://www.gfp-berlin.de/news/anerkennung-der-qualifikation-von-erziehern-und-heilerziehungspflegern-innerhalb-europas; Abruf am 29.01.17)

2 Zielorientierte Struktur des Praktikums

2.1 Bewältigung der Aufgaben im Praktikum

Das Praktikum hat eine wichtige Bedeutung im Berufsfindungsprozess. Praktikanten haben so eine gute Möglichkeit, ihre Berufswahl zu überprüfen und zu erproben. Damit dieser Prozess gut gelingt, ist die zielorientierte Strukturierung des Praktikums erforderlich.

[1] Das Dokumentieren von Aufgaben und Absprachen in einem Praktikumsbuch hilft den Überblick zu bewahren.

Informationen z. B. in Form eines Ausbildungsleitfadens sind sehr sinnvoll und erleichtern dem Praktikanten das Bewältigen und Strukturieren der Aufgaben. Sollte kein Ausbildungsleitfaden vorliegen, erleichtern Sie sich die Bewältigung Ihrer Aufgaben, indem Sie sich eigenverantwortlich zu folgenden Punkten informieren:

- Infos zu Angaben zur Einrichtung wie Größe, Team, Kinderzahl, Alter der Kinder
- Infos zu den einzelnen Gruppenformen,- belegungen und der personellen Zuordnung
- allgemeine Regeln der Einrichtung
- Kriterien für den Umgang mit Eltern oder Angehörigen von Klienten, Kindern oder Patienten
- eine Übersicht über alle Einrichtungsräume
- Verhaltensregeln (Freundlichkeit, gepflegtes Erscheinungsbild etc.)
- Jahresplanung mit allen Festen und Aktivitäten erfragen
- Konzept der Einrichtung erfragen
- Terminvereinbarungen treffen, wann und mit wem die Praktikantin reflektieren und planen kann
- Sicherheitsinfos, z. B. wo sind die Feuerlöscher?
- Regelungen in Krankheitsfällen, Urlaubs- und Dienstplangestaltung
- Absprachen bezüglich der Aufgaben mit der Praxisanleiterin treffen

Was hat das mit mir zu tun?

Das Praktikum beginnt und Sie sehen den Berg an Aufgaben, den es zu bewältigen gilt. Damit Sie den Überblick bewahren können, sollten Sie sich ein Praktikumsbuch mit Kalender zulegen und sich alle Termine und wichtigen Informationen eintragen, auch bereits bekannte Schultermine (z. B. Abgaben von Hausarbeiten und andere Aufgaben). Auch zu erledigende Aufgaben und Absprachen mit Ihrer Praxisanleiterin sollten hier eingetragen werden.

2.2 Gespräche im Praktikum führen

Einzelgespräche

Im Rahmen des Praktikums kommt es immer wieder zu verschiedenen Einzelgesprächen, z. B. zwischen dem Praktikanten und einem Kollegen. Um einen Überblick über die wichtigsten Formen von Gesprächen zu erhalten, sollen die folgenden Einzelgesprächsformen hier erläutert werden:

[1] Tür-und-Angel-Gespräch

[2] Konfliktgespräch

- Tür-und-Angel-Gespräch zur Erklärung (dieses Gespräch erfolgt, um kurze Absprachen über die Organisation zu treffen)
- Anleitungsgespräch (das Gespräch findet regelmäßig und geplant zwischen Praxisanleiterin und Praktikant statt)
- Beratungsgespräch (das Gespräch findet statt, wenn der Praktikant unsicher in seiner Berufswahl ist)
- Konfliktgespräch (das Gespräch findet statt, wenn Konflikte zwischen Kollegen und Praktikant entstehen)

Konfliktgespräch | S. 260

BEISPIEL

Anna-Lena macht ihr Praktikum in der Offenen Ganztagsschule (OGS) „Bullerbü". Sie ist nun seit zwei Monaten dort und hat den Tagesablauf schon gut kennengelernt. Mit viel Engagement hat sie schnell zu den Kindern Kontakte geknüpft und sich in den Tagesablauf integriert. Ihre Praxisanleiterin ist begeistert, wie schnell Anna-Lena sich im Praktikum eingelebt hat. Umso erstaunter ist sie, dass Anna-Lena die hauswirtschaftlichen Tätigkeiten, die täglich vor allem um die Essenzeiten anfallen, übersieht. Die Praxisanleiterin hat Anna-Lena schon mehrfach darauf aufmerksam gemacht, indem sie sie in der Phase, in der die Erst- und Zweit-Klässler gerade den Speiseraum betraten, ansprach. Anna-Lena war jedoch in dieser Phase mit der Begrüßung der Kinder beschäftigt und dadurch abgelenkt.

Dieses Beispiel zeigt, dass Gespräche zur Vermittlung von Informationen einen Rahmen benötigen, damit die Praktikantin die Chance hat, die Informationen ungestört aufnehmen zu können. Das Gespräch sollte in einem seperaten Raum stattfinden, an der Tür könnte ein Schild „Bitte nicht stören" für ein störungsfreies Gespräch sorgen.

Das Anleitungsgespräch

Der Rahmen zielfördernder Anleitungsgespräche, in denen praktische Ausbildung lernwirksam umgesetzt wird, bedarf folgender Kriterien:

- Regelmäßigkeit
- zeitlich im Voraus einplanen
- Dauer des Gesprächs festlegen
- Beteiligte festlegen – Anleiterin (oder Vertreterin) u. Praktikantin
- Inhalte werden von den Beteiligten bestimmt
- positive und gelingende Aspekte werden benannt
- Lernaufgaben werden auf Karteikarten geschrieben und thematisiert
- Ergebnisse und Absprachen werden protokolliert
- Lernaufgaben werden formuliert und ins Praktikumsjournal geschrieben
- Praktikumsbuch oder Praktikumsjournal wird geführt und die Inhalte werden regelmäßig besprochen sowie im Entwicklungsprozess überprüft
- abschließend erfolgt immer ein Feedback zum Gespräch

Praktikantin und Anleiterin fassen noch einmal zusammen, welche Erkenntnisse sie aus dem Gespräch mitnehmen und wie sie die Gesprächsatmosphäre erlebt haben.

Bei allen Gesprächen, die im Verlaufe des Praktikums geführt werden, sind Fachkenntnisse zum Thema |Kommunikation sehr hilfreich.

Kommunikation | S. 234

2.3 Problemlösungsmöglichkeiten für Praktikanten

In zwischenmenschlichen Beziehungen kommt es in privaten und beruflichen Kontexten trotz guter Fachkenntnisse in Kommunikation und im Umgang mit |Konflikten zu Problemen. Diese Konflikte oder Probleme können entstehen, wenn Menschen unterschiedliche Zielsetzungen und Bedürfnisse haben. Diverse Gründe können die Ursache sein:

Konflikte | S. 323

Sachverhalts-Konflikte	**Interessen-Konflikte**	**Beziehungs-Konflikte**	**Werte-Konflikte**	**Struktur-Konflikte**
verursacht durch	verursacht durch	verursacht durch	verursacht durch	verursacht durch
▪ zu wenig Information ▪ falsche Information ▪ unterschiedliche Interpretation von Information ▪ unterschiedliche Prioritätensetzung	▪ vermutete oder erlebte Konkurrenz von: a) Interessen-inhalten b) Umsetzungs-weisen c) psychologischen Standpunkten	▪ starke Gefühle und Fehlwahrnehmungen ▪ Vorurteile oder Stereotypen ▪ mangelnde oder unaufrichtige Kommunikation ▪ wiederholt negatives Verhalten	▪ unterschiedliche Bewertungsprinzipien ▪ fehlende innere Überzeugung ▪ unterschiedliche Lebensformen, Haltungen, Glaubenssätze	▪ negative Interaktions- und Verhaltensmuster ▪ ungleiche Macht- und Autoritätsverhältnisse ▪ ungleiche Besitz- und Ressourcenverteilung ▪ zeitliche, bauliche, politische, geografische etc. Zwänge

[Tab. 1] Ursache von Konflikten (modifiziert nach Faller, 1998)

Kollegiale Fallberatung

Sollten Probleme in der Praxisstelle auftreten, ist es sinnvoll, ein aktives Problemlöseverhalten zu zeigen und das Thema mit Ich-Botschaften anzusprechen.

Eine sachliche Grundhaltung ist in dieser Situation hilfreich. Verbunden mit aktivem Zuhören kommt es möglicherweise schnell zu einer Problemlösung.

Wenn Sie in Ihrer Rolle als Praktikant unsicher sind, hilft oftmals auch eine „Kollegiale Fallberatung“ durch Mitschüler.

Eine Kollegiale Fallberatung dient der Klärung eines Konflikts oder Problems und verhilft zu kreativen Lösungsvorschlägen:

1. Info sammeln	2. Nachfragen	3. Hypothesen bilden	4. Reaktion von FG	5. Empfehlung erarbeiten	6. Reaktion von FG
• Fallgeber (FG) schildert sein Anliegen • Formuliert ein Beratungsziel	• Die Gruppe fragt beim FG nach • Wie meinst du das genau?	• FG rotiert zwischen (Klein-) Gruppen • Hält sich aber vollkommen zurück	• Was hat den FG angesprochen? • In welche Richtung soll es weitergehen?	• Die Gruppe arbeitet auf Basis ausgewählter Hypothesen eine Empfehlung aus	• FG gibt Feedback an die Gruppe

[1] Ablauf einer Kollegialen Fallberatung

3 Rechte und Pflichten

3.1 Rechte des Praktikanten

Auf der Homepage des Bundesministeriums für Arbeit und Soziales finden Sie mehr Informationen zu allen arbeitsrechtlichen Belangen: www.bmas.de

Durch einen Praktikumsvertrag werden die Rechte des Praktikanten bestimmt. Da Praktikanten in der Regel noch minderjährig sind, werden die Bestimmungen des Jugendarbeitsschutzgesetzes angewendet. Arbeitszeit, Ruhepausen, Urlaub und Arbeitsbefreiung für schulische Belange sind im Jugendarbeitsschutzgesetz geregelt. Urlaub sollte während der Schulferien in Anspruch genommen werden. Arbeitende Jugendliche sollen so vor Überlastung im Arbeitsalltag geschützt werden. Der Praktikant ist verpflichtet, einen Praktikantenvertrag abzuschließen.

3.2 Pflichten des Praktikanten

Mit dem Vertrag verpflichtet sich der Praktikant, dem Arbeitgeber zeitnah Erkrankungen mitzuteilen. Die Praktikanten bekommen einen ersten Eindruck der Arbeitswelt. Nach der Landesverordnung für die Fachoberschule hat das Praktikum den gleichen Stellenwert wie Unterricht.

Dazu gehört auch die Verpflichtung, ein Praxisheft zu führen.

[2] Praktikant führt sein Praxisheft.

Schweigepflicht

Im Fachbereich Sozialwesen verpflichtet sich der Praktikant zum |Datenschutz der Zielgruppen, indem er der **Schweigepflicht** schriftlich oder mündlich zustimmt. Dies ist sehr wichtig, da in der Jugendhilfe persönliche Informationen über Daten von Klienten, Kindern und Jugendlichen Grundlage für eine qualifizierte pädagogische Arbeit sind. Im SGB VIII §61 wird dies gesetzlich geregelt.

Sozialdaten sind sensible Daten und dürfen nur zum Zwecke der pädagogischen Arbeit genutzt werden!

Das bedeutet, dass keine Namen und andere Informationen an Dritte außerhalb des Teams weitergegeben werden, auch nicht in lockeren Gesprächen. Die Nichteinhaltung der Schweigepflicht ist eine Straftat nach §203 StGB.

Datenschutz | S. 263

Pflichten der Praxisstellen

Die Träger der Institutionen übernehmen die Verpflichtung, die Ausbildung von Praktikanten unter fachgerechter Anleitung, angemessenen Bedingungen und unter Berücksichtigung des Berufsbildungsgesetztes (BBiG) zu sichern. In der Tabelle finden Sie Auszüge des Berufsbildungsgesetzes.

Verpflichtungen nach BBiG (Berufsbildungsgesetz)	
Pflichten der Auszubildenden	**Pflichten der Ausbildenden**
§13 Verhalten während der Berufsausbildung Auszubildende haben sich zu bemühen, die berufliche Handlungsfähigkeit zu erwerben, die zum Erreichen des Ausbildungsziels erforderlich ist. Sie sind insbesondere verpflichtet, 1. die ihnen im Rahmen ihrer Berufsausbildung aufgetragenen Aufgaben sorgfältig auszuführen, 2. an Ausbildungsmaßnahmen teilzunehmen, für die sie nach §15 freigestellt werden, 3. den Weisungen zu folgen, die ihnen im Rahmen der Berufsausbildung von Ausbildenden, von Ausbildern oder Ausbilderinnen oder von anderen weisungsberechtigten Personen erteilt werden, 4. die für die Ausbildungsstätte geltende Ordnung zu beachten, 5. Werkzeug, Maschinen und sonstige Einrichtungen pfleglich zu behandeln, 6. über Betriebs- und Geschäftsgeheimnisse Stillschweigen zu wahren.	**§14 Berufsausbildung** (1) Ausbildende haben 1. dafür zu sorgen, dass den Auszubildenden die berufliche Handlungsfähigkeit vermittelt wird, die zum Erreichen des Ausbildungsziels erforderlich ist, und die Berufsausbildung in einer durch ihren Zweck gebotenen Form planmäßig, zeitlich und sachlich gegliedert so durchzuführen, dass das Ausbildungsziel in der vorgesehenen Ausbildungszeit erreicht werden kann, 2. selbst auszubilden oder einen Ausbilder oder eine Ausbilderin ausdrücklich damit zu beauftragen, 3. Auszubildenden kostenlos die Ausbildungsmittel, insbesondere Werkzeuge und Werkstoffe zur Verfügung zu stellen, die zur Berufsausbildung und zum Ablegen von Zwischen- und Abschlussprüfungen, auch soweit solche nach Beendigung des Berufsausbildungsverhältnisses stattfinden, erforderlich sind, 4. Auszubildende zum Besuch der Berufsschule sowie zum Führen von schriftlichen Ausbildungsnachweisen anzuhalten, soweit solche im Rahmen der Berufsausbildung verlangt werden, und diese durchzusehen, 5. dafür zu sorgen, dass Auszubildende charakterlich gefördert sowie sittlich und körperlich nicht gefährdet werden. (2) Auszubildenden dürfen nur Aufgaben übertragen werden, die dem Ausbildungszweck dienen und ihren körperlichen Kräften angemessen sind. **§15 Freistellung** Ausbildende haben Auszubildende für die Teilnahme am Berufsschulunterricht und an Prüfungen freizustellen. Das Gleiche gilt, wenn Ausbildungsmaßnahmen außerhalb der Ausbildungsstätte durchzuführen sind.

Methoden – Verfassen eines Praktikumsberichts

Zweck

Es gehört zu den Pflichten des Praktikanten, den Verlauf des Praktikums zu dokumentieren und daraus einen Lernzuwachs zu erzielen. Ziel eines Praktikumsberichtes ist es, die Theorie in Bezug zur Praxis zu setzten. Es ist eine Methode des wissenschaftlichen Arbeitens und bereitet auf die Studierfähigkeit vor.

Im Praktikumsbericht werden eigene Erfahrungen auf der Basis einer Theorie reflektiert und dadurch verarbeitet. Eigene Fragestellungen unterstützen die Auseinandersetzung mit dem jeweiligen Praxisfeld. So ergibt sich ein wissenschaftlicher Text, der eine Verbindung zwischen wissenschaftlicher Theorie und praktischer Erfahrung herstellt.

Das Schreiben eines Praktikumsberichts ist für die Praktikanten verpflichtend und dient der Dokumentation des Entwicklungsprozesses im Praktikum. Des Weiteren dienen die Eintragungen im Praktikumsbericht der Überprüfung eines ordnungsgemäß durchgeführten Praktikums.

Praktikumsbericht Nr.: ____________

für die Woche vom __________ bis __________

Wochenarbeitszeit: ____________

Abteilung oder Arbeitsgebiet:

____

Ausgeführte Tätigkeiten, Lehrgespräche, besondere Unterweisungen etc.:

Unterschriften:

Praktikant: ....

Praxisanleitung: ....

Schule ....

[1] Musterblatt für den Praktikumsbericht

Vorgehensweise

Ein Bericht besteht aus folgenden Teilen:
- Deckblatt
- Einleitung (Ziel der Arbeit benennen)
- Hauptteil (mit fachtheoretischen und praktischen Inhalten)
- Schluss (mit Fazit und persönlicher Stellungnahme)

Formale Gestaltung des Praktikumsberichtes

Das Deckblatt kann mit folgenden Punkten kreativ gestaltet werden:
- Überschrift
- Name/Anschrift
- Klasse
- Schwerpunkt
- Institution/Anschrift
- Anleitung mit Namen
- Beginn und Ende des Praktikums
- Name der betreuenden Lehrkraft
- Name der Schule

Das Berichtsheft sollte am Computer gestaltet werden:
- Schriftgrad: 12 pt, Zeilenabstand 1,5
- Schriftart: Times New Roman oder Arial
- Überschrift: Schriftgrad 14 fett
- Seitenrand 3 cm links, 1,5 cm rechts im Blocksatz, 2 cm oben und unten

Von den Schulen zur Verfügung gestellte Layouts können eine gute Hilfe bei der Verfassung des Praktikumsberichtes sein.

Inhalt des Praktikumsberichts
In dem Praktikumsbericht werden folgende Punkte dokumentiert:
- Beschreibung der Institution (Räumlichkeiten, Personal, Konzept etc.)
- Motivation (Warum machen Sie das Praktikum in der Einrichtung?)
- Wochenplanung (Welche Arbeiten verrichten Sie? Welche Erfahrungen machen Sie?)
- berufsbezogene Fachberichte werden ergänzend hinzugefügt
- Termine der Anleitergespräche mit Protokoll
- Lehrergespräche in der Praxisstelle mit Protokoll
- Formulierung von Lern- und Entwicklungsaufgaben
- Formulierung von eigenen Fragestellungen
- Reflexionen zum Lernprozess
- Abzeichnung durch die Anleitung

Besonderheiten

Achten Sie darauf, dass Sie von der Theorie ausgehend überprüfen, wie Ihre Beobachtungen in der Praxis tatsächlich aussehen und auf welche Probleme Sie aufmerksam werden.

Benennen Sie, worin Sie die Probleme sehen und was Sie für die Ursache halten. Denken Sie daran, das pädagogische Handeln stets zu begründen.

Das Zweite Jahr – Nur noch Theorie ...
In der Klasse 12 der FOS findet ausschließlich theoretischer Unterricht statt.

Sie haben bereits einen guten Erfahrungspool aus Ihrer Praktikumszeit der FOS 11, auf den Sie in der Klasse 12 gut zurückgreifen können. In der Klasse 12 verknüpfen Sie das in der Praxis erworbene Fachwissen mit den fachtheoretischen Inhalten und entwickeln diese weiter, damit Sie Ihnen für Ihre weiteren beruflichen Entwicklungen zur Verfügung stehen. Nach David Kolb, einem amerikanischen Psychologen, findet Lernen durch Erfahrungen statt. Der Lernende sammelt erst Erfahrungen, die anschließend verarbeitet werden. Dieses Lernen geschieht im Prozess und durchläuft vier Phasen:

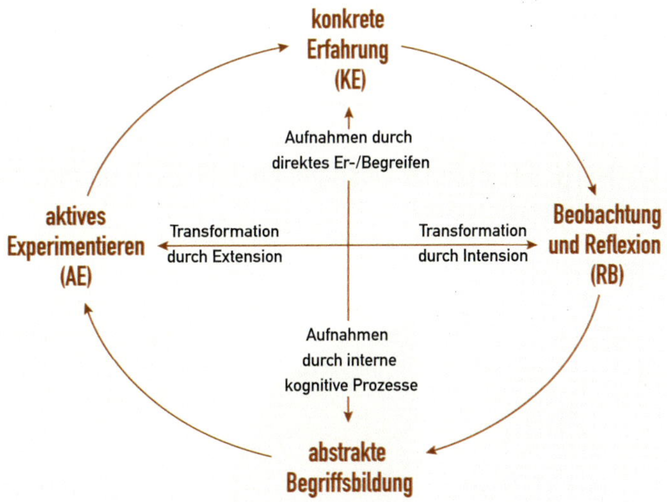

[2] Lernstil nach Kolb

- Phase 1: die konkrete Erfahrung (z. B. im Praktikum)
- Phase 2: die daraus reflektierende Betrachtung (z. B. in Praktikumsbericht und Unterricht)
- Phase 3: die daraus entwickelten Theorien (z. B. in den Klassen 11 und 12)
- Phase 4: das aktive Experiment (z. B. Unterrichtsinhalte in den Klassen 11 und 12)

4 Grundlagen des Sozialwesens in der Bundesrepublik Deutschland

Arbeitsfelder des Sozialwesens | S. 438

Die sozialen Arbeitsfelder sind im Sozialwesen der Bundesrepublik Deutschland eingebettet.

„Sozialwesen“ – was ist das überhaupt? Nachfolgend erhalten Sie einen grundsätzlichen Überblick zum Sozialwesen in Deutschland, bevor die zwei „klassischen“ Bereiche des Sozialwesens, die Soziale Arbeit und die Kindertagesbetreuung, detailliert betrachtet werden.

Kein Mensch lebt für sich alleine, sondern alle sind Teil einer größeren Organisationsform: der Familie, der Schule, des Wohnorts und letztlich auch der Bundesrepublik Deutschland. Jeder kann dabei in eine Notlage kommen – z. B. durch einen Verkehrsunfall, durch die Arbeitslosigkeit der Eltern. Auch kamen in den letzten Jahren sehr viele Flüchtlinge nach Deutschland, die kurz- und langfristige Hilfe benötigen. Für diese Fälle hat sich die Gesellschaft eine Struktur gegeben, die Menschen nicht alleinlässt, sondern Notlagen entgegenwirken soll: das Sozialwesen – alle Menschen leben darin, gestalten es täglich mit und sind mit dafür verantwortlich!

Mehr zur Struktur des Bundeshaushalts in Deutschland erfahren Sie hier: www.bundeshaushalt-info.de

Debatten über das Sozialwesen sind immer auch politische Debatten, hinter denen ein spezifisches Sozialstaatsverständnis steht, wodurch wiederum ein bestimmtes Menschenbild sichtbar wird. Wie wichtig das Sozialwesen ist, lässt sich auch daran ablesen, dass im Bundeshaushalt der Etat des Bundesministeriums für Arbeit und Soziales mit Abstand der größte Posten ist. Er beträgt in 2016 rund 41 % des gesamten Bundeshaushalts, was rund 130 Millionen Euro entspricht. Bei politischen Debatten über das Sozialwesen geht es also immer auch um Geld.

Eckwerte des Bundeshaushalts im Jahr 2016 (in Mrd. Euro)

Gesamtausgaben: 316.9

Stand: 07. September 2016
© Bundesministerium der Finanzen

Vor welchen Herausforderungen unser Sozialwesen steht, zeigt folgender Zeitungsartikel:

Armut in Deutschland sinkt nur leicht
Trotz guter Wirtschaftslage gelten viele Menschen in Deutschland als arm. Der Paritätische Wohlfahrtsverband macht eine alarmierende Entwicklung bei Rentnern aus.

In seinem aktuellen Armutsbericht zeigt der Paritätische Wohlfahrtsverband , dass die Armut in Deutschland fast unverändert hoch bleibt. Sie liegt bei 15,4 Prozent und damit nur 0,1 Prozentpunkte unter dem Vorjahreswert. Zwar sank sie 2014 in neun Bundesländern, dafür stieg sie aber auch in bevölkerungsreichen Regionen wie Bayern von 11,3 auf 11,5 Prozent und Nordrhein-Westfalen von 17,1 auf 17,5 Prozent. Hauptrisikogruppen seien Alleinerziehende und Erwerbslose sowie Rentnerinnen und Rentner, deren Armutsquote rasant gestiegen sei und erstmals über dem Durchschnitt liege, so der Verband. [...] Am stärksten sind laut dem Bericht Erwerbslose von Armut betroffen – ihr Anteil liegt bei 58 Prozent – und Alleinerziehende, deren Anteil bei 42 Prozent liegt. Auch die Kinderarmutsquote ist mit 19 Prozent hoch und liegt noch immer deutlich über dem Durchschnitt, wobei die Hälfte der armen Kinder in Haushalten Alleinerziehender lebt. Als alarmierend bezeichnete der Sozialverband, der seinen Bericht erstmals gemeinsam mit zahlreichen weiteren Sozialverbänden vorlegte, die Entwicklung in Rentnerhaushalten: Bei ihnen sei die Armut seit 2005 etwa zehn Mal so stark angewachsen wie beim Rest der Bevölkerung. [...]

Als arm gelten laut einer Definition der EU Menschen, die über weniger als 60 Prozent des mittleren gesellschaftlichen Einkommens verfügen. Rechnerisch sind dies 12,5 Millionen Menschen, davon rund 3,4 Millionen Rentner. Laut Paritätischem Wohlfahrtsverband werden in Deutschland Haushalte mit einer Person und einem Einkommen von weniger als 892 Euro pro Monat als arm bewertet. Bei einer Familie mit zwei Kindern liegt die Grenze bei 1.872 Euro. [...]
(ZEIT ONLINE, fin; www.zeit.de/wirtschaft/2016-02/armut-deutschland-2016-paritaetische-verband (gekürzt); Abruf 7.9.2016)

1. Welche Gründe für Armut kennen Sie?
2. Warum ist es problematisch, wenn Kinder in armen Familien aufwachsen?
3. Was könnte man tun, um Armut entgegenzuwirken?

Das Sozialwesen ist als Teil des sozialen Staatssystems bestimmt durch die Soziale Arbeit (als angewandte Wissenschaft) und die soziale Praxis (z. B. in der Jugendhilfe). Damit ist das Sozialwesen wichtiger Bestandteil der sozialen Marktwirtschaft.

Wissenschaftlich erforscht wird das Sozialwesen durch die Disziplinen der Sozialpädagogik/-arbeit bzw. der Sozialen Arbeit sowie durch die Gesundheitswissenschaften und das Sozialmanagement.

Das Sozialwesen in seiner sozialen Praxis wird sichtbar durch Dienstleistungen, aber auch durch Geld- oder Sachleistungen. Es ist durch das Grundgesetz der Bundesrepublik Deutschland verankert: „Die Bundesrepublik Deutschland ist ein demokratischer und sozialer Bundesstaat.“ *(GG Artikel 20 [1])* Die Bürger haben also ein grundgesetzlich verbrieftes Recht, in einer Notlage vom Staat Unterstützung zu erhalten!

Démos = griech. „Volk“

4.1 Historische Wurzeln des Sozialwesens

Die Geschichte des Sozialwesens und der damit verbundenen Berufe zu kennen ist eine Grundlage für die Entwicklung eines professionellen beruflichen Selbstverständnisses. Die grundlegenden Zusammenhänge sollen in diesem Abschnitt verdeutlicht werden.

Industrielle Revolution und die Soziale Frage

materielle Armut | S. 335
Verwahrlosung | S. 55

Materielle Armut, aber auch **Verwahrlosung** waren schon immer Themen, mit denen sich die Menschen beschäftigen mussten. Hier Hilfe zu leisten ist also eine sehr grundlegende Kategorie im menschlichen Handeln. Im frühen 16. Jahrhundert war es aufgrund der demografischen Entwicklung nicht mehr möglich, dass sich nur die Familie oder das Dorf um die Armen kümmerte. Gleichzeitig war die Bevölkerung weitestgehend auf sich selbst gestellt, wenn es darum ging, wie z. B. alte und kranke Menschen versorgt werden können. Lediglich die Kirche half armen Menschen und Handwerker wurden von den Zünften unterstützt.

[1] Industrialisierung

Schließlich änderte sich durch die sogenannte **industrielle Revolution** ab der zweiten Hälfte des 18. Jahrhunderts tief greifend die Arbeitswelt. Mit der zunehmenden Industrialisierung in Westeuropa und den USA wurden viele Menschen arbeitslos und zogen auf der Suche nach Arbeit in die Städte, wo es zu wenig Wohnraum gab. Da gleichzeitig die Geburtenrate weiter anstieg, verarmten viele Menschen und mussten in sehr schlechten Verhältnissen leben.

Diese Umstände werden im feststehenden Begriff der **Sozialen Frage** zusammengefasst. Die Beantwortung dieser Sozialen Frage wurde damit nicht mehr nur zu einem privaten/familiären, sondern zu einem öffentlichen/gesellschaftlichen Problem.

Zeitraum	Bezeichnungen für die materielle Hilfe (für Erwachsene)
bis 1900	„Armenpflege/-fürsorge“
bis 1918	„Soziale Fürsorge“
bis 1945	„Wohlfahrtspflege“
bis 1960	„Fürsorge“
bis 1990	„Sozialarbeit“
seit 1990	„Soziale Arbeit“

[Tab. 1] Die Entwicklung des Begriffs „materielle Hilfe für Erwachsene“

Beginn des Sozialversicherungssystems

Im Gothaer Parteiprogramm der Sozialdemokratischen Arbeiterpartei, eine der Vorläuferparteien der heutigen SPD, hieß es 1875:

„(...) In der heutigen Gesellschaft sind die Arbeitsmittel Monopol der Kapitalistenklasse; die hierdurch bedingte Abhängigkeit der Arbeiterklasse ist die Ursache des Elends und der Knechtschaft in allen Formen.

Die Befreiung der Arbeit erfordert die Verwandlung der Arbeitsmittel in Gemeingut der Gesellschaft und die genossenschaftliche Regelung der Gesamtarbeit mit gemeinnütziger Verwendung und gerechter Verteilung des Arbeitsertrages. (...)

Von diesen Grundsätzen ausgehend, erstrebt die Sozialistische Arbeiterpartei Deutschlands mit allen gesetzlichen Mitteln den freien Staat und die sozialistische Gesellschaft, die Zerbrechung des ehernen Lohngesetzes durch Abschaffung des Systems der Lohnarbeit, die Aufhebung der Ausbeutung in jeder Gestalt, die Beseitigung aller sozialen und politischen Ungleichheit. (...)

Die Sozialistische Arbeiterpartei Deutschlands fordert, um die Lösung der sozialen Frage anzubahnen, die Errichtung von sozialistischen Produktivgenossenschaften mit Staatshilfe unter der demokratischen Kontrolle des arbeitenden Volkes. (...)“

(Gothaer Parteiprogramm der Sozialdemokratischen Arbeiterpartei 1875)

1. Analysieren Sie, welche Rolle im Text der „Arbeit“ in der Gesellschaft zugeschrieben wird.
2. Recherchieren Sie die Parteiprogramme der aktuell im deutschen Bundestag vertretenen Parteien – welche Aussagen finden sich dort in Bezug auf den Sozialstaat?

Damit der Staat weiterhin Einfluss auf die Arbeiter haben konnte, um diese unter Kontrolle zu halten, plante der damalige Kanzler Otto von Bismarck (1815–1898) eine Sozialversicherung – allerdings erst, als er mit Verboten sozialistischer Parteien und Vereine nicht weiterkam. So wurden 1883 ein Krankenversicherungsgesetz, 1884 ein Unfallversicherungsgesetz und 1889 ein Invaliden- und Altersversicherungsgesetz erlassen.

[2] Otto von Bismarck (1815–1898)

Nach Handwerk und Industrie wurden schließlich Anfang des 20. Jahrhunderts auch Angestellte sowie selbstständige Handwerker und Landarbeiter in die Sozialversicherungssysteme eingegliedert. Die Einführung der Arbeitsvermittlung und Arbeitslosenversicherung 1927, zu der Arbeitgeber und Arbeitnehmer einen Beitrag leisten müssen, ist dabei als eine der wichtigsten sozialpolitischen Leistungen zu bewerten.

Nach der Pervertierung dieses Staatssystems durch den Nationalsozialismus, in dem z. B. Juden oder Kommunisten aus dem System ausgeschlossen wurden, wurde es mit Gründung der Bundesrepublik Deutschland weiterentwickelt. Wichtiger Meilenstein dabei war die 1957 durchgeführte Rentenreform mit folgenden Punkten:

- Die aktiv im Berufsleben Stehenden zahlen in die Rentenkasse ein.
- Diese Beiträge werden direkt an die Rentner ausgezahlt, was als Umlageverfahren bezeichnet wird.
- Die Rentenhöhe wird der Einkommensentwicklung angepasst – sie wird dynamisiert.

Pervertierung
etwas so verändern, dass es unnatürlich und schlimm wird

Entwicklung der sozialen Unterstützung und der Sozialpädagogik

Ging es historisch zum einen um die materielle Absicherung und Unterstützung, ist ein anderer historischer Entwicklungsstrang des Sozialwesens die Hilfestellung für Kinder, also das Vermeiden von Verwahrlosung.

Zeitraum	Bezeichnung von Institutionen zur Vermeidung von *Verwahrlosung*
bis 1800	„Waisen- und Zuchthäuser“
bis 1900	„Kinderbewahranstalten/Kindergärten und Jugendfürsorge“
Anfang des 20. Jh.	„Jugendarbeit/Jugendwohlfahrtspflege“
seit 1991	„Jugendhilfe“

[Tab. 1] Historische Entwicklung der Institutionen zur Vermeidung von Verwahrlosung

Sozialisation | S. 268

Hierfür gab es bereits im Mittelalter Findel- und Waisenhäuser, welche die Aufgaben der Familie übernahmen. Schließlich entwickelten sich im 18. und 19. Jahrhundert der Kindergarten und im 20. Jahrhundert die Sozialpädagogik. Die **Sozialpädagogik** als pädagogische Umsetzung der Jugendhilfe wurde damit neben der Familie, dem Kindergarten und der Schule sowie der beruflichen Ausbildung zu einem wichtigen Bestandteil der |Sozialisation.

Die Bereiche der Sozialarbeit und der Sozialpädagogik, mit ihren unterschiedlichen historischen Entwicklungssträngen, werden heute unter dem Begriff **Soziale Arbeit** zusammengefasst.

convergere (lat.)
sich zueinander neigen

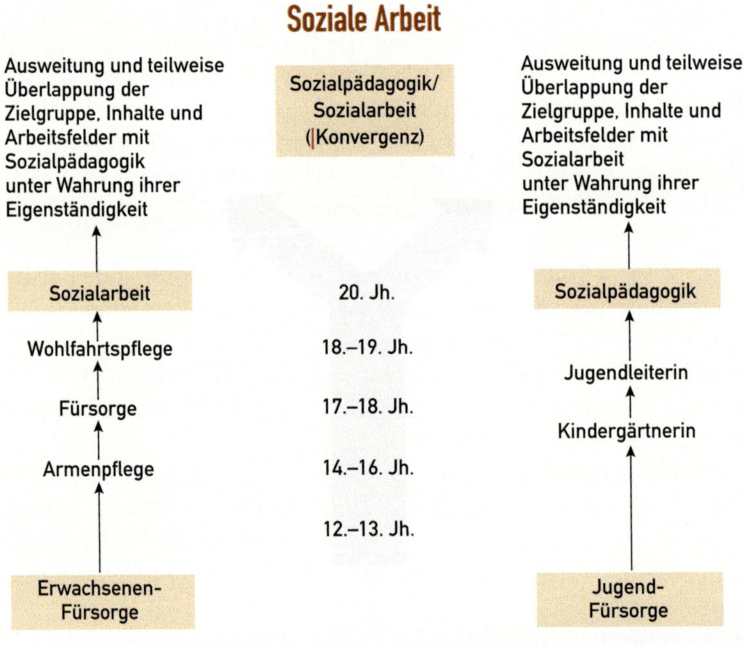

[1] Entwicklung der Sozialen Arbeit (modifiziert nach Schilling, J./Zeller, S.: Soziale Arbeit. Geschichte, Theorie, Profession. Reinhardt, München 2012)

Damit ergeben sich nach den Sozialwissenschaftlern Zeller und Schilling für die Soziale Arbeit weitreichende Handlungsfelder und Zielgruppen:

- **Kinder** (Tagesstätten, Heime, Krippen, Horte)
- **alte Menschen** (Altentagesstätten/-heime)
- **Freizeit** (Erwachsene, alte Menschen, Kinder, Jugend, Sport)
- **Bildung** (Fort-/Weiterbildung)
- **Erwachsene** (Erwachsenenbildung)
- **Menschen mit Behinderungen** (Heime/Tagesstätten)
- **Medizin** (Gesundheitsämter, Krankenhäuser, Reha)
- **Kultur** (Organisation, Theater, Musik, Bewegung)
- **Beratung/Betreuung** (Familien, Arbeitslose, Erziehung)

4.2 Zentrale Aufgaben des Sozialwesens

Eine zentrale Aufgabe des Sozialwesens ist die soziale Sicherung. Dieses System beruht auf drei grundlegenden Prinzipien:

Versicherungsprinzip	Sozialversicherungspflichtige beziehen Leistungen, sie zahlen aber auch in die Versicherung, wie z. B. die Krankenversicherung, ein. Verursacht ein Versicherter – z. B. durch eine schwere Krankheit – mehr Kosten, als der Betrag, den er eingezahlt hat, abdeckt, werden diese durch die Gemeinschaft der Versicherten getragen.
Versorgungsprinzip	Die Gemeinschaft versorgt einen Personenkreis, der für die Gemeinschaft gearbeitet hat (z. B. Beamte). Die Leistungen werden durch Steuern finanziert.
Fürsorgeprinzip	Für Bedürftige in Notlagen gibt es Leistungen (Sozialhilfe). Diese werden aus Steuern finanziert (wie z. B. Hartz IV).

[Tab. 2] Prinzipien der sozialen Sicherung

Nachfolgend werden einige zentrale Aufgaben des Sozialwesens in Deutschland dargestellt. Die rechtlichen Grundlagen sind in den Sozialgesetzbüchern (SGB) festgelegt. Diese gliedern sich folgendermaßen:

[2] Die Sozialgesetzbücher im Überblick

Existenzsicherung

Die grundlegende Sicherung der Existenz eines Menschen wird von der **Sozialhilfe** übernommen. Diese können grundsätzlich Erwerbsfähige beziehen, wenn sie keinen Anspruch aus der Arbeitslosenversicherung haben. Rechtlich ist dies im SGB (Sozialgesetzbuch) XII § 1 geregelt:

„Aufgabe der Sozialhilfe ist es, den Leistungsberechtigten die Führung eines Lebens zu ermöglichen, das der Würde des Menschen entspricht. Die Leistung soll sie so weit wie möglich befähigen, unabhängig von ihr zu leben; darauf haben auch die Leistungsberechtigten nach ihren Kräften hinzuarbeiten."

Bei aller Kritik am Sozialsystem kann damit festgehalten werden, dass die Bürger der Bundesrepublik Deutschland hervorragend abgesichert sind.

Krankheit und Pflegebedürftigkeit

Jeder Mensch in Deutschland hat das Recht auf eine Krankenversicherung. Neben der gesetzlichen Krankenversicherung (GKV) gibt es auch eine private Krankenversicherung (PKV). Alle Krankenversicherten sind auch in der Pflegeversicherung. Diese sichert das Risiko der Pflegebedürftigkeit ab (SGB XI § 1 Abs. 1).

Arbeitslosigkeit

Verliert ein Arbeitnehmer seine Stelle, kann er Arbeitslosengeld I (ALG I) beziehen, wenn er die Anspruchsvoraussetzungen erfüllt. In die Arbeitslosenversicherung zahlen sowohl die Arbeitgeber als auch die Arbeitnehmer ein. Rechtlich ist sie im SGB III geregelt. Der Zeitraum, für den das ALG I bezogen werden kann, richtet sich nach dem Lebensalter des Beziehers und wie lange dieser beschäftigt war. Die Höhe des ALG I errechnet sich aus dem bisherigen Einkommen. Finden Erwerbsfähige keine Arbeit und haben sie auch sonst kein Einkommen oder Vermögen, um ihren Lebensunterhalt zu sichern, werden sie durch das Arbeitslosengeld II (Hartz IV) abgesichert. Arbeitslosengeld II haben in 2016 rund 4,3 Mio. Menschen erhalten.

Mehr Informationen zum Arbeitslosengeld finden Sie auf der Homepage der Agentur für Arbeit: **www.arbeitsagentur.de**

Rehabilitation

Ist eine Person nach einer Krankheit oder einem Unfall körperlich, geistig oder seelisch geschädigt, hat sie Anspruch auf Leistungen, um die gleichberechtigte Teilhabe am gesellschaftlichen Leben sicherzustellen.

Behinderung | S. 366

„Behinderte oder von Behinderung bedrohte Menschen erhalten Leistungen nach diesem Buch und den für die Rehabilitationsträger geltenden Leistungsgesetzen, um ihre Selbstbestimmung und gleichberechtigte Teilhabe am Leben in der Gesellschaft zu fördern, Benachteiligungen zu vermeiden oder ihnen entgegenzuwirken. Dabei wird den besonderen Bedürfnissen behinderter und von Behinderung bedrohter Frauen und Kinder Rechnung getragen." (SGB IX § 1)

Integration und Inklusion

Ziel ist es, für alle Menschen eine Möglichkeit zu schaffen, am gesellschaftlichen Leben teilzunehmen, unabhängig von Alter, Geschlecht, Nationalität, Verdienst oder Behinderung. Das Stichwort „Inklusion" ist dabei von zentraler Bedeutung, da die Bundesrepublik Deutschland die UN-Behindertenrechtskonvention unterzeichnet hat und diese seit 2009 ihre Anwendung finden muss. Inklusion wurde so zum staatlichen Auftrag und damit wichtigen Ziel des Sozialwesens.

Mehr zum Ansatz der Inklusion erfahren Sie unter: **www.aktion-mensch.de/was-ist-inklusion**

Grundsätzlich ist das Sozialwesen in Deutschland nach dem sogenannten Subsidiaritätsprinzip organisiert.

Subsidiarität bedeutet, dass zunächst das Individuum für sich selbst verantwortlich ist und erst danach die Familie, eine Versicherung oder der Staat. Auch haben freie Organisationen Vorrang vor staatlichen Organisationen und freie Träger von Angeboten Vorrang vor öffentlichen Trägern.

Subsidiarität
lat. *Subsidium* = Hilfe/Reserve

4.3 Wichtige Strukturen des Sozialwesens

Das Sozialwesen in der Bundesrepublik Deutschland ist ein komplexes Feld mit vielen Akteuren. Nachfolgend sollen die wichtigsten benannt werden.

Freie Träger und Kirchen

Als freie Träger werden solche Organisationen bezeichnet, die Hilfsmaßnahmen anbieten und nicht öffentlich sind. Zumeist sind freie Träger als gemeinnützige Vereine (e. V.), gemeinnützige GmbHs (gGmbH) oder Wohlfahrtsverbände organisiert. Die meisten sozialen Dienste werden von den Wohlfahrtsverbänden angeboten, welche sich aus staatlichen Mitteln und Spenden refinanzieren:

- Deutsches Rotes Kreuz (DRK) und Arbeiterwohlfahrt (AWO)
- Caritas und Diakonisches Werk
- Paritätischer Wohlfahrtsverband
- Zentralwohlfahrtsstelle der Juden in Deutschland (ZWST)

AWO

Not sehen und handeln. Caritas

Deutsches Rotes Kreuz

Diakonie

DER PARITÄTISCHE GESAMTVERBAND

ZWST Zentralwohlfahrtsstelle der Juden in Deutschland e.V.

In der Bundesarbeitsgemeinschaft der freien Wohlfahrtspflege (BAGFW) haben sich die wichtigsten zusammengeschlossen. Insbesondere die Caritas (katholische Kirche) und das Diakonische Werk (evangelische Kirche) zählen zu den großen Dienstleistern im Bereich des Sozialwesens und damit zu den größten Arbeitgebern in Deutschland. Eine muslimisch geprägte Wohlfahrtspflege in Deutschland entwickelt sich zurzeit.

Behörden, Kommunen und Jugendämter

Staatliche Behörden sind insofern ein wichtiger Teil des Sozialwesens, da sie die Verwaltung des Staates organisieren. Dies basiert auf Gesetzen und Verordnungen und ihre Entscheidungen können durch Gerichte überprüft werden. Behörden haben häufig auch die Fachaufsicht über Anbieter sozialer Dienstleistungen. Sie kontrollieren die Art und Weise, wie die Aufgaben erfüllt und ob rechtliche Vorgaben eingehalten werden.

Kommunen – Städte und Gemeinden – richten Sozial-, Jugend- und Gesundheitsämter ein. Sie setzen rechtliche Regelungen um, erbringen finanzielle Leistungen, wie Sozial- und Jugendhilfe, und betreiben aktiv Sozialpolitik.

Insbesondere das Jugendamt besteht aus einem politischen Gremium, dem Jugendhilfeausschuss, und einer Verwaltung. Jugendämter haben dabei die Aufgabe,

- zu beraten,
- Hilfsangebote zu machen,
- Jugendarbeit zu fördern,
- die Erziehung zu unterstützen,
- Tageseinrichtungen/Tagespflege bereitzustellen und
- finanzielle Unterstützung zu leisten.

Mehr Informationen zur Sozialpolitik in Deutschland erhalten Sie unter: www.sozialpolitik-aktuell.de

Fachlicher Austausch der Träger

Im Deutschen Verein für öffentliche und private Fürsorge e. V. sind die öffentlichen und freien Träger von Angeboten für einen fachlichen Austausch zusammengeschlossen.

„Der Deutsche Verein für öffentliche und private Fürsorge e. V. ist seit über 135 Jahren das gemeinsame Forum für alle Akteure in der sozialen Arbeit, der Sozialpolitik und des Sozialrechts in Deutschland. Mit unserer Erfahrung und Expertise begleiten und gestalten wir die Kinder-, Jugend-, und Familienpolitik, die Grundsicherungssysteme, die Altenhilfe, die Pflege und Rehabilitation, das Bürgerschaftliche Engagement, die Planung und Steuerung der sozialen Arbeit und der sozialen Dienste, sowie die internationale und europäische Sozialpolitik und das Sozialrecht. ...“ (*Deutscher Verein (2016)*)

Kommerzielle Anbieter

Mittlerweile gibt es auch zahlreiche kommerzielle Anbieter im Bereich des Sozialwesens, die von Trägern und Kommunen beauftragt werden. Dies birgt allerdings die Gefahr, dass ein Wettbewerb um das günstigste Angebot einsetzt, bei dem die Qualität der Arbeit auf der Strecke bleibt.

4.4 Berufsfelder im Sozialwesen

[1] Die Arbeit mit Kindern ist nur ein Berufsfeld im Sozialwesen.

Unter **www.berufenet.arbeitsagentur.de** können Sie mehr über die einzelnen Berufsfelder des Sozialwesens erfahren.

Im Bereich des Sozialwesens gibt es eine große Vielfalt an Berufsfeldern – zum Teil ist dies dem föderalen System der Bundesrepublik Deutschland geschuldet. Die gleichen Berufe heißen in den Bundesländern unterschiedlich. Grundsätzlich lassen sich die Berufe nach ihren Zielgruppen unterscheiden – diese sind:

- Kinder
- Jugendliche
- Familien
- Menschen mit Behinderung
- alte Menschen

Mit Blick auf die einzelnen Zielgruppen gibt es sehr unterschiedliche Arbeitsbereiche, Einrichtungsformen und Arbeitsfelder. Dies können sein:

Angebotsform	Mögliche Arbeitsbereiche	Beispiele für Berufe
ambulante Angebote	Kindergärten, Krippen oder Hort	Kinderpfleger, Sozialpädagoge
	betreutes Wohnen	Heilerziehungspfleger
	ambulante Pflegedienste	Altenpfleger
stationäre Angebote	Kinderheim	Erzieher
	Wohngruppen für Behinderte	Sozialassistent
	Altenpflegeheim	Krankenschwester
unterstützende Angebote	Familienpflege	Familienpflegerin
	Streetworker mit Jugendlichen	Sozialarbeiter
	Essen auf Rädern für alte Menschen	Sozialhelfer

Die Unterschiedlichkeit bei den Zielgruppen und Angebotsformen von Leistungen spiegelt sich auch im Anforderungsprofil an das jeweilige Personal wider. Dies reicht von der verantwortungsvollen Medikamentengabe, dem Einsatz gezielter Hilfsmittel und der genauen Kenntnis spezifischer Krankheiten über die Planung von Bildungs- und Entwicklungsprozessen, gezielter Kommunikation bis hin zu Teamfähigkeit und die Übernahme von Verantwortung.

Häufig ist die Arbeit im Sozialwesen auch mit großen Belastungen verbunden. So werden die Mitarbeiter in der Altenpflege z. B. mit Leid, Krankheit und Tod konfrontiert oder in der Jugendhilfe mit Kindern, die große Belastungen erleben oder erlebt haben. Auch wird oft im Schichtsystem gearbeitet. Gerade wenn die Tätigkeit mit pflegerischer Arbeit einhergeht, kann es zu Erlebnissen kommen, die häufig mit Ekel oder Ablehnung einhergehen.

Der Einstieg in die Berufe des Sozialwesens kann dabei sowohl über Vollzeitschulische Ausbildungsgänge, z. B. Erzieher, Heilerziehungspfleger, als auch über ein Studium mit Bachelor- oder Masterabschluss stattfinden. Auch gibt es in diesem Bereich ein breites Angebot an Weiterbildungsmaßnahmen. Die Berufe des Sozialwesens sind nach wie vor sehr stark von Frauen geprägt.

Grundsätzlich ist davon auszugehen, dass es auch in Zukunft im Sozialwesen zahlreiche Stellen zu besetzen gibt, allerdings mit großen Unterschieden in den einzelnen Arbeitsbereichen. So werden Erzieher gesucht, da der Bereich der frühen Bildung im politischen Fokus steht. Ebenso wird es auch zukünftig einen hohen Bedarf an Altenpflegern geben, da es durch die demografische Entwicklung in Deutschland immer mehr alte Menschen gibt. Im Gegensatz dazu leidet der Bereich der sozialpädagogischen Betreuung von Kindern und Jugendlichen unter Mittelkürzungen, was wiederum zu einem Stellenabbau führt.

Auch sind die Verdienstmöglichkeiten im Sozialwesen im Vergleich mit z. B. technischen Berufen eher unbefriedigend.

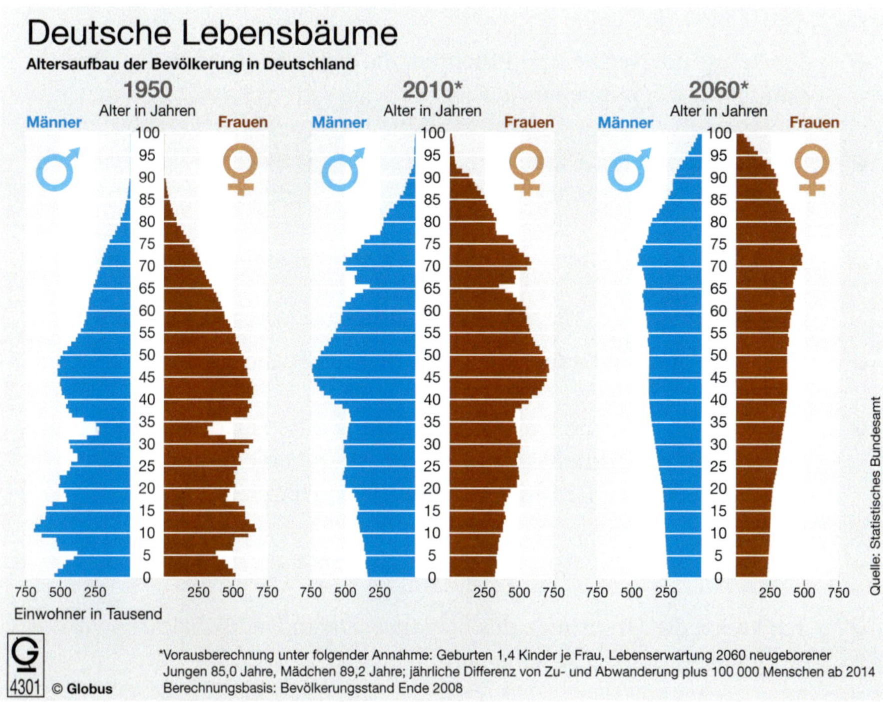

[2] Demografische Entwicklung in Deutschland

Auschecken

Das habe ich in diesem Kapitel dazugelernt:

- ✓ Ich bin sensibilisiert für die Herausforderungen der Zuwanderung durch Flüchtlinge in Deutschland.
- ✓ Ich kenne die Praxisfelder des Sozialwesens.
- ✓ Ich habe mich mit meiner Rolle als Praktikant auseinandergesetzt.
- ✓ Ich habe mich mit der Rolle der Praxisanleitung auseinandergesetzt.
- ✓ Ich weiß, welche Erwartungen und Aufgaben an mich in meiner Rolle als Praktikant gestellt werden.
- ✓ Ich weiß, welche Kompetenzen ich in dem Praktikum entwickele.
- ✓ Ich kenne die Struktur eines Praktikums.
- ✓ Ich habe kennengelernt, wie ich meine Aufgaben organisieren kann.
- ✓ Ich kenne die unterschiedlichen Gesprächsformen im Praktikum.
- ✓ Die Gesprächsregeln für Gruppen nach Ruth Cohn sind mir bekannt. Ich kann diese nachvollziehen und im Problemfall anwenden.
- ✓ Ich kenne die Methode der „Kollegialen Fallberatung" und kann diese im Problemfall anwenden.
- ✓ Ich kenne die Rechte und Pflichten, die sich aus der Rolle des Praktikanten für mich ergeben.
- ✓ Die Bedeutung des Datenschutzes und der Schweigepflicht habe ich verinnerlicht.
- ✓ Ich kann anhand von vorgegebenen Kriterien einen Praktikumsbericht verfassen.
- ✓ Den Sinn und die Bedeutung eines Praktikumsberichtes verstehe ich.
- ✓ Ich verstehe, dass die Theorie in Klasse 12 eine Fortsetzung des erfahrungsbasierten Lernens der Klasse 11 ist und eine gute Voraussetzung zur weiteren beruflichen Entwicklung darstellt.
- ✓ Ich kann die Grundstruktur des Sozialwesens erklären.
- ✓ Ich kenne die Ursprünge des Sozialwesens in Deutschland sowie die Aufgaben des Sozialwesens heute.

Aufgaben / Fragen

1 Recherchieren Sie, in welchen Bereichen des Sozialwesens die Arbeit mit minderjährigen Flüchtlingen eine Rolle spielt und wie sich diese gestaltet.
Diskutieren Sie das Ergebnis in Vierer-Gruppen.

2 Suchen Sie sich in der Klasse einen Interviewpartner, eine Interviewpartnerin. Fragen Sie sich gegenseitig, welche Motive Sie zu Ihrer Praktikumsstelle geführt haben. Fragen Sie in dem Interview auch, wie Sie sich Ihre berufliche Zukunft vorstellen und welche Motive und Werte in Ihrer Wahl von Bedeutung sind.

3 Entwickeln Sie eine Arbeitsplatzbeschreibung für eine Praktikumsstelle. Wählen Sie aus folgenden Praxisfeldern eine Einrichtung aus: OT/OGS/Stationäre Jugendhilfe/Tageseinrichtung für Kinder/Altenheim/Wohnheim für Menschen mit Behinderung/Krankenhaus/Werkstatt für Menschen mit Behinderung.

4 Stellen Sie in kreativer Form das Kompetenzprofil als Praktikantin dar. Sie können malen, aus Zeitungen Schriftzüge und Bilder schnippeln, kleben (Collage) usw.

5 Erproben Sie in Dreier-Gruppen im Rollenspiel ein Anleitergespräch. Wechseln Sie die Rollen und bestimmen Sie dabei immer einen Beobachter. Beachten Sie dabei Ihre fachtheoretischen Kenntnisse aus dem Kapitel Kommunikation.

6 Tauschen Sie sich in Kleingruppen über mögliche Probleme in der Praxis aus und wenden Sie die Grundlagen der „Kollegialen Fallberatung" zur Lösungsfindung an.

7 Stellen Sie heraus, welche Rechte und Pflichten Sie als Praktikant haben, und fassen Sie diese auf einem kurzen Infoblatt zusammen.

8 Legen Sie ein Praktikumsheft an und führen Sie dieses regelmäßig und gewissenhaft.

9 „Zwischen Politik und dem Sozialwesen gibt es eine enge Beziehung!" Nehmen Sie Stellung zu dieser Aussage.

10 Benennen Sie die Aufgaben des Sozialwesens.

11 Erläutern Sie den Begriff „Subsidiarität".

12 Erklären Sie den Unterschied zwischen Sozialpädagogik und Sozialarbeit.

13 Stellen Sie die „materiellen Hilfen" dar.

Praktikum in der Sozialen Arbeit

Ein Tag im Leben eines Sozialpädagogen in der Wohnungslosenhilfe

Mein Name ist Sascha. Ich arbeite seit 20 Jahren als Sozialpädagoge in der Wohnungslosenhilfe in Düsseldorf. In der Einrichtung betreue ich zwei Wohnetagen mit insgesamt elf Bewohnern männlichen Geschlechts. Der Arbeitsbereich ist vielfältig.

Mein Tag beginnt in der Regel gegen 7 Uhr morgens mit der Teambesprechung. Dort planen wir den Tag und sprechen über einzelne Klienten. Um 9 Uhr findet dann auf einer meiner Wohnetagen eine Wohngruppenversammlung statt. Dies ist eine Pflichtveranstaltung. Alle Bewohner müssen anwesend sein. Wir gestalten das Zusammenleben auf der Etage, besprechen Konflikte und organisieren den Putzplan für die Etage. Meine Aufgabe ist es, die Versammlung zu moderieren, bei Konflikten zu vermitteln, Themen anzuregen und das Protokoll zu schreiben.

Um 10 Uhr habe ich dann oft ein Gespräch mit einem Klienten. Die Themen richten sich nach den Bedürfnissen des Bewohners. Meist geht es um Suchtmittelkonsum, Umgang mit Finanzen, Überschuldung, die Gestaltung sozialer Kontakte, die Begleitung bei Ämter- und Behördengängen, Bewährungsauflagen, Gerichtsverhandlungen, die Gesundheit oder die psychische Befindlichkeit. Um 12 Uhr begleite ich einen Klienten zum Jobcenter, um mit ihm und dem Fallkoordinator über die berufliche Wiedereingliederung zu sprechen. Meine Aufgabe ist in diesem Gespräch, die Lebensumstände zu schildern und eine Einschätzung darüber abzugeben, ob der Klient integrationsfähig ist. Um 13 Uhr findet dann eine wöchentliche Teamsitzung der Sozialabteilung und der beiden Mitarbeiter aus der Verwaltung statt.

Im Anschluss an die Teamsitzung gibt es Freizeitangebote für die Bewohner, welche von einer Kollegin und mir begleitet werden. Heute bieten wir in der Cafeteria einen Spielenachmittag an. Auch dies gehört mit zu meinen Aufgaben, da viele Bewohner verlernt haben, ihre Freizeit sinnvoll zu gestalten.

1 Welche Aufgaben übernimmt der Sozialpädagoge in der Arbeit mit den Bewohnern?

2 Wie würden Sie die Rolle beschreiben, die Sascha den Bewohnern gegenüber hat?

1 Soziale Arbeit – eine begriffliche Annäherung

1.1 Entstehung der Sozialen Arbeit

Bereits gegen Ende des 19. Jahrhunderts ist der Begriff der „Sozialen Arbeit“ in deutschen Veröffentlichungen zu lesen. Er zeigt einen Wandel bei der Bezeichnung der sozialen Berufe und besonders der veränderten Lebensgewohnheiten in der Zeit der Industrialisierung.

Es entstand auch der Begriff der „Sozialen Frage“: Damit wurden die immer größer werdenden Probleme zusammengefasst, die durch die industrielle Revolution entstanden. Großes Bevölkerungswachstum, harte und schlechte Arbeitsbedingungen in Fabriken, die Flucht vom Land und der Rückgang der nachbarschaftlichen Hilfe bei Problemen und Armut waren die Auswirkung des industriellen Zeitalters.

[1] Arbeitsbedingungen zur Zeit der Industrialisierung

Industrialisierung
Zeitalter seit Ende des 18. Jahrhunderts

Soziale Frage | S. 452

Dörfliche Gemeinschaften und Großfamilien lösten sich auf und durch die Landflucht entstand in den Städten eine neue Klasse: das Proletariat. Die Zuwanderer waren den konjunkturellen Schwankungen schutzlos ausgesetzt. Das erforderte eine effektive Lösung der Armenfrage. Nach der Gemeindereform waren die Städte für die Versorgung der Armen zuständig, womit diese bei Weitem überfordert waren. Mitte des 19. Jahrhunderts wuchs die Bevölkerung um das 2½-fache. Die massenhafte Armut war gefährlich. Streiks, Seuchen, Krawalle kosteten die Städte viel Geld. Manche wandten bis zur Hälfte ihres Etats für die Armenversorgung auf. WICHERN schrieb 1837: „Familien ohne Betten, ohne Möbel, ohne Brot, in Kot und Unrat, in Lumpen und Ekel wie begraben.“ Die täglichen Arbeitszeiten (auch für Kinder und Frauen) betrugen 12–14 Stunden. Arbeitsunfälle waren keine Seltenheit, da es keinerlei Sicherheitsvorkehrungen gab. Karger Lohn, fehlende Ausbildung, miserable Wohnverhältnisse, mangelhafte Ernährung, keine Regenerationsmöglichkeiten, keine medizinische Versorgung und der Verlust sozialer Bindungen waren die bestimmenden Armutsfaktoren. Denn die Arbeiter waren Arbeitslosigkeit, Krankheit und Invalidität schutzlos ausgeliefert.

(Sagebiel, Juliane: Geschichte der Sozialen Arbeit. In: http://w3-o.hm.edu/fb11/Lehrmaterial/Sagebiel/Material/Skript_Geschichte_Sozialen_Arbeit.pdf, 14.11.2013)

Die wachsenden Städte mussten für Menschen in Armut oder Krankheit und für Waisenkinder Hilfen schaffen und Anstrengungen unternehmen, um die Arbeitsfähigkeit der Menschen in den Fabriken zu erhalten.

Soziale Hilfen | S. 476

Die Städte entwickelten im beginnenden 20. Jahrhundert Sozialsysteme und unterschiedliche Hilfsmodelle zur Unterstützung der Arbeiter. Aus ehrenamtlichen Armenhelfern werden hauptamtliche ausgebildete Armenpfleger. Fürsorgeämter für Gesundheit, Jugend und Wohnung entstehen in dieser Zeit und arbeiten nach den Prinzipien der Einzelfallhilfe.

Einzelfallhilfe
individuelle Hilfe wie Beratung und Vermittlung materieller Hilfen

[1] Kindergarten der Caritas

Zeitgleich gründeten sich private Wohlfahrtsverbände, z. B. 1848 die Innere Mission und 1897 die Caritas, die neben Sozialversicherungsleistungen auch soziale Hilfe in Notlagen anbieten und Institutionen der Gemeinwesenarbeit, z. B. Kindergärten und Rettungswohnhäuser, einrichten.

Definition der Sozialen Arbeit

Soziale Arbeit gilt als Oberbegriff für eine angewandte Wissenschaft, die sich mit sozialen Aspekten beschäftigt. Der Bereich der Sozialen Arbeit wird in zwei Teilbereiche untergliedert. Er besteht aus den beiden Disziplinen Sozialarbeit und Sozialpädagogik (vgl. Kapitel B I, Abschnitt 4.1).

Sozialarbeit
Die Sozialarbeit gilt als reaktiv. Sie greift ein, wenn ein Missstand gemeldet wurde, und reagiert nach Aufforderung.

Sozialpädagogik
Die Sozialpädagogik gilt als aktiv. Sie agiert, bietet an und initiiert.

Der Zusammenschluss beider Begriffe im Jahr 2001 bedeutet eine Gleichrangigkeit beider Arbeitsfelder. Die Soziale Arbeit versucht, soziale Probleme praktisch zu lösen, zu verhindern oder zu lindern. Sie ist eine Wissenschaft, die auf der Erforschung und der Beobachtung realer Lebenssituationen beruht.

IFSW
International Federation of Social workers

Die Internationale Vereinigung der Sozialarbeiter (|IFSW) geht in ihrer Definition weiter und hat im Jahr 2016 den Begriff der Sozialen Arbeit so formuliert:

> Soziale Arbeit fördert als praxisorientierte Profession und wissenschaftliche Disziplin gesellschaftliche Veränderungen, soziale Entwicklungen und den sozialen Zusammenhalt sowie die Stärkung der Autonomie und Selbstbestimmung von Menschen. Die Prinzipien sozialer Gerechtigkeit, die Menschenrechte, die gemeinsame Verantwortung und die Achtung der Vielfalt bilden die Grundlage der Sozialen Arbeit. Dabei stützt sie sich auf Theorien der Sozialen Arbeit, der Human- und Sozialwissenschaften und auf indigenes Wissen. Soziale Arbeit befähigt und ermutigt Menschen so, dass sie die Herausforderungen des Lebens bewältigen und das Wohlergehen verbessern, dabei bindet sie Strukturen ein.
>
> *(http://www.dbsh.de/fileadmin/downloads/20161114_Dt_Def_Sozialer_Arbeit_FBTS_DBSH_02.pdf)*

In dieser Definition wird Soziale Arbeit als praktizierte Sozialpolitik verstanden, die eingreifend tätig ist.

Informieren Sie sich über das Studium der Sozialen Arbeit unter:
www.studis-online.de

Was hat das mit mir zu tun?

Im Studium der Sozialen Arbeit werden Sie auf unterschiedliche Fachbereiche und Wissenschaften treffen. Sie werden Vorlesungen z. B. zur Einzelfallhilfe oder Familienhilfe ebenso besuchen müssen wie Vorlesungen zum Studium der Sozialgesetzgebung oder der Wirtschaftlichkeit von Hilfeleistungen.

1.2 Hilfe zur Selbsthilfe – Alice Salomon

Alice Salomon war eine der ersten Frauenrechtlerinnen und eine wesentliche Betreiberin der bürgerlichen Frauenbewegung, die darum kämpfte, dass Frauen Zugang zu standesgemäßen Berufen erhielten. Die bürgerliche Frauenbewegung setzte sich für ein Wahlrecht der Frauen und die Zulassung zur Universität ein. Bis zum Ersten Weltkrieg waren den Frauen nur Berufe wie Kindergärtnerin, Lehrerin und Pflegerin zugestanden.

In ihrem Aufsatz „Grundlegung für das Gesamtgebiet der Wohlfahrtspflege" hat Alice Salomon 1929 versucht, die Frage zu beantworten, was Soziale Arbeit ist. Sie kommt zu der Aussage, dass Wohlfahrtspflege und Soziale Arbeit eins sind und die Individuen fördern. Lebensumstände sind so zu gestalten, dass sie für die Verfolgung individueller Lebensziele geeigneter werden. Sie empfiehlt die Einrichtung von Volksschulen, Berufsberatungen, Bibliotheken und Lehrstellenvermittlungen. Dies dient dazu, den Menschen staatlicherseits Möglichkeiten der **Selbstbildung und Selbsthilfe** zu schaffen.

[2] Alice Salomon (1872–1948), Sozialreformerin und Frauenrechtlerin
1908 gründete Alice Salomon die erste Soziale Frauenschule in Berlin, die heutige Alice Salomon Hochschule Berlin. Dort ermöglichte sie Frauen den Zugang zum Studium der Sozialen Arbeit.

Der Mensch soll jede Hilfe erhalten, damit er sich selbst helfen und weiterentwickeln kann.

Die Einrichtung von Spielplätzen und Krippen zur gefahrlosen Betreuung von Kindern ist ihr ebenso wichtig wie die Fürsorge für gefährdete Jugendliche. Für Alice Salomon umfasst die Wohlfahrtspflege das Leben des Menschen von der Geburt bis zum Tod. Die Errichtung von Altenheimen und Pflegeanstalten empfiehlt sie ebenso wie Ferienheime für kranke Kinder.

In der praktischen Arbeit sind oft [...] verschiedene Methoden gleichzeitig nebeneinander anzuwenden. Ein Mensch oder eine Familie kann teils der Heilung, teils des Schutzes bedürfen. Begriffe vergewaltigen immer das Leben, werden ihm nie voll gerecht. [...]
Deshalb muss alle Wohlfahrtspflege den Einzelnen mit seinem ganzen Wesen, seinem körperlichen und geistigen Zustand und seinem Charakter ins Auge fassen, und sie muss den Einzelnen als Glied seiner Familie in seinen natürlichen Zusammenhängen fördern. Sie muss eine das ganze Leben umfassende und ergreifende Hilfe sein.

(Salomon, Alice (1998): Grundlegung für das Gesamtgebiet der Wohlfahrtspflege. In: Thole, Werner/Gängler, Hans/Galuske, Michael (Hrsg.): KlassikerInnen der Sozialen Arbeit. Sozialpädagogische Texte aus zwei Jahrhunderten – ein Lesebuch. Luchterhand, Neuwied/Kriftel, S. 131–145)

Alice Salomon Hochschule Berlin
www.ash-berlin.eu

Alice Salomon prägte das Berufsbild der Sozialarbeiterinnen bis zum Kriegsbeginn 1933 mit dem Prinzip der geistigen Mütterlichkeit. Für Alice Salomon war Soziale Arbeit zum einen eine weibliche Tätigkeit, die zum anderen methodisch ausgeübt werden sollte.

In einem ersten Schritt sollten bei einem Hilfebedürftigen die notwendigen Daten gesammelt, ermittelt und bewertet und dann ein Hilfeplan erstellt werden. Danach sollten äußere Hilfsquellen erschlossen und beim Klienten bewirkt werden, dass sich seine Haltung und Einstellung verändert. Das ganzheitliche Konzept von Alice Salomon umfasst die beiden Funktionen der Sozialen Arbeit: Anpassen und Verändern.

1.3 Ausgewählte Modelle der Sozialen Arbeit

1.3.1 Das Life-Modell

Das Life-Modell wurde von den Amerikanern Carrel B. Germain und Alex Gittermann in den 1980er Jahren entwickelt. Das Life-Modell zählt zu den sogenannten ökologisch-orientierten Theoriemodellen in der Sozialen Arbeit.

Die ökologisch orientierten Theoriemodelle beschreiben und erklären die Beziehungen von Menschen zu ihrer Umwelt.

Dementsprechend beschäftigt sich das Life-Modell mit drei zentralen Fragen:
1. Wie kann eine Verbindung von Umwelt und Individuum hergestellt werden?
2. Wie kann die Anpassungsfähigkeit des Individuums an seine Umwelt unterstützt werden?
3. Wie können die Umweltbedingungen für das Individuum verbessert werden?

BEISPIEL

Sie besuchen die Schule. Die Schule (Gebäude, Lehrer, Mitschüler) ist ihre Umwelt. Wie sollten Sie sich verhalten, um in dieser Umwelt möglichst gut zurechtzukommen/keine Probleme zu haben/ein erfolgreicher Schüler/eine erfolgreiche Schülerin zu sein? Wie sollte die Schule gestaltet sein, damit Sie in dieser Umwelt gut zurechtkommen?

Das Life-Modell unterscheidet zwischen dem unmittelbaren Lebensraum eines Menschen, der sein Erleben und Verhalten beeinflusst. In unserem Beispiel wären dies die Klassenräume, das Schulgebäude, die Lehrer und Mitschüler, aber auch die Lernkultur und die finanzielle Ausstattung der Schule. Im Modell wird dies als **Habitat** bezeichnet.

Habitat
lat. (es) wohnt

Das Wirkungsfeld, welches einem Menschen direkt zur Verfügung steht und auf das er direkt Einfluss nehmen kann, wird als **Nische** bezeichnet – in unserem Beispiel wären dies etwa die Beziehungen zu Ihren Mitschülern. Diese Nische kann dabei gut (= große Einflussmöglichkeit auf eine Situation) oder schlecht sein (= geringe Einflussmöglichkeit auf eine Situation).

Die Nische ist also der Ort, an dem der Mensch seine Umwelt direkt verändern kann und diese aktiv gestaltet. In unserem Beispiel wären dies die Beziehungen zu den Lehrern, die Bereitschaft, konzentriert zu lernen, aber auch, ob man die Schule z. B. aktiv sauber hält oder verschmutzt. Gleichzeitig wirkt die Umwelt auch auf den Menschen zurück, dies wird als **Transaktion** bezeichnet. So fühlen Sie sich in einer sauberen Schule, die gut ausgestattet ist, vermutlich besonders wohl und sind motiviert, zu lernen.

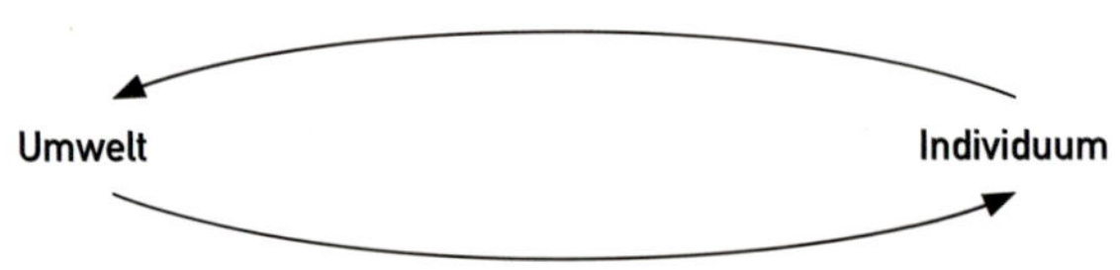

Die Transaktion soll immer zur **Anpassung** führen. Unter diesem Begriff wird dabei ein Prozess verstanden, der zu einer Übereinstimmung der Bedürfnisse des Menschen mit den Möglichkeiten seiner Umwelt führt. Transaktionen können dabei anpassungsfördernd sein (= positive Entwicklung des Individuums) oder anpassungsfeindlich. Letzteres hätte eine negative Beziehung des Menschen zu seiner Umwelt als Folge. In unserem Beispiel könnte dies eine ablehnende Haltung gegenüber der Schule sein.

Der Mensch kann dabei einem positiven **Lebensstress** ausgesetzt werden – er kann also seine persönlichen Herausforderungen und die der Umwelt meistern. Oder der Lebensstress ist negativ. Dies ist dann der Fall, wenn Situationen nicht positiv bewältigt werden können.

Um mit dem Lebensstress positiv umgehen zu können, braucht der Mensch die Fähigkeit zur **Selbststeuerung**.

Kann das Individuum eigene Entscheidungen treffen und übernimmt es für seine Handlungen Verantwortung, wird dies als Selbststeuerung bezeichnet.

Die unterstützenden Möglichkeiten, die einem Individuum zur Bewältigung einer Situation zur Verfügung stehen, werden als **Ressourcen** bezeichnet. Unterschieden werden Umweltressourcen (z. B. Freunde, Eltern, Lehrer) und individuelle Ressourcen (z. B. Motivation, die Fähigkeit, Probleme zu lösen).

Ressourcen sind dabei eine entscheidende Grundlage, um stressreiche Situationen zu bewältigen. Dies nennt man **Coping** (Stressbewältigung). Die Bewältigung ist positiv, wenn erfolgreich mit einer stressreichen Situation umgegangen wird – in unserem Beispiel könnte dies eine schwierige Klassenarbeit sein. Die Eltern helfen bei der Vorbereitung auf diese Klassenarbeit und Sie haben gelernt, sich konzentriert vorzubereiten.

coping
to cope with, engl., bewältigen, überwinden

Fazit

Das Life-Modell kann dazu beitragen, die sozialen Probleme eines Menschen in einem umfassenden Bezugsrahmen zu betrachten: Politik, Wirtschaft und Gesellschaft. Das Erleben und das (problematische) Verhalten der Menschen werden damit in einen sozialen Kontext verortet. Um Menschen z. B. im Rahmen der Sozialen Arbeit zu unterstützen, bedarf es also immer auch eines Blickes auf die Umwelt der Menschen. „Passen" Menschen und ihre Umwelt nicht zusammen, könnte dies eine Ursache für Fehlentwicklungen sein. Das Life-Modell weitet damit den Blick für die Erklärung von Problemen – allerdings werden innerpsychische Probleme des Menschen als Ursache für problematisches Verhalten weitestgehend ausgeblendet, was den Erklärungswert dieser Theorie einschränkt.

[1] Der Mensch wird in einem umfassenden Bezugsrahmen betrachtet.

1.3.2 Lebensweltkonzept von Hans Thiersch

Paradigmenwechsel
Wechsel von einer wissenschaftlichen Grundauffassung zu einer anderen bzw. von einem Denkmodell zum anderen

Das vom Erziehungswissenschaftler Hans Thiersch in den 1990er Jahren mit Blick auf die Kinder- und Jugendhilfe entwickelte Lebensweltkonzept leitete einen Paradigmenwechsel in der sozialen Arbeit ein. Ausgehend von den veränderten gesellschaftlichen Bedingungen und den damit im Zusammenhang stehenden Veränderungsprozessen, von Ulrich Beck 1986 in seinem Werk „Risikogesellschaft“ als Pluralisierung und Individualisierung beschrieben, gelangte die alltägliche Realität in den Fokus der Sozialwissenschaften. Für die Sozialpädagogik rückten die Pluralisierung der Lebenslagen und die zunehmende Individualisierung der Lebensführung in den Mittelpunkt. Mit dem Konzept der Lebensweltorientierung gelingt es Hans Thiersch, das sich wandelnde Arbeitsverständnis, sich verändernde Rollen von beispielsweise Männern und Frauen oder Erwachsenen und Heranwachsenden, verschiedenste familiale Lebensformen, aber auch ein sich veränderndes Verständnis von Normalität konzeptionell zu integrieren und daraus ein Denkmodell für die soziale Arbeit abzuleiten. Er setzt damit einen Kontrapunkt zur bis dahin gängigen Praxis der Institutionalisierung und Spezialisierung in der sozialen Arbeit. Die lebensweltorientierte soziale Arbeit nimmt eine Perspektive ein, die an den subjektiven Sichtweisen, Bedürfnissen und Möglichkeiten der Adressaten anknüpft. Inzwischen ist diese Perspektive in alle Arbeitsfelder sozialer Arbeit übertragen worden.

Hans Thiersch nimmt Bezug darauf, dass die Lebenswelten von Heranwachsenden in historischen, kulturellen und sozialen Zusammenhängen miteinander vernetzt sind.

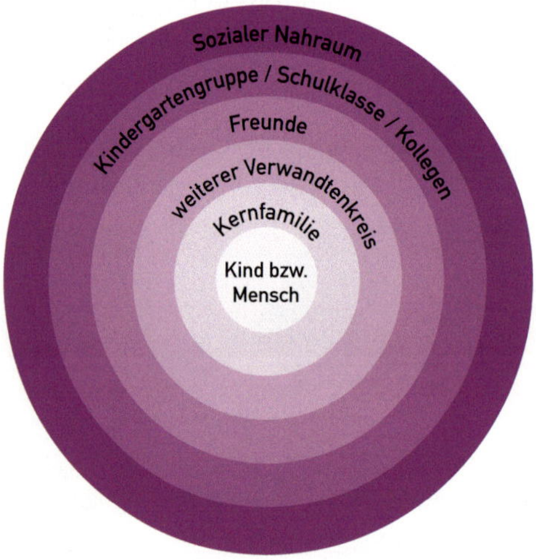

Der Alltag Heranwachsender innerhalb und außerhalb sozialpädagogischer Institutionen ist Ausgangspunkt des sozialpädagogischen Handelns. Sozialpädagogische Fachkräfte erkunden die subjektiv erlebten Bedingungen, welche die Lebenswelt eines Menschen bestimmen. Wie versteht der Einzelne die Welt? Welche Handlungsmuster entwickelt er, um Alltag und Entwicklungsaufgaben zu bewältigen? Ausgangspunkt des Handelns ist demnach ein (sozial-)konstruktivistisches Grundverständnis.

Um sozialpädagogisches Handeln zu planen, ist es notwendig, folgende Grundannahmen anzuerkennen:
- Jeder Mensch ist Experte in seinen Lebenswelten und seiner Lebenssituation.
- Jeder Mensch hat normative und nonnormative Entwicklungsaufgaben zu bewältigen.
- Jeder Mensch setzt sich eigene Ziele.
- Jedes menschliche Verhalten/Handeln ist Bewältigungshandeln.
- Bewältigung wird dann als erfolgreich empfunden, wenn sie selbstwirksam vollzogen wurde.

Entwicklungsaufgaben
Herausforderungen im Lebenslauf

Jeder Mensch ist ein Individuum mit einzigartigen Erfahrungen, vor deren Hintergrund er die Welt wahrnimmt.

Die Anerkennung dieses Expertentums des Individuums für seine Lebenswelten und seine Lebenssituation und das Wissen darum, dass jeder Mensch im Laufe seines Lebens normative und nonnormative Entwicklungsaufgaben bewältigen muss, sind weitere Grundannahmen.
- **Normative Entwicklungsaufgaben** sind biologisch oder gesellschaftlich determiniert, z. B. das Akzeptieren der individuellen körperlichen Veränderungen in der Pubertät oder der Schuleintritt.
- **Nonnormative Entwicklungsaufgaben** ergeben sich aus Ereignissen, welche individuell im Lebenslauf auftreten, wie z. B. die Trennung der Eltern oder die Bewegungseinschränkung nach einem Unfall.

Darüber hinaus setzt sich jeder Mensch eigene Ziele, aus denen wiederum Entwicklungsaufgaben entstehen, wie z. B. das Erreichen eines bestimmten Schulabschlusses, einer sportlichen Fähigkeit. Von der erfolgreichen Bewältigung einer Entwicklungsaufgabe hängen das Gelingen von Lebensbewältigung sowie die Bewältigung weiterer Entwicklungsaufgaben ab.

Bei der Bewältigung seiner Entwicklungsaufgaben benötigt jedes Individuum Unterstützung. Diese beziehen Kinder, Jugendliche und junge Erwachsene aus ihrer Lebenswelt und den damit verbunden Ressourcen. Sozialpädagogischer Unterstützungsbedarf entsteht dann, wenn die dem Einzelnen zur Verfügung stehenden Ressourcen zur Bewältigung nicht ausreichen oder verfügbar gemacht werden können.

Hier ist es erforderlich, dass die pädagogische Fachkraft dialogisch erkundet, wie sich die individuelle Lebenssituation für den Betroffenen darstellt. Im Perspektivwechsel erkennt und respektiert die Fachkraft individuelles Verhalten bzw. Handeln als Bewältigungshandeln, auch wenn es gegen gesellschaftliche Werte bzw. Normen verstößt.

Ziel ist es, Hilfe zur Selbsthilfe zu geben. Das heißt, das Kind bzw. der Jugendliche oder junge Erwachsene wird beim Finden, Erproben und Reflektieren eigener Bewältigungsstrategien unterstützt, wobei die Fachkraft gesellschaftliche Werte und Normen transparent macht und deren Einhaltung mitverantwortet und beachtet.

2 Ziele und Aufgaben Sozialer Arbeit

2.1 Soziale Arbeit als Menschenrechtsprofession

In der Sozialen Arbeit werden seit den 1980er Jahren bis heute unterschiedliche theoretische Ansätze diskutiert. Eine Theorie, die auch mit der internationalen Definition Sozialer Arbeit kompatibel ist, ist der Ansatz von Silvia Staub-Bernasconi. Sie geht davon aus, dass der Mensch auf eine Gesellschaft angewiesen ist, die menschlich gerecht und sozial eingestellt ist. Jeder Mensch hat Bedürfnisse, die reguliert und aufrechterhalten werden wollen. Inwieweit ein jedes Individuum dazu in der Lage ist, entscheiden die gegebenen Ressourcen und die individuellen Fähigkeiten des Einzelnen.

Silvia Staub-Bernasconi (geb. 1936), Schweizer Sozialarbeiterin, emeritierte Professorin der Technischen Universität Berlin

BEISPIEL

Werner K. arbeitet seit zehn Jahren im Einzelhandel als Verkäufer. Kürzlich hat er einen leichten Schlaganfall erlitten und arbeitet nur noch halbtags. Beim Einräumen der Regale ist ihm in letzter Zeit immer wieder etwas heruntergefallen und kaputtgegangen. Sein Arbeitgeber ist verärgert. Werner wird immer stiller und bedrückter: Er will seinen Job so gut machen, wie er kann. In einer Beratung kann er klären, welche psychischen und körperlichen Hilfen er bekommen kann.

Staub-Bernasconi versteht die Soziale Arbeit als eine Aufgabe, dem Einzelnen bei der Bearbeitung seiner sozialen Probleme, die länger andauern und intensiv sind, zu helfen. Seine sozialen Probleme sollen gelindert, gelöst oder verhindert werden. Dazu ist eine Integration in soziale Systeme notwendig, da sonst das Individuum seine psychosozialen Bedürfnisse nicht befriedigen kann. Staub-Bernasconi zieht einen engen Zusammenhang zwischen der Menschenwürde und den Menschenrechten. Sozialarbeiter sollen ihre Werte und Normen immer wieder dahingehend überprüfen, ob sie menschenrechtskonform sind.

Ein weiteres Beispiel für diese Problematik sind Kürzungen von Sozialhilfe unter das Existenzminimum, [...] [sie] sind legal, aber menschenrechtlich nicht legitim [...]. Damit ist nicht gesagt, dass Missbrauch nicht bestraft werden soll oder die Sozialarbeitenden keine moralisch-ethischen Forderungen an Jugendliche und Erwachsene stellen dürfen. Aber auch eine Ethik muss aus ausbalancierten Pflichten und Rechten bestehen. Dabei darf man den erhofften Gehorsam nicht so erzwingen, indem das Sozialrecht auf einen angemessenen Lebensstandard [...] des Sozialpaktes, das Sozialrecht auf soziale Sicherheit [...] verletzt wird. Gehorsam, der mittels eines Vertrages im Rahmen eines Abhängigkeits- und damit klar asymmetrischen Machtverhältnisses eingefordert wird, erzielt äußere Anpassung und Unterwürfigkeit, und gewiss keine Einstellungsänderung oder gar einen Lern- und Kompetenzgewinn – zwei zentrale Pfeiler und Ziele einer „klassischen" Sozialen Arbeit mit Einzelnen und Familien.

(Staub-Bernasconi, S. (2010): Menschenwürde und das Tripelmandat in der Sozialen Arbeit des ASD. In: www.deutscher-verein.de/03-events/2010/materialien/asd-dokumentation/Prof.%20Staub-Bernasconi%20Menschenwurde%20-%20Tripelmandat%20ASD%20def.pdf, S. 7)

2.2 Das Tripelmandat in der Sozialen Arbeit

Jeder Mitarbeiter in der Sozialen Arbeit bewegt sich in einem Spannungsfeld aus unterschiedlichen Parteien und Beteiligten. Dieses Spannungsfeld wird Tripelmandat genannt.

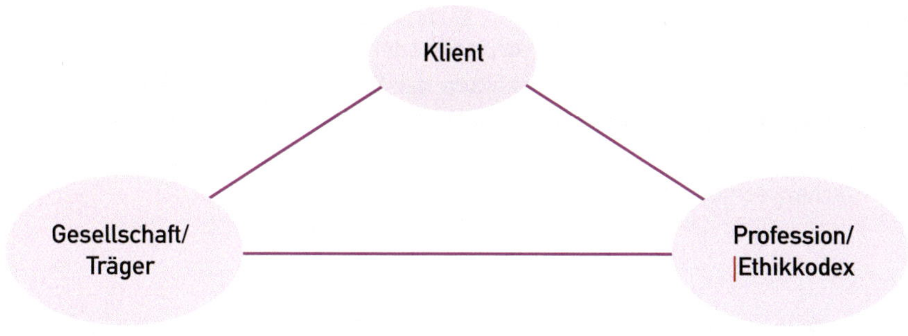

[1] Das Tripelmandat der Sozialen Arbeit

Ethik
das Sittliche, Moral

Kodex
Leitfaden, Richtlinie

Der Sozialarbeiter ist dem **Klienten**, also dem Menschen verpflichtet, mit dem er konkret zusammenarbeitet. Die individuellen Interessen des Klienten sind im Rahmen des Machbaren zu wahren und zu vertreten.

Die zweite Partei ist die **Gesellschaft**, vertreten durch die Träger der Sozialen Arbeit. Damit sind Wohlfahrtsverbände und staatliche Institutionen sowie private Stiftungen gemeint. Die Soziale Arbeit soll erfolgreich, kostengünstig und wirtschaftlich sinnvoll sein. Nur dann entspricht sie auch den wirtschaftlichen Interessen der Träger.

Der gesellschaftliche Auftrag der sozialen Arbeit soll durch den Sozialarbeiter erfüllt werden. Die Anpassung des Klienten an die Gesellschaft, das Beheben seines Problems oder die Resozialisierung eines Klienten sind von der Gesellschaft eingebrachte Anforderungen an eine gelungene Soziale Arbeit. Kritisch ist hier die Frage der Sozialen Arbeit zu betrachten, wer sich wem anpassen muss: Muss sich das Individuum immer der Gesellschaft anpassen oder muss die Gesellschaft sich so gestalten, dass die Bedürfnisse des Einzelnen integriert und befriedigt werden können?

Der dritte Teil des Tripelmandats ist die **Profession**, also der Ethikkodex des Berufes. Der Sozialarbeiter muss bei jeder Intervention überprüfen, ob sie wissenschaftlich begründet und sinnvoll ist. Auch muss er bei jeder Entscheidung die Menschenrechte berücksichtigen und die soziale Gerechtigkeit als Basis seines Handelns ansehen.

[2] Das erste Mandat erhält der Mitarbeiter in der Sozialen Arbeit von seinem Klienten.

[3] Das zweite Mandat erhält er von der Gesellschaft.

Das **Spannungsfeld des Tripelmandats** ist in der täglichen Arbeit nicht immer spürbar. Trotzdem kann es bei Budgetverhandlungen oder einer kostenintensiven Einzelfallhilfe ein Problem für den Sozialarbeiter darstellen. Menschenrechtlich gesehen ist diese teure Intervention vielleicht sinnvoll, der Träger der Sozialen Arbeit ist jedoch nicht zur Finanzierung bereit.

Was hat das mit mir zu tun?

Sie kennen sicher auch, wie Vorurteile oder Vermutungen das eigene Handeln beeinflussen können. Im Praktikum der Sozialen Arbeit ist es sinnvoll, sich über die eigenen Werte und Einstellungen bewusst zu werden. Sie sollten mit Ihrem Anleiter Ihre Haltungen überprüfen und beispielsweise mit den Menschenrechten abgleichen.

2.3 Der gesetzliche Auftrag von Sozialer Arbeit im SGB VIII

SGB VIII | S. 52

[1] Das SGB VIII enthält die gesetzlichen Grundlagen sozialer Arbeit.

Hier können Sie die Inhalte des SGB VIII einsehen: **www.sozialgesetzbuch-sgb.de**

Subsidiaritätsprinzip
Das Prinzip strebt die größtmögliche Eigenverantwortung des Einzelnen an; Aufgaben sollten möglichst vom Einzelnen oder einer kleinen Gruppe ausgeführt werden. Ist dies nicht möglich, sollen immer größer werdende Kreise oder höhere Ebenen die Unterstützung übernehmen.

Im Sozialgesetzbuch (SGB) sind alle wesentlichen Bereiche des Sozialrechtes der Bundesrepublik Deutschland festgelegt. Das Achte Buch des SGB regelt bundeseinheitlich die Leistungen gegenüber jungen Menschen (Kinder, Jugendliche und junge Volljährige) und deren Familien (Eltern, Personensorgeberechtigte und Erziehungsberechtigte).

Das Achte Buch des SGB kann als Leistungsgesetz für Kinder, Jugendliche und Eltern gesehen werden, das auf Hilfsangebote und Unterstützung setzt.

Was hat das mit mir zu tun?

Im Praktikum der Sozialen Arbeit werden Sie auf unterschiedliche Maßnahmen und Hilfsangebote treffen. Es ist sinnvoll zu wissen, wo die gesetzlichen Grundlagen dazu beschrieben sind und welche Maßnahmen im Notfall eingeleitet werden können. Das SGB VIII gibt einen Überblick über alle möglichen Unterstützungs- und Hilfsmaßnahmen.

Die öffentlichen Träger der Jugendhilfe sind in der Regel die Bundesländer, die Landkreise oder kreisfreien Städte. Sie sind dafür verantwortlich, dass die Leistungen erbracht werden, und richten zur Durchführung der Aufgaben Landesjugendämter und Jugendämter ein. Dabei stellt das SGB VIII das Subsidiaritätsprinzip heraus, d.h., freie Träger haben einen Vorrang vor öffentlichen Trägern.

BEISPIEL

In der Gemeinde soll eine neue Kindertagesstätte errichtet werden: Das Vorhaben wird in einem Ausschreibungsverfahren veröffentlicht. Ein freier Träger bewirbt sich hierauf um den Bau und den Betrieb der Tagesstätte. Der Träger des paritätischen Wohlfahrtsverbandes erhält von der Stadt und dem Jugendamt die Möglichkeit, die Tagesstätte in Betrieb zunehmen. Auf diese Weise muss das städtische Jugendamt nicht selbst die Tagesstätte einrichten und betreiben, unterstützt aber den Träger finanziell.

Der Vorrang der Selbsthilfe und die Unterstützung des Staates durch die freie Wohlfahrtspflege finden ihre Grundlage in der Geschichte der Industrialisierung, als der Staat alleine nicht in der Lage war, die sozialen Belange der Gesellschaft zu meistern.

Beispiele für die Leistungen des SGB VIII:
- Jugendarbeit, Jugendsozialarbeit, erzieherischer Kinder- und Jugendschutz
- Familienförderung
- Kindertagesbetreuung
- Hilfen zur Erziehung
- Eingliederungshilfe für seelisch behinderte Kinder und Jugendliche
- Hilfen für junge Volljährige
- Inobhutnahme von Kindern und Jugendlichen, z. B. in Wohnheime
- Herausnahme von Kindern und Jugendlichen aus der Familie
- Vormundschaft, Beistandschaft
- Beurkundungen (Vaterschaftsanerkennung, Unterhalt, Sorgeerklärungen)

Weiterhin regelt das SGB VIII:
- welche Behörde örtlich und sachlich zuständig ist
- die Struktur des Jugend- sowie des Landesjugendamtes
- Datenschutzangelegenheiten
- (neuerdings auch) Maßnahmen der Qualitätssicherung der Jugendhilfe

2.4 Inklusion als Paradigma der Sozialen Arbeit

Seit der Salamanca-Erklärung der UNESCO und der Ratifizierung der UN-Konvention von 1994 halten alle beteiligten Staaten an dem Vorhaben fest, Bildungssysteme inklusiv zu gestalten.

Als ein nicht neues, eher vernachlässigtes Arbeitsfeld kommt die inklusive Bildung auch auf den Bereich der Sozialen Arbeit zu. Inklusive Bildung bedeutet, dass allen Menschen die gleichen Möglichkeiten offenstehen müssen, um an qualitativ hochwertiger Bildung teilzuhaben und ihre Potenziale zu entwickeln.

Dabei darf es keine Rolle spielen, welches Geschlecht, welche Religion, ethnische Zugehörigkeit oder Lern- und Lebensvoraussetzungen ein Mensch hat.

Das Bildungssystem muss die Bedürfnisse aller Lernenden berücksichtigen und sich an den Menschen anpassen – nicht der Mensch an ein bestehendes System.

[2] Sozialarbeiter unterstützen inklusive Arbeit an der Schule.

UNESCO
Organisation der Vereinten Nationen für Erziehung, Wissenschaft und Kultur

Inklusion
Alle Kinder lernen gemeinsam im Regelschulsystem; die Unterschiedlichkeit (Diversität) und die verschiedenen Bedürfnisse stehen im Mittelpunkt und werden als Vielfalt und Chance für Bildungs- und Lernprozesse gesehen.

Informationen der Deutschen UNESCO-Kommission finden Sie unter:
www.unesco.de

Informationen über inklusives Unterrichts- und Betreuungsangebot bietet die Seite:
www.ggs-eitorf.de

Die Gemeinschaftsgrundschule Eitorf in der Gemeinde Eitorf im nordrhein-westfälischen Rhein-Sieg-Kreis ist eine offene Ganztagsschule, an der Kinder von 6:45 bis 17:30 Uhr ein vielfältiges Unterrichts- und Betreuungsangebot wahrnehmen können. Bereits 2003 hat die Schule den gemeinsamen Unterricht von Kindern mit und ohne sonderpädagogischem Förderbedarf eingeführt. Seit etwa zwei Jahren lernen nun alle 330 Kinder gemeinsam, darunter 31 Kinder mit diagnostiziertem Förderbedarf. Eine Trennung in Regel- und Integrationsklassen gibt es nicht mehr.

Die Unterrichtsgestaltung ist außergewöhnlich:

Gelernt wird mit einer aufwändigen Materialsammlung, die die Lehrkräfte in Bezug auf die Kompetenzanforderungen der Richtlinien und Lehrpläne selbst zusammengestellt haben. Die Kinder können je nach Neigungen und Fähigkeiten unterschiedliche Wege und Hilfsmittel zur Bewältigung des Lernstoffs wählen. Alle Lehrkräfte verstehen sich als Lernbegleiter der Kinder: Sie möchten einerseits Spielraum für selbständiges Handeln und Lernen eröffnen, andererseits das notwendige Maß an Verlässlichkeit und Verbindlichkeit bieten. Kein Kind darf unter- oder überfordert werden. Der inklusive Gedanke ist im Unterricht immer spürbar: Jedes Kind wird mit seinen besonderen Interessen und Fähigkeiten, aber auch individuellen Problemlagen ernst genommen und gefördert.

(www.bllv.de/Jakob-Muth-Preis.7470.0.html)

Inklusion | S. 367

Im Rahmen der Inklusion hat ein Umdenken der Lehrkräfte und Sozialarbeiter begonnen. Gemeinsam müssen kooperative Wege beschritten werden. Das bestehende System muss überarbeitet und an die Bedürfnisse aller Menschen angepasst werden.

3 Sozialpädagogische Handlungskompetenzen

3.1 Akteure Sozialer Arbeit in vielfältigen Tätigkeitsfeldern

Die Tätigkeitsfelder der Sozialen Arbeit (Sozialpädagogik und Sozialarbeit), ihre Adressaten und deren Problemlagen sind sehr vielfältig und damit auch die konkreten Aufgaben für Mitarbeiter in den unterschiedlichen Einrichtungen.

Die Fachkräfte arbeiten z. B. in Kindergärten, Schulen des offenen Ganztages, stationärer Kinder- und Jugendhilfe, ambulanter und flexibler Kinder- und Jugendhilfe, offener Kinder- und Jugendarbeit, Kulturarbeit, Familienhilfe, Drogenhilfe, Kinderschutzdiensten, Obdachlosenhilfe, Bewährungshilfe, Migranten- und Flüchtlingshilfe, in der Arbeit mit Menschen mit Behinderung, in der Streetwork, der Schulsozialarbeit, der Psychiatrie und der Altenpflege.

Unterschiedliche Berufsgruppen werden in diesen Einrichtungen zum Teil zu großen interdisziplinären Teams zusammengesetzt, um je nach Tätigkeitsfeld und Adressaten zu helfen, zu unterstützen, zu beraten, zu begleiten, zu betreuen, zu erziehen und zu bilden.

Noch vor ca. zehn Jahren waren in den oben genannten Tätigkeitsfeldern häufig Diplom-Sozialarbeiter, Diplom-Sozialpädagogen oder Erzieher tätig. Heutzutage arbeiten in vielen Bereichen auch Absolventen ähnlicher Studienabschlüsse, wie Lehrer, Diplompädagogen und Psychologen, aber auch Krankenpfleger, Ehrenamtliche und ungelernte Kräfte.

BEISPIEL

Thorsten arbeitet als Erzieher in der stationären Kinder- und Jugendhilfe. Seinen Freunden sagt er, dass er im Kinderheim arbeitet – das klingt einfacher. Thorstens Kollegen in der Wohngruppe sind Sozialarbeiter und Sozialpädagogen. Im Haus selbst arbeiten außerdem noch Motopäden, Ergotherapeuten und Psychologen.
Julia ist Sozialpädagogin in einer Rehabilitationsklinik. Sie berät die Menschen zu unterschiedlichen Themen, wie Nachbetreuung und Widereingliederung, und hilft bei Anträgen für Krankenkassen. Zu ihren Kollegen zählen Krankenschwestern, Pfleger, Therapeuten und Ärzte.

[1] Zwei Streetworker auf der Feiermeile in München, 2015.

Die Entwicklung der letzten Jahre hat dazu geführt, dass die Berufsbezeichnung und die damit verbundenen Aufgaben der Mitarbeiter häufig durch das Tätigkeitsfeld und weniger durch den Berufs- bzw. Studienabschluss definiert werden. Der Umbruch in der Ausbildungs- und Studienlandschaft trägt außerdem dazu bei.

[2] Michael ist als Schuldnerberater tätig.

Was hat das mit mir zu tun?

Sie erleben in Ihrem Praktikum auch unterschiedliche Berufsgruppen in der Zusammenarbeit. Beurteilen Sie, ob der Berufsalltag und die zu erledigenden Aufgaben Berufsgruppen zugeordnet sind.

In der Berufsrealität werden häufig alle für die Praxis relevanten Aufgaben von jeder Fachkraft im Team durchgeführt. Kritische Stimmen beklagen hier, dass oftmals nur das tariflich festgelegte Gehalt der Fachkräfte die Unterschiede der Ausbildungsberufe verdeutliche.

[3] Thomas arbeitet als Erlebnispädagoge.

Verschiedene Beispiele aus dem Arbeitsleben machen diese Unterschiede deutlich: Torben arbeitet als Heilerziehungshelfer in einer Wohngruppe für geistig behinderte Erwachsene. Im Alltag hat er das Gefühl, genauso eingesetzt zu werden wie die Heilerzieher. Die beiden Kolleginnen verdienen allerdings mehr als er. – Melanie arbeitet als Kinderpflegerin in einer Tageseinrichtung für Kinder. Eigentlich soll sie die Assistentin der Erzieherin sein. Aber seit Wochen fehlt die Gruppenleiterin und sie „schmeißt den Laden“ irgendwie. Ihr Freund fragte kürzlich: „Und – bekommst du jetzt mehr Geld?“
Wie lassen sich die Auswirkungen dieser Unterschiede auf das Arbeitsklima und auf die Wirtschaftlichkeit von Sozialer Arbeit beurteilen?

Die Einrichtungen, in denen Fachkräfte mit Kindern und Jugendlichen arbeiten, bieten zurzeit als größtes Tätigkeitsfeld die meisten Arbeitsplätze. Dazu zählen die offene, die stationäre sowie die ambulante und flexible **Kinder- und Jugendhilfe**.

www.dbsh-bund.de
Der DBSH versteht sich als die Fachgewerkschaft der Sozialen Arbeit und setzt sich u. a. für gute berufliche Rahmenbedingungen und Qualitätsstandards ein.

[1] Slogan des DBSH

Um die Qualität der sozialen Arbeit zu sichern, hat es sich der Deutsche Berufsverband für Soziale Arbeit e. V. (DBSH) zum Ziel gesetzt, die Arbeitsfelder und Tätigkeiten zu definieren, die nur von Fachkräften mit den Abschlüssen des Bachelor bzw. Masters oder dem Diplom der Sozialen Arbeit, des Sozialwesens oder der Sozialpädagogik getätigt werden dürfen. Außerdem wurden in den letzten Jahren Standards für das berufliche Können, d. h. für die Profession der Sozialen Arbeit, entwickelt und für die jeweiligen Arbeitsfelder definiert.

Die Weiterentwicklung Sozialer Arbeit und die damit verbundenen Veränderungen von Methoden und Arbeitsformen können nicht losgelöst von gesellschaftlichen Veränderungen und berufspolitischen Rahmenbedingungen gesehen werden. Das Streben nach guter Qualität in der Sozialen Arbeit steht in den letzten Jahren, wie vielfach kritisiert wird, immer wieder konträr zu Sparmaßnahmen, Stellenstreichungen und tariflichen Umgruppierungen zu Lasten von Sozialarbeitern und Sozialpädagogen und dem Einsatz weniger qualifizierter und damit „billigerer" Arbeitnehmer.

3.2 Schlüsselkompetenzen Sozialer Arbeit

Die vielfältigen Tätigkeitsfelder lassen erkennen, dass Fachkräfte der Sozialen Arbeit über sehr unterschiedliches Fachwissen verfügen müssen.

Sie arbeiten mit Kindern, Jugendlichen, jungen Erwachsenen, Erwachsenen, und Senioren zusammen. Sie begegnen z. B. Menschen mit Behinderungen, Migrationshintergrund, Suchtproblematik, kranken und psychisch kranken sowie straffällig gewordenen Menschen.

Die Probleme, Fragen und Anliegen ihrer Adressaten sind dementsprechend weit gefächert. Sie reichen z. B. von der Angst vor der ersten Berufswahl über Fragen zu Bildung, Erziehung und Betreuung von jungen Kindern, dem Betroffensein von Armut, Erfahrungen von Vernachlässigung oder Gewalt sowie physischen und/oder psychischen Erkrankungen bis zu dem Wunsch der Wiedereingliederung in die Gesellschaft.

[2] Arbeit mit obdachlosen Menschen

[3] Arbeit mit Menschen mit Behinderungen

[4] Arbeit mit straffällig gewordenen Jugendlichen

Tätig werden Fachkräfte sozialer Arbeit nicht nur in Institutionen. Sie arbeiten zum Teil auf der Straße oder in den Wohnungen der Adressaten, z. B. in der Sozialpädagogischen Familienhilfe (SPFH).

BEISPIEL

John (18 Jahre) ist mit 14 Jahren von zu Hause abgehauen. Seitdem lebt er auf der Straße. Er kennt Armenküchen und Notquartiere. Sein Drogenkonsum ist sehr hoch und sein Strafregister lang. Er hat Sozialstunden absolviert, musste Geldbußen zahlen, hatte Jugendarrest. Seit einigen Wochen wohnt er in einem Wohnheim für Obdachlose. Bald steht er wieder vor Gericht. Tom, der Sozialarbeiter, wird ihn begleiten. Er soll vor Gericht aus Sicht der Einrichtung Johns Situation beurteilen.

Bei der Betrachtung der Inhalte einschlägiger Studiengänge und Ausbildungsberufe der Sozialen Arbeit wird deutlich, dass es sich um umfangreiche und multiprofessionelle Ausbildungen handelt.

Während ein Diplom-Psychologe z. B. Fachmann auf seinem Gebiet ist, müssen sich die Fachkräfte Sozialer Arbeit in allen psychosozialen Bereichen auskennen und diese am Adressaten orientiert verknüpfen. Häufig reicht das Erststudium nicht aus, um den beruflichen Anforderungen gerecht zu werden.

BEISPIEL

Marina arbeitet in einer Erziehungsberatungsstelle. Nach dem Studium der Sozialarbeit hat sie noch eine Zusatzausbildung als Systemische Familientherapeutin absolviert. Das war eine Voraussetzung für diese Stelle.
Sebastian ist Erlebnispädagoge. Im Studium der Sozialpädagogik konnte er sich als Schwerpunkt zum Freizeitpädagogen ausbilden lassen.

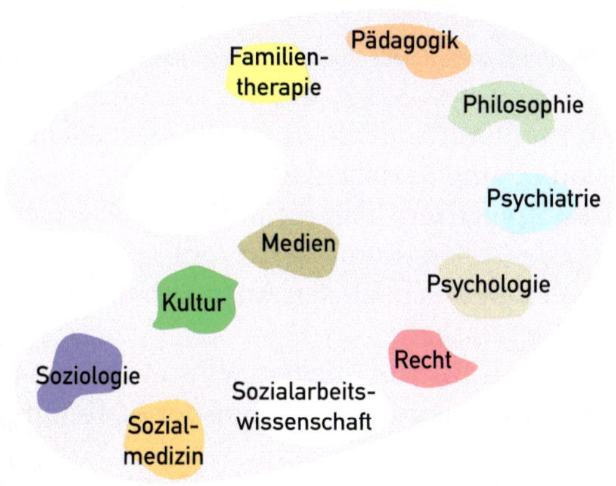

[5] Für die Soziale Arbeit wichtige Gebiete psychosozialer Bereiche

Fachwissen alleine garantiert heute keine berufliche Professionalisierung mehr. Lebenslanges Lernen und übergeordnete Kompetenzen im Bereich der Sozialkompetenz, Selbstkompetenz sowie der Sach- und Methodenkompetenz sind wichtig, um im beruflichen Kontext adäquat handeln zu können.

Sozialkompetenz	Kommunikations- und Kooperationsfähigkeit
Selbstkompetenz	Fähigkeit, eigenverantwortlich zu handeln
Sach- bzw. Fachkompetenz	Kenntnisse und Wissen über fachliche Inhalte
Methodenkompetenz	Anwendung von Lern- und Arbeitstechniken

[Tab. 1] Übergeordnete Kompetenzen für Sozialarbeit und Sozialpädagogik

Ziel ist es, dass die Akteure Sozialer Arbeit die einzelnen Kompetenzen erwerben und beherrschen und zum Wohle des Adressaten miteinander für eine sozialprofessionelle Hilfe verknüpfen können.

[1] Zentrale Kompetenzen fügen sich wie ein Puzzle zu einer professionellen Handlungskompetenz zusammen.

Schlüsselkompetenzen
übergeordnete Kompetenzen, die eine Handlungsfähigkeit entstehen lassen, welche hilft, berufliche oder individuelle Aufgaben zu bewältigen

Selbstevaluation
Selbsteinschätzung

Die vom Deutschen Berufsverband am 31.03.2007 festgelegten |**Schlüsselkompetenzen** für Sozialarbeit und Sozialpädagogik

- beschreiben die Kompetenzen, über die professionelle Fachkräfte in der Sozialen Arbeit verfügen sollen (Kompetenzprofil),
- verdeutlichen in der Öffentlichkeit den Anspruch und die Wichtigkeit Sozialer Arbeit für die Gesellschaft,
- dienen den Akteuren als Instrument der |Selbstevaluation und
- werden als Grundlage sowie zur Beurteilung der Ausbildungsqualität genutzt.

Das differenziertere Kompetenzprofil des Berufsverbandes zeigt im nachfolgenden Schaubild neun grundlegende Kompetenzbereiche, die z. B. im Rahmen des Studiums oder durch Weiterbildungen je nach Tätigkeitsfeld und im Kontext beruflicher Praxis erworben werden sollen. Erst das Zusammenspiel der verschiedenen Kompetenzen spiegelt qualitativ hochwertige Soziale Arbeit wider.

Die Fähigkeit zu zielgerichtetem, planmäßigem Vorgehen, die sich in der strategischen und der Methodenkompetenz zeigt, ist z. B. ebenso notwendig wie die Kenntnisse über rechtliche Bestimmungen (sozialrechtliche Kompetenz) und Strukturen der öffentlichen Verwaltung (sozialadministrative Kompetenz). Die Interaktion mit anderen Menschen nimmt in der Sozialen Arbeit eine hohen Stellenwert ein, daher verfügen Akteure der Sozialen Arbeit über Kompetenz im Umgang und in der Kommunikation mit Klienten und Kollegen (personale und kommunikative Kompetenz) sowie über Beratungskompetenz. Das Handeln der Fachkräfte für Soziale Arbeit wurzelt in grundlegenden Wertehaltungen der Sozialethik (berufsethische Kompetenz). Ihre Kompetenzen auf dem Gebiet der Praxisforschung und Evaluation helfen, die Soziale Arbeit beständig zu verbessern.

Methoden Sozialer Arbeit | S. 476

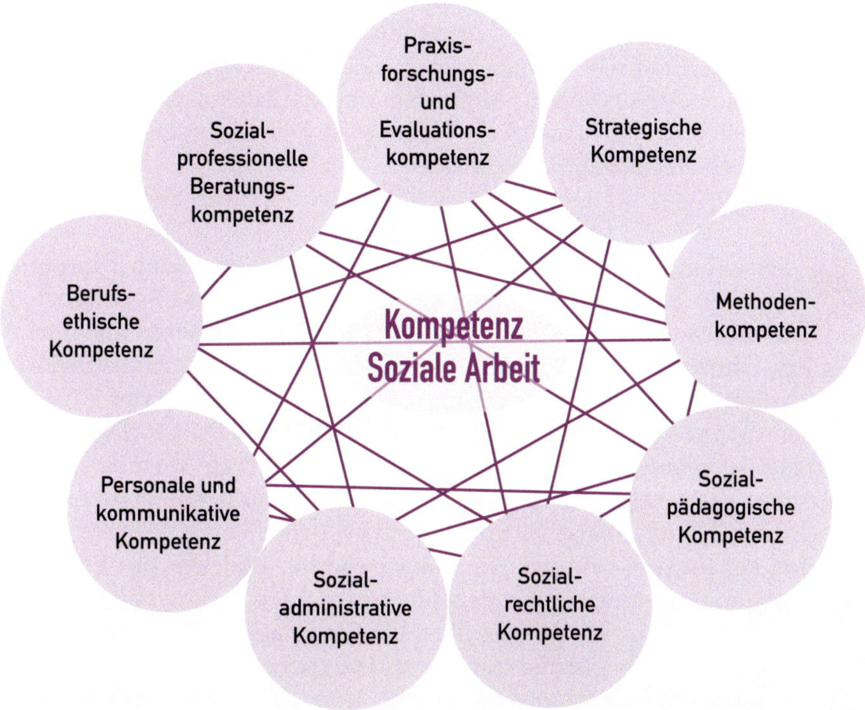

[2] Schlüsselkompetenzen Sozialer Arbeit (in: http://www.dbsh-bund.de/grundlagenheft_-PDF-klein.pdf, S. 28, 03.10.2013)

Ziel des Berufsverbandes ist es, mithilfe dieser Schlüsselkompetenzen die Qualität der Ausbildung in Zukunft festschreiben und für Träger einen verbindlichen gesetzlichen Rahmen für die Beschäftigung und Eingruppierung der Fachkräfte Sozialer Arbeit festlegen zu können. Zurzeit dienen die aufgezeigten Kompetenzen eher als Richtschnur.

In Großbritannien gibt es mittlerweile verbindliche, gesetzlich abgesicherte Standards für Ausbildung, Organisation und Praxis der Sozialen Arbeit. Wie sieht es in anderen Ländern aus?

3.3 Methoden Sozialer Arbeit

Arbeitsformen Sozialer Arbeit wurden lange Zeit in drei klassische Methoden unterteilt:

- soziale Einzelfallhilfe
- soziale Gruppenarbeit
- Gemeinwesenarbeit

Im Praxisfeld werden diese traditionellen Methoden, die im Folgenden dargestellt werden, selten alleine und unabhängig voneinander angewendet. Vielmehr beziehen Akteure Sozialer Arbeit häufig mehrere Methoden und Konzepte mit ein. Abhängig von den Besonderheiten des Einzelfalls, der Persönlichkeit des Adressaten und seiner Problemlage entscheiden Akteure Sozialer Arbeit relativ schnell zu Beginn eines Hilfeprozesses, welche Methode oder Kombination von Methoden Anwendung finden soll. Heutzutage orientiert sich das methodische Handeln der Sozialen Arbeit eher an speziellen problembezogenen Arbeitsweisen. Methoden werden daher parallel eingesetzt, aber auch nacheinander. Manchmal werden sie auch durch andere abgelöst, weil vorherige Methoden abgebrochen wurden.

Weiterentwicklungen der Methoden Sozialer Arbeit | S. 478

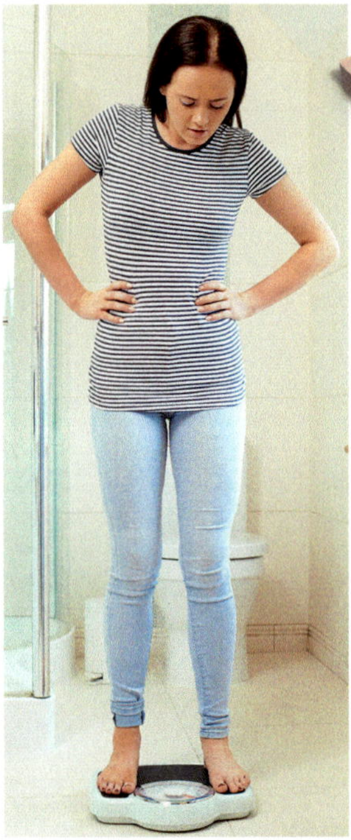

[1] Durch ein Zusammenspiel verschiedener Methoden kann die Soziale Arbeit auch Menschen mit psychischen Problemen wie Essstörungen Hilfestellungen geben.

BEISPIEL

Seit einiger Zeit besucht Corinna (16 Jahre) den Jugendclub in ihrem Stadtteil. Sie hat neue Freunde gefunden und findet die Sozialarbeiter dort auch super nett. Besonders Claudia ist hilfsbereit und hört gut zu. Ihr vertraut sie sich auch schon einige Wochen später an. Corinna hat unübersehbare Essprobleme. Bei einer Körpergröße von 1,70 m wiegt sie nur 45 kg. Zu Hause geht alles drunter und drüber. Corinnas Mutter ist alleinerziehend mit fünf Kindern. Über viele Wochen sucht Corinna das Gespräch zu Claudia. Mittlerweile ist sie bereit, Hilfe anzunehmen. Claudia erarbeitet mit Corinna mögliche erste Schritte. Sie rufen gemeinsam bei einer Beratungsstelle für Mädchen mit Essstörungen an und vereinbaren einen Termin.
Ein Jahr später: In der Zwischenzeit hat Corinna eine Therapie gegen Ihre Magersucht begonnen (Einzel- und Gruppentherapie). In den Jugendclub kommt sie immer noch gerne. Ihre Mutter wird mittlerweile von einer Familienhilfe unterstützt. Mit den jüngeren Geschwistern war sie drei Wochen zu einer Mutter-Kind-Kur. Gemeinsam besuchen Mutter und Tochter einen Kochkurs der Diakonie für Familien, in denen ein Kind Essstörungen hat. Corinna wiegt jetzt 55 kg, isst dreimal am Tag und wirkt glücklicher. Ein Klinikaufenthalt konnte verhindert werden.

So wie in Claudias Fall muss jede Institution, durch die der Erstkontakt entsteht, so schnell wie möglich klären, ob

- die selbst praktizierten Methoden dem individuellen Hilfebedarf angemessen sind,
- sie die Problemlage abdecken können,
- innerhalb der eigenen Institution oder in Kooperation mit einer anderen Hilfsangebote ergänzt werden müssen und
- der Klient an eine andere Institution weiterverwiesen werden muss.

Alle Methoden haben zum Ziel, die Autonomie der Adressaten in der alltäglichen Lebensgestaltung zu stärken, sie zu befähigen, am gesellschaftlichen Leben teilhaben zu lassen bzw. einen Wiedereinstieg in das gesellschaftliche Leben zu ermöglichen. Hilfe zur Selbsthilfe!

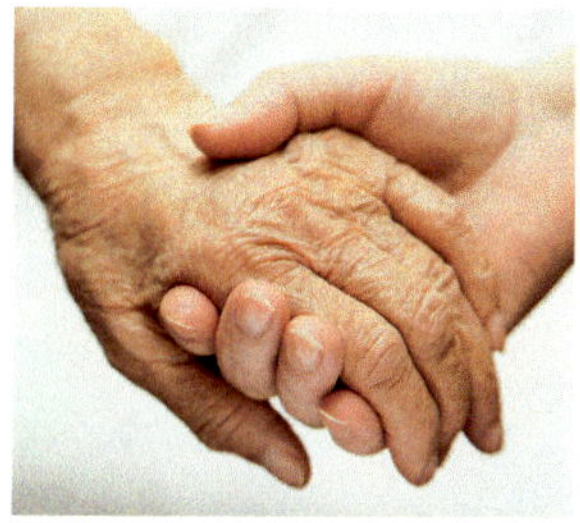

[2] Kern der Arbeit von Akteuren der Sozialen Arbeit ist die Hilfe zur Selbsthilfe.

Zielformulierungen unterschiedlicher Tätigkeitsbereiche machen dies deutlich, z. B. in der von Tageseinrichtungen für Kinder:

> Kinder sind mit entsprechender Unterstützung vom ersten Tag ihres Lebens an in der Lage, sich Basiskompetenzen anzueignen. Basiskompetenzen beschreiben Fähigkeiten, die dem Kind ermöglichen, seinen Alltag zu bewältigen, sich die Welt anzueignen und stellen die Basis für weitere Bildungsprozesse und den Erwerb von Kompetenzen dar. Sie sind somit Selbstzweck, Mittel zum Zweck, Ziel und Instrument zugleich.
>
> *(Ministerium für Familie, Kinder, Jugend, Kultur und Sport des Landes NRW (2011): Mehr Chancen durch Bildung von Anfang an. Düsseldorf, S. 26)*

Es gibt viele Methoden, die auf Freiwilligkeit basieren, z. B. wenn der Mensch um Hilfe bittet oder Unterstützung und Rat sucht. Es gibt aber auch Methoden, bei denen das Prinzip der Freiwilligkeit nicht greift. Diese werden von Institutionen oder vom Gericht als Maßregel angeordnet.

BEISPIEL

Die Teilkonferenz der Schule hat Kai eine Teilnahme an einem Anti-Aggressionstraining verordnet.

Das Gericht hat angeordnet, dass Jasmin an einer Beratung der Drogenberatungsstelle teilnehmen muss.

Miriam und Hendrik werden seit einer Woche stationär im Kinderhilfezentrum betreut. Aufgrund familiärer Gewalt wurde eine Inobhutnahme durch das Gericht angeordnet. In dieser Zeit hat das Jugendamt das Aufenthaltsbestimmungsrecht für beide Kinder.

3.3.1 Soziale Einzelfallhilfe

Die klassische Methode der Einzelfallhilfe wird häufig angewendet, wenn es um die Verbesserung individueller Lebensverhältnisse geht, z. B. Schuldnerberatung, Sozialpädagogische Familienhilfe oder Wohnungslosenhilfe.

Alle Konzepte der Einzelfallhilfe gehen davon aus, den Adressaten in seiner Eigenverantwortung und seinem Selbstbewusstsein zu stärken, um eine Strategie zur Lösung der Probleme zu entwickeln. Nach der Einzelfallhilfe sollte keine professionelle Unterstützung bei der Bewältigung der eigenen Lebenssituation mehr notwendig sein.

Hinweise zum Casemanagement finden Sie bei der Deutschen Gesellschaft für Care und Case Management: www.dgcc.de

In den letzten Jahren wird Einzelfallhilfe häufig auch mit Casemanagement gleichgesetzt, wobei es sich dabei vielmehr um ein Verfahren erfolgskontrollierter Dienstleistung handelt.

3.3.2 Soziale Gruppenarbeit

Gruppe | S. 284

[1] Eine klassische Methode der Sozialen Arbeit: Soziale Gruppenarbeit

Die klassische Methode der Sozialen Gruppenarbeit wird häufig angewendet, wenn die Entwicklung sozialer Kompetenzen im Mittelpunkt steht, wie Rücksichtnahme, Empathie, Toleranz, Kommunikationsfähigkeit oder Reflexion.

Die |Gruppe unterstützt Veränderungsprozesse. Äußerungen anderer Gruppenmitglieder regen u. U. zum Nachdenken und zur Selbstreflexion an. Dies ist z. B. in Therapie- und Selbsthilfegruppen der Fall. Niederschwellige Gruppenangebote können auch dazu dienen, (Erst-)Kontakte herzustellen, wie ein Elterncafe im Familienzentrum oder die Kickbox-AG in einer Jugendfreizeiteinrichtung. Akteure Sozialer Arbeit begleiten in der Regel mithilfe gruppendynamischer Methoden die Gruppenprozesse.

BEISPIEL

Die 6. Klasse einer Gemeinschaftsrealschule führt ein Projekt zur Gewaltprävention durch. Lehrer arbeiten mit externen Sozialpädagogen zusammen. Gesprächsrunden wechseln sich ab mit Gruppenspielen, praktischen Übungen und Rollenspielen. Auf Wunsch gibt es Einzelgespräche. Die Schüler üben, „Nein“ zu sagen, Gefahren zu erkennen und ihre Ängste zu thematisieren.

3.3.3 Gemeinwesenarbeit

[2] Stadtteile mit besonderem Erneuerungsbedarf bedürfen häufig der Unterstützung zur Verbesserung der Lebensqualität.

Die klassische Methode der Gemeinwesenarbeit wendet man oftmals an, wenn Verbesserungen sozialräumlicher Strukturen erreicht werden sollen. Hierbei muss eine deutliche Abgrenzung zu ehrenamtlichem Engagement oder Bürgerinitiativen vorgenommen werden. Es handelt sich um eine Methode, die von professionellen Akteuren Sozialer Arbeit durchgeführt wird. Diese partizipative Methode findet häufig in Stadtteilen mit besonderem Erneuerungsbedarf (früher sogenannte soziale Brennpunkte) Anwendung.

Das Ziel der Gemeinwesenarbeit ist die Unterstützung von Selbsthilfe, die Stärkung der nachbarschaftlichen Strukturen, der Aufbau eines unterstützten Netzwerkes und damit die Verbesserung der Lebensqualität und des Wohnraums bzw. des Stadtteils unter Beteiligung der Bewohner.

Zentraler Bestandteil der Arbeit muss dabei die Kooperation unter den Trägern sozialer Dienste und anderer Organisationen wie Vereinen und Kirchengemeinden im Stadtteil sein. Auch die Kooperation mit kommunalen Dienststellen und politischen Gremien kann in der Gemeinwesenarbeit zu den Aufgaben Sozialer Arbeit zählen.

3.3.4 Weiterentwicklung der Methoden Sozialer Arbeit

Die Soziale Arbeit und ihre Methoden haben sich weiterentwickelt. Der Deutsche Berufsverband Sozialer Arbeit listet unter Arbeitstechniken eine Vielzahl von möglichen Interventions- und Präventionsmaßnahmen auf. Die drei klassischen Methoden zählen natürlich auch dazu. In der folgenden Übersicht wird noch einmal deutlich, dass die Tätigkeitsfelder als Abbildung gesellschaftlicher Realität eine große Herausforderung an Akteure Sozialer Arbeit darstellen.

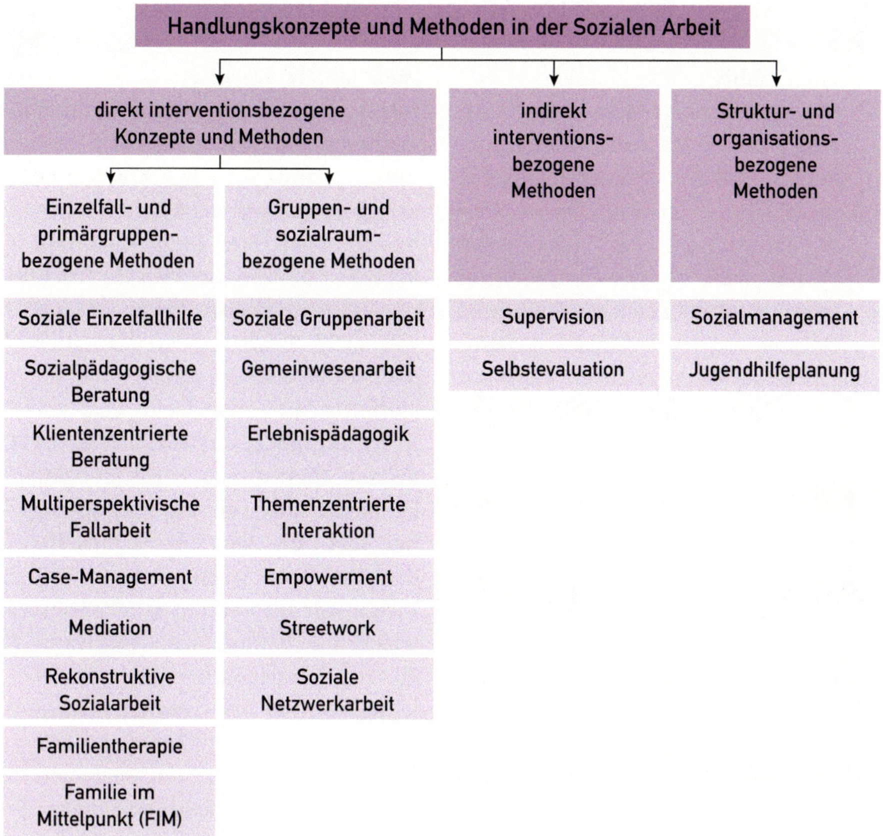

[3] Methoden der Sozialen Arbeit (in: www.cms.uni-kassel.de/unicms/uploads/media/V6Trends.doc, S. 9, 05.10.2013)

Methoden der Sozialen Arbeit thematisieren jene Aspekte im Rahmen sozialpädagogischer/sozialarbeiterischer Konzepte, die auf eine planvolle, nachvollziehbare und damit kontrollierbare Gestaltung von Hilfeprozessen abzielen und die dahingehend zu reflektieren und zu überprüfen sind, inwieweit sie dem Gegenstand, den gesellschaftlichen Rahmenbedingungen, den Interventionszielen, den Erfordernissen des Arbeitsfeldes, der Institution, der Situation sowie den beteiligten Personen gerecht werden.
(Galuske, Michael (2007): Methoden der Sozialen Arbeit – Eine Einführung. Juventa, München/Weinheim, S. 31)

Alle Methoden und Handlungskonzepte beinhalten ähnliche **Arbeitsschritte**:
- strukturiertes methodisches Vorgehen durch Kontaktaufnahme
- Beziehungsaufbau
- Situations- und Problemerfassung sowie -analyse in ganzheitlicher Sicht (psychosoziale Diagnose, Hypothesenbildung, ökosoziale Einschätzung)
- Handlungsplanung und Umsetzungsstrategien (Hilfeplanungen)
- Durchführung und ständige Überprüfung der Beziehungs-, Handlungs- und Lernprozesse
- Beendigung der Arbeitsprozesse
- Evaluation/Wirkungskontrolle
- Dokumentation und Berichterstattung

Die folgenden Praxisbeispiele zeigen Ansatzmöglichkeiten Sozialer Arbeit auf.

Jan, 11 Jahre

Gestern hat meine Mutter mir gesagt, dass ich nicht aufs Gymnasium komme, da bin ich erst mal heulend in mein Zimmer gerannt. Meine Klassenlehrerin hat ihr beim Elternabend erzählt, dass ich das Gymmi nicht schaffen würde, weil ich in Mathe und Deutsch zu schlecht bin. Ich bin auch schon mal sitzengeblieben, dabei war das nur, weil ich damals keinen Bock auf die Klassenarbeiten hatte und nicht genug dafür gelernt habe. In den ersten zwei Schuljahren hatte ich nämlich fast nur Einser und Zweier! Meine Mutter kann mir bei den Schularbeiten aber nicht mehr so viel helfen, weil sie selber nur auf der Hauptschule war. Und mein Vater kommt oft so spät von der Arbeit, dass ich schon im Bett liege. Als ich neun war und das schlechte Zwischenzeugnis hatte, Versetzung gefährdet und so, sollte ich deswegen Nachhilfe bekommen. Aber bei uns in der Gegend gibt es sowas nicht umsonst, und für einen richtigen Nachhilfelehrer hatten meine Eltern kein Geld. Damals war ich ganz froh 'drüber ... Frau Lange hat meiner Mutter auch gesagt, dass ich im Unterricht nicht gut aufpasse und mich nicht konzentrieren kann. Dabei ist das bei Lukas und Timm genauso, und die dürfen auch aufs Gymmi. Sie sind meine besten Freunde und ich weiß nicht, ob ich sie dann noch so oft sehen kann, weil es ja bei uns kein Gymnasium gibt, die müssen dann immer mit dem Bus in die Nachbarstadt fahren. Dabei hatten wir uns schon ausgemalt, dass wir zusammen studieren und dann gemeinsam eine Firma aufmachen. Irgendwas mit Computerspielen, das macht mir am meisten Spaß. Frau Lange sagt, dass ich später bestimmt gut was mit meinen Händen machen kann, aber ich will nicht Tischler oder Klempner oder so werden. Da verdiene ich bestimmt nicht genug Geld. Und komisch angeguckt wirst du auch, wenn du kein Abi hast. Sagt Lukas, und der kennt sich aus, weil sein Fußballtrainer jetzt extra sein Abi nachmacht, damit er Sport studieren kann und nicht mehr alle auf ihm 'rumhacken, weil er nur Fußball spielt und Hartz IV kriegt. Später kann er dann Sportlehrer werden und verdient richtig viel Kohle. Aber mit 22 nochmal zur Schule, das ist ätzend, und deswegen bin ich echt sauer, dass meine Mutter sich nicht bei Frau Lange durchgesetzt hat. Timm hat nämlich gesagt, meine Eltern können entscheiden, auf welche Schule ich gehe, und dann gibt's eine Probezeit auf dem Gymmi. Vielleicht rede ich nochmal mit ihr.

[1] Soziale Arbeit kann auch Kindern und Jugendlichen den Übergang in die weiterführende Schule erleichtern.

(Gerull, Susanne (2011): Armut und Ausgrenzung im Kontext Sozialer Arbeit. Beltz Juventa, Weinheim/Basel, S. 13)

1. Überlegen Sie, wie Jan Unterstützung angeboten werden könnte. Beziehen Sie in Ihre Überlegungen auch die Familie von Jan mit ein.
2. Übertragen Sie die Arbeitsschritte eines Handlungskonzeptes auf Jans Fallbeispiel. Welche Methoden würden Sie kombinieren?

Frau Rentenstein

Ich bin direkt nach Kriegsende geboren worden – ein Glückskind, hat meine Mutter deshalb immer gesagt. Nie hätte ich gedacht, dass ich mal Sozialhilfe brauche, naja, heißt ja jetzt Grundsicherung im Alter, das klingt besser. Wenigstens müssen meine Kinder nicht für mich zahlen, da hätte ich mich furchtbar geschämt für. Trotzdem ist das ganz schön frustrierend, dass meine Rente nicht reicht, um meine Miete und meine bescheidenen Bedürfnisse zu decken. Mein Rentenberater hat mir ja erklärt, dass mein Mann in den sechziger und siebziger Jahren zu wenig Rente für mich geklebt hat. Er war selbstständig und ich hab im Laden mitgeholfen. Ein kleiner Kiosk am Bahnhof, aber viel haben wir damit nicht verdient. Zwischendurch kamen die Kinder, zwei Söhne und als Nachzüglerin dann noch eine Tochter, und ich bin jedes Mal ein paar Jahre zuhause geblieben. Den Kiosk hatten wir nach der Geburt unserer Tochter aufgegeben, und mein Mann hat sich als Verkäufer im Supermarkt anstellen lassen. Als ich dann mit Ende Dreißig wieder arbeiten wollte, hieß es nur: Zu alt, zu unqualifiziert. Also bin ich putzen gegangen. Keine Schwarzarbeit, das hätte ich nie gemacht, aber alles schlecht bezahlt, und später dann mit diesen Minijobs, da erwirbt man ja kaum Rentenansprüche. Als mein Mann dann plötzlich viel zu früh gestorben ist, habe ich noch nicht mal eine Witwenrente bekommen, weil wir ein Rentensplitting beantragt hatten. Warum weiß ich auch nicht mehr, das hat damals alles mein Mann organisiert. Wenn man das alles vorher gewusst hätte, hätte man vieles anders gemacht. Aber so ... Nun muss ich hier jeden Cent umdrehen. Ab und zu helfen meine Kinder mal aus, aber die haben ja selbst nicht viel und brauchen das Geld für meine Enkelkinder. Die sollen's mal besser haben als wir und studieren. Ich hoffe ja, dass ich wenigstens noch eine Weile in meiner Wohnung bleiben kann. Obwohl ich die Treppen schon nicht mehr so gut steigen kann, aber einen Neubau mit Fahrstuhl kann ich mir nicht leisten, und einen Umzug würde ich wegen meiner Kreislaufgeschichte gar nicht durchstehen. Meine Nachbarin kauft ab und zu für mich ein, weil meine Kinder dafür keine Zeit haben. Ansonsten sehe ich viel fern und lese, solange es noch geht. Meine älteren Freundinnen sind ja fast alle schon tot, und zwei im Pflegeheim. Ist auch nicht schön, wenn man alle überlebt ... Meine Tochter wollte mich ja letztens ins Tierheim schleppen, damit ich mir eine Katze aussuche. Dann wär' ich nicht so allein. Ich hab sie nur gefragt, ob sie dann immer kommt, die Katzentoilette sauber machen. Mit meinem kaputten Rücken könnte ich das ja nicht mehr. Damit war das Thema auch erledigt. Aber ich will nicht jammern, im Vergleich zu Anderen geht es mir ja noch gut.

(Gerull, Susanne (2011): Armut und Ausgrenzung im Kontext Sozialer Arbeit. Beltz Juventa, Weinheim/Basel, S. 186 f.)

1. Wie könnten Sie Frau Rentenstein die Teilhabe am Leben ermöglichen? Benennen Sie institutionelle und soziale Bedingungen und beziehen Sie bei Ihren Überlegungen auch das Umfeld von Frau Rentenstein ein.
2. Übertragen Sie die Arbeitsschritte eines Handlungskonzeptes auf dieses Fallbeispiel. Welche Methoden würden Sie kombinieren?

[2] Rentner benötigen mitunter Unterstützung auf vielfältigen Gebieten.

Auschecken

Das habe ich in diesem Kapitel dazugelernt:

- ✓ Ich kenne die Geschichte der Sozialen Arbeit.
- ✓ Ich kann das Ziel „Hilfe zur Selbsthilfe“ mit eigenen Worten darstellen.
- ✓ Ich kenne das Spannungsfeld des Tripelmandats und habe mich mit eigenen Werten auseinandergesetzt.
- ✓ Ich kenne Leistungen nach SGB VIII: Ich kann im SBG nachschlagen und Leistungen für Klienten finden.
- ✓ Ich habe verstanden, dass Inklusion alle Menschen betrifft und ein Arbeitsfeld der Sozialen Arbeit ist.
- ✓ Ich kenne die Tätigkeitsfelder und Akteure Sozialer Arbeit.
- ✓ Ich weiß, dass für manche Arbeitsfelder Zusatzqualifikationen nötig sind.
- ✓ Ich kann den Begriff „multiprofessionelle Ausbildung“ für den Bereich der Sozialen Arbeit erklären.
- ✓ Ich kann Schlüsselkompetenzen benennen und habe meine eigenen Kompetenzen reflektiert.
- ✓ Die einzelnen Kompetenzen aus dem Kompetenzprofil des DBSH kann ich mithilfe von Praxisbeispielen erläutern.
- ✓ Ich kenne unterschiedliche Methoden der Sozialen Arbeit und kann sie erklären.
- ✓ Ich kann die Bedeutung des Begriffs Einzelfallhilfe erklären.
- ✓ Ich kenne die Schritte eines Handlungskonzeptes und kann es anwenden.
- ✓ Ich kann ein Fallbeispiel analysieren und Handlungsschritte benennen.
- ✓ Ich weiß, dass ich in der Konzeption einer Einrichtung grundlegende Aussagen finde.
- ✓ Ich kann erklären, warum Soziale Arbeit auch als Menschenrechtsprofession verstanden wird.
- ✓ Mir ist bewusst, dass es für einen Adressaten und seine Situation in der Regel nicht nur die **eine** Methode der Sozialen Arbeit gibt.

Aufgaben / Fragen

1 Recherchieren Sie, welche Studiengänge mit dem Abschluss der Sozialen Arbeit in Ihrer Stadt angeboten werden.

2 Entwickeln Sie für ein Fallbeispiel ein Handlungskonzept. Benennen Sie mögliche Arbeitsschritte.

3 Interviewen Sie den Schulsozialarbeiter Ihrer Schule: Welche Aufgaben übernimmt er bzw. sie? Welche Hilfsangeboten werden von ihm oder ihr geplant? Erstellen Sie im Vorfeld einen Fragenkatalog.

4 Suchen Sie eine integrative Kindertagesstätte in Ihrer Nähe. Erkunden Sie dort, wie die Anforderung der Inklusion umgesetzt werden und welche Aufgaben auf die Erzieher und Sozialpädagogen zukommen.

5 Recherchieren Sie in Ihrer Praktikumseinrichtung, welche sozialen Hilfen dort angeboten werden.

6 Gehen Sie in Ihrer Stadt auf Suche nach gelungenen Projekten der Gemeinwesenarbeit. Stellen Sie diese Projekte im Unterricht vor. Im Mittelpunkt sollten dabei die Aufgaben der professionellen Mitarbeiter im Projekt und die Ziele für die Adressaten stehen.

7 Befragen Sie unterschiedliche Akteure Sozialer Arbeit nach deren exemplarischem beruflichem Tagesablauf. Vergleichen Sie die Tagesabläufe. Wo sehen Sie Gemeinsamkeiten und Unterschiede?

8 Entwerfen Sie Stellenausschreibungen für unterschiedliche Akteure Sozialer Arbeit, z. B. für einen Streetworker oder einen Schuldnerberater. Welche Kompetenzen sollten die Bewerber für den Job mitbringen?

9 Setzen Sie sich mit dem „Prinzip der Freiwilligkeit“ in der Sozialen Arbeit auseinander.
a Entwickeln Sie eine eigene Position zu diesem Prinzip.
b Wie Erfolg versprechend beurteilen Sie Methoden, die angeordnet werden? Diskutieren Sie dieses Thema im Klassenverband. Nehmen Sie Stellung.

10 Konkretisieren Sie die neun Kompetenzbereiche des DBSH. Beschreiben Sie dafür beobacht- und überprüfbare Handlungskompetenzen. Was muss ein Akteur Sozialer Arbeit in den einzelnen Bereichen wissen und können?

11 Vergleichen Sie die Soziale Arbeit in Deutschland mit der Sozialen Arbeit anderer europäischer Länder. Ziehen Sie aus dem Vergleich Konsequenzen für die Rahmen- und Arbeitsbedingungen von Sozialarbeitern und Sozialpädagogen in Deutschland. Was sollte sich Ihrer Meinung nach verändern oder verbessern?

B III

→ Einchecken

Praktikum in der Kindertagesbetreuung (0–6 Jahre)

Bild vom Kind

Der neugeborene Mensch kommt als „kompetenter Säugling" zur Welt – dies belegt die entwicklungspsychologische und neurowissenschaftliche Säuglings- und Kleinkindforschung. Bereits unmittelbar nach der Geburt beginnt der Säugling, seine Umwelt zu erkunden und mit ihr in Austausch zu treten.

Kinder gestalten ihre Bildung und Entwicklung von Geburt an aktiv mit und übernehmen dabei entwicklungsangemessen Verantwortung (...). Bereits sehr kleine Kinder sind eher aktive Mitgestalter ihres Verstehens als passive Teilhaber an Umweltereignissen und können ihre Bedürfnisse äußern. Sie wollen von sich aus lernen, ihre Neugierde und ihr Erkundungs- und Forscherdrang sind der Beweis. Sie lernen mit Begeisterung und mit bemerkenswerter Leichtigkeit und Geschwindigkeit. (...) Sie wollen im Dialog mit anderen an allen Weltvorgängen teilnehmen, um ihr Weltverständnis kontinuierlich zu erweitern. Im Bildungsgeschehen nehmen Kinder eine aktive Gestalterrolle bei ihren Lernprozessen ein (...).

Jedes Kind unterscheidet sich durch seine Persönlichkeit und Individualität von anderen Kindern. Es bietet ein Spektrum einzigartiger Besonderheiten durch sein Temperament, seine Anlagen, Stärken, Bedingungen des Aufwachsens, seine Eigenaktivitäten und sein Entwicklungstempo. (...)

Kinder haben Rechte (...). Sie haben insbesondere ein Recht auf bestmögliche Bildung von Anfang an; ihre Persönlichkeit, Begabung und geistig-körperlichen Fähigkeiten voll zur Entfaltung zu bringen, ist oberstes Ziel ihrer Bildung. Sie haben ein Recht auf umfassende Mitsprache und Mitgestaltung bei ihrer Bildung und allen weiteren, sie (mit) betreffenden Entscheidungen.

(BStMAS, Staatsinstitut für Frühpädagogik München (2012): Der Bayerische Bildungs- und Erziehungsplan für Kinder in Tageseinrichtungen bis zur Einschulung. 5., erw. Aufl., Berlin, S. 11)

1 Erläutern Sie, wie Kinder ihre Entwicklung mitgestalten.

2 Schildern Sie, was Sie unter Rechten der Kinder verstehen.

1 Praktikum in der Kindertagesbetreuung

Tagesbetreuungseinrichtungen für Kinder sind ein Berufs- und Aufgabenfeld für Fachkräfte mit unterschiedlichen Bildungshintergründen. Hier arbeiten Erzieherinnen, Sozial- und Heilpädagoginnen, Kinderpfleger oder Sozialassistenten genauso wie Jugendliche und junge Erwachsene, die ein freiwilliges soziales Jahr absolvieren oder ein Praktikum machen. Tagespflegepersonen betreuen kleine Kindergruppen im eigenen Haushalt, in anderen geeigneten Räumen oder auch im Zusammenschluss mit anderen Tagesmüttern bzw. Tagesvätern in der Großtagespflege.

Das Praktikum in der Kindertagesbetreuung ist ein wichtiger Lernort, der eine große Bedeutung für die eigene Kompetenzentwicklung und Professionalisierung hat. Die Praxis dient dazu, individuelle Erfahrungen zu sammeln, bereits Gelerntes umzusetzen, sich praktisch zu erproben und dabei die eigene Handlungsfähigkeit zu erweitern.

Damit die Erfahrungen im pädagogischen Alltag – der sich zu einem hohen Maße durch immer wieder neue, unvorhersehbare und nicht planbare Herausforderungen auszeichnet – zu einer fachlichen und persönlichen Weiterentwicklung führt, soll das Praktikum von den Fachschule oder Fachakademien fachlich angeleitet und begleitet sein.

Die Praxis in den Kindertageseinrichtungen ist vielfältig: Sie bezieht sich auf die direkte Arbeit mit den Kindern und deren Familien, auf die Zusammenarbeit und Kooperation mit dem Einrichtungsträger und verschiedenen externen Partnern, wie Schule, Hort, Jugendamt oder Frühförderstelle. Aber auch die Einbindung in das Wohnviertel und die Nachbarschaft, also die Öffnung der Einrichtung nach außen mittels einer gezielten Öffentlichkeitsarbeit, gehören zum Aufgabenspektrum. Im Folgenden werden die wesentlichen Aufgaben näher beschrieben, die sich auf den direkten pädagogischen Bereich beziehen, also auf die Zusammenarbeit mit Kindern und Eltern.

1.1 Tagesbetreuung in Institutionen der Pädagogik der frühen Kindheit

[1] Kinder in einer Kinderkrippe

Für Kinder im Alter von 0 bis 6 Jahren stehen eine ganze Reihe von unterschiedlichen pädagogischen Angeboten zur Kindertagesbetreuung zur Verfügung. Sie sind als Ergänzung zur elterlichen Erziehung zu verstehen und werden meistens im Zusammenhang mit der Vereinbarkeit von Familie und Beruf gesehen. Kindertagesbetreuung hat die Aufgabe, die Entwicklung und Bildung der Kinder zu fördern.

Die öffentlich organisierte und finanziell geförderte Kindertagesbetreuung umfasst **Kindergärten**, **Kindertagesstätten** und **Krippen** sowie die **Kindertagespflege**. Die Institutionen werden von öffentlichen oder freien Trägern der Jugendhilfe gleichermaßen betrieben. Die Betreuung bei einer Tagesmutter oder einem Tagesvater in der Kindertagespflege differenziert sich zunehmend aus, sodass neben der „klassischen" Kindertagespflege im Privathaushalt der Tagespflegeperson immer mehr Kinder in der sogenannten Großtagespflege oder auch in Kooperationszusammenhängen mit Kindertagesstätten bzw. Betrieben betreut werden.

Träger | S. 457

Rechtliche Grundlagen

Die Kindertagesbetreuung gehört zu den Angeboten der Kinder- und Jugendhilfe und findet ihre rechtliche Grundlage in §§ 22 ff. des VIII. Sozialgesetzbuches **(SGB VIII, Kinder und Jugendhilfegesetz)** und in den einzelnen Landesausführungsgesetzen, z. B. dem „Gesetz zur frühen Bildung und Förderung von Kindern" in Nordrhein-Westfalen, dem „Bayerischen Kinderbildungs- und -betreuungsgesetz" oder dem „Gesetz über Kindertageseinrichtungen" in Sachsen.

Bereits seit 1996 haben Kinder ab drei Jahre einen Rechtsanspruch auf den Besuch einer Kindertagesbetreuungseinrichtung (§ 24 Abs. 1 Satz 1 SGB VIII). Seit August 2013 gibt es ab dem ersten Geburtstag einen Rechtsanspruch auf Förderung in einer Einrichtung oder Kindertagespflege zu (§ 24a SGB VIII).

Der gesetzliche Förderauftrag der Kindertagesbetreuung bezieht die Erziehung, Bildung und Betreuung der Kinder ein.

Erziehung | S. 44

- **Erziehung** bedeutet, einen den kindlichen Bedürfnissen entsprechenden sozialen und materiellen Erfahrungsraum bereitzustellen.
- **Bildung** beabsichtigt die geplante Förderung der sozialen, emotionalen, körperlichen und geistigen kindlichen Entwicklung mit dem Ziel, dass das Kind zu einer eigenverantwortlichen und gemeinschaftsfähigen Persönlichkeit heranwächst.
- **Betreuung** umfasst die Versorgung und Pflege des Kindes und bezieht eine Abstimmung mit den elterlichen Bedürfnissen mit ein.

Die wichtigsten Ziele von Bildung und Erziehung sind die Autonomie, d.h. Selbstbestimmung und Selbstwirksamkeit und die Verbundenheit, d.h. Bindung und Zugehörigkeit. Beide Aspekte stellen die wichtigsten Grundbedürfnisse und Entwicklungsaufgaben des Menschen dar und bedingen sich wechselseitig. Eigenverantwortlichkeit ist als „sich selber seiner bewusst zu sein" zu beschreiben. Damit ist gemeint, die eigenen Fähigkeiten zu erkennen, die eigene Meinung zu vertreten und Aufgaben zu übernehmen und eigene Gefühle regulieren zu können. Eine gemeinschaftsfähige Persönlichkeit schließt die Fähigkeit zur Anerkennung von Verschiedenheit und den Umgang damit ein. Das bezieht sich auf Jungen und Mädchen, Religion, Kultur und sozialer und ethnischer Herkunft.

Mit dem Inkrafttreten des Bundeskinderschutzgesetzes (BKiSchG) 2012 wurden neben der Förderung und dem Schutz von Kindern auch die **Frühen Hilfen** rechtlich verankert. Diese richten sich an alle Eltern ab der Schwangerschaft und mit Kindern in den ersten drei Lebensjahren, um über Unterstützungsmöglichkeiten zu informieren und insbesondere Eltern in belasteten Lebenslagen spezifische Hilfen anzubieten. Die Kindertagesbetreuung, mit ihrem weiterreichenden Förderauftrag sowie dem niedrigschwelligen Zugang für Eltern und der zunehmenden Betreuung von Kindern unter drei Jahren, sind nach Definition der Frühen Hilfen daher Orte eines präventiven, entlastenden, helfenden und ganzheitlichen ausgerichteten Kinder- und Jugendhilfeangebotes.

Bildungspläne

Um den eigenständigen Bildungsauftrag der Kindertagesbetreuung verbindlich zu beschreiben und die an den spezifischen, altersstrukturell bedingten Bedürfnissen der Kinder orientierte die Bildungsarbeit weiterzuentwickeln, haben die Bundesländer Bildungspläne bzw. Empfehlungen oder Orientierungspläne erarbeitet. Ausgangspunkt der Bildungspläne ist ein Bild vom Kind, welches das Kind als eine von Geburt an kompetente, lernfähige und lernbegierige Person zeigt. Das Kind eignet sich die Umwelt selbsttätig und kreativ im Spiel, in der Interaktion und der Kommunikation an. Dafür ist es auf bindungsbereite, zugewandte und feinfühlige sowie unterstützende, anregende und assistierende Erzieherinnen angewiesen. Die Art und Weise des Geschehens sowie die gewollte und bewusste Beteiligung aller Kinder und deren Bindung zu der Erzieherin sind entscheidend.

[2] Kinder lernen, sich selbstständig die Umwelt in der Kita anzueignen.

Das Lernen des Kindes wird als Beziehungsgeschehen definiert. Das Zusammenspiel von Kind, Erzieherin und Lernumgebung wird als |Ko-Konstruktion bezeichnet.

Ko-Konstruktion | S. 175, 221

Der umfangsreichste Bildungsplan ist der „Bayerische Bildungs- und Erziehungsplan für Kinder in Tageseinrichtungen bis zur Einschulung", der eine hohe detaillierte theoretische und pädagogisch-didaktische Fundierung aufweist und das |Bildungsverständnis neu konzeptualisiert hat. Auf der Grundlage gemeinsamer Grundsätze und Prinzipien wie das Verständnis von Bildung, dem Umgang mit individuellen Unterschieden und soziokultureller Vielfalt, dem Prinzip der Entwicklungsangemessenheit oder dem Demokratieprinzip sind Bildungs- und Erziehungsbereiche als Rahmung der Gestaltung von Bildungsprozessen aufgeführt, in denen die Kinder Kompetenzen aus- und weiterbilden sollen.

Bildungsverständnis | S. 60, 352

Die Bildungspläne rahmen die pädagogische Arbeit ein, ohne allerdings eine detaillierte Handlungsanweisung für die pädagogischen Fachkräfte zu sein. Alle Bildungspläne zeichnen sich dadurch aus, dass sie Bereiche bzw. Felder des Lernens und der Bildung definieren. In diesen Bereichen werden die zu entwickelnden |**Kompetenzen** der Kinder beschrieben.

Kompetenzen
Fähigkeiten eines Kindes

Im „Bildungs- und Erziehungsplan für Kinder von 0 bis 10 Jahren in Hessen" sind die **Kompetenzen** z. B. folgendermaßen untergliedert:
- individuumsbezogene Kompetenzen: Persönlichkeitsaspekte des Kindes wie Selbstwertgefühl, Autonomieerleben oder Kreativität
- Kompetenzen zum Handeln im sozialen Kontext: |Empathie, Kooperationsfähigkeit oder Verantwortung übernehmen für das eigene Handeln
- Lernen und lernmethodische Kompetenzen: Bewusstsein über das eigene Lernen, z. B. Informationen verarbeiten, Wissen auf unterschiedliche Situationen anwenden oder sich das eigene Denken bewusst machen
- kompetenter Umgang mit Veränderung und Belastung: Widerstandsfähigkeit, schwierigen Lebensumständen zu trotzen und kritische Ereignisse und Risikobedingungen erfolgreich zu bewältigen

Empathie
Fähigkeit, sich in die Gedanken, Gefühle und Bedürfnisse anderer Menschen einzufühlen und ohne Wertung darauf eingehen zu können

Davon ausgehend sind für die Kinder folgende **fünf Visionen** definiert, die als zentral für Bildungs- und Erziehungsprozesse betrachtet werden:
- starke Kinder
- kommunikationsfreudige und medienkompetente Kinder
- kreative, fantasievolle und künstlerische Kinder
- lernende, forschende und entdeckungsfreudige Kinder
- verantwortungsvolle und werteorientierte Kinder

Im „Thüringer Bildungsplan" sind es die **Bildungsbereiche**
- sprachliche und schriftsprachliche Bildung,
- motorische und gesundheitliche Bildung,
- naturwissenschaftliche und technische Bildung,
- mathematische Bildung,
- musikalische Bildung,
- künstlerisch gestaltende Bildung und
- soziokulturelle, moralische und religiöse Bildung,

in denen die pädagogische Fachkraft die Kinder beim Erwerb dieser Kompetenzen unterstützt.

Beobachtung | S. 122
Dokumentation | S. 126
Zusammenarbeit mit Eltern | S. 506

Alle Bildungspläne weisen ausdrücklich darauf hin, dass eine gezielte |**Beobachtung** und |**Dokumentation** der Bildungs- und Entwicklungsprozesse von Kindern eine wesentliche Grundlage für die pädagogische Arbeit bildet.

Ein weiterer Bestandteil der Bildungspläne ist es, die Notwendigkeit der |Zusammenarbeit von Erzieherin und Eltern im Sinne einer Bildungs- und Erziehungspartnerschaft hervorzuheben. Beide Seiten sollen sich über ihre Erziehungsvorstellungen austauschen und zum Wohl des Kindes kooperieren. Dadurch werden für das Kind ideale Entwicklungsbedingungen geschaffen.

Die Bildungspläne legen die Bildungsbereiche und Qualitätsstandards für die Gestaltung des pädagogischen Alltags bei den Anbietern von Kindertagesbetreuung fest. Diese Pläne ersetzen jedoch nicht die Konzeption einer Institution oder Tagespflegestelle.

1.2 Pädagogische Prinzipien

Die Konzeptionen geben pädagogische Prinzipien an, welche die Arbeit und die Handlungsorientierungen der Erzieherin begründen. Sie werden in den Zusammenhang von pädagogischer Arbeit, der Ausrichtung und der Ziele des Trägers der Einrichtung gestellt. Sie geben Eltern oder anderen Außenstehenden die Möglichkeit, die Arbeit nachzuvollziehen.

Handlungsorientierung
Bei der Handlungsorientierung ist immer die vollständige Handlung gemeint, die sich durch selbstständige Planung, Durchführung und Bewertung des eigenen Tuns zeigt.

Diese Prinzipien können als pädagogisches Sehen, pädagogisches Denken und pädagogisches Handeln differenziert werden:

Pädagogisches Sehen	Pädagogisches Denken	Pädagogisches Handeln
Die professionelle Haltung der Erzieherin den Kindern gegenüber ist von Achtung und Anerkennung geprägt. Sie ist um Verstehen und Unterstützung der Kinder bemüht. Sie erkennt Fragen, Bedürfnisse und Signale der Kinder und antwortet angemessen.	Der Erzieher hat Wissen über die Entwicklungs- und Bildungsprozesse der Kinder und über die Bedeutung von kindlichen Erfahrungen, z. B. von Autonomie. Der Erzieher unterstützt diese Prozesse bzw. regt sie an. Er berücksichtigt die Lebenslagen und unterschiedlichen Sozialisationsbedingungen der Kinder und ihrer Familien.	Der Erzieher ist sich seiner Rolle als Regisseur und Arrangeur einer anregenden und bildenden Umwelt bewusst. Er weiß, dass er Vorbild für die Kinder ist und sie von ihm durch Nachahmung und Identifizierung lernen. Deshalb beobachtet er das eigene Verhalten und ändert es gegebenenfalls. Ein einfühlsamer und verantwortungsvoller Umgang mit den Kindern unterstützt und fördert deren Bildungsprozesse.

professionell
Professionell bedeutet, fachliches Wissen und spezifische berufspraktische Fähigkeiten in einer Ausbildung erworben zu haben, um die Handlungsanforderungen in der täglichen Arbeit angemessen und kompetent auszuführen.

[1] Pädagogisches Sehen und Denken bestimmen das Handeln der Erzieherin und lassen sie die Bedürfnisse der Kinder erkennen.

Neben diesen Prinzipien werden in einer Konzeption die Zusammenarbeit mit dem Träger, die Arbeit im Team und die Öffentlichkeitsarbeit sowie Kooperationen festgeschrieben.

Vom Selbstverständnis her sollen sich Institutionen als ein sozialer und kultureller Teil des Sozialraums verstehen und sich mit anderen Einrichtungen vernetzen. Insbesondere die Zusammenarbeit mit der Schule soll einen reibungslosen Übergang (Transition) der Kinder in die nächste Bildungseinrichtung sichern.

2 Gestaltung des pädagogischen Alltags

reflektiert
bedeutet in diesem Zusammenhang, dass Entscheidungen bewusst, also auf Grundlage fachlicher Überlegungen, getroffen werden

Zentrale Aufgabe der pädagogischen Fachkräfte in Kitas genauso wie von Tagesmüttern ist eine reflektierte Gestaltung des pädagogischen Alltags. Dazu gehören

- die Gestaltung des Tagesablaufs,
- die Gestaltung von Aktivitäten und Routinen sowie
- die Gestaltung von anregungsreichen Räumen.

Jede Einrichtung für Kinder und auch Kindertagespflegepersonen verfügen über eine pädagogische Konzeption, in der die Grundlagen und Hintergründe formuliert sind, an denen sich die pädagogische Arbeit ausrichtet. Auch Hinweise und Erklärungen zur pädagogischen Alltagsgestaltung finden hier ihren Platz.

Die Bildungspläne der Länder sind bei der Konzeptionsentwicklung Orientierungshilfe, Bezugsrahmen und Verständigungsgrundlage. Die Entwicklung der Konzeption „erfolgt unter Mitwirkung der Eltern, des Einrichtungsteams und des Trägers, die hierbei nach dem Prinzip der Ko-Konstruktion als Bildungs- und Erziehungspartner zusammenwirken“, wird etwa im Bayerischen Bildungs- und Erziehungsplan (S. 27) formuliert. Jede Einrichtung entwickelt eine auf ihre Rahmenbedingungen abgestimmte Konzeption und setzt dabei verschiedene Schwerpunkte.

Auszug aus der Konzeption „Krippe Kleine Einsteins“ – Ernährung und Ruhezeiten in der Krippe

Das Mittagessen wird jeden Tag von einer Hauswirtschafterin frisch in der Küche zubereitet. Es ist uns sehr wichtig, den Kindern ein vollwertiges und nach ernährungsphysiologischen Grundsätzen gekochtes Mittagessen anbieten zu können. Der Speiseplan wird wöchentlich an der Info-Wand der Einrichtung veröffentlicht. Unsere Mahlzeiten enthalten kein Schweinefleisch. Lebensmittelunverträglichkeiten sind unbedingt bekannt zu geben. Wir essen gemeinsam mit allen Kindern am Tisch. Jedes Kind hat einen festen Platz, der ihm Orientierung und Sicherheit gibt. Wir wollen die Kinder beim Essen Schritt für Schritt in ihrer Selbstständigkeit unterstützen (z. B. selbst den Löffel halten, alleine essen, Teller zurück zur Küche tragen, gemeinsames Tischdecken). Die Kinder müssen bei uns nicht aufessen und wenn ein Kind die Mahlzeit nicht mag, halten wir Obst und Brote als Alternative bereit.
Im Anschluss gehen die Kinder gemeinsam in den Schlafraum und richten mit den Erzieherinnen ihr Bett her. Die gleiche Uhrzeit, der immer gleichbleibende Rhythmus und das immer gleiche Bett am gleichen Ort dienen dem Sicherheits- und Geborgenheitsempfinden der Kinder. Wichtige Einschlafhilfen wie Kuscheltier oder Schnuller können mitgebracht werden.

2.1 Gestaltung des Tagesablaufs

Die Gestaltung und Strukturierung des Tagesablaufs bilden in Kita und Tagespflegestelle die Basis aller Angebote und Aktivitäten. Dazu gehören sehr grundsätzliche Überlegungen, z. B. wann und wie Mahlzeiten angeboten werden, wie die Schlaf- und Ruhesituation gestaltet ist oder welche Aktivitäten regelmäßig stattfinden. Für Kinder ist es wichtig, dass der Alltag feste Eckpunkte bietet, an denen sie sich orientieren können und die sie dabei unterstützen, ihn als geregelt und vorhersagbar wahrzunehmen. So signalisiert beispielweise der Morgenkreis, dass der Tag beginnt, und ebenso weiß das Kind, dass es bald nach dem Nachmittagssnack abgeholt wird. Gleichzeitig brauchen Kinder Raum und Zeit zum selbstgesteuerten |Explorieren und zum freien Spiel.

Explorieren/Exploration neugieriges, forschendes und zielgerichtetes Erkunden der Umwelt

[1] Mahlzeiten strukturieren den Tagesablauf in der Kindertagesstätte.

Es muss Zeit geben, in der die Erzieherin sich der Kindergruppe zuwenden und verschiedene pädagogische Angebote gestalten kann, genauso wie Zeiten, in denen sie sich intensiv einem Kind widmen kann.

Im Kern geht es also darum, den pädagogischen Alltag einerseits so zu strukturieren, dass sich die Kinder orientieren können, und andererseits genügend Raum zu lassen, um flexibel und spontan auf die Bedürfnisse der Kinder eingehen zu können und freies Spielen und Exploration zu ermöglichen. Eine minutiöse Planung des Tagesablaufs, wie das z. B. in der Schule mittels Stundenplänen geschieht, ist in Einrichtungen für Kinder von null bis sechs Jahren genauso fehl am Platz wie eine absolut freie, nur den Wünschen der Kinder folgende Gestaltung bzw. eher Nicht-Gestaltung des Tagesablaufs. Beides überfordert Kinder. Pädagogische Fachkräfte müssen täglich die Balance zwischen notwendiger Planung und Strukturierung sowie größtmöglicher Flexibilität und Spontanität finden.

2.2 Gestaltung von Aktivitäten und Routinen

[1] Zu Geburtstagen kann es ein Ritual sein, dass das Geburtstagskind einen Hut tragen darf.

Rituale, Strukturen und Regeln sind notwendige Elemente für die Gestaltung des pädagogischen Alltags. Als **Rituale** werden Handlungen verstanden, die im Alltag regelmäßig wiederkehren und nach bestimmten Regeln auf immer gleiche Weise gestaltet werden. Sie erleichtern es den Kindern, eine Situation als vertraut wahrzunehmen. Regeln und Rituale ordnen das Leben und Erleben des Kindes und der Kindergruppe und vermitteln Sicherheit. Sie erlauben es dem Kind und der Gruppe, sich im Rahmen bestimmter Grenzen frei, sicher und ungezwungen zu bewegen und sich aktiv an der Gestaltung von Interaktionen und Situationen zu beteiligen.

Rituale
werden in der Pädagogik und Psychologie auch als **Routinen** bezeichnet.

Rituale werden in unterschiedlichen Situationen und zu verschiedenen Zwecken eingesetzt.

BEISPIEL

Rituale helfen Kindern bei der Orientierung im Tagesablauf: Zum Beispiel kann vor dem Essen stets ein Tischspruch gesprochen oder ein Lied gesungen werden.
Sie erleichtern und strukturieren den Übergang von einer Tätigkeit zur anderen, wenn beispielsweise der Übergang vom Spielen zum Aufräumen immer mit einem kurzen Bewegungsspiel eingeleitet wird.
Rituale können auch zur Gestaltung von Festen genutzt werden, wenn etwa bei Geburtstagen das Geburtstagskind einen Geburtstagshut tragen darf.
Zudem werden Rituale in sensiblen Situationen eingesetzt, die für das Kind schwieriger zu bewältigen sind: Es taucht z. B. eine Tränetrockne-Schnecke auf, die trösten hilft, wenn das Kind sich wehgetan hat, oder die Erzieherin und das Kind schauen morgens nach der Verabschiedung von den Eltern immer gemeinsam ein Buch an, um den Abschied zu erleichtern.

Rituale sollen Freude machen und den Kindern helfen, Situationen zu erkennen und einzuordnen. So können sie abschätzen, was als Nächstes passiert und aktiv an der Gestaltung des Alltags und der konkreten Situation teilnehmen.

Was hat das mit mir zu tun?

Rituale sind nicht nur bei Kindern wichtig, auch Jugendliche und Erwachsene nutzen vielfältige Rituale, um ihren Alltag zu ordnen und zu strukturieren. Beobachten Sie einmal sich selbst bei ganz gewöhnlichen Tätigkeiten. Was tun Sie, bevor Sie morgens das Haus verlassen? Wie begrüßen Sie Ihre Freunde? Wie gestaltet sich in Ihrer Familie ein „gewöhnliches" gemeinsames Essen und wie unterscheidet es sich von einem „besonderen"?

2.3 Gestaltung von anregungsreichen Räumen und Auswahl geeigneter Materialien

Gestaltung von Räumen

In der ||Reggio-Pädagogik wird auch vom „Raum als drittem Erzieher" gesprochen und so die Bedeutung des Raums betont. Eine durchdachte Gestaltung von Räumen ist wichtiger Bestandteil des Bildungs- und Erziehungsauftrags. Dabei sollen Räume den Kindern

- Geborgenheit und Sicherheit vermitteln und ihnen gleichzeitig
- Herausforderungen bieten und die Neugier anregen.

Reggio-Pädagogik | S. 85

Reggio-Pädagogik
Bei dieser Pädagogik steht das Kind als Konstrukteur und Forscher im Mittelpunkt. Wichtige Säulen sind die Arbeit in Projekten, die Dokumentation von Aktivitäten, Lernen und Entwicklung sowie durchdachte und ästhetisch gestaltete Räumlichkeiten.

Es gilt in der Raumgestaltung die verschiedenen Phasen des Tages aufzugreifen, wie z. B. Ankommen, Mahlzeiten, Ruhe- und Schlafzeiten, freies Spiel, Gruppenaktivitäten oder Pflege. In Kindergruppen laufen häufig unterschiedliche Tätigkeiten parallel ab: Während ein Kind gerade bastelt, ruht sich ein anderes vielleicht aus und die nächsten spielen ein Rollenspiel. Gruppen- und Spielräume werden daher häufig nach Funktionsbereichen eingerichtet, die unterschiedliche Tätigkeiten anregen. Mittels Raumteilern wie Regalen oder Vorhängen lassen sich Nischen schaffen. Zusätzlich helfen verschiedene Farben oder Bodenbeläge dabei, die Räume zu strukturieren und Bereiche auch visuell voneinander abzugrenzen. Größere Einrichtungen gestalten zum Teil auch ganze Räume, die einem Thema gewidmet sind. Üblicherweise finden sich

- eine Kuschelecke, in die sich Kinder zurückziehen und entspannen können,
- eine Leseecke mit Bilderbüchern zum Betrachten und Vorlesen,
- eine Bauecke mit Klötzen, Schienen und Zügen zum Bauen und Konstruieren,
- eine Rollenspielecke mit Kinderküche, Laden und Verkleidungsmaterialien für Rollenspiele sowie
- eine Mal- und Bastelecke zum Malen, Schneiden, Kleben und Werkeln.

Neben einem Außenbereich und/oder einem Bewegungsbereich, in dem Kinder ausgelassen toben, klettern und rennen dürfen, öffnen viele Einrichtungen auch die Garderobe, den Gang oder das Badezimmer für Spiel und erweitern so das Raum- und Platzangebot für die Kinder.

[2] Mal- und Bastelecke

[3] Leseecke

Ausstattung mit Materialien

Ein weiterer wichtiger Aspekt ist die Ausstattung mit Materialien. Alltagsgegenstände, Naturmaterialien, Spielzeug und Bastelmaterial regen die Kinder zum Spielen, Entdecken, Verändern und Erforschen an. Spielzeug und Material werden von den pädagogischen Fachkräften auf die Bedürfnisse, Interessen und Entwicklungsthemen der Kinder abgestimmt. Dabei sind Spielmittel, die auf vielfältige Weise verwendet werden können und sich durch eine hohe Offenheit auszeichnen, besonders interessant für Kinder. Solche Spielmittel können von Kindern kreativ be- und genutzt und bestenfalls sogar verändert und umgestaltet werden.

Montessori | S. 81

Noch mehr zum Thema Spielzeug

Montessori-Material: Maria Montessori begreift Kinder als die Baumeister ihrer Selbst. Der Erwachsene hat die Aufgabe, den Kindern gute, sinnvolle Materialien anzubieten und sie im Sinne „hilf mir, es selbst zu tun“ zu begleiten. Montessori hat verschiedene Lernmaterialien für Kinder entwickelt, und zwar Materialien zu den Übungen des praktischen Lebens, Sinnes-, Mathematik- und Sprachmaterialien sowie Materialien zur kosmischen Erziehung. Diese werden auch heute noch in zahlreichen Einrichtungen für Kinder eingesetzt.

Spielzeugfreie Zeit: In eine andere Richtung gehen Projekte, in denen für einen bestimmten Zeitraum alle Spielzeuge und Materialien aus den Gruppenräumen entfernt werden. Die sog. „spielzeugfreie Zeit“ soll die Kreativität und Spontaneität der Kinder anregen. Befürworter sehen zahlreiche Vorteile, etwa die Stärkung der Widerstandsfähigkeit der Kinder gegen Süchte, und es gibt viele positive Erfahrungsberichte von solchen Projekten. Aber es finden sich auch zahlreiche Gegner, die eine spielzeugfreie Zeit als nicht sinnvoll und vor allem bei langer Dauer z. T. sogar als entwicklungsgefährdend erachten.

[1] Naturmaterialien laden zum Basteln und Erforschen ein.

[2] Montessori-Spielzeug, z. B. Farbzylinder

Bei der Gestaltung einer anregenden und unterstützenden Lern- und Entwicklungsumgebung geht es nicht darum, den Kindern möglichst viel Spielzeug anzubieten, sondern Materialien sorgfältig durchdacht auf die Bedürfnisse des Kindes und der Kindergruppe abzustimmen. Es gilt, Monotonie genauso zu vermeiden wie Reizüberflutung. Auf Grundlage gezielter Beobachtungen ergänzen und erweitern Fachkräfte die Materialen, die die Kinder nutzen, und entfernen Spielmittel, die momentan nicht (mehr) interessant sind.

3 Entwicklungsbegleitung und Förderung

Kinderkrippen und Kindergärten sind nicht nur Betreuungseinrichtungen, sondern haben neben der Betreuung auch einen **Bildungs- und Erziehungsauftrag**. Im SGB VIII § 22 Absatz 3 heißt es dazu:

> Der Förderungsauftrag umfasst Erziehung, Bildung und Betreuung des Kindes und bezieht sich auf die soziale, emotionale, körperliche und geistige Entwicklung des Kindes. Er schließt die Vermittlung orientierender Werte und Regeln ein. Die Förderung soll sich am Alter und Entwicklungsstand, den sprachlichen und sonstigen Fähigkeiten, der Lebenssituation sowie den Interessen und Bedürfnissen des einzelnen Kindes orientieren und seine ethnische Herkunft berücksichtigen.

3.1 Grundbedürfnisse von Kindern

Zentrale Aufgabe von Kinderkrippen, Kindergärten und Kindertagespflegestellen ist es, die Kinder bei ihrer individuellen Entwicklung zu begleiten und zu unterstützen. Grundlage und Ausgangspunkt aller pädagogischen Tätigkeiten und Aktivitäten sind zunächst die Beachtung und Befriedigung der kindlichen Grundbedürfnisse. Nur wenn diese erfüllt sind, kann sich das Kind gut entwickeln sowie freudig und interessiert an seiner Umwelt teilnehmen. Die amerikanischen Professoren T. Berry Brazelton und Stanley Greenspan haben sieben Grundbedürfnisse von Kindern formuliert.

Entwicklung | S. 135

T. Berry Brazelton (*1919) und **Stanley Greenspan** (1941–2010) sind ausgewiesene Experten auf dem Gebiet der Kinderheilkunde und der Kinderpsychiatrie. Von Brazelton wurde die sog. „Neonatal Behavoiral Assessment Scale (NBAS)" entwickelt. Mit diesem Instrument lässt sich das Verhalten von Säuglingen ab der Geburt bis zum zweiten Lebensmonat untersuchen.

> Grundbedürfnisse von Kindern
> - Das Bedürfnis nach beständigen liebevollen Beziehungen
> - Das Bedürfnis nach körperlicher Unversehrtheit, Sicherheit und Regulation
> - Das Bedürfnis nach Erfahrungen, die auf individuelle Unterschiede zugeschnitten sind
> - Das Bedürfnis nach entwicklungsgerechten Erfahrungen
> - Das Bedürfnis nach Grenzen und Strukturen
> - Das Bedürfnis nach stabilen, unterstützenden Gemeinschaften und kultureller Kontinuität
> - Das Bedürfnis nach einer sicheren Zukunft
>
> *(Brazelton, T. Berry/Greenspan, Stanley I. (2002): Die sieben Grundbedürfnisse von Kindern. Was jedes Kind braucht, um gesund aufzuwachsen gut zu lernen und glücklich zu sein. Weinheim, Basel, S. 7f.)*

1. Diskutieren Sie, auf welche Weise die Kita zur Befriedigung der Grundbedürfnisse beitragen kann.
2. Überlegen Sie, inwiefern Kinder, die ihre Heimat verlassen und flüchten müssen, bei der Erfüllung ihrer Grundbedürfnisse auf die Unterstützung der Gemeinschaft angewiesen sind.

Bei der Arbeit mit Kindern im Alter zwischen null und sechs Jahren spielen diese Grundbedürfnisse eine wichtige Rolle. Ihre Erfüllung und Förderung ist Aufgabe von Eltern, pädagogischen Fachkräften und der Gemeinschaft an sich.

3.2 Gestaltung von sicheren Beziehungen

Beziehung | S. 65

Grundlage allen menschlichen Seins sind Beziehungen zu anderen Menschen. Schon beim Neugeborenen spielen **Beziehungen** zu besonderen Personen eine herausragende Rolle: Jedes Kind braucht die Liebe und Zuwendung mindestens einer beständigen Bezugsperson, um zu wachsen und sich zu entwickeln. Liebevolle Aufmerksamkeit und Hinwendung sind für das Kind genauso wichtig wie die Befriedigung von körperlichen Bedürfnissen nach Nahrung, Flüssigkeit oder Hygiene.

fehlende feste Bezugsperson
Um die negativen Auswirkungen, die eine fehlende Beziehung auf die Entwicklung des Kindes hat, zu erklären, entwickelten John Bowlby und Mary Ainsworth die sog. Bindungstheorie (vgl. S. 154).

Kinder, denen die Zuwendung einer festen Bezugsperson fehlt, zeigen häufig Entwicklungsverzögerungen. Untersuchungen zeigen beispielsweise, dass Säuglinge und Kleinkinder, die im Heim aufwachsen, häufig in ihrer körperlichen, geistigen, sozial-emotionalen und kommunikativen Entwicklung zurückbleiben, obwohl sie physisch gut versorgt werden.

Jede pädagogische Fachkraft und jede Kindertagespflegeperson hat damit die Aufgabe, zu jedem der ihr anvertrauten Kinder eine liebevolle und tragfähige Beziehung aufzubauen. Zudem ist es wichtig, Kontinuität und Vorhersagbarkeit in der Betreuung sicherzustellen: Für die Kinder muss klar zu erkennen sein, wann sie von wem betreut werden. Häufig wechselnde Betreuungspersonen oder Beziehungsabbrüche, etwa durch Gruppenwechsel oder Wechsel von pädagogischen Fachkräften, sind möglichst zu vermeiden.

[1] Individueller Beziehungsaufbau zum Kind

Bei Kindern im Krippen- und Kindergartenalter geschieht der Beziehungsaufbau ausschließlich über die unmittelbare Zuwendung und Interaktion. Es ist daher sehr wichtig, dass der Tagesablauf in Kinderkrippen und -gärten so organisiert und gestaltet ist, dass sich die pädagogische Fachkraft täglich jedem einzelnen Kind für einen nicht zu kurzen Zeitraum intensiv zuwenden kann.

Was hat das mit mir zu tun?

Kernstück jedes Praktikums und erste Aufgabe jeder Praktikantin ist es, zunächst eine vertrauensvolle Beziehung zu den Kindern der Gruppe aufzubauen. Eine gute Möglichkeit ist es, die Kindergruppe erst einmal zu beobachten, um herauszufinden, welche Interessen, Spielideen und Spielthemen die Kinder verfolgen. Dann können Sie versuchen, den Kindern Spiel- und Interaktionsangebote zu machen, z. B. gemeinsam einen Turm zu bauen, ein Puzzle zu legen oder Verstecken zu spielen. So können sich Praktikantin und Kinder näher kennenlernen, Sympathie entwickeln und Vertrauen fassen.

3.3 Entwicklung begleiten

Eine Kernaufgabe von pädagogischen Fachkräften in Kindergarten und Kinderkrippe besteht darin, alle Kinder individuell in ihrer **Entwicklung** zu begleiten. Dabei sind Kinder keine passiven Wesen, die sozusagen „entwickelt werden müssen“: Kinder wenden sich ihrer Umwelt aktiv zu und treiben ihre Entwicklung selbst voran. Die Rolle der Bezugspersonen ist eine unterstützende und begleitende. In diesem Zusammenhang formuliert z. B. der Bayerische Bildungs- und Erziehungsplan (S. 17): „Kleine Kinder können nur in einem Umfeld aktiv lernen und sich positiv entwickeln, in dem sie sich sicher und geborgen fühlen sowie täglich ausreichend Möglichkeiten erhalten, sich zu bewegen.“

Entwicklung | S. 135

[2] Kinder treiben ihre Entwicklung eigenständig voran.

Kinder entwickeln sich zwischen der Geburt bis zum Schuleintritt rasant: Sie erwerben sehr komplexe Kompetenzen, lernen täglich Neues hinzu und erweitern ihre Fähigkeiten und Fertigkeiten stetig. Gegen Ende des sechsten Lebensjahres beherrschen Kinder die Grundzüge ihre Muttersprache und haben enorme Fortschritte in ihrer Bewegungsentwicklung gemacht, balancieren z. B. über Holzpfosten oder binden Schleifen. Im Zuge ihrer kognitiven und sozial-emotionalen Entwicklung haben sie gelernt nachzuvollziehen, wie ihre Mitmenschen denken und fühlen, haben enge Freundschaften aufgebaut und einen Sinn für Regeln und moralisches Verhalten entwickelt. Gleichzeitig entwickelt sich jedes Kind in seinem ganz eigenen Tempo: Während ein Kind bereits mit zehn Monaten seine ersten Schritte macht, fängt ein anderes in diesem Alter erst an zu krabbeln. Auch Interessen und Bedürfnisse können von Kind zu Kind sehr unterschiedlich sein. Während ein Kind den Übergang von der Windel zur Toilette ohne größere Mühe schafft, braucht das andere hier vielleicht intensive Unterstützung durch Bezugspersonen.

Die kindliche Entwicklung verläuft nicht gleichförmig: Es lassen sich regelrechte Entwicklungssprünge beobachten, genauso wie Zeiten, in denen kaum etwas zu passieren scheint. Diese Variabilität und Individualität, welche die menschliche Entwicklung kennzeichnen, machen eine individuelle Entwicklungsbegleitung für die Erzieherin zu einer besonderen Herausforderung. Sie steht vor der Aufgabe, jedes Kind regelmäßig zu beobachten. Darauf aufbauend kann sie erkennen, wo das Kind gerade steht, welche Themen momentan interessant sind, welche Kompetenzen und Bedürfnisse sowie Unterstützungsbedarfe es hat. Zudem sollten etwaige Auffälligkeiten in der kindlichen Entwicklung frühzeitig erkannt und abgeklärt werden.

Variabilität
Veränderlichkeit, Verschiedenartigkeit von Eigenschaften

Beobachtung | S. 104, 122

Wir neigen dazu, die Entwicklung von Kindern miteinander zu vergleichen. Man denke nur an Eltern, die sich auf Spielplätzen darüber austauschen, welches Kind was schon kann, z. B. welches Kind durchschläft oder keine Windel mehr braucht. Auch während Ihres Praktikums sind Sie vielleicht verleitet, die Entwicklung von Kindern miteinander zu vergleichen. Nehmen Sie bewusst eine andere Sichtweise ein und vergleichen Sie nicht die Kinder untereinander. Versuchen Sie zu erkennen, inwieweit sich das Kind im Vergleich mit sich selbst weiterentwickelt und Neues dazugelernt hat. So bekommen Sie nicht nur einen Eindruck von seinen Lernzuwächsen. Es wird Ihnen auch leichter fallen, eine kompetenzorientierte Sichtweise einzunehmen.

3.4 Bildungsprozesse begleiten

Die Begleitung der kindlichen **Bildungsprozesse** gehört zu den wesentlichen Aufgaben jeder pädagogischen Fachkraft und trägt zur Verwirklichung des zuvor beschriebenen Förderauftrags bei. Genau wie seine Entwicklung treibt das Kind auch seine Bildung aktiv und eigenständig voran. Erwachsene Bezugspersonen übernehmen dabei eine begleitende und unterstützende Funktion.

Der Bayerische Bildungs- und Erziehungsplan (S. 12) formuliert in diesem Zusammenhang einprägsam: „Bildung im Kindesalter gestaltet sich als sozialer Prozess, an dem sich Kinder und Erwachsene aktiv beteiligen. Nur in gemeinsamer Interaktion, im kommunikativen Austausch und im ko-konstruktiven Prozess findet Bildung (...) statt."

Interaktion | S. 233

Bildung ist immer beides, Selbstbildung und Bildung in und über die Interaktionen mit anderen Kindern und Erwachsenen.

Kinder im Krippen- und Kindergartenalter lernen am meisten beim freien, selbst gewählten Spielen. Im Spiel können sie sich auf Grundlage ihrer individuellen Entwicklung, ihrer Kompetenzen, Interessen und Bedürfnisse einem selbst gewählten Thema widmen und sind hochmotiviert und konzentriert.

Lernen | S. 200

Menschen lernen am besten, wenn sie etwas tun, das sie sich selbst ausgesucht haben, weil es sie interessiert oder Spaß macht. Menschen sind dann besonders konzentriert und motiviert und können sich Sachen und Bewegungsabläufe besonders gut einprägen. Das merken Sie, wenn Sie ein interessantes Buch lesen: Ohne Probleme erinnern Sie Namen, Orte und Details. Sind Sie aber gezwungen, einen Text zu lesen, der Sie nicht interessiert, gelingt es nur mit Anstrengung, sich darauf zu konzentrieren.

Individuelle Bildungsgelegenheiten

Aufgabe der Erzieherin ist es, die momentanen Interessen und Themen der Kinder auf Grundlage von Beobachtungen zu erkennen und entsprechend aufzugreifen, zu begleiten und zu erweitern. Im Kindergarten, in der Krippe und der Tagespflegestelle geht es also nicht vornehmlich darum, Bildungsaktivitäten „künstlich" zu schaffen: Die Herausforderung besteht vielmehr darin, alltägliche Situationen und Tätigkeiten so zu gestalten, dass sie für das einzelne Kind zu individuellen Bildungsgelegenheiten werden.

[1] Alltagssituationen bieten eine Fülle von Bildungsmöglichkeiten.

Bildungsprozesse können in eng umschriebenen Situationen stattfinden, beispielsweise wenn ein Kind am Wasserhahn spielt und seinen Zahnputzbecher immer wieder füllt und ausleert. Die Tätigkeit des Kindes aufgreifend, könnte die Erzieherin Gefäße verschiedener Größe anbieten und so seine Explorations- und Erfahrungsmöglichkeiten erweitern sowie die Auseinandersetzung mit Konzepten wie klein – groß oder mehr – weniger anregen. Andere Bildungsanregungen können in alltägliche Situationen integriert sein und nebenbei stattfinden, etwa wenn die Erzieherin im täglichen Gespräch und beim Spiel mit Kindern immer wieder Farben benennt.

Stets gilt es nachzuspüren, wofür sich die Kinder interessieren, und diese Themen aufzugreifen: So werden aus alltäglichen Situationen Bildungsgelegenheiten.

4 Beobachtung und Dokumentation

4.1 Beobachtung und Dokumentation als pädagogische Aufgabe

Mit der Kindertagesbetreuung in Kindertagesstätten und in der Kindertagespflege ist die gesetzliche Aufgabe verbunden, Kinder zu erziehen, zu bilden und zu betreuen. Dieser Förderauftrag beinhaltet auch das regelmäßige |**Beobachten** der Bildungsprozesse jedes einzelnen Kindes und das Verfolgen, wie sich seine Lernaktivitäten weiterentwickeln. Beobachtungen und deren |**Dokumentation** sind längst zu einer zentralen Aufgabe von Erzieherinnen und Tagespflegepersonen und zu unverzichtbaren Bestandteilen der pädagogischen Betreuungsarbeit geworden. Die Erzieherin benötigt ein genaues Bild von der Entwicklung, von den Interessen und Stärken jedes Kindes, um diese Erkenntnisse in der Betreuung und Bildungsarbeit aufzugreifen. Jedes Kind soll eine individuelle Förderung bekommen und die Erzieherin kann in der pädagogischen Planung auf die individuellen Voraussetzungen, Anlagen, Vorlieben und aktuellen Interessen des Kindes angemessen reagieren. Beobachtung hat zudem die Funktion, das psychische und physische Wohlbefinden des Kindes als Voraussetzung für ein gesundes Aufwachsen im Blick zu haben.

Beobachten| S. 122
Dokumentation | S. 126

Pädagogische Grundhaltung

Für die gezielte Beobachtung ist ein authentischer und wertschätzender Blick auf die Kinder von großer Bedeutung. Der positive Blick bei der Beobachtung von Kindern schließt eine **pädagogische Grundhaltung** und eine gute Beziehungsqualität mit ein. Die pädagogische Grundhaltung ist geleitet davon, das Kind in den Mittelpunkt zu stellen, vom Kind auszugehen und darauf zu vertrauen, dass sich jedes Kind zu einem verantwortungsbewussten und sozialen Mitglied seiner Gesellschaft entwickeln will und kann. Die würdevolle Beachtung des Kindes und ein Interesse an seiner Person sowie die feinfühlige und achtsame Begegnung mit ihm bilden die Voraussetzung, dass sich das Kind seinem Tun weiterhin ungestört widmet, auch wenn es beobachtet wird. Genauso gehören die Bereitschaft und das Wohlwollen der Erzieherin dazu, das Kind mit seinen individuellen Besonderheiten ernst zu nehmen und sich auf die ganze Vielfalt der kindlichen Lebenswelt einzulassen. Insbesondere bei Kindern unter drei Jahren muss die Erzieherin als Bezugsperson und sichere Basis wahrgenommen werden, sonst werden die Kinder kein exploratives Verhalten (auch Neugierverhalten) zeigen.

[2] In einer sicheren Beziehung trauen es sich Kinder zu, Dinge auszuprobieren.

Es geht nicht darum, Kinder bei unerwünschtem Tun zu ertappen, ihr Verhalten zu verurteilen oder nach Fehlern und Schwächen zu suchen. Beobachtungen sind keine Beweise, sondern Hinweise, über die es nachzudenken gilt und die zum Ausgangspunkt für geplantes pädagogisches Handeln werden, beispielsweise wie das Kind in seinem sprachlichen oder motorischen Verhalten unterstützt werden kann. Professionelles pädagogisches Handeln beruht nicht nur auf Intuition oder auf Begabung für den Umgang mit Kindern.

Subjektiv
Persönlich; subjektiv bedeutet, dass die eigene Wahrnehmung von persönlichen Erfahrungen, Gefühlen, Interessen und Wertungen beeinflusst wird. Diese sind uns nicht immer bewusst.

Beobachtung im pädagogischen Alltag

Kinder zu beobachten ist mehr als nur hinzuschauen. Es ist eine Methode, Kinder zu verstehen, sie zu erfassen, sie einzuordnen und sie zu unterstützen. Dabei muss bedacht werden, dass jede Beobachtung auch immer durch persönliche Erfahrungen mit Situationen, eigene Empfindungen und den biografischen Kontext geprägt ist. Beobachtungen unterliegen Interpretationen, sind stets subjektiv und können nie wertungsfrei sein. Folglich müssen Erzieherinnen ihre Beobachtungen reflektieren und sich ihre subjektive Färbung der Wahrnehmung und Interpretation bewusst machen.

Beobachtungs- und Dokumentationsverfahren | S. 127

In der Psychologie, Medizin und Pädagogik gibt es schon seit Langem eine Reihe von Beobachtungs- und Dokumentationsverfahren, die sich beispielsweise in strukturierte und weniger strukturierte, in teilnehmende oder nicht-teilnehmende Methoden unterscheiden. Für die Anwendung im Berufsalltag der Kinderbetreuung misst sich die Qualität eines Beobachtungsverfahrens immer daran, ob es für die Praxis geeignet ist und die Lernaktivitäten der Kinder festhält. In den Kindertageseinrichtungen hat sich die sogenannte nicht-teilnehmende und wahrnehmende Beobachtung bewährt. Nicht-teilnehmende Beobachtung bedeutet, dass sich die beobachtende Erzieherin aus dem Geschehen herauszieht und auch nicht spontan in die Aktivitäten und Handlungen des Kindes oder der Kinder eingreift, sondern sich für einen bestimmten Zeitraum ausschließlich auf die Beobachtung und Aufzeichnung konzentriert.

Diese Aufzeichnungen werden als **Entwicklungs- und Bildungsdokumentation** bezeichnet. Sie bieten gute Austauschmöglichkeiten für die Erzieherin und Eltern über das jeweilige Kind und sind wichtig, um den Entwicklungsstand des Kindes einschätzen zu können sowie weitere Unterstützung für das Kind zu planen. Die Beobachtungen tragen zu mehr Verständnis und zum Erfolg der Erziehungs- und Bildungspartnerschaft bei. Gemeinsam wird überlegt, welche weiteren Angebote dem Kind nützlich sind, um seine Interessen vertiefen zu können.

4.2 Dokumentation

[1] Ein Portfolio mit den Fotos und Zeichnungen eines Kindes kann dessen Entwicklung dokumentieren.

Beobachtungen von Kindern ergeben nur einen Sinn, wenn sie auch nachvollziehbar dokumentiert werden. Neben diesen Dokumentationen entsprechend dem angewandten Beobachtungsinstrument ist es empfehlenswert, vielfältige Zeichnungen, Fotos, Gesammeltes, Anekdoten usw. von den Kindern und ihren Interessen oder Tätigkeiten zu sammeln und als eine Portfolio-Dokumentation im Sinne einer Bildungsdokumentation anzulegen. Für die Erzieher sind die Dokumentationen immer auch die Grundlage für die Reflexion des eigenen Handelns und für den fachlichen Austausch im Team. Es werden das individuelle Entwicklungsbedürfnis der Kinder reflektiert und gezielte Angebote, die sich an der Lebenssituation der Kinder orientieren, vorbereitet.

Kinder mögen es sehr, an der Gestaltung ihrer Bildungsdokumentation beteiligt zu sein und ihre Lernfortschritte selbst zu sehen, beispielsweise wie sich ihr Malen eines Autos verändert oder wenn sie auf Fotos betrachten können, dass sie nun endlich auf das Baumhaus geklettert sind. Dabei ist es wichtig, dass ihre sprachlichen Äußerungen, ihre Gestaltung und ihre Beteiligung aufgenommen und wertgeschätzt werden. Dokumentationen sind ein Anlass, dass sich Erzieherin und Eltern austauschen. Und nicht zuletzt wird durch die Dokumentation die eigene pädagogische Arbeit nach außen gegenüber Trägern oder Fachdiensten dargestellt.

Bei der Dokumentation muss bedacht werden, dass Informationen über Kinder Daten im Sinne des **Datenschutzgesetzes** sind. Deshalb müssen Erzieherinnen und Tagespflegepersonen mit diesen (Beobachtungs-)Daten sorgfältig und sensibel im Rahmen ihres pädagogischen Auftrages umgehen. Bereits beim Start in die Kindertagesstätte oder Kindertagespflege sollten die Eltern über das pädagogische Handwerkszeug „Beobachtung" informiert und über den Zweck und Nutzen für ihr Kind aufgeklärt werden. Es ist sinnvoll zu betonen, dass die Beobachtungen letztendlich dazu beitragen, die Kinder zu fördern und zu unterstützen.

Das Bundesdatenschutzgesetz finden Sie unter: www.gesetze-im-internet.de/bundesrecht/bdsg_1990/gesamt.pdf

Zu den Kompetenzen der Erzieherin gehört es, verschiedene Beobachtungsinstrumente und die Dokumentation zu kennen, das jeweils geeignete auszuwählen und anwenden zu können. Dafür sollten speziell konzipierte Fortbildungen besucht werden.

Was hat das mit mir zu tun?

Kennen Sie das nicht auch? Sie beobachten Ihre Nachbarin und denken automatisch: „Typisch! Das war klar, dass Frau Schmidt wieder so reagiert hat und nicht anders. Von der ist ja nichts anderes zu erwarten." Wenn Sie schon einige Tage Ihres Praktikums in der Kindertagesstätte verbracht haben, werden Sie sicherlich auch schon von einigen Kindern einen Eindruck gewonnen haben. Vielleicht finden Sie ja, dass der Tim immer ein so lustiges Kind ist, die Luisa sich gar nicht auf eine Sache konzentrieren kann und der Khaled eher abseits steht und nicht mit den anderen spielen mag.

Damit Beobachtungen nicht zu falschen Annahmen oder falschen Bildern führen, ist eine wachsame Haltung der beobachtenden Person wichtig, denn: Wir sehen (nur) das, was uns auffällt. Zu der wachsamen Haltung gehört es auch, die eigenen Erwartungen zu hinterfragen, denn: Wir sehen (nur) das, was wir erwarten. Und letztendlich setzt eine qualifizierte Beobachtung auch Wissen voraus, beispielsweise darüber, wie Kinder sich ihre Umwelt aneignen, denn: Wir sehen (nur) das, was wir kennen.

5 Zusammenarbeit mit Eltern

5.1 Grundverständnis der Zusammenarbeit mit Eltern als eine Bildungs- und Erziehungspartnerschaft

Die Zusammenarbeit mit Eltern ist ein wichtiger Bestandteil der Arbeit von Kindertageseinrichtungen und der Kindertagespflege. Diese sollen die Familien in Bezug auf die Erziehung, Betreuung und Bildung ihrer Kinder unterstützen sowie die körperliche, soziale und emotionale Entwicklung des Kindes individuell fördern. Um diesen Anspruch gut erfüllen zu können, ist der Austausch mit den Eltern zentral; er ist die Nahtstelle zwischen der Familie und der Kindertagesstätte.

Bindung | S. 154

Eltern sind die ersten und bedeutsamsten Bindungspersonen für ihr Kind und somit die wichtigsten Partner für die Erzieherin. Die Begegnung und der Austausch mit den Eltern finden dabei auf Augenhöhe und in einem gleichberechtigten Dialog sowie gegenseitiger Unterstützung bzw. Ergänzung statt. Beide Parteien wollen das Beste für das Kind und tragen dafür die Verantwortung. Eltern möchten mitreden, wenn es darum geht, wie ihr Kind betreut, versorgt und erzogen wird und welche Bildungsanregungen die Kindertagesstätte für ihr Kind bereithält. Beide stimmen sich in dem ab, was die Ziele der Erziehungs- und Bildungsthemen des Kindes sind, ohne dass dabei die grundsätzliche Erziehungsverantwortung der Eltern infrage gestellt wird. Die Familien sind zudem Erziehungs- und Bildungsorte für Kinder, die sich stärker und nachhaltiger auf die Kinder auswirken als die Kindertagesstätte oder die Kindertagespflege. Der Respekt der Erzieherin den Eltern gegenüber und die Verbindung von pädagogischem Wissen mit den Erfahrungen der Eltern bereiten dem Kind den Weg, ein positives Bild von sich zu entwickeln. Dies ist die Grundlage dafür, dass es den täglichen Übergang von der Familie in die Kindertagesbetreuung gut meistert, sich der Umwelt neugierig und mutig zuwendet und sie sich aneignet, sozusagen als Basis jeglicher Bildungsbewegungen.

Eine Zusammenarbeit mit Eltern nach diesen Prinzipien wird als **Bildungs- und Erziehungspartnerschaft** bezeichnet.

Zusammenfassend lässt sich die Erziehungspartnerschaft in ihren Voraussetzungen und Zielen wie folgt beschreiben:

- Basis: das Wohl des Kindes und seine individuelle Förderung
- Orientierung in der Arbeit an den Bedürfnissen der Kinder und ihren Eltern
- Gleichwertigkeit und Gleichberechtigung sowie ein hohes Maß an Austausch zwischen Erzieherin und Eltern
- vorurteilsfreie Begegnung, geprägt durch Achtung, Respekt und Wertschätzung sowie gegenseitiges Interesse, Aufmerksamkeit und Verständnis
- Anerkennung der Eltern als Experten für ihr Kind von der Erzieherin
- Anerkennung der Erzieherin als Expertin für die außerfamiliale Betreuung von den Eltern
- Anknüpfung an die Lebenswelt des Kindes und deren Nutzung für die Bildungs- und Entwicklungsprozesse des Kindes

Die Zusammenarbeit mit Eltern beinhaltet, die Vereinbarkeit von Familie und Beruf zu unterstützen und die Eltern bei ihrer Erziehungskompetenz zu fördern. Der Aspekt der Erziehungskompetenz gewinnt in der Zusammenarbeit zunehmend an Bedeutung, da sich die Lebenslagen von Familien sehr verändert und ausdifferenziert haben. In bestimmten Situationen, wie Arbeitslosigkeit der Eltern, Suchterkrankungen, Armut oder Krankheit, können Kindertagesstätten eine stabilisierende Rolle übernehmen, indem sie Verlässlichkeit und Kontinuität bieten. In ihrem Erziehungsverhalten verunsicherte oder gestresste Eltern sehen in den Erzieherinnen wichtige Ansprechpartnerinnen, bei denen fachlicher Rat eingeholt werden kann. Es gibt bereits Kindertagesstätten, die zu einer Art Anlaufstelle für Eltern geworden sind und gezielt den Austausch der Eltern untereinander fördern, wenn diesen z. B. durch Umzüge das soziale Netz verloren gegangen ist. Sie bieten auch spezielle Angebote der Elternbildung an, wie z. B. Gesprächskreise zu bestimmten Themen oder Beratung. So übernehmen diese Institutionen auch entlastende, präventive und kompensatorische Aufgaben.

5.2 Haltung der Erzieherin in der Zusammenarbeit mit Eltern

Damit eine gelingende familienorientierte Zusammenarbeit mit Eltern funktioniert, muss die Erzieherin eine professionelle Haltung einnehmen, die neben ihrem Fachwissen die Voraussetzung für professionelles Handeln ist. Diese ist durch Offenheit, Unvoreingenommenheit, Anerkennung, Toleranz und Vertrauen den Eltern gegenüber geprägt. Die eigene Arbeit, das pädagogische Handeln und die Haltung, die gegenüber den Eltern eingenommen wird, müssen von der Erzieherin immer wieder reflektiert und hinterfragt werden, damit eine gleichberechtigte Erziehungspartnerschaft mit den Eltern aufgebaut werden kann. Das sind sehr hohe Anforderungen an die Erzieherin, erst recht, wenn sie in der Praxis auf desinteressierte, unsympathische oder sehr fordernde Eltern trifft. Eigene Vorurteile gegenüber bestimmten Eltern, anderen Kulturen oder Familienformen können einem dabei im Weg stehen.

professionelle Haltung | S. 493

5.3 Rechtliche Grundlagen der Zusammenarbeit mit Eltern

[1] Im Grundgesetz sind das natürliche Recht und die Pflicht der Eltern zur Pflege und Erziehung der Kinder verankert.

Das Grundrecht der Eltern, das die Pflege und Erziehung der Kinder als natürliches Recht der Eltern und als ihre Pflicht herausstellt, bildet im Grundgesetz (GG Art. 6 Abs. 2) und im VIII. Sozialgesetzbuch (SGB VIII §§ 1 Abs. 1, 22 Abs. 2 u. 3, 22a Abs. 2) die rechtliche Rahmung dafür, dass der Staat den Eltern familienunterstützende Angebote zur Verfügung stellt, um sie bei der Erziehung ihrer Kinder zu unterstützen. Dazu gehört auch die an den Bedürfnissen und Bedarfen ausgerichtete Kindertagesbetreuung, welche der öffentliche Träger der öffentlichen Jugendhilfe (Jugendamt) zu erfüllen hat. Das Jugendamt kann dann kommunale und/oder freie Einrichtungsträger beauftragen, die Leistung zu erbringen.

GG Art. 6 | S. 53

Im SGB VIII wird im § 1 die Leitlinie des Grundgesetzes aufgegriffen und für die Zusammenarbeit zwischen Eltern und Kindertageseinrichtung beziehungsweise Kindertagespflege konkretisiert:

Weitere Abschnitte im Sozialgesetzbuch VIII zur Kinder- und Jugendhilfe finden Sie unter:
www.sozialgesetzbuch-sgb.de/sgbviii/1.html

> (3) Jugendhilfe soll zur Verwirklichung des Rechts nach Absatz 1 insbesondere
> 1. junge Menschen in ihrer individuellen und sozialen Entwicklung fördern und dazu beitragen, Benachteiligungen zu vermeiden oder abzubauen,
> 2. Eltern und andere Erziehungsberechtigte bei der Erziehung beraten und unterstützen,
> 3. Kinder und Jugendliche vor Gefahren für ihr Wohl schützen,
> 4. dazu beitragen, positive Lebensbedingungen für junge Menschen und ihre Familien sowie eine kinder- und familienfreundliche Umwelt zu erhalten oder zu schaffen.

Die §§ 22 und 22a gehen näher darauf ein, wie die Zusammenarbeit mit den Eltern und die Unterstützung der Eltern aussehen soll. § 22 (2) SGB VIII sagt:

> Tageseinrichtungen für Kinder und Kindertagespflege sollen
> 1. die Entwicklung des Kindes zu einer eigenverantwortlichen und gemeinschaftsfähigen Persönlichkeit fördern,
> 2. die Erziehung und Bildung in der Familie unterstützen und ergänzen,
> 3. den Eltern dabei helfen, Erwerbstätigkeit und Kindererziehung besser miteinander vereinbaren zu können.

Der Auftrag der Kindertagesbetreuung umfasst also einerseits die Ebene der individuellen Förderung des Kindes unter Berücksichtigung seines familiären und persönlichen Hintergrunds und schließt andererseits auch die Unterstützung der Familie in Erziehung und Bildung ein. Wichtig ist, dass die ganzheitliche Förderung des Kindes angestrebt wird. Sie darf nicht unabhängig von den spezifischen Voraussetzungen des Kindes und seiner Familie erfolgen.

Der § 22a SGB VIII wurde ergänzend im Rahmen der Entwicklung des Tagesbetreuungsausbaugesetzes (TAG) eingefügt. In ihm werden die Ziele und die Notwendigkeit der Zusammenarbeit formuliert und betont.

§22a Abs. 2 SGB VIII:
Die Träger der öffentlichen Jugendhilfe sollen sicherstellen, dass die Fachkräfte in ihren Einrichtungen zusammenarbeiten

1. mit den Erziehungsberechtigten und Tagespflegepersonen zum Wohl der Kinder und zur Sicherung der Kontinuität des Erziehungsprozesses,
2. mit anderen kinder- und familienbezogenen Institutionen und Initiativen im Gemeinwesen, insbesondere solchen der Familienbildung und -Beratung,
3. mit den Schulen, um den Kindern einen guten Übergang in die Schule zu sichern und um die Arbeit mit Schulkindern in Horten und altersgemischten Gruppen zu unterstützen.

Die Erziehungsberechtigten sind an den Entscheidungen in wesentlichen Angelegenheiten der Erziehung, Bildung und Betreuung zu beteiligen.

Im Einzelnen können diese wesentlichen Angelegenheiten der Erziehung, Bildung und Betreuung die

- Leitlinien des pädagogischen Konzepts der Einrichtung,
- die personelle, sächliche und räumliche Ausstattung oder
- die Öffnungs- und Schließzeiten

betreffen.

Weitere Konkretisierungen dieser Bundesgesetze finden sich in den länderspezifischen Ausführungsgesetzen und in den Bildungs- und Erziehungsplänen der Länder. In den Landesregelungen gibt es zum Teil nähere Vorgaben, wie die Elternbeteiligung im Sinne einer qualifizierten Form der Einflussnahme durch Elternbeiräte oder Elternvertretungen zu gestalten ist. Bildungspläne sind zwar nicht rechtlich verbindlich. Aber die Zusammenarbeit zwischen Eltern und Erzieherin als gleichwertige und gleichberechtigte Partner bei der Erziehung und Bildung des jeweiligen Kindes stellt ein Qualitätsmerkmal der Arbeit der Einrichtung dar. Eine weitere Basis der Zusammenarbeit bilden die pädagogischen Konzeptionen sowie die Einstellungen und Werte der Träger von Kindertageseinrichtungen, beispielsweise konfessioneller Träger oder Waldorfkindergärten.

5.4 Formen der Zusammenarbeit mit Eltern

In der Zusammenarbeit mit Eltern sind verschiedene Formen möglich und nötig, um der Vielfalt der Familienkonstellationen, den unterschiedlichen Lebenslagen sowie den Bedürfnissen und Interessen der Eltern gerecht zu werden. Die Erzieherin hat die Aufgabe, Gelegenheiten und Angebote der Zusammenarbeit mit den Müttern und Vätern zu schaffen. Die Ausgestaltung der jeweiligen Form variiert je nach Rahmenbedingungen der Einrichtung und Zielgruppe der Eltern. Die Auswahl der Form muss sich danach richten, wen die Erzieherin mit welchem Ziel erreichen möchte: Sie kann beispielsweise ein Entwicklungsgespräch mit den Eltern planen, einen Elternbrief schreiben oder das Sommerfest besprechen. Die Qualität der Form hängt neben der Fachlichkeit maßgeblich vom guten persönlichen Kontakt ab. Leitgedanke aller Kooperationsformen ist die gemeinsame Verantwortung für das Kind.

Elemente der Zusammenarbeit mit Eltern

Die Zusammenarbeit mit Eltern lässt sich in vier unterschiedliche Elemente systematisieren:

- Gegenseitiger Austausch und Information über das Kind: Dies dient dem besseren Verständnis vom jeweiligen Kind und fördert die Abstimmung des Erziehungsverhältnisses. Eltern werden durch den regelmäßigen Austausch sowie durch Absprachen zur Förderung des Kindes in ihrer Erziehungskompetenz gestützt.
- (Fachlicher) Austausch über Bildungs- und Erziehungsfragen: Es geht um die vertiefte Reflexion der Entwicklung des jeweiligen Kindes. Die Stärken und evtl. die Schwächen stehen im Mittelpunkt des Gesprächs. Ziel des Austauschs ist es, zu einer gemeinsam verantworteten Weiterentwicklung der pädagogischen Arbeit zu gelangen.

Reflexion | S. 534

- Information über familienunterstützende Angebote: Die Erzieherin ist Ansprechpartnerin für Erziehungsfragen. Sie stellt dafür Informationen z. B. über Familienbildungsstätten, Beratungsstellen oder Freizeitangebote zur Verfügung. Diese Informationen haben auch eine präventive Wirkung, da durch die Beratung und Unterstützung der familienunterstützenden Angebote das familiäre System stabilisiert werden kann sowie Eltern in ihren erforderlichen Erziehungskompetenzen geholfen wird.
- Mitwirkung und Integration der Eltern: Eltern bekommen die Möglichkeit, am Alltag in der Kindertagesstätte teilzunehmen. Partizipation als Mitgestaltung und durch die Etablierung von Mitbestimmungsmöglichkeiten in der Kindertagesstätte.

Partizipation
bedeutet, Menschen in der Gesellschaft und an den Entscheidungen, die ihr Leben beeinflussen, aktiv zu beteiligen, mitwirken und teilhaben zu lassen.

Je nach Ziel und Umsetzung der Zusammenarbeit werden unterschiedliche Formen der Einzelarbeit und der Gruppenarbeit sowie mediale Formen eingesetzt. Die folgende Tabelle zeigt Beispiele hierzu:

Zusammenarbeit mit Eltern einzelner Kinder	Elterngruppen- und einrichtungsbezogene Zusammenarbeit	Schriftliche und mediale Formen der Zusammenarbeit
Aufnahmegespräche Tür-und-Angel-Gespräche Entwicklungsgespräch Hausbesuch durch die Erzieherin Hospitation der Eltern in der Einrichtung Eltern-Kind-Interaktionsbeobachtung Elternsprechtage	Elternabende (zu bestimmten Themen, mit externen Referenten usw.) Schnuppertage Ausflüge Mitarbeit von Eltern Themennachmittage Feste und Feiern Eltern-Kind-Wochenenden Eltern-Café Elternkurse Elternvertretungen, -beirat	Elterninformationsheft, Elternbriefe Fotowand, Ausstellungen, Videoaufnahmen Kitazeitung Homepage Elternbefragungen Bibliothek, Büchertauschring

BEISPIEL

Das Außengelände der Kita soll verändert und für die Kinder ansprechender und erlebnisreicher gestaltet werden. Dafür werden noch einige Eltern benötigt, die gemeinsam mit den Kindern einen Barfußpfad anlegen. Wie können Sie die Eltern für die Mitarbeit motivieren und gewinnen? Fertigen Sie dazu ein Anschreiben für die Eltern (Elternbrief) an.

5.5 Zusammenarbeit mit Eltern anderer Herkunftsländer

Bei der Zusammenarbeit mit Eltern mit |Migrationshintergrund ist zuvorderst zu beachten, dass sie keine zusammengehörende und unterschiedslose Gruppe sind. Sie zeichnen sich durch eine große |Heterogenität aus. Es kann die Schweizerin sein, die in Deutschland lebt, die Marokkanerin in der dritten Generation, es kann die Türkin, die erst vor Kurzem nach Deutschland gezogen ist, oder die akademische Flüchtlingsfamilie aus einem Land aus Afrika sein. Die Kinder aus diesen Familien besuchen Kindertagesstätten und Tagespflegestellen. Die Zusammenarbeit mit Familien aus anderen Herkunftsländern sowie der Umgang mit Heterogenität ist eine fachliche Anforderung für alle Erzieherinnen und Tagespflegepersonen. Es werden interkulturelle Kompetenzen benötigt, die über die gegenwärtige Tätigkeit hinaus einen grundlegenden Aspekt der professionellen Haltung der Betreuungspersonen bilden.

Migrationshintergrund ist ursprünglich eine Bezeichnung aus der Amtssprache im Rahmen der Statistik: „Personen mit Migrationshintergrund" bezeichnet in Deutschland Zugewanderte und ihre Nachkommen.

kulturelle Heterogenität | S. 354

interkulturelle Kompetenz | S. 92

|**Interkulturelle Kompetenz** umschreibt ein Anforderungsprofil zum sensiblen und gleichberechtigten Umgang mit Menschen anderer Kulturen. Dazu gehören zum einen kognitive Kompetenzen wie Wissen um eigenkulturelle Prägung, Kenntnisse sozialer Aspekte von Migration und kulturspezifische Hintergründe. Interkulturelle Kompetenz umfasst zum anderen Handlungskompetenzen wie Kommunikation, Dialog und Interaktion sowie personale Kompetenzen wie Offenheit, Empathie, Vorurteilsfreiheit und Echtheit. Frühere Erfahrungen werden frei von Vorurteilen mit einbezogen und erweitert, die Bereitschaft zum Dazulernen ist ausgeprägt. Die Fähigkeit zum beidseitig zufriedenstellenden Umgang mit Menschen aus anderen Kulturen kann schon in jungen Jahren vorhanden sein oder auch entwickelt und gefördert werden. Dies wird als interkulturelles Lernen bezeichnet. Die Basis für erfolgreiche interkulturelle Kommunikation ist emotionale Kompetenz und interkulturelle Sensibilität.

Es ist die Aufgabe der Erzieherin, alle Eltern als Erziehungspartner miteinzubeziehen und nicht darauf zu warten, dass die Eltern auf sie zukommen und Interesse an der pädagogischen Arbeit äußern. Alle Eltern müssen beachtet werden; unabhängig von ihrer Herkunft, ihren Überzeugungen und Einstellungen. Sie sind in ihrer Unterschiedlichkeit als gleichwertig wahrzunehmen.

[1] Eltern müssen in ihrer Unterschiedlichkeit wahrgenommen und respektiert werden: Hierarchien von „besser" oder „schlechter", „weniger wert" oder „mehr wert" werden der Vielfalt der Kulturen und menschlichen Sichtweisen nicht gerecht.

Bei der Zusammenarbeit können Schwierigkeiten entstehen, die sich aus den unterschiedlichen kulturellen Wertebezügen und Prägungen der Eltern und der Erzieherin ergeben. Das können Probleme sein wie beispielsweise Verständigungs- und Verständnisprobleme, z. B. wenn der Erzieher als Autoritätsperson und nicht als „Partner" gesehen wird, unterschiedliche pädagogische Einstellungen und Leitlinien oder Schwierigkeiten und Widerstände der Eltern, sich in dieser Gesellschaft zurechtzufinden. Weitere Hindernisse können höhere Hemmschwellen im Kontakt oder eine niedrigere Bereitschaft zur Kooperation sein. Bewusste und unbewusste Vorurteile auf beiden Seiten erschweren zudem die Zusammenarbeit.

Da die eigene Kultur die persönlichen Wahrnehmungen, Einstellungen und Verhaltensweisen prägt, beeinflusst sie sehr grundsätzlich die Zusammenarbeit mit Eltern. Erzieher müssen bedenken, dass ihr eigenes Angebot der Bildung, Betreuung und Erziehung auch Einfluss auf die frühe kulturelle Prägung der betreuten Kinder nimmt. Für diese Kinder kann die Zusammenarbeit mit den Eltern die Brücke schlagen zwischen der Kultur der Herkunftsfamilie und der Kultur der Erzieherin. Dafür bedarf es einer besonderen Aufmerksamkeit und Sensibilität.

5.6 Spezifische Anlässe der Zusammenarbeit mit Eltern

[1] Eine häufige Austauschmöglichkeit zwischen Erziehern und Eltern sind die Tür-und-Angel-Gespräche.

In der Kita gibt es vielfältige Anlässe zur Zusammenarbeit mit Eltern einzelner Kinder. Bereits bei den ersten Kontakten und Aufnahmegesprächen ist es bedeutend, dass in der Kita und im Gespräch mit Eltern eine Atmosphäre herrscht, die es ihnen erleichtert, Fragen, Wünsche oder Ängste mitzuteilen. Die Erzieherin motiviert und ermutigt die Eltern, sich auf eine partnerschaftliche Kooperation einzulassen. Für viele Beobachtungen oder im Gespräch über das Verhalten des Kindes in der Kindertagesstätte und der Familie ergeben sich Austauschmöglichkeiten in sogenannten **Tür-und-Angel-Gesprächen.** Andere Anlässe erfordern intensivere Formen der Zusammenarbeit, z. B. die Eingewöhnung oder die Entwicklungsgespräche.

5.6.1 Eingewöhnung

Insbesondere die Eingewöhnung des Kindes in die Kindertagesstätte ist die erste und wohl bedeutsamste Situation zu Beginn der Zusammenarbeit mit den Eltern. Die Erzieherin erklärt den Eltern die Bedeutung von Bindung und Bindungsverhalten von Kindern und zeigt auf, dass eine Zusammenarbeit mit ihnen erforderlich ist. Der Übergang vom Elternhaus in die außerfamiliale Betreuung ist für das Kind und die Eltern gleichermaßen von Bedeutung. Die individuelle Planung und Gestaltung der elternbegleiteten Eingewöhnung finden deshalb gemeinsam statt und sind eine intensive Form der Zusammenarbeit mit Eltern. In ihr wird zugleich der Grundstein für eine vertrauensvolle Erziehungspartnerschaft gelegt. In dieser Zeit bauen die Eltern dem Kind eine Brücke für neue Bindungen und den Freiraum, die neue Welt Kindertagesstätte zu erforschen.

Bindungstheorie | S. 154

Die Eingewöhnung wird hauptsächlich nach dem |bindungstheoretisch-fundierten und qualitätserprobten **Berliner Eingewöhnungsmodell** nach Laewen, Andres und Hédarvari gestaltet. Dieses bindungsorientierte Konzept unterteilt die Eingewöhnungszeit in vier verschiedene Phasen: In der ersten sogenannten Grundphase besucht ein Elternteil an mehreren Tagen hintereinander zusammen mit dem Kind die Kindertagesstätte für etwa eine Stunde pro Tag. In der zweiten Phase nach vier bis sechs Tagen verlässt der Elternteil das erste Mal für eine sehr kurze Zeit die Kindertagesstätte. Davon abhängig, wie das Kind mit dieser Trennungssituation umgeht, wird anschließend eine kürzere oder längere Eingewöhnungsphase festgelegt. Es folgen eine Stabilisierungs- und eine Schlussphase.

5.6.2 Entwicklungsgespräche

Eltern haben ein großes Interesse daran, über das Verhalten und die Entwicklung ihres Kindes Informationen und Rückmeldung von der Erzieherin zu erhalten. Die Grundlage dieser Entwicklungsgespräche bilden Beobachtungen und die Dokumentation der Entwicklungsprozesse über das jeweilige Kind. Das Entwicklungsgespräch ist eine sehr intensive Form der Zusammenarbeit. Findet es regelmäßig statt, sichert es die pädagogische Arbeit der Erzieherin ab und stabilisiert das Vertrauensverhältnis der beiden Parteien. Ein Vertrauensverhältnis ist wichtig, wenn Anlässe auftreten, die konfliktbeladen sind, beispielsweise wenn die Eltern sich nicht an die Absprachen zur Versorgung mit Wechselwäsche oder zur Abholzeit halten.

[2] In den ausführlichen Entwicklungsgesprächen bekommen Eltern umfassende Eindrücke von der Entwicklung ihres Kindes.

Die Eltern bekommen durch die Entwicklungsgespräche genauere Einblicke in den pädagogischen Kindertagesstätten-Alltag, in die Entwicklung ihres Kindes und sie erhalten Anregungen zum Überdenken ihres eigenen Erziehungsverhaltens. Gleichzeitig können Veränderungen der Lebenswirklichkeit der Familien aufgenommen und berücksichtigt werden. Auch wenn die Stärken des Kindes im Mittelpunkt des Entwicklungsgespräches stehen sollten, sind die Gespräche gleichermaßen dafür gedacht, problematische Verhaltensweisen oder Schwächen sowie Rückschritte in der Entwicklung des Kindes zu benennen. Hier geht es nicht darum, abzuwerten oder das Kind durch seine Schwächen zu charakterisieren, sondern zu besprechen, wie das Kind in bestimmten Bereichen besonders gefördert werden kann oder welche Möglichkeiten der nachhaltigen Unterstützung es gibt.

Entwicklung | S. 135

Eltern werden in den Gesprächen als Kooperationspartner in einem gemeinsam verantworteten Bildungs- und Erziehungsprozess des Kindes gesehen. Durch einen wechselseitigen und wertschätzenden Dialog und durch die Berücksichtigung der Perspektiven fühlen sich die Eltern als Ansprechpartner für die Erziehung ihrer Kinder ernstgenommen.

6 Diversität und die Pädagogik der Vielfalt

Kinder sind, wie alle Menschen, sehr verschieden. Sie alle haben individuelle Bedürfnisse, Interessen und Ängste, Begabungen und Kompetenzen und stehen vor unterschiedlichen Herausforderungen.

Die Heterogenität oder Diversität der Kinder bezieht sich aber nicht nur auf solche Unterschiede, sondern auch auf weitere Dimensionen. Dazu gehören beispielsweise verschiedene Geschlechterrollen, ethnische, sprachliche und kulturelle Hintergründe, religiöse und weltanschauliche Überzeugungen, Gesundheit und Behinderung, genauso wie Familienstrukturen und sozio-ökonomische Gegebenheiten.

Heterogenität / Diversität
Die Begriffe Heterogenität (griech. hetero = anders) und Diversität (lat. divers = verschieden) verweisen auf die Uneinheitlichkeit bzw. Unterschiedlichkeit von Menschen und die damit einhergehende Vielfältigkeit.

Eine Pädagogik, welche die gegebene Verschiedenheit und Vielfalt von Kindern und ihren Familien anerkennt, nimmt dies als bereichernd für alle wahr und zum Ausgangspunkt für die Umsetzung einer inklusiven Pädagogik.

Gestaltung inklusiver Gruppenaktivitäten

Kern aller inklusiven Bemühungen ist das gemeinsame Spiel und Zusammensein aller Kinder. Es gilt Angebote und Aktivitäten zu gestalten, an denen alle Kinder teilnehmen und wozu sie ihren Teil beitragen können. Dabei bedeutet Inklusion aber eben nicht, dass alle Kinder in derselben Weise dazu beitragen müssen oder können, sondern dass jedes Kind auf Basis seiner individuellen Entwicklung und seiner Kompetenzen aktiv teilhaben und seinen Teil beisteuern kann. Alle Beiträge sind dabei zwar nicht gleichartig, aber immer gleichwertig. Zusammengehörigkeit und Gemeinsamkeit in der Vielfalt werden für Kinder zuallererst im gemeinsamen Spiel erfahrbar. Aufgabe des Erziehers ist es, gemeinsames Spiel zu ermöglichen, z. B. mittels Raumgestaltung, Materialangebot und dem Schaffen von Raum und Zeit. Zudem hat er die Aufgabe, Kinder – wenn nötig – beim Spiel zu begleiten, etwa wenn es ihnen schwerfällt, ein gemeinsames Spiel zu beginnen oder fortzuführen.

[1] Produkt einer inklusiven Gruppenaktivität: Verwendet wurden ein Leintuch, Rote Beete, Asche und Wachs, um zu sehen, zu riechen, zu fühlen, zu schmecken, zu spritzen und zu werfen.

Inklusive Pädagogik bedeutet aber auch, inklusive Gruppenaktivitäten zu gestalten, also Angebote, an denen alle Kinder gemeinsam teilhaben können. Inklusive Situationen entstehen, wenn sich die Kinder gemeinsam mit einem Thema auseinandersetzen, ihre individuellen Kompetenzen einbringen und zugleich erleben, was die anderen beitragen. Inklusive Angebote sind kreativ und offen gestaltet und haben alle Kinder mit ihren jeweiligen Fähigkeiten und Vorlieben im Blick. Fast alle pädagogischen Angebote können bei umsichtiger Planung und flexibler Umsetzung offen für alle gestaltet werden. Das wird dann verwirklicht, wenn alle Kinder ihren Beitrag leisten können.

BEISPIEL

Es ist nicht ausreichend, wenn junge Kinder beim Morgenkreis nur passiv dabeisitzen. Ein inklusiv gestalteter Morgenkreis bezieht auch die Jüngsten aktiv mit ein, beispielsweise indem sie kleine Aufgaben übernehmen und mit Unterstützung des Erziehers die anwesenden Kinder zählen.

Während solcher Angebote gilt es, jedes teilnehmende Kind, seine Äußerungen und Beiträge zu beachten, diese gezielt aufzugreifen und entsprechend einzubeziehen. Es geht darum, die individuellen Beiträge des einzelnen Kindes für die anderen Kinder sichtbar zu machen.

BEISPIEL

Beim gemeinsamen Betrachten eines Bilderbuches könnte der Erzieher sagen: „Clemens, ich sehe, du lachst. Findest du es lustig, dass der Hund im Socken des Riesen schläft?“

Kinder erleben so, dass andere Kinder die Welt ähnlich sehen und ähnlich fühlen, denken und begreifen können wie sie selbst. Zugleich sammeln sie auch die Erfahrung, dass andere Kinder andere Ansichten haben und anders denken, fühlen und handeln können und beides in Ordnung ist. Sie erfahren, dass ihre Beiträge genauso wie die der anderen Kinder von der pädagogischen Fachkraft und der Gruppe Beachtung finden und wertgeschätzt werden. Ein selbstverständlicher und akzeptierender Umgang miteinander sowie mit Gleichheit und Verschiedenheit wird für die Kinder auf diese Weise erlebbar.

Methoden

Öffentlichkeitsarbeit

Zweck

Grundsätzlich kann man sagen, dass es bei der Öffentlichkeitsarbeit darum geht, die Arbeit und das Profil einer Einrichtung oder eines Dienstes innerhalb der Mitarbeiterschaft und darüber hinaus bekannt zu machen. Die Erhöhung des Bekanntheitsgrades und des Ansehens, also der gute Ruf einer Einrichtung, macht das Einwerben von z. B. finanziellen Unterstützungsmitteln erst möglich. Dies bedeutet, dass in Zeiten zunehmenden Wettbewerbs im sozialen Sektor dem Bereich der Öffentlichkeitsarbeit unter Nutzung aller medialen Möglichkeiten eine immer größere Bedeutung zukommt.

Mögliche Ziele von Öffentlichkeitsarbeit können sein:

- Aufbau, Verbesserung oder Anpassung des Images der sozialen Einrichtung
- Erhöhung des Bekanntheitsgrades der Einrichtung und der Angebote
- Verbesserung der Unternehmenskultur: höhere Motivation der bestehenden Mitarbeiterschaft durch ein besseres Miteinander oder auch die Akquise neuer Mitarbeiterinnen
- Verbesserung der finanziellen Ausstattung durch die Erschließung neuer Geldmittel sowie die Kontaktaufnahme und -pflege zu Förderern und Sponsoren

[2] Verschiedene Flyer von sozialen Einrichtungen

Besonderheiten und Vorgehensweise

In der Umsetzung stehen vielfältige Möglichkeiten und Instrumente zur Verfügung, die Öffentlichkeitsarbeit zu verbessern.

Instrumente der Öffentlichkeitsarbeit				
Schriftliche Instrumente	**Mündliche Instrumente**	**Pressearbeit**	**Bild- und Tonmaterial**	**Online-Medien**
Prospekt/Faltblatt Jahres(abschluss)bericht Leitbild/Konzeption Projektdokumentationen Aushang Aufkleber Fragebogen	Befragung Angehörigengespräch (Info-)Veranstaltung Mitarbeitergespräch Telefongespräch Besichtigung/Führung Tag der offenen Tür	persönlicher Pressekontakt Presseinformation Pressegespräch/Interview Pressekonferenz Pressemappe Leserbrief	Grafik Plakat Film Fotos	Internetseiten (Homepage, Facebook-Auftritt) Verlinkungen mit anderen Websites

Jedes der Instrumente hat spezifische Vorteile und wird jeweils entsprechend eingesetzt. So können z. B. Flyer Interessierten ein genaues Bild davon vermitteln, welche Angebote die Einrichtung bereithält. Bei Infoveranstaltungen oder Führungen erhält die Öffentlichkeit darüber hinaus die Gelegenheit, Nachfragen zu stellen oder „hinter die Kulissen“ zu schauen. Pressearbeit bietet die Möglichkeit, eine breitere Öffentlichkeit, z. B. über Pressemitteilungen, anzusprechen. Spendenveranstaltungen können für einen bestimmten Zweck öffentliches Interesse wecken. Fotos und Filme veranschaulichen.

Auschecken

Das habe ich in diesem Kapitel dazugelernt:

- ✓ Ich kenne den Sinn und Zweck von pädagogischen Konzeptionen.
- ✓ Ich kenne die Kernaufgaben von Erzieherinnen und Erziehern.
- ✓ Ich kenne die rechtlichen Grundlagen der Zusammenarbeit mit Eltern.
- ✓ Ich kenne verschiedene Formen und Anlässe der Elternarbeit.
- ✓ Ich kenne verschiedene Fachbegriffe wie Exploration, Reflexion, Diversität und Inklusion.
- ✓ Ich weiß um die Bedeutung von Raum und Material.

Das habe ich in meinem Praktikum gelernt:

- ✓ Ich habe mich mit der Konzeption der Einrichtung vertraut gemacht.
- ✓ Ich habe die Kinder und ihre Familien kennengelernt.
- ✓ Ich habe Routinen der Kindergruppe kennengelernt.
- ✓ Ich habe Tür-und-Angel-Gespräche mit Eltern geführt.
- ✓ Ich habe Beobachtungs- und Dokumentationsformen in der Einrichtung kennengelernt.

Aufgaben / Fragen

1 Lesen Sie zuerst die Konzeption Ihrer Praktikumseinrichtung. Vergleichen Sie in einem zweiten Schritt, inwieweit die Bereiche bzw. Kompetenzen Ihres jeweiligen Bildungsplans in der Konzeption aufgegriffen wurden und was die Schwerpunkte der Konzeption sind. Lesen Sie die Ausführungen zur Inklusion in der Einrichtungskonzeption. Beobachten Sie, über welche Mittel und Angebote Inklusion in ihrer Einrichtung verwirklicht wird. Sprechen Sie zu diesem Thema auch mit den Fachkräften der Einrichtung.

2 Machen Sie sich mit einem Beobachtungsinstrument Ihrer Einrichtung vertraut. Stellen Sie sich folgende Fragen:
- **a** Mit welchem Ziel wird beobachtet?
- **b** Was wird beobachtet?
- **c** Welche Aussagen lassen sich über die Entwicklung, das Verhalten und die Interessen des Kindes treffen?
- **d** Welche pädagogischen Konsequenzen lassen sich ziehen?

3 Machen Sie sich mit einem Dokumentationsinstrument Ihrer Einrichtung vertraut. Stellen Sie sich folgende Fragen:
- **a** Für wen wird die Dokumentation angefertigt, also wie wird sie genutzt? (z. B. für das Kind, für die Zusammenarbeit mit den Eltern oder für die pädagogische Arbeit in der Einrichtung)
- **b** Wie wird dokumentiert? (z. B. mit Fotos, Videos, handschriftlichen Aufzeichnungen, Produkten des Kindes)
- **c** Was wird dokumentiert? (z. B. sprachliche Äußerungen des Kindes, freie Spielsituationen, angeleitete Aktivitäten)
- **d** Welche Aussagen lassen sich über die Entwicklung, das Verhalten und die Interessen des Kindes treffen?
- **e** Welche pädagogischen Konsequenzen lassen sich hieraus ziehen?

4 Machen Sie sich mit Routinen der Kindergruppe vertraut.
- **a** Was für Routinen gibt es und wie sind diese gestaltet?
- **b** Sie können auch eigene kleine Routinen mit den Kindern entwickeln. Eine Möglichkeit ist es z. B., jedes Kind am Morgen auf eine bestimmte, immer gleiche Weise zu begrüßen: etwa mit Namen und einem Handschlag.

5 Beschreiben Sie, welche Formen der Zusammenarbeit mit Eltern Sie während Ihres Praktikums kennengelernt haben.

Praktikum in der Schulkindertagesbetreuung

Schlüsselkind
Ich komm' aus einer Mittelschicht, die gibt's in Deutschland sicherlich. Oben waren wir nicht und unten nicht.
Meine Eltern waren geschieden, da war ich gerade sieben. Gerichte ham entschieden, dass zwei Kinder bei der Mutter blieben.
So waren wir zu dritt, zogen aus aus dem großen Haus auf Sylt, doch die kleine Wohnung war mir recht, denn kein Vater brüllte mehr.
So vermisste ich das Meer sehr. Mich an die Stadt zu gewöhnen fiel mir sehr schwer.
Ich wurd zum Schlüsselkind, das sind die Kinder, wo die Eltern nicht zu Hause sind, die Mutter nicht am Fenster steht und winkt,
Denn sie ging zum Dienst Tag für Tag. Es war bestimmt nicht leicht für sie uns zu erklären, dass sie uns trotzdem mag.
Vermisst hab' ich nichts, doch Du fragst Dich, wer Dein Vater ist, wenn Du nur zweimal im Jahr Post kriegst.
Doch heute ist mir klar, es wäre nichts so, wie es ist, wär es nicht gewesen, wie es war!
(...)
(Songtext „Schlüsselkind“, Text Macco, Sylvia, Copyright Edition Fourplay, From Here To Fame Edition)

Gibt es noch „Schlüsselkinder“? Damit sind die Kinder gemeint, die nach Schulschluss nach Hause kommen – und niemand ist da. Keiner bereitet das Mittagessen vor und fragt, wie der Tag war. Zu erkennen waren die Kinder berufstätiger Eltern daran, dass sie meistens für alle sichtbar den Hausschlüssel an einem Band um den Hals trugen. Der Pädagoge und Psychologe Otto Speck erfand diesen heute selten gewordenen Begriff 1956. Es handelt sich um eine Bezeichnung, die vor allem in Westdeutschland geprägt wurde.

1 Welche Betreuungsform kennen Sie aus eigener Erfahrung?

2 Wie sieht die Betreuung von Kindern im Alter von sechs bis zwölf Jahren heute aus?

3 Wie hat sich die Lebenswelt der Schulkinder verändert?

1 Formen der Schulkindertagesbetreuung

In den letzten zwei Jahrzehnten hat sich die Landschaft der Bildungs- und Betreuungsangebote an Schulen weiterentwickelt. Dies hatte zur Folge, dass sich auch die Begrifflichkeiten veränderten. Jörg Ramseger und Ursula Neumann beschäftigten sich in einer Untersuchung von 1991 mit Formen der Ganztagsbetreuung von Schulkindern. Hier teilten sie Schulen unter dem Aspekt der täglichen Verweildauer der Kinder an der Schule ein.

Jörg Ramseger ist als Professor für Bildungsforschung und Grundschulpädagogik an der Freien Universität Berlin tätig.

Ursula Neumann lehrt als Professorin für Erziehungswissenschaft an der Universität Hamburg.

Betreuungszeiten

Verlässliche Grundschule	Erweiterte Halbtagsschule	Tagesheimschulen	Ganztagsschulen	Schule-Hort-Kombination
8.00–13.00 Uhr	bis 14.00 Uhr	bis 16.00 Uhr	8.00–15.30 Uhr	8.00–16.30 Uhr

Verpflichtende und offene Ganztagsschule

Diese Einteilung wurde im Jahr 2003 von dem Ganztagsschulexperten Heinz Günter Holtappels verändert. Ihm war es wichtig, zwischen verpflichtender Ganztagsschule und offener Ganztagsschule zu unterscheiden.

- Die **offene Ganztagsschule (OGS)** wird nur von einem Teil der Schüler auf freiwilliger Basis genutzt.
- In der **verpflichtenden Ganztagsschule** wird dagegen das Angebot in den schulischen Alltag unter Verantwortung der dort tätigen Lehrkräfte eingebunden und bei der Stundenplanung berücksichtigt.

[1] Offene und verpflichtende Ganztagsschulen bieten auch Hausaufgabenbetreuung an.

Beide Formen bieten in ihren Konzeptionen Spiel- und Freizeitangebote im Rahmen von Arbeitsgemeinschaften, Kursen und Projekten sowie ein Mittagessen, Förderangebote und Hausaufgabenbetreuung.

Eine weitere Unterscheidung nahm die Konferenz der Kultusminister der Länder (KMK) im Jahr 2007 vor. Sie unterscheidet zwischen der **vollgebundenen, teilgebundenen** und **offenen Ganztagsschule**.

Vollgebundene Ganztagsschule

Die vollgebundene Ganztagsschule **(integriertes Modell)** bietet eine verpflichtende Schulzeit für alle Schüler der Schule. Lehrkräfte und sozialpädagogische Fachkräfte entwickeln eine „Rhythmisierung“ des schulischen Alltags, welche Unterricht, Hausaufgabenbetreuung und Freizeitangebote in Form von Kursen und AGs verbindet.

Rhythmisierung
In bestimmten Abständen, also nach einem bestimmten Rhythmus, kehren verschiedene Elemente des Schulalltags, wie z. B. Unterricht und Freizeit, wieder.

Teilgebundene Ganztagsschule

Die teilgebundene Ganztagsschule **(additives Modell)** bietet Ganztagsangebote in Verbindung mit Angeboten der freien Jugendhilfe. Hierbei ist die Schulzeit verbindlich und wird durch freiwillige Angebote wie Hausaufgabenbetreuung, Mittagessen, Freizeitangebote in Form von Projekten, Kursen und AGs ergänzt. Dieses Angebot wird häufig durch außerschulische Träger der freien Jugendhilfe bereitgestellt.

Offene Ganztagsschule

Die offene Ganztagsschule **(OGS)** wird auch **additiv-duales Modell** genannt. In diesem Angebot erfolgt eine Kooperation zwischen Jugendhilfe und Schule. Es findet außerhalb der schulischen Unterrichtszeiten in Horträumen statt und ist freiwillig. Inhaltlich gleicht es dem Angebot der teilgebundenen Ganztagsschule, welche eine Halbtagsschule ist, die perspektivisch eine gebundene Ganztagsschule darstellt.

Die Form, in welcher ein Ganztagsangebot an Schulen bereitgestellt wird, entscheiden die Schulträger. Dies sind in der Regel die Städte und Gemeinden. Den Bedarf von Familien ermitteln die Schulträger durch schriftliche Befragungen.

Im Folgenden lernen Sie zwei gängige Formen der Schulkindertagesbetreuung und deren Geschichte näher kennen.

Auf der Internetseite der KMK finden Sie viele Informationen zur Ganztagsschule: www.kmk.org

Die Konferenz der Kultusminister der deutschen Bundesländer (KMK) unterscheidet zwischen der vollgebundenen, teilgebundenen und offenen Ganztagsschule.

1.1 Ganztagsangebote

1.1.1 Horte

[1] Schulkindertagesbetreuung um 1900

Horte sind sozialpädagogische Einrichtungen mit einem Erziehungs- und Bildungsauftrag, in denen Kinder im Alter von sechs bis zwölf Jahren nach Schulschluss in Gruppen betreut werden. Häufig liegt der Schwerpunkt der Arbeit in der Hausaufgabenbetreuung und Freizeitgestaltung.

Geschichte des Hortes

Erste Horte in Deutschland, in denen Kinder ab sechs Jahren betreut wurden, gab es bereits um das Jahr 1900. Ein pädagogisches Lexikon von 1929 gibt an, dass es im Jahr 1913 1245 Horte an 256 Orten in Deutschland gab. Damals besuchten 84 241 schulpflichtige Kinder den Hort.

Die Horte erfüllten zu dieser Zeit noch eine andere Aufgabe als die Horte heute. Damals sprach man von der „Schulkinderfürsorge“. Es wurden zwei Formen des Hortes unterschieden:

- Das **Tagesheim**: Hier wurden Kinder während der schulfreien Stunden betreut. Die Betreuung galt als Ersatz bei schwierigen häuslichen Verhältnissen.
- Der **Nachmittagshort**: Hier hielten sich die Kinder für einige Stunden am Tag nach dem Mittagessen auf.

Diese Horte waren eigenständige Einrichtungen der |Jugendwohlfahrtspflege. Das heißt, dass die Jugendwohlfahrtspflege mit allen Verantwortlichkeiten Träger der Einrichtungen war.

Reichsgesetz für Jugendwohlfahrt
Das Gesetz wurde 1922 verabschiedet und trat 1924 in Kraft. 1961 wurde es in Gesetz für Jugendwohlfahrt umbenannt. Seit Januar 1991 wurde es durch das Kinder- und Jugendhilfegesetz im SGB (Sozialgesetzbuch) VIII abgelöst.

Horte heute

In den meisten Bundesländern gibt es auch heute noch Horte, in denen Kinder im Alter von sechs bis zwölf Jahren betreut werden. Viele Horte sind heute der Schule direkt angeschlossen. Die Betreuung der Kinder ist auf Bundesebene im VIII. Sozialgesetzbuch (SGB VIII, Kinder- und Jugendhilfe) verankert. Für die Planung von Betreuungsangeboten für Schulkinder und die Finanzierung der Einrichtungen ist in vielen Bundesländern das örtliche Jugendamt zuständig. Weitere Ausführungen zur pädagogischen Arbeit und dem Erziehungs- und Bildungsauftrag sind in einigen Bildungsplänen der einzelnen Länder formuliert.

[2] Hortbetreuung heute umfasst Freizeit- und Bildungsangebote.

Die Bezeichnungen für Institutionen, in denen Schulkinder betreut werden, variieren von Bundesland zu Bundesland. Sie werden Schulkinderhaus, Kinderhort, Schülerhort, Tagesheim genannt. Die Bezeichnungen und auch Formen der Betreuung haben sich im Verlaufe der Zeit verändert. Der Hort wird zunehmend von Ganztagsangeboten im Rahmen der Institution Schule abgelöst oder geht in eine Form des Schulhortes über. Wie hat sich diese Veränderung entwickelt?

1.1.2 Die Offene Ganztagsschule

In Deutschland begann die Diskussion über Ganztagsschulen zwischen Bund und Ländern mit der Veröffentlichung der Schulleistungsuntersuchung PISA (PISA-Studie) 2001, welche die Organisation für wirtschaftliche Zusammenarbeit und Entwicklung (OECD) für ihre Mitgliedsstaaten, meist Länder mit einem hohen Pro-Kopf-Einkommen, z. B. europäische Länder und die USA, beauftragt hatte. Deutschland schloss in diesem Schulleistungsvergleich nicht so gut ab wie die Mitgliedsstaaten der OECD, die bereits Ganztagsschulangebote anboten. Das deutsche Abschneiden der Studie wurde auch als PISA-Schock bekannt.

Auf diese Weise gewann das Thema Bildung in Deutschland an Bedeutung und die Politik suchte nach Lösungen, wie sie die Qualität des Bildungswesens verbessern konnte. Ab sofort verfolgten einige Parteien die Idee, das Ganztagsbildungs- und -betreuungsangebot qualitativ dem Angebot in anderen europäischen Ländern anzupassen.

Im Jahr 2003 wurde das Investitionsprogramm „Zukunft Bildung und Betreuung" (IZBB) von Bund und Ländern auf den Weg gebracht. Mit einer hohen Investitionssumme schuf man die Voraussetzungen für den baulichen Rahmen und die Umsetzung des Investitionsprogramms zum Ausbau der Ganztagsschulen. Der Ganztagsschulausbau war für die Jahre 2003–2007 vorgesehen, wurde jedoch bis 2009 verlängert. In diesem Programm wurden Schulen gefördert, die ein besonderes pädagogisches Konzept aufweisen konnten. Eine Förderung erhielten auch Modelle, die eine Umstrukturierung vorhandener Einrichtungen der Jugendhilfe (z. B. Horte) in direkter Kooperation mit Schulen vorsahen und entsprechende pädagogische Konzepte entwickelten.

Schulleistungsuntersuchungen
Seit dem Jahr 2000 finden internationale Schulleistungsuntersuchungen statt. Ziel ist es, die Alltags- und berufsrelevanten Fähigkeiten von 15-Jährigen zu messen. Bekannt wurde die Schulleistungsuntersuchung unter dem Namen PISA-Studie, welche in den Mitgliedsstaaten der OECD alle drei Jahre durchgeführt wird.

OECD
engl. Organisation for Economic Co-operation and Development; Zusammenschluss von 34 demokratischen und marktwirtschaftlich organisierten Staaten

Aktuelle Informationen über die Ganztagsschule in den einzelnen Bundesländern biete die Seite www.ganztagsschule.org/de/1355.php

Rahmen von Ganztagsschulangeboten

Die Konferenz der Kultusminister der deutschen Bundesländer hat Definitionen für Ganztagsschulangebote festgelegt. Die Angebote sollen

- im Zusammenhang mit dem am Vormittag stattfindenden Unterricht stehen,
- die Betreuung von Kindern vor und nach dem Unterricht sichern,
- im Schulgesetz verankert sein,
- im Verantwortungsbereich der Schulleitungen liegen und
- möglichst vielen Kindern zur Verfügung gestellt werden.

Kommune
Das Wort Kommune stammt aus der Verwaltungssprache und bezeichnet Gemeinden (Städte, Dörfer) als unterste Verwaltungseinheit.

Damit werden bildungs-, sozial-, beschäftigungs- und familienpolitische Erwartungen von Bund, Ländern und Kommunen verbunden.

Die Betreuung von Schulkindern erfordert die Kooperation von Schule, Trägern, Jugendhilfe. Ziel ist es, die Vereinbarkeit von Familie und Beruf zu verbessern und die Chancengleichheit von Kindern, unabhängig ihrer sozialen Herkunft, zu vergrößern. Hierzu gibt es in Deutschland unterschiedliche Modelle ganztägiger Angebote zur Betreuung und Erziehung von Schulkindern.

Durch das Ergebnis der PISA-Studie im Jahr 2001 gewann das Thema Bildung in Deutschland an Bedeutung und die Entwicklung der Konzepte zur Schulkindertagesbetreuung, verbunden mit dem Ziel der Chancengleichheit, begann.

1.2 Finanzierung von Ganztagsangeboten in Schulen

Im Rahmen des Programms „Zukunft Bildung und Betreuung" standen 2003–2009 durch den Bund 4 Mrd. Euro zum Ausbau der schulischen Ganztagsbetreuung für bauliche Maßnahmen und für die Ausstattung der Schulen zur Verfügung. Bundesweit haben über 8200 Schulen Gelder erhalten. Die Zahlung erfolgte je nach Größe der Bundesländer und dem daraus resultierenden Ausbau der Ganztagsangebote. Das Begleitprogramm der Deutschen Kinder- und Jugendstiftung „Ideen für mehr! Ganztägig lernen" unterstützte dabei die inhaltliche Ausgestaltung; eine umfassende Begleitforschung fand daneben statt.

Die einzelnen Bundesländer beteiligten sich an der Finanzierung durch zusätzliche Landesmittel. Mit der Zuteilung der Landesmittel verpflichteten sich die einzelnen Kommunen, einen eigenen Beitrag zur Finanzierung der Ganztagsangebote zu leisten. Doch woher sollten die Kommunen das Geld bei knappen öffentlichen Kassen nehmen? Auch hierfür wurde eine Lösung gefunden. Der Anteil der Kommunen an der Finanzierung kann bei freiwilligen Angeboten, wie die OGS sie bietet, als monatlicher Elternbeitrag beigesteuert werden. Das Land Nordrhein-Westfalen z. B. hat sich aus diesem Grunde für die Entwicklung offener und freiwilliger Angebote entschieden, da durch einen gestaffelten Elternbeitrag zwischen 30 und 150 Euro, je nach Bruttojahreseinkommen der Familie, ein Teil des Eigenanteils der Kommunen an der Finanzierung gesichert ist.

Der Elternbeitrag orientiert sich in den meisten städtischen Kommunen an den Beiträgen für Kindertageseinrichtungen. In vielen offenen Ganztagsschulen legen sich die Eltern für mindestens ein Jahr vertraglich für die Betreuung ihres Kindes fest. Der Vertrag kann zum Schuljahresende mit sechswöchiger Frist zum kommenden Schuljahr gekündigt werden.

[1] Der Elternbeitrag zu Ganztagsangeboten ist nach dem Bruttojahreseinkommen der Familie gestaffelt.

Einkommensgruppe		Jahreseinkommen (brutto)	Monatlicher Elternbeitrag
1	bis	28.000,– €	0,00 €
2	bis	40.000,– €	49,00 €
3	bis	54.000,– €	66,00 €
4	bis	68.000,– €	108,00 €
5	bis	87.000,– €	139,00 €
6	bis	105.000,– €	150,00 €
7	bis	120.000,– €	150,00 €
8	über	120.000,– €	150,00 €

[Tab.1] Beispiel für Elternbeiträge für Ganztagsangebote in der Stadt Aachen. Stand Mai 2015

Die Pro-Kopf-Ausgaben der öffentlichen Hand für ein Schulkind bis zu 14 Jahren, welches in einer Einrichtung in öffentlicher Trägerschaft betreut wird, lagen im Jahr 2013 im Bundesdurchschnitt bei ca. 5600 € pro Jahr.

In vielen OECD-Ländern ist die Ganztagsschule selbstverständlich. Damit entsteht die Aufgabe der Schulkindertagesbetreuung erst gar nicht, da die Kinder den ganzen Tag im Rahmen von Schule lernen und betreut werden. In Deutschland fallen Elternbeiträge an. Sollten die Kosten nicht einfach von den Kommunen übernommen werden? Berlin als Land, Stadt und Kommune leistet sich doch auch kostenfreie Kita-Plätze.

Finanzierung des Personals

Die Finanzierung des Personals ist in jedem Bundesland anders geregelt. Lehrkräfte werden in der Regel von dem jeweiligen Bundesland bezahlt. Pädagogisches Fachpersonal und Honorarkräfte dagegen finanzieren die Schulträger oder Kooperationspartner. In einigen Bundesländern zahlt der Schulträger lediglich die Sachkosten.

Der Freistaat Bayern ist seit dem Schuljahr 2009/10 Träger der offenen Ganztagsschulen staatlicher Schulen. Dort werden z. B. Budgets für den Personalaufwand zur Verfügung gestellt.

2 Besondere Herausforderungen und Merkmale der Schulkindertagesbetreuung

Chancengleichheit | S. 332

Die Herausforderung der Betreuung von Schulkindern an verpflichtenden und offenen Ganztagsschulen ist die Verbesserung der Bildungsqualität durch individuelle Förderung. Dadurch wird die |Chancengleichheit der Kinder erhöht. Eltern werden durch Angebote zur Betreuung und Bildung entlastet und können so Familie und Beruf besser miteinander verbinden. Die Umsetzung, die zu diesen Zielen führt, unterscheidet sich von Schule zu Schule. Bei der Planung der Angebote werden

- das Raumangebot,
- die Größe des Teams und
- das Umfeld der Einrichtung

berücksichtigt.

Die Betreuung von Schulkindern kennen Sie vielleicht schon aus Ihrem Praktikum. Ganz praktisch haben Sie gesehen, dass die Schulkinderbetreuung nicht nur Mittagessen und Spielangebote umfasst, sondern dass ein komplexes Geflecht an Anforderungen und Bedürfnissen der Kinder und deren Eltern den Berufsalltag von pädagogischen Fachkräften bestimmt. Welche Herausforderungen der Betreuung konnten Sie beobachten? Was wissen Sie darüber?

Ziele und Qualitätsentwicklung

2.1 Ziel ist der Ausbau von Ganztagsschulen und außerunterrichtlichen Ganztags- und Betreuungsangeboten zu einem attraktiven, qualitativ hochwertigen und umfassenden örtlichen Bildungs-, Erziehungs- und Betreuungsangebot, das sich an dem jeweiligen Bedarf der Kinder und Jugendlichen sowie der Eltern orientiert. Die individuelle ganzheitliche Bildung von Kindern und Jugendlichen, die Entwicklung ihrer Persönlichkeit, der Selbst- und Sozialkompetenzen, ihrer Fähigkeiten, Talente, Fertigkeiten und ihr Wissenserwerb sollen systematisch gestärkt werden. Dies soll durch eine flexible und bedarfsgerechte Mischung von verpflichtenden und freiwilligen Angeboten sichergestellt werden.

2.2 In allen Landesteilen soll eine möglichst vergleichbare Qualität sichergestellt werden. Die Landesregierung unterstützt die örtlichen Entwicklungsprozesse, beispielsweise durch Beratungsleistungen, wissenschaftliche Begleitvorhaben, ergänzende Erhebungen sowie durch Rahmenvereinbarungen mit gemeinwohlorientierten Partnern.

2.3 Die Schulaufsicht unterstützt die jeweiligen örtlichen Entwicklungsprozesse von Schulen, Trägern und Kommunen, beispielsweise durch Beratungsleistungen, Unterstützung in Konfliktsituationen oder Mitarbeit in Steuergruppen und Qualitätszirkeln.

(|BASS (Bereinigte Amtliche Sammlung der Schulvorschriften NRW), Ritterbach, Stand 01.07.2012)

BASS
Bereinigte Amtliche Sammlung der Schulvorschriften NRW. Enthalten sind alle für den Schulbereich gültigen Vorschriften. Sie ist kostenloser Bestandteil des Abonnements Schule NRW und erscheint jährlich zum Schuljahresbeginn neu.

1. Was macht eine gute Qualität in der Schulkindertagesbetreuung aus?
2. Welche Faktoren müssen für eine gute Qualität sichergestellt sein?

2.1 Aufgaben der Arbeit in der Offenen Ganztagsschule

Die Gesellschaft verändert sich und mit den daraus resultierenden Bedingungen werden die Betreuungsangebote für Schulkinder bis zwölf Jahre den Veränderungen angepasst. Darin ist auch die besondere Herausforderung an die Institution OGS zu erkennen. Die Geburten sind rückläufig und dem gegenüber steht eine älter werdende Bevölkerung. Schon heute wächst jedes fünfte Kind als Einzelkind auf. Beide Eltern sind in der heutigen Zeit gefordert, berufstätig zu sein, um den Lebensunterhalt zu sichern. Alleinerziehende sind auf die Unterstützung außerfamiliärer Betreuungsangebote angewiesen. Es gibt viele Familien mit Migrationshintergrund, die die Betreuungsangebote im Hinblick auf Integration in Anspruch nehmen. Durch die am 26. März 2009 in Kraft getretene UN-Konvention über Rechte von Menschen mit Behinderungen in Deutschland ist es nun die Aufgabe der OGS, sich zu einem Ort zu entwickeln, welcher ein inklusives Bildungsangebot bereitstellt.

Hier finden Sie mehr zum Thema Inklusion und OGS: http://www.lvr.deArbeitshilfe_Inklusion_Sept_2011.pdf

Migrationshintergrund beschreibt eine Bevölkerungsgruppe, die aus nach Deutschland eingewanderten Personen und deren Nachkommen besteht.

BEISPIEL

Die Koordinatorin der OGS Lummerland berichtet in einer Teamsitzung über die Elterngespräche der letzten Woche:
„Familie Gülan war bei mir. Sie macht sich Sorgen, dass Mohamed nicht in die zweite Klasse versetzt wird. Die Eltern können ihm in schulischen Dingen keine Unterstützung bieten, da sie selbst kaum Deutsch sprechen. Dann war Frau Melican zu einem Gespräch da. Sie berichtete, dass sie mit ihren drei Kindern ins Frauenhaus gezogen ist, weil ihr Mann immer gewalttätiger wurde. Nun macht sie sich Gedanken, dass sie das Mittagessen für Janek und Daria nicht mehr zahlen könne, und weiß nicht, wie sie ihren Lebensunterhalt bestreiten soll. Die Eltern von Ömer sind nicht zum Elterngespräch erschienen. Er wirkt in letzter Zeit sehr unsicher. Da werde ich nochmal anrufen, damit sie nächste Woche kommen. Der Junge sollte wirklich mal dem Kinderarzt vorgestellt werden. Seine Unsicherheit ist schon sehr auffällig."

[1] Bei vielen Kindern mit Migrationshintergrund stehen in der OGS Hilfen zur Integration im Vordergrund.

Die Aufgaben des pädagogischen Personals in der Schulkindertagesbetreuung sind vielfältig; auch Elternarbeit ist besonders wichtig.

2.2 Pädagogische Konzeptionen

Den Begriff **Konzept** oder **Konzeption** erklärt das Wörterbuch als klar umrissenen Plan, ein Programm oder ein Vorhaben. In der pädagogischen Arbeit der Horte und Ganztagsschulen ist eine Konzeption ein Handlungsmodell, welches die Ziele, Inhalte und Methoden in einen sinnvollen Zusammenhang stellt. Für Eltern, Kinder und Träger erhält die pädagogische Arbeit durch eine Konzeption Transparenz.

Konzeption | S. 493

Konzeptionen sind die verschriftlichten Inhalte, die für die pädagogische Arbeit in Horten und Ganztagsschulen von Bedeutung sind.

[1] Martin R. Textor (* 1954 in Paderborn), deutscher Autor, Publizist und Pädagoge

Konzeptionen pädagogischer Einrichtungen

Die meisten sozialpädagogischen Institutionen haben eine individuell erarbeitete Konzeption. Dadurch wird die Pädagogik der Einrichtung nach außen transparent und nachvollziehbar. Der Pädagoge Martin Textor führt die unten dargestellten Punkte auf, die in einer Konzeption enthalten sein sollten. Die Berücksichtigung dieser Punkte gibt Hinweise auf die Qualität der pädagogischen Arbeit.

Für Eltern, neue Mitarbeiter oder Praktikanten gibt eine Konzeption erste Informationen zu der Institution. Viele Fragen erübrigen sich dadurch oder können in persönlichen Gesprächen vertieft werden. Das pädagogische Fachpersonal sollte eine Konzeption jährlich überprüfen und fortschreiben. Veränderungen erhalten so eine Transparenz und werden dokumentiert.

Inhalte	Konkret
Vorwort	▪ Gründe für die Konzeptionserstellung ▪ Adressaten der Konzeption
Geschichte der Einrichtung	
Umfeld der Einrichtung	▪ Einzugsbereich, Bevölkerungsstruktur ▪ Charakteristik des Ortsteils
Lebenssituation der Kinder	▪ Familienformen, Berufstätigkeit der Eltern, Einkommenssituation ▪ Migrationsanteil
Vorstellung der Einrichtung	▪ Träger ▪ Gebäude/Räume/Außengelände ▪ Anzahl der Kinder/evtl. Gruppen ▪ Personal und Ausbildung des Personals ▪ Öffnungszeiten
Pädagogischer Ansatz	▪ Bedeutung der Erziehung in der Einrichtung ▪ Rolle der pädagogischen Fachkräfte ▪ kompensatorische (ausgleichende) Maßnahmen ▪ Integration von Migranten-, Aussiedler-, behinderten und anderen Kindern mit besonderen Bedürfnissen ▪ Ernährung und Hygiene ▪ Raumgestaltung und -ausstattung, Gestaltung der Außenspielflächen ▪ Menschenbild/Bild des Kindes ▪ Werte/Erziehungsziele/Partizipation; vertretener Ansatz/Pädagogik ▪ Tagesstruktur ▪ Zusammenarbeit mit anderen Institutionen ▪ besondere Schwerpunkte (z. B. Musik) ▪ Hausaufgabenbetreuung/Mittagessen
Regeln der Einrichtung	▪ Bring- und Abholzeiten
Erziehungspartnerschaft	▪ Mitbestimmung, Mitarbeit der Eltern
Team	▪ Zuständigkeit; Besprechungen, Dienstplan, Fortbildung
Kooperation mit dem Träger	▪ Ziele, Vorgaben, Rechte, Pflichten des Trägers ▪ Informationsaustausch
Öffentlichkeitsarbeit	▪ Pressemitteilungen, Datenschutz

[Tab. 1] Inhalte von Konzeptionen pädagogischer Einrichtungen (verändert nach Textor, Martin: Konzeptionsentwicklung in Kindertageseinrichtungen. In: www.kindergartenpaedagogik.de 17.html [04.11.2013])

3 Gestaltung des pädagogischen Alltags

3.1 Öffnungszeiten

Das Betreuungsangebot der Horte und der OGS beginnt je nach Bedarf für Kinder, deren Unterricht später beginnt, bereits morgens um 8.00 Uhr und geht bis etwa 16.00 oder 17.00 Uhr. Das Personal der Einrichtung hat während der Unterrichtszeit der Kinder die Möglichkeit, Gespräche mit Eltern, Beratungsstellen oder Lehrern zu führen. Außerdem bereitet das pädagogische Fachpersonal in dieser Zeit Angebote vor und erledigt organisatorische Aufgaben. Während der Schulferien bieten die Einrichtungen Ferienspiele an.

Je nach Klasse und Alter kommen die Kinder ab 11.45 Uhr in die Einrichtung.

Einen Leitfaden für Schule und Jugendhilfe zur OGS in Nordrhein-Westfalen finden Sie hier: www.skf-dueren.de/dl/Leitfaden%20GanzTag%20in%20NRW_Landesregierung.pdf

Was hat das mit mir zu tun?

Es ist 9.00 Uhr morgens und Sie beginnen Ihren Dienst in der OGS „Sonnenschein“. Bevor der berufliche Alltag beginnt, besprechen Sie mit Ihren Praxisanleitern, welche Aufgaben Sie heute übernehmen sollen. Gerne würden Sie einmal die Alltagsplanung übernehmen. Wie würde der Tag in der OGS dann ablaufen?

3.2 Freies Spiel

Freies Spiel bedeutet, dass die Kinder über Spielort, Spielmaterial und Spielpartner im Rahmen der OGS und des Hortes frei entscheiden. Kinder, die keine Hausaufgaben bearbeiten müssen oder diese bereits erledigen konnten, nutzen die Zeiten, in denen in der Tagesplanung keine Aktivitäten vorgesehen sind, zum freien Spiel. Hiervon sind in der Regel die Kinder im Alter von sechs bis acht Jahren betroffen, da sie noch nicht so lange Unterricht haben. Das freie Spiel findet auch in der Überbrückung zum Mittagessen statt und vor allem dann, wenn Unterricht aus Krankheits- oder organisatorischen Gründen ausfällt.

[2] Entsteht bei Unterrichtsausfall freie Zeit, können die Kinder oftmals eigenständig freies Spiel planen.

BEISPIEL

Nenja, Lisa und Marc besuchen die zweite Klasse der Grundschule Am kleinen Feldchen. Heute haben sie bereits nach der zweiten Stunde Schulschluss. Sie haben auch keine Hausaufgaben auf, denn Frau Milich, ihre Klassenlehrerin, ist erkrankt. Schon auf dem Weg in die OGS überlegen sie sich, dass sie heute den Rollenspielraum nutzen möchten. Sie freuen sich auf die Möglichkeit des freien Spiels. Kaum in der OGS angekommen, stürzen sie auf Beate, eine Erzieherin, zu und teilen ihr das Vorhaben mit.

3.3 Mittagessen

[1] Das Mittagsessen ist nicht allein Nahrungsaufnahme, sondern stellt einen wichtigen Teil des Miteinanders zwischen den Kindern, aber auch zwischen dem pädagogischen Fachpersonal und den Kindern dar.

Ab etwa 12.30 Uhr gibt es Mittagessen. In den Offenen Ganztagsschulen stehen zur Einnahme des Mittagessens Mensen zur Verfügung. Das pädagogische Fachpersonal bestellt das Essen bei einem Caterer, der es zur Mittagszeit anliefert. In der Mensa bereitet das Küchenpersonal das Essen servierfertig vor. Je nach Kinderanzahl essen die Kinder in Gruppen. Beim Tischdecken, aufräumen und Tische abwaschen werden die Kinder aktiv eingebunden und übernehmen Dienste. Das pädagogische Fachpersonal hängt den Speiseplan in der Regel für die Kinder sichtbar aus, sodass sie sich informieren können. Im Sinne der |Partizipation können die Kinder |Feedback und Anregungen zur Gestaltung des Speiseplans geben und ihre Wünsche äußern. Das pädagogische Fachpersonal betreut die Kinder während des Mittagessens. In dieser Zeit kann seitens des Personals die Beziehung zu den Kindern besonders gut gepflegt werden. Es sollte im Rahmen der Möglichkeiten eine angenehme Atmosphäre geschaffen werden, in der sich Kinder angenommen und geschätzt fühlen.

Partizipation
Teilhaben; die Kinder werden beteiligt

Feedback
eine Rückmeldung geben

Das Mittagessen ist ein wichtiger Bestandteil des pädagogischen Alltags und kann seitens des pädagogischen Fachpersonals gut zur Kontaktaufnahme mit einzelnen Kindern genutzt werden.

3.4 Hausaufgabenbetreuung

Die Hausaufgabenbetreuung gehört mit zu den wichtigsten Aufgabenbereichen in der OGS.

Für Eltern hat die Hausaufgabenbetreuung oberste Priorität. Damit verbunden sind die Erwartungen an die OGS sehr hoch. Zur Durchführung der Hausaufgabenbetreuung ist eine hohe Transparenz für Eltern und Kinder von Bedeutung.

Hausaufgaben werden von der Schule als zusätzliche Lernmöglichkeit eingeplant; sie sollen Gelerntes üben und wiederholen oder zu neuem Lernstoff hinführen. Neben ihrer methodisch-didaktischen Funktion werden Hausaufgaben auch mit erzieherischen Funktionen versehen. Sie sollen die Entwicklung einer positiven Arbeitshaltung fördern und ein Übungsfeld für die Übernahme von Verantwortung und die Förderung selbständiger Arbeitshaltungen sein.

(Sozialpädagogisches Institut des Landes NRW (1992): Schulkinder-Haus – Projekt-Post Nr. 5, Köln, S. 26)

1. Auch in der Fachoberschule werden Hausaufgaben angefertigt. Welche Bedeutung geben Sie Hausaufgaben?
2. Wenden Sie ein Hausaufgabenheft an, damit nichts in Vergessenheit gerät?

Die Kinder machen ihre Hausaufgaben in der Regel in den Klassenräumen. Die Einteilung erfolgt nach Schuljahren und Alter. Ziel ist es, die Eigenverantwortung der Kinder für ihren Lernprozess und ihre Hausaufgabenerledigung zu stärken. Zielführend können folgende Vorschläge für die Organisation der Hausaufgabenbetreuung sein:

- ✓ Es gibt feste Hausaufgabenzeiten in einem Hausaufgabenraum.
- ✓ Die Kinder können bei Bedarf Hilfe in Anspruch nehmen.
- ✓ Den Kindern kann vertraut werden, dass sie individuell Zeit und Ort der Erledigung der Hausaufgabenbetreuung nutzen.
- ✓ Die Kinder unterstützen sich gegenseitig.
- ✓ Die pädagogischen Fachkräfte klären eine gute Kooperation zwischen Schule, Eltern und OGS sowie deren Erwartungen ab.
- ✓ Es findet eine individuelle Förderung statt.

Ein Beispiel eines Hausaufgabenerlasses finden Sie z. B. unter:
www.schulministerium.nrw.de/BP/Schulrecht/Erlasse/12-31Nr1.pdf

Die zeitliche Struktur der Hausaufgaben ist im Hausaufgabenerlass des jeweiligen Bundeslandes nachzulesen. Die Hausaufgaben in der Grundschule werden zeitlich am Alter der Kinder bemessen. Für die Klassen 1 und 2 sind 30 Minuten zur Erledigung vorgesehen. In den Klassen 3 und 4 sind 60 Minuten Bearbeitungszeit für die Hausaufgaben angegeben.

Eine gute Qualität zeigt sich, wenn durch ein gemeinsam getragenes Konzept der Hausaufgabenbetreuung eine hohe Transparenz für die Kinder entsteht und sie erkennen, dass wichtige Bezugspersonen zu ihrem Wohl zusammenarbeiten.

[2] Hausaufgaben erledigen die Kinder eigenverantwortlich.

Ein gemeinsam getragenes Konzept stärkt die Lernfreude und individuelle Förderpläne können aufeinander abgestimmt und realisiert werden.

Fördern und Fordern

Ein grundsätzliches Ziel der Schulkindertagesbetreuung ist es, die Chancengleichheit für alle Kinder zu erreichen. Aus diesem Grund hat das Fördern und Fordern im pädagogischen Alltag einen hohen Stellenwert. In der Hausaufgabenbetreuung hat das pädagogische Fachpersonal die Möglichkeit, Bildungsprozesse zu intensivieren und den Lernstoff des Vormittags zu vertiefen. Die Kinder werden in ihrer Selbstständigkeit und Eigenverantwortung gefordert. Ziel ist, dass die Kinder ihr selbstmotiviertes Lernen verbessern.

Lernen | S. 200

Der Lernrhythmus der Kinder ist sehr individuell. Dieser wird im Fordern und Fördern durch das pädagogische Fachpersonal individuell berücksichtigt und angepasst.

3.5 Kursangebote und AGs

Bildungspläne | S. 490

Kursangebote und AGs orientieren sich an den Bildungsbereichen, die in den Bildungsplänen der Länder verankert sind.

Das Bildungsverständnis der Institutionen für Schulkindertagesbetreuung berücksichtigt die verschiedenen Bedürfnisse und Interessen von Kindern in der Freizeit. Die individuelle Förderung der Kinder steht bei der Auswahl der Angebote im Vordergrund. Durch die Kooperation mit anderen Trägern, Sportvereinen, Musikschulen u. A. wird den Kindern ein vielfältiges Angebot zur Verfügung gestellt. Pädagogische Fachkräfte, Honorarkräfte und Lehrer führen die Angebote unter Einbeziehung der Interessen und Bedürfnisse der Kinder durch.

Die folgende Übersicht zeigt Beispiele für ein abwechslungsreiches Angebot:

- ✓ **Bewegung:**
  Fußball, Schwimmen, Taekwondo, Tanzen, Bewegungsspiele, Reiten und Voltigieren
- ✓ **Naturwissenschaftlich-technische / ökologische Bildung:**
  Umgang mit Pferden, Experimentierlabor, Forscher und Entdecker
- ✓ **Musisch-ästhetische Bildung:**
  Orchester, Boomwhackers, kleine Picassos, Nähkästchen, Töpfern, Laubsägen
- ✓ **Soziale, kulturelle und interkulturelle Bildung:**
  Kinderparlament, Hanbruchs Wilde Kerle (Jungenarbeit), Schach – Das Spiel der Könige
- ✓ **Sprache und Kommunikation:**
  Lesen und Vorlesen, Spanisch, Theater
- ✓ **Körper, Gesundheit und Ernährung:**
  Backstube, Insel der Erholung

(nach: www.kgs-hanbrucherstr.de/ogs.html [29.05.2013, 14:39 Uhr])

Es ist von Einrichtung zu Einrichtung verschieden, wie Kinder das Angebot zeitlich wahrnehmen. Für AGs und Kursangebote verpflichten sich die Kinder für die im Kursplan angegebene Laufzeit. Das Kursangebot wechselt je nach OGS halb- oder vierteljährlich. Die Kinder können ihre Wünsche in die Planung der Angebote einbringen. In der Regel ist die Teilnahme an den Kursen kostenfrei.

Montag	Dienstag	Mittwoch	Donnerstag
1. Sport, Spiel und Spaß 14.00–15.00 Uhr Turnhalle Offenes Angebot nur für das 1. Schuljahr	4. Kreativkurs 15.00– 16.00 Uhr 2.–4. Schuljahr 	7. Schreinern/Laubsägearbeiten 15.00–16.30 Uhr 2.–4. Schuljahr 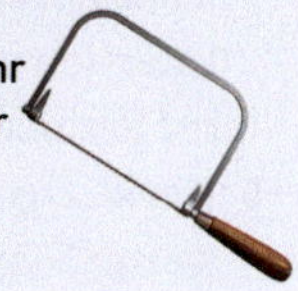	10. Lust auf Nähen, Häkeln, Sticken 15.00–16.00 Uhr 2.–4. Schuljahr 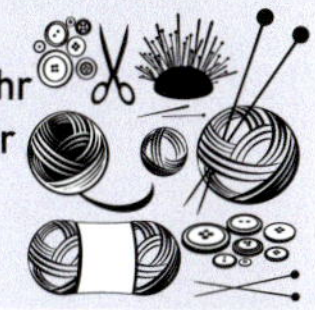
2. Vorhang auf 15.00–16.30 Uhr Wir spielen kleine Sketche 2.–4. Schuljahr 	5. Experimente 15.00–16.30 Uhr Wir sind kleine Forscher 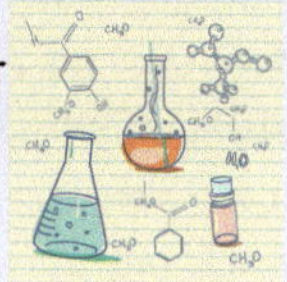	8. Sport- und Ballspiele 15.00–16.00 Uhr Handball, Völkerball (kein Fußball) Turnhalle 2.–4. Schuljahr	11. Fußball 15.00–16.30 Uhr Turnhalle 2.–4. Schuljahr 
3. Malen wie Picasso 15.00–16.30 Uhr  Painter	6. Pferdefreunde-Club 15.00–16.00 Uhr 	9. Schulgartenpflege 15.00–16.00 Uhr 	12. Koch-Back-Werkstatt 15.00–16.00 Uhr 3.–4. Schuljahr 

[1] Beispielausschnitt des Kursangebots einer OGS

3.6 Pägagogisches Fachpersonal

Damit der pädagogische Alltag in der Betreuungseinrichtung reibungslos läuft, benötigen die Institutionen pädagogisches Fachpersonal. Lehrerinnen und Lehrer, Erzieherinnen und Erzieher, Studenten und Studentinnen, Honorarkräfte und Sozialpädagogen können in Betreuungseinrichtungen für Schulkinder tätig sein.

Aufgabenprofil der pädagogischen Fachkräfte

Das Aufgabenprofil der pädagogischen Fachkräfte umfasst unterschiedliche Bereiche. Einen guten Rahmen setzt ein multiprofessionelles Team aus weiblichen und männlichen Mitarbeitern. So können übergreifend die Aufgaben in den verschiedenen Bereichen wie z. B. dem Bildungsbereich, dem Erziehungsbereich, dem Betreuungsbereich und dem Freizeitbereich abgedeckt werden.

[2] Ein multiprofessionelles Team ergänzt sich gegenseitig.

multiprofessionelles Team
Menschen mit unterschiedlichen Berufen arbeiten gemeinsam in einem Team.

Eine bedeutsame Aufgabe aller pädagogischen Mitarbeiter in sozialpädagogischen Bereichen ist das Wahrnehmen und Beobachten.

David, Mui-Lang und Benjamin arbeiten als Erzieher in einer OGS.

Interviewer: Wie sind Sie zu dem Beruf Erzieher gekommen?

David: Eigentlich wollte ich Lehramt studieren. Schnell habe ich gemerkt, dass im Lehrerberuf nicht das pädagogische Handeln im Vordergrund steht. Also habe ich mich für den Erzieherberuf entschieden. Es macht mir sehr viel Freude, Schulkinder in ihrer Entwicklung zu begleiten. Das fasziniert mich.

Int.: Warum, meinen Sie, sollte man Erzieher einer OGS werden?

Mui-Lang: Schulkinder haben schon ihre ganz eigene Gedankenwelt. Abstrakte Themen bekommen Bedeutung. Es macht Spaß zu sehen, wie die Kinder durch Partizipation schon eine eigene Stimme und ein Gefühl für Demokratie in der Gesellschaft entwickeln und wir sie dahin begleiten können.

Int.: Was ist das Besondere an Ihrem Beruf?

David: Jeder Tag ist anders und jeden Tag lernen wir mit den Kindern. Schule ist die Gesellschaft „im Kleinen“ und hier ist Kreativität gefragt. Im Stadtteil sind wir gut vernetzt und Treffpunkt. Wir bieten den Kindern einen eigenständigen Lebens- und Erfahrungsraum, in dem man respektvoll miteinander umgeht. Die Arbeit im Team ist wertvoll und bietet einen großen Gestaltungsspielraum. Es ist toll, dass sich jede Kollegin mit ihren Stärken in die Arbeit einbringen kann.

Int.: Sind Sie schon mal an Ihre Grenzen gekommen?

Benjamin: In bestimmten Situationen kann das passieren. In Zeiten, wo z. B. Kollegen krank sind und unser Personal knapp ist, kann schon mal Chaos entstehen. Insgesamt spielt die eigene Verfassung eine große Rolle. Das hat sicherlich auch mit der eigenen Biografie und dem eigenen Selbstbewusstsein zu tun. Bin ich gut drauf, bin ich gelassen, und das spiegelt sich durch die Kinder wider. Flexibilität und eine gute Selbstreflexion sind wichtig. Wenn es mal nicht so gut läuft, überlegen wir, woran es liegt. Ein gutes, funktionierendes Team ist auch wichtig.

Int.: Welche Highlights fallen Ihnen spontan ein?

Mui-Lang: Jeder Tag ist ein Highlight! Es gibt so viel dazu zu berichten. Es sind die kleinen und großen Erlebnisse und Situationen mit den Kindern. Sei es, dass sich Kinder für ihre Rechte im Rahmen eines Kinderparlaments einsetzten und ernsthaft mit Politikern im Rathaus über ihren Lebensraum diskutieren, oder ein Junge, der das Selbstbewusstsein entwickelt zu malen, obwohl er sich das nicht zutraute und von sich sagte: „Ich kann das nicht“. Es kommt so viel von den Kindern zurück.

(Interview mit Erziehern der OGS Hanbrucherstraße in Aachen)

1. Was könnte Sie motivieren, als sozialpädagogische Fachkraft in der OGS tätig zu sein?
2. Können auch Mütter und Väter als Betreuer in einer OGS tätig sein?

3.6.1 Beobachtung

Wahrnehmung | S. 104

Beobachtung und Dokumentation | S. 503

Die Fähigkeit der Wahrnehmung und Beobachtung ist eine Grundkompetenz in sozialpädagogischen Berufen und Grundlage eines jeden pädagogischen Handelns. Erkenntnisse, die aus der Wahrnehmung und Beobachtung gewonnenen werden, sind die Basis für sozialpädagogische Entscheidungen, Handlungen und Planungen. Pädagogische Fachkräfte kennen Formen der Dokumentation und dokumentieren ihre Beobachtungen zeitnah. Auf Grundlage der Beobachtungen können Erziehungsprozesse gestaltet werden. Durch die Dokumentation kann die pädagogische Arbeit überprüft werden.

BEISPIEL

Maraike ist Berufspraktikantin in einer Offenen Ganztagsschule. Seit einiger Zeit beobachtet sie vermehrte Konflikte bei den Viertklässlern. Auf Grundlage der Beobachtung stellt Maraike fest, dass den Kindern Strategien zur Streitschlichtung fehlen und dass es vor allem zu Konflikten mit Kindern kommt, die einen Migrationshintergrund haben. Maraike dokumentiert ihre Beobachtungen und bespricht diese mit ihrer Anleiterin.

3.6.2 Planung

Für Außenstehende wirkt es oftmals so, als ob eine sozialpädagogische Fachkraft situativ handelt. Das ist nicht zutreffend. Von der Beobachtung ausgehend entwickelt sie die Planung pädagogischen Handelns. Sie plant im Vorfeld z. B. Bildungsprozesse, Aktivitäten und Projekte

- zielgruppenorientiert,
- an fachwissenschaftlichen Erkenntnissen orientiert,
- unter Berücksichtigung der Lebensnähe, aller Materialien und der räumlichen Gegebenheiten,
- begründet,
- prozesshaft,
- unter dem Gesichtspunkt des ganzheitlichen Lernens und
- an den Bedürfnissen der Zielgruppe orientiert unter Berücksichtigung der Mitbestimmung.

Planung					
Zeitrahmen:			Thema:		
Ziel:					
Phase	Was?	Wie?	Wer?	Wann?	Womit?
Einführungsphase					
Schwerpunktphase					
Abschluss- und Transferphase					

[1] Planungshilfe

BEISPIEL

Maraikes Anleiterin bestätigt die Beobachtungen und bespricht mit ihr, wie sie ihr pädagogisches Handeln nun auf Grundlage der Beobachtungen entwickeln kann. Maraike möchte ein Projekt zum Thema „Streiten, aber fair" anbieten. Im Sinne der Partizipation soll sie gemeinsam mit den Kindern überlegen, wie das Projekt aufgebaut wird. Für Maraike ist es eine Herausforderung, ihre Planung unter Berücksichtigung der Interessen und Bedürfnisse der Kinder zu entwickeln. Außerdem muss sie die Planung fachwissenschaftlich fundieren und sich Gedanken zur Gruppenpädagogik und zu entwicklungspsychologischen Voraussetzungen machen. Auch die Projektziele müssen schriftlich formuliert werden. Maraike hat das Gefühl, sich ziemlich viel vorgenommen zu haben.

3.6.3 Reflexion

Nach jeder Durchführung des geplanten pädagogischen Handelns erfolgt eine Reflexion. Die Reflexion dient der Überprüfung und Weiterentwicklung pädagogischer Vorhaben. Folgende Kriterien sind bei der Reflexion zu berücksichtigen:

- zielgruppenorientierte Themenwahl
- kritische Betrachtung der eigenen Planungskompetenz
- Besonderheiten in der Durchführung
- Zielerreichung
- Auswahl der Inhalte
- methodische Vorgehensweise
- Medienauswahl und -einsatz
- Verhalten der pädagogischen Fachkraft

Nach der Durchführung des Projekts reflektiert Maraike schriftlich ihre pädagogische Arbeit. Dabei fällt ihr auf, dass die Kinder nun einen Streitschlichter rufen, wenn es wieder zu Konflikten kommt. Insgesamt ist die Atmosphäre in der Gruppe jetzt entspannter.

3.6.4 Beziehungsarbeit

[1] Eine zugewandte Art bestimmt die Beziehungsarbeit.

Eine pädagogische Fachkraft kann noch so gut beobachten, planen und reflektieren: Wenn sie nicht in der Lage ist, mit Kindern in Beziehung zu treten, wird die pädagogische Arbeit nicht gelingen. Doch wie gelingt das?

Es gelingt durch Beziehungsarbeit. Eine grundlegende positive Haltung Menschen gegenüber, geprägt von einem humanistischen Menschenbild, ist ein bedeutsamer Gelingensfaktor für zwischenmenschliche Beziehungen. Auf dieser Basis kann das Ziel, Vertrauen zu ermöglichen und zu entwickeln, erreicht werden. Ein offener Austausch wird möglich.

Beziehungsarbeit | S. 65

Konkret bedeutet Beziehungsarbeit, dass die pädagogische Fachkraft

- gezielt auf die Kinder zugeht,
- gemeinsame Situationen und Erfahrungsmöglichkeiten schafft,
- persönliche Berührungspunkte herstellt,
- die Kinder in Beziehungsgestaltung anleitet,
- die eigenen Verhaltensweisen hinterfragt,
- motiviert ist,
- Interesse an den Kindern, Eltern und Teamkollegen zeigt,
- Kinder ernst nimmt,
- die Gefühle der Kinder respektiert und
- ihnen Wertschätzung entgegenbringt.

3.6.5 Bildungs- und Erziehungspartnerschaft

Im Schulgesetz und im Sozialgesetzbuch VIII ist die Bildungs- und Erziehungspartnerschaft gesetzlich verankert. Die Zusammenarbeit von pädagogischem Fachpersonal, Eltern oder anderen Bezugspersonen ist ein wichtiger Bestandteil der pädagogischen Arbeit. Somit ist es Aufgabe der sozialpädagogischen Fachkraft, die Voraussetzungen für eine gelingende Bildungs- und Erziehungspartnerschaft zu schaffen. Auch im Kontakt mit Eltern und Bezugspersonen ist eine positive, wertschätzende Grundhaltung die Basis, damit die Zusammenarbeit im Interesse der Kinder gelingt.

Informationen zum Thema Bildungs- und Erziehungspartnerschaft finden Sie unter: www.ganztag-nrw.de/movies/GanzTag_Heft_18.pdf

3.6.6 Inklusion

Im Jahre 2006 wurde das Übereinkommen über die Rechte von Menschen mit Behinderung von der UNO in New York verabschiedet (UN-Konvention). 2009 ist auch Deutschland der Konvention beigetreten, wodurch auch hier der Gedanke der Inklusion an Bedeutung gewann.

Für die pädagogische Fachkraft, die in der Schulkindertagesbetreuung beschäftigt ist, bedeutet das, dass alle Kinder unabhängig von ihren Fähigkeiten, Einschränkungen oder Einstellungen (z. B. körperliche und geistige Behinderung) in das Alltagsleben der Einrichtung eingebunden werden. Bei der Planung von Angeboten und Projekten beachtet die sozialpädagogische Fachkraft die Voraussetzungen der betroffenen Kinder und stimmt ihr pädagogisches Vorgehen darauf ab. Ziel ist es, Kindern mit Behinderung die gleichberechtigte Teilnahme an allen Aktivitäten, AGs und Projekten zu ermöglichen.

UN-Konvention
Von der UNO abgeschlossener völkerrechtlicher Vertrag. Er stellt die Menschenrechte behinderter Menschen mit dem Ziel heraus, ihnen eine gleichberechtigte Teilhabe und Teilnahme am gesellschaftlichen Leben zu ermöglichen.

Inklusion | S. 367

Ein pädagogisches Team einer OGS stellt sich auf einem Flyer vor:

Wir stellen uns vor,

- dass wir als Erziehende behutsame Begleiter und Wegweiser sind und für das Wohlergehen Ihres Kindes eine enorme Verantwortung tragen,
- dass wir als Vertrauenspersonen und Ansprechpartner situationsbezogen agieren, Ihrem Kind die Partizipation ermöglichen und ihm bei Fragen zur Seite stehen,
- dass wir als geduldsame Entwicklungshelfer Ihr Kind fördern und nicht hemmen, es dabei herausfordern und nicht überfordern, dass wir Schritte initiieren und nicht dirigieren, sondern ermutigen,
- dass wir Impulsgeber für Ihr Kind sind, die ihm Zeit lassen und es nicht in seiner Entscheidung drängen.

Wir wollen

- das Fördern und Stärken des selbstständigen Lernens und Handelns Ihres Kindes in den Vordergrund stellen,
- sein Selbstwertgefühl als zentral für seine Persönlichkeitsentwicklung berücksichtigen,
- mit einem partnerschaftlichen und demokratischen Erziehungsstil Ihrem Kind zeigen, wie wertvoll uns gegenseitige Wertschätzung und Akzeptanz, Aufrichtigkeit, einfühlendes Verständnis und achtsames Zuhören sind.

Auschecken

Das habe ich in diesem Kapitel dazugelernt:

- ✔ Ich kenne die unterschiedlichen Formen der Schulkindertagesbetreuung und kann diese beschreiben.
- ✔ Ich habe mich über die Geschichte des Hortes informiert.
- ✔ Ich weiß, welchen Grund der Ausbau der Schulkindertagesbetreuung in Deutschland hat.
- ✔ Die Bedeutung der PISA-Studie und die Auswirkungen daraus sind mir bekannt.
- ✔ Ich weiß, wie die Offene Ganztagsschule finanziert wird.
- ✔ Ich kann die besonderen Herausforderungen der Betreuung von Schulkindern benennen.
- ✔ Ich kenne den Aufbau und Inhalt einer pädagogischen Konzeption.
- ✔ Die Gestaltung des pädagogischen Alltags in einer OGS ist mir bekannt.
- ✔ Ich kenne die Organisation und Bedeutung des Mittagessens und der Hausaufgabenbetreuung einer Offenen Ganztagsschule.
- ✔ Ich habe einen Einblick in die Themen der Kursangebote bekommen.
- ✔ Die Bedeutung der Beobachtung als Grundkompetenz in sozialpädagogischen Berufen ist mir bewusst.
- ✔ Ich kenne die Planungsschritte einer pädagogischen Aktivität.
- ✔ Den Sinn einer Reflexion verstehe ich.
- ✔ Die Beziehungsarbeit als sozialpädagogische Methode ist mir bekannt.
- ✔ Ich weiß, dass die Bildungs- und Erziehungspartnerschaft rechtlich verankert und ein wichtiger Bestandteil der pädagogischen Arbeit ist.
- ✔ Ich kenne den Begriff Inklusion und die Bedeutung der damit verbundenen rechtlichen Grundlage.

Aufgaben / Fragen

1. Recherchieren Sie, welche Formen der Schulkindertagesbetreuung es in dem Sozialraum Ihrer Schule gibt.

2. Vergleichen Sie die Schulkinderbetreuungsangebote Halbtagsschule, verpflichtende, vollgebundene, teilgebundene und Offene Ganztagsschule sowie Hort. Nehmen Sie begründet Stellung zu einer von Ihnen favorisierten Betreuungsform.

3. Diskutieren Sie in Ihrer Klasse die Vor- und Nachteile der unterschiedlichen Betreuungsformen.

4. Entwickeln Sie die Vorstellung einer Konzeption zu einer Institution, in der Schulkindertagesbetreuung stattfindet, und beurteilen Sie diese.

5. Setzen Sie sich mit den Öffnungszeiten und der Zeitplanung der Institution OGS auseinander und entwickeln Sie dazu ein begründetes eigenes Urteil.

6. Entwerfen Sie die Vorstellung zu einer eigenen angemessenen Zeit- und Angebotsplanung in der OGS.

7. Hospitieren Sie in einer OGS und beobachten Sie, wie die Mittagessensituation in der Schulkindertagesbetreuung gestaltet wird.

8. Entwerfen Sie mit Ihrem Tischpartner oder Ihrer Tischpartnerin einen Handlungsplan, wie die Mittagessensituation in einer OGS mit 90 Kindern gestaltet werden kann.

9. Tauschen Sie sich mit Ihrem Tischpartner oder Ihrer Tischpartnerin darüber aus, welche Bedeutung die Hausaufgaben in der Schulkindertagesbetreuung haben und begründen Sie Ihre Aussage.

10. Gestalten Sie in Arbeitsgruppen einen fiktiven Kursplan, der Ihren Vorstellungen entspricht.

11. Entwickeln Sie einen Interviewleitfaden und befragen Sie Ihre Mitschüler und Mitschülerinnen, ob Sie gerne in der OGS arbeiten möchten. Achten Sie darauf, dass die Aussagen begründet werden.

12. Planen Sie anhand des Planungsrasters eine mögliche Aktivität mit den Kindern in der Schulkindertagesbetreuung.

Stichwortverzeichnis

T

U

V

W

Z

Bildquellenverzeichnis

S. 12: Shutterstock / Sergey Nivens; **S. 13:** Picture Alliance / United Archiv; **S. 17/1:** Picture Alliance / dpa; **S. 17/2:** Shutterstock / Kaesler Media; **S. 17/3:** Fotolia / Claudia Paulussen; **S. 18:** Picture Alliance / prismaarchivo; **S. 27:** Cornelsen / Krüper, W., Bielefeld; **S. 28:** Shutterstock / Kisan; **S. 32:** Cornelsen / Krüper, W., Bielefeld; **S. 40:** Picture Alliance / Hagen Hellwig; **S. 44:** Shutterstock / Catherine Murray; **S. 45:** Shutterstock / Elizaveta Galitckaia; **S. 46:** Picture Alliance / maxppp; **S. 48:** Shutterstock / GMEVIPHOTO; **S. 49:** Picture Alliance; **S. 53/1:** Shutterstock / wavebreakmedia; **S. 53/2:** Shutterstock / SpeedKingz; **S. 54:** Fotolia / wildworx; **S. 55:** Shutterstock / kondrytskyi; **S. 57:** Shutterstock / Catz; **S. 60:** Shutterstock / matka_Wariatka; **S. 62:** Tschöpe-Scheffler, Sigrid; **S. 64:** Shutterstock / Giideon; **S. 65:** Shutterstock / dotshock; **S. 68:** Picture Alliance / AP; **S. 69/1:** Shutterstock / Monkey Business Images; **S. 69/2:** SZ Photo / Alfred Strobel; **S. 72:** Shutterstock / Soloviova Liudmyla; **S. 73/1:** Shutterstock / pio3; **S. 73/2:** Shutterstock / Peter Bernik; **S. 76:** bpk / Staatsbibliothek zu Berlin / Carola Seifert; **S. 78:** Shutterstock / Olesia Bilkei; **S. 79:** bpk; **S. 80:** bpk; **S. 81:** Picture Alliance / Everett Collection; **S. 82:** Shutterstock / Monkey Business Images; **S. 82/1/2:** Shutterstock / Monkey Business Images; **S. 83:** bpk; **S. 86/1:** Shutterstock / Rob Hainer; **S. 86/2:** Picture Alliance / Sueddeutsche; **S. 87:** laif / Andrea Artz; **S. 90:** Shutterstock / Kzenon; **S. 93:** Shutterstock / Monkey Business Images; **S. 95:** Cornelsen / Krüper, W., Bielefeld; **S. 96:** Beauftragte der Bundesregierung für die Belange von Menschen mit Behinderungen (www.behindertenbeauftragter.de); **S. 97:** Shutterstock / Baloncici; **S. 98:** Aktion Mensch e.V. / Johann Sebastian Hänel; **S. 100:** Albrecht, B., Münster; **S. 105:** Cornelsen / Krüper, W., Bielefeld; **S. 107:** Shutterstock / Champion studio; **S. 109:** Shutterstock / Susan Quinland-Stringer; **S. 110:** Shutterstock / Ales Munt; **S. 111:** Shutterstock / afazuddin; **S. 113:** Heinisch, G., Berlin; **S. 114/1:** Hartmann, P., Berlin; **S. 114/2:** Heinisch, G., Berlin; **S. 114/3:** Heinisch, G., Berlin; **S. 116:** Shutterstock / Phase4Studios; **S. 117:** Shutterstock / Phovoir; **S. 125:** Shutterstock / Pressmaster; **S. 128/1:** Baur, Veronika / Kerl-Wienecke, Astrid; **S. 134:** Shutterstock / Adam Gryko; **S. 135:** Shutterstock / GagliardiImages; **S. 137:** Shutterstock / Potapov Alexander; **S. 139:** Shutterstock / Alena Ozerova; **S. 140:** Shutterstock / Richard Paul Kane; **S. 142:** Shutterstock / waldru; **S. 143/1:** Shutterstock / Maryna Pleshkun; **S. 143/2:** Shutterstock / bikeriderlondon; **S. 143/3:** Shutterstock / Phovoir; **S. 146:** Shutterstock / bikeriderlondon; **S. 147:** Shutterstock / RimDream; **S. 148:** Shutterstock / Olga Pink; **S. 149:** Shutterstock / SpeedKingz; **S. 150:** Shutterstock / BMJ; **S. 152:** Fotolia / XtravaganT; **S. 153:** Cornelsen / Krüper, W., Bielefeld; **S. 154/1:** Shutterstock / Muellek Josef; **S. 154/2:** Cornelsen / Krüper, W., Bielefeld; **S. 154/3:** Shutterstock / Miski; **S. 156:** Shutterstock / hartphotography; **S. 157:** Shutterstock / phloxii; **S. 160:** Shutterstock / Mikadun; **S. 161:** Shutterstock / Aaraujo; **S. 164:** Shutterstock / Lucky Business; **S. 166:** Mair, J., München; **S. 167/1:** Shutterstock / Sergey Novikov; **S. 167/2:** action press / SWNA.com; **S. 168:** Cornelsen / Krüper, W., Bielefeld; **S. 170:** Fotolia / kristall; **S. 172:** Picture Alliance / dpa; **S. 174:** Krüper, W., Bielefeld; **S. 175/1:** Fotolia / serge parin; **S. 175/2:** Shutterstock / Monkey Business Images; **S. 176:** Dr. Beller, Simone, Berlin; **S. 177:** Shutterstock / Khamidulin Sergey; **S. 178:** Mauritius Images; **S. 180:** Shutterstock / Eric Crama; **S. 181:** getty images; **S. 183/1:** Shutterstock / Nina Anna; **S. 183/2:** Picture Alliance / Leemage; **S. 185:** Shutterstock / Pressmaster; **S. 189/1:** INTERFOTO / Granger, NYC; **S. 189/2:** ddp images; **S. 197:** Shutterstock / Oleksii Sidorov; **S. 200:** Shutterstock / Africa Studio; **S. 202/1:** doc-stock / BSIP; **S. 202/2:** Mall, K., Berlin; **S. 203/1:** Shutterstock / schankz; **S. 203/2:** Shutterstock / Barbara Dudzinska; **S. 203/3:** Shutterstock / EduardSV; **S. 205:** Shutterstock / CHAIWATPHOTOS; **S. 206:** Shutterstock / kitty; **S. 207:** Mauritius Images / Alamy / GARY DOAK; **S. 208/1:** Shutterstock / Gwoeii; **S. 208/2:** Shutterstock / Chanclos; **S. 209/1:** akg-images; **S. 209/2:** Mall, K., Berlin; **S. 210/1:** Shutterstock / Panda Vector; **S. 210/2:** Shutterstock / ylq; **S. 210/3:** Shutterstock / Irina Adamovich; **S. 211:** Fotolia / Oksana Kuzmina; **S. 212/1:** UNECE-GHS; **S. 213/1:** Mauritius Images / United Archives; **S. 213/2:** Mauritius Images / age / Mimi Forsyth; **S. 216:** akg-images / Science Photo Library; **S. 217/1:** Shutterstock / Evgeny Atamanenko; **S. 217/2:** getty images; **S. 218:** Shutterstock / antos777; **S. 220:** Vitaledesign, Berlin; **S. 221:** picture-alliance / dpa; **S. 226/1:** Shutterstock / wavebreakmedia; **S. 226/2:** Shutterstock / dotshock; **S. 227:** Shutterstock / Aaron, Amat; **S. 229/1:** Fotolia / Dan Race; **S. 229/2:** Shutterstock / runzelkorn; **S. 232:** Picture-Alliance/dpa / Britta Pedersen; **S. 233:** Shutterstock / Panos Karas; **S. 235:** Fotolia / william87; **S. 236:** Shutterstock / Bonita R. Cheshier; **S. 237:** Interfoto / Foto Fayer; **S. 241:** Huth, R., Berlin; **S. 242:** Picture Alliance / dpa; **S. 243:** Koch-Dabbert, A., Berlin; **S. 244:** Picture Alliance / CTK; **S. 245:** Friedemann Schulz von Thun; **S. 246/1:** Huth, R., Berlin; **S. 250:** Koch-Dabbert, A., Berlin; **S. 251:** Hering, Christian, Berlin; **S. 254:** Cornelsen / Krüper, W., Bielefeld; **S. 255:** Picture Alliance / Everett Collection; **S. 256/1:** Cornelsen / Krüper, W., Bielefeld; **S. 256/2:** Shutterstock / Alexander Raths; **S. 256/3:** Cornelsen / Krüper, W., Bielefeld; **S. 256/4:** Shutterstock / CandyBoxImages; **S. 258/1:** Cornelsen / Krüper, W., Bielefeld; **S. 258/2:** Shutterstock / marekuliasz; **S. 259:** Shutterstock / DGLimages; **S. 261:** Shutterstock / CandyBox Images; **S. 264:** Cornelsen / Krüper, W., Bielefeld; **S. 265:** Koch-Dabbert, A., Berlin; **S. 268:** Shutterstock / Sai Yeung Chan; **S. 269:** Shutterstock / Daniel Wiedemann; **S. 269:** Hartleb, R., Berlin; **S. 271:** Shutterstock / BlueOrange Studio; **S. 272/1:** Picture Alliance / ZB; **S. 272/2:** bpk / Will McBride; **S. 274:** Fotolia / famveldman; **S. 275/1:** Shutterstock / Dmytro Vietrov; **S. 275/2:** Shutterstock / Morozova Svetlana; **S. 275/3:** Fotolia / Matthias Stolt; **S. 275/4:** Shutterstock / PT Images; **S. 276:** Picture Alliance / allOver; **S. 277/1:** Shutterstock / Ionia; **S. 277/2:** Shutterstock / Monkey Business Images; **S. 277/3:** Cornelsen / Krüper, W., Bielefeld; **S. 277/4:** Shutterstock / Monkey Business Images; **S. 277/5:** Shutterstock / Lisa F. Young; **S. 277/6:** Shutterstock / tlorna; **S. 278:** Shutterstock / Susan Law Cain; **S. 281:** Shutterstock / Stokkete; **S. 282:** Shutterstock / Phase4Studios; **S. 285:** Shutterstock / rSnapshotPhotos; **S. 287:** Picture Alliance / dpa; **S. 289:** Shutterstock / Robert Miramontes; **S. 291:** Shutterstock / StacieStauffSmith Photos; **S. 292/1:** Fotolia / Picture-Factory; **S. 292/2:** Fotolia / K.- P. Adler; **S. 292/3:** Fotolia / Aliaksei Smalenski; **S. 292/4:** Fotolia / marilyn barbone; **S. 295:** Mauritius Images; **S. 296:** Shutterstock / Elizabeth O. Weller;

S. 297: Picture Alliance / dpa; S. 300: Shutterstock / lzf; S. 302/1: Shutterstock / SFC; S. 302/2: Shutterstock / Hang Dinh; S. 303: Shutterstock / Tyler Olson; S. 304: Shutterstock / Andresr; S. 305/1: Cornelsen / Krüper, W., Bielefeld; S. 305/2: Shutterstock / Alexander Raths; S. 306: Shutterstock / Tracy Whiteside; S. 308: Shutterstock / bikeriderlondon; S. 309/1: action press / www.viennaslide.com; S. 309/2: Shutterstock / kitty; S. 313: GABIP - Ganzheitliches Bildungsdokumentations-Programm, Ökotopia Verlag GmbH & Co.KG, Aachen, www.oekotopia-verlag.de; S. 315: Shutterstock / eurobanks; S. 317: Shutterstock / s-ts; S. 319: Shutterstock / mangostock; S. 321: Fotolia / Andrey Burmakin; S. 322: Fotolia / peshkova; S. 328: Shutterstock / connel; S. 332: Shutterstock / Discha-AS; S. 333: Shutterstock / Lucian Coman; S. 336: Bundeszentrale für politische Bildung (www.bpb.de); S. 337/1: Picture Alliance; S. 337/2: Picture Alliance / Everett Collection; S. 338: Picture Alliance / dpa; S. 341: Shutterstock / pedrosek; S. 343: Shutterstock / Roobcio; S. 345: Fotolia / Tyler Olson; S. 346: Bundesinstitut für Bevölkerungsforschung, Wiesbaden; S. 349: SINUS-Institut; S. 350: Shutterstock / Monkey Business Images; S. 352: Shutterstock / Agatha Koroglu; S. 354: Shutterstock / Dima Fadeev; S. 355: Statista; S. 358: Shutterstock / A.R. Monko; S. 360: Shutterstock / g-stockstudio; S. 361: INTERFOTO / Granger, NYC; S. 366: Shutterstock / Jaren Jai Wicklund; S. 368: Shutterstock / martin bowra; S. 371: Shutterstock / Pavel_D; S. 373/1: Shutterstock/Mopic; S.373/2: Shutterstock/Mopic; S.373/3: Shutterstock/emin kuliyev; S.373/4: Shutterstock/Kzenon; S.373/5: Shutterstock Tressie Davis; S. 374/1: Shutterstock / Marcel Jancovic; S. 374/2: Shutterstock / Jaren Jai Wicklund; S. 374/3: Fotolia / Olesia Bilkei; S. 377: imago stock&people / blickwinkel; S. 380: Shutterstock / Chernishev Maksim; S. 380: Shutterstock / Chernishev Maksim; S. 382: F1online; S. 383: Shutterstock / Nadzeya Dzivakova; S. 389/1: Shutterstock / Dima Aslamian; S. 389/2: Shutterstock / S4svisuals; S. 396: Cornelsen / Krüper, W., Bielefeld; S. 398: Shutterstock / Sean Bolt; S. 402: INTERFOTO / Jan Rieckhoff; S. 405: Shutterstock / Refat; S. 407: Shutterstock / SpeedKingz; S. 408: Shutterstock / Lynne Carpenter; S. 409: Shutterstock / Stokkete; S. 411: Shutterstock / Olimpik; S. 413: Cornelsen / Krüper, W., Bielefeld; S. 414: Shutterstock / Jack.Q; S. 415: Shutterstock / Celig; S. 416: Shutterstock / Lisa F. Young; S. 417: Shutterstock / Monkey Business Images; S. 418: Picture Alliance / Artcolor; S. 419/1: Shutterstock / Zurijeta; S. 419/2: Shutterstock / Arvind Balaraman; S. 419/3: Shutterstock / Firma V; S. 421: Shutterstock / Simone van den Berg; S. 426: Shutterstock / Monkey Business Images; S. 427: Shutterstock / GUNDAM_Ai; S. 428: Fotolia / rolffimages; S. 430: Shutterstock / Phovoir; S. 431: Cornelsen / Krüper, W., Bielefeld; S. 436: Shutterstock / Zurijeta; S. 437: Cornelsen / Krüper, W., Bielefeld; S. 438/1: Cornelsen / Krüper, W., Bielefeld; S. 438/2: Shutterstock / Doglikehorse; S. 438/3: Shutterstock / Olesia Bilkei; S. 439: Cornelsen / Krüper, W., Bielefeld; S. 440: Cornelsen / Krüper, W., Bielefeld; S. 443: Cornelsen / Krüper, W., Bielefeld; S. 444/1: Cornelsen / Krüper, W., Bielefeld; S. 444/2: Shutterstock / SpeedKingz; S. 446: Shutterstock / Candy Box Images; S. 450: Bundesministerium der Finanzen; S. 452: akg-images; S. 453: akg-images; S. 456: Bundesagentur für Arbeit; S. 457/1: AWO Bundesverband e.V.; S. 457/2: Deutscher Caritasverband; S. 457/3: Deutsches Rotes Kreuz; S. 457/4: Diakonie Deutschland; S. 457/5: Deutscher Paritätischer Wohlfahrtsverband; S. 457/6: Zentralwohlfahrtstelle der Juden in Deutschland; S. 458: Cornelsen / Krüper, W., Bielefeld; S. 459: Picture-Alliance / dpa Infografik; S. 462: Shutterstock / Rawpixel.com; S. 463: Picture Alliance / maxppp; S. 464: akg-images; S. 465: akg-images; S. 467: Shutterstock / Elena Elisseeva; S. 471/1: Shutterstock / Lisa F. Young; S. 471/2: Shutterstock / Rafael Ramirez Lee; S. 472: Verlag C.H.BECK oHG; S. 473: Shutterstock / Monkey Business Images; S. 475/1: Süddeutsche-Zeitung-DIZ / Lukas Barth-Tuttas; S. 475/2: Shutterstock / racorn; S. 475/3: Fotolia / Arochau; S. 476/1: Shutterstock / Brian Eichhorn; S. 476/2: Cornelsen / Krüper, W., Bielefeld; S. 476/3: Shutterstock / Monkey Business Images; S. 480: Shutterstock / SpeedKingz; S. 481: Shutterstock / Kuzma; S. 482/1: Fotolia / Christian Schwier; S. 482/2: Picture Alliance / ZB/euroluftbild.de; S. 484: Shutterstock / Denizo71; S. 485: Shutterstock / Berna Namoglu; S. 488: Shutterstock / Serhiy Kobyakov; S. 490: Cornelsen / Krüper, W., Bielefeld; S. 491: Cornelsen / Krüper, W., Bielefeld; S. 493: Cornelsen / Krüper, W., Bielefeld; S. 495: Fotolia / micromonkey; S. 496: Shutterstock / Zurijeta; S. 498/1: Shutterstock / Africa Studio; S. 498/2: Shutterstock / Marko Poplasen; S. 500: Fotolia / auremar; S. 501: Shutterstock / gabczi; S. 502: Shutterstock / Smiltena; S. 503: Shutterstock / Marcel Jancovic; S. 504: Telschow-Malz, S., Berlin; S. 508: Shutterstock / natalia bulatova; S. 511: Shutterstock / Zurijeta; S. 512: Cornelsen / Krüper, W., Bielefeld; S. 513: Shutterstock / bikeriderlondon; S. 514: Baur, V., München; S. 515: Krüper, W., Bielefeld; S. 518: Mauritius Images / Bubbles Photolibrary / Alamy; S. 519: Shutterstock / spass; S. 520: Mauritius Images; S. 521: Shutterstock / dotshock; S. 523: Fotolia / thingamajiggs; S. 525: Shutterstock / Zurijeta; S. 526: Martin R. Textor (www.ipzf.de); S. 527: Fotolia / simoneminth; S. 528: Fotolia / Monkey Business; S. 529: Shutterstock / Kzenon; S. 531/1: Shutterstock / vladis.studio; S. 531/2: Shutterstock / Inked Pixels; S. 531/3: Shutterstock / Semiletava Hanna; S. 531/4: Shutterstock / risteski goce; S. 531/5: Shutterstock / Millisenta; S. 531/6: Shutterstock / Sarawut Padungkwan; S. 531/7: Shutterstock / file404; S. 531/8: Shutterstock / Aidar; S. 531/9: Shutterstock / ekler; S. 531/10: Shutterstock / Elena Valin; S. 531/11: Cornelsen / Krüper, W., Bielefeld; S. 534: Shutterstock / Konstantin Chagin;